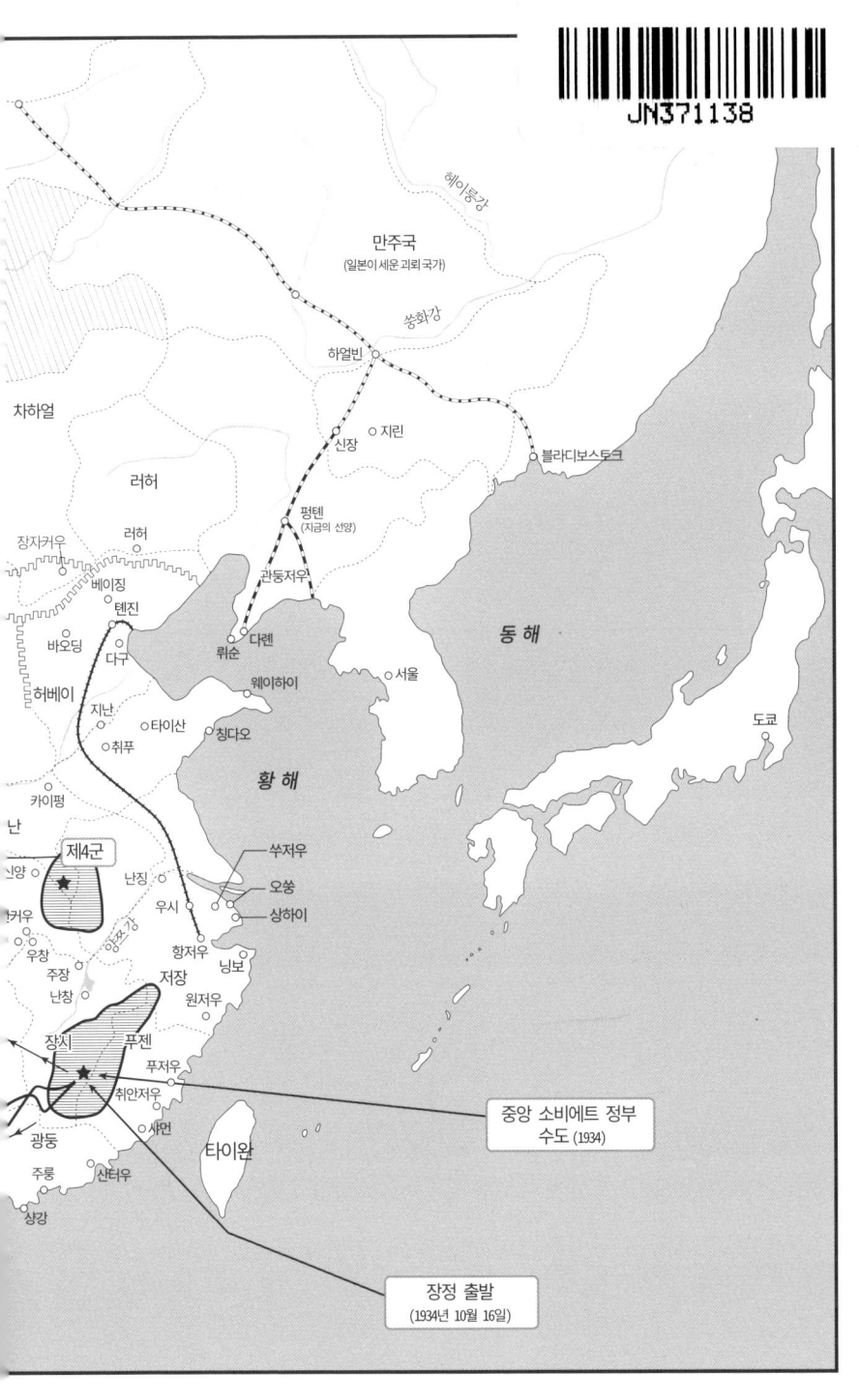

마오쩌둥(바오안안에서, 1936).

마오쩌둥의 생가, 후난성 샹탄현 사오산향.

1919년쯤 마오쩌둥.

오른쪽부터 마오쩌둥과 그의 할아버지, 아버지, 아우.

왼쪽부터 공산당 중앙위원에 선출될 당시(1923), 징강산 시절(1930년대 초), 대장정 시절(1935)의 마오쩌둥.

리다자오.

천두슈.

1910년대 국립 베이징 대학 도서관과 현판.

주더(1937).

징강산의 홍군 지도자들
(앞줄 맨 왼쪽이 루딩이, 맨 오른쪽이 린뱌오, 그리고 뒷줄 오른쪽에서 세 번째가 마오쩌둥).

코민테른 집행위원회 11차 확대회의 중공 대표들(1931)인
중국공산당의 지도자들(오른쪽부터 왕자샹, 마오쩌둥, 샤오커, 덩파, 주더, 팡즈민).

홍군 병사들에게 연설하는
주더 총사령관(1937).

마오쩌둥과
홍군 병사들(장정 중).

말을 탄 저우언라이.

중국공산당의 지도자들(왼쪽부터 보구, 저우언라이, 왕밍, 왕밍의 부인 멍칭수).

▲ 마오쩌둥의 부인 허쯔전(왼쪽)과 주더의 부인.
◀ 덩파.

쉬하이둥(오른쪽)과 우환셴(제25군 정치위원, 1935년 사망).

▲ 홍군대학교 교장 린뱌오(28살).
◀ 펑더화이.

마오쩌둥(맨 왼쪽)과 주더(왼쪽에서 세 번째)(1930년대 초).

류친셴(보구의 부인).

마오쩌둥과 두 번째 부인 허쯔전.

인터뷰하는 에드거 스노와 왕린, 황화(오른쪽부터).

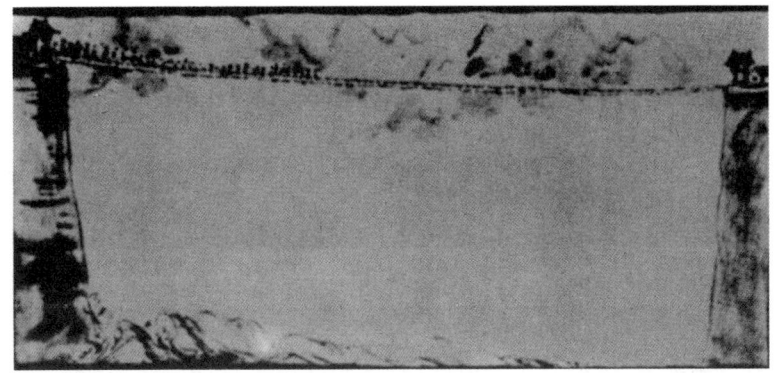

다두허를 건너는 상상도(님 웨일스 그림).

장정의 극적인 고비를 이룬 다두허의 루딩교.

다두허를 건너는 홍군(상상도).

대설산을 넘는 홍군(상상도).

진사강.

티베트로 가는 통로(홍군은 고도 2천 미터가 넘는 산과 긴 골짜기를 통과했다).

광시성의 그림 같은 강과 산을 지나는 장정 부대원들(1934년 12월).

홍군이 큰 승리를
거둔 노산 계곡.

홍군의 정치 집회.

웨이궁즈(항일홍색극사 주임).

홍군 간호병들.

제15군 항일 홍군 극단원들.

제1군단 집회에서 보여 준 중국 춤.

홍군의 운동회.

홍군 농장.

벽신문.

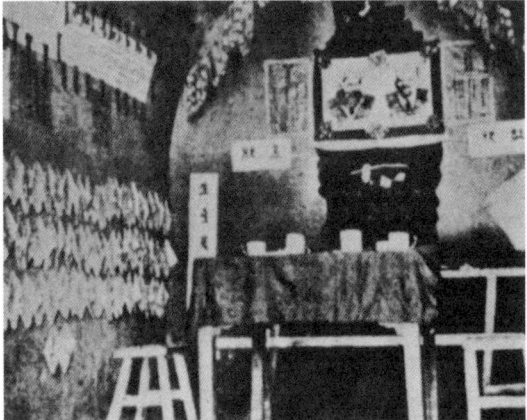
우편국.

레닌 클럽의 모습.

홍군의 소귀(小鬼).

어린 홍군 소령.

소홍귀(小紅鬼)들.

홍군의 우편배달원.

뤄뤄족 출신의 홍군 병사들.

제15군단의 나팔수.

국민당군으로부터 빼앗은 외국제 기관총.

장정을 끝내고(오른쪽부터 마오쩌둥, 주더, 저우언라이).

장정을 마치고(왼쪽부터 저우언라이, 마오쩌둥, 주더).

홍군을 사열하는 마오쩌둥(왼쪽)과 주더.

톈안먼 광장에 선 스노(맨 왼쪽)와 마오쩌둥(맨 오른쪽)(1971).

왼쪽부터 스노, 저우언라이, 덩잉차오.

에드거 스노와 중국 어린이들.

마오쩌둥과 그의 세 번째 부인 장칭(옌안에서).

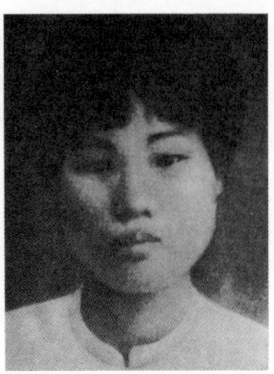
마오쩌둥의 첫 부인 양카이후이.

마오쩌둥과 그의 장남 마오안잉.
1920년 마오쩌둥과 양카이후이 사이에서 태어난 마오안잉은 1950년 한국전쟁에서 전사했다.

장제스 총통과 부인 쑹메이링.

쑨원(쑨이셴) 박사와 부인 쑹칭링(1924).

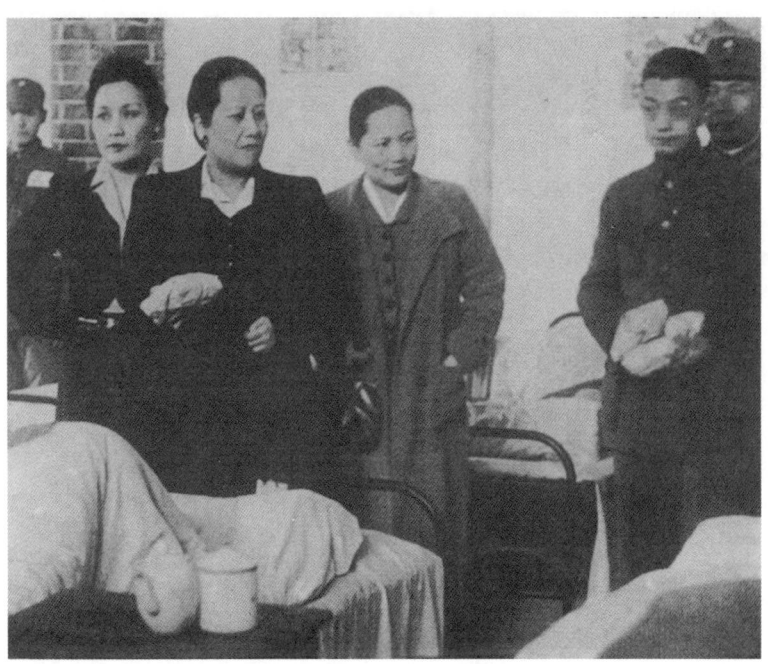

국민당과 공산당의 통일전선이 유지되고 있을 때의 쑹가(宋家) 세 자매,
왼쪽부터 쑹메이링, 쑹아이링(쿵샹시 부인), 쑹칭링(1939).

장쭤린.

장쭤린의 아들 청년원수 장쉐량(1936).

보구(왼쪽)와 왕밍.

홍군 모자를 쓴 에드거 스노.

리더(오토 브라운).

홍군의 명장 펑더화이(맨 왼쪽)와 그의 동료들.

1949년 10월 1일 정부 수립 축하식이 열린 베이징 톈안먼 위에 서 있는 마오쩌둥, 저우언라이, 주더(오른쪽부터).

중국의 붉은 별

RED STAR OVER CHINA
by Edgar Snow

Copyright © 1968, 1972 by Edgar Snow
Published by arrangement with Paul & Peter Fritz Agency.
All rights reserved.
Korean Translation Copyright © 1985, 1995, 2013 by Dourei Publication Co.
This Korean edition is published by arrangement with Paul & Peter Fritz Agency through Imprima Korea Agency.

이 책의 한국어판 저작권은 Imprima Korea Agency를 통해 Paul & Peter Fritz Agency와 독점 계약한 두레출판사가 갖고 있습니다. 저작권법에 의해 한국 내에서 보호를 받는 저작물이므로 무단 전재와 복제를 할 수 없습니다.

중국의 붉은 별

에드거 스노 지음 | 홍수원·안양노·신홍범 옮김

두레

일러두기

1. 주(註) 중에서 '1, 2, 3,…'으로 표시된 것은 각주이므로 본문 아래의 주를, '①, ②, ③,…'으로 표시된 것은 1972년도 개정증보판의 주이므로 책 뒷부분의 '1972년판 주'를, '별표(*)'로 표시된 것은 부록의 '인물 약전'을 참고하기 바라며, 옮긴이의 주는 지은이의 주와 구별하기 위해 설명 끝에 '옮긴이'라고 표기했다.

2. 인명과 지명 등은 외래어 표기법을 따랐으며, 이에 따라 흐루시초프는 흐루쇼프, 호치민은 호찌민, 고 딘 디엠은 응오딘지엠 등으로 표기했다.

3. 인명과 지명 등의 한자와 한자음은 특별한 경우를 제외하고 처음 나올 때에만 다음과 같이 병기했다.
예) 마오쩌둥(毛澤東, 모택동), 주더(朱德, 주덕)

4. 책은 「 」, 글이나 논문은 「 」, 잡지나 신문은 《 》, 그 밖의 노래나 시 제목은 〈 〉 등으로 표기했다.

머리말

『중국의 붉은 별』은 그것이 씌어진 경위 때문에 고전이 되어 있다. 에드거 스노(Edgar Snow)는 당시 서른 살밖에 안 되었지만 중국에서 이미 7년 간이나 저널리스트로 활동하고 있었다. 1936년, 중국공산당은 중국 동남부에서 서북 지역으로 탈출하는 데 막 성공하고 그들의 통일전선전술을 전개하고 있었다. 이들은 외부세계에 그들의 이야기를 밝힐 준비가 되어 있었다. 그리고 스노는 그 이야기를 전할 능력이 있었다. 오늘날 이 책을 읽는 독자들은 이러한 요인들이 서로 맞아떨어졌다는 점을 알아야만 할 것이다.

에드거 스노는 1905년에 미국 캔자스시티에서 태어났다. 그의 조상들은 노스캐롤라이나에서 켄터키로, 다시 캔자스로 서서히 서부를 향해 이주해 왔었다. 1928년, 그는 세계일주 여행에 나섰다. 그는 상하이(上海)에 도착해 저널리스트가 되었는데, 그 이후 13년간 동아시아 지역을 떠나지 않았다. 그는 중국공산당을 취재·보도하기 위한 여행에 앞서 이미 서북의 기근(飢饉) 지역을 두루 살펴보았고, 미얀마 공로(公路)가 개통되기 10년 전에 이 길을 횡단했다. 그리고 1932년에는 상하이에서 선전포고 없는 전쟁을 취재·보도했고, 이어 《새터데이 이브닝 포스트(Saturday Evening Post)》의 특파원이 되었다. 그 사이에 그는 쑨원(孫文) 부인[쑹칭링(宋慶齡)]과 친교를 맺었고, 많은 중국 지식인들과 작가들을 만났다. 스노 부부는 1932년에 베이징(北京)에 정착하면서 옌징(燕京) 대학 근처에 살았는데, 이 대학은 미국 선교사의 후원을 받아 설립된 주요한 기독교계 대학 중의 하나였다. 이들은 정력적이고 완전히 의식이 깨인 젊은 미국인들로서 1935년 말 일본의 침략에 항거하는 중국 학생운동을 깊고 폭넓게 파악하고 있었다. 이들은 웬만한 불편 없이 말할 수 있을 정도로 중국어를 배우고 익혔다. 에드거 스노는 일본의 침략상을 다룬 『극동전선(Far Eastern Front)』을 출판한 것 외에도 중국의 현대 단편소설들을 모아 번역한 『살아 있는 중국(Living China)』을 편찬했다.

이와 같이 일본이 만주를 넘어 화베이(華北) 지역으로 밀고 들어오며 영토를 확장하고 있다는 소식이 신문의 머리기사를 장식하고 있던 시기에 이 젊은 미국인은 그날그날의 사건들을 보도한 데 그친 것이 아니라, 그 속으로 파고들어 중국 애국청년들의 생각과 감정을 더듬어 나갔다. 그는 자신이 인간적인 동정심이 풍부하다는 것을 보여 주었으며, 중국 지식인들 사이에서 꿈틀거리는 혁명적인 기운을 간파하고, 나아가 초보 수준의 중국어를 이용하여 이들과 접촉할 수 있는 젊은이임을 스스로 입증했다. 그 밖에도 그는 단순히 수동적인 관찰자로 머물기보다는 훌륭한 대의라면 기꺼이 격려하고 나서는 행동주의자였다. 그러나 무엇보다도 그는 사실에 입각해 보도하는 데 열정을 쏟았는데, 당시의 큰 동향들을 평가해서 이를 미국의 일반 독자들에게 생생하고 명확하게 묘사해 줄 수 있는 기자임을 스스로 증명했다.

1936년에 그가 서 있던 곳은 태평양을 건너 만 1세기에 걸친 통상, 외교, 선교의 노력 끝에 그 절정에 다다른, 미국의 대(對)아시아 팽창의 서부 변경이었다. 20세기에 들어서면서 미국은 외국인들이 여전히 특권을 누리고 있는 조약항(條約港)들과 접촉을 점차 확대시켰다. 선교사들은 수

많은 촌락이 있는 중국 농촌의 오지로 파고 들어가 근대화를 향한 첫 노력을 일깨우고 도왔다. 1930년대 초에는 미국 재단과 선교사들이 과학 기술을 농경(農耕) 분야에 활용하여 농촌 생활을 개조하는 '농촌 재건' 운동을 활발하게 벌였다. 이와 동시에 미국을 비롯한 서구 여러 나라에서 교육을 받은 중국 학자들은, 어떤 희생을 치르더라도 일본의 침략에 항거하겠다는 결의를 점차 굳혀 나가고 있던 새로운 시대의 애국자들의 선두에 나섰다. 이와 같이 서구식의 민족주의가 서양의 기술과 결합되어 하나의 근대적인 세력으로 중국 무대에 등장했는데, 이 두 가지는 다 같이 미국과 접촉하면서 많은 자극을 받았다.

그러나 이러한 갖가지 진전에도 불구하고 중국의 농촌이 안고 있는 고통스러운 문제들은 난징(南京)에 수립된 새로운 국민당 정부의 후원 아래 이제 겨우 해결되기 시작했을 뿐이었다. 일본의 침략에 시달리는 장제스(蔣介石)와 국민당은 대륙 연안의 조약항과 양쯔강 하류의 여러 성(省)을 방위하는 데 골몰한 나머지, 농촌 지역에서 일어나는 혁명적인 변화에 거의 대처하지 못했다. 한편 1936년의 중국 공산주의자들은 보통 '홍비(紅匪, Red bandit)'로 알려져 있었는데, 서구의 관찰자 가운데 이들의 지도층과 직접 접촉했거나 외부세계에 그들에 관해 보도한 사람은 아무도 없었다. 3분의 1세기가 지난 뒤에 뒤늦게 깨달은 사실이지만, 당시 마오쩌둥(毛澤東)과 그가 이끌던 운동이 어떻게 해서 그토록 외부세계에 알려지지 않을 수 있었는지, 지금 돌이켜 보면 거의 믿을 수 없는 일처럼 보인다. 중국공산당은 에드거 스노가 그 본부를 찾아갔을 때에는 이미 그 역사가 15년이나 되어 있었지만 1920년대의 참사를 겪고 난 때문인지 취약하고 불안정한 상태에 놓여 있었다.

1936년 6월 쑨원 부인(쑹칭링)의 소개장을 갖고 서북 지역의 봉쇄된 홍구(紅區)로 출발했을 때, 스노는 중국의 상황과 중국 청년들의 감정을 통찰하고 있었다. 그는 중국 청년들의 감정을 그처럼 간파함으로써 당시 중국 공산주의 운동이 여전히 발휘하고 있었던 그 강력한 호소력을 이해할 수 있는 거의 유일한 인물이었다. 스노는 공산당과 모종의 통일전선을 형성할 심정적 태세를 갖추고 있었던 시안(西安) 주둔 만주군(동북군)의 호의로, 봉쇄선을 넘어 당시의 적도(赤都) 바오안(保安)[후에 옮긴 옌안(延安)보다 서북 지역으로 훨씬 깊숙이 들어가 있다]에 도착해서 마침 자신의 견해를 세상에 알릴 용의를 갖추고 있었던 마오쩌둥과 회견할 수 있었다.

스노는 4개월 동안 머물면서 혁명가로서 살아온 생애를 회고하는 마오쩌둥 자신의 이야기를 받아 적은 후 (1936년 10월에) 봉쇄된 홍구를 다시 빠져나왔다. 그는 놀라운 기사들을 신문에 게재했고, 다시 1937년 7월에는 자신의 기록을 바탕으로 『중국의 붉은 별』의 원고를 끝냈다.

『중국의 붉은 별』에서 놀라운 것은 이 책이 마오쩌둥과 그의 동지들에 관해, 또 이들의 내력에 대해 최초로 일관된 역사를 보여 주었을 뿐만 아니라, 거의 알려지지 않은 이 운동의 장래에 대한 전망을 제시했다는 점이다. 그리고 미래에 대한 그 전망은 나중에 끔찍하리만치 예언적이었다는 것이 증명되었다. 이 책의 두 가지 측면, 즉 역사적 기록이라는 측면과 하나의 대세를 암시한 내용이라는 측면에서 다 같이 오랜 시간의 시련을 흔들림 없이 견뎌 왔다는 것은 에드거 스노에게 큰 영예가 아닐 수 없다.

존 K. 페어뱅크

1972년판 서문

이 책의 첫 수정증보판(1968년)이 나온 뒤에 나는 중국을 다시—1970년 8월부터 1971년 2월까지—방문할 수 있었다. 이제 원문 일부를 수정하고 내용을 추가할 기회가 생겼지만 그러한 수정과 내용 첨가는 주로 주해(註解)와 부록에서 찾아볼 수 있을 것이다. 프롤레타리아 문화대혁명의 결과로, 나의 원저(原著)에서 처음부터 다루었던 시기와 관련된, 풍부하기는 하지만 아직은 대부분 제대로 평가되지 않은 자료들을 활용할 수 있게 되었다. 물론 그 주제나 시기와 관련된 것으로서, 현재 밝혀진 자료들을 이 한 권에 빠짐없이 담는다는 것은 불가능한 일이다. 따라서 나는 독자들이 새로운 역사적 사실의 영역이 빠르게 확대되면서 열린 더 깊이 있는 지식을 탐구하는 데 도움이 될 만한 몇 가지 새로운 출처를 예시하는 것에 만족하지 않으면 안 되었다.

1971년 8월
에드거 스노

1968년판 서문

 이 책에 쓰여진 여행과 사건들은 1936년과 1937년에 있었던 것으로, 원고는 1937년 7월 내가 사는 베이징(北京)의 성벽 밖에서 일본군의 포성이 울려 퍼지던 때에 탈고되었다. 중국에서 울려 퍼진 7월의 이 포성으로, 나중에 2차 세계대전으로 휩쓸려 들어간 8년간의 중일전쟁(1937~45)이 시작되었다. 이 포성은 또한 중국에서 공산당이 거둔 궁극적인 승리를 예고하는 것이었으며, 그로 인해 세계의 내부와 과거 '공산 진영'으로 불리던 외부의 세력 균형에 다 같이 심대한 변화가 일어나게 되었다.
 이 책은 시간적·공간적 측면 모두에서 최악의 파국을 맞기 직전에 있었던, 서구로부터 멀리 떨어진 지역에 고립되어 있는 한 투쟁 세력을 다룬 것이다. 국제연맹은 1931~33년 일본의 만주 정복을 저지하지 못하면서 붕괴되었다. 1936년에 서구 '연합국'들은 아직 나폴레옹의 알[卵]에 불과하던 히틀러에게 한 차례의 교전도 없이 라인란트(Rheinland)를 재점령하도록 허용했다. 또한 이들은 무솔리니가 에티오피아를 장악하는 것을 무기력하게 보고만 있었다. '연합국'들은 뒤이어 중립주의라는 위선적인 구실 아래 스페인에 대해 '무기금수' 조치를 취함으로써, 수천 명의 나치 및 파시스트 군대와 항공기의 공공연한 지원을 받은 프랑코 주도의 반동적인 장군들에 대항하는 공화국의 자위 수단을 빼앗아 버렸다. 이처럼 그들은 히틀러와 무솔리니 간의 동맹 체결을 조장했다. 이 동맹은 표면상으로는 소련을 겨냥하는 것이었지만 실제로는 서유럽 전체를 정복하려는 의도임이 분명했다. 1938년에는 히틀러의 오스트리아 병탄(倂呑)이 허용되었다. 이어 히틀러는 체임벌린(Chamberlain)과 달라디에(Daladier)로부터 '우리 시대의 평화'를 유지하는 대가로 체코슬로바키아를 넘겨받았다. 그 보상으로 이들에게 곧 돌아온 것은 히틀러와 스탈린 간의 불가침조약 체결이었다.

이 책에서 다룬 '여행'을 떠나던 시기에 중국을 둘러싸고 있던 국제적인 환경은 이와 같았다. 붕괴되고 있는 중국 사회의 내부 상황은 이 책의 본문에 명확하게 설명되어 있다. 1936년까지 나는 이미 중국에 7년간 거주하고 있었고, 그동안 외국 특파원으로 중국의 여러 지역을 광범하게 여행하면서 중국어도 조금 익히게 되었다. 이 책은 내가 중국에 관해 쓴 가장 긴 르포르타주이다. 만약 이 책이 대부분의 신문·잡지 기사보다 더 유용한 자료로 쓰인다면 그것은 이 책의 내용이 너무나 소멸되기 쉬운 뉴스를 다룬 '특종'일 뿐만 아니라 오랫동안 남을 역사적 사실들이기 때문이다.

이 책이 공감 어린 주목을 받았던 또 다른 이유는 서구 열강이 이기적인 동기에서 중국에 어떤 기적이 일어나기를 바라고 있던 때와 시기적으로 일치했기 때문이 아니었나 생각한다. 서구 열강은 중국에서 새로운 민족주의 기운이 대두되어 일본을 계속 수렁에 빠뜨림으로써 일본이 그 진정한 목표인, 그들의 각 식민지를 절대로 넘볼 수 없도록 만들어 주기를 바랐다. 『중국의 붉은 별』은 중국공산당이 효과적인 항일운동에 필요한 민족주의적인 지도력을 실제로 발휘할 수 있다는 것을 보여 주려 했다. 그때 이후 미국의 정책 입안 자세가 얼마나 극적으로 바뀌었는가 하는 것은, 이 책의 요약된 내용이 처음으로 《새터데이 이브닝 포스트》와

《라이프》에 실렸던 때를 돌이켜 보면 대체로 짐작할 수 있을 것이다.

또 다른 상황도 이 책이 오랫동안 유용하게 쓰일 수 있게 도움을 주었다. 내가 마오쩌둥과 다른 지도자들을 만났을 때는 오랜 세월 동안 계속되던 전투가 소강상태를 보여 시기적으로는 더할 수 없이 유리한 상황이었다. 이들은 나에게 많은 시간을 할애하면서 전례 없는 솔직한 태도로, 어느 외국인 기자도 제대로 감당할 수 없을 정도로 많은 개인적, 일반적 정보를 제공해 주었다. 1939년 내가 마오쩌둥을 회견하기 위해 두 번째로 찾아간 후 중국 서북 지역의 모든 공산당 근거지는, 뒤로는 국민당군에 의해 봉쇄되었고 게릴라전을 벌이던 지역은 일본군의 점령지로 둘러싸여 단절되고 말았다. 그 이후 다시 5년 동안 어느 외국인 기자도 공산당의 수도인 옌안(延安)에 갈 수 없었기 때문에 이 책은 그동안 계속 유일무이한 자료로 남게 되었다.

이 책의 많은 내용은 물론 당파적인 관점에서 바라본 역사이긴 하지만 그러나 동시에 그 역사를 이룩한 사람들이 몸으로 부딪치며 산 역사이기도 하다. 이 책은 중국인이 아닌 독자뿐만 아니라 중국 인민 전체 — 공산당 지도자들 자신을 제외한 모든 중국인 — 에게도, 중국공산당에 대한 확실한 설명을 처음으로 전해 주었으며, 또 3천 년의 중국 역사상 가장 철저한 사회혁명을 성취시키기 위한 공산당의 장기간에 걸친 투쟁을 상호 연관된 맥락 속에서 역시 처음으로 전달해 주었다. 이 책은 중국에서 많은 판을 거듭하면서 발행되었고, 수만 부의 중국어 번역본 중 일부분은 게릴라 활동 지구에서 완전히 자신들의 힘으로 출판되었다.

나는 혹시 이 책에서 빌려다 쓸 수 있을지도 모를, 국제적인 활용가치가 있는 교훈들을 제공하는 데에 나 자신이 큰 역할을 했다고 자부하지는 않는다. 이 내용 가운데 상당 부분은 내가 30살의 나이로 함께 어울려 지낼 특권을 누리면서 수많은 것을 깨우쳐 받았던(또는 깨우칠 기회를 제공했던), 비범한 젊은 남녀들로부터 들은 이야기를 그저 지면에 옮겨 놓았을 뿐이다.

『중국의 붉은 별』이 영국에서 처음 출판되었던 1937년에는 이 책에 실린 대부분의 내용을 입증할 만한 증빙자료가 사실상 하나도 없었다. 오늘날에는 외국의 많은 중국 문제 전문가들이—서로 다른 정치적 색채를 지닌 중국인 학자들의 도움이나 지도 아래—중요성과 질적인 수준 면에서 다양한 차이를 보이는 많은 연구서를 내놓았다. 풍부해진 새로운 자료를 활용하고 또 나 자신이나 다른 사람들이 뒤늦게 깨달은 현명한 판단을 곁들인다면, 이 책의 여러 가지 한계를 최소한으로 줄일 수 있도록 개선할 수 있을 것이다. 그러나 그렇게 되면 개선과 더불어 원저(原著)에 본래부터 담겨 있던 가치는 부득이 상실되고 말 것이다. 그러므로 인쇄상의 오식과 틀린 철자, 세부적인 사실적 내용의 오류를 바로잡는 것 이외에는 원저를 그대로 살리겠다는 것이 나의 의도였다. 그러나 그러한 희망은 완벽하게 실행될 수 없었고, 결국 본래의 의도를 실현하는 데에서 아래와 같은 형태로 벗어나는 것을 받아들일 수밖에 없었다.

『중국의 붉은 별』은 전시 상태에서 탈고되었기 때문에 나는 1판의 교정쇄를 살펴보거나 바로잡을 기회가 없었다. 그 이후의 여러 판도 지금까지 손을 볼 수 없었다. 이에 대해 이해를 구할 만한 한 가지 실수를 꼽는다면, 나의 취재노트에는 당시 처음 들어 본 인명들이 많이 적혀 있었는데 그 인명에 늘 한자를 병기(倂記)해 놓지 못했다는 점이다. 이 인명을 영어로 표음식 철자 표기한 것이 웨이드-자일스식 표기법에 비추어 볼 때는 그릇된 철자가 되었던 것이다. 이런 오기는 이번에 모두 한꺼번에 바로잡았다(바로잡혔으리라는 것이 나의 바람이다).

그러한 통일 외에도 나는 시대착오적인 것으로 보이는 많은 부분을 없애고, 요즘 독자들이 더 쉽게 읽을 수 있도록 하기 위해 앞서 현재형으로 쓴 동사 표현을 대폭 과거형으로 바꾸었다. 다른 사람의 증언을 그대로 인용하거나 바꾸어 쓴 부분은 현재 이용할 수 있는 더 신빙성 있는 정보와 상충되는 경우라도—'중요한' 역사적 자료를 함부로 바꾸는 일을 피하기 위해—대체로 원저의 표현을 그대로 유지했다. 중요하지 않은 부차적인 자료 중 부정확한 것으로 뚜렷이 입증된 몇 가지 사례는 확인된 오류를 그대로 살려두지 않고 삭제하거나 바로잡았다. 어떤 경우이든 독자들은 이 수정판의 인물 약전(略傳)이나 주해를 참조하며 본문의 일부 사실이나 견해를 보충하거나 조정할 수 있을 것이다. 나는 이 책의 이곳저곳에서, 세월의 흐름 속에—또는 당초부터 애매하게 썼던 탓으로—뜻이 분명하지 않게 느껴지는 구절을 발견하고 (자신의 옛 시절을 돌이켜볼 때 느껴지는 언짢은 기분 같은 것을 품으면서) 그런 부분을 다시 손질했다. 모든 사건이나 중요한 여행 기록, 회견 내용, 마오쩌둥의 전기를 포함한 약전류 등 이 책의 내용은 대부분 그대로 놓아두었다.

더 이상 큰 의미가 없는 몇몇 문제들에 대한 장황한 설명은 스스럼없이 단축하거나 요약 또는 삭제함으로써, 연표나 끝맺음말, 새로운 각주, 몇 가지 미공개 문서, 장(章)별 주석을 추가할 수 있었고, 아울러 이 책에 처음 소개된 정말 비범한 인물들의 초기 전기의 속편 형태로서 몇몇 흥미진진한 역사적 교훈도 덧붙일 수 있게 되었다. 구절이나 심지어 페이지 전체를 삭제하는 경우에는 어쩔 수 없이 앞뒤의 내용을 연결시키는 구절을 새로 만들어 끼워 넣을 수밖에 없었다. 그러한 '새로운 구절 삽입'은 내가 1937년 이전까지 알고 있었던 내용에 국한했으며, 각주의 경우도 마찬가지였지만 권말(卷末)자료는 물론 그러한 제한에 구애받지 않았다. 부피가 큰 이런 책에서는 내가 장(章) 몇 개를 통째로 빼 버린다고 하더라도 별다른 영향을 받지 않을 것이다(또한 독자들에게도 도움이 되었을 것이다). 개정이란 작업은 쉬운 일이 아니어서 나처럼 이 책의 주제와 깊숙이 얽히지 않았던 사람들은 나만큼 고심하지 않으면서 독자의 편의 위주로 몇 개의 장을 통째로 선뜻 삭제할 수도 있었으리라고 생각한다.

끝으로 이 책에 언급된 모든 사람들이 베풀어 준 도움과 또 그들의 의견이나 사진을 인용 또는 사용할 수 있도록 허락해 준 데 대해, 그중에서도 특히 마오쩌둥에게 경의와 감사의 뜻을 전한다. 또한 이젠 오랜 발자국처럼 된 이 자료를 다시 한 번 검토해 준 존 K. 페어뱅크(John K. Fairbank), 우리가 1930년대에 파악할 수 있었던 것보다 훨씬 넓은 시각에 비추어 가면서 이 책을 재평가해 준 피터 J. 세이볼트(Peter J. Seybolt), 각고의 학문적 노력으로 이 책을 이탈리아어로 번역해서 이번 개정 노력의 자극제가 되었던 1965년판(Stella rossa sullar Cina)을 출판한 엔리카 콜로티 피스첼(Enrica Collotti Pischel), 그리고 전반적인 도움과 격려를 베풀어 준 메리 하트코트, 트루디 샤퍼, 로이스 휠러에게 경의와 감사의 뜻을 전하고 싶다.

1968년 2월 14일, 제네바에서
에드거 스노

| 차례 |

머리말 – 존 K. 페어뱅크 · 05
1972년판 서문 · 09
1968년판 서문 · 10

1부_붉은 중국을 찾아서 · 21
1. 풀리지 않는 의문들 · 23
2. '시안(西安)'행 완행열차 · 31
3. 한(漢) 시대의 청동기 유물 · 40
4. 훙구로 들어가다 · 52

2부_적도(赤都)로 가는 길 · 63
1. 백비의 추격을 받으며 · 65
2. 반역자 · 72
3. 허룽의 인물 됨됨이 · 85
4. 붉은 동행자들 · 91

3부_바오안에서 · 99
1. 소비에트의 유력자 · 101
2. 공산당의 기본 정책 · 113
3. 일본과의 전쟁 문제 · 125
4. 목에 걸린 현상금 합계액 2백만 위안 · 137
5. 붉은 연극 · 144

4부_ 어느 공산주의자의 내력 · 157

1. 어린 시절 · 159
2. 창사 시절 · 174
3. 혁명의 서막 · 189
4. 국민당 시절 · 198
5. 소비에트 운동 · 207
6. 홍군의 성장 · 219

5부_ 대장정(大長征) · 235

1. 제5차 초공전 · 237
2. 국가의 이동 · 243
3. 다두허의 영웅들 · 249
4. 대초원을 지나다 · 258

6부_ 서북방의 붉은 별 · 271

1. 산시(陝西) 소비에트의 기원 · 273
2. 죽음과 세금 · 279
3. 소비에트 사회 · 287
4. 재정의 해부 · 298
5. 인생은 50부터 · 306

7부_ 전선으로 가는 길에 · 315

1. 홍구 농민들과 대화를 나누다 · 317
2. 소비에트의 공업 · 324
3. "그들은 노래를 너무 많이 한다!" · 330

8부_ 홍군과 함께(上) · 337

1. 진정한 홍군 · 339
2. 펑더화이의 인상 · 347
3. 왜 공산주의자가 되었나? · 353
4. 유격전의 전술 · 360
5. 홍군 전사의 생활 · 369
6. 정치 집회 · 376

9부_ 홍군과 함께(下) · 387

1. 쉬하이둥: 홍군의 도공(陶工) · 389
2. 중국에서의 계급전쟁 · 398
3. 4대마(四大馬) · 406
4. 회교도와 마르크스주의자 · 415

10부_ 전쟁과 평화 · 423

1. 다시 말[馬]에 대하여 · 425
2. 소홍귀 · 429
3. 통일전선의 실천 · 438
4. 주더에 관하여 · 446

11부_ 바오안으로 돌아와서 · 457

1. 길에서 목격한 일들 · 459
2. 바오안에서의 생활 · 466
3. 러시아의 영향 · 471
4. 중국 공산주의와 코민테른 · 477

5. 외국인 고문 · 482
6. 붉은 중국과의 고별 · 486

12부_ 다시 백구(白區)로 · 495

1. 반란의 서막 · 497
2. 총통의 체포 · 507
3. 장제스, 장쉐량, 공산당 · 515
4. 대립되는 논점의 해결 · 523
5. 올드 랭 사인(Auld Lang Syne, 즐거웠던 옛날)? · 530
6. 붉은 지평(地平) · 536

후기 1944 · 551

후주(後註): 1972년판 주 · 565

부록

마오쩌둥과 에드거 스노의 회견(추가분) · 597

중국 혁명 연표(1840~1971) · 606

인물 약전: 중국 혁명의 인물들 · 623

중국공산당의 지도체제 · 711

참고문헌 · 717

찾아보기 · 728

옮기고 나서 · 739

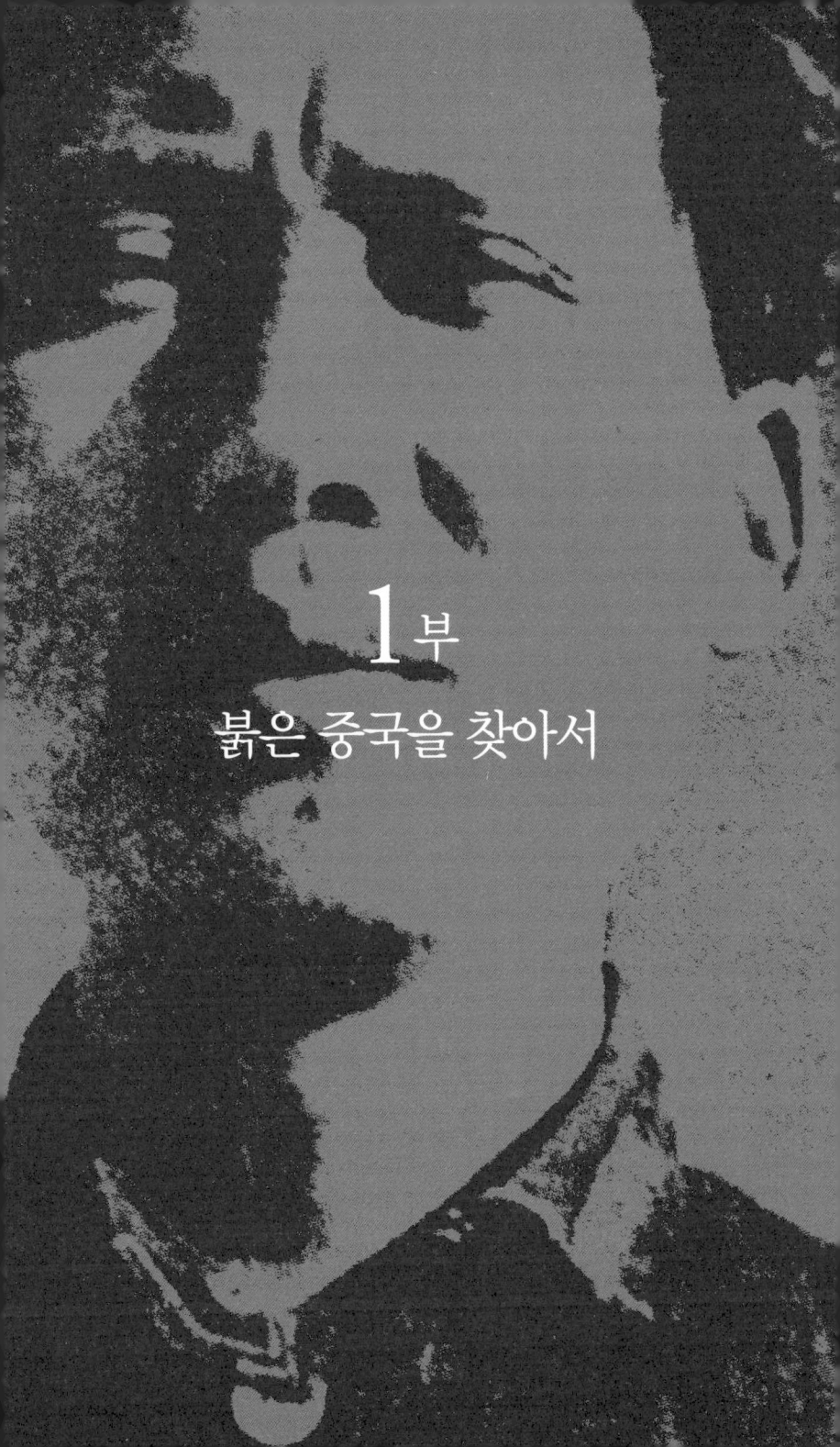

1부
붉은 중국을 찾아서

1. 풀리지 않는 의문들

나는 7년간 중국에 체류하면서 홍군(紅軍)과 소비에트[1] 지구들, 그리고 공산주의 운동에 대해 많은 의문들이 제기되는 것을 보았다. 당파심이 강한 열성적 지지자들은 이러한 의문들에 대해 미리 준비해 둔 답변들을 거침없이 쏟아놓을 수 있겠지만 그런 답변을 들어도 여전히 만족스럽지 못하기는 마찬가지였다. 그들이 그것을 어떻게 '알았다'는 말인가? 그들은 홍구(紅區, Red China)에 한 번도 가 본 적이 없는 사람들이었던 것이다.

사실 국가들 사이에서 빚어지는 불가사의가 아무리 대단하다고 하더라도, 또 어떤 서사적 사건이 아무리 복잡하다고 하더라도 아마 홍구에 관한 소문에는 비할 바가 못 되었을 것이다. 전 세계에서 인구가 가장 많은 나라의 바로 중심부에서 투쟁을 벌여 온 중국 공산주의자들은 철옹성처럼 빈틈없는 뉴스의 봉쇄망에 갇혀 외부와 단절되어 있었다. 수천 명의 적군 부대들이 성벽처럼 이들을 계속 에워싸고 있어 홍구는 티베트보다도 더 접근하기가 어려웠다. 1927년 11월 후난성(湖南省, 호남성) 동남 지역에 중국 최초의 소비에트가 수립된 이래 자발적으로 이 포위벽을 뚫고 들어갔다가 다시 돌아 나와 자신의 체험들을 기록해 낸 사람은 아무도 없었다.

지극히 단순한 요점들조차도 서로 의견이 엇갈렸다. 어떤 사람들은 홍군 같은 존재는 없다고 주장했다. 그저 수천 명의 굶주린 비적들이 있을 뿐이라는 것이었다. 어떤 사람들은 소비에트의 존재마저 부인했다.

---

[1] 인민이 선출한 대표들로 구성된 자치적인 대의조직(代議組織)으로서 피라미드 형태를 갖추며 인민회의 또는 인민대표회의로 불린다. 중국 내의 공산당 장악 지역에는 조그만 촌락 단위부터 이러한 소비에트가 빠짐없이 조직되어 운용되고 있었는데, 앞으로 소비에트 지구라는 표현은 그러한 대의조직이 갖추어진 홍구나 홍구 자체를 일반적으로 일컫는 말로 사용된다—옮긴이.

그런 조직은 공산당이 선전활동을 통해 날조한 것이라는 주장이었다. 그러나 공산당에 동조하는 사람들은 홍군과 소비에트 조직이 중국의 온갖 악폐를 떨쳐 버릴 유일한 구제 수단이라며 찬사를 아끼지 않았다. 이처럼 선전과 역선전이 엇갈리고 있었지만 사실을 추구하는 냉정한 관찰자들에게는 신빙성 있는 증거들이 눈에 띄지 않고 있었다. 바로 여기에 동양의 정치와 급변하는 역사에 관심을 기울이는 모든 사람들의 흥미를 자아낼 만한 몇 가지 풀리지 않는 의문들이 있었다.

중국의 이 홍군은 중국공산당의 중앙집권적인 강령과 통일된 지휘 아래 규율되고, 또 그 강령과 지휘를 충실하게 따르는 자각적인 마르크스주의 혁명가 집단인가, 아닌가? 만일 그렇다면 그 강령은 어떤 내용인가? 중국공산당은 농민혁명을 위하고 제국주의에 반대하며, 또 소비에트식 민주주의와 민족해방을 위해 투쟁하고 있다고 주장했다. 그러나 난징(南京, 남경) 정부 측은 공산주의자들을 '지능적인 비적들'이 이끄는 새로운 형태의 문화 파괴자와 약탈자에 불과하다고 매도했다. 어느 쪽이 옳은가? 아니면 양쪽이 다 옳다는 말인가?

공산당원들은 1927년 이전에는 국민당에 참여하는 것이 허용되었지만, 그해 4월에 대규모 '숙청 작업'이 시작되었다. 공산주의자들, 조직을 갖추지 못한 급진적인 지식인들, 그리고 조직을 갖춘 노동자, 농민 수천 명 등이, 우익 '쿠데타'를 주도해 정권을 장악하고 난징에 '국민당 정부'를 수립했던 장제스(蔣介石, 장개석)에 의해 대규모로 처형되었다. 그 이후 공산주의자나 공산당 동조자가 된다는 것은 곧 사형에 처해질 범죄가 되었고, 실제로 수천 명이 그러한 처벌을 받았다. 그럼에도 수천 명의 사람들은 여전히 그러한 위험을 계속 무릅썼다. 즉 농민, 노동자, 학생, 군인 수천 명이 난징 정부의 군사독재에 무력항쟁을 벌이고 있던 홍군에 가담했다. 그 이유는 무엇이었나? 이들로 하여금 자기를 파멸시킬지도 모를 정치 소신을 계속 지지하도록 휘몰아 가는 그 냉혹한 영향의 실체는 무엇이었는가? 국민당과 공산당 간의 대립을 자아내는 근본적인 원인들은 무엇이었나?[2]

중국 공산주의자들은 어떤 특성을 지녔는가? 그들은 세계 다른 지역의 공산주의자나 사회주의자들과 어떤 면에서 비슷하고 어떤 면에서 다른가? 한가로운 관광객들은 이들이 수염이 긴지, 국물을 마실 때 요란스러운 소리를 내는지, 또 보따리에 사제 폭탄을 넣고 다니는지를 물었다. 진지한 사람들은 이들이 '진정한' 마르크스주의자들인지를 알고 싶어 했다. 이들은 『자본론』과 레닌의 저술들을 읽었는가? 이들은 철저한 사회주의 경제 계획을 수립해 놓았는가? 이들은 스탈린파인가, 트로츠키파인가? 아니면 어느 쪽도 아닌가? 이들의 운동은 실제로 '세계 혁명'과 유기적 연관성을 맺고 있는 일부분인가? 이들은 진정한 국제주의자들인가? '그저 모스크바의 앞잡이에 불과'한 것인가, 아니면 주로 중국의 자주독립을 위해 투쟁하는 민족주의자들인가?

그토록 장기간, 그토록 맹렬하고 용감하게, 또―입장이 다른 온갖 관찰자들과 은밀하게는 장제스 총통의 추종자들 사이에서도 시인되고 있는 것처럼―대체로 그토록 불패의 싸움을 벌였던 이 전사들은 어떤 사람들인가? 이들은 무엇 때문에 그처럼 싸웠는가? 이들을 지탱시켜 준 것은 무엇이었나? 이들의 운동을 뒷받침한 혁명적 기반은 무엇이었는가? 이들을 믿을 수 없을 만큼 완강한 전사―중국의 역사적 특성인 타협적 태도에 비추어 볼 때 도저히 믿을 수 없는―로 만들어, 수백 회의 전투와

---

[2] 쑨원(孫文) 박사와 다른 여러 사람들이 창당한 국민당은 1923~27년의 이른바 대혁명기 때 권력의 지배권을 장악했다. 1921년에 창당된 중국공산당은 1923~27년 당시 국민당의 주요 협력 세력이었다.

봉쇄, 소금난, 기근, 질병, 전염병, 그리고 마지막에는 중국의 12개 성(省)을 횡단하고 수천 명의 국민당 군대를 돌파하면서 마침내 서북 지역의 새로운 근거지로 의기양양하게 들어선 6천 마일(약 9,656킬로미터—옮긴이)의 대장정(大長征)을 이겨 내게 했던, 그들의 희망과 목표와 꿈은 어떤 것이었나?

이들의 지도자들은 어떤 사람들인가? 그들은 이상과 이념, 신조를 열렬하게 신봉하는, 교육 받은 사람들인가? 아니면 사회적 예언가들인가, 또는 생존을 위해 맹목적으로 투쟁하는 무지한 농민들에 불과한가? 난징 정부 측이 노리는 '공비(共匪)' 명단 제1호에 올라 있고, 또 장제스가 죽이거나 생포한 사람에게 준다는 은화 25만 위안(元)³의 상금이 목에 걸린 마오쩌둥(毛澤東, 모택동)*은 어떤 사람인가? 동양인의 목에 그처럼 거액의 상금이 걸린 이면에서는 어떤 상황이 벌어지고 있는가? 실제로 마오쩌둥은 난징 측이 발표한 대로 이미 죽었는가? 홍군 총사령관으로서 난징 정부 측에는 그 목숨이 마오쩌둥만큼이나 값진 주더(朱德, 주덕)*는 어떤 사람인가? 또 28살의 홍군 전술가로서 패배를 모른다는 그 유명한 홍군 제1군단을 지휘한 린뱌오(林彪, 임표)*는 어떤 사람인가? 그의 출신지는 어디인가? 몇 차례나 거듭 사망설이 떠돌다가도 결국은 상처 하나 없이 새로운 부대를 이끌고 국민당과 싸우면서 뉴스에 다시 등장하는 그 밖의 많은 홍군 지도자들은 어떤 사람들인가?

엄청난 우세를 보인 군사적 결합체에 9년간 대항하면서 홍군이 눈부신 전과를 올렸던 것을 어떻게 설명해야 좋을까? 난징 정부가 이들과 전쟁을 하면서 활용했던 공업기지나 대형 포(砲), 독가스, 항공기, 자금, 그

---

3 당시 외국인들은 중국의 위안(元, 원)을 달러로 불렀는데, 1위안은 당시의 미국 달러화로 약 0.35달러에 상당했다.

리고 현대적인 기술 따위를 일체 지니지 못했으면서도 홍군은 어떻게 살아남았고, 또 추종 세력을 확대시킬 수 있었나? 이들은 어떤 전술을 사용했나? 이들은 어떻게 훈련을 받았나? 이들에게 누군가가 조언을 해 주었던가? 비상한 군사적 재능을 지닌 러시아인들이 이들과 함께 있었던 것인가? 이들을 토벌하도록 파견한 모든 국민당군 지휘관들은 물론이고, 처음에는 폰 제크트(von Seeckt) 장군이, 나중에는 폰 팔켄하우젠(von Falkenhausen) 장군이 단장이었던 장제스의 사치스러운 대규모 독일 고문단의 군사적 계략까지도 무찔러 버린 홍군 지도자는 누구였는가?

중국의 소비에트는 어떤 형태를 하고 있나? 농민들은 소비에트를 지지했는가? 지지하지 않았다면 소비에트를 결속시킨 것은 무엇이었나? 공산주의자들은 그들의 영향력을 확고하게 다진 지역에서 '사회주의'를 어느 정도까지 성취했는가? 홍군이 대도시들을 장악하지 않은 이유는 무엇인가? 이 점은 이들의 투쟁이 진정한 프롤레타리아 주도의 운동이 아니라 본질적으로 농민 반란의 성격을 벗어나지 못하고 있음을 입증한 것인가? 인구의 80퍼센트 이상이 아직도 농토에 매달려 있고, 산업 조직도 소아마비 상태까지는 아니더라도 여전히 유치한 초기 단계에 머물러 있는 중국에서 '공산주의'나 '사회주의'를 말한다는 것이 어떻게 가능했나?

이들은 어떤 옷을 입고 있고, 무엇을 먹고 살며, 어떤 놀이를 즐기고, 어떻게 사랑을 나누고 노동하는가? 이들의 혼인 법규는 어떤 내용으로 되어 있나? 국민당 선전요원들의 단정적인 주장처럼 그들은 여자들까지도 '공유화'하고 있는가? 중국식의 '붉은 공장'은 어떤 모습을 하고 있나? 또 붉은 연극계의 모습은? 이들은 경제 조직을 어떤 형태로 만들어 놓았는가? 보건과 오락, 교육 그리고 '붉은 문화'는 어떠한가?

홍군의 세력은 어느 정도였는가? 코민테른의 간행물이 자랑하는 것처럼 50만 명의 규모였는가? 그것이 사실이라면 왜 정권을 장악하지 못했는가? 홍군은 무기와 탄약을 어디서 입수했는가? 홍군은 규율 잡힌 군대인가? 사기는 어떠한가? 장교와 사병이 똑같은 생활조건에서 지낸다는 것은 사실인가? 장제스 총통이 1935년에 발표한 것처럼 난징 정부가 '공비의 위협을 분쇄'했다고 한다면, 1937년에 과거 어느 때보다도 확대된 단일 통합지역(중국에서 가장 전략적인 위치에 있는 지역)을 홍군이 장악했다는 사실은 어떻게 설명되어야 하는가? 홍군이 뿌리 뽑혔다면 일본은 무엇 때문에 히로타 고키(廣田弘毅, 1933~36년에 외상, 1936~37년에 총리를 지냈으며, 2차 세계대전 종전 후 A급 전범으로 기소돼 교수형을 선고받아 처형당함—옮긴이)의 성명에서 그 유명한 제3항을 통해 난징 정부가 '아시아의 공산주의화를 막기 위해' 일본 및 나치 독일과 반공조약을 체결해야 한다고 요구했는가? 홍군은 정말 '반제국주의적'인가? 이들은 일본과 전쟁을 원하는가? 대일항전을 벌인다면 모스크바는 이들을 지원할 생각인가? 아니면 이들의 격렬한 반일(反日) 슬로건들은 저명한 후스(胡適, 호적) 박사가 베이징의 흥분한 학생들에게 불안한 표정으로 단언한 것처럼, 하나의 술책에 불과한 것으로서 대중의 동조를 얻기 위한 필사적인 기도이자, 사기가 떨어진 반역자와 비적들의 마지막 외침에 지나지 않는 것인가?

중국 공산주의 운동의 군사적, 정치적 전망은 어떠한가? 이 운동의 발전은 어떤 변천을 겪어 왔나? 성공할 가능성은 있는가? 또한 성공한다면 그런 사태는 우리 모두에게 어떤 의미를 지니게 되는가? 일본에는 어떤 의미가 있는가? 이러한 엄청난 변화가 일어난다면 그것은 세계 전체 인구의 5분의 1(어떤 사람들은 4분의 1이라고 주장했다)을 차지하는 중국인들에게 어떤 영향을 미치게 될 것인가? 세계 정치에는 어떤 변화를 일으킬 것인가? 또 세계 역사에는? 중국에 대한 영국, 미국, 그 밖의 다른 나라들의 방대한 투자에는 어떤 영향을 미칠 것인가? 공산당에게 도대체 '외교정책'이라는 것이 과연 있는가?

끝으로, 중국에 '민족통일전선'을 만들고 내전을 중지하자는 공산당의 제의에는 어떤 의도가 담겨 있는가?

공산주의자가 아닌 관찰자들 가운데 단 한 사람도 이러한 의문들을 자신 있고 정확하게 또는 직접적인 조사를 바탕으로 한 사실로써 해명해 줄 수 없다는 것이 한동안은 우스워 보였다. 바로 여기에서 하나의 이야기(소문-옮긴이)가 날로 관심과 중요성을 더해 가고 있었다. 신문 특파원들이 사소하고 지엽적인 문제들을 기사로 만들어 송고하는 가운데 시인하고 있는 것처럼, 그것은 바로 중국의 '그' 이야기였다. 그럼에도 우리는 모두 참담하리만치 그 소문에 대해 아무것도 모르고 있었다. '백구(白區, white area)'에서 공산주의자들과 접촉한다는 것은 지극히 어려운 일이었다.

목에 사형선고를 달고 있는 공산주의자들은 그런 상류-또는 하층-사회에 신원을 노출시키는 일이 없었다. 난징 정부는 심지어 조계(租界)에서까지도 많은 보수를 지급하는 밀정 조직을 만들어 활동시켰다. 예를 들어 상하이(上海, 상해) 공동 조계의 영국 경찰에서 공산주의자 추적 책임자로 근무했던 C. 패트릭 기븐스(C. Patrick Givens) 같은 자경단원(自警團員)들이 그런 경우였다. 기븐스 경위는 매년 공산주의자 혐의를 받고 있던 많은 사람들을 체포하는 공을 세웠는데-뒤이어 국민당 당국은 조계에서 범인들을 인도 받아 투옥하거나 처형했다-이들은 대부분 15~23살의 젊은이들이었다. 그는 급진적인 중국 청년들을 바로 그들의 나라 안에서 은밀하게 감시하고 추적하기 위해 고용한 많은 외국인 밀정 중의 한 사람에 불과했다.

우리가 홍구에 대해 무엇인가를 알기 위해서는 그곳으로 들어가는 방법밖에 없다는 것을 모두 알고 있었다. 우리는 '메이여우파즈(沒有法子, 몰유법자)', 즉 '방법이 없다'는 이야기로 변명을 일삼아 왔다. 몇 사람이 시도해 보았지만 실패했다. 그 일은 불가능한 것으로 믿어졌다. 사람들은 아무도 홍구로 들어갔다가 살아나올 수 없다고 생각했다.

그런데 1936년 6월, 가까운 중국인 친구가 중국 서북 지역에 놀라운 정치 상황이 벌어졌다는 소식을 나에게 전해 주었다. 그 상황은 세상을 떠들썩하게 만든 장제스 총통의 구금으로 절정을 이루었다가, 나중에 중국 역사의 흐름을 바꾸어 놓게 되었다. 그러나 그때 나에게 더욱 중요하게 느껴졌던 일은 이 소식을 통해 홍구로 들어갈 수 있는 방법을 알게 되었다는 것이다. 그 방법을 활용하려면 당장 출발하지 않을 수 없었다. 기회는 한 번밖에 없는 만큼 놓칠 수 없었다. 나는 그 기회를 이용해 9년간에 걸친 뉴스 봉쇄망을 뚫고 홍구로 들어가 보기로 결심했다.

나는 여러 가지 위험에 부딪쳤던 것이 사실이지만, 나중에 내가 사망했다—'비적들에게 살해되었다'—고 전한 보도들은 거짓된 것이었다. 그러나 여러 해 동안, 정부의 보조를 받는 중국 신문들과 중국 내 외국 신문들의 지면을 가득 채웠던, 홍군의 잔악행위에 관한 수많은 공포스러운 기사들을 떠올리자, 길을 떠나는 내 기분이 그리 유쾌할 리는 없었다. 사실 나는 소비에트 정부의 주석인 마오쩌둥에게 보일 소개장[1]밖에는 아무것도 지닌 것이 없었다. 내가 해야 할 일이라고는 그를 찾아내는 것뿐이었다. 어떤 모험들을 헤쳐 나가야 할까? 어쨌든 지난 수년 동안 국민당과 홍군 간의 싸움에서 수천 명이 희생되었다. 그 진상을 밝혀내는 노력 이상으로 한 외국인이 목숨을 걸 만한 가치 있는 일이 있을까? 나는 죽음을 무릅쓰려는 그 목숨에 내 자신이 얼마간 애착을 느끼고 있는지 알았지만, 그 대가가 감당할 수 없을 만큼 비싼 것은 아니라는 결론을 내렸다.

나는 이처럼 매우 감상적인 기분으로 길을 떠났다.

2. '시안(西安)'행 완행열차

때는 6월 초여서 베이징(北京, 북경)은 봄철의 싱싱한 푸르름 속에 덮여 있었다. 그리고 자금성(紫禁城)은 수천 그루의 버드나무와 커다란 삼나무들에 둘러싸여 사람들의 경탄과 황홀감을 자아내고 있었다. 이 성 안의 서늘한 여러 정원들에 들어서 있으면 궁전들의 화려한 지붕 너머에, 뼈를 깎는 고통과 기아와 혁명과 외국의 침략이 횡행하는 중국이 있다는 사실이 도무지 믿기지 않았다. 투실투실 살이 찐 베이징의 외국인들은, 이 굉장한 도시를 외부와 격리시키는 말 없는 성벽 너머에서 인간의 심장들이 고동치고 있다는 것을 전혀 모른 채, 그들 자신의 조그만 별천지에서 소다수를 탄 위스키와 폴로, 테니스, 한담을 즐기면서 유쾌하게 살 수 있었고, 또 실제로 많은 외국인들이 그렇게 살고 있었다.

그러나 지난해에는 중국 전역을 뒤덮고 있는 투쟁의 분위기가 베이징의 이 오아시스에까지 밀려들었다. 중국을 정복하겠다는 일본의 거듭된 위협에 자극 받은 중국 인민들, 특히 격분한 청년들이 대규모 시위를 벌였다. 몇 달 전 나는 총탄 자국이 난 성벽 밑에 서서, 1만여 명의 학생들이 집결하여 헌병들의 곤봉 세례에도 아랑곳하지 않고 모두 입을 모아 우렁차게 "일본에 저항하자! 화베이(華北, 화북)를 화난(華南, 화남)에서 분리하라는 일본 제국주의의 요구를 거부하자!"라는 구호를 외치는 것을 지켜보았다.

베이징을 에워싸고 있는 방어용 석축물도, 중국 홍군이 실지 회복을 위한 대일항전의 개시를 표방하면서 산시성(山西省, 산서성)을 지나 만리장성으로 진군하겠다는 놀라운 시도의 반향(反響)을 막아낼 수는 없었다. 다소 비현실적인 이 원정(遠征)은 장제스 총통의 신예 병력 11개 사단에 의해 즉각 저지되었다. 하지만 투옥과, 경우에 따라서는 처형까지도

감수하면서 거리에 모여 금지된 구호들인 "내전을 중지하라! 항일을 위해 공산당과 협력하라! 조국을 구하자!"⁴라고 외쳐 대는 학생들의 시위까지 저지하지는 못했다.

어느 날 한밤중에 나는 몸이 약간 불편하긴 했지만 몹시 설레는 가슴을 안고 낡은 열차에 올랐다. 그렇게 흥분한 것은 자금성이 지닌 중세기의 장엄한 아름다움으로부터 수백 년, 그리고 수백 킬로미터 떨어져 있는 어느 땅으로 가는 탐험 여행이 내 앞에 펼쳐져 있었기 때문이다. 나는 '붉은 중국'을 찾아가는 것이었다. 몸이 약간 불편한 것은 맞을 수 있는 예방주사를 모조리 맞았기 때문이었다. 팔과 다리에 천연두, 장티푸스, 콜레라, 발진티푸스, 페스트균 들에 대한 예방접종을 받았던 것이다. 이 다섯 가지 질병이 서북 지역에 유행하고 있었기 때문이다. 더구나 최근에는 산시성(陝西省, 섬서성)에 선(腺)페스트가 번지고 있다는 놀라운 보도들이 전해졌는데, 산시성은 선페스트가 풍토병으로 남아 있는, 세계에서 몇 군데 안 되는 지역 중의 하나였다.

나는 우선 당장의 목적지로 시안부(西安府, 서안부)를 잡았다. 시안부는 산시(陝西)성의 성도(省都)인데, 열차를 타고 베이징 서남쪽으로 이틀 밤낮을 지루하게 달려야 닿을 수 있는 곳으로서 룽하이(朧海, 농해) 철도선의 서쪽 종착지였다. 그곳에서 나는 북쪽으로 방향을 돌려 대서북(大西北)의 중심부를 차지하고 있는 소비에트 지역으로 들어갈 계획이었다. 시안부에서 북쪽으로 약 240킬로미터 떨어진 곳에 있는 뤄촨(洛川, 낙천)이 당시 산시성에서 홍구가 시작되는 기점이었다. 그 이북으로는 간선도로변의 지역과 나중에 이야기할 몇 개 지점을 제외하고는 모두 이미

---

4 1935년 12월 9일의 학생시위는 공산당에게 유리하게 작용한 역사적인 '전환점'이 되었다. 이 시위의 주도자는 황징(黃敬)*과 황화(黃華)* 등이었다. 약전표 참조.

붉게 물든 홍구였다. 산시성의 공산당 지배 지역은 대체로 뤄촨을 남단으로, 만리장성을 북단으로, 그리고 동서로는 황허(黃河, 황하)가 경계를 이루고 있었다. 티베트 변두리에서 흘러나와 넓고 탁한 강물을 이루는 황허는 북쪽으로 간쑤성(甘肅省, 감숙성)과 닝샤성(寧夏省, 영하성)을 지나 만리장성 위에서 쑤이위안(綏遠, 수원), 즉 네이멍구(內蒙古, 내몽고)로 흘러 들어간다. 그곳에서 동쪽 방향으로 얼마간 구불구불 제멋대로 흘러가다가 다시 남쪽으로 방향을 틀어 만리장성을 가르고 나와 산시(陝西)성과 산시(山西)성의 경계를 만든다.

당시 소비에트 조직들이 활동했던 곳이 중국에서 가장 위험한, 황허의 이 거대한 만곡부(灣曲部) 안에 있는 산시(陝西)성 북부, 간쑤성 동북부, 닝샤성 동남부 지역이었다. 그리고 기이한 역사의 계기로 이 지역은 중국의 문명 발상지 영역과 거의 합치되고 있었다. 중국인들은 수천 년 전 이곳 인근에서 하나의 민족을 형성하고 하나로 뭉쳐졌던 것이다.

다음 날 아침 나는 함께 탄 승객들을 살펴보았는데, 내 맞은편 좌석에는 청년 한 사람과 흰 수염을 기른 점잖은 노인이 쓴 차를 마시며 앉아 있었다. 청년이 곧 나에게 말을 건넸는데, 처음에는 의례적인 이야기를 하다가 결국은 정치 이야기로 흘러갔다. 이야기를 들어 보니 청년의 처삼촌이 철도공무원이어서 그는 무임승차권으로 여행을 하고 있었다. 그는 7년 전에 떠났던 고향인 쓰촨성(四川省, 사천성)으로 돌아가는 길이었다. 그러나 그는 과연 고향 마을을 찾아볼 수 있을지를 확신하지 못했다. 고향 마을 근처에 비적들이 활동하고 있다는 소문을 들었기 때문이다.

"홍군 말인가요?"

"아, 아니에요. 쓰촨(四川, 사천)에도 홍군이 있기는 하지만 홍군 이야기가 아니에요. 비적 말이지요."

"그렇다면 홍군은 비적이 아닌가요?" 나는 호기심이 생겨 계속 물었다. "신문에서는 그들을 항상 홍비(紅匪)나 공비(共匪)라고 부르던데요."

"아, 그렇지만 편집자들이 난징 정부의 명령 때문에 그들을 비적으로 부를 수밖에 없다는 사실을 아셔야 합니다." 그가 설명을 이었다. "만약에 편집자들이 그들을 공산주의자나 혁명가 들로 부른다면 그것은 곧 그들 자신이 공산주의자임을 입증하는 셈이 될 거예요."

"하지만 쓰촨에서는 사람들이 홍군을 비적들만큼 무서워하지 않나요?"

"예, 사람 나름이겠지요. 부자들은 그들을 두려워해요. 지주와 관리, 세리(稅吏)도 마찬가지고요. 그렇지만 농민들은 이들을 겁내지 않습니다. 어떤 때는 이들을 환영한답니다." 그러다가 청년은 옆에 앉아서 이야기에 열심히 귀를 기울이면서도 겉으로는 안 듣는 체하는 노인을 경계하는 표정으로 힐끗 쳐다보았다. 그가 다시 입을 열었다. "아시겠지만 농민들은 너무 무식해서 홍군이 그저 그들을 이용하려 한다는 것을 모르고 있지요. 이들은 홍군이 정말 본심을 털어놓고 있다고 생각하고 있어요."

"그렇다면 그들의 말은 본심이 아니란 뜻인가요?"

"아버지가 나에게 보낸 편지로는 그들은 쑹판(松潘, 송번: 쓰촨 지역의 마을 이름)에서 고리대금업과 아편을 없애 버리고 또 토지를 재분배했다고 하더군요. 그러니 그들은 분명 비적은 아닙니다. 이들이 원칙들을 갖고 있다는 것도 사실이에요. 그러나 이들은 악한 사람들입니다. 사람을 너무 많이 죽여요."

그때 뜻밖에도 흰 수염의 노인이 온화한 얼굴을 들고서는 아주 침착한 표정으로 놀라운 말을 한마디 던졌다.

"그들은 사람을 많이 죽이지 않소!"

우리는 다 같이 소스라치게 놀란 얼굴로 노인을 바라보았다.

불행히도 열차는 난숴(難所, 난소)에 거의 다 왔고, 나는 그곳에서 룽하이선(隴海線, 농해선)으로 바꿔 타야 했기 때문에 대화를 중단할 수밖에 없었다. 그러나 나는 그 이후 유생(儒生) 모습을 한 그 노신사가 자신의 놀라운 주장을 뒷받침할 만한 결정적 증거로서 어떤 것을 내세우려 했을까 생각하곤 했다. 다음 날 열차—이번 열차는 새 것이라 매우 안락했다—가 허난(河南, 하남)성과 산시(陝西)성에 있는 무시무시한 높이의 황토 구릉을 헤치고 천천히 올라간 다음, 시안부의 멋진 새 역사(驛舍)로 굴러들어갈 때까지 나는 하루 종일 그것을 생각했다.

나는 시안부에 도착한 직후 산시(陝西)성 시안 수정공서(綏靖公署) 주임(평정책임자)인 양후청(楊虎城, 양호성) 장군*을 방문했다. 2년 전까지만 해도 양후청 장군은 산시성에서 홍군 지배 지역을 제외한 나머지 지역을 마음대로 통치했던 명실상부한 지배자였다. 비적 출신인 그는 중국의 매우 유능한 많은 지도자들과 비슷한 과정을 거쳐 권력의 자리에 올랐고, 관습화된 축재 또한 동일한 과정을 좇았던 것으로 알려졌다. 그러나 그는 최근에 와서 자신의 권력을 서북 지역의 다른 몇 사람과 나누어 갖지 않으면 안 되었다. 왜냐하면 1935년에, 만주의 지배자였던 '젊은 원수' 장쉐량(張學良, 장학량)*이 동북(만주)군을 산시(陝西)성으로 이끌고 와 이 지역의 홍군 토벌 최고책임자, 즉 국민당군 초비(匪) 부사령(관)으로 취임하여 시안부에 자리를 잡았기 때문이다. 그리고 이 젊은 원수를 감시하기 위해 장제스 총통의 복사(服事)인 사오리쯔(邵力子, 소력자)*가 시안부에 와 있었다. 사오리쯔는 산시(陝西)성 성장(省長)이었다.

이 세 인물과 그 밖의 또 다른 사람들 간에는 미묘한 세력 균형이 유지되고 있었다. 배후에서 이들 모두를 조종하는 사람이 그 무서운 총통 자신이었는데, 그는 자신의 독재 권력을 서북 지역까지 확대시켜 공산당이 주도하는 혁명뿐만 아니라 늙은 양후청과 젊은 장쉐량의 군대까지도 홍군과 싸우게 하는 간단한 방법으로 말살시키려 했다. 장제스는 3막으로 된 이 비상한 정치·군사 드라마의 주요 술책을 자신만이 알고 있다고 믿었던 것이 분명했다. 그러나 몇 달 뒤 장제스가 시안부에 사로잡혀 이 3자의 손아귀에 목숨이 달리게 된 것은 다름 아닌 그런 계산착오―자신의 목적 추구에 너무 성급했고 또 상대방의 어리석음을 과신했던―때문이었다.

나는 5만 위안을 들여 막 공사를 끝낸 신축 석조 저택에서 양 장군[5]을 만났다. 그는 방이 많고 지붕이 둥근 이 저택―산시(陝西)성 수정공서 주임의 관저―에서 아내도 없이 혼자 살고 있었다. 양후청은 과도기에 처한 그 당시의 많은 중국인들처럼 가정적인 불행에 빠져 있었다. 그는 아내가 둘이었는데, 한 사람은 젊은 시절에 맞아들인 전족(纏足)한 아내로, 푸청(浦城, 포성)에 있는 부모가 그와 혼약을 결정한 여인이었다. 다른 한 사람은 장제스의 부인처럼 활달하고 당찬 여인으로, 다섯 자녀를 낳은 아름답고 젊은 아내였다. 소문으로는, 한때 공산주의에 빠졌던 현대적이고 진취적인 여성으로 양후청이 직접 선택해서 결혼했다고 한다. 선교사들의 말에 따르면 그가 새 저택으로 이사할 때 두 아내는 저마다 최소한의 요구를 내세웠는데 그 요구가 똑같았던 모양이었다. 두 아내는 서로 몹시 미워했지만 각기 아들들을 낳았기 때문에 본처 행세를 할 권리가 있었다. 그래서 두 아내는 다른 하나가 떨어져 살지 않는 한 그 석조 저택으로 이사하지 않겠다고 완강하게 고집을 부렸다.

다른 사람의 눈에는 이 문제가 간단하게 보였다. 어느 한쪽과 이혼을 하거나 아니면 세 번째 부인을 맞아들이면 해결되는 것이었다. 그러

---

[5] 나를 양 장군에게 소개한 사람은 왕빙난(王炳南, 왕병남)*이었는데, 그는 당시 부인 안나와 함께 양후청의 집에 살고 있었다. 왕은 양의 정치적 비서이자, 시안에서는 중국공산당 중앙위원회와 양 장군 및 장쉐량 원수 간의 연락책임자 구실을 했다.

나 양 장군은 결단을 내리지 못해 지금까지도 혼자 살고 있었다. 그와 같은 딜레마는 근대 중국에서 그리 보기 드문 일이 아니었다. 장제스도 미국에서 교육 받은 부잣집 딸인 쑹메이링(宋美齡, 송미령)과 결혼할 때 비슷한 문제에 부딪쳤다. 감리교 신자인 쑹메이링이 일부다처제를 받아들이려 하지 않았기 때문이다. 결국 장제스는 첫째 부인[아들 장징궈(蔣經國, 장경국)*의 생모]과 이혼하고, 두 명의 첩에게는 위자료를 주어 떼어 버렸다. 선교사들은 이러한 결단에 크게 찬동하고, 그 이후부터 그의 영혼을 위해 기도했다. 그러나 많은 중국 사람들은 이런 식의 해결 방법―서양에서 흘러들어온 신식 사고방식―을 여전히 못마땅하게 생각했다. 서민 출신으로 출세한 나이 많은 양후청은 자신의 영혼 따위보다는 조상들이 지켜온 관습을 더 존중했던 것이다.

양후청이 과거 비적 노릇을 한 경력이 있기 때문에 그가 반드시 지도자의 자격을 갖추지 못했을 것이라고 추측하는 것은 잘못이다. 젊은 시절의 비적 경력이 흔히 강한 품성과 결의를 지닌 사람으로 비쳐지는 중국에서는 그런 식의 추측이 통용될 수 없다. 중국 역사를 살펴보면 가장 유능한 일부 애국자들이 한때는 모두 비적으로 낙인찍혔음을 알 수 있다. 사실 극악한 무뢰한과 불한당, 반역자들 중 상당수는 존중되는 관습과 부패하고 위선적인 유교적 처세훈(處世訓), 그리고 중국 고전에서 볼 수 있는 승려적 책략에 편승하여 권력의 자리에 오른 사람들이었다. 그리고 그 밖에도 이들은 권력을 장악하는 과정에서 정직한 비적의 매우 강력한 힘을 이용하는 경우도 많이 있었다.

양 장군의 혁명가 경력을 살펴보면, 그는 소박한 농부로서 한때는 이 세상을 크게 변혁시켜 보겠다는 청운의 꿈도 품었을 법하다. 하지만 막상 권좌에 올라 세상을 변혁시킬 방법을 모색했으나 허망하게 끝나, 이제는 몸도 지치고 마음도 약해져서, 자기 주변에 몰려 있는 물욕에 어두운 병졸들의 충고에나 귀를 기울이고 있는 사람임을 알 수 있었다. 그러나 그가 그런 꿈을 지니고 있다 하더라도 나에게는 털어놓지 않았다. 그는 정치 문제에 관한 이야기를 회피하고 나를 정중하게 비서 한 사람에게 떠넘겨 시내를 안내하도록 지시했다. 내가 만났을 때 그는 심한 두통과 류머티즘에 시달리고 있었는데, 그런 갖가지 고통을 겪고 있는 그에게 계속 자극적인 질문들을 던질 수는 없었다. 오히려 나는 궁지에 빠져 있는 그를 진심으로 동정했다. 그래서 나는 그와 짤막한 면담을 끝내고 정중하게 물러나와 성장(省長)인 사오리쯔에게 몇 가지 답변을 얻어 내기로 했다.

사오 성장은 성청(省廳)의 넓은 뜰에서 나를 맞았는데, 그곳은 먼지 덮인 시안 거리를 태울 듯한 열기가 걷힌 후라 서늘하고 아늑했다. 내가 그를 마지막으로 만난 것은 6년 전 그가 장제스의 개인비서로 있을 때였는데, 그때 그는 내가 총통과 회견할 수 있도록 도와주었다. 그 이후 그는 국민당 내에서 빠른 속도로 승진했다. 그는 유능하고 학식이 깊어 총통이 이젠 성장이라는 고위관직을 주었다. 그러나 초라하게도 사오리쯔는 다른 많은 민간인 성장과 마찬가지로 성도의 회색빛 성벽 밖에 있는 지역은 별로 통치하지 못했다. 성벽 너머의 지역은 양 장군과 젊은 원수(장쉐량—옮긴이)가 나누어 지배하고 있었던 것이다.

사오리쯔도 한때는 '홍비'였다. 그는 중국공산당 내에서 선구적인 역할을 한 일이 있었다. 그 당시에는 공산주의자가 되는 것이 유행이었다. 하지만 많은 총명한 젊은이들이 공산주의자가 된다는 것 말고는 공산주의자가 된다는 것이 정확하게 무엇을 뜻하는지 제대로 알고 있는 사람이 없었다. 1927년 이후에 공산주의자가 된다는 것이 무엇을 의미하는지 명확하게 드러나면서 자칫 목숨을 잃을지 모르게 되자 그는 공산주의를 포기했다. 사오리쯔는 뒤이어 독실한 불교 신자가 되어 자연히 어떤 이

교자(異敎者)적 기미도 더 이상 보이지 않았다. 그는 중국에서 가장 호감을 주는 신사 중의 한 사람이었다.②

"홍군의 동태는 어떤가요?"

"남아 있는 숫자가 많지 않아요. 산시(陝西)에 있는 자들은 잔당에 불과해요."

"그럼 전쟁은 계속되나요?"

"아니요, 현재는 산시(陝西)성 북부 지역에서 거의 전투가 벌어지지 않고 있어요. 홍군은 닝샤성과 간쑤성으로 이동하고 있습니다. 그들은 외몽골과 손을 잡으려는 모양이에요."

그는 서남 지역의 상황으로 화제를 돌렸다. 그 당시 서남 지역에서는 반란파 장군들이 항일전쟁을 요구하고 있었다. 나는 중국이 일본과 싸워야 하는지에 대해 그의 의견을 물었다. "우리가 맞서 싸울 수 있을까요?" 그가 되물었다. 그러고는 이 불교도 성장은 일본에 대한 자신의 생각을 꼼꼼하게 나에게 들려주었는데, 다만 그 당시 국민당 정부 관리들이 일본에 대한 자신의 견해를 밝힐 때 예외 없이 요구하던 그대로 '공표하지 않는다'라는 조건을 붙이고서였다.

이 회견이 있고 몇 달이 지난 뒤 가련한 사오리쯔는—자신이 받드는 총통과 함께—장쉐량 원수 군대의 일부 젊은 반란병사들에 의해 바로 일본과의 이 전쟁 문제로 생명의 위협을 받게 되었다. 그때 병사들은 분별 있는 행동을 거부하고, '아마 언젠가'는 항일전쟁을 하게 될 것이라는 그의 대답을 답변으로 받아들일 수 없다고 거부했다. 또한 체구가 아주 작은 사오리쯔의 아내—모스크바에서 유학하고 돌아왔고 또 과거 공산주의자였던 여성—는 몇몇 반란병사들에 의해 궁지에 몰렸지만 체포당하지 않으려고 대담하게 저항하는 수난을 겪게 되었다.

그러나 사오리쯔는 이날 나와 회견하던 중에, 몇 달 뒤에 닥쳐올 이런 사태를 예감한 듯한 기미를 전혀 보이지 않았고, 우리는 그저 의견 교환 끝에 서로의 견해가 위험스러울 만큼 합치될 즈음에 물러나올 시간을 맞고 말았다. 나는 그와 한 회견에서 내가 알고 싶어 했던 것을 이미 들었다. 그는 산시(陝西)성 북부에서 전투가 잠정적으로 중지되었다는, 베이징의 내 정보소식통의 말을 확인해 주었다. 따라서 적당한 준비를 갖추면 전선으로 갈 수 있게 되었다.

3. 한(漢) 시대의 청동기 유물

내가 시안부에 도착한 지 약 6개월이 지난 뒤 서북 지역의 위기는 그 누구도 예측할 수 없는 형태로 폭발하여, 전 세계는 장쉐량 원수 휘하의 대군과 또 장쉐량이 초비군 부사령으로 분쇄하도록 명령 받은 바로 그 공비들 간에 이루어진 놀라운 동맹을 극적으로 보게 되었다. 그러나 1936년 6월에는 아직도 이 기묘하게 발전하는 사태들을 외부세계는 전혀 모르고 있었고, 심지어 시안부 경찰을 장악하고 있는 장제스 자신의 남의사[藍衣社: 장제스를 지도자로 받든 중국국민당의 특무기관인 부흥사(復興社)를 말함. 남색 옷을 입었다 하여 남의사라고도 부름―옮긴이] 헌병대 본부에서도 어떤 사태가 진행되고 있는지를 정확하게 눈치채지 못했다. 시안부의 형무소에는 약 300명의 공산주의자들이 갇혀 있었는데, 남의사 헌병대는 공산주의자들을 더 잡아들이기 위해 추적을 계속하고 있었다. 곳곳에 극도로 긴장된 분위기가 감돌고 있었다. 스파이와 역스파이 행위들이 횡행하고 있었다.

그러나 내가 본의 아니게 간직하지 않으면 안 되었던 비밀들과 더불어, 그때의 긴장감 넘치는 하루하루에 대해 더 이상 계속 비밀을 지킬 필요성이 없어졌기 때문에 이제는 그 진상들을 여기에 밝힐 수 있게 되었다.

나는 시안부에 도착하기 전까지는 홍군을 한 사람도 만나지 못했다. 안 보이는 잉크로 마오쩌둥 앞으로 보내는 소개장을 나에게 써 준 베이징의 그 인물이 홍군의 한 지휘관이란 사실은 알고 있었지만 그를 만나보지는 못했다. 나는 내 오랜 친구인 제3자를 통해 그 소개장을 전달 받았다. 이 편지 외에 서북 지역에서 연결될 수 있는 희망은 한 가지밖에 없었다. 나는 일단 시안부의 어느 호텔로 가서 객실을 하나 잡고, 왕(王)씨라고 자칭할 뿐 그 밖에는 내가 신원을 전혀 알 수 없는, 어느 신사의 방문을 대기하라는 지시만을 받았을 뿐이다. 그 밖에는 아무 이야기도 듣지 못했다. 다만 왕 씨라는 사람이, 내가 개인 비행기 그것도 다름 아닌 장쉐량의 전용기편으로 홍구에 들어가도록 주선할 것이라는 이야기만을 들었다.

내가 지정된 호텔에 투숙한 지 며칠이 지나자, 몸집이 크고 약간 불그스름한 혈색에 살은 쪘지만 강건한 체격을 갖춘 위엄 있는 중국인이 열어 놓은 객실 문으로 들어서더니 유창한 영어로 나에게 인사를 건넸다. 그는 부유한 상인처럼 보였지만 베이징의 내 친구가 말해 준 대로 자신을 왕 씨라고 소개해서 그가 곧 내가 기다리던 사람이라는 것을 알았다.

그 이후 1주일 동안 함께 지내면서 나는 왕 씨를 만난 것만으로도 시안부까지 온 보람이 있음을 알았다. 나는 하루 네다섯 시간씩 그의 이야기와 회고담, 그리고 정치 정세에 대해 더욱 진지한 설명을 들으면서 보냈다. 그는 전혀 뜻밖의 인물이었다. 상하이의 선교사 학교에서 교육 받은 그는 기독교계에서 이름이 널리 알려져 있었고, (내가 나중에 안 사실이지만) 한때는 자신의 교회까지 가지고 있었으며, 공산당원들 사이에서는 왕 목사로 알려져 있었다. 그는 출세한 상하이의 많은 기독교도들과 마찬가지로 청방(青幇)[6]의 회원이었는데, 그 때문에 그는 장제스(역시 청방의 회원이었음)부터 청방의 두목인 두웨성(杜月笙, 두월생)에 이르기까지 모르는 사람이 없었다. 그는 한때 국민당 정부의 고관을 지냈는데, 나는 지금까지도 그의 본명을 밝힐 수가 없다.③

교회 일과 관직을 떨치고 나온 왕 목사는 한동안 공산당과 협력해 왔는데, 그 기간이 얼마나 되는지 나는 모른다. 그는 군벌들이나 관리들과 접촉하는, 공산당의 일종의 비공식 밀사였는데, 그때 공산당은 바로 이들을 대상으로 그들의 '항일민족전선' 제안에 대한 이해와 지지를 얻고자 애썼다. 그는 적어도 장쉐량에 관한 한은 성공을 거두었다. 당시 타결되었던 비밀약정의 기반을 해명하기 위해서는 얼마간의 배경 설명이 필요할 것이다.

장쉐량은 1931년까지만 해도 만주의 3천만 인민을 통치하는 군벌 독재자로서 인기 있고 관대하며, 도박과 골프를 즐기고, 현대적이며 아편을 피우는 모순된 인물이었다. 난징의 국민당 정부는 그가 비적 출신인 아버지 장쭤린(張作霖, 장작림)으로부터 승계한 관직을 승인하고, 다시 그에게 중국군 부사령(참모차장)이란 직위를 주었다.

1931년 9월에 일본이 동북 지역(만주) 정복에 착수하면서 장쉐량은 불운에 빠지기 시작했다. 일본의 침략이 시작되었을 때 이 젊은 원수는 만리장성 이남에 있는 베이징 셰허(協和, 협화) 병원에 장티푸스로 입원해서 회복 단계에 있었는데, 이 침략 위기에 단독으로 대처할 형편이 전혀 못 되었다. 그는 난징 정부와 또 피를 나누며 맹세한 '의형(義兄)'인 장제스에게 크게 의지했다. 그러나 일본과―또 이와 더불어 홍군과―맞서 싸울 만한 충분한 수단을 갖추지 못한 장제스는 국제연맹에 의존하자고 역

---

6 비밀 갱 조직인 청방은 공동 조계와 프랑스 조계 당국의 보호를 받으며 이익이 많은 아편 매매와 도박, 매춘, 유괴 등의 사업을 좌지우지했다. 청방은 1927년 장제스를 도와 공산당이 주도하는 노동조합을 분쇄하고 '상하이 대학살'을 자행하는 데 앞장섰다. 2부 2장 참조.

설했다. 장쉐량은 총통의 권고와 난징 정부의 명령을 받아들였다. 그 결과 그는 자신이 거느린 군대가 형식적인 저항만을 하면서 퇴각하는 바람에 고향인 만주를 잃고 말았다. 난징 정부는 무저항정책이 장쉐량의 계획인 것처럼 선전했지만, 기록을 살펴보면 난징 정부가 명령한 것이라는 게 분명하게 드러난다. 이러한 희생 때문에 총통은 난징에 있는 자신의 취약한 정권을 그대로 유지하면서 홍군을 전멸시키기 위한 새로운 작전을 시작할 수 있었다.

중국에서 동북군으로 알려진 만주군이 만리장성 이남의 중국 본토로 이동하게 된 것은 바로 이런 과정을 거친 것이었다. 일본이 러허(熱河, 열하)를 침략할 때도 똑같은 사태가 벌어졌다. 그때는 장쉐량이 병원에 입원해 있지는 않았지만 오히려 병원에 입원해 있는 것만도 못했다. 난징 정부는 그에게 아무런 지원군도 보내 주지 않았고, 또 아무런 방어 준비도 갖추지 않았다. 총통은 일본과 전쟁을 회피하기 위해 러허가 일본군 수중에 떨어지는 사태를 각오했고, 또 실제로 일본군에게 장악되었다. 장쉐량은 그 책임을 뒤집어썼다. 그리고 격분한 국민들을 진정시키기 위해 누군가가 사임하지 않으면 안 되었을 때 말없이 속죄양 구실을 했다. 그런 구실은 장제스나 장쉐량이 떠맡아야 했는데, 결국 장쉐량이 머리를 숙이고 물러나게 되었다. 그리고 그는 1년 동안 '제반 정세를 연구하기 위해' 유럽으로 떠났다.

유럽에 체류하면서 장쉐량이 겪었던 가장 뜻 깊은 일은 무솔리니와 히틀러를 만나고 램지 맥도널드(J. Ramsay MacDonald)와 회견한 것이 아니라, 여러 해 만에 처음으로 건강을 회복하고 아편을 끊었다는 것이다. 그는 중국의 많은 장군들과 마찬가지로, 몇 년 전부터 전투가 중지된 동안에는 아편을 피워 왔다. 이 습관을 끊는 것은 쉬운 일이 아니었다. 그의 주치의는 주사로 아편 중독을 치료할 수 있다고 그를 확신시켰다. 그는 아편을 피우고 싶은 욕망에서는 벗어났지만 의사의 치료가 끝난 뒤에는 다시 모르핀 중독자가 되었다.

내가 1929년 펑톈[奉天, 봉천: 지금의 선양(瀋陽, 심양)-옮긴이]에서 그를 처음 만났을 때 장쉐량은 세계의 최연소 독재자로서 그때까지는 상당히 건강해 보였다. 그는 몸이 마르고 얼굴에 약간 주름살이 지고 황달기가 있었지만 머리 회전이 빠르고 정력적이어서 원기 왕성한 것 같은 인상을 주었다. 그는 공공연하게 반일적인 태도를 보였고, 또 중국에서 일본을 몰아내고 만주를 근대화시키는 기적을 이룩하려는 열의를 보였다. 그러나 몇 년 뒤 그의 건강 상태는 크게 악화되었다. 베이징에 있는 그의 주치의 중 한 사람은 그가 '약값'으로 하루 299위안씩을 쓰고 있다고 내게 말했는데, 그처럼 약값이 많이 드는 것은 이론상 '점차 양을 줄일' 수 있는 특수한 모르핀을 준비하기 때문이라는 것이다.

그러나 장쉐량은 유럽으로 떠나기 직전 상하이에 머물면서 스스로 마약을 끊기 시작했다. 그가 1934년 유럽에서 돌아오자 그의 친구들은 그의 모습을 보고 놀라움을 감추지 못했다. 그는 체중이 늘고 근육이 붙었을 뿐만 아니라 얼굴에 붉은 혈색까지 돌아 10년은 젊어 보였다. 사람들은 그의 이러한 모습에서 젊은 시절의 뛰어난 지도자의 면모를 되살렸다. 과거에 그는 항상 기민하고 현실적인 판단력을 과시했는데, 이제 그러한 능력을 키워 나갈 기회를 다시 갖게 되었다. 그는 한커우(漢口, 한구)에서 다시 동북군을 지휘하게 되었다. 그때 동북군은 홍군과 싸우기 위해 화중(華中, 중국 중부 지역)으로 이동해 있었다. 그가 과거에 저지른 여러 가지 실책에도 동북군이 그의 귀임을 열렬하게 환영했던 것은 바로 그의 높은 인기 때문이었다.

장쉐량은 새로운 일과를 정해 이에 따랐다. 즉 아침 6시에 일어나 격렬한 운동을 하고 매일 훈련과 연구를 거르지 않으며, 간소한 식사와 엄격한 습관을 지키고, 또 아직도 약 14만 명에 이르는 휘하 군대의 고급장교들과는 물론이고, 하급장교들과도 개인적으로 직접 접촉했던 것이다. 이에 따라 동북군은 새로운 면모를 보이기 시작했다. 의심 어린 눈으로 바라보던 사람들도 이 젊은 원수가 다시 주목할 만한 인물로 바뀌었음을 점차 확신하게 되어, 반드시 되돌아가겠다는 그의 맹세, 즉 만주를 수복하고 만주 인민의 굴욕을 씻어 버리는 일에 전 생애를 바치겠다는 맹세를 진지하게 받아들였다.

한편 장쉐량은 총통에 대한 신뢰를 그대로 간직하고 있었다. 그때까지 이 두 사람 간의 관계에서 장쉐량은 장제스에 대한 충성을 한 번도 저버린 적이 없었고, 또 장제스 정권이 붕괴하려 할 때 세 번이나 구출해 주었다. 그는 장제스의 판단과 성실성을 완전히 신뢰하고 있었다. 장제스가 만주 수복 준비를 갖추고 있으며, 앞으로는 더 이상 아무런 저항 없이 중국 땅을 내주지는 않을 것이라고 다짐했을 때도 그는 총통의 말을 굳게 믿고 있었던 것이 분명했다. 1935년, 일본의 군국주의자들은 중국을 계속 침략했다. 허베이성(河北省, 하북성) 동부에는 괴뢰정권을 수립하고 차하얼(察合爾, 찰합이) 일부를 병합한 뒤 다시 화베이를 화난에서 분리시키라는 요구를 내놓았는데, 난징 정부는 이러한 일본의 요구를 얼마간 묵인했다. 장쉐량 휘하 장병들 사이에서는 험악한 불만의 소리들이 들끓게 되었다. 특히 일본이 거의 아무런 저항도 받지 않고 지구전을 계속하고 있음에도, 홍군과 인기 없는 내전을 계속하기 위해 동북군을 서북 지역으로 이동시키자 그런 불만의 소리는 더욱 드높아졌다.

중국 남부 지역에서 여러 달 동안 홍군과 전투를 벌인 뒤 장쉐량과 휘하 일부 장교들은 몇 가지 중요한 사실을 알게 되었다. 즉 그들이 대적해서 싸우고 있는 '비적'들을 사실은 유능하고 애국적이며 항일정신이 높은 지휘관들이 통솔하고 있다는 점과, 이러한 '공비박멸' 과정이 앞으로 여러 해 동안 더 지속될지도 모른다는 점, 홍군과 싸움을 계속하는 동안에는 항일전쟁을 벌일 수 없다는 점, 그리고 그동안 아무런 의미도 없는 전투를 벌이면서 동북군이 빠르게 감소되고 해체되고 있다는 점을 깨닫게 되었던 것이다.

그럼에도 장쉐량은 동북군 지휘본부를 서북으로 옮기고 홍군과 강력한 전투를 벌이기 시작했다. 한동안 그는 얼마간 성공을 거두었으나 1935년 10월과 11월에는 참패를 당해 동북군 2개 사단(제101사단과 제109사단) 전체와 다른 1개 사단(제110사단) 일부를 상실한 것으로 전해졌다. 또한 수천 명의 동북군 병사들이 홍군으로 '전향'했다. 포로가 된 많은 장교들은 일정 기간 억류되면서 '항일교육'을 받았다.

이 장교들이 석방되어 시안으로 돌아와서는 장쉐량 원수에게 소비에트 지구의 사기와 조직을 열심히 설명했고, 특히 홍군이 내전을 중지하고 평화적이고 민주적인 방식으로 중국을 통일하며, 또한 힘을 합쳐 일본 제국주의에 대항하기를 진심으로 바라고 있다는 것을 역설했다. 장쉐량은 깊은 감명을 받았다. 그는 자신의 각 사단으로부터 군 전체가 홍군과 싸우는 데 반대하고 있으며, "중국인끼리 싸워서는 안 된다!" "우리와 힘을 합쳐 만주까지 싸우며 밀고 나가자!"라는 구호들이 동북군 전체 병사들 사이로 퍼져 나가고 있다는 보고를 받고 더욱 큰 감명을 받았다.

한편 장쉐량 자신도 좌익의 영향을 강하게 받았다. 그가 세운 둥베이(東北, 동북) 대학의 많은 학생들이 시안으로 와서 그와 함께 일하고 있었는데, 이들 가운데는 공산주의자도 일부 있었다. 1935년 12월에 일본이 베이징에서 여러 가지 요구를 제시한 이후, 장쉐량은 항일학생들이 시안부로 오면 정치적 신념에 관계없이 모두에게 피난처를 제공할 것이라는 말을 화베이 지역 일대에 전했다. 중국의 다른 지역에서는 항일을 선동하는 사람들이 난징 정부 요원들에게 계속 체포되고 있었지만 산시(陝

西)성에서는 이들이 격려와 보호를 받았다. 장쉐량 아래에 있던 일부 청년 장교들은 학생들로부터도 적잖은 영향을 받았으며, 또 홍군에 포로로 잡혔던 장교들이 돌아, 홍구에서는 항일 대중조직들이 공공연하게 활동하고 있으며, 홍군이 인민들 속에서 애국적인 선전활동을 벌이고 있다고 전하자 장쉐량은 점차 홍군을 적으로 보기보다는 당연한 협력자로 생각하기 시작했다.

왕 목사는 자신이 어느 날 장쉐량을 불쑥 찾아갔던 것이 1936년 초인 바로 이런 시점이었다고 나에게 밝혔다. 그는 장을 만나자 대뜸 "홍구에 들어가기 위해 귀하의 비행기를 빌려 쓰려고 왔습니다" 하고 입을 열었다.

장은 의자에서 벌떡 일어나더니 아연한 표정으로 그를 응시했다. "뭐라고? 당신이 감히 이곳에 와서 그런 부탁을 하다니? 당신은 이런 짓으로 총살형을 당할 수도 있다는 점을 알고나 있소?"

왕 목사는 상세하게 설명했다. 그는 자신이 공산당과 연락을 취하고 있으며, 장이 반드시 알아야 할 일들을 알고 있다고 설명했다. 그는 공산당의 변화되고 있는 정책들과 항일을 위한 중국의 연합 필요성에 대해, 또 홍군 독자적으로는 효과를 거둘 수 없음을 깨달은 항일정책을 난징 정부가 취하도록 유도하기 위해 대폭 양보할 용의를 갖추고 있는 점에 대해 장시간 설명했다. 그는 장이 이런 문제들에 관해 특정한 공산당 지도자들과 더 깊이 협의할 수 있도록 자신이 주선하겠다고 제의했다. 처음에는 깜짝 놀랐던 장은 이러한 모든 설명에 주의 깊게 귀를 기울였다. 그는 얼마 전부터 자신이 홍군을 이용할 수 있을 것이라고 생각하고 있었다. 홍군 또한 그를 이용할 수 있으리라고 믿고 있는 것이 분명했다. 그렇다면 양쪽은 어쩌면 내전 종식과 항일 연합을 공동으로 요구하는 바탕 위에서 서로를 이용할 수 있는 셈이었다.

왕 목사는 결국 젊은 원수의 전용기를 빌려 타고 실제로 산시(陝西)성 북부의 옌안으로 날아갔다. 그는 소비에트 지역으로 들어가서 한 가지 협상 원칙을 가지고 돌아왔다. 그리고 얼마 안 되어 장쉐량이 직접 옌안으로 날아가서 저우언라이(周恩來, 주은래)*를 만나 장시간 세부적인 협의를 가진 결과, (왕 목사의 말에 따르면) 장은 공산당의 진심과 또 그들의 통일전선 제안이 건전하고 현실성이 있는 것임을 확인하게 되었다.

  동북군과 공산당 간 협약의 1단계 실행사항 중에는 산시(陝西)성에서 적대행위를 중지한다는 내용이 포함되었다. 또한 어느 쪽도 상대방에게 사전 통고를 하지 않고는 병력을 이동시키지 않기로 했다. 홍군은 몇 명의 대표를 시안부로 파견했는데, 이들은 동북군 군복을 입고 장쉐량의 참모진에 합류해서 그들을 도와 동북군에 대한 정치교육 방법을 재개편했다. 왕취촌(王曲村, 왕곡촌)에는 새로 학교가 열렸다. 이곳에서 동북군 초급 장교들은 정치, 경제, 사회과학에 대한 집중적인 교육을 받았고, 또한 일본이 어떤 방법으로 만주를 정복했고, 그로 인해 중국이 무엇을 상실했는가를 상세하게 통계적으로 학습하게 되었다. 수백 명의 급진적인 학생들이 시안으로 몰려와 또 다른 항일정치훈련학교에 입학했는데, 이 학교에서 젊은 원수도 학생들에게 자주 강의를 했다. 소련과 중국 홍군에서 활용하는 정치위원 제도와 같은 것이 동북군 조직에서도 채택되었다. 장쉐량은 만주 시대부터 자리를 지켜 온 일부 연로한 고급 장교들을 해임하고 그 대신 자신의 병력을 새로운 군대로 키워 나가는 데 대들보 구실을 할 것으로 기대되는 급진적인 청년 장교들을 승진시켜 그 자리를 메웠다. 그는 또 '한량'으로 지내던 시절에 자신을 에워싸고 있었던 부패한 아첨꾼들을 몰아내고 그 대신 열성적이고 진지한 둥베이 대학 출신의 학자들을 주변에 거느렸다.

  이러한 변화는 장쉐량이 지방 군벌로서 반자치권(半自治權)을 행사하고 있어 극비리에 추진될 수 있었다. 동북군은 홍군과 더 이상 전투를 벌이지 않았지만 산시(山西)성-산시(陝西)성 경계 지역과 간쑤성, 닝샤성에는 난징 정부의 군대가 배치되어 있어 그 일대에서는 얼마간의 전투가 계속되었다. 장쉐량과 공산당 간의 '휴전 합의' 소식은 일체 신문에 누설되지 않았다. 시안에서 암약하는 장제스의 첩자들은 무엇인가 발효되고 있다는 낌새는 알아챘지만 그 일의 정확한 성격에 대해서는 자세한 내막을 거의 알 수 없었다. 가끔 홍군들을 태운 트럭이 시안에 도착했지만 모두 동북군 군복을 입고 있어 예사롭게 보였다. 가끔 시안에서 홍구 쪽으로 다른 트럭들이 출발해도 아무런 의혹을 사지 않았다. 이 트럭들이 전선으로 출발하는 다른 동북군 트럭들과 비슷했기 때문이다.

왕 목사는 내가 시안에 도착한 지 얼마 안 되었을 때, 내가 전선으로 갈 때 타게 될 것이 바로 그런 트럭이라는 사실을 털어놓았다. 비행기로 가려던 계획은 장쉐량을 곤경에 빠뜨릴 위험이 너무 커서 취소되었다. 그때 장쉐량의 전용기 조종사는 미국인이었는데, 만약 외국인 한 사람을 전선에 내려놓았는데 돌아오지 않는다면 그 조종사가 자칫 입을 열어버릴 가능성이 있었기 때문이다.

어느 날 아침 왕 목사가 동북군 장교—아니면 적어도 동북군 장교복을 입은 젊은이—한 사람과 함께 나를 찾아와 시안 교외에 있는 한(漢)시대의 고도(古都)를 구경하러 가자고 넌지시 말했다. 호텔 정문 앞에는 커튼을 친 승용차 한 대가 대기하고 있었는데, 차 안에 들어서니 한 구석에 검은 안경을 쓰고 국민당 정부 관리들이 입는 중산복(中山服) 차림을 한 남자가 눈에 띄었다. 우리는 한조(漢朝)[7]의 고궁유지(古宮遺地)로 차를 몰고 가서 옛날 그 유명한 한무제(漢武帝)가 옥좌에 앉아 '천하를 다스렸

---

[7] 유명한 한(漢) 왕조는 기원전 202년부터 기원후 220년까지 중화(中華)를 지배했으며, 같은 시기의 로마 제국과는 무역을 하고 문화를 교류했다.

다'는 흙 둔덕 위로 걸어 올라갔다. 그곳에는 2천 년도 더 지난 지금까지도 웅장한 궁궐 지붕의 기와 조각들이 남아 있었다.

왕 목사와 동북군 장교는 이야기를 몇 마디 주고받더니 내게서 약간 떨어진 곳으로 가서 이야기를 계속했다. 흙먼지를 일으키며 이곳까지 장시간 달려오는 동안 차 안에서 말 한 마디 없이 앉아 있던 그 국민당 정부 관리가 나에게 다가오더니 검은 안경과 흰 모자를 벗었다. 나는 벗은 모습을 보고 그가 매우 젊은 사람임을 알았다. 숱이 많고 윤기가 나는 머리카락 밑에는 두 개의 강렬한 눈이 광채를 번득이면서 나를 쏘아보고 있었다. 갈색으로 그을린 그의 얼굴에는 짓궂은 미소가 번졌는데, 검은 안경을 벗은 모습을 보니 중산복은 가장용이며, 또 이 사람은 책상 앞에서 일하는 관리가 아니라 밖에서 활동하는 사람임을 금방 알 수 있었다. 그는 중키에 별로 힘이 없어 보였지만 정작 나에게 가까이 다가와 불쑥 내 팔을 잡았을 때는 그 무쇠 같은 완력에 나는 움찔하고 놀랐다. 나중에 알았지만 그의 동작은 표범처럼 날렵했으며, 그것도 뻣뻣하고 갑갑하게 만든 중산복을 입고서도 동작이 그처럼 민첩했다.

그는 내 두 팔을 그 무쇠처럼 강한 두 손으로 꽉 움켜잡고 얼굴을 내 얼굴 가까이에 대고는 싱긋 웃으면서, 활활 타오르는 듯한 날카로운 눈으로 나를 응시하더니 머리를 흔들고 입을 익살스러운 모양으로 일그러뜨리고는 불쑥 나에게 윙크를 보냈다! "날 보시오!" 그는 비밀을 간직한, 신바람 나는 어린아이 같은 표정으로 나지막하게 말했다. "날 보시오! 날 잘 보시오! 내가 누군지 알아보겠소?"

나는 이 사나이를 어떻게 받아들여야 할지 몰랐다. 그는 무엇인가로 대단히 신명이 나 있었고 그 흥분이 나에게까지 번져 왔지만 정작 나는 아무런 할 이야기가 없어서 바보가 된 듯한 느낌이었다. 자신을 알아보겠냐고? 나는 지금까지 그처럼 생긴 중국인을 전혀 만나 본 적이 없었다! 나는 미안한 표정으로 고개를 가로저었다.

그는 내 팔을 움켜쥐고 있던 한 손을 떼고 손가락으로 자신의 가슴을 가리키면서 입을 열었다. "당신은 아마 어디선가 내 사진을 보았을 텐데요. 내가 덩파(鄧發, 등발)*요, 덩파! 그리고 그는 머리를 뒤로 젖히고는 그 놀라운 사실을 듣고 내가 어떤 반응을 보이는지 유심히 살폈다.

덩파라? 덩파……. 아니 덩파라면 중국 홍군의 정치보위국 국장(비밀경찰국장)이 아닌가! 그리고 바로 그의 목에 5만 위안의 상금이 걸려 있지 않은가!

덩파는 자신의 신원을 밝히고는 즐거운 듯이 어쩔 줄 몰라했다. 그는 악명높은 '공비'인 자신이 바로 적진 한가운데서 지내면서 도처에 우글거리는 첩자들을 비웃고 있는 이런 상황이 즐거워 못 견디겠다는 표정이었다. 게다가 그는 자진해서 '비적' 지역으로 들어가겠다는 미국인인 나를 만난 것이 뛸 듯이 기쁘다는 표정이었다. 실제로 그는 나를 몇 차례나 껴안았다. 그는 나에게 무엇이든 다 제공하겠다고 말했다. 그의 말[馬]이 필요한가? 아니 그의 말이라면 홍구에서 가장 멋진 말이 아닌가! 그의 사진들이 필요한가? 굉장한 사진들을 모아 놓은 것이 있으니 나에게 몽땅 주겠다고 했다. 그의 일기도 필요한가? 소비에트 지구에 그대로 남아 있는 아내에게 연락해서 그의 일기와 그 밖의 것을 나에게 넘겨주도록 하겠다고 했다.

그리고 그는 약속을 그대로 지켰다.

이런 중국인이 있다니! 이런 홍비가 있다니!

덩파는 광둥(廣東, 광동) 사람으로 노동자 집안의 아들로 태어났는데, 한때 광저우(廣州, 광주)와 홍콩을 왕래하는 기선(汽船)의 양식 요리사로 일했었다. 그는 홍콩 해운 노동자들의 대규모 파업을 주도했는데, 그때 그는 파업 피켓을 못마땅해하는 어느 영국인 경찰에게 가슴을 얻어맞아

갈비뼈가 몇 개 부러졌었다. 그때부터 그는 공산주의자가 되어 황푸(黃, 황포) 군관학교에 입학했고, 국민혁명에 참여하다가 1927년 이후에는 장시성(江西省, 강서성)의 홍군에 합류했다.

우리는 그 흙 둔덕 위에서 한 시간 남짓, 이야기를 나누거나 푸른 풀로 덮힌 고도의 능을 내려다 보면서 서 있었다. 이곳이 공산당원들에게 우리 네 사람이 안전하게 만날 수 있는 회합장소로 보였다는 것은 전혀 어울리지 않으면서도 또 대단한 필연성을 지니고 있는 것처럼 생각되었다. 이 장소야말로 2천 년 전 한무제가 통일된 중국을 다스리면서 전국시대(戰國時代)의 혼란을 떨쳐 버리고 중국을 하나의 민족과 문화로 통합시키는 데 성공함으로써 그 이후 후손들이 자신들을 기꺼이 한족(漢族)으로 자칭했던 바로 그곳이었다.

덩파는 이곳에서 나를 홍구까지 안내해 줄 사람이 누구이며, 내가 어떻게 여행해야 하고, 또 붉은 중국에서 어떻게 생활해야 하는지를 말해주면서, 내가 홍구에 가면 따뜻한 환영을 받을 것임을 보장했다.

"당신 목이 날아가지 않을까 겁이 나지 않습니까?" 시안으로 돌아가는 차 안에서 나는 물었다.

"장쉐량이 겁내지 않는 것처럼 나도 겁나지 않소." 덩파는 대답했다. "난 그와 함께 지내고 있소."

4. 홍구로 들어가다

우리는 동트기 전에 시안부를 출발했다. 과거 '황금의 도시'로 불렸던 이곳의 높은 목조 성문은 우리가 내민 군사통행증의 마력으로 사슬 끄르는 소리를 요란하게 내면서 활짝 열렸다. 대형 군용 트럭들이 동트기 전의 어스름 속에서, 홍군 전선을 정찰하고 폭격하기 위해 군용기들이 출격했던 비행장 옆을 우르릉거리며 지나갔다.

시안부에서 북쪽으로 가는 이 길의 곳곳은 중국인 여행자들에게는 그들 민족이 펼쳐 낸 풍부하고 다채로운 드라마의 추억들을 새롭게 되살려 주는 곳이다. 중국에서 가장 최근에 일어난 역사적 변천인 공산주의 운동이 하나의 운명을 개척해 나갈 장소로 이곳을 선택한 것은 부적당해 보이지 않았다. 한 시간 뒤 우리는 나룻배로 웨이허(渭河, 위하)를 건넜다. 공자(孔子)의 선조들[8]은 이 비옥한 웨이허 유역에서 벼농사를 발전시키고, 오늘날 중국 농촌의 민간설화 속에 여전히 살아 있는 전설들을 만들어 냈다. 정오쯤 우리는 중부(中部)에 도착했다. 성벽에 흉장(胸牆)이 있는 이 성시(城市) 근처에서, 중국을 처음으로 통일시킨 그 위대하고 무서운 인물인 진시황제(秦始皇帝)가 약 2천2백 년 전에 태어났다. 진(秦)의 시황제는 처음으로 진나라에 있는 옛 변경 성벽들을 모두 연결시켜, 오늘날까지 남아 있고 또 세계에서 가장 웅대한 석축물인 중국 만리장성을 만들었다.

새로 닦은 자동차 도로를 따라 수확을 기다리는 양귀비들이 부풀어 오른 머리를 한들거리고 있었다. 이 도로는 벌써 빗물에 씻기면서 여기저기 깊숙이 파인 곳이 많아 우리가 탄 6톤짜리 닷지 트럭으로도 제대로 달리기 곤란할 때가 있었다. 산시(陝西)성은 옛날부터 아편 산지로 유명한 곳이었다. 몇 년 전 3백만 명이 굶어 죽은 서북 지역의 대기근 중에 미국 적십자조사단은 탐욕스러운 군벌들의 손아귀에 있는 산시성 양귀비 전매업체들의 농민에게 양귀비 재배를 강요한 것이 그러한 비극을 자아낸 큰 요인이 되었다고 밝혔다. 가장 비옥한 농토를 양귀비 재배에 빼

---

8 기원전 400~551년.

앗긴 데다 몇 년간 가뭄이 심해 서북 지역의 주곡인 조, 밀, 옥수수의 부족은 극심해졌다.

나는 뤄촨에서 그날 밤을 묵었다. 내가 묵은 곳은 지저분한 오두막의 진흙구들[炕, 항][9] 위였다. 옆에 있는 헛간에는 돼지와 당나귀들이 자고 있었고, 내 방에는 쥐가 들끓어서 우리는 모두가 거의 뜬눈으로 밤을 지새웠다. 다음 날 아침 뤄촨을 지나 몇 킬로미터쯤 나아가자 황토로 된 단구(段丘)들이 점차 높아지고 우람해져 주변 경관이 기묘한 모습으로 바뀌었다.

간쑤, 산시(陝西), 닝샤, 산시(山西)성의 대부분을 뒤덮고 있는 이 굉장한 황토 때문에 이 일대는 땅이 놀라울 만큼 비옥했다(비가 올 경우). 황토가 이 지역에 십 수 미터 깊이의 기공(氣孔)이 있는 엄청난 표토층(表土層)을 만들어 주었기 때문이다. 지질학자들은 이 황토가 지난 수세기 동안 중앙아시아에서 일어난 큰 바람으로 몽골과 서쪽에서 날려 와 쌓인 유기물이라 여겼다. 그 결과 서로 다른 기기묘묘한 형상들이 끝없이 펼쳐지는 장관을 이루어, 거대한 성 같거나 둥그스름하게 잘 만든 커다란 과자를 열 지어 놓은 것 같았다. 또는 어떤 거대한 손이 산맥을 끊고 노한 손가락 자국을 뒤에 남긴 것 같은 언덕들이 곳곳에 있었다. 그 경관은 광란에 빠진 어느 신의 손길로 만들어진 세계인양, 환상적이고 믿을 수 없을 만큼 엄청나며 때로는 간담을 서늘케 했다. 또 어떤 때는 기이한 초현실주의적 아름다움을 담고 있는 세계이기도 했다.

또한 가는 곳마다 들판과 논밭이 펼쳐져 있었지만 사람 사는 집은 거의 눈에 띄지 않았다. 농민들도 이 황토 구릉 속에 살고 있었다. 서북에

---

[9] '항'이란 중국인들이 집 안에 만든 토단(土壇)으로, 밑에 연기가 빠져나가는 골이 복잡하게 나 있어 필요할 때 한쪽 끝에 있는 아궁이에 불을 때어 덥힐 수 있다.

서는 수백 년간 이어져 내려온 관습에 따라 사람들이 엿 색깔의 딱딱한 벼랑을 파서 중국인들이 말하는 요방(傍), 즉 '굴집'을 만들어 살았다. 그러나 요방은 서양에서 생각하는 동굴과는 달랐다. 요방은 여름에는 시원하고 겨울에는 따뜻하며, 짓기도 쉽고 청소하기도 편했다. 굉장히 돈 많은 지주들도 구릉에 요방을 만드는 일이 가끔 있었다. 지주들의 요방 중 일부는 방이 많은 대단한 건축물로서 가구와 실내 장식이 화려하고 실내 바닥이 석판으로 깔려 있고 천장이 높으며, 흙벽에 붙은 창문은 창호지를 발라 채광이 잘 되고, 또 검은 옻칠을 한 견고한 문이 달려 있었다.

덜컹거리는 트럭의 내 옆자리에 앉은 동북군의 젊은 장교가 뤄촨에서 멀지 않은 곳에서 이런 요방촌, 즉 굴집 마을을 가리켰다. 그 요방촌은 깊은 계곡 바로 건너편에 있었는데, 도로에서는 1.5킬로미터 남짓밖에 안 되는 거리였다.

"저 사람들은 공산분자들이지요." 그가 입을 열었다. "몇 주 전 우리 분견대가 저곳으로 조를 사러 갔는데 저 마을 사람들이 우리한테 조를 한 톨도 못 팔겠다고 거절했지요. 그러자 이 어리석은 병사들이 그들에게 총격을 가했습니다." 그는 두 손을 벌려 도로 양편을 모두 감싸듯이 호형(弧型)을 만들었는데, 그 안은 국민당 군대가 배치된 수십 개의 보루 —언덕 위에 설치된 기관총좌—로 엄중하게 방비되었다. 그는 "그 바깥으로는 홍비들이 득실거리는 지역이지요" 하고 말했다.

나는 대단한 관심을 가지고 젊은 장교가 손가락질한 지역 쪽을 살펴보았다. 내가 몇 시간 내에 헤쳐 나가려는 곳이 바로 미지의 구릉과 산지들이 만들어 낸 그 지평선 속이기 때문이었다.

우리는 도로에서 전원 만주인으로만 구성된 제105사단 병력 일부와 마주쳤다. 이들은 옌안(延安, 연안)에서 뤄촨으로 이동하고 있었다. 이들은 몸이 깡마르긴 해도 억세 보이는 젊은이들로, 대부분이 일반 중국인 병사들보다 키가 컸다. 우리는 차를 마시기 위해 도로 옆 여인숙에 차를 세웠다. 나는 쉬고 있는 몇몇 병사들 근처에 앉았다. 이들은 홍군과 소규모 전투를 벌였던 산시(陝西)성 북부의 와야오바오(瓦堡, 와요보)에서 막 돌아오고 있던 참이었다. 이들이 나누는 이야기가 내 귀에 단편적으로 들려왔다. 이들은 홍군에 대한 이야기를 하고 있었다.

"그 사람들, 우리보다 훨씬 잘 먹더군." 한 병사가 주장했다.

"맞아. 노백성(老百姓)[10]의 살을 뜯어먹으니까!" 다른 병사가 대답했다.

"소수의 지주들에게 이익이 되는 일에 신경 쓸 필요가 없지. 와야오바오로 출동했을 때 우리에게 고마워한 사람들이 누구였나? 지주들이라고! 안 그런가? 우리가 왜 이 부자들을 위해 서로 죽이고 죽고 해야 하나?"

"지주들은 현재 3천 명 이상의 우리 동북군이 그들을 지키고 있다고 하던데……."

"그들 입장에서야 좋은 일이지. 하지만 우리 중에 아무도, 일본인이 아니라면 그 누구와도 싸우기를 원하지 않는 판에 우리가 무엇 때문에 같은 민족과 싸워야 하나, 안 그래?"

장교가 다가오자 재미있게 전개될 듯한 이 대화가 끊어지고 말았다. 그 장교는 이들에게 행군하라고 명령했다. 이들은 소총을 집어 들고 도로를 따라 터벅터벅 걸어갔다.

우리는 이튿날 이른 오후에 옌안에 도착했다. 만리장성에서 남쪽으로 약 4백 리[11] 남짓 떨어진 이곳에서부터 산시(陝西)성 북부를 지나는, 차량 통행에 알맞은 유일한 도로가 끊어졌다. 옌안은 역사적으로 유명한 성

---

10 노백성이란 중국에서 시골사람을 지칭하는 말이다(여기서는 백성 또는 평민이라는 뜻으로 사용됨―옮긴이).
11 중국에서 1리(里)는 1마일(약 1.6킬로미터)의 3분의 1쯤 되는 거리이다.

시(城市)였다. 수백 년 전 북쪽의 유목민들이 쳐내려온 것도 이곳을 통해서였고, 칭기즈칸의 몽골족 대기병대가 시안부를 정복하기 위해 휩쓸고 내려간 것도 이곳을 통해서였다.

옌안은 방어하기에 이상적인 지형을 갖추고 있었다. 높은 암석 구릉들로 둘러싸인 분지(盆地) 속에 들어앉은 옌안은 견고한 성벽이 구릉 꼭대기까지 쌓여 있었다. 지금은 이 성벽 외에도 장수말벌집처럼 생긴 요새를 새로이 만들고 그 요새에 기관총좌를 빽빽하게 설치해서 멀지 않은 곳에 대치하고 있는 홍군들을 겨누고 있었다. 그 당시 도로와 길가 인근 지역은 동북군이 장악하고 있었으나 최근까지도 옌안은 완전히 차단되어 있었다. 홍군은 장제스가 그들에게 폈던 봉쇄작전을 동북군에게 그대로 되씌워서 수백 명이 굶어죽은 것으로 전해졌다.

옌안[12]에 대한 홍군의 장기적인 포위작전은 내가 도착하기 몇 주 전에 중지되었지만 이 작전의 영향은 굶주린 주민들의 모습과 또 물건이 동나거나 문을 닫아 버린 상점들에서 아직도 또렷이 찾아볼 수 있었다. 식료품은 거의 없었고, 있다 해도 가격이 엄청나게 비쌌다. 살 수 있는 것이라고는 모두 홍군 유격대와 잠정적으로 휴전해서 얻은 것이 고작이었다. 소비에트 농민들은 이 전선 일대의 소비에트 지역을 공격하지 않는다는 협정의 대가로 이제는 굶주린 홍군 토벌부대에 곡물과 채소를 팔았다.

나는 전선까지 갈 수 있는 신분증을 가지고 있었다. 나는 다음 날 아침 일찍 옌안을 출발해서 동북군이 일절 진격을 시도하지 않고 그저 진지만을 지키고 있는 '백색' 전선 쪽으로 갈 계획이었다. 그다음 상인들이 소비에트 지역과의 밀무역에 이용한다고 들었던, 여러 산길 중 한쪽을 택해 그 길을 따라 들어갈 참이었다.

| 12 옌안은 나중에 홍군이 점령해 소비에트 중앙정부의 임시수도가 되었다. 12부 참조.

마지막 보초선을 통과해 무인지대로 들어간 방법을 내 욕심대로 세밀하게 밝힌다면 이 여행에서 나를 도운 국민당 지지자들이 심각한 곤경에 빠지게 될지도 모른다. 따라서 나는 중국에서는 중국식을 따르기만 하면 불가능한 일이 없다는 체험을 다시 한번 확인하게 되었다는 정도만을 밝히는 것으로 만족하겠다. 나는 다음 날 아침 7시까지는 실제로, 국민당 군대의 마지막 기관총좌를 뒤로하고 '홍구'와 '백구(白區)'를 갈라놓는 협소한 분계 지역을 걸어가고 있었다.

나와 동행하는 사람은 동북군의 대령이 옌안에서 대신 고용해 준 노새몰이꾼 한 사람뿐이었다. 그는 얼마 안 되는 내 짐─침낭과 약간의 식량, 카메라 2대, 필름 24통─을 최초의 홍군 유격대 전초지까지 운반해 주기로 했다. 나는 그 사람이 홍비인지 백비(白匪)인지는 알 수 없었지만 비적인 것은 틀림없어 보였다. 지난 몇 년 동안 이 지역은 홍군과 백군(국민당군)이 번갈아서 장악했던 곳인 만큼 그가 홍비나 백비 중 어느 한쪽일 가능성은 매우 컸고 어쩌면 양쪽을 다 겸하고 있을 수도 있었다.

우리는 4시간 동안 구불구불 흐르는 조그만 냇가를 따라 걸었으나 사람이 사는 흔적은 전혀 찾아 볼 수 없었다. 길은 전혀 없고, 높은 암벽 사이로 빠르게 흘러가는 냇물 바닥뿐이었는데, 암벽 위로는 다시 황토 구릉이 높이 솟아 있었다. 지나치게 호기심이 많은 양귀(洋鬼, 서양 사람) 한 사람을 죽여 없애 버리기에는 더할 나위 없이 좋은 장소였다. 이 노새몰이꾼이 내 소가죽 구두가 멋지다고 몇 번이나 감탄하는 것이 마음에 걸렸다.

"다오러(到了, 도료)!" 마침내 계속되던 암벽이 끝나고 파릇파릇한 밀밭이 있는 협소한 계곡이 나타나자 그가 갑자기 "다 왔다!" 하고 귀가 쨍하도록 큰 소리로 외쳤다.

나는 안도의 숨을 내쉬면서 그의 앞을 바라보니 구릉 옆으로 황토촌이 보였다. 그곳에서는 절벽 쪽을 가리키는 기다란 손가락 모양으로 세워진, 진흙으로 만든 높은 굴뚝에서 파란 연기들이 솟아나오고 있었다. 우리는 몇 분 만에 그 마을에 도착했다.

하얀 천으로 머리를 싸매고 허리에 권총을 찬 젊은 농부 한 사람이 밖으로 나와 깜짝 놀란 표정으로 나를 바라보았다. 내가 도대체 누구이며 무엇을 하러 왔는가 하는 표정이었다.

"나는 미국인 기자입니다." 나는 왕 목사가 지시한 그대로 말했다. "빈민회의 지방 주임을 만나고 싶습니다."

그는 나를 멍하니 쳐다보다가 "하이파!" 하고 대답했.

'하이파(害怕, 해파)'라는 중국어는 내가 지금까지 들은 바로는 '난 두렵다'라는 한 가지 의미밖에 없었다. 그가 겁이 났다면 도대체 내가 어떻게 느껴졌다는 말인가, 하고 나는 속으로 생각했다. 그러나 그의 표정은 그 말뜻과 어긋나 보였다. 그는 침착하고 자신만만한 표정이었다. 그가 노새몰이꾼에게 얼굴을 돌려 내가 누구인지 물었다.

노새몰이꾼도 내가 대답한 말을 그대로 되뇌이고, 끝에 몇 마디 과장된 자신의 의견을 덧붙였다. 나는 그 젊은 농부의 표정이 부드럽게 풀어지는 것을 보고 마음을 놓았는데, 그제야 그가 구릿빛 피부에 고르고 하얀 치아를 지닌 미남 청년임을 알았다. 그는 중국 어디서나 볼 수 있는 겁 많은 농부들과는 다른 부류의 사람 같았다. 광채가 나는 서글서글한 그의 눈에는 도전적인 기세와 어떤 허세 같은 것이 담겨 있었다. 그는 권총 손잡이에서 천천히 손을 떼고는 미소를 지었다.

"내가 그 사람입니다" 하고 그가 입을 열었다. "내가 지방 주임이에요. 안으로 들어가셔서 따끈한 차나 드시지요."

산시(陝西)성의 이곳 산악 지역에 사는 사람들은 그들만의 방언을 사용하고 있는데, 이 방언은 발음이 분명치 않은 구어체 투성이었다. 그러나 이들도 관화(官話)나 백화(白話)를 알아들었고, 이들의 대화 또한 외국인인 내가 대부분 잘 이해할 수 있었다. 그 주임과 몇 차례 더 대화를 나누고 나니 그도 납득하는 눈치를 보이기 시작해 이야기는 잘 풀려 나갔다. 그러나 대화를 나누는 중에 가끔씩 문제의 '하이파'란 말이 끼어들어 신경이 쓰였지만 나는 한동안 몹시 당황하고 있었기 때문에 그가 도대체 '무엇'을 두려워하는지 물어보지를 못했다. 그러다가 마침내 그 문제를 물어보고 나서야 산시(陝西)성 산악 지역 방언에서 쓰는 '하이파'란 말이 관화에서 '부즈다오(不知道, 부지도)', 즉 '이해하지 못한다'라는 말과 같은 것임을 알았다. 이런 사실을 알고 나는 완전히 마음을 놓았다.

펠트를 깐 구들 위에 앉아 나는 내 신상과 계획에 대해 집주인에게 좀더 자세하게 말해 주었다. 얼마 안 되어 그는 안심하는 눈치였다. 나는 그때 소비에트 주석 마오쩌둥이 머물고 있다고 믿었던 안사이(安塞, 안새)─향진(鄕鎭, 군청) 소재지─로 가고 싶었다. 나는 안내인과 노새몰이꾼 한 사람씩을 붙여 줄 수 없는지 물었다.

그가 "물론이죠, 붙여 드리고말고요" 하고 승낙했지만, 나는 한낮의 뜨거운 열기 속에서 출발할 엄두가 나지 않았다. 해는 이미 한껏 떠올랐고 날씨는 굉장히 무더웠다. 나는 피로에 지친 모습이었고 더구나 식사나 제때 했었던가? 사실 나는 배가 몹시 고파서 더 이상 사양하지 않고 '훙비'와 갖는 첫 식사 초대에 응했다. 동행한 노새몰이꾼이 빨리 옌안으로 돌아갔으면 하는 눈치여서 나는 돈을 지불하고 작별 인사를 나누었다. 이 작별은 앞으로 여러 주일 동안 돌아가지 못할, '백색' 세계와 연결된 마지막 인연과 고별하는 것이었다. 나는 '붉은' 루비콘강을 건넌 것이었다.

나는 이제 류룽휘(劉龍火, 유용화) 씨─사람들이 그 젊은 농부를 부르는 것으로 알았다─의 손에 몸을 맡겼고, 또한 근처 요방에서 밀려들기 시작한 강인한 생김새의 그의 동지들 손에 달린 셈이었다. 비슷한 복장과 무장을 갖춘 이들은 호기심 어린 눈초리로 나를 바라보면서 잘 맞지 않는 내 중국어 억양에 웃음을 터뜨리곤 했다.

류룽훠 씨는 나에게 담배와 술, 차를 권하면서 수많은 질문을 던졌다. 그와 그의 동료들은 가끔씩 찬동을 표시하는 감탄의 말을 터뜨릴 때 외에는 계속 내 카메라와 구두, 모직 양말, 면제 반바지의 천, 그리고 (장시간 탄복의 대상이 된) 카키색 셔츠에 달린 지퍼를 면밀하게 살펴보았다. 이들의 전반적인 인상은 내 복장이 매우 우스꽝스럽게 보이긴 해도 실용성을 충분히 살리고 있다는 쪽으로 기울어진 듯했다. 나는 '공산주의'가 이들에게 실제로 어떤 의미를 지니는지를 몰랐기 때문에 내 소지품이 재빨리 '재분배'되리란 점까지 각오하고 있었다. 하지만 그렇게 되는 대신 나는 외빈 대접을 받았다.

한 시간쯤 지나자 풀어서 지진 달걀요리가 큰 접시에 담겨 나왔고, 뒤이어 찐빵과 조밥, 약간의 양배추와 돼지고기 구이가 따라 나왔다. 집주인은 식사가 변변하지 못하다고 양해를 구했고, 나는 왕성한 식욕을 변명했다. 그러나 왕성한 식욕 운운한 것은 내가 빈민회의 친절한 사람들과 보조를 맞추기 위해 어쩔 수 없이 젓가락질을 활기차게 해야 했기 때문에 늘어놓은 전혀 당치 않은 이야기였다.

류룽훠 씨는 안사이가 '몇 걸음밖에 안 되는' 가까운 곳이라고 안심시켰다. 나는 마음이 달아도 그의 말대로 기다리는 도리밖에 없었다. 마침내 젊은 안내인이 노새몰이꾼을 데리고 나타났을 때는 벌써 오후 4시가 지나 있었다. 출발에 앞서 나는 용기를 내서 식사 값을 류 씨에게 지불하려 했지만 그는 분연히 거절하면서 입을 열었다.

"당신은 외국인 손님이고 또 마오 주석에게 용무가 있는 분입니다. 더구나 당신 돈은 여기서 소용이 없습니다." 그는 내가 내민 지폐를 힐끗 보고는 "소비에트 화폐는 가지고 있지 않나요?" 하고 물었다. 내가 없다고 대답하자 그는 1위안어치의 소비에트 지폐를 세어 냈다.

"자, 도중에 이 돈이 필요하실 겁니다."

류 씨는 그 대신 국민당의 1위안짜리 지폐를 받았다. 나는 그에게 다시 한번 고맙다는 인사를 하고 안내인과 노새몰이꾼을 따라 길을 나섰다.

내 앞에는 간신히 벗어난 위험과 한 가지 사건이 기다리고 있었는데, 이 때문에 내가 비적들에게 납치되어 살해되었다는 소문이 나중에 떠돌게 되었다. 실제로 비적들—홍비가 아닌 백비—은 정적에 싸인 황토 암벽들 위에서 이미 나를 쫓고 있었다.

2부
적도(赤都)로 가는 길

1. 백비의 추격을 받으며

"우리의 살을 먹는 지주들을 타도하자!"
"우리의 피를 마시는 군국주의자들을 타도하자!"
"중국을 일본에 팔아넘기는 반역자들을 타도하자!"
"모든 항일군과의 통일전선 환영!"
"중국 혁명 만세!"
"중국 홍군 만세!"

나는 홍구에서 첫날 밤을 굵고 검은 글씨로 멋지게 써 놓은, 다소 마음을 뒤흔들어 놓는 이런 격문 아래서 보냈다. 그러나 그 밤은 안사이에서 보낸 것도, 또 홍군의 보호를 받으며 지새운 것도 아니었다. 왜냐하면 내가 걱정한 그대로 우리는 그날 중에 안사이에 도착하지 못하고, 해 질 녘쯤 언덕들이 사방에 검은 그림자를 드리우고 있는 강 굴곡부에 자리 잡은 어느 조그만 마을에 도착했기 때문이다. 그 마을에는 물가에서부터 슬레이트 지붕 집들이 몇 개의 층을 이루면서 서 있었는데, 이 집들의 흙벽돌 벽에는 앞서 본 슬로건들이 씌어 있었다. 50~60명의 농민들과 눈이 똥그래진 아이들이 집에서 뛰어나와 고작 당나귀 한 마리를 이끌고 온 우리 여행단을 맞았다.

나를 안내한 빈민회(貧民會)의 젊은 사자(使者)는 나를 이곳에 인계하기로 결정했다. 그가 기르는 암소 중 한 마리가 최근에 송아지를 낳았는데, 집 근처에 늑대들이 있어 돌아가서 돌봐야 했기 때문이었다. 안사이까지는 아직도 16킬로미터나 남아 있고 그곳까지는 밤길로 가기가 쉽지 않았다. 그는 빈민회 부회의 지방 주임에게 나를 보호해 주도록 인계했다. 안내인과 노새몰이꾼은 흰 지폐(국민당 정부 지폐)로든, 붉은 지폐(소비에트 지폐)로든 수고비 주는 것을 결코 허락하지 않았다.

주임은 볕에 그을린 얼굴에 솔직한 인상을 풍기는 20대 초반의 젊은 이로 위에는 색이 바랜 면제 청색 옷을 입었고, 아래에는 흰색 바지를 입고 있었다. 바지 밑으로는 피부색의 맨발이 그대로 드러나 있었다. 그는 나를 따뜻하게 맞이하면서 매우 친절하게 대했다. 그는 마을회관의 방을 하나 내주고, 뜨거운 물과 조밥을 한 그릇 가져다주었다. 그러나 나는 어둡고 악취가 풍기는 그 방을 사양하고 떨어진 문짝 두 개를 이용하게 해 달라고 부탁했다. 나는 기다란 의자 두 개에 이 문짝을 걸쳐 놓고 가져온 담요를 펴서 집 밖에 잠자리를 만들었다. 맑은 하늘에는 북방의 별들이 반짝이고, 내 잠자리 아래쪽에서는 조그만 폭포 소리가 아늑하고 평화로운 속삭임을 전하고 있었다. 찬란한 밤이었다. 나는 장시간의 도보여행으로 지친 나머지 눕자마자 이내 잠이 들었다.

눈을 떠 보니 동이 트고 있었다. 주임이 옆에 서서 내 어깨를 흔들고 있었다.

"조금 일찍 출발하시는 게 좋겠군요. 근처에 비적들이 있으니 빨리 안사이로 가셔야겠어요."

비적들이라니? 그가 말하는 비적은 홍비가 아니라 '백비'였다. 나는 더 이상 캐묻지 않고 잠자리에서 일어났다. 나는 소비에트 중국에서 백비들에게 납치되는 우스꽝스러운 꼴을 당하고 싶지는 않았다.

홍비가 소비에트 용어로 '유격대', 즉 붉은 빨치산으로 불리는 것과 똑같이 백비도 국민당 용어론 '민단(民團)' 또는 '민병대'로 불리고 있었다. 국민당은 농민 봉기에 대적하기 위해 민단 조직을 계속 증강시켜 왔었다. 민단 조직은 '보갑(保甲)'제의 유기적 일부로서 움직이고 있었다. 보갑제란 옛날부터 농민들을 통제하기 위해 활용해 온 방법인데, 현재는 국민당과 더불어 만주국(滿洲國)의 일본인들이 광범하게 쓰고 있었다.

보갑이란 말은 '보증된 갑주(甲冑)'라는 뜻이다. 하나의 갑(甲)은 대략

10가구로 구성되는데, 수장(首長)은 소문으로는 선출한다고 하나 보통 지방관[地方官: 현장(縣長)]이 임명했다. 다시 하나의 보(保)는 대략 열 개의 갑으로 이루어졌다. 약 1백 가구 단위로 만들어진 이 보갑의 어느 구성원이 죄를 짓게 되면 보갑은 정부가 임명한 지방관에게 연대책임을 졌다. 갑의 수장은 갑 내에 '모반자'가 있으면 누구라도 보고할 의무가 있는데, 이를 지키지 않으면 불법행위로 간주되어 처벌을 받았다. 이런 방법으로 몽골인과 만주인들은 중국 농촌의 치안을 유지시켜 왔다. 이런 방법은 인민들, 특히 가난한 농민들의 혐오를 받았다.

농민들의 조직적인 항거를 예방하는 수단으로서 이 보갑제는 거의 완벽한 구실을 했다. 보갑의 수장들은 거의 언제나 부농이나 지주, 또는 전당포 주인, 고리대금업자—이들이 가장 열성적인 신민이다—들이 차지했기 때문에 이들이 반항심을 품은 소작인이나 돈을 꾸어 쓴 농민들을 '보증'하지 않으려는 것은 당연한 일이었다. 그런데 이들의 보증을 받지 못한다는 것은 심각한 일이었다. 즉 보증을 못 받은 사람은 '의심스러운 인물'로 찍혀 어떤 구실로든 투옥될 가능성이 많았기 때문이다.

이처럼 호신(豪紳)들은 언제라도 보증을 거부함으로써 농민을 파멸시킬 수 있었기 때문에 모든 농민들은 사실상 이 호신들의 손아귀에 들어가 있었다. 보갑의 매우 중요한 기능 중의 하나는 민단을 유지하기 위한 조세 징수였다. 민단은 지주와 호신들이 단원을 선발하고 조직과 지휘를 맡았다. 민단의 주요 임무는 공산주의와 싸우고, 소작료와 장리(長利) 곡식의 징수를 도우며, 빌려준 돈의 원리금을 거두고 지방관의 조세 징수를 지원하는 일이었다.

이 때문에 홍군이 어느 지역을 점령할 때 가장 먼저, 그리고 마지막까지 저항하는 적이 곧 민단이었다. 민단은 그들을 먹여 살리는 지주 외에는 다른 기반이 없고, 또 홍군이 들어오면 그 유일한 기반이 사라지기 때문이었다. 중국 내의 계급투쟁은 민단과 홍군 유격대 간의 싸움 속에서 가장 생생하게 드러났다. 지주와 이들의 소작인 및 채무자들 간의 직접적인 무력투쟁이 그런 싸움의 형태를 취하는 경우가 매우 많았기 때문이다. 민단의 용병 숫자는 수십만이나 되어 일반적으로 약 2백만 명이라는 반(反)홍군 병력의 가장 중요한 지원부대 구실을 하고 있었다.

현재 이 지역의 전선에서는 홍군과 국민당 군대 간에 휴전이 성립되었지만 홍군 유격대에 대한 민단의 공격은 간헐적으로 계속되고 있었다. 나는 시안, 뤄촨, 옌안에서, 이 도시들로 도피했던 많은 지주들이 현재 백비들에게 자금을 제공하거나 또는 직접 이들을 지휘하면서 소비에트 경계 지역에서 활동하고 있다는 이야기를 들었다. 이들은 홍군 주력부대가 없는 틈을 이용해서 홍구에 보복공격을 가해 마을을 불태우고 약탈하면서 농민들을 죽였다. 이들이 홍구 마을의 지도자들을 사로잡아 오면 지주와 백군 장교들은 푸짐한 상금을 주었다.

민단은 주로 보복과 즉각적인 현금보상에 이끌려 홍군 대 백군 간의 싸움에서 가장 파괴적으로 활동했다. 어쨌든 나는 백비들의 '외교정책'을 내 몸으로 직접 시험해 볼 생각이 없었다. 나는 소지품이 별로 없기는 해도 내가 지닌 약간의 현금과 의류, 그리고 카메라 두 대는 그저 혼자뿐인 양귀를 없애기만 하면 차지할 수 있다고 할 경우에는 상당히 유혹적인 획득물이 되기 때문에 이들이 그대로 지나치지는 못할 것이었다.

나는 약간의 뜨거운 차와 과자를 서둘러 먹은 다음 주임이 물색해 준 다른 안내인과 노새몰이꾼과 함께 출발했다. 우리는 냇물 바닥을 따라 한 시간 동안 걸으면서 이따금 조그만 굴집촌을 지나쳤는데, 그런 마을을 지나갈 때는 털이 긴 개들이 나에게 사납게 짖어 댔고, 또 그때마다 어린이 보초들이 달려 나와 우리에게 통행증을 보여 달라고 요구했다. 그러다가 우리는 거대한 바위들이 천연의 물동이처럼 움푹 파여 잔잔한

물이 고여 있는 아름다운 웅덩이에 이르렀다. 그곳에서 나는 처음으로 홍군 전사를 만났다. 그는 혼자였는데, 물가에는 노란 별 표시가 있는 선명한 청색 안장받침을 등에 얹은 조그만 흰색 말이 풀을 뜯어 먹고 있었다. 젊은 전사는 목욕을 하고 있었으며, 우리가 접근하자 재빨리 뛰어나와 하늘색 상의를 입고 붉은 별이 박힌 흰색 타월 터번을 썼다. 그는 허리에 모제르(Mauser) 권총을 차고 있었고, 목제 권총집에는 붉은 술장식이 화려하게 매달려 있었다. 그는 권총에 손을 댄 채 우리가 다가오기를 기다렸다가 안내인에게 우리의 용건을 물었다.

"나는 마오쩌둥과 회견하기 위해 왔습니다." 내가 입을 열었다. "난 그가 안사이에 있을 것으로 알고 있어요. 안사이까지 가려면 얼마나 더 가야 합니까?"

"마오 주석이요?" 그가 천천히 되물었다. "마오 주석은 안사이에 없습니다." 그러고는 그는 우리 뒤쪽을 살펴보면서 나밖에 없는지를 물었다. 그는 안내인과 노새몰이꾼을 빼고는 나 이외에 달리 사람이 없음을 확인하고는 딱딱한 표정을 풀고 마치 무슨 은밀한 놀이를 즐기는 듯한 표정으로 미소를 지으면서 입을 열었다.

"나도 안사이로 가는 중입니다. 함께 현 정부(縣政府)까지 동행하겠어요."

그가 말을 내 옆으로 나란히 몰아, 나는 자진해서 내 자신에 관한 이야기를 상세하게 전하고 그에 대해서도 몇 마디 물어 보았다. 나는 그가 정치보위국 소속이고 이 경계 지역을 순찰 중이라는 사실을 알았다. 그러면 그 말은 어디서 난 것일까? 장쉐량 원수의 '선물'이라고 했다. 그는 홍군이 최근 산시(陝西)성 북부 전투에서 장쉐량의 군대에게서 1천 필이 넘는 말을 노획했다고 말했다. 나는 또 그가 성이 야오(姚, 요)이고 나이는 22살이며, 홍군에 들어간 지 6년이 되었다는 사실도 알았다.

우리는 두 시간 뒤에 안사이에 도착했다. 안사이는 황허(黃河, 황하)의 지류인 옌수이(延水, 연수)의 건너편에 있었다. 지도상으로는 큰 도시로 표시되어 있으나 실제로 와 보니 안사이는 조그만 성시(城市)로, 성벽의 외곽만이 남아 있었다. 시가는 완전히 버려지고 모든 건물은 폐허로 변해 있었다. "이 시는 10년 전의 대홍수로 완전히 파괴되었습니다." 야오가 설명했다. "시 전체가 물에 잠겼지요."

안사이의 주민들은 시를 재건하지 않고 지금은 성벽에서 얼마 떨어지지 않은 거대한 바위 절벽면에 벌집처럼 촘촘하게 요방을 지어 살고 있었다. 그러나 우리가 도착해 보니 그곳에 주둔하고 있는 홍군 분견대는 비적을 추격하기 위해 출동했고, 현(縣) 소비에트 위원들은 성(省) 정부 위원에게 보고서를 제출하기 위해 근처의 작은 마을인 바이자핑(百家坪, 백가평)으로 가고 없었다. 야오는 자진해서 나를 바이자핑까지 호위해 주었고, 우리는 해 질 녘에 그곳에 도착했다.

소비에트 지구에 발을 들여놓은 지 벌써 하루 반이 지났지만 나는 전시의 고난에 시달리는 흔적을 전혀 찾아볼 수 없었다. 홍군 병사도 한 사람밖에 만나지 못했고, 주민들 또한 조금도 동요하지 않고 한결같이 농사일에 열중하고 있는 듯했다. 그러나 나는 겉으로 드러나지 않는 것에 현혹되지는 않을 참이었다. 나는 1932년 상하이에서 중국과 일본 간에 전쟁이 벌어졌을 때 중국 농민들이 전투가 벌어지는 와중에서도 아랑곳하지 않고 계속 밭을 갈던 모습을 기억하고 있었다. 그래서 우리가 모퉁이를 돌아 바이자핑으로 들어설 때 바로 내 머리 위에서 소름끼치는 함성이 들렸지만 나는 그런 상황에 전혀 마음의 준비가 없었던 것은 아니었다.

맹렬한 함성이 들리는 쪽으로 눈을 돌려 보니 도로 위의 구릉에 병사(兵舍)같이 열을 지어 서 있는 집들 앞에서 10여 명의 농민들이 더할 수 없이 완강한 자세로 긴 창과 짧은 창, 몇 자루의 소총을 휘두르고 있는 모습이 보였다. 봉쇄망을 돌파하고 들어온 나의 운명의 문제―내가 제국주의자로서 총살대 앞에 세워질 것인가, 아니면 공정한 탐구자로서 환영을 받게 될 것인가 하는―가 더 이상 지체되지 않고 곧 결정될 것처럼 보였다.

야오를 돌아본 내 얼굴 표정이 우스꽝스럽게 보였던 게 분명했다. 그는 웃음을 터뜨리면서 "부파(不怕, 불파)" 하고 말했다. "걱정하지 말아요. 저 사람들은 유격대인데, 지금 훈련 중입니다. 이곳에 홍군유격대학이 있지요. 놀라지 마십시오!" 나중에 안 일이지만 유격대의 교육 과목에는 마오쩌둥이 애독하는 『수호전(水滸傳)』[1]에 묘사된 봉건시대의 무술시합 때와 똑같은 이런 옛 중국 함성을 연습하는 것도 포함되어 있었다. 나는 자신도 모르는 사이에 이 기술의 실험대상이 되어 한 차례 등골이 서늘해지다 보니 이 함성이 적을 위협하는 데 아직도 매우 효과적이라는 점을 인정하지 않을 수 없었다.

나는 바이자핑에서 야오가 나에게 소개한 소비에트 위원과 마주앉아 회견을 시작했다. 그때 장교용 벨트를 맨 젊은 지휘관이 땀범벅이 된 말을 갑자기 세우고 훌쩍 뛰어내렸다. 그는 나를 호기심 어린 눈으로 바라보았다. 그리고 내가 모르고 지나친 내 자신의 모험을 그에게서 상세하게 듣게 되었다.

새로 도착한 지휘관은 성이 볜(卞, 변)으로 안사이의 홍군 수비대장이었다. 그는 1백여 명의 민단군과 전투를 벌이고 막 돌아오는 길이라고 말했다. 농사일을 거드는 어린 소년―'소년선봉대'―이 몇 킬로미터를 달려 거의 기진맥진한 상태로 안사이에 도착해서 민단이 이 지역에 침입

---

[1] 16세기의 중국의 유명한 소설인 『수호전』은 펄 벅(Pearl Buck)이 *All Men Are Brother*라는 제목으로 영역·출판했다.

했다는 사실을 수비대에 알렸다. 더구나 민단의 지휘자가 진짜 '흰' 비적
—양귀(洋鬼)—이라니, 그것은 다름 아닌 '나 자신'이 아닌가!

"나는 즉시 기병대를 이끌고 산 속의 지름길로 나가 한 시간 뒤에 비적들을 발견했어요." 벤이 자세하게 설명하기 시작했다. "이들이 당신을 뒤따라오고 있었어요." 그는 나를 가리키면서 말했다. "불과 약 2리 뒤에서 말이오. 그러나 우리가 이들을 포위한 후 골짜기에서 공격해 지휘자 두 명을 포함해 몇 명을 생포하고 말도 몇 필 빼앗았지요. 나머지는 변경쪽으로 도주했어요." 그가 간단히 보고를 끝내자 그의 부하 몇 사람이 빼앗은 말 몇 필을 끌고 안뜰로 열 지어 들어섰다.

나는 수비대장이 혹시 내가 정말 민단을 지휘하고 있다고 생각하는 것이 아닌가 하는 의심이 들기 시작했다. 그렇다면 나는 민단에서 탈출했다 하더라도—민단 병사들은 나를 무인지대에서 잡았다면 나를 분명 홍비로 몰았을 것이다—결국 홍군에게 잡혀서 백비란 의심을 받게 되는 것이 아닌가?

그러나 곧 몸이 가냘프고 중국인으로는 유별나게 검은 수염이 많은 젊은 장교가 나타났다. 그는 나에게 다가와 부드럽고 세련된 목소리로 말을 걸었다. "안녕하시오, 누군가를 찾고 계시다고요?"

그는 다름 아닌 영어로 말을 하고 있지 않은가!

나는 이내 그가 그 유명한 저우언라이라는 것을 알았다.

2. 반역자[①]

저우언라이와 몇 분간 이야기하면서 내가 어떤 사람인가를 설명하자 그는 내가 그날 밤을 바이자핑에서 지낼 수 있도록 주선하고는 다음 날 아

침 인근 마을에 있는 자신의 사령부로 와 달라고 부탁했다. 나는 이곳에 주둔하고 있는 통신반과 저녁식사를 함께했고, 그 자리에서 바이자핑에 숙박하는 젊은이 열두어 명을 만났다. 이들 중 몇 사람은 유격대학의 교관이고, 한 사람은 무선통신사, 다른 몇 사람은 홍군 장교들이었다. 저녁식사로는 삶은 닭과 효모를 넣지 않고 만든 순 밀가루빵, 양배추, 조밥, 감자 요리가 나왔으며, 나는 이 요리들을 실컷 먹었다. 그러나 이 식사에서도 마실 것이라고는 뜨거운 물밖에 없었다. 나는 뜨거운 물에는 손도 대고 싶지 않았다. 몹시 갈증이 났기 때문이다.

식사를 시중드는 일―더 정확히 표현한다면 식사 그릇을 옮기는 일―은 표정이 냉담한 두 소년이 맡았다. 이 소년들은 체구에 비해 엄청나게 큰 제복을 입고, 또 긴 챙이 계속 눈앞으로 흘러내리는 불룩한 붉은 모자를 쓰고 있었다. 처음에 이들은 나를 시큰둥한 눈으로 쳐다보았지만 잠시 후 나는 한 소년이 친절한 미소를 짓도록 만드는 데 성공했다. 이러한 미소에 용기를 얻어 나는 옆으로 지나갈 때 그 소년을 불렀다.

"어이, 여기 냉수 좀 갖다줘요."

소년은 전혀 들은 체 만 체했다. 잠시 후에 나는 다른 소년에게 같은 말을 되풀이했으나 마찬가지였다.

그래서 통신반장인 리커눙(李克農, 이극농)*을 쳐다보니 그는 알이 두꺼운 안경 너머에서 빙긋이 웃고 있었다. 그가 내 소매를 끌어당기면서 충고했다. "소년을 소귀(小鬼, 소년들을 친근하게 부르는 말―옮긴이)라고 부르거나 '동지'라고 부르는 것은 괜찮지만 '어이!'라고 불러서는 안 됩니다. 이곳에서는 모두가 동지입니다. 이 소년들은 소년선봉대이고, 이들이 이곳에 와 있는 것은 혁명가로서 자발적으로 우리를 돕기 위해서죠. 그들은 하인이 아닙니다. 이들은 앞으로 홍군 전사들이 될 소년들입니다."

바로 그때 끓여서 식힌 물을 가져왔다. 나는 미안한 표정을 지으면서

"고마워요……, 동지" 하고 말했다.

그 소년선봉대가 나를 당돌하게 쳐다보았다. "천만에요" 하고 소년이 말했다. "그런 일로 동지에게 감사하지 않아도 돼요!" 나는 지금까지 중국 소년들에게서 그처럼 당당하게 개인적인 존엄을 내세우는 것을 본 적이 없었다. 처음 부딪친 이러한 일은 그 이후 소년선봉대원들이 나에게 계속 안겨 준 놀라움의 첫 시작에 불과한 것이었다. 왜냐하면 소비에트 지구로 더욱 깊숙이 들어가면서 나는 홍안의 — 밝고 활달하며 정력적이고 충실한 — 이들 소홍귀(小紅鬼, 어린 홍군에 대한 애칭 — 옮긴이)에게서 놀라운 청소년 십자군 정신이 살아 꿈틀거리고 있음을 발견하게 되었기 때문이다.

사실 다음 날 아침 나를 저우언라이의 사령부로 호위하여 안내한 것도 이들 '레닌의 어린 아들' 중의 한 사람이었다. 그의 사령부는 폭탄이 떨어져도 끄떡없는 (반동굴식) 오두막이었는데, 주변에도 똑같은 모습의 오두막들이 많았다. 이 속에서 농부들은 전투지역 안에 있다는 점이나 그들 속에 홍군 동부전선[2] 사령관이 섞여 산다는 사실에 개의치 않고 생활하고 있었다. 근처에 약간의 병력이 주둔하고 있었지만 그것이 전원(田園)의 평온함을 어지럽히지는 않는 듯했다. 저우언라이의 숙소 앞에는 장제스가 그의 목에 8만 위안의 현상금을 걸어 놓았음에도 보초 한 사람만이 서 있을 뿐이었다.

안으로 들어서니 실내는 깨끗했지만 가구라고는 꼭 필요한 몇 가지만 있을 뿐이어서 썰렁하기 그지없었다. 진흙 구들 위에 쳐 놓은 모기장이 그나마 눈길을 끄는 유일한 사치품이었다. 구들 밑에는 철제 서류 송달함이 두 개 놓여 있었고, 조그만 목제 테이블이 책상으로 쓰이고 있었다.

---

2 예젠잉(葉劍英)*이 저우언라이의 참모장이었다.

보초가 내가 도착했음을 알렸을 때 저우는 테이블 앞에서 몸을 숙이고 무선전보를 읽고 있었다.

"나는 당신이 믿을 만한 언론인이고, 중국 인민들에게 우호적이며, 또 안심하고 사실을 털어놓을 수 있는 사람이라는 보고서를 받았습니다." 저우가 말했다. "우리가 알고 싶은 것은 이것으로 충분합니다. 우리는 당신이 공산주의자가 아니라는 점에 개의치 않습니다. 우리는 소비에트 지구를 살펴보기 위해 찾아오는 언론인은 누구든 환영할 것입니다. 그런 일을 막는 쪽은 우리가 아니고 국민당이지요. 당신은 당신이 목격한 것은 무엇이든 쓸 수 있고, 또 소비에트 지구를 조사하는 데 필요한 온갖 지원을 받게 될 것입니다." 나에 대한 '보고서'는 시안에 있는 공산당 비밀본부에서 보낸 것이 분명했다. 공산당은 상하이, 한커우, 난징, 톈진(天津, 천진)을 포함한 중국 내 모든 주요 도시와 무선통신을 할 수 있었다. 백구(白區)의 도시에서 공산당의 무선장비가 압수되는 일이 자주 있었지만 국민당은 오랫동안 도시와 농촌 지역에 있는 홍구 사이의 통신망을 차단시키는 데 한 번도 성공한 적이 없었다. 저우의 말에 따르면, 홍군이 백군에게서 노획한 장비로 처음 무선부를 만든 이래 국민당은 홍군의 무선암호를 한 번도 해독하지 못했다고 한다.

저우언라이의 무선소는 사령부 가까운 곳에 설치되어 있었는데, 그곳 무선장비는 사람의 힘으로 일으키는 발전을 전원으로 사용하는 휴대용이었다. 그는 이 무선기를 통해 소비에트 지역 내에 있는 모든 주요 거점 및 각 전선과 연락을 취하고 있었다. 그는 심지어 홍군 총사령관인 주더와 직접 연락할 수 있었는데, 당시 주더의 부대는 서남쪽으로 수백 킬로미터 떨어진 쓰촨-티베트 경계 지역에 주둔하고 있었다. 서북의 소비에트 정부 임시 수도인 바오안(保安, 보안)에는 무선학교가 설립되어 있어 그곳에서 학생 90명을 무선기술자로 양성하고 있었다. 이들은 난징, 상하이, 도쿄의 방송을 날마다 청취해서 소비에트 중국의 신문에 뉴스를 공급했다.

저우는 조그만 책상 앞에 웅크리고 앉아 위에 있는 무선전문들을 한 옆으로 밀어 놓았다. 그 전보는 대부분이 산시(山西)성 건너편 쪽 황허변의 여러 지점, 즉 홍군 동부전선에 주둔하고 있는 부대들이 보낸 보고서(그의 설명)였다. 그는 내 여행 일정 계획서를 짜기 시작했다. 그가 다 짜서 나에게 건네준 것을 보니 무려 92일간의 여행 일정이 잡혀 있었다.

"이것은 내가 권하고 싶은 계획안입니다." 저우는 말했다. "그러나 이것을 따를 것인지 말 것인지는 당신이 결정할 문제입니다. 당신이 이것을 따르면 흥미로운 여정이 되리라고 생각합니다."

그렇지만 92일간이나 되다니! 더구나 이 여행의 약 절반은 걷거나 말을 타고 가면서 보내게 되어 있었다. 도대체 무엇을 보여 주겠다는 것인가? 홍구가 그처럼 넓다는 말인가? 그러나 나중에 드러나듯이 나는 그가 권한 여정보다 훨씬 더 긴 여행을 하게 되었고, 또 그동안에 본 것이 너무 적어 여행 끝에는 큰 아쉬움을 품고 마지못해 떠나게 되었다.

저우는 사흘이 걸리는 바오안까지 내가 말을 타고 갈 수 있게 해 주겠다고 약속했고, 또 다음 날 아침 임시 수도로 돌아가는 통신단의 일부 요원들과 함께 동행해서 출발할 수 있도록 주선해 주었다. 나는 마오쩌둥과 다른 소비에트 간부들이 현재 바오안에 있다는 것을 알았는데, 저우는 무전으로 내가 도착한다는 사실을 이들에게 알리겠다고 말했다. 나는 저우와 이야기를 나누는 동안 깊은 관심을 갖고 그를 지켜보았는데, 그는 많은 공산당 지도자들과 마찬가지로 떠도는 그대로의 전설적인 인물이었다. 호리호리한 중키에 가냘프면서도 강단 있는 체격을 지니고 있었고, 검은 수염이 길게 나 있는데도 외모는 동안이었으며, 깊숙이 들어간 두 눈은 크고 온화했다. 그의 몸에서 풍기는 어떤 자력(磁力) 같은 것은 그의 개인적인 매력과 지휘에 임하는 자신감이 결합된 데에서 나오는 것 같았다. 저우의 영어는 약간 더듬거려 알아듣기 어려웠다. 그는 5년 동안 영어를 쓰지 않았다고 나에게 말했다. 아래의 내용은 당시의 대화 내용을 메모한 것을 바탕으로 하여 정리한 것이다.

저우언라이는 1898년 장쑤성(江蘇省, 강소성) 화이안현(淮安縣, 회안현)에서, 그의 표현을 빌리면 '파산한 관리 집안'의 아들로 태어났다. 그의 어머니는 저장성(浙江省, 절강성) 사오싱(紹興, 소흥) 출신이었다. 그는 (생후 4개월 때) 숙부 집안의 양자로 들어갔다. 그 숙부는 대를 이을 아들도 없이 숨을 거두기 직전에 있었는데, 그의 아버지는 아우의 혈통이 끊어지지 않도록 저우언라이를 양자로 주어 친자식처럼 키우도록 했다. "숙모는 젖먹이 때부터 내 친어머니가 되었지요." 저우는 말했다. "나는 열 살 때 양모와 생모가 다 같이 돌아가실 때까지 하루도 어머니의 품을 떠나지 않았어요." 저우의 친할아버지는 학자로서 청조(淸朝) 때 장쑤성 북부의 화이안현에서 지방관을 지냈다. 저우가 어린 시절을 보낸 곳이 이 화이안현이다. 그의 아버지는 과거에 합격해 관리 임용을 기다렸으나 허사로 끝났고, 저우가 아직 젖먹이 시절 때 사망했다. 그의 양모(저우는 양모를 '어머니'라고 불렀다)는 당시 관리의 부인으로서는 드물게 학식이 높았다. 더욱 진기한 것은 양모가 소설과 함께 과거의 여러 봉기를 다룬 '금서(禁書)'[3]들을 애독했다는 점이다. 그녀는 이런 책들을 어릴 때 저우에게 보여 주었다. 그는 처음 집에서 가정교사로부터 사서오경(四書五經)과 철학을 배웠는데, 이러한 교육은 관리 생활을 준비시키는 데 꼭 필요한 것이었다. '두 어머니'가 세상을 뜨자 저우는 만주의 펑톈에 사는 백부댁

---

[3] 유년 시절의 마오쩌둥에게 영향을 미친 이런 흥미 있는 책들을 저우언라이도 대부분 읽었다. 4부 1장과 2장 참조.

―그도 관리였다―에 가서 살았다(저우언라이는 어머니의 죽음과 상관없이 12살 되던 해에 큰아버지를 따라 펑톈으로 간 것으로 알려져 있다―옮긴이). 그는 이때부터 량치차오(梁啓超, 양계초) 같은 개혁주의자들이 썼거나 또는 이들의 견해를 반영한 불법도서와 신문들을 읽기 시작했다.

저우는 14살 때 톈진에 있는 난카이(南開, 남개) 중학교에 입학했다. 청조의 제정(帝政)이 타도되어 그는 이때 쑨원(孫文, 손문) 박사가 창당한 국민당의 영향 아래 완전히 젖어 있었다. 일본은 쑨원이 제정타도운동을 벌이고 있을 때 그에게 여러 가지 호의를 베풀었다. 쑨원이 공화국의 권력을 장악한 부패한 군벌 타도를 준비하고 있을 때도 일본은 여전히 그에게 망명처를 제공했다. 저우언라이 자신도 난카이 중학교를 졸업한 해인 1917년에 일본으로 건너갔다. 일본어를 배우는 동안 그는 도쿄의 와세다 대학과 교토 대학의 '청강생'으로 공부했다. 그는 일본에 18개월간 유학하는 동안 혁명지향적인 중국인 유학생들과 폭넓은 친분을 맺었고, 또 편지와 기사를 통해 베이징의 상황을 파악하고 있었다.

1919년, 난카이 중학교 교장을 지냈던 장보링(張伯苓, 장백령)이 톈진에 새로 세워진 난카이 대학의 학장에 취임했다. 그의 권유로 저우는 난카이 대학에 입학하기 위해 일본을 떠났다. 그동안 그의 친척들―저우의 표현을 빌리면 '돈이 헤픈 족속들'―은 몹시 곤궁해져서 그의 학비를 대줄 형편이 못 되었다. 장보링은 저우에게 일자리를 하나 만들어 주었는데, 그는 여기서 받는 급료로 학비와 숙식비, 책값을 충분히 감당했다. "난카이 중학교에 다닐 때 마지막 2년간은 가족으로부터 아무런 도움을 받지 못하고 학급 최우등생으로 장학금을 받아 지냈습니다. 일본에 있을 때는 친구들에게 돈을 빌려 살아갔지요. 난카이 대학에 입학해서는 학생연합 회보 편집장이 되어 그 수입으로 생활을 꾸려 나가는 데 도움을 받았습니다." 저우는 5·4 운동[4]에서 파급된 난카이 학생 봉기를 주도하다가 1919년에 5개월간 투옥되었다. 하지만 그런 와중에도 편집장 일을 감당해 나갔다.

이 시기에 그는 급진단체인 '각오사(覺悟社)'의 창립을 도왔는데, 이 단체의 회원들은 나중에 저마다 무정부주의자, 국민당원, 공산당원 들이 되었다[이 회원 중의 한 사람이 덩잉차오(鄧穎超, 등영초)*인데 저우언라이는 1925년에 그녀와 결혼했다]. 각오사는 1920년 말까지 존속되다가 저우를 위시한 이 단체 창설회원 4명이 천두슈(陳獨秀, 진독수)*와 다른 친프랑스파 인사들이 조직한, 일하며 공부하는 근공검학(勤工儉學) 계획의 일환으로 프랑스로 유학하면서 해체되었다.

"프랑스로 떠나기 전에 나는 『공산당 선언(Communist Manifesto)』과 카우츠키(K. Kautsky)의 『계급투쟁(Class Struggle)』, 『10월혁명』 등의 번역본을 읽었습니다. 이 책들은 천두슈가 편집한 《신청년(新靑年)》의 후원을 받아서 출판되었지요. 나는 또 천두슈와 리다자오(李大釗, 이대교)*를 개인적으로 만났는데, 이들은 나중에 중국공산당의 창설자들이 되었습니다(저우는 당시 마오쩌둥을 만난 적이 있는지에 대해서는 언급하지 않았다).

나는 1920년 10월, 배를 타고 프랑스로 떠났습니다. 그때 배 안에서 마오쩌둥이 조직한 '신민학회(新民學會)' 회원들인 후난성 출신 학생들을 많이 만났습니다. 이들 중에는 1921년 프랑스에서 처음으로 '중국 사회주의 청년단'을 조직한 차이허썬(蔡和森, 채화삼)*과 그의 누이동생 차이창(蔡暢, 채창)*이 섞여 있었습니다. 1922년에 나는 '중국 공산주의 청년동맹'[5]의

---

4 5·4 운동은 일본의 '21개조 요구'와 독일의 식민지 칭다오(靑島)를 일본에게 넘겨준 베르사유조약에 반대하는 전국적인 저항에서 유발된 것이었다.
5 공산주의 청년동맹(CYL)은 사회주의 청년단에서 파생되었다.

창설회원이 되어 이 조직에 전념하기 시작했지요. 그리고 2년 뒤엔 런던으로 가서 2개월 반 동안 머물렀는데, 그곳이 마음에 들지 않아 독일로 건너가서 1년간 조직사업을 도왔습니다.[6] 우리가 조직한 '공산주의 청년동맹'은 1922년 상하이에 대표단을 파견, 그 전해에 창립된 공산당에 가맹을 요청했지요. 이 신청이 받아들여져 '공산주의 청년동맹'은 당의 공식지부가 되어 나는 공산당원이 되었습니다. 프랑스에서 '공산주의 청년동맹'을 조직한 창설회원 중 이런 식으로 공산당원이 된 사람은 차이허썬, 차이창, 자오스옌(趙世炎, 조세염), 리푸춘(李富春, 이부춘),* 리리싼(李立三, 이립삼),* 왕뤄페이(王若飛, 왕약비), 그리고 천두슈의 두 아들인 천옌녠(陳延年, 진연년)과 천차오녠(陳喬年, 진교년)이었습니다. 천옌녠은 뒤에 상하이에서 인력거꾼들을 조직하기 위해 직접 인력거를 끌었는데, 반혁명 중에 체포되어 혹독한 고문을 당한 뒤 살해되었습니다. 그의 아우 천차오녠도 1년 뒤인 1928년에 룽화(龍華, 용화)에서 처형당했지요.

'재불(在佛) 중국학생연합'의 회원 중 4백 명 이상이 '공산주의 청년동맹'에 가입했습니다. 그리고 1백 명이 약간 못 되는 회원이 무정부주의자들이었고, 약 1백 명은 국민당원이 되었지요."

프랑스 유학생들에 대한 재정지원은 중·불교육협회와 차이위안페이(蔡元培, 채원배), 리스쩡(李石曾, 이석증)이 맡았다. "나이 많고 애국적인 많은 인사들이 개인적인 정치적 야심을 품지 않고 남몰래 우리 유학생들을 도와주었지요"[2] 하고 그는 말했다. 유럽 체류 중 저우언라이를 재정적으로 후원한 사람은 난카이 대학 설립자인 옌판쑨(嚴範孫, 엄범손)이었다. 저우는 일부 중국 유학생들과는 달리 프랑스에서 육체노동을 하지 않았는

| 6 주더는 저우언라이가 공산주의자로 끌어들인 사람 중의 하나였다.

데 다만 노동조합 조직을 연구하기 위해 단기간 르노 공장에서 일했을 뿐이었다. 그는 프랑스어를 배우기 위해 1년간 개인교습을 받은 뒤에는 정치활동에 전념했다. "나중에 친구들이 내가 옌의 돈을 쓰면서 공산당원이 되었다고 그에게 말하자, 옌은 '똑똑한 남자는 모두 그 나름의 목표들을 지니고 있다!'는 중국 격언을 인용했다"라고 저우는 말했다.

그는 프랑스, 런던, 독일에서 3년을 보내고, 귀국길에 지시를 받기 위해 잠시 모스크바에 들렀다. 그는 1924년 말에 광저우에 도착, 그곳에서 장제스가 교장으로 있는 황푸 군관학교의 정치부 부주임이 되었다 (저우는 파리에 체류하고 있을 때 이미 국민당 중앙집행위원으로 선출되었다. 그는 광저우에서 공산당 광둥성위원회 서기로도 선출되었으니 이처럼 기묘한 동맹관계의 역설적 현상이 어디 있겠는가!). 황푸 군관학교에서 저우언라이의 진짜 상관은 광저우에서 갈린(Galin)으로 알려진 소련 고문관 바실리 블루체르(Vasili Bluecher)* 장군이었다.

저우언라이는 갈린과 소련고문단의 정치담당 책임자인 미하일 보로딘(Mikhail Borodin)*의 교묘한 지도 아래 '청년군인연합회'로 알려진 사관생도 제자들의 서클을 만들었는데, 이 가운데 린뱌오와 훗날 홍군의 장군으로 활약한 다른 사람들이 들어 있었다. 그의 영향력은 그가 1925년 산터우(汕頭, 산두) 인근의 폭동을 진압한 국민당군 제1사단의 정치위원으로 임명되면서 한층 강화되었으며, 그는 이 기회를 이용해서 산터우항(港)의 노동자들을 규합해 노동조합을 만들었다. 1926년 3월, 국민당과 공산당 간의 긴장이 고조되면서 장제스의 첫 번째 반공산당 일격이 가해졌다. 그는 이중당적(二重黨籍) 관례를 폐지시키는 데 성공한 뒤 황푸 군관학교의 여러 직책에 근무하는 많은 공산당원들을 쫓아냈다. 그러나 저우언라이는 장제스의 명령으로 직위를 그대로 유지했다.

1926년, 국민당과 공산당은 장제스를 총사령관으로 공동 선출하고 북벌(北伐)을 진행시켰다. 저우언라이는 사전에 반란을 준비시켜 국민군의 상하이 점령을 지원하라는 명령을 받았다. 공산당은 3개월 이내에 60만 명의 노동자를 조직해 총파업을 벌일 수 있게 되었지만 결과는 참담한 실패로 끝났다. 무장도 갖추지 않고 훈련도 받지 못한 노동자들은 '상하이를 점거하는 일'을 어떻게 착수해야 좋을지를 몰랐던 것이다.

1차 파업과 그에 뒤이은 2차 파업의 중대성을 과소평가한 북양군벌(北洋軍閥)은 수많은 노동자들의 목을 베었지만 결국 노동운동을 저지하는 데는 실패했다. 하지만 그동안 저우언라이는 실천을 통해 '봉기를 이끌어 나가는 방법'을 배우게 되었다. 그리하여 저우는 자오쩌옌(趙澤炎, 조택염), 자오스옌, 구순장(顧順章, 고순장), 뤄이눙(羅亦農, 나역농) 등 상하이의 노동운동 지도자들과 함께 이제 5만 명의 전초대를 조직하는 데 성공했다. 또한 상하이로 밀반입한 모제르 권총으로 저격수 3백 명을 무장·훈련시켜 '무쇠단'을 조직했는데, 이들이 상하이 노동자들의 유일한 무장 세력이었다.

1927년 3월 21일, 혁명가들은 총파업을 요구하며 상하이의 모든 산업 활동을 정지시켰다. 이들은 먼저 경찰서를, 그 다음 병기고와 수비대를 차례로 점령해 마침내 승리를 거두었다. 노동자 5천 명이 무장을 갖추고, 6개 대대 규모의 혁명군이 창설되었으며, 군벌군대가 철수했고, 이어 '시민정부'가 수립·선포되었다. 저우는 당시의 상황에 대해, "이틀 만에 우리는 외국 조계를 제외한 모든 지역에서 완전한 승리를 거두었지요"라고 말했다.

3차 봉기 중에는 공동 조계(영국, 미국, 일본이 공동으로 관장하는 조계)와 여기에 인접해 있는 프랑스 조계는 일체 공격하지 않았다. 만일 외국 조계를 공격했더라면 승리는 완벽했겠지만 그 승리는 단명으로 끝나고 말았을 것이다. 바이충시(白崇禧, 백숭희) 장군이 지휘하는 국민군은 노동자민병대의 환영을 받으면서 상하이에 입성했다. 그러나 4월 12일, 장제스가 역사상 전형적인 형태 중의 하나로 기록될 반혁명을 일으키기 위해 난징에 별도의 정부를 수립하면서 국·공합작은 돌연 와해되고 말았다.

장제스의 밀사들은 프랑스 조계와 공동 조계에서 관련 외국 대표들과 만나 은밀히 협의했다. 이들은 중국공산당과 또 이들의 협력자이자 그때까지는 장제스의 협력자이기도 했던 소련고문단에 공동으로 대항하기로 합의했다. 장제스는 상하이 은행가들로부터 거액의 자금을 받고 또 총포와 장갑차를 헌사한 외국 당국들의 축복을 받은 것 외에, 다시 조계 내의 유력한 암흑가 두목들로부터도 지원을 받았다. 암흑가 두목들은 수백 명의 직업적인 갱들을 동원했다. 국민군 군복을 입은 이들은 외국제 장갑차를 타고 장제스 군대와 사전에 합의해 배후와 측면에서 치고 들어가는 야간공격 작전을 벌였다. 우군(友軍)이라고 믿고 있던 군대로부터 완전한 기습을 받은 민병대원들은 무자비하게 학살당했고, '시민정부'는 유혈이 낭자한 가운데 해체되고 말았다.

이에 따라 결국 저우언라이는 천신만고 끝에 탈출해 국민당 암살자들의 손길을 피하는 도망자이자, 또 끝내는 중국에 홍기를 펄럭이게 만든 혁명 지도자의 생활을 시작하게 되었다.

상하이 봉기에서 저우언라이와 긴밀하게 협력한 수십 명의 동료들은 결국 체포되어 처형되었다. 저우언라이는 '상하이 대학살'의 희생자 수를 5천 명으로 추산했다.[3] 저우언라이도 장제스군 제2사단에 체포되어 바이충시 장군(후에 장시성 성장이 됨)의 처형 명령 아래 놓여지게 되었다. 그러나 마침 사단장의 아우가 황푸 군관학교 생도 시절에 저우언라이의 제자였는데, 저우언라이는 그의 도움을 받아 탈출할 수 있었다.

봉기 선동자 저우언라이는 우한(武漢, 무한)[7]으로 도주했다가 다시 난창(南昌, 남창)으로 가서 그곳에서 1차 8월 봉기의 준비작업에 참여했다.

당시 공산당 중앙정치국원이었던 그는 이 봉기를 지도했던 전선위원회의 서기였다. 그러나 이 봉기는 참담한 실패로 끝나고 말았다. 그는 다시 산터우로 가서 외국의 포함(砲艦)들과 군벌군대의 양면 공격에 맞서 열흘간이나 버티었다. 광둥 코뮌의 실패로 결국 저우언라이는 지하로 숨어들지 않을 수 없었다. 그는 1931년까지 지하활동을 하다가 마침내 '봉쇄망을 돌파'하는 데 성공하여 장시와 푸젠(福建, 복건)성의 소비에트 지구로 들어갔다. 그곳에서 그는 홍군 총사령(관)인 주더의 정치위원으로 임명되었다. 그 뒤 그는 혁명군사위원회의 부주석이 되었는데, 내가 그를 만났을 때에도 그 직위를 그대로 유지하고 있었다. 그 이후 홍군을 탈진시킨 수년간의 투쟁이 계속되었고 대장정(大長征)이 이어졌다. 그러나 나는 곧 마오쩌둥과 다른 인물들의 입을 통해 저우언라이가 밝힌 그 이후의 사태와 이미 언급한 상황 및 사건 들을 자세하고 폭넓은 배경 속에서 파악하게 되었다.

저우는 나에게 냉정하고 논리적이며 경험주의적인 인물이란 인상을 남겨 주었다. 난카이 중학교 재학 시절 저우는 학교 연극에서 가끔 여자 주인공 역할을 맡았었다(나는 그곳에서 그의 동창생들로부터 이 이야기를 들었다). 그러나 그 후 내가 바이자핑에서 만난 강인하고 수염 많은 그 무감각한 군인의 몸에서는 여성다운 유약함을 전혀 찾아볼 수 없었다. 그러나 그의 몸에서는 매력이 넘치고 있었으니, 이것이 곧 그를 붉은 중국 제1의 외교관으로 만든 다양한 특성 중의 하나였던 것이다.

---

7 우한(武漢)은 한수이(漢水)와 양쯔강의 합류 지점에 있는 한양(漢陽), 한커우(漢口), 우창(武昌)의 세 도시를 총칭하는 이름이다.

3. 허룽[a]의 인물 됨됨이

다음 날 아침 6시, 나는 바오안으로 물품을 싣고 가는 수송대의 호위를 맡은 통신대 소속 청년 40여 명과 함께 출발했다.

살펴보니 말을 탄 사람은 나와 외교부―공산당의 독자적인 외무부―의 사자(使者)인 푸진쿠이(傅錦魁, 부금괴), 홍군 지휘관인 리장린(李江林, 이강림)뿐이었다. 그러나 말을 탔다는 말은 정확한 표현이 아닐 것이다. 푸진쿠이는 억세긴 해도 이미 짐을 잔뜩 실은 노새 위에 얹히는 특전을 누리고 있었을 뿐이고, 리장린도 짐을 많이 실은 당나귀에 올라타 있었으며, 나 또한 그나마 한 필뿐인 말에 엉거주춤 걸터앉긴 했지만 내가 정말 말을 타고 있는지가 실감나지 않았기 때문이다.

내가 탄 말은 등이 초승달처럼 움푹 꺼지고 걸음걸이는 낙타처럼 터벅거렸다. 허약한 네 다리는 계속 뒤뚱거려, 앞으로 넘어지면서 언제 마지막 숨을 거둘지 알 수 없었다. 이 말은 우리가 강바닥에서 쭉 뻗어 올라간, 가파른 벼랑을 깎아 만든 좁은 오솔길을 따라 올라갈 때 특히 쩔쩔맸다. 내가 움푹 꺼진 말 잔등 위에서 갑자기 한쪽으로 체중을 옮기면 말과 함께 바위투성이인 골짜기 아래로 금방이라도 떨어질 것 같은 생각이 들었다.

리장린은 산더미처럼 쌓인 당나귀 짐 위에서 내가 쩔쩔매는 모습을 내려다보며 빙긋 웃었다. "당신이 걸터앉은 그 안장은 좋은 것입니다, 동지. 그런데 그 밑에 무언가가 들어 있나요?"

나는 그의 조롱에 한마디 대꾸하지 않을 수 없었다. "리장린 씨, 당신들이 이런 형편없는 말들을 타고 어떻게 전투를 할 수 있는지 말해 보시오. 홍군 기병대에게도 이런 말을 태우나요?"

"아니에요! 당신도 곧 알게 될 거요! 당신 말은 화이러(懷了, 회료)[8]라고요. 그것은 전선에 배치된 우리 기병대가 무적의 강군이 되도록 하기 위해 후방에서는 이런 형편없는 말들을 이용하기 때문입니다! 심지어 마오쩌둥까지도 살찌고 잘 달리는 말을 전선에서 빼낼 수는 없지요! 후방에서는 형편없는 노쇠한 말들을 사용합니다. 말뿐만 아니라 다른 모든 것도 그런 식으로 이용하고 있어요. 즉 총이나 식량, 의복, 노새, 낙타, 양까지도 최상품은 우리 홍군 전사들에게 보내지요! 동지, 당신이 진짜 말을 원한다면 전선으로 가시오!"

그러면 사람은 어떠한가? 리장린은 훌륭한 사람은 훌륭한 말보다는 전선에서 빼내기가 쉽다고 설명했다.

그런데 리장린은 훌륭한 사람이자 뛰어난 공산당원이며, 재주 있는 이야기꾼이었다. 그는 공산당원이 된 지 이미 10년이나 된 사람으로, 공산주의가 중국에서 독자적 세력으로 처음 등장하는 계기가 되었던 1927년의 난창 봉기에 참여한 고참 당원이었다. 내가 리장린 사령(官) 옆에서 말을 타고, 걷고, 숨을 헐떡이고, 갈증을 참으면서 산시(陝西)성의 험악한 산악지대를 오르내리는 동안 그는 여러 가지 사건과 비화들을 차례차례 들려주었고, 또 내가 몇 차례 거듭 부탁을 하자 마지못해 자신에 관한 이야기도 이따금 털어놓았다.

후난성 출신인 그는 중학교 때 국민당에 입당하여 대혁명에 참여하기 시작했다. 그가 공산당에 입당한 시기는 1920년대 초임이 분명하다. 그는 1922년 홍콩에서 선원들이 대규모 파업을 벌였을 때 덩파와 함께 노동자 조직책으로 활동했다. 그는 자신이 1925년에 공산당이 주도하는 대표단의 한 사람으로 당시 비적 지도자로 이름을 날렸던 허룽(賀龍, 하룽)*을 만나러 갔다고 말했다. 그의 회고담을 바탕으로 아래에 홍군의

| 8 '화이러(懷了)'는 '쓸모없는'이라는 뜻을 지니고 있다.

몇몇 일화를 소개한다.

"허룽의 부하들은 그 당시만 해도 비적들이 아니었습니다." 리장린은 어느 날 시원한 개울가 나무 그늘 밑에 앉아 나에게 허룽에 관한 이야기를 털어놓았다.

"그의 아버지는 가로회(哥老會)[9]의 지도자였는데, 허룽은 아버지의 위광(威光)을 그대로 물려받아 젊은 나이 때부터 후난성 일대에 이름이 널리 알려졌습니다. 청년 시절의 그의 용맹은 지금도 후난 사람들 입에 많이 오르내리고 있어요.

그의 아버지는 청조(淸朝)의 무관이었는데, 어느 날 동료 무관의 만찬에 초대를 받았어요. 그는 이 만찬에 아들 허룽을 데리고 갔습니다. 그의 아버지가 허룽의 대담무쌍함을 자랑하자 손님 중의 한 사람이 이를 시험해 보기로 작정했지요. 그 사람이 식탁 밑으로 총을 발사했는데 허룽은 이 총소리에 눈 하나 깜짝하지 않았다고 합니다!

우리가 그를 만났을 때 그는 이미 후난성군(軍)의 장관으로 임관되어 있었습니다. 그는 당시 윈난(雲南. 운남)에서 한커우로 가는 부유한 아편 대상(阿片隊商)들이 반드시 통과해야 할 지역을 관장하고 있어 이들에게서 세금을 거두어 생활하고 있었지요. 그러므로 그는 양민들을 수탈하지 않았습니다. 그의 부하들은 수많은 군벌 군대처럼 부녀자를 겁탈하거나 술을 마시고 소란을 피우는 일이 없었습니다. 허룽은 또 부하들에게 아편을 피우지 못하게 했어요. 부하들은 항상 소총을 깨끗하게 손질했지요. 그런데 그곳에서는 손님에게 아편을 내놓는 것이 하나의 관습이었습니다. 허룽 자신은 아편을 피우지 않았지만 우리가 찾아가자 온

---

9 가로회는 옛날부터 있던 비밀조직으로. 청조와 싸워 왔고 나중에 쑨원을 도왔다. 가로회의 조직은 중국공산당이 지하로 잠입했을 때 활용한 세포조직과 매우 흡사했다.

돌[炕]로 안내하고 아편 파이프와 아편을 내놓았습니다. 우리는 아편을 가운데 두고 혁명에 관한 이야기를 나누었지요.

우리 선전위원장은 공산당원인 저우이췬(周逸群, 주일군)이었는데, 그는 허룽과 먼 친척 사이였습니다. 우리 대표단은 3주일 동안 머물면서 허룽과 토론했어요. 허룽은 군사 분야 이외에는 별다른 교육을 받지 못했지만 그렇다고 무식한 사람은 아니었습니다.

우리는 허룽 군대 안에 저우이췬—그는 나중에 피살되었다—을 책임자로 하는 당원 양성소를 설치했습니다. 이 양성소는 국민당의 당원 훈련학교였지만 선전요원들은 대부분 공산당원이었습니다. 많은 학생들이 이 양성소에 들어와 나중에 정치 지도자가 되었지요. 이 양성소를 거친 요원들은 허룽 군대 외에도 당시 좌로군(左路軍) 사령(관)으로 왔던 위안주밍(袁祖銘, 원조명) 휘하의 제3사단에서도 정치위원으로 활동했습니다. 위안주밍은 탕성즈(唐生智, 당생지)의 앞잡이 손에 암살되어 그가 지휘하던 제3사단은 허룽의 휘하에 들어가게 되었습니다. 허룽 군대와 이 제3사단 병력이 합쳐져서 제20군이라 불렸는데, 제20군은 국민당 좌파인 장파쿠이(張發奎, 장발규) 장군 휘하의 제4집단군[10]에 소속되었지요."

"난창 봉기 이후에 허룽은 어떻게 되었나요?"

"그의 군대는 패배했지요. 그래서 그는 주더와 함께 산터우로 이동했고, 그곳에서 다시 패했어요. 살아남은 병사들은 두메산골로 들어갔지만 허룽은 홍콩으로 도피했지요. 나중에 그는 상하이로 잠입한 뒤 그곳에서 변장을 하고 후난성으로 되돌아왔습니다.

허룽은 단도 한 자루로 후난성에 소비에트 지구를 만들었다고 합니다. 1928년 초였지요. 그때 허룽은 어느 마을에 은신해 있으면서 가로회

---

10 1926~27년, 지방 군벌과 베이징 정부를 쳐부수기 위한 국공합작의 북벌군 중 일부.

회원들과 계획을 세우고 있었는데, 그때 국민당 징세원들이 마을에 들어왔지요. 그는 마을 사람 몇 명을 이끌고 징세원들을 습격해 단도로 이들을 죽이고 호위병들의 무장을 해제시켰어요. 이 습격으로 그는 권총과 소총 들을 빼앗아 그가 만든 최초의 농민군들을 무장시켰습니다."

허룽의 명성은 중국 전역에 흩어져 있는 가로회 회원들에게 널리 알려졌다. 홍군은 그가 비무장 상태로 어느 마을이고 들어갈 수 있고, 또 가로회를 찾아가서 자신이 허룽이라고 밝히면 그 즉시 군대를 조직할 수 있다고 말했다. 가로회의 독특한 의식과 용어는 굉장히 까다로워서 좀처럼 숙달할 수 없는데, 허룽은 타의 추종을 불허할 정도로 그런 의식과 용어에 능통했다. 그래서 어느 마을의 가로회 회원 전원이 홍군에 가담한 경우도 여러 차례 있었다고 한다. 연설가로서 그의 뛰어난 웅변 솜씨는 국민당에까지 잘 알려져 있었다. 리장린은 그가 입을 열어 웅변을 토하면 "죽은 사람도 벌떡 일어나 싸운다"라고 말했다.

허룽이 지휘하던 홍군 제2방면군이 1935년에 마침내 후난 소비에트 지구에서 철수하게 되었을 때 병사들이 지니고 있던 소총 수는 4만 자루 이상이었던 것으로 알려졌다. 허룽이 제2방면군을 이끌고 서북 지역으로 장정(長征)을 벌이면서 겪은 고초는 장시에서 출발한 홍군 주력부대가 겪은 고난보다 훨씬 참담했다. 수천 명이 눈 덮인 산맥에서 숨을 거두었고, 또 다른 수천 명은 굶어 죽거나 난징 정부군의 폭격으로 목숨을 잃었다. 그럼에도 허룽이 지닌 개인적인 매력과 중국 농촌 지역에 대한 영향력이 워낙 컸기 때문에 부하들은 그를 버리고 도망가기보다는 그를 따르다 길 위에서 죽어갔다. 또 장정 노변에 있던 빈민 수천 명은 줄어드는 병력을 메우기 위해 허룽 부대에 기꺼이 참여했다고 리장린은 말했다. 마침내 티베트 동부에 도착해 결국은 주더 군대와 합류하게 되었지만 이때의 허룽 부대 잔존 병력 수는 약 2만 명으로 그나마 대부분은 맨발에

다 굶주림에 지쳐 탈진 상태에 빠져 있었다. 그곳에서 몇 달 동안 휴식한 뒤 허룽 부대는 간쑤성 방향으로 다시 장정을 계속하게 되는데, 몇 주일 이내에 간쑤에 도착할 것으로 보였다.

"허룽은 어떻게 생겼나요?" 나는 리장린에게 물었다.

"체격이 장대한 사람으로 호랑이처럼 강인하답니다. 그는 지칠 줄 모르는 사람이에요. 장정 중에는 부상당한 부하들을 여러 사람 떠메고 갔답니다. 그는 국민당군의 장군으로 있을 때에도 부하들처럼 검소한 생활을 했어요. 그는 개인 소유물 따위에는 전혀 신경을 쓰지 않습니다. 다만 말만은 예외였지요. 그는 말을 몹시 좋아했습니다. 한번은 그가 몹시 아끼던 멋진 말을 적군에게 빼앗긴 적이 있었어요. 허룽은 그 말을 되찾기 위해 전투를 벌였지요. 결국 되찾아 왔어요!

허룽은 성질이 급하긴 해도 굉장히 겸손한 사람입니다. 그는 공산당에 입당한 이래 계속 당에 충실해 왔고, 당의 규율을 한 번도 어긴 일이 없었습니다. 그는 항상 비판을 청했고 다른 사람의 충고를 귀담아 들었어요. 허룽의 누이도 그와 비슷해서 체격이 크고 발도 컸어요(전족을 하지 않았다). 그녀는 전투가 벌어지면 직접 홍군을 지휘했고, 부상병이 생기면 서슴없이 등에 떠메고 갔어요. 허룽의 부하도 마찬가지였습니다."

부자들에 대한 허룽의 증오는 중국에서 이미 전설처럼 되어 버렸다. 지주와 신사들은 허룽이 2백 리 밖에 나타났다는 소문만 들어도 난징군이 방비를 잘하는 곳이라도 혼비백산하여 보따리를 싸 들고 도망쳤다고 한다. 허룽군은 기동력이 민첩하기로 유명했기 때문이다.

한번은 허룽이 보스하르트라는 스위스 선교사를 체포했는데, 군법회의는 첩보 활동을 했다는 혐의로 그에게 18개월의 징역형을 '선고'했다. 그런데 허룽이 장정에 오를 때 보스하르트 목사의 형기는 아직 끝나지 않았다. 그는 군대와 함께 이동하라는 명령을 받았다. 그는 장정 중에 마침내 형기가 만료되어 석방되었는데, 석방된 그에게는 윈난부(雲南府, 운난부)까지 갈 수 있는 여비가 지급되었다. 대부분의 사람들은 보스하르트 목사가 석방된 뒤에 허룽을 거의 비난하지 않는 것을 다소 놀랍게 받아들였다. 오히려 그 반대로 그는 "농민들이 공산주의자들의 실체를 안다면 아무도 도망가지 않을 것이다"[11]라고 말한 것으로 전해졌다.

정오의 휴식시간이 되자 우리는 사람을 유혹하는 시원한 냇물 속에 들어가 목욕을 하기로 했다. 물속에 들어가 길쭉하고 평평한 바위 위에 눕자 몸 위로 찰랑거리며 흐르는 물이 마치 시원한 홑이불을 덮은 것 같았다. 농부 몇 사람이 많은 양 떼를 몰면서 그 옆으로 지나갔고, 하늘은 맑고 푸르렀다. 이곳엔 평화와 아름다움만이 있었다. 이곳의 세계는 몇 세기 동안을 이러한 평화와 아름다움으로 충만해 있었을 테지만, 우리가 맞은 그때는 우연한 정오의 한 순간이었을 뿐이다.

나는 리장린에게 결혼했느냐고 물었다. "했지요." 그는 천천히 입을 열어 말했다. "하지만 내 아내는 남쪽에서 국민당군에게 살해되었습니다."

4. 붉은 동행자들

산시(陝西)성 북부는 윈난성 서부 지역까지 포함해서 내가 지금까지 돌아본 중국의 여러 지역 중에서 가난이 극심한 지역 중 하나였다. 실제로 땅이 부족한 것은 아니었지만 많은 지역에서는 땅다운 땅, 즉 최소한 경작할 수 있는 농토가 몹시 부족했다. 이곳 산시성 북부에서는 농민이 토

---

11 이 이야기는 내가 조지프 F. 로크(Joseph F. Rock) 박사에게 들은 것인데, 그는 보스하르트가 윈난부에 도착했을 때 함께 만나 이야기를 나누었다.

지를 100무(畝)[12]나 소유할 수 있었지만, 그런데도 빈민 상태에서 벗어나지 못했다. 이곳에서 지주가 되려면 최소한 수백 무의 토지를 소유하고 있어야 하는데, 그것도 그 땅이 벼와 그 밖의 값진 작물을 재배할 수 있는 얼마 안 되는 비옥한 분지가 아니면 중국의 기준으로도 부자란 소리를 들을 수 없었다.

산시성의 농토는 대부분 경사져 있고, 또 이 가운데 상당 부분은 빈번한 산사태로 유실되는 경우가 많았다. 경작지는 대부분 바위산 틈바귀와 조그만 개울 사이에 있는 협소한 땅을 이용하는 것이 고작이었다. 땅은 비옥해 보이는 곳이 많았지만 경사가 급하기 때문에 재배할 작물은 양과 질 양면에서 큰 제약을 받았다. 이곳에는 산다운 산이 없는 대신 기복이 심한 구릉들이 끝없이 이어져 있었다. 이 구릉들은 태양의 움직임에 따라 땅에 드리우는 뾰족한 그림자와 색채들을 불가사의한 형태로 변화시켰다. 해가 질 무렵이 되면 구릉 꼭대기들이 자줏빛으로 물들면서 검은 벨벳 색의 층진 곳들이 마치 관복(官服) 자락의 주름처럼 쭉 이어져, 끝이 없을 듯한 협곡까지 뻗어 내려가는 일대 장관을 이루었다.

나는 첫날을 제외하고는 거의 말을 타지 않았다. 그것은 허약한 말을 동정해서라기보다는 다른 사람들이 모두 걸어갔기 때문이다. 일행 중에는 리장린이 가장 나이 많은 전사였으며 그 밖의 대부분은 거의 어린애 티를 벗지 못한 10대 소년들이었다. 이 중에 '노구(老狗)', 즉 늙은 개라는 별명을 가진 소년이 있었는데, 나는 이 소년과 함께 걸으면서 홍군에 입대한 이유를 물어 보았다.

소년은 남부 출신으로 푸젠성 소비에트 지구에서 홍군의 장정에 참여하여 처음부터 끝까지 따라왔다. 하지만 외국의 군사 전문가들은 9천6

---

12 1무는 1에이커의 약 6분의 1로서 200평을 기준으로 한 1마지기에 해당한다.

백여 킬로미터에 걸친 이 장정을 도무지 가능한 일로 믿으려 하지 않았다. 겉으로는 14살쯤으로 보이지만 실제 나이는 17살인 이 '노구'는 그런 불가능해 보이는 일을 감당하면서 이곳에 이르렀던 것이다. 그는 그런 엄청난 장정을 해냈지만 그것을 대수롭지 않게 여겼다. 그는 홍군이 장정을 벌인다면 또다시 2만 5천 리를 걸을 용의가 있다고 말했다.

또 다른 소년은 별명이 '시골사촌'이었는데, 그도 장시성에서 출발한 장정에 참여하여 '노구'와 다름없는 9천6백여 킬로미터를 걸었다. 그는 이제 16살밖에 되지 않았다.

이 소년들은 홍군을 좋아했는가? 내가 묻자 그들은 정말 뜻밖이라는 표정으로 나를 빤히 쳐다보았다. 둘 다 홍군을 싫어할 사람이 있을 수 있다는 사실을 한 번도 생각해 본 적이 없다는 표정이었다.

"홍군은 저에게 글을 읽고 쓰는 법을 가르쳐 주었어요." '노구'가 입을 열었다. "이곳에 와서는 무전기 조작과 소총을 정조준하는 법을 배웠지요. 홍군은 가난한 사람들을 도와주고 있습니다."

"그게 전부인가?"

"홍군은 우리에게 친절해서 우리는 절대로 매를 맞는 일이 없어요." '시골사촌'이 덧붙였다. "이곳에서는 모든 사람이 똑같아요. 가난한 사람들이 지주와 국민당의 종노릇을 하는 백구(白區)하고는 달라요. 여기서는 모든 사람들이 가난한 사람을 돕고 조국을 구하기 위해 싸우고 있어요. 홍군은 지주들이나 백비들과 싸우고 또 일본에 항거하지요. 이런 홍군을 누가 싫어할 수 있겠어요?"

쓰촨에서 홍군에 뛰어든 농부집 소년이 있어서 나는 왜 그랬는지 물어 보았다. 소년은 자기 부모가 가난한 농부로서 농토가 4무(약 8백 평)밖에 안 되어 자기와 두 누이들을 먹여 살릴 수 없었다고 말했다. 그는 홍군이 마을로 들어오자 모든 농부들이 홍군을 환영하면서 뜨거운 차를 대접하고 과자를 구워 냈다고 말했다. 홍군 연극반이 연극을 보여 주어 모두들 신바람을 냈다. 마을에서 도망친 사람은 지주들뿐이었다. 홍군에 의해 농토가 재분배되어 그의 부모도 합당한 몫을 받았다. 그래서 부모는 소년이 홍군에 입대했을 때 서운해하기는커녕 오히려 몹시 기뻐했다고 한다.

19살쯤 된 다른 청년은 후난성의 어느 대장간에서 견습공으로 일하던 사람이었는데, 별명이 '철노호(鐵老虎)', 즉 무쇠호랑이였다. 홍군이 그의 마을에 도착하자 그는 풀무와 달굼쇠판 견습공 자리를 내팽개치고, 짚신을 끌고 바지만 걸친 채로 서슴없이 홍군에 입대했다. 왜 그랬을까? 그는 견습공들을 굶주리게 만드는 고용주들과 싸우고 또 자기 부모를 수탈하는 지주들과 싸우고 싶었기 때문이라고 했다. 그는 혁명을 성취시켜 가난한 사람들을 자유롭게 만들기 위해 투쟁하고 있었다. 홍군은 인민들에게 친절하고 또 백군처럼 인민들을 수탈하거나 폭행하지 않았다고 했다. 그는 한쪽 바짓가랑이를 걷어 올려 투쟁의 유물인, 허옇게 아문 긴 상처 자국을 보여 주었다.

이들 가운데는 푸젠성 출신이 한 사람, 저장성 출신이 한 사람, 장시성과 쓰촨성 출신이 몇 사람 있었지만 대부분은 산시(陝西)성과 간쑤성 출신이었다. 일부는 소년선봉대 과정을 '졸업'해(아직 소년티가 그대로 남아 있기는 해도) 이미 몇 년씩 홍군으로 활동한 당당한 전사였다. 일부는 일본과 싸우기 위해 홍군에 들어왔고, 두 명은 종살이[13]에서 벗어나기 위해 입대했으며, 세 명은 국민당군에서 탈주했지만, 대부분 '홍군이 혁명군으로서 지주와 제국주의에 대항해 투쟁하고 있기 때문에' 홍군에 뛰어든 사람들이었다.

| 13 명색은 도제노역(徒弟勞役)이지만 그런 지역의 도제생활은 종살이와 다름없었다.

이들에 이어 나는 분대장 한 사람과 이야기를 나누었다. 그는 24살로 이들보다는 나이가 든 편이었다. 그가 홍군에 뛰어든 것은 1931년이었다. 그해 그의 부모는 장시성에서 난징 정부군의 폭격으로 집이 파괴되면서 목숨을 잃었다. 그는 밭에서 돌아와 양친이 돌아가신 것을 보고 그 자리에서 괭이를 내던지고 아내와 작별한 뒤 홍군에 뛰어들었다. 홍군 유격대원인 그의 동생은 1935년 장시성에서 전사했다.

이들은 이질적인 사람들이 모인 집단이었지만, 보통 출신 성(省)별로 조심스럽게 무리를 만드는 일반 중국 군대보다는, 혼합된 조직 면에서 진정한 의미의 '민족적' 성격이 더 짙었다. 이들은 출신 성별로 배경이 다르고 또 쓰는 방언도 달랐지만 그런 점이 이들을 갈라놓지는 않는 듯했다. 그런 점은 그저 선의의 농담 대상으로만 남아 있을 뿐이었다. 나는 이들이 서로 얼굴을 붉히며 다투는 일을 한 번도 보지 못했다. 사실 홍구를 여러 달 여행하는 동안 나는 홍군 병사들이 서로 주먹다짐을 벌이는 일을 한 번도 보지 못했다. 특히 젊은 사람들 사이에서 그런 일이 없다는 것이 나에겐 놀랍게 느껴졌다.

이들의 삶은 거의 모두가 한결같이 비극의 상처를 안고 있었지만 그런 상처에 크게 기가 꺾이지 않은 것은 아마도 이들이 매우 젊기 때문일 것이다. 내가 보기에 이들은 매우 행복한 듯했다. 또 아마도 이들은 의식에 눈뜸으로써 만족감을 느끼는 중국 프롤레타리아들로서는 내가 만난 최초의 집단일 것이다. 중국에서는 순종 속에서 만족을 구하는 일이 보편화되어 있는 반면, 자신의 존재에 대한 적극적인 인식을 통해 얻는 더 깊은 의미의 만족감은 좀처럼 찾아보기 어려웠다.

이들은 길을 가면서 거의 하루 종일 노래를 불렀는데, 곡목도 굉장히 많아서 끝없이 이어졌다. 이들은 누가 명령을 해서 노래를 부르는 것이 아니라 자발적으로 불렀고 노래 솜씨도 좋았다. 흥이 나거나 또는 적당한 노래라고 생각되면 어느 때라도 한 사람이 느닷없이 입을 열어 노래를 시작했고, 그럴 때면 지휘관이나 부하나 가리지 않고 함께 따라 불렀다. 이들은 밤에도 노래를 불렀다. 또 산시(陝西) 지방의 호금(胡琴)을 들고 나온 농민들로부터 새로운 민요들을 배우기도 했다.

그들을 규율하는 것은 거의 완전한 자발적 의지 같았다. 우리가 길을 가다가 언덕 위에서 야생 살구나무들을 발견하게 되면 이들은 일제히 흩어져서 호주머니 가득히 살구를 따오는데, 그럴 때마다 누군가가 나에게 살구를 한 움큼씩 갖다 주었다. 이들은 살구나무들을 마치 태풍에 휩쓸린 것처럼 만들어 놓은 다음 다시 대오를 갖추고 지체한 시간을 메우기 위해 걸음을 빨리했다. 그러나 개인 과수원 옆을 지날 때는 탐스럽게 익은 과일에 아무도 손을 대지 않았고, 마을에서 우리가 먹은 곡식과 채소는 완전히 제값을 쳐서 돈을 지불했다.

내가 관찰한 바로는 동행한 홍군 전사들에 대해 농민들은 아무런 분노도 품지 않았다. 어떤 사람들은 이들에게 친근한 우의를 보이고 매우 충실하게 대하는 듯했는데, 그런 태도는 최근의 농지 재분배나 여러 가지 조세 철폐와 무관하지 않은 듯했다. 농민들은 가지고 있는 식료품을 아낌없이 내놓았고, 그 대가로 소비에트 화폐를 거리낌 없이 받았다. 우리가 정오경이나 해 질 녘에 마을에 도착하면 그곳 소비에트 주임은 즉시 숙소를 제공하고 우리들이 사용할 화덕을 몇 개 지정해 주었다. 나는 농가의 부인이나 딸들이 자진해서 풍로로 우리 화덕에 불을 피워 주고, 또 중국 여성, 특히 산시(陝西)성 여성들로서는 매우 자유로운 태도로 홍군 전사들과 웃으며 농담을 주고받는 것을 자주 보았다.

마지막 날 우리는 점심을 먹기 위해 푸른 계곡 사이에 자리 잡은 어느 마을에서 쉬었는데, 이 마을의 어린아이들이 '양귀'를 자세히 살펴보기 위해 떼 지어 몰려왔다. 이들 중 상당수는 나 같은 양귀를 처음 보는 것 같았다. 나는 이 어린아이들에게 여러 가지를 캐물어 보기로 작정했다.

"공산주의자는 어떤 사람들이지?" 내가 물었다.

"홍군이 백비나 일본군과 싸우도록 도와주는 사람이에요." 9살이나 10살쯤 되어 보이는 아이가 새된 목소리로 대답했다.

"그 밖에 또 무슨 일을 하지?"

"지주나 자본가와 싸우도록 도와줘요!"

"그럼 자본가란 어떤 사람이지?" 이 질문에 방금 대답했던 아이가 답변을 하지 못하자 다른 아이가 나섰다. "자본가는 자기가 일하지 않고 다른 사람이 자기를 위해 일하도록 시키는 사람이에요." 대답이 너무 단순했지만 나는 계속해서 물었다.

"이곳엔 지주나 자본가가 있니?"

"없어요!" 아이들이 모두 입을 모아 '빽' 하고 고함을 지르듯이 대답했다. "모두 도망쳐 버렸어요!"

"도망치다니? 무엇이 무서워서?"

"우리 홍군이요!"

'우리' 군대라니, 농촌 아이들이 '그들의' 군대라고 말을 한다? 이것은 분명 지금까지의 중국이 아니었다. 중국이 아니라면 그것은 도대체 무엇이었던가? 누가 이 아이들에게 이 모든 것을 가르칠 수 있었을까?

나는 붉은 중국의 교과서를 살펴보고, 또 과거 후난 사범학교 교장을 지내다가 현재는 소비에트 교육위원으로 일하고 있는 늙은 산타클로스 쉬터리(徐特立, 서특립)*를 만나 본 뒤에야 비로소 그것이 누구인지를 알게 되었다.

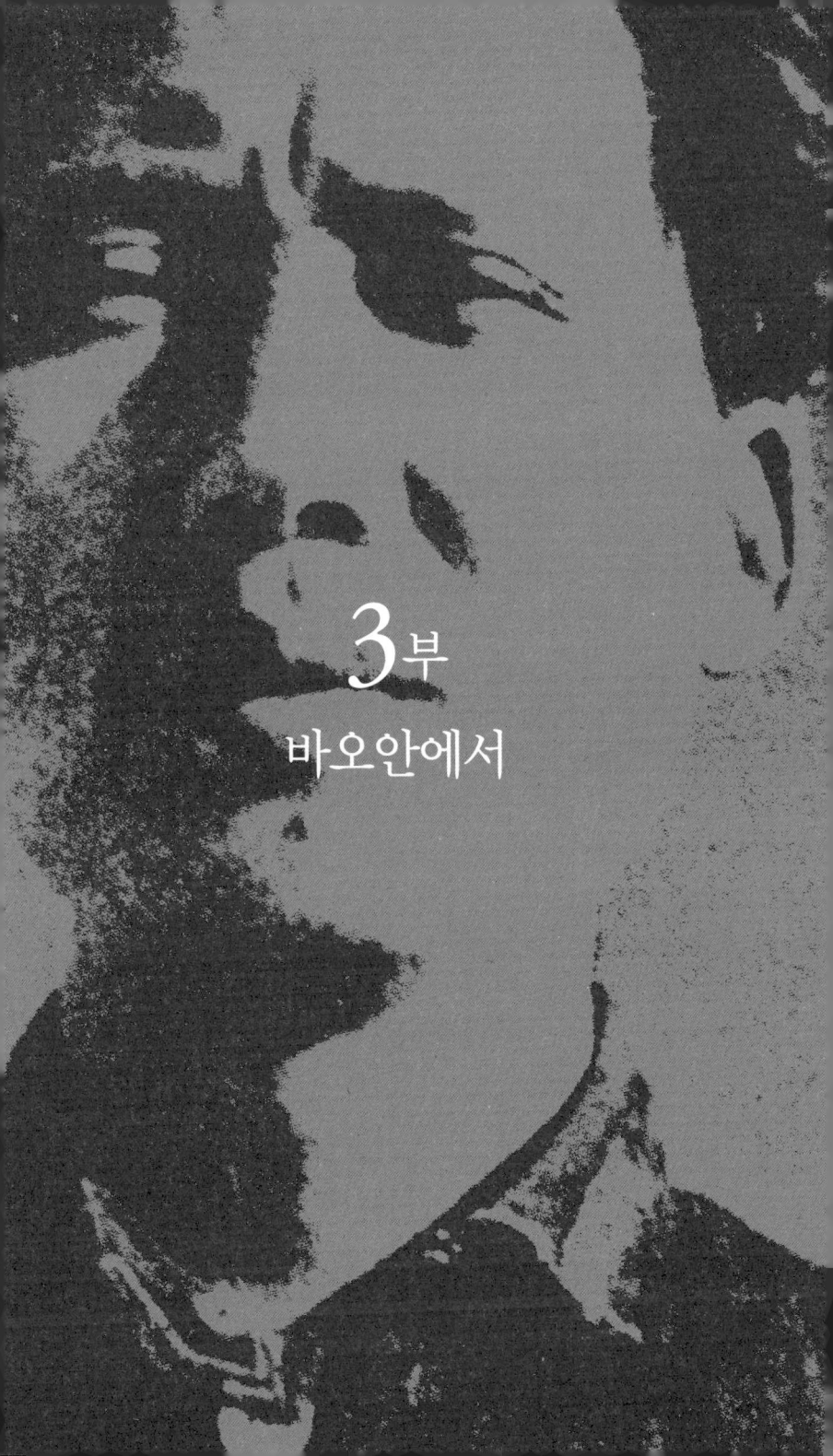

3부
바오안에서

1. 소비에트의 유력자

서북 지역에는 조그만 마을은 많아도 규모에 관계없이 성시(城市)는 드물었다. 홍군이 일으킨 산업을 제외하고는 서북은 농업 지역이었고, 군데군데 반목축 지대가 있을 뿐이었다. 그래서 말을 타고 가다가 느닷없이 기복이 진 언덕의 돌출부에 다다르곤 했다. 그러고는 내 발밑의 푸른 계곡 속에 '지켜진 평화'[1]라는 뜻을 가진 바오안(保安)의 성벽이 펼쳐져 있는 것을 바라보니 정말 놀라운 느낌이 들었다.

바오안은 금나라와 당나라 때 북쪽 유목 민족의 침입을 막는 변방요새로 이용되었던 곳이다. 과거 몽골의 정복군이 이 계곡으로 쏟아져 들어올 때 통과했던 좁은 산길 양옆에는 이글거리는 오후의 폭염 속에 요새의 잔해들이 아직 남아 있다. 이곳에는 한때 수비대가 주둔했던 내성(內城)도 볼 수 있었다. 최근 홍군이 보수한 높은 방어용 석축물은 1.6제곱킬로미터 정도의 지역을 에워싸고 있었고, 그 속에 현재의 바오안이 있었다.

이곳에서 나는 마침내, 난징 정부가 10년간 싸움을 벌이고 있는 공산당 지도자 마오쩌둥을 만났다. 그는 최근 채택한 공식 명칭인 '중화인민소비에트공화국'의 주석이었다. 옛 명칭인 '중화공농소비에트공화국(中華工農소비에트共和國)'은 공산당이 새로운 정책에 따라 통일전선을 만들기 위한 투쟁을 벌이기 시작하면서 폐지되었다.

저우언라이의 무선전보를 받았기 때문에 그곳에서는 내가 도착하리라는 것을 알고 있었다. 나는 '외교부' 안에 방을 하나 제공 받아 당분간

---

[1] 홍군이 1936년 12월 산시(陝西)성 북부의 옌안을 점령하면서 수도는 바오안에서 옌안으로 옮겨졌다. 12부 참조.

소비에트 정부의 빈객이 되었다. 내가 도착하면서 바오안의 외국인 수는 한 사람이 늘어났는데, 이런 일은 좀체 볼 수 없는 진기한 일이었다. 이곳에 거주하는 다른 서양인은 '리더(李德, 이덕)' 동지[1]로 알려진 독일인이었다. 중국 홍군의 유일한 외국인 고문이었던 그에 관해서는 뒤에서 다시 설명하겠다.

나는 바오안에 도착한 후 곧 마오쩌둥을 만났다. 그는 링컨과 약간 비슷한 모습으로, 중국인의 평균 키보다 크고 허리가 구부정했다. 검고 숱이 많은 머리카락이 굉장히 길게 자라 있었고, 눈은 크고 날카로웠으며, 코는 우뚝 솟고, 광대뼈는 툭 튀어나와 있었다. 언뜻 본 인상으로는 매우 명민하고 지적인 모습이었으나 나는 며칠 동안 이를 확인해 볼 기회가 없었다. 내가 그를 두 번째로 본 것은 그가 해 질 녘에 모자도 쓰지 않은 채 두 젊은 농부와 길을 따라 걸으면서 열심히 손짓을 해 가며 이야기를 나누고 있을 때였다. 나는 처음에는 그를 알아보지 못하다가 그가 마오쩌둥이라는 지적을 받고서야 비로소 알아차렸다. 그는 난징 정부가 목에 25만 위안의 현상금을 걸었는데도 이처럼 태평스럽게 다른 사람들과 어슬렁거리며 거리를 다니고 있었다.

나는 내가 쓰고자 했다면 마오쩌둥에 대해 별도로 책 한 권을 쓸 수도 있었다. 나는 광범한 주제를 놓고 여러 날 밤을 그와 마주앉아 이야기를 나누었고, 또 병사나 공산당원들로부터도 그에 관한 많은 이야기를 들었다. 그와 나눈 회견 기록은 총분량이 약 2만 자에 달했다. 그는 나에게 유년 시절과 청년 시절에 대해, 그리고 그가 어떤 과정을 거쳐 국민당과 국민혁명의 한 지도자가 되었고, 또 왜 공산주의자가 되었으며, 그리고 홍군이 어떻게 성장하게 되었는지에 대해 이야기해 주었다. 그는 서북까지의 장정 과정을 들려주었고, 장정에 관한 고전 시 한 편을 나에게 적어 주었다. 그는 주더에 대한 이야기부터 소비에트 정부의 공문서가 담긴 철제 문서함 두 개를 양 어깨에 메고 9천6백여 킬로미터 이상을 걸은 청년에 이르기까지, 유명한 많은 공산당원들의 이야기를 나에게 털어놓았다.

마오의 생애에 관한 이야기는 한 세대 전체를 비추어 볼 수 있는 귀중한 단면으로서, 중국에서 벌어진 투쟁의 근원을 파악하는 데 중요한 지침 구실을 하기 때문에 나는 그가 나에게 들려준 그대로 그의 파란만장한 인생역정을 빠짐없이 완벽하게 기록했다.[2] 그러나 여기서는 먼저 그에 대한 내 자신의 인상을 말하는 것이 좋을 것 같다.

중국에서는 나라를 구할 어느 한 사람의 '구원자'가 있을 수 없지만, 그럼에도 마오에게서는 어떤 운명적인 힘 같은 것을 느끼게 되는 것을 부인할 수 없었다. 그 힘은 이내 사라지는 순간적인 것이 아니라 일종의 단단하고 본질적인 생명력과 같은 것이었다. 그에게 무엇인가 비범한 면이 있다면 그것은 곧 수백만의 중국인, 특히 농민들의 절실한 요구를 신비스러울 정도로 잘 종합해서 드러낸 데 있다는 느낌이 들었다. 수많은 농민들의 '요구'와 또 이 절박한 요구를 관철시켜 나가는 운동이 중국을 재생시킬 수 있는 원동력이 된다면, 마오쩌둥은 그러한 깊은 역사적 맥락에서 살펴볼 때 매우 위대한 인물이 아닌가 싶었다. 한편 마오는 정치활동을 젖혀 놓고 한 개인으로 살펴보아도 흥미로운 점이 많았다. 그의 이름은 많은 중국인들에게 장제스만큼이나 잘 알려져 있지만 마오 개인에 대해서는 거의 아무것도 알려져 있지 않아서 온갖 기묘한 전설들이 떠돌아 다녔다. 나는 그와 회견한 최초의 외국인 신문기자였다.

마오는 사람들에게 불사신이라고 알려져 있었다. 적군 측에서는 몇 차례나 그가 사망했다고 발표했지만 그런 발표가 나온 뒤 며칠이 지나면 신문 뉴스란에 번번이 다시 등장하여 전과 다름없는 활동상이 보도되었

[2] 4부 참조.

다. 국민당은 마오쩌둥뿐만 아니라 주더도 몇 차례나 '살해'해서 매장했음을 공식 확인하는 일을 되풀이했다. 이런 확인 과정에서는 가끔씩 천리안을 가진 선교사들의 확증적 진술에 의존하기도 했다. 저명한 두 지도자에 대한 여러 차례의 사망 발표에도 불구하고 이들은 장정을 포함한 수많은 눈부신 위업에 계속 참여했다. 내가 붉은 중국을 찾아갔을 때에도 신문에서는 또다시 마오의 사망기사를 실었는데, 그럼에도 그는 시퍼렇게 살아 있었던 것이다. 그러나 사람들이 그를 불사신이라고 부르는 데에는 그만한 이유가 있었다. 그는 수많은 전투에 뛰어들었고, 한번은 적군에 생포되었다가 탈출했으며, 또 목에는 세계 최고의 현상금이 걸려 있지만 그 오랜 기간 동안 한 번도 상처를 입은 적이 없었기 때문이다.

나는 어느 날 저녁 마오의 집에 갔다가 그가 홍군의 의사[2]—유럽에서 의학을 공부한, 의술이 뛰어난 의사—로부터 철저한 신체검사를 받는 것을 보았는데, 검사 결과는 매우 건강하다는 것이었다. 그는 일부 몽상적인 여행자들이 퍼뜨린 소문처럼 폐결핵이나 어떤 '불치병'을 앓은 적이 없었다. 그는 대부분의 홍군 지휘관들과는 달리 담배를 피웠지만 폐에 아무런 이상이 없었다. 장정 중에 마오와 리더는 담배 대용으로 쓸 만한 것을 찾기 위해 갖가지 풀을 태워 보는 원시적인 식물학 조사를 계속했었다.

마오의 두 번째 부인[3]으로, 학교 선생님을 지냈고 자신도 공산당 조직원인 허쯔전(賀子珍, 하자진)은 남편만큼은 운이 좋지 못해서 폭격으로 열두어 차례 이상이나 부상을 입었다. 그러나 모두 가벼운 부상이었다. 내가 바오안을 떠나기 직전 마오쩌둥 부부는 딸을 낳는 경사를 맞았다. 그와 첫 번째 부인 양카이후이(楊開慧, 양개혜)* 사이에는 두 아이가 있었는데, 마오가 존경하는 교수의 딸인 양카이후이는 1930년 후난성 군벌인 허젠(何鍵, 하건) 장군의 명령으로 처형당했다.

마오쩌둥의 나이는 내가 만난 1936년에 43살이었다. 그는 당시 붉은 법률[3] 아래 살고 있는 약 9백만 인민들의 대표가 참석한 제2차 전중국소비에트대회에서 임시 중앙소비에트정부의 주석으로 선출되었다. 마오쩌둥은 1934년 현재, 소비에트 중앙정부가 직접 통치하고 있는 각 지역의 최대 인구를 다음과 같이 추산했는데, 참고삼아 소개한다. 장시 소비에트 3백만 명, 후베이(湖北, 호북)·안후이(安徽, 안휘)·허난 소비에트 2백만 명, 후난(湖南, 호남)·장시(江西, 강서)·후베이 소비에트 1백만 명, 장시·후난 소비에트 1백만 명, 저장(浙江, 절강)·푸젠(福健, 복건) 소비에트 1백만 명, 후난·후베이 소비에트 1백만 명 등 합계 9백만 명. 만약 홍군이나 홍건 유격대가 활동하는 것으로 전해진 모든 지역의 전체 인구를 합산한다면 이러한 숫자의 10배에 달하는 엄청난 추산치도 분명 나올 수 있었다. 내가 중국 소비에트하에 있는 인민 수가 '8천만 명'이라는 어림수치를 제시하자 마오쩌둥은 껄껄 웃으면서 만약 8천만 명을 포용하는 광대한 지역을 장악했다면 혁명은 사실상 성취된 것으로 볼 수 있다고 말했다. 그러나 물론 홍군 유격대가 활동하는 모든 지역에 수백만 명의 인구가 있었다.

중국의 공산주의 사회 전역에서 마오쩌둥만큼 큰 영향력을 행사하는 인물은 없는 듯했다. 그는 거의 모든 조직, 즉 혁명군사위원회, 중앙위원회 정치국, 재정위원회, 조직위원회, 공공위생위원회 등에 위원으로 참여했다.

그의 진정한 영향력은 당, 정부, 군의 정책에 결정적인 권한을 행사하

---

[3] *Fundamental laws of the Chinese Soviet Republic*(London, Martin Lawrence, 1934) 참조. 이 책에는 중국 소비에트 임시헌법과 '부르주아 민주주의' 혁명 단계에서의 기본 목표에 관한 보고 내용이 수록되어 있다. 또한 마오쩌둥, *Red China: President Mao Tse-tung Reports on the Progress of the Chinese Soviet Republic*(London, Martin Lawrence, 1934) 참조.

는 정치국[4]의 지배를 통해 발휘되었다. 모든 사람이 그를 알고 존경했지만 그의 주변에 영웅숭배의식이 감도는 기미는—최소한 아직까지는—전혀 찾아볼 수 없었다. 나는 '우리의 위대한 지도자'라는 문구를 함부로 지껄이는 공산당원을 한 사람도 보지 못했고, 또 마오의 이름을 중국 인민의 동의어처럼 사용하는 경우도 들어보지 못했다. 하지만 그렇다고 '주석'—모든 사람이 그를 부르는 명칭—을 싫어하거나 존경하지 않는 사람도 아직 만나 본 적이 없었다. 혁명 운동에서 마오 개인이 담당하는 역할은 분명히 엄청난 것이었다.

내가 보기에 마오는 매우 흥미 있고 복잡한 인물 같았다. 그는 중국 농민의 소박하고 꾸밈없는 풍모에, 유머 감각이 뛰어나고 촌스러운 웃음을 거침없이 터뜨리곤 했다. 그는 자기 자신이나 소비에트의 단점이 화제에 올랐을 때도 거리낌 없이 껄껄대고 웃었는데, 이런 머슴아이 같은 웃음은 곧 자신이 추구하는 목표에 대한 내적인 확신이 털끝만치도 동요하지 않고 있음을 드러내는 것이었다. 그는 말씨에 꾸밈이 없고 소박한 생활을 하기 때문에 사람에 따라서는 그가 다소 품위가 없고 상스럽다는 인상을 받을지도 모른다. 그러나 그는 때묻지 않은 소박함 속에 예리하게 번뜩이는 기지와 온갖 세파를 겪으면서 닦은 세련된 풍모를 겸비하고 있는 기묘한 특성을 갖고 있었다.

나는 마오에게서 받은 첫인상—주로 타고난 명민성을 지닌 인물이라는 인상—이 얼추 옳았다는 생각이 들었다. 그러면서도 마오는 중국 고전에 깊은 소양이 있는 학구자이자 닥치는 대로 광범하게 책을 읽는 남독가이며, 철학과 역사를 깊이 파고드는 학도이자 뛰어난 연설가이며, 기억력과 집중력이 비상한 사람이자 유능한 문필가이고, 또 자신의 습

---

[4] 4부 5장과 후주 ㉔ 참조.

관이나 외양에는 무관심해도 담당 직무 하나하나에 대해서는 놀라울 만큼 세심한 주의를 기울이는 인물이며, 아울러 지칠 줄 모르는 정력을 가진 사람이고 비범한 재능을 지닌 탁월한 군사·정치 전략가였다. 한 가지 흥미 있는 사실은 많은 일본인들이 현존하는 중국 전략가들 중에서 가장 유능한 인물로 마오쩌둥을 꼽고 있다는 점이었다.

홍군은 바오안에 새 건물을 몇 채 짓고 있었지만 내가 그곳에 머물고 있을 때에는 주거시설이 매우 원시적이었다. 마오는 방이 두 개 딸린 요방에서 아내와 함께 살고 있었는데, 벽은 지도로 덮여 있을 뿐 도배가 되어 있지 않아 초라했다. 그는 이보다 훨씬 험한 생활도 겪어 보았지만, 후난의 '넉넉한' 농부의 집 아들로서 풍족한 생활을 누려 보기도 했었다. 마오쩌둥 부부의 가장 두드러진 사치품은 저우언라이와 마찬가지로 모기장이었다. 이것만 빼놓는다면 마오의 생활은 홍군 병사들과 별로 다를 것이 없었다. 10년간 홍군을 이끌어 오고 또 지주와 관리, 징세원 들의 재산을 수백 차례나 몰수했음에도 그가 지닌 것이라고는 담요 몇 장과 면제 군복 두 벌을 포함한 약간의 개인 소지품뿐이었다. 그는 주석이자 동시에 홍군 사령관이었지만 그가 입은 군복 상의의 깃에는 홍군 일반 병사의 휘장인 두 개의 붉은색 가로줄만이 붙어 있었다.

나는 마오와 함께 주민이나 홍군 사관후보생들의 집회와 붉은 극장을 몇 차례 참관했다. 그는 집회장에서 사람들 틈에 아무데나 끼어 앉았고, 극장에서는 연극에 흠뻑 빠져 들었다. 한번은 항일극장에서 공연 막간에, 마오쩌둥과 린뱌오에게 노래를 부르라고 관중들이 요구했다. 당시 28살이었던 린뱌오는 홍군대학 학장이었는데, 전에는 유명한 젊은 사관후보생으로서 장제스의 참모부에서 근무했었다. 린뱌오는 어린 학생처럼 얼굴을 붉히고는 점잖은 말로 여성 공산당원들에게 자기 대신 노래를 불러 달라고 부탁해 그 어려운 '어전공연(御前公演)' 자리를 모면했다.

마오의 식사는 다른 모든 사람과 똑같았지만 후난 사람인 그는 남부 사람 특유의 식성대로 고추를 몹시 좋아했다. "그는 심지어 만두에까지 고추를 넣어 요리하도록 했다. 그는 이처럼 고추를 좋아하는 것 말고는 먹는 음식에 거의 신경을 쓰지 않는 듯했다." 나는 어느 날 밤 저녁식사 때 고추를 좋아하는 사람들이 혁명적이라는 그의 주장을 들었다. 그는 우선 혁명가를 많이 배출한 것으로 유명한 그의 고향 후난성을 예로 들었다. 그 다음 그는 스페인, 멕시코, 러시아, 프랑스가 자신의 주장을 뒷받침한다고 내세우다가 누군가가 이탈리아 사람들은 고추와 마늘을 좋아하는데도 혁명적이 아니라고 반박하자 껄껄 웃으면서 그건 그렇다고 자신의 주장이 들어맞지 않음을 시인했다. 우연하게도 '비적들'이 가장 즐기는 노래 중의 하나가 〈매운 고추〉라는 민요였다. 이 민요의 가사는 고추가 그저 먹히기를 기다리는 무의미한 야채의 생존을 혐오하고, 또 양배추, 시금치, 콩이 흐물흐물하고 우유부단한 일생에 만족하고 있음을 조소하다가 마침내는 야채들의 봉기를 이끈다는 내용이었다. 〈매운 고추〉는 주석이 몹시 좋아하는 민요였다.

그는 과대망상의 기미를 전혀 보이지 않는 대신 개인의 존엄성을 깊이 인식하고 있었고, 또 자신이 필요하다고 판단할 때는 냉혹한 결단을 내릴 수 있다는 것을 그에 관한 이야기에서 엿볼 수 있었다. 나는 그가 화를 내는 것을 한 번도 보지 못했지만 다른 사람이 들려준 이야기로는 그도 가끔씩 상대방이 위축될 정도로 격분하는 때가 있다고 했다. 그럴 때 그가 교묘하게 빗대서 퍼붓는 독설은 적절하면서도 상대방에게 치명적인 타격을 주는 것으로 알려졌다.

나는 그가 현재의 국제 정세에 놀랄 만큼 정통해 있음을 알았다. 홍군은 심지어 장정 중에도 라디오로 뉴스 방송을 들었고, 서북에서는 독자적으로 신문들을 발행했다. 마오는 세계사에 관한 책을 광범하게 섭렵했고, 유럽의 사회·정치 상황을 생생하게 파악하고 있었다. 그는 영국 노동당에 깊은 관심을 보이면서 나에게 현재의 노동당 정책을 집중적으로 캐묻는 바람에 내가 알고 있는 지식은 이내 바닥이 드러나고 말았다. 그는 노동자들이 선거권을 가진 나라에서 아직도 노동자 정부가 등장하지 못하고 있다는 점을 좀체 이해하기 어렵다는 표정이었다. 내 답변으로도 그의 의문이 풀리지 않는 것 같았다. 그는 램지 맥도널드(1924년과 1929~35년에 영국 수상을 역임한 노동당 지도자—옮긴이)를 대단히 경멸하면서 그를 영국의 한간(漢奸), 즉 영국 국민들을 배반한 대반역자라고 말했다.

루스벨트 대통령에 대한 그의 평가에는 다소 흥미로운 점이 있었다. 그는 루스벨트가 파시스트에 반대하는 사람이라 믿었고, 중국은 그런 사람과 협력할 수 있다고 생각했다. 그는 뉴딜 정책과 루스벨트의 외교정책에 대해 수많은 질문을 던졌다. 질문으로 미루어 볼 때 그는 뉴딜과 루스벨트의 외교정책을 매우 명확하게 파악하고 있었다. 그는 무솔리니와 히틀러를 다 같이 협잡꾼으로 보았지만, 그래도 무솔리니는 지적으로 훨씬 뛰어나고 역사적 안목이 있는 진정한 마키아벨리주의자인 데 반해, 히틀러는 의지도 없는, 반동적인 자본가들의 꼭두각시에 불과하다고 생각했다.

마오는 인도에 관한 책을 많이 읽어 이 나라에 대한 몇 가지 뚜렷한 견해를 갖고 있었다. 이 가운데 가장 두드러진 것이 인도의 독립 문제인데, 마오는 농업혁명 없이는 인도가 절대로 독립하지 못할 것이라고 생각했다. 그는 나에게 간디와 자와할랄 네루, 수하시니 차토파드야야, 그 밖에 내가 알고 있는 인도 지도자들에 대해 물었다. 그는 미국의 흑인 문제에 대해서도 조금 알고 있었지만 흑인과 미국 인디언에 대한 처우를 소련의 소수민족 정책과 비교함으로써 얼마간 무리를 드러냈다. 미국의 흑인 문제와 소련의 소수민족 문제는 역사적 배경 면에서 상당한 차이가 있다고 내가 지적하자 그는 그 지적을 관심 있게 받아들였다.

마오는 열성적인 철학도였다. 어느 날 밤 중국공산당의 지난 역사에 대해 그와 회견을 갖던 중에, 어떤 사람이 찾아와 철학에 관련된 신간서적 몇 권을 전하자 그는 회견 약속을 연기하자고 부탁했다. 그는 사나흘 밤 사이에 그 책들을 집중적으로 독파했는데, 그동안은 다른 모든 일을 깡그리 잊어버렸다. 그가 읽은 철학서적은 마르크스주의 철학자들의 저서에만 국한된 것이 아니어서 고대 그리스 철학자나 스피노자, 칸트, 괴테, 헤겔, 루소 등의 철학에 대해서도 조금씩 알고 있었다.

나는 무력이나 폭력, '살육의 불가피성'과 같은 문제에 마오 자신이 어떤 책임감을 느끼고 있는지에 대해 의문스러울 때가 많았다. 젊은 시절 그는 자유주의적이고 인도주의적인 성향이 강했는데, 그가 이상주의에서 현실주의로 옮겨간 것은 먼저 기본 사상 면에서 이루어졌음이 분명했다. 그는 농민 집안에서 태어나긴 했어도 다른 많은 공산당원들처럼 젊은 시절에 지주에게 억압받는 큰 고통을 겪지는 않았다. 또 마르크스주의가 그의 사상의 핵심이긴 하지만 그의 계급적 증오는 행동으로 이끌어 나가는 본능적인 자극 요인이라기보다는 어쩌면 그의 철학을 튼튼하게 지켜 나가는 가운데 지적으로 체득된 하나의 행위결정 요인으로 추론되었다.

그에게 종교적인 열정으로 볼 만한 것은 전혀 없는 것 같았다. 근본적인 면에서 그는 인도주의자이며, 인간은 당면한 문제를 스스로 해결할 수 있는 능력이 있다고 확신했다. 내 생각에 그는 대체로 생사 문제와 관련된 영역에서는 공산주의운동을 온건하게 이끌려 설득하는 인물인 것 같았다.

마오는 밤늦게까지 하루에 열서너 시간씩 일하다가 새벽 두세 시에 잠자리에 드는 때가 많았다. 그의 몸은 무쇳덩이 같았다. 그는 자신의 체질이 아버지의 논밭에서 보낸 젊은 시절의 호된 농사일과 학생 시절에 몇몇 친구들과 스파르타 클럽 같은 것을 만들어 엄격한 생활을 하는 가운데 단련된 것이라고 밝혔다. 학생 시절에 그는 친구들과 함께 단식을 하거나 화난의 산속 숲길을 누비면서 장시간 자전거를 타거나, 또는 강추위 속에서 수영을 하거나 아니면 셔츠도 안 입고 진눈깨비 속을 걸으면서 신체를 단련했다. 이들은 앞으로 중국이 엄청난 고난과 고통을 견뎌 낼 수 있는 능력을 요구하게 되리라는 점을 직관적으로 알고 있었다.

마오는 한때 여름 내내 고향인 후난성 일대를 걸어서 여행한 적이 있었다. 그는 이 여행 중 이 농가 저 농가에서 품을 팔거나 가끔 걸식까지 해 가면서 먹을 것을 해결했다. 또 어떤 때는 며칠 동안 딱딱한 콩과 물만 먹으면서 위장을 '튼튼하게' 만들기도 했다. 그가 청년 시절 초기에 시골을 떠돌아다니면서 농민들과 맺은 우의는 10여 년 뒤 수천 명의 농민을 모아 그 유명한 농민조합을 조직하기 시작했을 때 크나큰 도움이 되었다. 이 농민조합은 1927년 국민당이 공산당과 결별한 후 소비에트의 첫 기지 구실을 했다.

나는 마오가 감정이 매우 풍부한 사람이라는 짙은 인상을 받았다. 나는 그가 목숨을 잃은 동지들 이야기를 할 때나 젊은 시절에 겪은 사건들, 즉 고향인 후난성에서 기근과 쌀소동이 벌어져 굶주리다 못한 농민들이 관(官)에 몰려가 먹을 것을 요구하다가 목이 잘리는 참혹한 일들을 되새길 때, 한두 차례 눈에 눈물이 가득 어리는 모습을 본 기억이 난다. 한 병사는 마오가 전선에서 부상당한 부하에게 상의를 벗어 주는 것을 본 적이 있다고 말했다. 사람들은 홍군 전사들이 맨발일 때는 그도 신발 신는 것을 완강히 거절했다고 전했다.

그럼에도 나는 그가 과연 중국의 엘리트 지식인층으로부터 대단한 존경을 받은 적이 있었을까 하는 점에 대해 매우 의문스럽게 생각했다. 거기에는 그가 엘리트 지식인층과 전혀 다른 생각을 가지고 있다는 점뿐만 이 아니고, 그가 촌사람 버릇을 그대로 지니고 있다는 점도 작용했을 성싶었다. 파레토(Vilfred Pareto, 스위스의 경제학자이자 사회학자─옮긴이)를 추종하는 중국 학자들은 그를 상스럽게 보았을지도 모른다. 나는 어느 날 회견 중에, 그가 무심결에 바지 허리띠를 끄르고 이[虱]를 찾는 모습을 본 적이 있는데, 제 아무리 파레토라도 마오와 비슷한 환경에서 살았다면 얼마 동안은 이 잡기에 나섰을 것이라는 생각은 충분히 할 수 있는 일이다. 그러나 파레토는 홍군대학 학장이 있는 앞에서 바지를 벗는 일─마오는 내가 린뱌오와 회견할 때 그랬다─은 절대로 하지 않았을 것이다. 그날은 조그만 동굴집 안이 몹시 무더웠다. 마오는 바지를 벗고 침대 위에 엎드려서 20분 동안 벽에 걸린 군용 지도를 세심하게 검토하고 있었는데, 린뱌오가 가끔씩 기억나지 않는 날짜와 이름을 그에게 물어 확인했다. 물론 마오는 빠짐없이 기억하고 있었다. 이러한 그의 무심한 버릇은 외양에 전혀 관심을 기울이지 않는 행동과 그대로 일치한다. 하지만 그렇다고 그가 중국 인명록에 소개된 겉만 번지르르한 장군이나 정치인의 사진 모습처럼 멋지게 꾸밀 만한 방법이 없었던 것은 아니고, 생각만 있으면 언제라도 갖출 수 있었다.

그는 장정 중에 병을 앓던 몇 주일간을 제외하고는 병사들과 똑같이 9천6백여 킬로미터의 대부분을 함께 걸었다. 그는 공산당을 '배반'하고 국민당에 들어갔다면 지위와 부를 누릴 수 있었을 것이다. 그만이 아니라 대부분의 홍군 사령관들도 그렇게 될 수 있었다. 이들 공산당원이 지난 10년간 그들의 원칙을 얼마나 끈질기게 고수했는지를 제대로 평가하려면, 다른 반역자들을 매수하는 수단이 된 중국의 '금전탄환(金錢彈丸)'의 역사를 알아야만 할 것이다.

나는 마오의 주장 중 상당 부분을 확인할 수 있었는데, 일반적으로 정확하다는 점을 알 수 있었다. 그가 나에게 들려준 이야기 속에는 정치적 선전성을 띤 내용이 약간 가미되었지만 백구(白區)에서 들은 내용과 비교하면 흥미롭게 느껴졌다. 그는 내가 쓴 글의 내용이나 촬영한 사진에 대해 전혀 검열하지 않았으며, 그러한 호의에 대해 나는 고맙게 생각했다. 그는 내가 소비에트 생활의 갖가지 측면을 명확하게 드러내 주는 많은 사실들을 입수할 수 있도록 최선을 다해 도와주었다.

2. 공산당의 기본 정책

중국공산당의 기본 정책이란 어떤 것인가? 나는 이 문제에 관해 마오쩌둥과 그 밖의 다른 공산당 지도자들과 십수 차례나 회견을 가졌다. 그러나 이들의 기본 정책을 검토하기에 앞서 공산당과 난징 정부 간의 장기간에 걸친 투쟁의 성격을 어느 정도 파악해 둘 필요가 있다. 붉게 물들고 있는 서북의 최근 사태까지 이해하기 위해서는 먼저 몇 가지 역사적 사실을 중국 공산주의자들과 연관시켜 살펴보지 않으면 안 된다.

아래에 기술한 것은 영어에 능숙한, 공산당 정치국 총서기 뤄푸[洛甫, 낙보. 본명은 장원톈(張聞天, 장문천)]*를 바오안에서 회견한 뒤 그의 설명 내용을 바꾸어 정리한 것이다.

중국공산당은 1921년에야 비로소 창당되었다(더 상세한 내용은 뒤에서 다룬다). 공산당은 1923년까지 빠른 속도로 성장하다가 그해에 쑨원 박사의 국민당과 동맹관계를 맺었다. 쑨원 박사는 레닌이 이끄는 소련공산당과 독자적으로 협정을 맺고 물질적 원조와 정치적 지원을 받았다. 당시에는 공산당과 국민당이 다 같이 권력을 장악하지 못했지만 쑨원은 화난의 지방 군벌로부터 지지를 받았다. 이들은 쑨원이 베이징 정부에 대항해서 광둥에 전중국임시정부를 수립하도록 허용했는데, 베이징 정부는 북방 군벌 일당의 지원과 외국 열강의 승인을 받았다. 1923년 이후부터 국민당은 소련 정치고문들의 도움을 받아 레닌의 당 노선에 따라 개편되었다. 창당한 지 얼마 안 되는 중국공산당의 당원들도 쑨원의 찬동을 얻어 국민당에 입당했다. 쑨원은 민족주의적인 애국자로서 중국의 주권 독립을 회복하겠다는 열망을 품고 있었다. 사회혁명에 대한 그의 개념[그가 주장한 삼민주의(三民主義)에 표명된]은 개량적 자본주의와 사회주의가 모호하게 혼합된 것이었다. 공산주의자들은 민족적 자주성을 성취하겠다는 쑨원의 열망을 지지했지만 궁극적인 목표는 프롤레타리아 독재에 있었다.

모스크바는 처음에(1918~22) 베이징 군벌들과의 협력을 통해 극동 지역에서 러시아 혁명의 이익을 증진시키려고 노력했다. 1921~22년에 코민테른은 중국에 파견한 대표 헨리쿠스 스니블리트(Henricus Sneevliet)[5]가 돌아와 쑨원 박사가 유망하다는 보고서를 제출하자 중국 내의 잠재적인 동맹세력의 가치를 재평가하게 되었다. 쑨원 박사는 (1921~22년의 워싱턴 회의에서) 자신이 내세운 '국제기구에 의한 중국의 발전' 계획안을 서구 제국이 거부한 데 대해 완전히 환멸을 느끼고 코민테른 대표 아돌프 이오페(Adolf Joffe)를 통한 소련의 원조 제의를 환영했다. 쑨·이오페 협약으로 소련의 대중국 정책은 전면적으로 재정립되기 시작했다. 3자동맹(국민당-중국공산당-소련)의 기초가 되었던 쑨·이오페 공동성명(1923년 1월 26일)에서는 '이곳(중국)에는 공산주의나 사회주의를 성공적으로 확립시키기 위한 제반 조건이 존재하지 않으며, 따라서 중국의 주된 당면 목표는 국가의 통일과 독립의 달성이며, 이를 위한 투쟁에서 중국 인민은 러시아의 도움에 의존할 수 있다'라는 점이 합의되었다.

| 5 4부 4장 참조.

1922년 말 미하일 보로딘이 쑨원의 고문 겸 소련 대표 단장에 취임하기 위해 광둥에 왔을 때 그는 소련 정치국의 대표와, 또 이미 소련 외교정책의 한낱 도구로 전락한 코민테른의 대표라는 이중 자격을 지니고 있었다 (이러한 이중성에는 처음부터 소련의 국가 이익과 중국공산당의 이해가 상충할 소지가 내재되어 있었는데, 이런 상충관계는 끝내 해소되지 못했다).

중국공산당에 관한 한, 이 동맹관계의 지속 여부는 국민당이 두 가지 주요 목표를 계속 수락할 것인가에 달려 있었다. 이 목표 중 하나는 혁명적인 방책으로 정치, 영토, 경제 면의 주권을 완전 회복시키는 반제국주의 정책의 필요성을 인식하는 것이었다. 다른 하나는 내정 면에서 '반봉건·반군국주의' 정책을 요구함으로써 지주와 군벌을 타도하고 새로운 형태의 사회·경제·정치 생활을 건설하되, 그 성격은 마땅히 '민주적'이어야 한다는 데 공산당과 국민당 양당의 의견이 합치되는 것이었다.

쑨원 박사가 '민주적'이란 용어를 사용한 것은 '인민'이나 대중이 국민당의 '훈도(訓導)' 아래 '근대화'를 이룩해야 한다는 온정주의적 혁명관을 의미했다. 공산주의자들 측에서는 공산당이 '헤게모니'를 장악한 가운데 단계적인 과정을 거쳐 사회주의로 이행하도록 조정할 수 있는 '부르주아 민주주의' 혁명으로 그 개념을 받아들였다. 광저우에 세운 국공합작정부는 국민당 중앙집행위원으로만 구성되었는데, 그 이후 1924년부터 1927년까지는 공산당원도 참여했다. 이 정부는 자체의 근본적인 구조 속에 내포된 '합법성'이나 '민주성'의 한계를 한 치도 벗어나지 못했다. 국민당 중앙기관에 참여한 공산당원 구성원 수는 총원의 3분의 1로 한정되었다.

공산주의자들은 쑨원 박사의 '부르주아 민주주의' 혁명의 성공적인 완수를 나중에 사회주의 사회를 건설하는 데 필요한 예비단계로 간주했다. 이들이 '민주적인 독립과 해방' 운동을 지지하는 입장은 논리정연해 보였다.

쑨원 박사는 1925년, 혁명이 완수되기 전에 사망했다. 국민당과 공산당 간의 협력관계는 1927년에 종지부를 찍었다. 공산당의 입장에서는 국민혁명 또한 1927년에 끝장났다고 생각할 수 있었다. 새로운 군국주의 세력이 지배하던 국민당 우파는 일부 열강과 개항장[6]의 은행가 및 지주들의 지지 아래 한커우의 국민당 좌파 정부와 결별하고, 장제스를 중심으로 난징에 정부를 수립했다. 그 당시 공산당과 대다수의 국민당원들은 난징 정부 수립을 '반혁명적' 행위, 즉 '부르주아 민주주의 혁명' 자체에 반기를 든 것으로 간주했다.

그러나 국민당 좌파는 곧 난징 측의 쿠데타[7]를 받아들였고, 공산주의자는 사형에 처해질 범죄가 되었다. 공산당이 민족주의의 두 가지 주요 목표로 인식했던 반제국주의 운동과 민주주의 혁명은 사실상 폐기되었다. 처음에는 군벌들 간의 내전이, 그다음에는 점증하는 농민혁명의 기세를 꺾으려는 전쟁이 치열하게 전개되었다. 수천 명의 공산당원과 농민조합원, 노동운동 지도자 들이 살해되었다. 조합은 탄압을 받았고, 이른바 '개명된 독재체제'는 모든 형태의 반대 세력을 폭력으로 분쇄시켜버렸다. 그럼에도 상당수의 공산당원들은 이 끔찍한 공포정치 기간 동안 홍군 내에서 생명을 부지했고, 공산당 또한 결속을 유지하면서 버텨냈다. 공산당에 대한 내전에 수십억 위안의 군비를 투입했음에도 홍군은 1937년 서북 지역에 공산당이 일찍이 완전 장악해 보지 못한 최대의 단일 영토(비록 인구는 얼마 되지 않지만)를 차지하게 되었다.

물론 공산당은 1927년 이후 10년간의 투쟁 과정을 통해, 중국이 대외

---

6 아편전쟁 중이나 그 이후, 중국에 강요된 여러 조약으로 외국 무역에 개방된 연안과 내륙의 항구.
7 국민당 좌파에서 다시 떨어져 나간 세력은 제외된다. 장제스와 끝내 타협하지 않은 이 세력은 쑨원 부인(쑹칭링)으로 대표된다.

적으로는 반제국주의 정책을 대내적으로는 농업혁명을 추진하지 않고는 국가의 독립과 민주주의(이 두 가지는 국민당이 내세운 목표이기도 하다)를 성취시킬 수 없다는 그들의 명제가 충분히 입증되었다고 확신했다. 공산주의를 추종하는 세력, 특히 애국심이 넘쳐흐르는 청년층의 추종이 꾸준하게 늘어나는 이유와 또 공산주의가 지금도 역사의 스크린 위에, 동양에서 전개되는 대격변과 변천의 그림자들을 계속 투영시키고 있는 이유를 이해하려면 공산당이 내세우는 주요한 주장들을 살펴보지 않으면 안 된다. 그러한 주장들은 과연 어떤 내용인가?

먼저, 공산당은 난징 정부 측이 활기에 넘친 혁명 세력을 분열시킨 이후 중국이 급속도로 쇠퇴했다고 주장했다. 타협은 타협을 낳으면서 계속되었다. 농지개혁이 실현되지 못하면서 중국 도처에서 농민들의 광범한 불만과 노골적인 반란을 유발시켰다. 농민이 겪는 일반적인 고통과 빈곤 상태는 훨씬 악화되었다. 중국에는 이제 자동차 도로가 생기고, 멋진 항공기들이 하늘을 날며, 새생활운동[8]이 활발하게 전개되었지만, 엄청난 재해 소식은 연일 쏟아져 들어왔다. 물론 중국에서는 재해 소식이 얼마간은 통상적인 것처럼 알려져 있지만, 내가 이 부분의 글을 쓰는 동안에도 화중(華中, 화중)과 화시(華西, 화서) 지역에서는 다음과 같은 끔찍한 뉴스가 영자신문에 보도되었다.

허난, 안후이, 산시(陝西), 간쑤, 구이저우(貴州, 귀주) 등 여러 성에서는 기근 상태가 계속되고 있는 것으로 알려졌다. 중국은 지금 최근 몇 년 이래 가장 혹독한 기아 상태에 당면했음이 분명하며, 이미 수천 명의 아사자가 발생했다. 최근 쓰촨성 기근구호위원회가 조사한 결과, 기근 지역에

---

8 장제스가 개인의 행위를 규율하는 일부 유교적 도덕률을 부활시키기 위해 제창한 운동.

는 3천만 명이 굶주리고 있어 수만 명이 나무껍질과 '관음토(觀音土)'[9]를 먹고 있는 것으로 밝혀졌다. 기근으로 고생하는 사람이 산시(陝西)성에는 40만 명 이상, 간쑤성에는 1백만 명 이상, 후난성에는 약 7백만 명 이상, 구이저우성에는 3백만 명 이상 발생한 것으로 전해졌다. 관영 중앙전신사(中央電訊社)는 구이저우성의 기근 상황이 지난 1백년 이래 가장 심각해서 성내 60개 현에 기근 사태가 만연하고 있다고 전했다.④

쓰촨성에서는 세금을 60년 이상이나 앞당겨 징수하고 농민들이 소작료와 엄청난 고리채 이자를 갚을 길이 없어 내버리고 달아난 농토가 수천 헥타르에 이르렀다. 이런 현상은 다른 성에도 비일비재했다. 내가 6년 동안 수집한 자료를 들춰 보면 이와 비슷한 농민들의 궁핍 상태는 다른 여러 성에서도 얼마든지 찾아볼 수 있었다. 그렇다고 이러한 참상의 발생 빈도가 줄어드는 기미도 보이지 않았다.

파산하는 농민들의 숫자가 급속하게 늘어나면서, 토지와 부(富)가 소수의 지주와 고리대금업자들의 수중에 집중되는 현상은 더욱 심화되었고, 또 이에 비례하여 자작농[10]도 전반적으로 몰락하게 되었다. 프레더릭 리스-로스(Frederick Leith-Ross)는 중국에는 중산계층이 없고 오직 극빈자들과 엄청난 부자들만이 있다고 지적한 것으로 전해졌다. 엄청난 세금과 소작농 제도, 그리고 카를 A. 비트포겔(Karl August Wittfogel) 박사가 '아시아적 생산양식'이라고 표현한 오랜 역사적 제도인 사회, 정치, 경제 관계는, 결국 농토가 없는 농민들이 아무런 비축도 없이 끊임없는 부채에 허덕이게 만들어 가뭄이나 기근, 홍수 같은 위기가 닥치면 속절

---

9 흙과 짚을 동그스름하게 뭉쳐 만든 것으로, 허기를 가라앉히기 위해 먹지만 먹고 난 후에 탈이 나 목숨을 잃는 일도 종종 있다.
10 중국의 토지 소유 상황에 관한 입문서들은 참고문헌 목록에 여러 권 소개되어 있다.

없이 그 재난에 희생되도록 만들었다.

마오쩌둥은 1926년 국민당 농민운동위원회 서기(동시에 국민당 중앙집행위원회 후보위원)[11]로 있을 때 21개 성의 토지통계 수집작업을 관장했다. 그는 이 조사 결과 농촌 인구의 약 10퍼센트를 차지하는 재향지주(在鄕地主), 부농, 관리, 부재지주, 고리대금업자 들이 중국 전체 경작지의 70퍼센트 이상을 소유하고 있는 것으로 밝혀졌다고 주장했다. 또한 경작지의 약 15퍼센트는 중농(中農)이 소유했고, 농촌 인구의 65퍼센트 이상을 차지하는 빈농과 소작농, 농업노동자 들은 전체 경작지 중 불과 10~15퍼센트를 가지고 있었다.[5]

"이런 통계들이 반혁명 이후 발표가 금지되었지요." 마오는 말했다. "10년이 지난 지금도 난징 정부 측으로부터 중국의 토지 소유 상황에 대한 일체의 공표를 기대할 수 없는 실정입니다."

공산당은 농촌의 파탄이 제국주의, 특히 일본 제국주의에 대한 국민당의 '무저항' 정책으로 가속화되었다고 주장했다. 난징 정부가 일본과 '전쟁을 회피하는 정책'을 채택한 결과 중국은 전체 영토의 약 5분의 1, 철도 총 연장의 40퍼센트 이상, 사람이 살지 않는 지역의 85퍼센트, 석탄의 대부분과 철광자원의 80퍼센트, 가장 좋은 삼림자원의 37퍼센트, 그리고 수출무역의 약 40퍼센트를 일본 침략자들에게 빼앗겼다. 일본은 당시 중국에 남아 있던 전체 제철 및 철광업의 75퍼센트 이상과 섬유산업의 절반 이상을 차지했다. 중국은 또 일본이 만주 지역을 강점함에 따라 중국의 가장 좋은 시장이자 가장 쉽게 원료를 얻을 수 있는 터전을 빼앗겼다. 1931년에는 만주의 수입액이 중국 다른 성들의 총 수출액 중 27

---

[11] 마오쩌둥은 국민당 선전부 부주임과 국민당 농민운동강습소의 부주임도 겸하고 있었다. 그는 농민운동강습소에서 많은 간부 요원들에게 강의를 했는데, 이들이 나중에 그와 함께 홍군 창설에 참여했다.

퍼센트 이상을 차지했지만 만주국이 수립된 이후인 1935년에는 이 비율이 불과 4퍼센트밖에 안 되었다. 일본은 만주를 강점함으로써 중국 내에서 산업 개발에 가장 적합한 지역을 수중에 넣은 셈이 되었고, 이에 따라 일본은 만주의 개발을 저지하면서 그곳의 원료를 자국의 산업용으로 부지런히 실어 나를 수 있었다. 일본은 또 만주를 대륙기지로 삼아 중국에 대한 무자비한 침략을 계속할 수 있었다. 많은 사람들은 비록 중국의 여타 지역이 온존된다 할지라도 만주 상실에 따른 이러한 변화는, 난징 정부가 장래의 세대들에게 그들의 공적으로 내세울 수도 있을 온갖 개혁상의 이득을 완전히 상쇄시켜 버렸다고 생각했다.

그렇다면 난징 정부 측은 공산당을 뿌리 뽑기 위해 벌인 9년간의 전쟁에서 무엇을 이루었는가? 서북국민대회는 최근 6차 반공 '청초(清剿)' 전쟁(최종섬멸전쟁) 준비에 반대하는 성명[12]에서 9년간의 내전 결과를 요약했다. 이 성명서는 1차 '청초' 전쟁 중에는 만주가 일본 수중에 떨어졌고, 2차 전쟁 중에는 상하이가 침략을 받았고, 3차 전쟁 중에는 러허를 포기했으며, 4차 전쟁 중에는 허베이성 동부를 잃었고, 5차 '잔비섬멸' 전 중에는 허베이와 차하얼 두 성의 주권이 크게 침해되었다고 상기시켰다.

물론 난징 정부로서도 홍군이 무력으로 정부 전복을 계속 기도하고 있는 한은 내전을 중단할 수 없었다. 중화소비에트공화국은 1932년 4월 일본에 선전포고를 하면서 개별적인 항일세력들과의 연합을 제창했다. 다시 1933년 1월에는 '아래로부터의 통일전선' 계획안에 따라 '모든 무장세력'과의 통합을 제의했다. 그러나 장제스와 타협하겠다는 진정한 제의는 없었다.[6] 공산당과 코민테른은 1936년 중반에 이르러 그때까지의 입장을 근본적으로 수정했다. 공산당은 광범한 거국적 통합을 모색

---

12 시안(西安) 사건이 벌어졌을 때 '항일연합위원회'가 발표한 성명서. 12부 2장 참조.

하면서 그 대상으로 국민당과 심지어 장제스까지 포함시켰다. 이제 중국공산당은, 국민당 중앙정부가 "민주적 대의정부를 확립하고 일본과 싸우며 인민들에게 선거권을 부여하고 인민 대중에게 시민적 자유권을 보장하겠다"라고 동의한다면 홍군과 소비에트 지구를 중앙정부의 주권 아래 편입시키겠다는 공약까지 제시했다.[13] 바꾸어 말하면 국민당이 반제국주의와 반봉건주의를 내세운 '부르주아-민족주의' 강령으로 복귀한다면 공산당은 국민당과 '재결합'할 용의가 있다는 것이다. 그러나 공산당은 이 두 가지 기본 목표 중 최우선 과제는 민족 생존을 위한 투쟁이고, 그것은 토지 문제에 대한 내부투쟁을 완화시키는 희생을 무릅쓰고라도 수행되어야 한다는 점을 인식하고 있었다. 또한 계급적 대립은 항일투쟁이 성공적으로 완수되지 않고서는 해소될 수 없다는 것이 명백하지만, 그러한 대외투쟁이 완수되는 과정에서 순화될 가능성도 있다고 판단했다.

나와 가진 회견에서 마오가 이 점에 대해 언급한 내용을 인용하면 다음과 같다.

"중국 인민이 오늘날 당면하고 있는 근본적인 문제는 일본 제국주의에 대한 투쟁입니다. 우리 소비에트 정책은 바로 이러한 투쟁을 결정적인 필요조건으로 삼고 있지요. 일본 군벌들은 중국 전체를 정복하고 중국 인민을 식민지 노예로 삼고자 합니다. 일본의 침략에 대항하는 싸움, 일본의 경제적, 군사적 정복에 맞서는 투쟁, 이 두 가지는 우리가 소비에트 정책을 검토할 때 반드시 고려하는 주요 과제들입니다.

---

[13] 그러나 마오쩌둥은 얼마 후 나에게 분명히 밝힌 것처럼, 홍군이 장악한 영토나 공산당의 정치적 독립성을 장제스에게 인도할 의도는 없었다.

"일본 제국주의는 중국의 적일 뿐만 아니라 평화를 염원하는 전 세계 인민들의 적이기도 합니다. 일본 제국주의는 특히 태평양 연안에 이해관계가 얽힌 인민들, 예를 들면 미국, 영국, 프랑스, 소련의 인민들에게도 적입니다. 일본의 해군 정책과 더불어 대륙 정책도 단순히 중국만을 겨냥한 것이 아니라 그런 여러 나라를 겨누고 있습니다.……

그렇다면 우리가 열강에게 기대하는 것이 무엇이겠습니까? 우리가 기대하는 최소한의 요구는 그런 우호국들이 일본 제국주의를 지원하지 말고 중립적인 입장을 취하라는 것입니다. 우리는 우호국들이 침략과 정복에 저항하는 중국을 적극적으로 지원하기를 바랍니다."

공산당은 '제국주의'라는 용어를 사용함으로써 일본과, 우호적이고 비침략적인 민주주의-자본주의 열강을 뚜렷이 구별했다. 이 점에 대해 마오쩌둥은 다음과 같이 설명했다.

"일반적인 제국주의 문제에 대해 우리의 견해를 밝힌다면, 강대국 중에는 새로운 세계대전에 뛰어들 의사가 없음을 표명한 나라들이 있고, 또 일본의 중국 강점을 받아들이지 않을 나라들이 있습니다. 미국, 영국, 프랑스, 네덜란드, 벨기에 등이 그런 나라들이지요. 또 침략적인 열강의 위협에서 벗어나지 못하는 나라들이 있습니다. 즉 샴(태국), 필리핀, 중앙아메리카 국가들, 캐나다, 인도, 오스트레일리아, 네덜란드령(領) 동인도제도 등이지요. 이런 나라들은 모두 다소간은 일본의 직접적인 위협을 받고 있어요. 우리는 이런 나라들을 우방으로 생각하고 협력을 권유하고 있습니다.……

따라서 일본과 또 일본 제국주의를 지원하는 나라들을 제외하고 앞에 언급한 나라들을 묶어 반전(反戰), 반침략, 반파시스트 세계동맹을 결성하는 일이 가능할 것입니다.…… 과거 난징 정부는 미국, 영국, 그 밖의 다른 나라로부터 많은 원조를 받아 왔습니다. 이러한 원조 자금과 물자는 대부분 내전에 사용되었지요. 난징 정부 측은 홍군 병사 한 사람을 죽이기 위해 많은 농민과 노동자를 살해했습니다. 은행가 장나이치(章乃器, 장내기)가 최근 기고한 논설에 따르면, 난징 측이 홍군 병사 한 명을 살해하는 데 인민은 약 8만 위안의 경비를 부담해야 했다고 합니다.[14] 따라서 우리 생각에는 그런 '원조'가 중국 인민들에게 도움이 되지 않는 듯합니다.

난징 측이 내전을 중지하고, 일본 제국주의와 싸우며, 인민의 혁명과 결합하여 국토를 지키는 민주적인 정부를 수립하기로 결의할 때만이 비로소 그러한 원조가 중국 전체 인민에게 참된 도움이 될 수 있습니다."

나는 소비에트 공화국이 불평등 조약의 폐기를 찬성하고 있는지 여부를 마오에게 물었다. 그는 불평등 조약의 상당수가 사실상 일본에 의해 이미 무효화되었으며, 특히 만주가 그런 경우라고 지적했다. 그러나 앞으로 중국에 대의정부가 수립될 경우, 그 문제에 어떤 태도를 취할지에 대해 마오는 다음과 같이 밝혔다.

"독립과 해방을 쟁취하기 위한 중국의 전쟁을 지원하거나 반대하지 않는 열강은 마땅히 중국과 긴밀한 우호관계를 누리도록 권유받게 될 것입니다. 일본을 적극 지원한 열강은 물론 동일한 대우를 받지 못하게 될 것입니다. 예를 들어 독일과 이탈리아는 만주국과 이미 특별한 관계를 맺고 있는 만큼 중국 인민에 우호적인 나라로 간주될 수 없지요.

---

[14] 민간인과 '유격대원들'의 피살자 수는 정규 홍군 병사들보다 훨씬 많았다. 장나이치의 추산액은 실제적인 군사비 외에도 상실된 노동력이나 농작물 피해, 촌락이나 읍, 농토의 파손 비용까지 포함시킨 것이다.

중국은 우호적인 나라들과 호혜조약을 평화롭게 협의할 것입니다. 그 밖의 다른 나라들과는 훨씬 일반적인 측면에서 협력을 유지해 나갈 용의가 있습니다.…… 그러나 일본에 관한 한 중국은 해방을 위한 전쟁 행위로써 모든 불평등 조약을 파기하고, 일본 제국주의의 모든 자산을 몰수하며, 일본이 중국에서 누리는 특수한 권익과 조계, 그리고 영향력을 소멸시키지 않으면 안 됩니다. 다른 나라들과의 관계에서 우리 공산당은 일본 제국주의와 투쟁하는 중국의 입장을 국제적으로 불리하게 만드는 어떠한 조치도 옹호하지 않습니다.

중국이 진정으로 독립을 획득하게 될 때 여러 나라의 정당한 통상 권익은 과거 어느 때보다도 많은 기회를 누리게 될 것입니다. 4억 5천만 인민의 생산능력과 소비능력은 중국의 독점적인 이익으로 남아 있을 수 있는 것이 아니고 많은 나라들이 활용해야 할 대상입니다. 수많은 우리 인민들이 진정으로 억압에서 풀려나 그들에게 잠재되어 있는 엄청난 생산적 가능성을 모든 분야의 창조적 활동에 쏟는다면 전 세계의 경제 발전과 아울러 문화 수준의 향상에도 기여할 수 있을 것입니다. 그러나 중국 인민의 생산적인 능력은 과거에 거의 계발되지 않았고 오히려 국내의 군벌들과 일본 제국주의에 의해 억압되었습니다."

끝으로 나는 "중국이 과연 민주적인 자본주의 열강과 반제국주의 동맹을 맺을 수 있을까요?" 하고 물었다. 마오는 이에 대해 다음과 같이 대답했다.

"반제국주의·반파시스트 동맹은 평화동맹과 같은 것으로서 전쟁을 일으키는 나라들에 대해 맞서는 상호 방위동맹입니다. 중국과 자본주의 민주국가들 사이의 반파시스트 동맹은 틀림없이 가능한 일이고 또한 바람직한 일이기도 합니다. 자위를 위해 반파시스트 전선에 참여한다면 그런 나라들에 이익이 될 것입니다.……

만약 중국이 완전히 식민지로 전락한다면 그것은 곧 장기간 지속될, 일련의 가공할 무의미한 전쟁의 시작을 의미하게 될 것입니다. 이제는 선택해야 합니다. 중국 인민은 단독으로라도 억압 세력에 대한 투쟁의 길에 오를 것이며, 아울러 우리는 여러 나라의 정치인들과 인민들이 제국주의의 피 묻은 역사가 닦아 놓은 암흑의 길을 따르지 말고 우리와 함께 이 투쟁의 길로 나아가기를 바랍니다.……

일본에 성공적으로 대항하기 위해 중국은 다른 열강에 도움을 구해야 합니다. '그렇다고 해서 중국이 외국의 도움 없이는 일본과 싸울 능력이 없다는 뜻은 아닙니다!' 중국공산당과 소비에트 정부, 홍군, 그리고 중국 인민은 이 항일전쟁의 지속 기간을 단축시키기 위해 어떠한 세력과도 힘을 합칠 용의가 있습니다. 그러나 아무도 우리와 힘을 합치지 않는다면 우리 단독으로라도 항일전쟁을 수행할 것입니다."

공산당은 중국이 정말 일본의 막강한 전쟁 조직을 패퇴시킬 수 있다고 생각했을까? 나는 그렇게 생각했다고 믿었다. 그렇다면 승리를 거둘 것이라는 가정의 밑바탕이 된 이들의 독특한 논리는 어떤 것이었나? 내가 마오쩌둥에게 던졌던 많은 질문 중의 하나가 바로 그것이었다.

3. 일본과의 전쟁 문제[7]

1936년 7월 16일, 나는 마오쩌둥의 집에서 등받이 없는 사각형 의자에 앉아 있었다. 밤 9시가 지나자 소등 나팔 소리와 더불어 거의 모든 불빛이 사라졌다. 마오의 집은 벽과 천장이 단단한 암석이었고 바닥에는 벽돌을 깔았다. 역시 암석을 파내 만든 창문에는 위에서 중간 부분까지 면으로 만든 얇은 천이 늘어뜨려져 있었다. 우리 앞에 놓인, 채색되지 않은 사각형 탁자에는 깨끗한 붉은색 펠트천이 덮여 있었는데, 그 위에 양초 몇 자루가 지지직 소리를 내면서 타고 있었다. 옆방에서는 마오의 부인이 낮에 어느 과일 행상에게서 산 야생 복숭아로 설탕절임을 만들고 있었다. 마오는 바위를 깎아서 만든 움푹한 단(壇)에 다리를 꼬고 앉아 첸먼파이(前門牌, 전문패) 궐련을 피우고 있었다.

내 옆자리에는 마오쩌둥과의 '공식' 회견에서 통역을 맡은 젊은 소비에트 '관리' 우량핑(吳亮平, 오량평)*이 앉아 있었다. 질문에 대한 마오쩌둥의 답변 내용을 내가 빠짐없이 기술하면 그 내용은 다시 중국어로 번역되어 마오가 수정하는데, 그는 세부적인 내용까지도 정확하게 검토하는 것으로 유명했다. 그다음 우량핑의 도움을 받아 회견 내용은 다시 영어로 번역되었다. 이처럼 신중을 기했기에 나는 앞으로 기록하는 회견 내용에 그릇된 점이 거의 없을 것으로 믿었다. 물론 이 내용은 중국공산당 지도자의 철저한 파당적 견해이지만 어쨌든 그러한 견해는 서방세계에 처음으로 알려지는 것이었다.

내가 자료를 수집하는 데 큰 도움을 준 우량핑은 장제스의 고향인 저장성 평화(奉化, 봉화)의 부유한 지주의 아들이었다. 그는 몇 년 전 야심 많은 그의 아버지가 그를 장제스 총통의 친척집과 약혼시키려 하자 집을 뛰쳐나왔다. 그는 상하이의 다샤(大夏, 대하) 대학을 졸업했다. 그는 공산주의 활동을 한 혐의로 상하이 공동 조계의 영국 경찰 범죄수사대장 패트릭 기븐스에게 체포되어 조계 내의 화더루(華德路, 화덕로) 형무소에서 2년간 복역했다. 당시 26살이었던 그는 프랑스, 영국, 소련에 유학했다. 또 활기찬 공산주의 활동을 벌인 공로로 관리에 임용되어 제복과 거실을 받았고, 아울러 주로 조밥과 국수로 식단이 짜여진 식사를 제공 받았다.
　마오는 공산당의 대일정책에 대한 다음과 같은 내 첫 질문에 답변하기 시작했다.

　"일본이 패배하여 중국에서 축출된다면 '외국 제국주의'라는 주요 문제는 대체로 해결되리라고 생각합니까?"
　"그렇습니다. 다른 제국주의 국가들이 일본처럼 행동하지 않고 중국이 일본을 쳐부순다면, 그것은 곧 중국 인민 대중이 각성하고 힘을 발휘하여 굳건하게 독립했음을 의미하는 것입니다. 따라서 제국주의라는 주요 문제는 해결될 것입니다."
　"중국 인민이 일본군의 힘을 고갈시켜 쳐부수려면 어떤 조건을 갖추어야 한다고 생각합니까?"
　"세 가지 조건을 갖춘다면 우리의 성공은 보장될 것입니다. 첫째, 중국 내에서 일본 제국주의에 대항하는 민족통일전선이 성취되고, 둘째, 국제적인 항일연합전선이 결성되며, 셋째, 현재 일본 제국주의 아래서 신음하고 있는 피압박 인민들이 혁명적 활동을 벌여야 합니다. 이 중에서 가장 필요한 것은 중국 인민 자신의 통합이지요."
　"그러한 전쟁이 얼마나 오래 지속되리라고 생각합니까?"
　"그 점은 중국 인민전선의 역량과 중국·일본 내의 여러 가지 상황적 요인, 중국에 대한 국제적 원조의 다과(多寡), 그리고 일본 내의 혁명적 정황의 진전 속도 등에 좌우되겠지요. 중국의 인민전선이 강력한 동질성을 갖추고 종적, 횡적으로 조직을 정비하며, 일본 제국주의가 자기 나라의 이익을 위협하고 있음을 인식하는 정부들이 모여 중국에 많은 국제적 원조를 제공하고, 또 일본 내에 혁명이 빨리 닥쳐온다면 이 전쟁[15]은 빠른 시일 내에 끝나 신속하게 승리를 거둘 수 있습니다. 그러나 이러한 여건이 실현되지 못한다면 전쟁은 매우 장기화되겠지요. 하지만 그래도 결과는 일본의 패배로 끝나고 말 것입니다. 다만 그 희생은 광범위하게 번지고 전 세계는 그 기간 중 적잖은 고통을 겪게 되겠지요."

"그러한 전쟁은 정치적, 군사적 측면에서 어떤 방향으로 진전되리라 생각합니까?"

"그 점에는 외국 열강의 정책과 중국군의 전략이라는 두 가지 문제가 연관되어 있습니다.

현재 일본의 대륙정책은 이미 확정되어 널리 알려져 있습니다. 중국의 주권을 한층 더 희생시키고 경제적, 정치적으로, 그리고 영토상으로 타협하고 양보를 거듭함으로써 일본의 진격을 멈추게 할 수 있다고 생각하는 사람들이 있는데, 이들은 한낱 유토피아적 환상에 빠져 있는 사람들입니다. 난징 정부 측이 과거 이러한 전략에 바탕을 둔 그릇된 정책을 취했는데 그 결과는 동아시아의 지도를 한번 살펴보면 이내 알 수 있지요.

그러나 우리는 화베이뿐만 아니라 양쯔강 하류 유역과 남쪽의 항구도시들이 이미 일본의 대륙공략 계획 속에 포함되었다는 것을 잘 알고 있습니다. 더구나 일본 해군이 중국 연안을 봉쇄하고 필리핀, 샴(태국), 인도차이나, 말레이반도, 동인도 제도를 장악하려고 호시탐탐 노리고 있는 것도 분명하지요. 전쟁이 일어나면 일본은 그 지역을 전략기지로 삼아 영국, 프랑스, 미국이 중국에 접근하지 못하도록 차단시키고 남태평양 해역을 독점적으로 장악하려 할 것입니다. 이러한 조치는 일본 해군의 전략 계획 속에 포함되어 있는데, 우리는 그 사본을 입수해서 확인했지요. 또한 이러한 해군 전략은 일본의 육상 전략과 연결, 조정될 것입니다.

---

15 공산당은 이미 일본과 '정식으로' 전쟁 상태에 돌입했다. 중국 소비에트 정부는 1932년 4월, 장시에서 일본에 대해 선전포고했다. *Red China: President Mao Tse-tung Reports on the Progress of the Chinese Soviets Republic*(London, Martin Lawrence, 1934.) p.6 참조.

많은 사람들은 일본이 이미 연안의 몇몇 전략 거점을 장악하고 봉쇄 조치를 강행하고 있는 만큼 중국이 항일전을 계속하기는 불가능하다고 생각합니다. 이것은 터무니없는 생각입니다. 홍군이 싸워 온 과정을 돌이켜 보면 이런 생각은 간단히 반박할 수 있지요. 어느 시기에는 국민당군이 우리 홍군보다 수적으로 대략 10배나 20배까지 우세할 뿐만 아니라 장비도 우리보다 우세했어요. 이들은 경제적 자원 면에서도 우리보다 몇 배나 앞서 있었고, 외국으로부터는 물질적 원조를 많이 받았습니다. 그런데도 홍군이 백군과 싸우면서 계속 승리를 거두고 또 오늘날까지 견뎌 내면서 오히려 군사력을 증대시킬 수 있었던 것은 무엇 때문이겠소?

그 이유는 홍군과 소비에트 정부가 그들 지역 내에 있는 모든 인민을 바윗덩이처럼 단단하게 결속시켰기 때문이지요. 그렇게 단결할 수 있었던 것은 소비에트 지구 안의 모든 사람이 그들의 정부를 위해 억압자들과 맞서 싸울 태세를 갖추었고, 또 모든 사람이 그들 자신의 이익과 그들이 옳다고 믿는 것을 위해 자발적이고 자각적인 입장에서 싸우고 있었기 때문입니다. 둘째로, 소비에트의 투쟁에서는 능력과 용기와 결의를 갖춘 사람들이 그들이 처한 상황에서 필요로 하는 전략적, 정치적, 경제적, 군사적 요구를 깊이 파악하면서 인민들을 이끌고 있습니다. 홍군이 결의에 찬 혁명가들의 손에 쥐어진 소총 수십 자루로 처음 출발했음에도 불구하고 수많은 승리를 거둘 수 있었던 것은 인민 속에 내린 군건한 기반이 일반 민중 속에서는 물론이고 심지어 백군 속에서도 지지자들을 끌어 모았기 때문입니다. 적군은 군사적인 면에서 우리보다 엄청나게 우세했지만 정치적인 면에서는 그 힘을 발휘하지 못했어요.

항일전쟁에서 중국 인민들은 홍군이 국민당과의 투쟁에서 누렸던 것보다 훨씬 유리한 입장에 놓일 것입니다. 중국은 거대한 나라이기 때문에 모든 영토가 침략자의 칼끝에 낱낱이 유린될 때까지는 완전히 정복되었다고 말할 수 없지요. 일본이 1억이나 심지어 2억에 달하는 중국의 인민이 거주하는 지역을 수중에 넣고 중국의 광대한 부분을 점령하는 데 성공했다 하더라도 우리 중국이 패배했다고 말하기에는 아직 까마득합니다. 그런 상황에서도 우리에겐 일본 군벌들과 맞서 싸울 거대한 여력이 남아 있겠지만 그들은 전쟁이 계속되는 전 기간 동안 뒤쪽에서 끊임없이 가해질 치열한 공격에 계속 대처해야만 할 것입니다.

군수품에 대해 언급한다면, 일본군은 여러 해 동안 중국군을 무장시키기에 충분한, 오지에 있는 우리의 군수품 공장들을 장악할 수 없을 뿐만 아니라 우리가 그들의 손에서 병기와 탄약을 대량 탈취하는 일도 막을 수 없을 것입니다. 홍군은 국민당군으로부터 병기와 탄약을 빼앗아 현재의 병력을 무장시켰지요. 지난 9년 동안 국민당군은 우리 홍군에게 '군수품 공급자' 구실을 해 온 셈이었습니다. 중국 전체 인민이 대동단결하여 항일에 나선다면 우리처럼 필요한 병기를 빼앗아 사용하는 전술을 활용할 가능성은 거의 무한하게 열리지 않겠습니까!

물론 중국은 경제적인 면에서 통합을 이루지 못하고 있습니다. 그러나 고르지 못한 중국 경제의 개발 상황도 경제의 중앙통제성과 집중성이 고도화된 일본과 전쟁을 벌일 때는 유리하게 작용합니다. 예를 들어 중국에서는 상하이를 다른 지역과 차단시킨다고 해서 뉴욕을 미국의 여타 지역과 단절시키는 경우처럼 파멸적인 영향을 미치지는 않습니다. 더구나 일본은 중국 전체를 고립시킬 수 없습니다. 즉 중국의 서북 지역과 서남 지역, 서부 지역은 일본이 도저히 봉쇄할 수 없지요.

따라서 이 문제의 핵심은 다시 중국 전체 인민의 동원 및 통합과 공산당이 1932년 이래 계속 주창해 온 것과 같은 통일전선의 구축으로 되돌아갑니다."

"중일전쟁이 벌어질 경우 일본에서 혁명이 일어날 것으로 생각합니까?"

"일본의 혁명은 가능한 것일 뿐만 아니라 필연적인 것이기도 합니다. 혁명은 불가피한 사태로서 일본군이 첫 참패를 당한 뒤에 즉각 일어나기 시작할 것입니다."

"소련과 외몽골이 이 전쟁에 뛰어들어 중국을 지원하리라고 생각합니까? 그럴 가능성이 있다면, 이 상황은 어떤 것일까요?"

"물론 소련도 고립된 나라는 아닙니다. 따라서 극동 지역에서 전개되는 사태에 무관심할 수 없습니다. 또한 수동적인 입장에 머물러 있을 수도 없습니다. 일본이 중국 전체를 정복해서 소련을 공격할 전략기지로 삼으려 할 때 소련이 과연 편안하게 팔짱을 끼고 바라볼 수 있을까요? 그렇지 않으면 중국 인민이 일본 억압세력을 물리치고 독립을 쟁취해서 러시아 인민들과 우호관계를 확립하도록 돕게 될까요? 우리는 러시아가 후자를 선택하리라 생각합니다.

우리는 중국 인민이 일단 그들 자신의 정부를 세우고 항일전쟁에 착수하면서, 다른 우호적인 열강과 함께 소련에 대해 우호동맹 체결을 희망한다면 소련에 제일 먼저 환영의 손길을 뻗으리라고 믿습니다. 일본 제국주의와 투쟁하는 것은 전 세계의 과제이며, 그 세계를 구성하는 일원으로서 소련은 영국이나 미국 이상으로 중립을 지킬 수는 없을 것입니다."

"중국 인민의 당면 과제는 일본 제국주의에 빼앗긴 모든 영토를 되찾는 것입니까, 아니면 일본을 화베이와 만리장성 이북의 모든 중국 영토에서 몰아내는 것에 그치는 것입니까?"

"중국의 당면 과제는 단순히 만리장성 이남에서 우리의 주권을 방위하는 것이 아니라 빼앗긴 모든 영토를 회복하는 것입니다. 이 말은 만주도 반드시 회복해야 한다는 뜻입니다. 그러나 우리는 전에 중국의 식민지[16]였던 조선(朝鮮)을 포함시키지는 않습니다. 그렇지만 우리가 중국의 빼앗긴 영토의 독립을 재확립하고 한인(韓人)들이 일본 제국주의의 속박에서 벗어나고자 한다면 우리는 이들의 독립투쟁에 열렬한 지원을 보낼 것입니다. 타이완(臺灣, 대만)에 대해서도 마찬가지입니다.[8] 한민족과 몽골족이 함께 살고 있는 네이멍구에 대해서는, 그곳에서 일본을 몰아내기 위해 싸우고 네이멍구가 자치국가를 수립하도록 돕겠습니다."[17]

"실제적인 실행 면에서 소비에트 정부와 홍군은 국민당군과 항일전쟁에서 어떤 형태로 협력할 수 있나요? 외국과 전쟁을 하려면 모든 중국군을 집중된 단일 지휘 아래 두는 일이 필요할 것입니다. 만약 최고군사회의에 대표 참여가 허용된다면 홍군은 정치적, 군사적 양면에서 이 회의의 결정을 따르는 데 동의할 것인가요?"

"그렇습니다. 우리 정부는 그런 회의가 진정으로 일본에 항거한다면 그 회의의 제반 결정에 성실하게 따르겠습니다."

"홍군은 최고군사회의의 동의나 명령이 있는 경우를 제외하고는, 국민당군이 점령한 어떠한 지역으로도 병력을 이동시키지 않거나 또는 그런 지역에 대항하여 병력을 이동시키지 않는 데 동의합니까?"

"동의합니다. 우리는 항일군이 점령한 어떠한 지역으로도 분명히 우리의 병력을 이동시키지 않을 것이며, 지난 한동안도 그렇게 하지 않았습니다. 홍군은 어떠한 전시 상황도 기회주의적인 형태로 이용하지 않을 것입니다."

---

16 사실 조선은 '중국의 식민지'가 아니라 1895년 청·일전쟁에서 패배하기 전까지 중국이 종주권을 주장한 인접국이었다.
17 그 후 가진 다른 회견에서 마오쩌둥은 외몽골 문제에 대해 다음과 같이 답변했다. "외몽골과 소련의 관계는 현재나 과거에나 항상 완전한 평등의 원칙에 바탕을 두었습니다. 중국에서 인민혁명이 승리를 거두면 외몽골공화국은 자유의사에 따라 자동적으로 중국 연방의 일부가 될 것입니다. 회교도와 티베트 인민들도 똑같이 자치공화국을 수립하여 중국 연방에 부속될 것입니다"['코민테른, 중국, 외몽골에 관한' 마오쩌둥과의 추가 회견 내용(부록) 참조].

"그러한 협력의 대가로 공산당은 무엇을 요구할 것인가요?"

"일본의 침략에 대항하는 확고하고 결정적인 전쟁 수행을 주장합니다. 그 밖에 공산당은 민주주의공화국과 국가를 방위할 정부의 수립을 촉구하면서 제시한 항목들을 준수해 줄 것을 요구합니다."[18]

"그러한 전쟁에 참여시키기 위해 인민들을 최선의 형태로 무장, 조직, 훈련시킬 수 있는 방법으로는 어떤 것이 있습니까?"

"인민에게는 스스로 조직과 무장을 갖출 수 있는 권리를 '반드시' 주어야 합니다. 바로 이런 자유를 장제스는 과거부터 거부해 왔습니다. 그러나 그러한 억압은 홍군의 경우에서 볼 수 있는 바와 같이 제대로 성공을 거두지 못했습니다. 또한 베이징, 상하이, 그 밖의 다른 지역에서 혹독한 탄압을 가했음에도 학생들은 스스로 조직을 만들고 이미 정치적인 준비를 갖추었습니다. 그러나 학생들과 혁명적인 항일 대중은 아직도 누려야 할 자유를 얻지 못해 동원될 수도, 훈련을 받을 수도, 무장을 갖출 수도 없습니다. 그 반대의 상황이 실현되어 대중이 경제적, 사회적, 정치적 자유를 향유할 때 이들의 힘은 수백 배로 강화되고 민족의 진정한 힘이 우러나올 것입니다.

홍군은 자체의 투쟁을 통해 군벌들로부터 자유를 획득함으로써 정복할 수 없는 세력이 되었습니다. 항일 의용군들은 일본이라는 억압자로부터 행동의 자유를 얻어 동일한 방법으로 무장을 갖추었습니다. 만약 중국 인민들이 훈련과 조직을 갖춘다면 이들도 똑같이 무적의 세력이 될 수 있습니다."

---

[18] 중국 소비에트 정부와 홍군이 1935년과 1936년 국민당에 발표한 몇 가지 선언문 속에서 언급된 항목들. 11부 6장 참조.

"이 '해방전쟁'에서 추구해야 할 주요한 전략과 전술은 무엇이라고 생각합니까?"

"전략으로는 광범하고 유동적이며 일정하지 않은 전선에서 기동전을 벌이는 것이어야 합니다. 즉 곤란한 지형에서 고도의 기동성을 발휘하면서 신속한 공격과 후퇴, 기민한 집결과 분산을 승패의 관건으로 삼는 전략입니다. 이 전쟁은 광범위하게 구축한 참호와 병력을 겹겹으로 집결시킨 전선, 그리고 견고한 요새화를 필요로 하는 단순한 진지전보다는 대규모적인 기동전이 될 것입니다. 우리의 전략과 기술은 전쟁이 벌어질 전역(戰域)에 좌우되어야 하는데, 이로 미루어 볼 때 기동전이 불가피합니다.

그렇다고 해서 유리한 범위 내에서 진지전으로 방위할 수 있는 중요한 전략거점들을 포기한다는 뜻은 아닙니다. 그러나 중추적인 전략은 기동전이 되어야 하며, 게릴라와 유격전술에 크게 의존하지 않으면 안 됩니다. 요새전도 활용해야 하지만 이의 전략적 중요성은 보조적이고 부차적인 것이 될 것입니다."

여기서 덧붙이고 싶은 것은 이러한 형태의 전반적인 전략이 중국의 비공산계 군사 지도자들로부터도 사뭇 광범한 지지를 받고 있는 듯하다는 점이다. 몽땅 수입해 들여온 난징 정부의 공군은 국내 경찰기구로서는, 값비싼 위세를 보이고 있었지만, 이 공군이 대외 전쟁에서 장기적인 효용성을 발휘하리라는 환상을 품고 있는 군사 전문가는 거의 없었다. 많은 군사 전문가들은 공군력이나 중앙군이 갖춘 기계화가 다 같이, 개전 초기의 수 주간밖에는 선제(先制) 역할을 할 수 없는, 값비싼 장난감에 불과하다고 보았다. 그 이유는 중국에는 공군이나 또는 현대전에 따른 그 밖의 고도의 기술 부문을 유지, 보충시키는 데 필요한 산업들이 갖추어져 있지 않기 때문이다.

국민당군의 유력한 장군들 중에서 바이충시, 리쭝런(李宗仁, 이종인),* 한푸쥐(韓復, 한복구), 후쭝난(胡宗南, 호종남), 천청(陳誠, 진성), 장쉐량, 펑위샹(馮玉祥, 풍옥상), 차이팅카이(蔡廷鍇, 채정개)는 중국이 일본에 승리를 거둘 수 있는 유일한 희망은 궁극적으로 기동성 있는 부대로 세분된 대규모 병력의 우세한 기동성 발휘와 방대한 유격전 지역을 장기간 끈질기게 방위할 수 있는 능력에서 찾아야 한다는 마오쩌둥의 확신에 동조하는 듯했다.

마오쩌둥은 답변을 계속했다.

"전쟁 지역이 매우 광대한 만큼 일본군처럼 후방의 치열한 공격에 맞서면서 신중하게 전진해야 하는 기동성이 약한 군대에 맞서, 우리는 최대한의 효율성과 뚜렷한 전과를 거두면서 기동전을 추구할 수 있습니다. 만약 협소한 전선에서 극히 중요한 한두 개의 거점을 방위하기 위해 대규모의 병력을 집결시켜 소모전을 벌인다면 우리의 지형과 경제구조상의 전술적 이점은 깡그리 사라져 버리고 아비시니아(에티오피아의 옛 이름-옮긴이)인들이 범한 과오를 되풀이하는 셈이 될 것입니다. 우리의 전략적, 전술적 목표는 개전 초기 단계에서 대규모적인 결전(決戰)을 회피하면서 활기에 넘치는 적군의 사기와 감투정신(敢鬪精神), 군사적 능률성을 서서히 파괴시켜 나가는 데 두어야 합니다.

우리는 중국 정규군 외에 농민들 속에 수많은 유격대와 게릴라 부대를 조직해서 이들을 지도하고 또 정치적, 군사적으로 무장시켜야 합니다. 이런 형태의 항일 의용군이 만주에서 이룩한 성과는 중국 전체의 혁명적인 농민들에게서 이끌어 낼 수 있는 잠재적인 저항 능력의 극히 일부분만을 드러낸 것에 불과합니다. 그러한 의용군 부대를 올바르게 조직하고 제대로 이끌어 나간다면 일본군은 쉴 틈도 없이 하루 24시간 동안 계속 분주하게 움직이다가 괴로움에 지쳐 쓰러져 죽게 될 것입니다.

여기서 반드시 기억해야 할 것은 전쟁이 중국에서 벌어진다는 점입니다. 이것은 일본군이 적대적인 중국인들에게 완전히 에워싸여 있다는 것을 의미합니다. 일본군은 식량을 한꺼번에 가지고 들어와 다시 그것을 지겨야 히고, 온갖 교통·통신망을 보존하기 위해 병력을 배치해야 하며, 또 일본 본토는 물론, 만주에 있는 기지를 수비하기 위해서도 병력을 주둔하지 않으면 안 될 것입니다.

중국은 전쟁이 진행되는 과정에서 많은 일본군 포로를 사로잡고 병기, 탄약, 전쟁기계류 등을 노획할 기회를 많이 갖게 될 것입니다. 전쟁이 계속되면서 항일군의 기술장비는 크게 개선되고 '또 유력한 외국의 원조로 보강될 것'이기 때문에 요새와 깊숙한 참호를 이용하는 진지전으로 일본군과 교전할 수 있는 가능성이 점차 높아지는 시기가 닥쳐올 것입니다. 일본 경제는 막대한 군비와 소요되는 장기적인 중국 점령의 긴장 상태를 이기지 못해 붕괴될 것이고, 또 끊임없이 전투만 계속되면서 결판이 나지 않는 전쟁의 고통 때문에 일본군의 사기는 허물어질 것입니다. 혁명적인 중국 인민 속에 담겨 있는 거대한 인적 자원의 저수지는 밀물 같은 일본 제국주의가 중국인의 저항이라는 보이지 않는 암초에 걸려 좌초한 후에도 그들의 자유를 찾기 위해 싸울 준비를 갖춘 인력을 오랫동안 우리 전선에 계속 쏟아 부을 수 있을 것입니다.

이러한 모든 요인과 다른 요소들이 이 전쟁을 결정짓고, 또 우리들이 일본군의 요새와 전략기지에 마지막 결정적인 공격을 가해 일본 점령군을 중국으로부터 몰아낼 수 있게 할 것입니다.

우리에게 사로잡혀 무장해제당한 일본군 장교와 병사들은 환영을 받고 좋은 처우를 받을 것입니다. 그들은 살해되지 않고 형제 같은 대접을 받을 것입니다. 우리는 온갖 방법을 사용해서 우리가 아무런 불만도 없는, 일본 프롤레타리아 병사들로 하여금 궐기해서 그들 자신의 억압자들에게 대항하도록 만들 것입니다(고딕체는 저자가 표시한 것임-옮긴이). 우리의 슬로건은 '단결해서 공동의 억압자인 파시스트 지도자들에게 대항하자'입니다. 파시스트에 반대하는 일본군은 우리의 친구인 만큼 함께 추구하는 우리의 목표에는 어떠한 다툼도 있을 수 없습니다."

벌써 새벽 2시가 지나 몹시 지쳐 있었지만 깊은 생각에 잠겨 있는 마오의 얼굴에는 피로한 기색이 없었다. 그는 우량펑이 번역하고 내가 옮겨 적는 사이에 조그만 두 방 사이를 왔다 갔다 하거나 앉았다 눕기도 하고, 또는 탁자에 기대거나 아니면 묶어 놓은 보고서를 읽었다. 마오의 부인도 그때까지 자지 않고 있었다. 그때 갑자기 부부가 함께 머리를 숙여 촛불 옆에 힘없이 붙어 있는 나방 한 마리를 보고는 기쁨의 탄성을 질렀다. 그 나방의 날개는 은은한 황록색을 띠었고, 날개 가장자리에는 사프란 꽃의 샛노랑과 담홍색이 섞인, 엷은 무지갯빛이 드리워진 정말 아름다운 것이었다. 마오는 책 한 권을 펼쳐서 아름다운 색깔이 수놓아진 엷은 망사 같은 이 나방을 책갈피 사이에 끼워 놓았다.

정말 이런 사람이 어떻게 전쟁을 진지하게 생각할 수 있었단 말인가?

4. 목에 걸린 현상금 합계액 2백만 위안

홍군대학에는 독특한 점이 많았다.

교장은 전투에서 한 번도 패배한 적이 없다(공산당원들의 주장)는 28살의 군사령관이었다. 이 대학이 자랑하는 한 학급은 고참 전사 출신 생도들로 편성되었는데, 이들의 평균 연령은 27살, 평균 전투 경력은 8년, 전투

중 부상당한 횟수는 각 3회씩이었다. '종이가 부족해서' 적의 선전 전단 뒷면을 공책으로 이용할 수밖에 없는 학교가 달리 어디에 또 있을까? 또 식비와 의복비, 그 밖의 모든 학교 운영비까지 포함해서 생도 1인당 교육비가 한 달에 15위안도 채 안 되는 학교가 어디에 있을까? 또한 각양각색의 유명한 생도들의 목에 걸린 현상금 합계액이 2백만 위안을 넘는 학교가 어디에 있겠는가?

끝으로 교실이 폭격에도 끄떡없는 동굴 속에 있고, 의자와 책상이 돌과 벽돌로 되어 있으며, 칠판과 벽이 석회석과 진흙으로 된 '대학교육'장은 틀림없이 홍군대학뿐일 것이다.

산시(陝西)와 간쑤에는 일반 주택 외에도 수백 년씩 묵은 거대한 동굴 주거지와 석굴 사원, 성채 형태의 흉벽(胸壁)이 있었다. 부유한 관리와 지주들은 1천여 년 전에 홍수와 침입, 기근에 대비해서 이러한 기묘한 축조물들을 만들었는데, 그런 재난이 닥칠 때 이를 이겨 내기 위해 그 안에 곡물과 귀중한 재산을 쌓아 놓았다. 황토나 딱딱한 암석을 깊숙이 파내 만든 이런 주거지에는 지붕이 둥근 방들이 많았는데, 그중에는 수백 명이 들어갈 정도로 큰 방도 있었다. 이런 암벽 주거지는 완벽한 방공호 구실을 했다. 홍군대학은 이런 낡은 동굴 장원에서 좀 이상하긴 해도 안전한 교육시설을 확보하고 있었던 것이다.

나는 바오안에 도착한 직후 학장인 린뱌오를 소개 받았는데, 그는 어느 날 생도들에게 강연을 해 달라고 나에게 부탁했다. 그가 제안한 강연 주제는 '영국과 미국의 대중국 정책'이었다. 그가 강연을 요청하기 위해 마련한 '국수 만찬'은 나에게 너무 과분한 것이어서 나는 그 요청을 받아들이고 말았다.

린뱌오는 1907년 후베이성(湖北省, 호북성)에서 공장 주인의 아들로 태어났다. 그의 아버지는 강탈이나 다름없는 과세로 파산했지만 린뱌오는 그럭저럭 고등학교를 졸업하고 광저우에 있는 유명한 황푸 군관학교에 입학해서 뛰어난 성적을 보였다. 그는 장제스와 그의 수석 고문으로 있던 러시아의 블루체르 장군 밑에서 철저한 정치, 군사훈련을 받았다. 린뱌오가 졸업한 직후 북벌(北伐)이 시작되면서 그는 대위로 승진했다. 1927년에는 불과 20살의 나이로 대령이 되어 장파쿠이 휘하의 유명한 국민당 제4군에 배속되었다. 그해 국민당 우파가 쿠데타를 일으키고 난징 정부를 수립하자 린뱌오는 휘하 연대 병력을 이끌고 허룽과 예팅(葉挺, 엽정)*이 지휘하는 제20군에 합류하여 난창 봉기에 참가했다. 이 봉기는 공산당의 권력 장악을 위한 첫 무장투쟁이었다.

린뱌오는 마오쩌둥과 더불어 한 번도 다치지 않은 소수의 홍군 지휘관 중의 한 사람이라는 영예를 누렸다. 그는 일선에서 1백여 회 이상의 전투에 참여했고, 10년 이상이나 야전군을 지휘했으며, 부하들과 함께 온갖 고초를 겪었다. 목에는 10만 위안의 현상금이 걸려 있었지만 아직까지 부상 한 번 당하지 않고 건재했다.

1932년, 린뱌오는 당시 약 2만 정 정도의 소총을 갖고 있던 홍군 제1군단의 지휘를 맡았다. 이 제1군단은 그 뒤 홍군 가운데 '가장 무서운 부대'가 되었는데, 그 이유는 주로 전술가로서 탁월한 능력을 발휘한 린뱌오 때문이라는 것이 홍군 장교들의 중론이었다. 난징 정부군은 맞서 싸우는 부대가 홍군 제1군단이라는 사실을 알면 그대로 줄행랑을 친 경우도 많았다고 한다.

홍군의 많은 유능한 지휘관들과 마찬가지로 린뱌오도 중국을 한 번도 벗어난 적이 없었기 때문에 중국어 외에는 다른 외국어를 읽거나 말하지 못했다. 그러나 그는 30살도 되기 전에 이미 홍구 밖에까지 널리 명성을 떨치고 있었다. 중국공산당 군사 기관지《투쟁과 전쟁과 혁명》에 실렸던 그의 논문은 난징 정부의 군사 잡지와 일본, 소련의 간행물에도 실려 연구와 비판의 대상이 되었다. 그는 '속공(速功)'의 창안자로 유명한데, 이 속공 전술은 펑위샹 장군의 논평의 대상이 되었다. 제1군단이 수많은 승리를 거둔 것은 홍군이 이 '속공' 전술을 능란하게 활용했기 때문이었다고 한다.

나는 어느 날 아침 린바오 학장과 그의 교수진과 함께, 바오안 성곽에서 밖으로 얼마 떨어지지 않은 곳에 있는 홍군대학으로 갔다. 우리가 도착했을 때는 휴식시간이어서 일부 생도들은 두 개의 코트에서 농구를 하고 있고, 다른 몇몇 생도들은 황허의 지류인 바오안천 옆의 잔디밭에 만든 코트에서 테니스를 하고 있었다. 그 밖의 다른 생도들은 원시적인 '클럽 회원실'에서 탁구를 하거나 편지를 쓰거나 아니면 신간도서와 잡지를 읽거나 공부를 하고 있었다.

그들은 홍군대학의 1과(科) 생도들로 그 수는 약 2백 명이었다. 소비에트 지역에서 홍대(紅大)로 불리는 이 대학에는 4개 과에 8백 명 이상의 생도가 공부하고 있었다. 바오안 근처에는 홍대 외에도 무선, 기병, 농업학교와 의료요원 양성소가 있는데, 모두 교육위원부가 관장했다. 그 밖의 공산당학교[19]와 대중교육 강습소가 한 개씩 있었다.

'영국과 미국의 대중국 정책'에 관한 내 강연을 듣기 위해 2백 명 이상의 생도가 모였다. 나는 영·미의 입장을 간략하게 설명하고 생도들의 질의에 답변하기로 했다. 나는 이것이 큰 실수임을 곧 깨달았다. 풍성한 국수 만찬을 대접 받았지만 그러한 대접도 내가 겪은 당혹스러움에는 거의 아무런 보상이 되지 못했다.

---

19 이 학교의 교장은 둥비우(董必武)였다[그 이후 리웨이한(李維漢)과 캉성(康生)이 차례로 교장을 역임했다]. 셰푸즈(謝富治)는 당시 공산당학교의 생도였다.

"친일적인 허베이·차하얼 정무위원회의 구성과 일본군의 화베이 주둔에 대한 영국 정부의 입장은 어떤 것입니까?"

"미국의 N.R.A.정책(루스벨트 대통령의 산업복구정책―옮긴이)의 성과는 어떤 것이며 그 정책이 노동자 계급에겐 어떤 혜택을 주었습니까?"

"중일전쟁이 일어나면 독일과 이탈리아는 일본을 지원할까요?"

"일본이 다른 열강의 원조를 받지 못할 경우, 일본은 중국과의 대규모 전쟁을 얼마나 오랫동안 수행할 수 있다고 생각합니까?"

"국제연맹이 실패한 이유는 무엇입니까?"

"영국과 미국에서는 다 같이 공산당의 활동이 합법화되어 있는데도 노동자 정부가 어느 나라에서도 등장하지 못하는 이유는 무엇 때문인가요?"

"영국이나 미국의 반파시스트 전선의 결성은 어느 정도 진전되고 있나요?"

"파리에 본부를 둔 국제학생운동의 장래는 어떻습니까?"

"리스-로스의 일본 방문으로 대중국 정책에 대한 영·일 간의 합의가 이루어질 수 있으리라고 생각합니까?"

"중국이 항일전쟁을 시작할 때 미국과 영국은 중국이나 일본 중 어느 쪽을 지원할까요?"

"미국과 영국이 중국 인민의 우방이라면 무슨 이유로 함대와 군대를 중국에 주둔시키고 있는지 말씀해 주십시오."

"미국과 영국의 노동자들은 소련을 어떻게 생각하고 있습니까?"

이처럼 두 시간의 질의 응답 시간으로는 도저히 감당할 수 없는 광범한 분야의 질문들이 쏟아져 나왔다. 실제로 질의 응답은 두 시간으로 끝나지 않았고, 오전 10시에 시작되어 오후 늦게까지 계속되었다.

강연과 질의 응답을 끝낸 뒤 나는 여러 교실을 둘러보면서 린뱌오와 교수진과 함께 이야기를 나누었다. 이들은 학교의 입학 요건에 대해 설명을 해 주고 교육과정을 알리는 인쇄물을 보여 주었는데, 이 인쇄물 수천 장이 중국 전역에 은밀하게 배포되었다. 홍대의 4개 과는 '출신 계급과 사회적, 정치적 차이에 관계없이 일본 제국주의와 싸우고 민족혁명의 대외에 헌신할 결의를 갖춘 모든 사람'의 입학을 권유했다. 연령 제한은 '남녀 구별 없이' 16살부터 28살까지였다. "지망자는 신체가 튼튼하고 전염병이 없어야 하며" 또—다소 막연하긴 하지만—"온갖 악습에 물들어 있지 않아야 했다."

나는 1과의 생도 대부분이 실제로 홍군의 대대, 연대, 사단의 지휘관이거나 정치위원[20]들로서 군사정치에 관한 고급 교육을 받고 있음을 알았다. 홍군의 규칙에 따르면 모든 현역 지휘관이나 군 정치위원들은 2년마다 현역 복무 중에 최소한 4개월은 그러한 학습을 받도록 되어 있었다.

2과와 3과 생도 중에는 전투 경험이 많은 홍군 전사들인 중대장, 소대장, 분대장과 그 밖에 '중등학교 졸업자나 이와 동등한 학력을 지닌 사람, 실직한 교사나 임용되지 못한 관리, 항일 의용군의 간부, 항일 유격대 지도자, 그리고 노동운동을 조직하거나 주도하는 노동자들' 중에서 선발한 신입생들이 포함되어 있었다. 홍군이 산시(山西)성에 출정했을 때는 그 지역 중학교 졸업생 60명 이상이 홍군에 입대했다.

2과와 3과의 교육과정은 6개월이었다. 4과는 주로 '기술자와 기병대 기간요원, 포병대를 양성'하는 데 주력했다. 이 4과에서 나는 과거 기계공과 견습공으로 일했던 생도들을 몇 사람 만났다. 나중에 붉은 중국을 떠날 때 나는 '비적 대학'에 입학하기 위해 트럭을 타고 온 신입생 8명을 만났는데, 이들은 멀리 상하이와 베이징에서 온 사람들이었다. 린뱌오

---

20 뤄루이칭(羅瑞卿)이 이들 가운데 한 사람이었다.

는 중국 각지에서 2천 명 이상의 지망자들이 홍군대학 입학을 기다리고 있다고 밝혔다. 그 당시에는 모든 생도들을 '밀입국' 시켜야만 했다.

홍대의 교과과정은 과에 따라 달랐다. 1과의 정치강좌에는 정치 지식, 중국 혁명의 제반 문제, 정치경제학, 정당의 구성, 공화국의 전술적인 제반 문제, 레닌주의와 민주주의의 역사적 토대, 일본의 정치 및 사회세력 등의 과목이 포함되어 있었다. 군사강좌에는 대일전에서의 전략상의 여러 문제, (일본에 대한) 기동전, 항일전에서의 유격전의 개발 등이 포함되어 있었다.

이러한 과목 중 일부는 특별 교재가 준비되어 있었다. 일부 교재는 장시성에 있는 소비에트 인쇄소에서 실어 오며, 그곳의 인쇄공장에는 8백 명 이상의 인쇄공이 고용되어 있다고 한다. 다른 과목은 특별한 교재 없이 홍군 사령관과 당 지도자들의 강연으로 진행되었다. 이 강연에서는 러시아와 중국 혁명의 역사적 경험을 다루거나 또는 노획한 정부 서류, 문서, 통계 등에서 뽑은 자료들을 활용했다.

"홍군은 진정으로 일본과 싸울 의사가 있는가?" 하는 질문은 아마도 홍대의 이러한 강좌들 속에서 답변을 찾을 수 있을지 모른다. 그러한 과목들은 공산당이 일본에 대항하는 중국의 '독립전쟁'을 어떻게 내다보고 있으며, 또 어떤 형태로 적극적인 계획을 수립했는지를 보여 주기에 충분하다. 공산당은 일본이 어떤 기적에 의해, 그들의 가공할 군사력의 수레바퀴 아래 유린당하고 있는 중국의 광대한 지역에서 철수하지 않는 한 이 전쟁은 불가피하다고 생각했다.

공산당이 싸울 결의를 완전히 굳히고 개전과 동시에 제일 먼저 항일전선에 나설 것이라는 점은, 지도자들의 열렬한 어조와 홍군 내에서 실제로 진행되는 엄격한 훈련, 10년간 싸워 온 국민당과의 '통일전선' 제안 속에 그대로 나타나 있을 뿐만 아니라 소비에트 지구 전역에서 목격할 수 있는 격렬한 선전활동에서도 여실히 드러났다.

이러한 교육 사업에서 주도적 역할을 해 온 것이 항일인민극사(抗日人民劇社)로 알려진 수많은 청년연극단이었다. 이들은 소비에트 지구 내의 곳곳을 끊임없이 누비고 다니면서 저항의 복음을 전파하고 농민들의 잠든 민족의식을 일깨웠다.

홍군대학을 처음 방문한 직후 내가 구경한 것이 바로 이 놀라운 이동극장의 한 공연이었다.

5. 붉은 연극

내가 붉은 연극으로 나를 초대한 젊은 간부와 함께 나섰을 즈음에는 사람들이 이미 옛 절터를 임시로 꾸민 야외무대 쪽으로 내려가고 있었다. 그날은 토요일이었고, 해가 지기 두세 시간 전이었다. 바오안의 주민들이 온통 연극터로 몰려가고 있는 듯했다.

홍군대학 생도들과 노새몰이꾼들, 제복과 신발 만드는 공장의 여자 노동자들, 협동조합과 소비에트 우체국의 직원들, 병사들, 목수들, 어린애들을 데리고 나선 마을 주민들이 모두 연극이 공연될 바오안천 옆의 널찍한 풀밭 쪽으로 떼 지어 몰려가기 시작했다. 이보다 더 민주적인 모임은 상상하기 어려울 정도여서 마치 옛날 미국의 여름철 야외 강습장 같았다.

입장권도 팔지 않았고 특등석이나 지정석도 없었다. 멀지 않은 테니스 코트 위에서는 염소들이 풀을 뜯고 있었다. 나는 중앙위원회 정치국 총서기 뤄푸, 린뱌오, 재정부장 린보춰[林伯渠, 임백거. 일명 린주한(林祖涵, 임조한)], 마오쩌둥, 그 밖의 다른 간부들과 부인들이 구경꾼들 사이에 여기저기 흩어진 채, 다른 사람들과 마찬가지로 부드러운 풀밭에 앉아 있는 것을 보았다. 일단 공연이 시작되자 이들에게 특별히 관심을 기울이는 사람은 아무도 없었다.

무대에는 '항일인민극사'란 글자가 쒸어 있는 커다란 연분홍색 견직막이 가로로 쳐져 있었다. 이 글자는 한자와 또 공산당이 대중교육을 촉진시키기 위해 장려하고 있는 라틴 문자로 적혀 있었다. 공연 프로그램은 세 시간짜리였다. 프로그램은 단막극과 춤, 노래, 무언극이 뒤섞여 짜여진 일종의 버라이어티 쇼나 가벼운 희가극과 같은 것이었으며, 주로 항일과 혁명이라는 두 가지 중심 주제에 초점이 맞추어졌다. 내용 속에는 노골적인 선전성이 넘쳐흘렀다. 연극에 이용한 소품들은 형편없었다. 그러나 타악기를 요란하게 울리거나 가성(假聲)으로 노래를 부르지 않는 점과, 퇴폐적인 중국 가극처럼 주로 아무런 의미도 없는 사극(史劇)을 줄거리로 삼지 않고 생생한 소재를 다룬다는 점이 이들의 장점이었다.⑨

교묘한 구성과 세련된 연기는 부족했지만, 그 점은 건강한 활력과 번뜩이는 유머, 그리고 배우와 관객 사이의 일치된 호흡 같은 것으로 어느 정도 메워졌다. 붉은 연극의 관객들은 실제로 배우의 대사 하나하나에 '귀를 기울이는 듯' 했다. 지루한 가극의 관객들이 공연 중에 과일과 멜론 씨를 먹거나, 옆 사람과 잡담을 하기도 하고, 서로 땀 닦을 수건을 던져서 주고받거나, 또 자리를 옮겨 다니고 하다가 가끔씩 무대 쪽에 눈을 돌리는, 그런 산만한 분위기와는 정말 놀라운 대조를 보였다.

첫 번째 단막극은 제목이 〈침략〉이었다. 막이 오르면 1931년 만주의 어느 마을이 나타나고, 이곳에 일본군이 밀려와서 '무저항'의 중국군을 몰아낸다. 2장(場)에서는 일본군 장교들이 어느 농가에서 잔치를 벌이는데, 중국인 남자들은 두 팔과 무릎으로 받침대를 만들어 이들의 의자 구실을 하고 술에 취한 장교들은 이 농민들의 아내를 겁탈한다. 다른 장에서는 일본인 마약 행상들이 모르핀과 헤로인을 들고 다니면서 농민을 만날 때마다 일정량을 강제로 사게 한다. 어느 청년이 사지 않겠다고 하자 끌고 가서 심문한다.

"네놈은 모르핀을 안 샀으니까 만주국의 위생법규를 지키지 않은 것이고, 또 '신성한' 푸이(溥儀, 부의)* 황제를 받들어 모시지 않은 것이다" 하고 고문자들이 다그쳤다. "네놈은 질이 안 좋은 항일 비적이야!" 그리고 청년은 이내 처형당한다.

다음 장에는 그 마을의 장거리가 나타나고 소상인들이 평화롭게 물건을 팔고 있다. 그때 갑자기 일본군이 들이닥쳐 '항일 비적들'을 수색한다. 이들은 곧 신분증을 요구하고, 신분증을 잊고 나온 사람들을 총을 쏘아 죽인다. 뒤이어 일본군 장교 두 명이 행상인이 파는 구운 돼지고기를 실컷 먹는다. 행상인이 고기 값을 내라고 하자 이들은 어이없다는 표정으로 쳐다본다.

"고기 값을 내라고? 그럼 장제스는 우리에게 만주, 러허, 차하얼을 내주고 탕구(塘沽, 당고) 정전협정,[21] 허-메이진(何-梅津, 하-매진) 협정,[22] 허베이·차하얼 정무위원 구성을 허용하면서 왜 동전 한 닢도 요구하지 않았나! 그런데 감히 네놈이 우리한테 고기 몇 점 값을 내라고 하다니!" 이들

---

21 일본은 만주 강점에 대해 국제연맹이 항의하자 연맹을 탈퇴한 1933년 중국 화베이 점령을 목적으로 군사활동을 개시하여 베이징, 톈진을 포위했으나, 초공전에만 전념한 장제스 정부는 일본에 대한 유화정책으로 만주국의 독립을 사실상 승인하고 만리장성 이남의 광대한 지역에 일본군의 주둔을 허용하는 협정을 체결했는데, 이처럼 일본의 실질적인 화베이 점령을 허용한 것이 탕구 정전협정이다—옮긴이.

22 탕구 정전협정 이후 화베이의 실질적 점령 체제를 굳히려던 일본군은 1935년 5월 사소한 정전 위반을 구실 삼아 베이징, 톈진 일대 지역에서의 중국군 철수, 국민당 행정권의 철수, 반일 운동의 탄압 등을 요구하는 최후통첩을 내놓았다. 장제스 정부가 이에 굴복, 중국 대표 허잉친(何應欽) 장군과 일본 중국주둔군 사령관 우메즈 요시지로(梅津美治郎) 사이에 체결된 협정—옮긴이.

은 이처럼 고함을 지르고는 그 상인을 '비적'으로 몰아 칼로 찔러 죽인다.

마침내 마을 사람들이 더 이상 참지 못한 것은 물론이다. 상인들은 판매대와 차양막을 뒤집어엎고, 농민들은 창을 들고, 여자와 어린이들은 칼을 들고 모두 몰려나와 '일본귀(日本鬼)'와 '결사적으로 싸우자'고 맹세한다.

이 짧은 연극에는 익살과 사투리가 섞여 있어, 일본군에 대한 혐오와 증오를 불태우는 소리 속에 가끔씩 폭소가 터져 나오기도 했다. 관객들은 연극을 보고 대단한 흥분에 휩싸였다. 이 연극이 이들에게는 단순한 정치 선전극이나 활극조의 멜로 드라마가 아니라 가슴을 에는 진실로 전해졌다. 관객들은 연극 속에 표현된 의도에 깊숙이 빠져 들어, 배우들이 대부분 10대의 젊은이들이고 산시(陝西)성과 산시(山西)성 출신이라는 사실을 까마득히 잊고 있는 것 같았다.

이 공연은 재치와 익살이 곁들여진 일종의 소극(笑劇)처럼 꾸며졌지만, 그럼에도 이러한 묘사의 뒷면에 담겨 있는 쓰라린 사실적 배경은 관객 속에 있던 적어도 젊은 병사 한 사람의 가슴에 뜨겁게 파고들었다. 그는 연극이 끝나자 벌떡 일어나 격정이 넘치는 목소리로 외쳤다. "일본 강도들을 죽이자! 중국 인민을 죽이는 자들을 타도하자! 싸워서 우리의 고향을 되찾자!" 모든 사람들이 그의 구호를 따라 함께 힘차게 외쳤다. 이 병사가 만주 사람이고 부모가 일본군에 살해되었다는 사실을 나는 나중에 알았다.

이때 이리저리 돌아다니던 염소들이 무거운 분위기를 깨고 웃음바다를 만들었다. 염소들이 멋모르고 테니스 코트에 있는 네트를 물어뜯고 있었는데, 누군가가 깜빡 잊고 걷어 놓지 않았던 모양이었다. 몇몇 생도들이 뛰어나가 염소들을 쫓고 오락부의 중요한 재산인 네트를 걷는 동안 관객들 사이에서는 한바탕 폭소가 터져 나왔다.

두 번째 공연은 극단 소녀 12명이 우아하게 춤추는 추수 무용이었다. 이들은 맨발에 농부복과 장식이 있는 조끼를 입고 머리에 비단 스카프를 두른 채 동작을 하나로 맞추어 멋진 춤을 추었다. 이 가운데 두 소녀는 장정에 참여해 장시에서 이곳까지 내내 걸어왔다. 장시에 있을 때는 루이진(瑞金, 서금)의 공산당 연극학교에서 무용을 배웠다. 이들은 정말 재능이 뛰어났다.

특이하고 재미있는 또 하나의 공연이 '통일전선 춤'이었다. 이는 중국이 모든 힘을 총동원하여 일본에 대항하자는 뜻을 연출한 것이었다. 이들이 어떤 요술로 의상을 만들어 내는지는 모르겠으나, 갑자기 해군의 흰색 점퍼와 모자, 반바지를 갖춰 입은 소년들 몇 무리가 등장하여 처음에는 기병대형을, 그다음에는 항공대와 보병대형을, 마지막으로 해군대형을 지어 보였다. 이들은 중국인들이 천부적인 재능을 지닌 무언극과 몸짓을 통해 매우 사실적으로 이 춤의 정신을 전달했다. 뒤이어 '붉은 기계의 춤'이 공연되었다. 어린 무용수들은 소리와 몸짓으로, 또 팔다리와 머리를 서로 어긋나거나 맞물리게 하면서 피스톤의 왕복운동과 톱니바퀴의 회전, 발동기 돌아가는 소리를 교묘하게 흉내 내어 앞으로 맞을 중국의 기계화 시대를 그려 냈다.

막간에는 관객들 속에서 즉흥적인 노래를 청하는 고함소리가 터져 나왔다. 먼저 산시(陝西)성 출신 처녀-공장노동자-대여섯 명이 산시성의 옛 민요를 불러 달라는 관객들의 부탁을 받았는데, 이들은 산시성의 어느 농부가 집에서 만든 비파 연주를 반주 삼아 노래를 불렀다. 이어 어느 생도가 하모니카로 '어전(御前)' 연주를 대신했고, 다른 한 사람은 남부에서 애창되는 노래를 불렀다. 뒤이어 몹시 당황스럽게도 '외국 신문기자'의 독창을 들어 보자는 주문이 터져 나오는 것이 아닌가!

관객들은 내 사정을 보아 줄 생각이 전혀 없었다. 그러나 나는 박자 빠른 트로트나 왈츠곡, 라보엠, 아베마리아밖에 생각나지 않았다. 그런 곡은 모두 이런 씩씩한 관객들 앞에서는 어울리지 않을 것 같았다. 나는 〈라 마르세예즈〉의 가사조차 외울 수 없었다. 노래를 부르라는 요구는 끈덕지게 계속되었다. 나는 몹시 당황한 채 마침내〈공중을 나는 그네 위의 사나이(The man on the flying trapeze)〉란 노래를 간신히 불렀다. 관객들은 내 노래를 매우 정중하게 들었지만 아무도 앙코르를 청하지는 않았다.

다음 공연의 막이 오르자 나는 이제 살았구나 하는 안도감을 느꼈다. 그 공연은 혁명적인 주제를 다룬 사회극이었는데, 어느 회계원이 지주의 아내와 사랑에 빠진다는 내용이었다. 이어 춤이 몇 차례 더 있고, 서남 지역의 몇 가지 최근 뉴스를 다룬 '살아 있는 신문(Living Newspaper)'이 펼쳐지고, 다시 어린이들의 〈인터내셔널가(歌)〉 합창이 이어졌다. 이때 조명이 비춰진 무대 중앙의 기둥에 늘어뜨린 줄에는 몇 나라의 국기가 걸려 있고, 그 기둥 주위에는 어린 무용수들이 빙 둘러싸듯이 누워 있었다. 합창이 시작되면서 이들은 서서히 몸을 일으켜 반듯이 섰고, 합창이 끝나면서 불끈 쥔 주먹을 높이 들어올렸다.

공연은 끝났지만 내 호기심은 사라지지 않았다. 다음 날 나는 항일인민극사 주임(연극단장—옮긴이)인 웨이궁즈(危拱之, 위공지)를 회견하러 갔다.

웨이궁즈는 1907년 허난성(河南省, 하남성)에서 태어나 공산당원이 된 지 10년이 되었다. 그녀는 처음 '기독교도 장군' 펑위샹의 군대인 국민군의 정치교육학교[그 당시 덩샤오핑(鄧小平, 등소평)*이 교장으로 있었다] 선전부에 들어갔다. 그러나 펑위샹이 1927년 난징 쿠데타를 받아들이고 이에 동조하자 그녀는 다른 많은 젊은 학생들과 함께 그를 버리고 한커우로 가서 공산당에 입당했다. 1929년, 그녀는 공산당의 지시로 유럽으로 가서 처음에는 프랑스에서, 그다음에는 모스크바에서 공부했다. 1년 뒤 중국으로 돌아온 그녀는 국민당군의 봉쇄망을 무사히 뚫고 붉은 중국으로 들어와 루이진에서 활동하기 시작했다.

그녀는 나에게 붉은 극장의 지난 과정을 얼마간 이야기해 주었다. 극단들은 1931년 장시성에서 처음 조직되었다. 그녀는 공산당이 소비에트 지구 내에서 1천여 명 이상의 학생들을 모집해 루이진에 있는 유명한 고리키 학교[그 당시 예젠잉(葉劍英, 엽검영)*이 기술지도를 담당했다]에서 교육을 시켜 약 60개 극단을 만들었다고 말했다. 이들은 마을과 전선을 누비면서 순회공연을 가졌다. 각 극단마다 마을 단위의 소비에트에서 신청한 공연 요청이 줄을 이었다. 문화생활에 굶주려 온 농민들은 따분한 생활에 기분을 전환시켜 주는 것이면 무엇이든 항상 대환영이어서 공연에 나선 극단의 장비 수송과 단원들의 숙식 문제를 자발적으로 주선했다.

남부에서 웨이궁즈는 부주임으로 일했지만 서북 지역으로 옮겨 와서는 극단 조직 전체를 관장했다. 그녀는 장시성에서 출발한 장정에 참여하여 끝까지 견디고 살아남은 극소수 소비에트 여성 중의 한 사람이었다. 산시(陝西)성 소비에트에는 남부의 홍군이 서북에 도착하기 이전에 이미 극단이 조직되어 있었지만 장시에서 새로운 배우들이 도착하면서 연극 예술은 새로운 활기를 띠게 되었다. 그녀는 현재 산시성에 약 30개의 순회극단이 있고 간쑤성에도 조금 있다고 밝혔다. 나는 나중에 소비에트 지구를 여행하면서 순회극단을 여러 차례 만났다.

"각 부대에도 저마다 극단이 있고, 거의 모든 지구가 극단을 조직했습니다.…… 배우들은 거의 모두 해당 지역에서 뽑아 쓴답니다. 남부에서 온 노련한 우리 배우들은 지금 대부분 지도 선생으로 활동하고 있어요."

나는 장정을 이겨 낸 노련한 용사들인 소년선봉대원 몇 사람을 만났다. 이들은 아직 10대 초반의 어린 나이인데도 여러 마을에 흩어져서 어린이 연극단을 조직하고 훈련시키는 책임을 떠맡고 있었다.

"농민들은 우리 붉은 연극을 구경하기 위해 먼 곳에서도 찾아옵니다." 웨이궁즈가 긍지 어린 표정으로 말했다. "우리가 백구 경계 지역 근처에서 공연을 할 때는 가끔씩 국민당 병사들이 몰래 전갈을 보내 경계 지역 안의 어떤 장터로 와 달라고 부탁합니다. 우리가 이 요청을 받아들여 공연을 하면 홍군 병사와 백군 병사들이 다 같이 무기를 놔두고 장터로 몰려와 구경을 합니다. 그러나 국민당군의 고급 장교들이 그런 사실을 알았다면 병사들의 연극 구경을 절대로 허용하지 않았을 것입니다. 왜냐하면 국민당군 병사들이 일단 우리 공연을 보고 나면 홍군과 더 이상 싸우려 하지 않았을 테니까요."

내가 이러한 연극 '클럽들'을 놀랍게 생각한 것은 그 극단들이 보잘것없는 도구나 비품으로 진정한 사회적 요구를 능히 충족시키고 있다는 점이었다. 이들이 지닌 소품과 의상은 빈약하기 짝이 없었지만, 그럼에도 그런 원시적인 도구로 연극의 진정한 환상을 용케도 지어냈다. 배우들은 음식과 의복, 약간의 생활비를 받는 것이 고작이었지만 이들도 모든 공산당원들과 마찬가지로 하루도 빠짐없이 학습을 거듭했고, 또 그들 자신이 중국과 중국 인민을 위해 일하고 있다고 굳게 믿었다. 이들은 가리지 않고 아무 곳에서나 잠을 잤고 주는 음식은 무엇이든 흔쾌히 먹었으며, 이 마을에서 저 마을로 먼 거리를 불평 없이 걸었다. 물질적인 안락이란 면에서는 지구상에서 이들만큼 초라한 보수를 받는 배우들이 없을 것이 분명하지만, 그런데도 나는 이들보다 더 행복해 보이는 사람들을 본 적이 없었다.

공산주의자들은 필요한 연극 각본과 노래를 거의 대부분 그들 스스로 준비했다. 일부는 재주 많은 간부들이 만들어 주기도 하지만 대부분은 선전부 소속의 작가와 예술가들이 준비했다. 몇 편의 풍자극은 후난 출신의 저명한 작가인 청팡우(成仿吾, 성방오)가 집필했는데, 그는 1933년 장시 소비에트를 지지해서 상하이에서 떠들썩한 논란을 불러일으켰다. 또한 그 당시 중국 제1의 여류작가인 딩링(丁玲, 정령)*이 붉은 연극에 그녀의 재능을 기울이고 있었다.

공산주의 운동의 선전 무기 중에서 붉은 연극단보다 더 강력한 것은 없으며, 또 이보다 더 교묘하게 운용되는 것도 없었다. 그들은 끊임없이 프로그램을 바꾸었다. 또 '살아 있는 신문'이 펼쳐 보이는 장면을 거의 매일같이 바꾸면서 새로운 군사, 정치, 경제, 사회 문제 들을 연극의 소재로 등장시켜, 재미있고 알기 쉬운 방법으로 의심 많은 농민들의 의혹과 의문을 풀어 주었다. 홍군이 새로운 지역을 점령할 때, 그 지역 주민의 불안을 가라앉히고 이들에게 공산당 강령에 대한 초보적인 인식을 심어 주며, 아울러 혁명 사상을 대규모로 전파하여 인민들의 신뢰를 모으는 일을 바로 붉은 연극단이 담당했다. 예를 들어 1935년 홍군이 산시(山西)성에 출정했을 때는 농민 수백 명이 홍군과 동행하는 붉은 배우들의 소문을 듣고 이들을 구경하기 위해 떼를 지어 몰려들었다.

모든 작품은 철두철미하게 '예술 속의 선전활동'으로 수행되었다. 이 점에 대해 많은 사람들은 "무엇 때문에 예술을 선전활동에 끌어들이는가?" 하고 힐난조로 이의를 제기하기도 했다. 그러나 넓은 의미에서 그 연극은 관객들에게 삶의 환상을 전해 주기 때문에 예술이라 볼 수 있었다. 또한 그 연극을 소박한 예술이라 한다면, 그 이유는 연극에서 다루는 생생한 소재와 호소의 대상이 되는 살아 있는 인간들이 삶의 문제에 접근하는 면에서 역시 소박했기 때문일 것이다. 중국의 일반 대중에게는 예술과 선전이 뚜렷하게 구별되지 않았다. 구별이 있다면 그것은 인간의 체험을 통해 이해할 수 있는 것과 이해할 수 없는 것으로 구분될 뿐이었다.

중국에서 전개된 공산주의 운동의 모든 역사는 특정한 사상의 절대적 정당성보다는 아마도 인간의 생존권을 널리 전하고 지키려는 장대한 선전활동의 여정과 방어활동이라 볼 수 있었다. 나는 이러한 활동이 비록 끝내는 좌절되어 무너진다 하더라도 그것이 가장 오랫동안 살아남을 공산당의 공적이 되지 못하리라고 확신할 수는 없었다. 새파란 청년들—이들 중 이미 수천 명이 목숨을 잃는 엄청난 희생을 치렀다—이 전하는 마르크스주의 복음을 들은 수백만의 젊은 농민들에게는, 이제 악귀를 쫓는 중국 문화의 낡은 방식이 전혀 아무런 효험을 발휘하지 못할 것이다. 믿을 수 없는 대규모 이동을 거듭해 온 공산주의자들은 운명에 따라 어느 곳으로 옮겨가든 간에 그곳에서, 사회 깊숙한 부분의 근원적인 개혁—농민들은 지금까지 이러한 개혁의 실현을 소망할 수 있는 방법을 달리 배울 수 없었다—을 줄기차게 요구했고, 아울러 가난하고 억압받는 사람들에게 실천을 통해 새로운 믿음을 심어 주었다.

때때로 이들이 범한 잘못이 아무리 크다 할지라도, 이들의 지나친 행위가 몰고 온 결과가 아무리 비극적이라 하더라도, 또 이들이 강조하고 역설한 내용이 아무리 과장되었다 하더라도, 이들이 진실로 통감하는 선전 목표는, 중국 농촌의 수백만 인민들을 흔들어 깨워서 그들의 사회적 책임을 인식시키고, 이들에게 인간이 마땅히 누려야 할 권리에 대한 신념을 일깨우며, 도교와 유교의 정적인 믿음과 이에서 연유된 소심함과 수동성을 떨쳐 버리도록 싸우게 하는 것이었다. 또 교육과 설득, 때로는 분명 괴롭힘과 강제를 통해 중국의 농촌에서는 새로운 생각인 '인민의 통치'를 위해 투쟁하게 하며, 아울러 정의와 평등, 자유, 인간의 존엄성이 구현되는 삶을 위해 싸우도록 하는 것이었다. 2천 년의 긴 잠에서 깨어나 의식에 눈을 뜨고 서서히 몸을 일으키는 농민들의 불어나는 압력은, 번지르르하긴 해도 아무런 의미도 없는 난징 정부의 온갖 결의안보다 훨씬 강한 힘으로 중국 전역에 걸친 광범한 변혁을 실현시켜 나갈 수

있었다.[10]

  이러한 '공산주의'가 어느 정도 성취했다고 볼 만한 것이 있다면, 그것은 역사상 처음으로 교육을 받은 청년 수천 명이 갑자기 접하게 된 과학적 지식의 세계를 통해, 그들 스스로 웅대한 꿈을 좇아 일어서서는 '인민에게로 눈을 되돌려' 그들이 배운 새로운 지식의 일부를 지적 불모지인 농촌에서 암울하게 살아가는 농민들에게 '전해 주기' 위해, 조국의 뿌리 깊은 기반인 농촌으로 파고들어 '더욱 풍성한 삶'을 이룩하는 데 협력할 수 있는 방법을 모색하게 만들었다는 점이다. 더 나은 세상을 만들 수 있고, 또 그들만이 이를 실현시킬 수 있다는 믿음에 크게 고무된 이 청년들은 그들의 방식-코뮌 건설의 이상-을 인민들에게 들고 가 찬성과 지지를 구했다. 그 결과 이들은 놀랄 정도로 지지를 받고 있는 듯했다. 이들은 선전활동과 실천적 행동을 통해 국가와 사회, 개인에 대한 새로운 인식을 수백만 인민에게 심어 주었다.

  나는 공산주의자들과 함께 있을 때면 어떤 야릇한 역사의 작용으로, 축구 경기나 교과서, 연애, 그 밖의 다른 나라 청소년들이 주로 관심을 기울이는 일 따위보다 격렬하고 거친 생활이 훨씬 더 중요하게 여겨져서 그런 생활에 빠져 있는 한 떼의 학생들 틈에 끼어 있다는 기묘한 느낌에 빠져 들곤 했다. 또한 가끔씩 나는 지난 10년 동안 난징 정부의 모든 군대와 맞서면서 대중 투쟁을 이끌어 온 주체가 한 가지 사상으로 무장된, 이들 결의에 찬 청년 집단이 전부였다는 사실을 좀체 믿을 수 없었다. 그 놀라운 형제애는 어떻게 우러나서 단단한 유대와 결속으로 이어졌으며, 또 그 힘은 어디서 솟아 나왔는가? 또한 대중 투쟁이 아직도 성숙되지 못한 이유는 무엇 때문이며, 기본적인 면에서 여전히 강력한 시위운동이나 청년들의 개혁운동으로 비쳐지고 있는 이유는 무엇 때문인가? 아무것도 보지 못한 사람에게는 어떤 방법으로 이 투쟁을 실감나게 전달할 수 있을까?

    이때 마오쩌둥은 자신이 살아 온 생애를 조금 털어놓기 시작했는데, 나는 여러 날 밤을 계속하여 그것을 받아 적으면서 그 이야기가 개인적인 역정을 밝혀 줄 뿐 아니라, 공산주의가 어떻게 성장했으며—중국 현실에 맞는 토착적인 새로운 변형이 어떻게 만들어지고—또 어떻게 수많은 젊은 남녀들의 믿음과 지지를 획득할 수 있었는지를 밝혀 주기도 한다는 점을 깨달았다. 그것은 내가 나중에 다른 많은 공산당 지도자들의 생애를 듣는 가운데 여러 시각에서 내용이 풍성하게 보완되는 형태로 되풀이하여 듣게 된 이야기였다. 나는 이것이야말로 사람들이 읽고 싶어 할 이야기라고 생각했다.

4부
어느 공산주의자의 내력

1. 어린 시절

여러 가지 문제에 대해 내가 내놓은 5~6종의 질문표에 대해 마오쩌둥은 십수 일 밤에 걸쳐 대답해 주었다. 하지만 그가 이야기해 준 사건 중에서 자신과 얽힌 일이나 자신이 맡은 역할에 대해서는 거의 입을 떼지 않았다. 나는 그가 그런 자세한 내용을 이야기해 주리라는 기대가 가망 없는 노릇이란 생각이 들기 시작했다. 그는 개인의 중요성을 매우 하찮게 보고 있는 것이 분명했다. 그는 내가 만난 다른 공산주의자들과 마찬가지로 '위원회, 단체, 군대, 결의안, 전투, 전술, 방책' 등에 대해서만 이야기하려 하고 개인적인 체험은 거의 말하려 하지 않았다.

한동안 나는 공산당원들이 사적인 문제나 심지어 개인 차원에서 동지들의 공적을 자세하게 설명하지 않으려는 것이 겸손 때문이거나 또는 나에 대한 불안이나 의혹, 아니면 이들 중 많은 사람들의 목에 걸린 현상금을 의식한 데서 비롯된 것이 아닌가 하고 생각했다. 하지만 나중에 그런 이유라기보다는 이들이 실제로 개개인의 자세한 역할을 기억하지 못하고 있다는 것을 알았다. 나는 전기 자료를 수집하면서, 공산당원들이 자신의 젊은 시절 초기에 일어난 일들은 낱낱이 밝혀 주면서도 일단 홍군과 관계된 시절에 이르면 그 자신은 어딘가에 매몰되어 버려, 몇 차례나 되묻지 않고는 그 '개인'에 관한 이야기를 일절 들을 수 없고, 그저 홍군과 소비에트, 당을 앞세우는 이야기만 들을 수 있다는 사실을 거듭 확인했다. 이들은 전투를 한 날짜와 시간, 전투 상황, 처음 들어 보는 수많은 지역으로 이동한 상황에 대해 한없이 이야기를 털어놓았는데, 그런 사건은 그들에게 집단적인 측면에서만 중요성을 지니는 듯했다. 그 이유는 그런 곳에서 역사를 창조한 것은 개인 차원에서의 그들이 아니고 홍군이 그곳에 있었고, 또 그 뒷면에는 그들이 옹호하며 투쟁하는 이데올로기의 전반적인 유기적 세력이 있었기 때문이었다. 그러한 점은 흥미로운 발견이긴 했지만 취재, 보도하는 일에는 적잖은 어려움을 안겨 주었다.

어느 날 밤, 다른 모든 질문에 답변을 끝낸 마오는 내가 '개인의 이력'이라고 제목을 붙인 질문표를 살펴보았다. 그는 "결혼을 몇 번 했습니까?"라는 질문 항목을 보고는 미소를 지었는데, 나중에 이 질문은 내가 마오에게 부인이 몇 명이냐고 물었던 것처럼 와전되었다. 그는 어쨌거나 자전적(自傳的) 내용을 제공해야 할 필요성에 대해 회의적이었다. 그러나 나는 그것이 보기에 따라서는 다른 문제에 대한 정보보다 더 중요하다고 주장했다. "사람들은 귀하가 밝힌 내용을 읽으면서 귀하가 어떤 인물인지에 대해서도 알고 싶어 합니다. 그리고 세상에 떠도는 그릇된 소문도 일부 바로잡아야 합니다."

나는 그에 대한 갖가지 사망설과, 어떤 사람은 그가 프랑스어를 유창하게 한다고 믿는가 하면 또 다른 사람은 무식한 농부라고 말하고, 어느 보도는 그가 빈사 상태의 결핵환자라고 전하는가 하면 또 다른 보도는 그가 광신자라고 주장하고 있다는 점을 그에게 상기시켰다. 그는 사람들이 자신에 대한 억측으로 시간을 보내고 있다는 데 다소 놀라는 표정이었다. 그는 그런 엉뚱한 소문들을 바로잡아야 한다는 점에 동의했다. 그러고는 내가 적어 놓은 질문표를 다시 훑어보았다.

그는 마침내 입을 열었다. "당신의 질문들은 일단 젖혀 두고 그 대신 내 생애를 개략적으로 이야기하는 것이 어떨까요? 그것이 더 이해하기 쉽고, 또 결국은 당신의 모든 질문에도 똑같이 답변하는 셈이 될 것 같은데요."

그 이후 여러 날 밤 회견을 계속하면서—우리는 그 동굴 안에서, 붉은 천을 씌운 탁자 위에 부지직 소리를 내면서 타는 촛불들을 켜 놓은 채 윗몸을 구부리고 마주 앉아 있었는데, 그러고 보니 정말 무슨 음모꾼들 같았다—나는 잠이 쏟아질 때까지 그의 회고담을 받아 적었다. 우량핑이

내 옆에 앉아 마오의 연음성(軟音性)이 짙은 남부 사투리를 통역했는데, 그는 '지(鷄, 계)'를 실질성이 강한 북부의 'chi' 대신에 몽상적인 남부의 'ghii'로, 후난(湖南)을 'Hunan' 대신에 'Funan'으로, 차(茶)를 'ch'a' 대신에 'ts'a'로 발음했고, 그 밖에도 훨씬 이상한 발음의 변형이 많이 튀어나왔다. 마오는 기억나는 대로 모든 일을 다 이야기했고, 나는 그것을 그대로 받아 적었다. 앞서 밝힌 대로 받아 적은 내용은 다시 번역되어 수정을 거쳤는데, 아래에 내가 쓴 것은 부지런한 우량핑의 영문 구성 중에서 필요한 약간의 수정만 가했을 뿐, 문필상의 윤색을 일체 피한 것이다.

"나는 1893년① 후난성 샹탄현(湘潭縣, 상담현)[1] 사오산(韶山, 소산) 마을에서 태어났습니다. 아버지의 이름은 마오순성(毛順生, 모순생)이고 어머니의 이름은 원치메이(文七妹, 문칠매)입니다.

아버지는 빈농이었는데, 젊은 시절에는 빚이 많아 군대에 뛰어들지 않을 수 없었습니다. 이때 아버지는 여러 해 동안 병졸 생활을 했지요. 나중에 아버지는 내가 태어난 고향으로 다시 돌아와서는 근근이 절약하면서 소규모 장사와 다른 사업으로 돈을 조금 모아 자기 땅을 되사들이게 되었습니다.

중농(中農)쯤 되었을 때 우리 집은 15무(畝)[2]의 토지를 소유하고 있었습니다. 이 땅에서는 1년에 쌀 60담(擔)[3]을 수확할 수 있었어요. 우리 다섯 식구가 1년에 35담―한 식구당 약 7담―을 먹으니 매년 25담이 남는 셈이었지요. 이 남는 쌀로 아버지는 약간의 돈을 모아 머잖아 땅 7무를 더 사들여 우리 집은 '부농'의 지위에 올랐습니다. 그래서 우리는 1년에 쌀 84

---

[1] 현(縣)은 우리나라의 군(郡)에 해당하는 것으로, 중앙정부가 관장하는 최소 행정단위이다. 현은 현장(懸長)이 다스렸다.
[2] 15무는 약 3,000평의 전답이다.
[3] 1담(擔)은 무게로 60킬로그램이다.

담을 수확하게 되었습니다.

내가 10살 때 우리 집은 농토가 15무밖에 안 되었는데, 식구는 아버지, 어머니, 할아버지, 남동생, 나까지 모두 다섯이었습니다. 우리가 7무를 더 사들인 뒤에 할아버지가 돌아가셨지만 그 대신 남동생이 하나 더 생겼어요. 그러나 우리는 1년에 49담의 쌀이 계속 남아서 아버지는 이것으로 착실하게 재산을 늘려 나갔습니다.

아버지는 중농이 되자 곡물을 수송해 파는 일을 시작해서 돈을 조금 벌었습니다. '부농'이 된 뒤에는 거의 미곡상에만 전념했습니다. 아버지는 머슴 한 사람을 부리고 어머니와 자식들을 논밭으로 내몰아 농사를 짓게 했습니다. 나는 6살 때부터 농사일을 거들기 시작했어요. 아버지는 점포를 차리지 않고 장사를 했습니다. 그냥 가난한 농부들한테서 곡물을 사들여 도시로 싣고 가서 값을 더 붙여 곡물상들에게 파는 것이었지요. 겨울에 벼를 찧을 때는 일꾼을 한 사람 더 쓰기 때문에 밥을 축내는 사람이 7명이나 되었습니다. 살림살이는 언제나 넉넉했지만 먹는 것은 늘 아끼고 절약했습니다.

나는 8살 때 마을 초등학교에 들어가 공부를 시작해서 13살 때까지 다녔습니다. 새벽과 저녁에는 논밭에서 일하고 낮에는 논어와 사서(四書)를 읽었지요. 우리 국어 선생님은 학생들을 엄하게 다루어야 한다는 주의여서 혹독하고 가차 없이 대했고 학생들을 자주 때리기까지 했습니다. 이 때문에 나는 13살 때 학교에서 도망쳤지요. 나는 집에 가면 매를 맞을 것이 두려워 집에 가지 않고 막연히 도시가 있는 쪽으로 걸어갔는데, 골짜기 어디쯤엔가는 도시가 있을 거라고 믿었습니다. 나는 사흘간을 방황했고 마침내 가족들이 나를 찾아냈어요. 그때서야 나는 계속 간다는 것이 한 자리를 맴돌고 있었고, 내처 걸었다는 것이 집에서 고작 8리[4] 정도를 벗어나지 못했음을 알았습니다.

그러나 집에 돌아와 보니 놀랍게도 상황이 조금 개선되어 있더군요. 아버지는 전보다는 조금 더 내 생각을 해 주었고, 선생님도 심하게 대하지 않으려는 눈치가 보였습니다. 내가 항의를 한 것이 이런 결과를 가져오자 그 일은 내 가슴 속에 깊이 새겨졌습니다. 성공적인 '파업'이었던 셈이지요.

아버지는 내가 문자를 좀 익히자마자 우리 집 장부를 맡아 기록해 주기를 바랐습니다. 아버지는 또 내가 주산을 배우기를 원했지요. 아버지가 계속 고집하는 바람에 나는 밤에 장부 정리를 거들기 시작했습니다. 아버지는 사람을 호되게 부리는 분이었어요. 아버지는 내가 아무 일도 하지 않는 것을 그대로 두고 보지 못하는 성미라 장부 정리할 것이 없으면 밭에 내보내 일을 시켰습니다. 아버지는 성미가 급한 분이라 나와 내 동생들을 자주 때렸습니다. 아버지는 우리들에게 돈이라고는 땡전 한 푼 안 주고 그저 형편없는 밥이나 먹여 주었습니다. 매월 15일이 되면 일꾼들에게 조금 베푼다고 달걀 몇 개를 주었지만 고기는 절대로 먹이는 일이 없었습니다. 그나마 나에게는 달걀도 먹이지 않았습니다.

어머니는 인정 많고 관대하고 동정심이 많은 분이어서 언제나 지닌 것을 나누어 주려 했습니다. 어머니는 가난한 사람들을 불쌍하게 생각해서 기근 때 쌀을 빌러 오면 퍼내 주는 일이 잦았습니다. 그러나 아버지가 있을 때는 쌀을 퍼 주지 못했습니다. 아버지는 자선을 베푸는 일에 반대했어요. 우리 식구들은 이 문제 때문에 집에서 다툰 일이 많았습니다.

우리 식구는 두 '패'로 갈렸습니다. 한쪽은 집권 세력인 아버지였고, 반대파에는 나와 어머니, 동생, 그리고 가끔씩 머슴까지 합세했지요. 그러나 반대파가 '연합전선'을 펴긴 했지만 그 안에서는 의견이 엇갈렸습니다. 어머니는 우회적인 공격 방식을 지지해 집권 세력에 대한 노골적인

---

4 8리는 3킬로미터를 조금 넘는 거리다.

감정 표시와 공공연한 반항 기도는 무엇이든 비판하고 나섰던 것입니다. 그런 방식은 중국식의 관행이 아니라는 것이었어요.

그러나 나는 13살 때 아버지가 앞세우는 근거를 반박할 수 있는, 내 자신의 유력한 논증 방법을 발견했습니다. 즉 경서(經書)의 문구를 인용하는 것이었어요. 아버지가 나를 야단칠 때 가장 즐겨 내세우는 말은 불효와 게으름이었습니다. 나는 이에 응수해서 연장자는 인정이 많고 사랑이 깊어야 한다는 경서 구절을 인용했지요. 내가 게으르다는 비난에 대해서는 나이 많은 사람이 어린 사람보다 일을 더 많이 해야 하고, 아버지는 나보다 나이가 세 배나 많으니 마땅히 일을 더 해야 한다는 주장으로 맞섰습니다. 그러고는 내가 아버지 나이가 되면 훨씬 더 열심히 일할 것이라고 선언했지요.

아버지는 계속 '재물을 모으거나' 또는 그 조그만 마을에서 큰 재산가가 되는 일에만 골몰했습니다. 아버지는 땅을 더 사들이지 않고 그 대신 다른 사람 토지에 대한 저당증서를 많이 사들였어요. 아버지의 재산은 계속 불어나 2~3천 위안에 이르렀습니다.[5] 내 불만은 갈수록 커졌습니다. 우리 가족 내의 변증법적 투쟁은 날이 갈수록 두드러졌어요.[6] 한 가지 사건이 내 기억에 유별나게 남아 있습니다. 내가 13살쯤 되었을 때 아버지는 집에 많은 손님을 초대했는데, 그 자리에서 아버지와 내가 언쟁을 벌였습니다. 아버지는 손님들 앞에서 나를 게으르고 쓸모없는 놈이라고 욕했습니다. 나는 그 소리에 격분했어요. 그래서 나도 아버지를 욕하고 집 밖으로 뛰쳐나갔습니다. 어머니가 나를 쫓아오면서 돌아오라고 달랬지요. 아버지도 나를 쫓아와 한편으로 욕을 퍼부으면서 돌아오라고 호령했습니다. 나는 연못가로 다가가 아버지가 더 이상 가까이 오면 물 속으로

---

5 1900년의 3천 위안이면 중국 농촌에서는 대단한 액수였다.
6 마오쩌둥은 옛날 일들을 회고하면서 자주 껄껄대고 웃었는데, 회고담을 들려주면서 이런 정치적인 용어를 끌어 쓴 것은 이야기를 익살스럽게 끌어 나가기 위해서였다.

뛰어들겠다고 위협했어요. 아버지는 내가 잘못을 빌고 순종하겠다는 표시로 고두(叩頭)[7]하라고 주장했습니다. 나는 아버지가 나를 때리지 않는다고 약속한다면 한 무릎만 꿇는 반고두(半叩頭)를 하겠다고 말했지요. 그래서 싸움은 끝났는데, 나는 이 일을 통해 내 권리를 지키기 위해 노골적으로 반항할 때는 아버지가 수그러들지만 온순하게 복종만 하고 있으면 아버지가 더 심하게 나를 욕하고 때릴 뿐이라는 사실을 알게 되었습니다.

지금 되새겨 보면 아버지는 결국 엄격함을 고집하다가 패배를 맛보았다는 생각이 듭니다. 나는 아버지를 몹시 미워하게 되었고, 또 우리는 아버지에 대항하는 진짜 연합전선을 만들어 냈습니다. 아버지와 싸운 것은 다른 한편으로 나에게 도움이 되기도 했습니다. 그 일이 있은 뒤로 나는 아버지가 나를 비판할 꼬투리를 잡지 못하도록 정말 열심히 일했고, 장부도 정신을 바짝 차리고 꼼꼼하게 정리했습니다.

아버지는 2년간 학교 교육을 받았기 때문에 장부를 정리할 정도로는 문자를 해독했어요. 어머니는 일자무식이었습니다. 양친은 다 농민 출신이었습니다. 나는 우리 집의 '학자'였어요. 경서를 배워 알고 있었지만 난 사실 경서를 싫어했습니다. 내가 즐겨 읽은 것은 중국 고대의 전기(傳奇)소설과 특히 모반에 관한 옛 소설들이었습니다. 나는 어릴 때에 『악비전(岳飛傳)』, 『수호전(水滸傳)』, 『반당전[反唐傳, 또는 수당연의(隋唐演義)]』, 『삼국지(三國志)』, 『서유기(西遊記)』를 읽었는데, 나이 많은 우리 선생님은 그런 금서들을 혐오하고 나쁜 책이라 말하면서 읽지 못하게 했어요. 나는 이런 책을 대부분 학교에서 몰래 읽었는데, 선생님이 옆으로 지나가면 경서로 감추었습니다. 동급생들도 대부분 그런 식으로 읽었어요. 우리는 상

---

[7] 고두란 복종의 표시로서 자식이 아버지 앞에서, 신하가 제왕 앞에서 머리를 땅이나 바닥에 대고 조아리는 것이다.

당수의 그런 소설을 거의 암기할 정도로 읽었고, 또 그 내용을 놓고 여러 차례나 되풀이하여 의견을 나누었습니다. 마을 노인들도 그런 소설들을 즐겨 읽어 우리와 소설책을 교환해 보곤 했는데, 그런 소설은 노인들보다 우리가 더 많이 알고 있었습니다. 내가 그런 책에 큰 영향을 받은 것은 아마도 감수성이 예민한 나이에 읽었기 때문이라고 생각합니다.

나는 13살 때 초등학교를 마치고, 낮에는 들에서 머슴을 도와 장정 한 사람 몫의 일을 하고, 밤에는 아버지를 도와 장부를 정리하는 장시간의 노동을 하기 시작했습니다. 그런 가운데에서도 나는 독서를 계속해, 경서를 제외하고는 무슨 책이든 닥치는 대로 탐독했습니다. 아버지에게는 이게 눈에 거슬렸어요. 아버지는 내가 경서를 부지런히 읽어 두루 통달하기를 바랐는데, 특히 법정에서 상대방이 경서 구절을 적절하게 인용하는 통에 소송에 진 뒤로는 더욱 성화였습니다. 그래서 밤늦은 시간에는 늘 내 방의 창문을 가려 아버지가 불빛을 볼 수 없도록 했지요. 나는 이런 식으로 내가 굉장히 좋아한 『성세위언(盛世爲言)』[8]이란 책을 읽었습니다. 이 책의 저자는 지난날 개혁을 부르짖은 많은 학자들 중의 한 사람으로서, 중국의 약점은 기계장치─철도, 전화, 전신, 기선 등─를 활용하지 못하는 데 있다고 생각하고 이러한 기계들을 중국에 도입하라고 촉구했어요. 아버지는 그런 책을 읽는 것이 시간 낭비라고 생각했지요. 아버지는 자신이 법정의 소송에서 이기는 데 도움이 될 수 있는, 경서 같은 실용적인 책들을 읽으라고 했습니다.

나는 중국 문학의 옛 전기 소설이나 고사(故事)들을 계속 읽었습니다. 그러다가 어느 날, 이런 책들 속에 한 가지 특이한 점이 있다는 것을 알았

---

[8] 저자는 정관잉(鄭觀應, 정관응)이었는데, 그는 대의정부와 현대적인 교육방법, 통신제도 등을 포함한 많은 민주적인 개혁을 주장했다. 이 책은 실패로 끝난 '100일 개혁(戊戌變法, 무술변법)'이 시행된 1898년에 출간되어 광범한 영향을 미쳤다.

어요. 즉 땅을 가는 농부들이 전혀 등장하지 않는다는 것이었어요. 등장하는 인물은 모두가 무인이나 관리, 학자들뿐이었고, 농민이 주인공으로 등장하는 경우는 전혀 없었습니다. 나는 2년 동안 이 점을 이상하게 생각하다가 소설들의 내용을 세밀하게 검토해 보았지요. 그 결과 이런 작품들이 땅을 갈 필요가 없는 무인이나 인민의 지배자들을 찬미하고 있다는 것을 알게 되었습니다. 이들은 토지를 소유하고 지배하면서 농민들이 그들을 위해 일하도록 부리고 있음이 분명했습니다.

아버지는 젊은 시절과 중년까지도 무신론자였지만 어머니는 독실한 불교 신자였습니다. 어머니는 자식들에게 불교의 가르침을 많이 전했는데, 이 때문에 우리는 모두 아버지가 신앙을 갖지 않는 점을 안타깝게 생각했어요. 나는 9살 때 아버지에게 신앙심이 없는 점에 대해 어머니와 진지하게 의논했습니다. 우리는 그때나 그 이후에나 아버지를 불교 신자로 만들려고 여러모로 애를 썼지만 실패하고 말았지요. 아버지는 그때마다 욕설을 퍼붓고 세차게 비난하는 바람에 우리는 그만 기가 질려서 다른 여러 방법들을 모색하곤 했어요. 그러나 아버지는 여전히 신 따위를 안중에 두려 하지 않았습니다.

그러나 독서가 점차 나에게 영향을 미치기 시작하면서 나 자신도 무신론 쪽으로 기울어 갔습니다. 어머니는 이런 점을 걱정하면서 내가 신앙상의 요구에 무관심하다고 야단을 쳤지만 아버지는 아무 이야기도 하지 않고 그대로 내버려 두었어요. 그러나 어느 날 아버지가 돈을 받으러 가던 길에 호랑이를 만나는 일이 벌어졌습니다. 호랑이는 사람과 만나자 놀라서 즉시 도망쳤지만 아버지는 호랑이보다 훨씬 더 기겁을 했지요. 그 뒤 아버지는 기적처럼 살아 돌아온 그 일을 곰곰이 생각하다가 자신이 신령님을 노엽게 한 것이 아닌가 하는 생각을 하게 되었습니다. 그 뒤부터는 불교를 조금 존중하기 시작해 가끔씩 분향을 하기도 했습니다. 그러나 내가 불교에서 점차 멀어져 가도 아버지는 아무런 이야기도 하지 않았습니다. 아버지는 어려움에 처했을 때만 신령님께 빌었지요.

『성세위언』이란 책을 보면서 나는 공부를 다시 해야겠다는 욕심을 갖게 되었습니다. 또한 논밭에서 일하는 것도 싫증이 났고요. 물론 아버지는 공부를 다시 하겠다는 내 생각에 반대했습니다. 나는 이 문제로 아버지와 다투다가 결국 집을 뛰쳐나왔습니다. 나는 일자리를 구하지 못한 어느 법학도의 집으로 가서 반년간 공부했어요. 그 뒤 나는 나이 많은 학자 밑에서 경서를 조금 더 배우면서 그 당시에 나온 논문과 몇 권의 책을 읽었습니다.

이때 내 전 생애에 영향을 미친 한 사건이 후난성에서 터졌습니다. 내가 공부하던 조그만 학교 밖에서 우리 학생들은 많은 콩 장사들이 창사(長沙, 장사)에서 되돌아오는 것을 보았습니다. 우리가 이들에게 왜 모두 돌아오느냐고 묻자 창사에서 일어난 대규모 봉기에 대해서 이야기해 주더군요.

그해에는 기근이 심해 창사에는 먹을 것이 없는 주민이 수천 명이나 되었습니다. 굶주린 사람들이 구호를 청하기 위해 대표를 뽑아 성장(省長)에게 보냈으나 성장은 '왜 먹을 것이 없는가? 성 내에는 먹을 것이 가득하다. 난 언제나 먹을 것이 충분해' 하고 오만하게 대답했지요. 사람들은 성장의 대꾸를 전해 듣고 격분했습니다. 이들은 집단 모임을 갖고 시위대를 조직했습니다. 그러고는 청조의 관아를 습격해 관아의 상징인 깃대를 꺾어 버리고 성장을 몰아냈어요. 그러자 장(長)이라는 내무부장관이 말을 타고 나타나 정부가 구호조치를 취할 것이라고 말했습니다. 장은 분명 진심으로 이런 약속을 했지만, 황제는 그를 미워해서 그가 '폭도'와 깊숙이 연관을 맺고 있다고 비난했어요. 그가 해임되고 이어 새로운 성장이 부임해서 곧 봉기의 주동자들을 체포하라는 명령을 내렸지요. 많은 사람이 참수당했고, 이들의 목은 앞으로 '반란'을 일으키지 못하도록 경고하기 위해 장대에 꽂아 널리 내보였습니다.

우리 학교에서는 이 사건을 두고 여러 날 동안 의견을 나누었습니다. 그 사건은 나에게 깊은 영향을 미쳤지요. 대부분의 학생들이 '반란민들'에게 동정을 보냈지만 그것은 어디까지나 방관자의 입장에서였습니다. 이들은 그 사건이 자신의 생활과 어떤 연관성이 있다는 점을 이해하지 못했어요. 이들은 그저 흥분을 자아내는 사건쯤으로 관심을 기울일 뿐이었습니다. 나는 그 사건을 잊지 못했어요. 나는 반란자들과 함께 움직인 사람들이 내 가족과 마찬가지로 평민들이라고 생각하고 이들에 대한 불법적인 조치에 격분을 느꼈습니다.

그 뒤 얼마 지나지 않아 사오산에서 비밀결사인 가로회[9] 회원들과 그들 지주 한 사람 간에 분쟁이 생겼습니다. 이 지주는 가로회 회원들을 법원에 제소했는데, 유력한 지주인지라 그는 쉽게 유리한 판결을 얻어 냈습니다. 가로회 회원들이 패소했던 것이지요. 그러나 이들은 그 판결에 승복하지 않고 그 지주와 정부에 반기를 들고 류산(劉山, 유산)이라는 인근 산으로 들어가 그곳에 근거지를 만들고 대항했습니다. 이들을 치기 위해 군대가 파견되었고, 그 지주는 이들이 반기를 들면서 한 어린이를 희생시켰다는 이야기를 퍼트렸어요. 이들의 지도자는 맷돌을 만드는 팡(龐, 방)이라는 사람이었습니다. 이들은 결국 진압되고 팡은 도주했지만 끝내 잡혀서 참수당했어요. 그러나 학생들은 이 반란에 대해 마음속으로 공감했기 때문에 그를 영웅으로 보았습니다.

다음 해에는 햅쌀을 채 수확하기도 전에 쌀이 떨어져 우리 지방에 식량난이 생겼습니다. 가난한 사람들이 부농에게 도움을 요구하면서 '거저 쌀을 먹자'[10]는 운동을 벌였어요. 미곡상을 하는 아버지는 식량난에도 불구

---

9 허룽이 속해 있던 그 가로회(哥老會).
10 이 말은 곧 지주들의 쌀 창고를 털어먹자는 의미였다.

하고 우리 지방에서 많은 쌀을 도시로 실어 보내고 있었습니다. 아버지가 실어 보낸 쌀이 한 차례 가난한 마을 사람들에게 탈취당하자 아버지의 분노는 머리끝까지 치솟았어요. 나는 아버지를 동정하지 않았지만, 동시에 마을 사람들의 방법도 옳지 못하다고 생각했습니다.

이 시기에 또 나에게 영향을 미친 사람이 있었는데, 그곳 초등학교에서 아이들을 가르치던 '급진적인' 교사였습니다. 그가 '급진적'이라는 것은 불교에 반대하고 신의 영향에서 벗어나야 한다고 생각했기 때문이었어요. 그는 절을 학교로 바꾸어야 한다고 역설했어요. 그는 많은 사람들에게 논란의 대상이 되었는데, 나는 그를 존경하고 그의 의견에 동감했습니다.

거의 연속적으로 터져 나온 이런 사건들은 그렇지 않아도 반항적인 내 어린 가슴 속에 깊은 영향을 미쳤습니다. 이 시기에 나는 어느 정도 정치의식에도 눈을 뜨기 시작했는데, 특히 갈기갈기 찢어진 중국의 실상을 전하는 소책자를 본 후에 더욱 그랬지요. 나는 이 책자의 첫머리를 아직까지 기억하고 있습니다. '아, 슬프다. 중국이 끝내 정복되고 말 것인가!' 이 책자는 조선과 타이완이 일본에 강점되고 인도차이나, 버마('미얀마'의 전 이름—옮긴이), 그 밖의 다른 지역에 대한 중국의 종주권이 상실된 상황을 밝힌 내용이었습니다. 나는 이 작은 책자를 읽은 뒤 조국의 장래를 어둡게 생각하게 되었고, 또 조국을 구하는 데 기여하는 것이 모든 국민의 의무라고 깨닫게 되었습니다.

아버지는 거래를 맺고 있는 샹탄의 어느 미곡상에 나를 도제(徒第)로 보내기로 작정했습니다. 처음에 나는 그 일에 구미가 당겨서 반대하지 않았어요. 그러나 이즈음에 나는 색다른 신식 학교가 있다는 이야기를 듣고 아버지의 반대에도 그 학교에 들어가기로 작정했습니다. 이 학교는 외가가 있는 샹샹현(湘鄕縣, 상향현)에 있었는데, 그 학교에 다니는 사촌 형이 이 신식 학교와 달라진 '현대식 교육'의 실상을 이야기해 주었습니다. 즉 경서 교육을 줄이고 서양의 '신지식'을 많이 가르친다는 것이었지요. 교육방식도 매우 '급진적'이었습니다.

나는 사촌 형과 함께 학교에 가서 입학 수속을 밟았습니다. 나는 이 학교가 샹샹 출신자만 입학시키는 줄로 알고, 샹샹 사람이라고 주장했지요. 나중에는 출신 지역에 관계없이 누구나 입학할 수 있음을 알고, 샹탄 출신이라고 본래의 출신지를 밝혔습니다. 나는 5개월간의 숙식비와 학업에 필요한 모든 학습용품 값으로 1,400전을 냈어요. 아버지는 친구들이 이런 '고등'교육을 시키면 내가 돈을 더 많이 벌 것이라고 이야기하자 마침내 입학을 승낙했습니다. 내가 집에서 50리나 떨어진 곳에서 지내기는 이때가 처음이었습니다. 내 나이 16살 때였습니다.

이 신식 학교에서 나는 자연과학과 새로운 서양 학문 과목들을 공부할 수 있었습니다. 또 하나 눈에 띄는 것이 있었는데, 일본에 유학하고 돌아온 선생 한 분이 가짜 변발을 쓰고 있었던 것이었습니다. 그 변발이 가짜라는 것은 쉽게 알아볼 수 있었습니다. 모두가 그 선생을 비웃으면서 '가짜 양귀(洋鬼)'라고 놀렸지요.

나는 그 학교처럼 학생이 많은 것은 처음 보았습니다. 학생들은 대부분이 지주의 아들들로 비싼 옷을 입고 다녔어요. 아이들을 그런 학교에 보낼 만한 여유가 있는 농부들은 거의 없었기 때문이지요. 나는 다른 학생들에 비해 옷차림이 초라했어요. 그런 대로 입고 다닐 만한 옷이라고는 한 벌뿐이었습니다. 장의(長衣)는 선생님들만이 입을 뿐 학생들은 입지 않았고, 양복은 '가짜 양귀' 외에는 아무도 입지 않았어요. 부유한 학생들 중에는 나를 멸시하는 친구들이 많았습니다. 내가 늘 남루한 옷을 입고 있었기 때문이지요. 그러나 이들 가운데도 친구들은 있었는데, 특히 두 사람은 훌륭한 내 동지였습니다. 이 중 한 사람[1]은 현재 문필가로서 소련에 머물고 있습니다.

나는 또 샹샹현 출신이 아니라고 해서 호감을 받지 못했습니다. 샹샹 출신이라는 점도 매우 중요시되었지만 샹샹현 내의 특정 지역 출신이라는 사실도 아울러 중요하게 작용했어요. 샹샹현은 윗마을, 중간마을, 아랫마을로 나뉘는데, 윗마을 출신 학생들과 아랫마을 출신 학생들은 그저 향별 출신 지역이 다르다는 이유만으로 끊임없이 싸움을 벌였습니다. 어느 쪽도 다른 쪽의 존재를 용납할 수 없었습니다. 나는 샹샹현 출신이 아니었기 때문에 이 싸움에서 중립적인 태도를 취했어요. 이 때문에 세 파가 다 같이 나를 멸시했습니다. 나는 이때 정신적으로 대단히 위축되었습니다.

나는 이 학교에서 공부 실력이 많이 늘었습니다. 선생님들도 나를 좋아했는데, 특히 경서를 가르치는 교사들은 내가 경서식의 문체로 작문을 잘한다고 해서 각별히 아껴 주었어요. 나는 사촌 형이 보내 준 책 두 권을 읽었는데, 내용은 캉유웨이(康有爲, 강유위)의 개혁운동에 관한 것이었습니다. 한 권은 《신민총보(新民叢報)》의 편집장인 량치차오(梁啓超, 양계초)[12]가 쓴 책이었습니다. 나는 이 두 권을 읽고 또 읽어 나중에는 암기할 정도였습니다. 나는 캉유웨이와 량치차오를 숭배했고, 책을 보내 준 사촌 형을 굉장히 고맙게 생각했어요. 그 당시 매우 진보적이라고 생각했던 사촌 형은 나중에 신사(神士) 행세를 하면서 반혁명분자가 되었고, 1925~27년의 대혁명기에는 반동세력에 참여했습니다.

많은 학생들이 꼴사나운 변발 때문에 '가짜 양귀'를 싫어했지만, 나는 그 선생이 일본에 관한 이야기를 해 줄 때는 재미있게 들었습니다. 그 선생은 영어와 음악을 가르쳤어요. 그 선생이 가르쳐 준 노래 중에 〈황해의 해전〉이란 일본 노래가 있는데, 나는 그 노래의 아름다운 가사 몇 줄을 아

---

11 샤오산(蕭三)을 말한다. 참고문헌 목록 참조.
12 량치차오는 재능이 뛰어난 청조 말의 문필가로서 개혁운동의 지도자였는데, 이러한 활동으로 말미암아 추방당했다. 캉유웨이와 량치차오는 1911년 신해혁명의 '지적 대부(代父)' 역할을 했다.

직도 기억하고 있습니다.

> 참새가 지저귀고
> 꾀꼬리 춤을 추니
> 봄 맞은 신록의 들판 아름답구나.
> 석류가 심홍색 꽃 피우고
> 버드나무들 푸른 잎에 휩싸이니
> 한 폭의 새 그림 펼쳐져 있네.

당시 나는 일본의 아름다움을 감지하고 있었고, 또 러시아에 승리를 거둔 일본의 긍지와 힘을 이 노래에서 어느 정도 느낄 수 있었습니다.[13] 이런 것은 모두 가짜 양귀 선생에게 배운 것이지요.

나는 선통제[宣統帝, 청나라의 마지막 황제(1906~67)로 훗날 이름은 푸이(溥儀)]가 즉위해서 통치하기 시작한 지 이미 2년이 지났음에도, 그때서야 광서제(光緒帝)와 자희(慈禧) 황태후가 다 같이 사망했다는 사실을 처음 알게 되었습니다. 나는 그때까지만 해도 반군주주의자가 아니었습니다. 사실 나는 황제뿐만 아니라 대부분의 관리들도 정직하고 훌륭하며 현명한 사람들이라고 생각했어요. 이들에게는 캉유웨이의 개혁과 많은 도움만이 필요하다고 믿었지요. 나는 고대 중국의 지배자들에 관한 이야기에 매혹당했습니다. 요(堯)나 순(舜) 왕, 진시황제, 한무제(漢武帝) 등에 관한 책도 많이 읽었어요.[14] 나는 이 시기에 외국 역사와 지리도 조금 알게 되었습니다. 나는 미국 혁명에 관한 논문에서 아메리카를 처음 알게 되었는데, 이

---

13 이 가사는 러일전쟁이 끝나고 포츠머스조약이 체결된 뒤 기쁨에 넘친 일본인들의 봄 축제를 노래한 것임이 분명했다.

논문에는 이런 글귀가 있었습니다. '8년간의 힘겨운 전쟁 끝에 워싱턴은 마침내 승리를 거두고 그의 나라를 세웠다.' 나는 또 『세계 영웅호걸전』이란 책에서 나폴레옹, 러시아의 캐서린 여왕, 표트르 대제, 웰링턴, 글래드스턴, 루소, 몽테스키외, 링컨에 관한 이야기를 읽었습니다."

2. 창사 시절

마오쩌둥은 이야기를 계속했다.

"나는 후난성 성도(省都)이자 우리 집에서 120리 떨어진 대도시인, 창사에 가 보고 싶은 생각이 간절해지기 시작했습니다. 이 도시는 굉장히 크고 사람이 엄청나게 많이 살며 학교도 수없이 많고 성장의 관아도 있다고 들었습니다. 한마디로 굉장한 곳이라고 했지요. 그즈음 나는 창사로 가서 샹샹 출신자를 위해 만든 중등학교에 너무나도 입학하고 싶었습니다. 그해 겨울 나는 선생 한 분에게 창사 중등학교에 입학할 수 있도록 추천해 달라고 부탁해서 허락을 얻었습니다. 나는 굉장한 흥분과 함께 입학을 거절당할지 모른다는 불안감에 휩싸인 채, 또 내가 실제로 이 멋진 학교의 학생이 될 수 있다는 기대를 갖고 선뜻 엄두를 내지 못하면서도 창사를 향해 걸었습니다. 그러나 놀랍게도 나는 별 어려움 없이 입학할 수 있었습니다. 그렇지만 정치적인 사태가 급변하고 있어서 나는 이 학교에서 반

---

14 요와 순은 반(半)전설적인 최초의 제왕(기원전 3000~2205?)들로서 웨이허와 황허 연안에 중국 사회를 건설하고, 제방과 운하를 만들어 홍수를 다스린 것으로 유명하다. 진시황제(기원전 259~221)는 중국을 통일하고 만리장성을 완성시킨 인물이며, 한무제는 진에 뒤이은 한 왕조의 기반을 튼튼하게 다져 후한(後漢)을 포함해서 426년간 왕조를 지속시킨 인물이다.

년밖에 공부하지 못했습니다.

창사에서 나는 처음으로 신문을 읽었는데, 《민립보(民立報)》라는 국민혁명파의 이 신문은 청군에 반대하는 광둥 봉기와 황싱(黃興, 황흥)이라는 후난 사람이 이끈 열사 72명의 죽음을 전했습니다. 나는 이 기사에 깊은 감명을 받았고 또 《민립보》가 독자를 분기시키는 기사들로 가득 차 있음을 알았습니다. 이 신문은 나중에 국민당의 저명한 지도자가 된 위여우런(于右任, 우우임)이 편집을 맡고 있었어요. 나는 이때 쑨원과 '동맹회(同盟會)'[15]의 강령도 알게 되었습니다. 중국에는 그때 1차 혁명이 임박해 있었어요. 나는 흥분을 가라앉히지 못해 논설 한 편을 써서 학교 벽에 붙였습니다. 이것이 나로서는 처음으로 정치적 견해를 발표한 것인데, 내용은 다소 갈피를 잡을 수 없는 것이었습니다. 나는 캉유웨이와 량치차오를 존경하고 있었지만, 이 두 사람 간의 차이를 명확하게 파악하지는 못했어요. 그 때문에 나는 이 논설에서 쑨원을 일본에서 귀국시켜 새 정부의 대통령에 앉히고, 캉유웨이는 총리에, 량치차오는 외교부장에 취임시켜야 한다고 주장했던 것입니다.[16] 이때 쓰촨-한커우 간의 철도 부설과 관련해서 외국 자본 반대 운동이 벌어졌고, 의회를 설치하라는 국민들의 요구가 광범하게 번져 갔습니다. 황제는 이에 대해 자정원(資政院, 즉 자문회의)의 설치만을 포고했지요. 우리 학교 학생들은 점점 술렁대기 시작했어요. 이들은 변발에 대한 항거 행위[17]로 청조에 반대하는 감정을 표시했어요. 나는 친구 하나와 함께 변발을 잘라 버렸지만, 함께 자르기로 약속했던 다

---

15 동맹회(중국혁명동맹회)는 쑨원 박사가 만든 비밀 혁명 조직으로서 국민당의 전신이었다. 회원 대부분은 일본에 망명했는데, 이들은 '보황회(保皇會)'의 지도자인 량치차오와 캉유웨이에 대항하는 맹렬한 '필전(筆戰)'을 벌였다.
16 캉유웨이와 량치차오는 당시 군주제를 지지했고 쑨원은 이에 철저히 반대한 인물이었는데, 이들을 한데 묶어 새 정부를 구성한다는 것은 터무니없는 생각이었다.

른 학생들은 나중에 자르지 않았어요. 그래서 나는 친구와 함께 이들을 은밀하게 위협하면서 강제로 변발을 잘랐는데, 모두 10여 명 이상이 우리 가위질에 희생되었지요. 이처럼 단기간 사이에 나는 가짜 양귀 선생의 변발을 조소하던 입장에서 전반적인 변발 폐지를 요구하는 태도로 나아가게 되었습니다. 정치의식이 사람의 관점을 이렇게까지 바꾸어 놓을 수 있다니!

나는 이 변발 사건으로 법률학교에 다니는 친구와 논쟁을 벌였는데, 서로 이 문제를 둘러싸고 대립되는 의견을 내세웠어요. 법률학교 학생은 신체, 피부, 머리카락, 손톱, 발톱은 모두 부모에게 물려받은 것이니 훼손시켜서는 안 된다는 경서 구절을 인용하면서 자기 주장을 고수했어요. 그러나 나 자신과 변발을 없애야 한다는 학생들은 청조에 반대하는 정치적 근거에서 반론을 펴서 그의 입을 완전히 막아 버렸지요.

리위안훙(黎元洪, 여원홍)이 주도한 우한 봉기[18]가 일어난 뒤 후난성 일대에는 계엄령이 선포되었습니다. 정치 상황은 급변하고 있었어요. 어느 날 혁명가 한 사람이 학교에 와서 교장의 허락을 받고 연설을 했는데, 많은 감명을 주었어요. 이 강연장에서 학생 일고여덟 명이 일어나 청군을 맹렬히 비난하는 것으로 그에게 지지를 보내고, 공화국 수립을 위해 행동에 나서자고 촉구했습니다. 모두가 그야말로 온 신경을 모아 귀를 기울였지요. 리위안훙 휘하의 한 간부였던 이 연사가 홍분한 학생들 앞에서 혁명을 호소하는 연설을 할 때는 숨소리조차 들리지 않았습니다.

이 연설을 듣고 닷새쯤 뒤에 나는 리위안훙의 혁명군에 가담하기로 결심했습니다. 나는 친구 몇 명과 한커우로 가기로 작정하고 반 친구들에게

---

17 이런 행동은 청조에 반대하기보다는 유교에 반대한다는 의미가 더 컸을 것이다. 정통적인 유교를 숭상하는 사람들 중에는 머리카락과 손톱이 자라는 것을 포함한, 모든 자연의 섭리를 인간이 거슬러서는 안 된다는 고루한 주장을 내세웠다.
18 우한 봉기는 1911년 청조를 타도한 신해혁명의 시작이었다.

서 돈을 모금했습니다. 나는 한커우의 거리가 몹시 질척거려 장화가 필요하다는 이야기를 듣고 창사 외곽에 주둔한 군대에 있는 친구에게 장화를 빌리러 갔지만 수비대의 보초들에게 제지당했습니다. 수비대는 굉장히 바쁘게 움직였고, 병사들은 처음으로 실탄을 지급 받아 시내로 출동하고 있었습니다.

반군이 광저우-한커우 간 철도를 따라 창사로 접근해 오고 있어 이미 전투는 벌어진 상황이었습니다. 창사 성벽 밖에서 대규모 전투가 벌어졌어요. 이와 동시에 성 안에서도 반란이 일어나 성문이 노동자들의 습격을 받아 점거되었습니다. 나는 성문 한 곳을 통해 성 안으로 다시 들어갔습니다. 그리고 높은 지역으로 올라가 전투를 지켜보다가 마침내 성청(省廳) 위로 한(漢)[19]의 깃발이 게양되는 것을 보았어요. 그 깃발은 흰 바탕에 한(漢)이라는 글자를 써 넣은 것이었습니다. 우리 학교로 돌아가 보니 학교는 군대가 지키고 있었어요.

다음 날 도독(都督)[20] 정부가 조직되었지요. 저명한 가로회 회원 2명이 도독과 부도독으로 임명되었습니다. 자오다펑(焦達峯, 초달봉)과 천쭤신(陳作新, 진작신)이 그들이었지요. 새 정부는 전에 성 자의국(省諮議局)이 들어있던 건물에 자리 잡았는데, 자의국 의장이었던 탄옌카이(譚延闓, 담연개)는 해임되었고, 자의국 자체도 폐지되었습니다. 혁명군이 발견한 청군 문서 속에는 의회 개원을 요구하는 청원서 사본이 몇 통 있었는데, 이 청원서는 현재 소비에트 정부 교육위원(교육부 장관—옮긴이)으로 있는 쉬터리

---

[19] 한인(漢人)이란 400여 년 이상 지속된 한왕조(기원전 206~기원후 220)의 신민, 즉 한민족의 후손을 말하는 것이다. 유럽에서 중국이나 중국인을 'China'나 'Chinese'라 부르는 것은 한의 전 왕조인 Ch'in(秦)에서 유래된 것이다. 중국 용어로는 중국인 하면 한족이 아닌 모든 중국 주민을 말한다. 따라서 만주족은 중국인이긴 하지만 한인이나 한족은 아니다.
[20] 도독은 군인 성장(省長)을 말한다.

가 혈서로 썼던 것입니다. 쉬터리는 충심(衷心)과 결의를 과시하는 뜻으로 손가락 끝을 베어 내고 '의회의 개원을 청하면서 나는 손가락을 잘라서[斷指, 단지] (베이징으로 향하는 성 대표들에게) 작별을 고합니다'라는 서두의 청원서를 썼던 것입니다.

신임 도독과 부도독은 오래 지탱하지 못했어요. 이들은 못된 사람이 아니었고 혁명적인 의도도 약간 지닌 사람들이었습니다. 그리고 그들 스스로 가난한 사람들이어서 억압받는 사람들의 이익을 대변했습니다. 지주와 상인들은 그 점에서 이들에게 불만을 품었지요. 얼마 지나지 않은 어느 날 나는 친구 집을 찾아가다가 거리에 나뒹굴고 있는 이들의 시체를 보았습니다. 탄옌카이가 후난의 지주와 군벌들의 대리인으로 이들에게 반란을 일으켰던 것이지요.

이젠 많은 학생들이 군대에 뛰어들었습니다. 학생군도 조직되었는데, 그중에는 탕성즈[21]도 포함되어 있었지요. 나는 학생군을 좋아하지 않았습니다. 그 이유는 조직의 밑바탕이 혼란스러울 것이라고 생각했기 때문이었지요. 나는 학생군 대신 정규군에 들어가 혁명 완수에 기여하겠다고 결심했습니다. 청(淸)의 황제는 아직 퇴위하지 않아 투쟁은 계속되고 있었습니다.

나는 병사로서 한 달에 7위안의 급료를 받았는데, 그래도 현재 홍군에서 받는 액수보다는 많습니다. 나는 7위안의 급료 중 식비로 2위안을 썼습니다. 나는 식수도 돈을 내고 사 먹어야 했어요. 병사들은 본래 성시 밖에서 물을 길어 와야 했지만 나는 학생으로서 부끄럽게 물까지 길어 나를 수가 없어서 물장수한테 사 먹었습니다. 나머지 돈은 신문을 구독하는 데

---

21 탕성즈는 1927년 왕징웨이(汪精衛)가 이끄는 우한 정부의 국민당군 사령관이 되었다. 그는 왕징웨이와 공산당 양쪽에 다 같이 등을 돌리고 후난성에서 '농민학살'에 나섰다.

썼습니다. 나는 신문을 굉장히 열심히 읽었어요. 당시 혁명을 다룬 신문으로서는 《상강일보(湘江日報)》가 있었어요. 이 신문은 사회주의에 관해 논단(論壇)으로 다루었는데, 나는 이런 논단을 통해서 그 용어를 처음 알았습니다. 나도 다른 학생들이나 병사들과 사회주의에 관해 토론했지요. 그러나 사실은 사회주의가 아니라 사회개혁주의였습니다. 나는 장캉후(江亢虎, 강항호)가 사회주의와 그 원리에 관해 쓴 소책자를 몇 개 읽어 보았어요. 나는 이 문제에 대한 내 생각을 친구 몇 사람에게 편지로 열심히 적어 보냈지만 감동한다는 답장을 보낸 친구는 한 사람뿐이었습니다.

우리 분대에는 후난 출신 광부와 내가 대단히 좋아했던 대장장이가 있었습니다. 나머지는 평범한 젊은이들이었고 불량배도 한 사람 있었어요. 나는 학생 두 명을 설득해서 군에 입대시켰고, 소대장이나 대부분의 병사들과 친하게 지내게 되었습니다. 나는 글을 쓸 줄 알고 여러 가지 책의 내용도 어느 정도 알고 있어서 이들은 내가 '대단한 학식'을 갖고 있다고 존경했습니다. 나는 이들에게 편지를 대신 써 주거나 그 밖의 다른 방법으로 이들을 도와줄 수 있었지요.

혁명의 성과는 아직 불투명한 상태였습니다. 청조는 권력을 완전히 포기하지 않았고, 국민당 내부에서는 주도권 싸움이 벌어지고 있었습니다. 후난성에서는 전쟁 재발이 불가피하다는 소문이 퍼졌습니다. 청군과 위안스카이(袁世凱, 원세개)[22]에 대항하기 위해 몇 개의 군대가 조직되었어

---

[22] 위안스카이는 청조 군 참모장으로서 1911년 황제를 퇴위시켰다. '공화국의 아버지'로 추앙받던 쑨원은 중국으로 돌아와 난징에서 지지자들에 의해 대총통으로 선출되었으나 당시 위안스카이는 중국 대부분의 지역을 군사력으로 장악하고 있었다. 쑨원은 대립을 피하기 위해 위안스카이가 헌법 제정과 의회 설치에 동의하는 조건으로 사임했다. 위안스카이는 군사독재자로 계속 통치하다가 1915년 스스로 황제를 참칭해 그를 지지하던 군벌들에게 버림을 받았다. 몇 달 뒤 황제 즉위 포고는 철회되고 위안스카이가 사망함으로써 공화국(입헌정부가 아니지만)은 존속되었지만 지방 군벌이 군웅할거하는 분열의 시대를 맞았다.

요. 그중의 하나가 후난군이었지요. 그러나 후난군이 출전 준비를 갖추고 있을 때 쑨원과 위안스카이 간에 합의가 이루어져서 예정된 전쟁은 취소되고 남북이 '통합'되어 난징 정부는 해체되었습니다. 나는 혁명이 종결되었다고 생각하고 군대에서 물러나 학교로 되돌아가기로 결심했습니다. 결국 반년간 군대생활을 한 셈이지요.

    나는 신문 광고를 살펴보기 시작했습니다. 당시는 많은 학교들이 새로 개교하면서 신문 광고를 통해 학생들을 모집했어요. 나는 학교를 선택하는 데 특별한 기준을 세우지 못했습니다. 즉 무엇을 하고자 하는지 나 자신도 명확하게 모르고 있었던 거죠. 경찰학교 광고가 눈길을 끌어 입학을 신청했으나 시험도 보기 전에 비누 제조 '학교'의 광고가 눈에 띄었습니다. 수업료도 없고 식사도 제공하며 급료도 조금 지급한다고 약속했어요. 광고 내용은 구미가 당기고 의욕이 생기도록 꾸며져 있었습니다. 비누 제조가 사회에 큰 혜택을 준다는 점과 어떤 방법으로 국가와 국민을 살찌게 만드는지를 설명해 놓았어요. 나는 마음을 바꾸어 경찰학교를 그만두고 비누 제조 기술자가 되기로 작정했습니다. 나는 이 학교에도 1위안의 입학신청금을 냈습니다.

    그때 법률학교에 들어간 내 친구가 자기 학교에 입학하라고 강력히 권유했습니다. 나도 이 법률학교의 유혹적인 광고를 보았는데 여러 가지 멋진 것을 많이 약속했습니다. 이 광고를 보면 3년 동안에 법률에 관한 것을 모두 가르치고 학업이 끝나면 학생들은 즉시 관리가 된다고 보장했어요. 내 친구가 계속 법률학교 칭찬을 하는 통에 마침내, 광고 내용을 그대로 되풀이한 편지를 가족에게 보내고 학자금을 보내 달라고 청했습니다. 나는 편지에 법률가와 관리가 될 내 장래 모습을 멋지게 그려 놓았지요. 그러고는 법률학교 입학 신청금으로 1위안을 내고 양친에게 소식이 오기를 기다렸습니다.

상업학교의 광고가 내 진로 결정에 또다시 끼어들었습니다. 다른 친구는 중국이 현재 경제전쟁을 벌이고 있으며, 이 때문에 국가 경제를 건설할 수 있는 경제 전문가를 가장 필요로 한다고 나에게 충고했어요. 그의 주장에 설득력이 있어서 나는 이 중등상업학교에 또 1위안을 내고 입학 신청을 했지요. 나는 실제로 이 학교에 입학이 허용되어 등록을 했습니다. 그런데도 나는 광고에 계속 눈길을 주었는데, 어느 날 공립 고등상업학교의 매력을 전하는 광고가 눈에 띄었어요. 정부에서 운영하는 이 학교는 교과목이 광범하고 교수들이 매우 유능하다는 이야기를 들었지요. 나는 이 학교에 들어가 상업전문가가 되는 것이 더 낫겠다고 판단하고 1위안을 내 입학 신청을 한 후 아버지에게 편지로 내 결심을 알렸습니다. 아버지는 이 결심을 반가워했어요. 아버지는 상업적인 재능에서 얻을 수 있는 이익을 재빨리 간파했던 것이지요. 나는 이 학교에 입학했지만 한 달밖에 다니지 않았습니다.

이 신식 학교에서 곤란하게 느낀 것은 대부분의 학과를 영어로 가르친다는 점이었어요. 그런데 나는 다른 학생들과 마찬가지로 영어를 거의 몰랐어요. 사실 알파벳을 외우는 정도가 고작이었지요. 더욱 어려운 점은 이 학교가 영어를 별도로 가르쳐 줄 선생을 한 사람도 주선해 주지 않은 것이었습니다. 나는 이러한 상황에 역겨움을 느껴 한 달 만에 그 학교를 그만두고 다시 신문 광고를 계속 주시했어요.

그다음 학업 체험은 성립(省立) 제1중학교였어요. 나는 1위안을 내고 입학 신청을 한 후 입학시험을 치러 지원자 중 수석으로 합격했어요. 이 학교는 규모가 크고 학생도 많았으며 졸업생 숫자도 대단했어요. 이 학교의 국어 선생이 나를 많이 도와주었어요. 그 선생은 나의 문학적 취향에 마음이 끌려서 나에게 『어비통감(御批通鑑)』이란 책을 빌려 주었는데, 이 책에는 건륭 황제[23]의 칙령과 어비(御批)가 수록되어 있었어요.

그런데 이 무렵 창사에 있는 정부의 탄약고가 폭발하는 일이 있었어요. 엄청난 불길이 치솟아 우리 학생들은 아주 재미있게 구경했습니다. 수 톤에 달하는 탄환과 포탄이 폭발하고 화약에서는 세찬 불길이 솟구쳤어요. 폭죽놀이보다 더 나은 구경거리였지요. 약 한 달 후에는 탄옌카이가 위안스카이에게 쫓겨나 이제는 위안스카이가 공화국의 정치기구를 모두 장악했습니다. 탕샹밍(湯銘, 탕향명)이 탄옌카이의 자리에 들어앉아 위안스카이의 황제 즉위 준비에 착수했어요(군주제를 부활시키려는 기도였으나 얼마 안 되어 좌절되었다).

나는 제1중학교가 마음에 들지 않았어요. 교과목도 한정되어 있었고 교칙도 못마땅했지요. 나는 『어비통감』을 읽은 후 독서를 하면서 독학하는 것이 나을 것이라는 결론을 내렸어요. 나는 6달 만에 학교를 그만두고 후난 성립도서관에서 매일 책을 읽는 독학 계획을 짰지요. 나는 이 계획을 매우 규칙적으로 성실하게 지키면서 6달을 보냈는데, 지금 생각해도 이 6달은 나에게 대단히 귀중한 시간이었어요. 나는 아침 개관 시간에 맞추어 나갔습니다. 정오에는 매일 떡 두 쪽으로 점심을 때우고는 그 시간만 쉬었지요. 그리고 폐관 시간까지 매일 독서를 하면서 도서관에서 지냈어요.

이 독학 기간 중에서 나는 많은 책을 읽었고 세계지리와 세계사를 공부했습니다. 나는 이 도서관에서 처음으로 세계지도를 구경하고 대단한 흥미를 느끼면서 공부했어요. 나는 애덤 스미스의 『국부론』과 다윈의 『종의 기원』, 존 스튜어트 밀의 『윤리학』 책을 읽었습니다. 또 루소의 저작과 스펜서의 논리학, 몽테스키외의 법에 관한 저술을 독파했어요. 나는 러시아, 미국, 영국, 프랑스, 그 밖에 다른 나라의 역사와 지리를 진지하게 공부하면서 아울러 시와 전기 소설, 고대 그리스의 신화도 읽었습니다.

---

23 건륭 황제는 1735년에 즉위한 청조 4대째의 제왕으로서 재능이 많은 인물이었다.

나는 그때 샹샹현 출신자들을 위한 자선숙소에 살고 있었습니다. 그곳에는 일자리가 없거나 돈이 없는 샹샹 출신 '퇴역' 병사나 제대 병사들도 많이 살았어요. 이 숙소에서는 병사들과 학생들이 항상 서로 으르렁거렸는데, 어느 날 밤 이들 사이의 적대감이 폭력 사태로 번졌어요. 병사들이 학생들에게 덤벼들어 죽이려 했어요. 나는 변소로 도망쳐서 싸움이 끝날 때까지 숨어 있었습니다.

집에서는 학교에 들어가지 않는 한 생활비를 부쳐 주지 않겠다고 했는데 그때 나는 돈이 다 떨어져 있었습니다. 그 때문에 그 자선숙소에 더 이상 머물 수가 없어 다른 숙소를 찾기 시작했어요. 한편 나는 내 '진로' 문제를 진지하게 생각해 오다가 나에겐 교직이 가장 적합하다는 결론을 내리게 되었습니다. 나는 다시 신문 광고를 뒤지기 시작했어요. 이제는 후난 사범학교의 매력적인 광고가 내 눈길을 끌어 나는 이 학교의 장점을 눈여겨보았어요. 수업료는 면제고 숙식비가 매우 쌌지요. 내 친구 두 명에게도 입학을 권유했어요. 이들은 내가 입학 논문 쓰는 것을 도와주기를 바랐어요. 집에 편지를 보내 뜻을 밝히자 부모님이 승낙했어요. 나는 두 친구를 위해 논문 두 편을 작성하고 내 자신의 입학용으로 한 편을 썼어요. 논문 세 편이 모두 통과되었으니 나는 실제로 세 차례나 합격이 된 셈이었지요. 나는 친구의 입학 논문을 대신 써 주는 것이 나쁜 짓이라고 생각하지 않았습니다. 그저 우정의 문제라고 생각했어요.

나는 이 사범학교에 5년 동안 다니면서 그 이후에 나온 갖가지 광고의 유혹을 용케 떨쳐 버렸습니다.[2] 그리고 마침내는 졸업증서까지 받았지요. 이곳 후난 성립 제1사범학교에 재학하는 동안 나는 많은 사건을 겪었고, 또 이 기간 중에 내 정치사상이 형성되기 시작했습니다. 또한 이곳에서 사회활동의 첫경험도 얻었고요.

이 학교에는 잡다한 규정이 많았지만 나는 거의 따르지 않았습니다.

한 예를 들면 자연과학이 필수과목으로 되어 있는데 나는 이 과목을 듣고 싶지 않았어요. 나는 사회과학을 파고들고 싶었습니다. 자연과학에는 별다른 흥미가 없어 그쪽 과목들은 공부를 하지 않았어요. 그래서 자연과학 과목들은 대부분 성적이 형편없었지요. 내가 필수과목 중에서 가장 싫어한 것은 정물 스케치였습니다. 나는 이 공부를 가장 어리석은 짓이라고 생각했어요. 그래서 나는 그리기 제일 쉬운 것을 생각해서 후다닥 그려 버리고는 교실을 빠져 나오곤 했어요. 한번은 '반벽견해일(半璧見海日)'[24]을 그리라고 해서 나는 가로로 줄을 하나 긋고 그 위에 반원을 그려 놓았던 기억이 납니다. 다른 때는 미술 시험기간에 타원형을 하나 그리는 것으로 끝냈지요. 그리고 그것이 달걀을 그린 것이라고 우겼어요. 미술 성적은 40점이 나와 그 과목은 낙제 점수였지만 다행히 사회과학 과목의 성적들이 모두 우수해서 다른 과목의 나쁜 점수를 메워 주었어요.

이 학교에는 학생들이 '위안(袁, 웬) 털보'란 별명을 붙인 국어 선생이 있었는데, 이 선생이 내가 쓴 글을 비웃으면서 저널리스트 문체라고 못마땅하게 생각했습니다. 그는 내 본보기가 되어 왔던 량치차오를 경멸하면서 그를 학식이 시원찮은 사람이라고 평가했어요. 나는 문체를 바꾸지 않을 수가 없었습니다. 나는 한유(韓愈)의 문장을 연구해서 고문(古文) 표현법을 완전히 익혔어요. 내가 오늘날까지도 필요한 경우에 웬만한 정도의 고문을 쓸 수 있는 것은 바로 '위안 털보' 선생 덕택이지요.

나에게 가장 강한 영향을 미친 선생님은 영국에 유학하고 돌아온 양창지(楊昌濟, 양창제)[③] 교수였는데, 나중에 나는 그의 생애와 밀접한 관계를 맺게 되지요. 윤리학을 가르친 그는 이상주의자이지 도덕적인 품격이 높은 사람이었습니다. 그는 자신의 윤리관을 매우 강하게 신봉하면서 학생

---

24 이태백(李太白)의 시에 나오는 한 구절.

들에게 사회에 쓸모 있는, 의롭고 양심적이고 고결한 인간이 되라는 의욕을 심어 주려고 애썼어요. 그의 영향을 받아 나는 차이위안페이가 번역한 윤리학 책을 읽었고, 또 이 책에 감동을 느껴「정신의 힘」이란 제목의 논문을 쓰게 되었지요. 나도 그 당시 이상주의자였는데, 양창지 교수는 자신의 이상주의적인 관점에서 이 논문을 크게 칭찬했어요. 그는 이 논문 점수로 나에게 100점을 주었지요.

한편 탕(唐, 당)씨 성을 가진 선생님 한 분이 나에게 《민보(民報)》라는 날짜 지난 신문들을 자주 주어서 나는 큰 관심을 가지고 읽었어요. 나는 이 신문에서 '동맹회'의 활동상과 강령을 알게 되었습니다. 어느 날《민보》를 보니 중국을 가로질러 티베트 끝인 다젠루[打箭爐, 타전노: 캉딩(康定, 강정)의 옛 이름]까지 여행한 두 중국 학생의 기사가 실려 있었어요. 나는 이 기사에 크게 자극 받아 이들처럼 여행을 해 보고 싶었습니다. 그러나 돈이 없어 우선 후난성 일대나 여행해 보겠다고 생각했어요.

다음 해 여름 나는 후난성을 횡단하는 도보여행에 나서 5개 현을 돌아다녔습니다. 이때 샤오위(蕭瑜, 소유)란 학생과 함께 여행했어요.④ 우리는 돈 한 푼 없이 5개 현을 걸어서 여행했어요. 농민들이 먹을 것과 잠자리를 마련해 주었지요. 우리는 어디를 가나 친절한 대접과 환영을 받았어요. 내가 함께 여행한 샤오위라는 친구는 나중에 이페이지(易培基, 이배기)⑤ 밑에서 난징의 국민당 정부 관리가 되었는데, 이페이지는 그때 내가 다니던 사범학교의 학장으로 있었습니다. 이페이지는 난징에서 고위관리가 된 후 샤오위를 베이징 고궁(古宮) 박물관의 관리인으로 임명했어요. 샤오위는 이 박물관에 소장된 가장 귀중한 보물 몇 점을 팔아서 그 돈을 챙긴 뒤 1934년에 종적을 감추어 버렸습니다.⑥

나는 개방적인 태도와 소수의 친밀한 동료가 필요하다는 생각으로 어느 날 창사에서 발행되는 신문에 광고를 내고 애국활동에 관심이 있는 젊은이는 나에게 연락해 달라고 알렸어요. 나는 조국을 위해 헌신할 결의와 준비를 갖춘, 튼튼한 젊은이여야 한다고 밝혔어요. 이 광고로 나는 3~5통의 회답을 받았지요. 한 통은 뤄장룽(羅章龍, 나장룡)이 보냈는데, 그는 나중에 공산당에 입당했다가 그 후 배신하고 나갔어요. 다른 두 통은 나중에 극단적인 반동주의자가 된 젊은이들이 보낸 것이었어요. '반' 통짜리 회답은 확실한 의견을 밝히지 않은 리리싼이란 청년이 보낸 것이었어요. 리리싼은 내 이야기를 모두 귀담아 듣고는 자신의 구체적인 계획은 일체 밝히지 않은 채 그냥 돌아가 버려 우리의 우정은 싹트지 못했습니다.[25] 그러나 나는 조금씩 내 주변에 한 떼의 학생들을 끌어 모았는데, 이들이 나중에 중국의 사태와 운명에 광범한 영향을 미치게 된, 하나의 학회[26]로 발전한 조직의 핵심을 이루었어요. 이것은 진지한 젊은이들이 모인 조그만 집단으로, 이들에겐 사소한 문제들에 신경을 쓸 겨를이 없었습니다. 이들의 모든 언동은 목적이 있어야만 했습니다. 이들은 사랑이나 '로맨스'를 즐길 여유가 없었습니다. 여자나 개인적인 문제를 화제로 삼기에는 시대적 상황이 너무 위급하고 지식을 얻어야 할 필요성이 너무 절박하다고 생각했어요. 나는 여자에 대해 관심이 없었어요. 부모님은 내가 14살 때 20살의 처녀와 결혼시켰지만 나는 그녀와 한 번도 함께 살지 않았고 그 이후에도 마찬가지였습니다. 나는 그 여자를 내 아내로 생각하지 않았고 이 시기에는 거의 잊어버렸습니다. 보통 그만한 나이의 청년들 생활에서 중요한 구실을 하는 여성의 매력에 관한 화제는 물론이고, 내 동료들은 일상생활에 관한 일반적인 문제들까지도 화제에 올리려고 하지 않았어요. 한번은 어느 청년 집에 갔는데, 그가 나에게 고기를 좀 사야겠

---

[25] 리리싼은 나중에 중국공산당 내에 '리리싼 노선'을 제창해 마오쩌둥과 격렬한 대립을 보였다. 리리싼과 홍군의 대립과 그 결과에 대해서는 뒤에 마오쩌둥의 회고담을 통해 자세히 언급한다.
[26] 신민학회(新民學會).

다고 말하면서 내가 있는 자리에서 하인을 불러 그 이야기를 하고는 고기를 사오라고 시켰어요. 나는 몹시 불쾌해서 다시는 그 친구를 만나지 않았습니다. 친구들과 나는 거창한 문제들만 화제에 올리는 걸 좋아했어요. 가령 인간의 본성이나 사회와 중국의 본질 문제, 또는 세계나 우주 문제 같은 것 말입니다.

우리는 또 열심히 신체를 단련했어요. 겨울철에 휴일을 맞으면 들판을 가로지르고 산을 오르내리며 성벽을 따라 걷고 내[川]와 강을 건넜어요. 비가 오면 상의를 벗어젖혀 비를 맞으면서 비 목욕이라 했고, 햇볕이 뜨겁게 내리쪼이면 역시 상의를 벗어부쳐 따가운 햇볕을 받으면서 일광욕이라고 했어요. 봄철에 바람이 불면 우리는 이것이 '바람 목욕'이라는 새로운 스포츠라고 외쳐 댔지요. 우리는 이미 서리가 내리고 있을 때도 바깥에서 잠을 잤고, 11월에도 싸늘한 강물에서 수영을 했습니다. 이 모든 일을 '신체 단련'이란 명목으로 강행했어요. 아마 이때의 단련이 나중에 화난을 오르내리던 수많은 행군과 장시성에서 서북까지의 장정을 이겨내는 데 절실하게 필요했던 강건한 몸을 만드는 데 큰 도움이 되었을 겁니다.[7]

나는 다른 지역과 도시의 많은 학생이나 친구들과 폭넓게 서신 왕래를 늘려 나갔습니다. 그러다가 이제는 더 긴밀하게 짜여진 어떤 조직이 필요하다는 사실을 점차 깨닫기 시작했어요. 1917년에 나는 다른 몇몇 친구들과 함께 '신민학회'의 창립을 도왔습니다. 이 학회의 회원은 70명에서 80명 정도였는데, 이들 중 상당수는 나중에 중국 공산주의와 중국 혁명사에 이름을 떨친 유명인사가 되었지요. 비교적 이름이 널리 알려진 공산당원 중 과거 신민학회 회원이었던 사람은 현재 당조직위원회 서기인 뤄마이[羅邁, 나매. 일명 리웨이한(李維漢, 이유한)], 현재 홍군 제2방면군에 근무하는 샤시(夏曦, 하희),* 중앙소비에트 지구 최고법원의 판사가 되었다가 나중(1935)에 장제스에게 피살된 허쑤헝(何宿衡, 하숙형), 유명한 노동운동

조직가로 활동하다가 1930년 허젠 장군에게 살해된 궈량(郭亮, 곽량), 현재 소련에 거주하는 문필가 샤오쯔장(蕭子章, 소자장),[27] 공산당 중앙위원으로 있다가 1927년 장제스에게 살해당한 차이허썬, 공산당 중앙위원이 되었다가 나중에 '배신'하고 국민당에 들어가 자본주의적인 노동조합 조직가가 된 이리룽(易禮容, 이예용), 그리고 저명한 당 지도자이자 공산당을 창당하기 위한 최초의 규약에 서명한 6명 중의 한 사람으로서 얼마 전에 병사한 샤오추뉘(蕭楚女, 소초녀) 등이 있습니다. 신민학회 회원 중 과반수는 1927년의 반혁명 중에 피살되었습니다.[28] 이 즈음에 조직된 학회로서 '신민학회'와 비슷한 것이 후난의 '이군서사(利群書社)'였어요. 이 학회 회원 중 상당수도 나중에 공산당원이 되었습니다. 이 가운데는 반혁명 중에 장제스에게 살해된 윈다이잉(惲代英, 운대영)이 있지요. 현재 홍군대학 학장인 린뱌오도 이 학회의 회원이었어요. 장하오(張浩, 장호)도 회원이었는데, 그는 현재 홍군에게 생포된 백군 병사들에 대한 공작을 담당하고 있어요. 베이징에는 '호사(互社)'라는 조직이 있었는데, 이 조직의 일부 회원들도 나중에 공산당원이 되었지요. 그 밖에 중국 여러 지역, 특히 상하이, 항저우(杭州, 항주), 한커우, 톈진[29] 등에도 급진적인 조직들이 만들어졌는데, 이런 조직들은 당시 중국 정치 상황에 영향력을 미치기 시작한 투쟁적인

---

27 일명 샤오산으로 샤오위(蕭瑜)는 그의 아우이다.
28 그 밖의 회원으로는 류샤오치, 런비스(任弼時), 리푸춘, 왕뤄페이, 텅다이위안(滕代遠), 리웨이한, 샤오진광(蕭勁光, 소경광), 그리고 최소한 한 명의 여성, 즉 차이창(蔡暢, 차이허썬의 누이동생) 등이 있었다. 이들은 모두 중국공산당의 고위직에 올랐다. 마오쩌둥이 존경했던 교수이자 나중에 장인이 된 양창지와 제일사범학교 시절 은사였던 쉬터리는 후원자로 참여했다.
29 톈진에서는 급진적인 청년단체로 각오사가 처음 조직되었는데, 저우언라이는 창립 회원 중의 한 사람이었다. 각오사의 회원으로는 덩잉차오(저우언라이의 부인), 1927년 베이징에서 처형된 마쥔(馬駿, 마준), 후에 국민당 광저우위원회 서기가 되었던 쑨자오쥔(孫肇俊, 손조준) 등이 있었다.

젊은이들이 결성한 것입니다.

이러한 단체들은 대부분 조금씩은 《신청년(新靑年)》의 영향을 받아 조직되었습니다. 《신청년》은 문예부흥을 위한 잡지로 유명했는데,[8] 천두슈가 편집을 맡았어요. 나는 사범학교 재학 중에 이 잡지를 읽기 시작했는데, 특히 후스와 천두슈의 논문을 읽고 굉장히 감탄했어요. 이 두 사람은 내가 이미 떨쳐 버린 량치차오와 캉유웨이를 대신하여 한동안 내 귀감이 되어 주었습니다.

이 당시 내 마음속에는 자유주의와 민주적인 개혁주의, 공상적인 사회주의 사상들이 기묘하게 혼합되어 있었습니다. 나는 '19세기식 민주주의'와 공상적인 사회개혁주의, 그리고 시대에 뒤떨어진 자유주의에 대해 다소 막연한 열정을 품고 있었지만, 반군국주의와 반제국주의적인 입장은 뚜렷했어요.

나는 1912년에 사범학교에 입학해서 1918년에 졸업했습니다."

3. 혁명의 서막

마오가 자신의 지난날을 회고하는 동안 최소한 나만큼이나 깊은 관심을 갖고 귀를 기울이는 사람은 바로 그의 부인인 허쯔전이었다. 그녀는 남편이 자신과 공산주의 운동에 대해 밝힌 사실 중 상당 부분을 전에 한 번도 들어 보지 못했던 것이 분명했는데, 이것은 바오안에 있는 마오의 동지들도 대부분 마찬가지였다. 뒤에 내가 다른 공산당 지도자들의 전기 자료를 수집할 때는 이들의 동료들이 주변에 모여들어 처음 듣는 동료의 과거 이야기에 주의 깊게 귀를 기울이는 일이 종종 있었다. 이들은 모두 여러 해 동안 함께 싸워 왔지만 공산주의자가 되기 이전의 시절에 대해서는 서로 전혀 모르는 경우가 매우 많았다. 이들은 그 시절을 일종의 암흑기로 보고, 참된 삶은 공산주의자가 되었을 때 비로소 시작되었다고 생각하는 듯했다.

또 다른 밤을 맞아 과거를 회고하던 마오는 다리를 포개고 서류보관함에 기대어 앉았다. 그는 촛불에 담배를 붙여 물고는 전날 밤에 남겨 두었던 이야기의 실마리를 이어나갔다.

"창사에 있던 사범학교를 다니는 동안에 내가 쓴 돈은 여러 차례 되풀이한 입학수속 신청금까지 포함해서 모두 169위안에 불과했습니다. 이 액수 중 신문 구독에 쓴 돈이 분명 3분의 1은 되었을 것입니다. 한 달 정기구독료가 약 1위안 정도 되었으니 말입니다. 그 밖에 나는 가끔 신문판매점에서 책과 잡지도 샀지요. 아버지는 내가 이런 식으로 돈을 낭비한다고 몹시 꾸짖었어요. 쓸모없는 종이 쪼가리에 돈을 펑펑 쓴다는 것이었지요. 그러나 나는 신문 구독이 습관처럼 되어서 1911년부터 내가 징강산(井岡山, 정강산)으로 들어간 1927년까지 베이징, 상하이, 후난의 일간지들을 읽지 않은 날이 하루도 없었습니다.

사범학교 졸업 학년 때 어머니가 돌아가셔서 나는 그 어느 때보다도 집에 돌아갈 마음이 사라져 버렸어요. 그해 여름 나는 베이징으로 가기로 작정했습니다. 그 당시 후난 출신의 많은 학생들은 일하며 공부하는 '근공검학(勤工儉學)' 계획 아래 프랑스로 유학할 계획을 세우고 있었는데, 프랑스는 1차 세계대전 중 그들의 목적에 따라 이 계획을 이용해 젊은 중국 유학생들을 모집했습니다. 이 학생들은 프랑스로 떠나기 전에 베이징에서 프랑스어를 공부할 계획이었어요. 나는 이 운동을 준비하는 일을 거들었습니다. 유학길에 나설 학생들 중 상당수가 후난 사범학교 출신들이었는데, 나중에 이들은 대부분 유명한 급진론자들이 되었지요. 쉬터리도 이 근공검학 운동에 영향을 받아 40살의 나이로 후난 사범학교 교수직을 박차고 프랑스로 떠났습니다. 그러나 그는 1927년에야 비로소 공산주의자가 되었습니다.

나는 후난 출신 학생 여러 명과 동행해서 베이징으로 갔습니다. 내가 이 운동의 준비를 도왔고, 또 신민학회도 이 운동을 지지하긴 했지만 나 자신이 유럽에 갈 생각은 없었어요. 나는 내 조국에 대해 충분히 알지 못하고, 또 내 시간을 중국에서 더 유익하게 활용할 수 있다고 생각했습니다. 프랑스 유학을 결심한 학생들은 그때 리스쩡에게서 프랑스어를 배웠는데, 그는 현재 중파[(中法(중법), 즉 中·佛(중·불)] 대학의 학장으로 있지요. 나는 프랑스어를 배우지 않았어요. 다른 계획이 있었습니다.

나에게는 베이징이 매우 사치스러워 보였습니다. 나는 친구들에게 돈을 빌려 베이징에 갔기 때문에 도착하자마자 곧 일자리를 찾지 않으면 안 되었어요. 윤리학을 가르친 사범학교 은사였던 양창지는 그때 국립 베이징 대학의 교수로 있었어요. 내가 찾아가 직장 알선을 부탁하자 그는 나를 대학도서관 사서에게 소개했어요. 그 사서가 리다자오였는데, 그는 나중에 중국공산당의 창당회원이 되었다가 그 후 장쮜린[30]에게 처형당했지요. 리다자오는 나에게 사서 보조원 자리를 주었는데, 급료는 한 달에 8위안으로 괜찮은 편이었어요.

직위가 워낙 낮은 탓에 사람들은 나를 상대하지 않았어요. 내가 하는 일 중의 하나는 신문을 보러 찾아오는 사람들의 이름을 기록하는 것이었는데, 이들 대부분은 나를 안중에 두지도 않았어요. 신문열람실을 찾아오는 사람들 중에는 푸쓰녠(傅斯年, 부사년)과 뤄자룬(羅家倫, 나가륜), 그 밖에

---

30 비적 출신으로 만주의 군사 독재자가 된 인물. 장(長) 원수는 국민당이 도착하기 전에 베이징의 실권을 장악했다. 그는 1928년 일본군에게 피살되었으며, 그 후 그의 아들인 장쉐량이 그의 지위를 계승했다.

내가 이름을 알고 있는, 문예부흥운동의 저명한 지도자들도 있었어요. 나는 이들에게 대단한 관심을 품고 있었기 때문에 정치와 문화 문제를 놓고 대화를 나눠 보려 했으나 이들은 굉장히 바쁜 사람들이었습니다. 이들에겐 남부 사투리를 쓰는 일개 사서 보조원의 이야기에 귀를 기울여 줄 겨를이 없었지요.

그러나 나는 실망하지 않았습니다. 나는 대학 강의를 들을 수 있도록 철학회와 신문학회에 가입했어요. 나는 신문학회에서 현재 난징 정부의 고위관리를 지내고 있는 천궁푸(陳公璞, 진공박)[9]와 나중에 공산주의자가 되었다가 그 후에 또 소위 '제3당'의 당원이 된 탄핑산(譚平山, 담평산), 사오퍄오핑(邵飄萍, 소표평)과 같은 동료 연구생들을 만났는데, 특히 사오퍄오핑은 나에게 많은 도움을 주었습니다. 그는 신문학회의 강사로, 자유주의자이자 열렬한 이상주의를 꿈꾸는 사람이었어요. 그는 1926년 장쭤린에게 살해당했습니다.

나는 도서관에 근무하는 동안 현재 소비에트 정부 부주석인 장궈타오(張國燾, 장국도),* 훗날 캘리포니아에서 쿠 클럭스 클랜(KKK단)에 가입한 (정말 놀라운 일이 아닐 수 없다) 캉바이칭(康白淸, 강백청), 그리고 현재 난징 정부의 교육부 차장(교육부 차관─옮긴이)으로 있는 돤시펑(段錫朋, 단석붕)을 만났습니다. 또한 이곳에 근무하면서 양카이후이를 만나 사랑에 빠졌지요. 그녀는 윤리학을 가르친 내 은사인 양창지 선생의 딸이었는데, 양창지 선생은 청년 시절 나에게 큰 영향을 미친 사람이자 뒷날 베이징에서는 진정한 후원자가 되었던 분이지요.

정치에 대한 내 관심은 계속 깊어 갔고 내 생각도 점차 급진적으로 변해 갔습니다. 이러한 변화에 대한 배경은 앞서 밝힌 대로입니다. 그러나 바로 이때 나는 여전히 갈피를 잡지 못한 채 소위 나아갈 길을 찾아 헤매고 있었습니다. 나는 무정부론에 관한 작은 책자들을 읽고 큰 영향을 받았습니다.

나는 자주 찾아온 주첸즈(朱謙之, 주겸지)란 학생과 함께 무정부주의자와 중국 안에서 이것을 실현할 수 있느냐는 문제를 놓고 종종 토론을 벌였어요. 그 당시 나는 무정부주의가 내세우는 여러 가지 제안에 찬동했습니다.

베이징에서의 내 생활은 몹시 초라했지만 이와 대조적으로 고도(古都)의 아름다움은 생기에 넘쳐흘러 초라한 생활 속에서도 살맛을 느끼게 해주었습니다. 나는 싼옌징(三眼井, 삼안정)이라는 곳에 살았는데, 그곳의 조그만 방에서 다른 7명과 함께 살았지요. 우리가 방구들[炕] 위에 따닥따닥 붙어 누우면 거의 숨쉴 틈도 없을 정도였어요. 돌아누울 때는 언제나 양옆 사람에게 미리 이야기를 하지 않으면 안 되었어요. 그러나 공원이나 고궁의 뜰을 찾아가면 북방의 이른 봄기운을 느낄 수 있었고, 또한 베이하이(北海, 북해)[31]의 얼음이 아직 단단한 속에서도 하얀 매화꽃을 볼 수 있었습니다. 나는 수정 같은 얼음 줄기를 단 채 베이하이에 늘어져 있는 수양버들을 보고 당나라 시인 잠참(岑參)이 이 풍경을 보고 읊은 시구가 생각났어요. 그는 겨울의 보석으로 치장한 나무들이 '하얀 배꽃을 만개시킨 천 그루 만 그루의 배나무(千樹萬樹梨花開)' 같다고 읊었지요. 나는 베이징 일대의 수많은 나무들을 보고 경탄과 찬탄을 금할 수 없었습니다.

1919년 초, 나는 프랑스로 출발할 유학생들과 함께 상하이로 갔습니다. 나는 톈진까지밖에 갈 표가 없어서 그다음의 여정을 어떻게 마쳐야 좋을지 막막했어요. 그러나 '하늘은 여행길에 나선 사람을 지체시키지 않는다(天無絶人之路)'라는 중국 속담처럼, 나는 베이징의 오귀스트 콩트 학교에서 돈을 얼마 받은 학우에게서 다행히 10위안을 빌려서 푸커우(浦口, 포구)까지 갈 차표를 끊을 수 있었어요. 난징으로 가는 길에 나는 취푸(曲阜, 곡

---

31 베이하이(北海)와 그 밖의 '하이(海, 해)'라는 것은 옛 자금성(紫禁城) 내에 있는 인공호수를 말하는 것이다.

부)에 들러 공자묘(孔子廟)를 찾아보았어요. 나는 공자의 제자들이 발을 씻었다는 조그만 내와 공자가 유년 시절을 보낸 조그만 읍내를 둘러보았습니다. 공자는 자신의 사당이 된 이 역사적인 묘(廟) 근처에 유명한 나무를 심었다고 하는데, 나는 이 나무도 구경했어요. 또 나는 공자의 유명한 제자 중의 하나인 안회(顔回)가 한때 살았다는 강가도 찾아보았고, 맹자(孟子)의 출생지도 구경했어요. 이 여행 중에 산둥성(山東省, 산동성)의 성산(聖山)이라는 타이산(泰山, 태산)도 올라가 보았는데, 이 산에는 펑위샹 장군이 은거하면서 애국적인 글을 쓴 것이 있었습니다.

그러나 푸커우에 도착했을 때는 차표도 없고 동전 한 닢까지 다 떨어졌습니다. 아무도 나에게 빌려줄 만한 돈이 없어서 나는 푸커우에서 벗어날 길이 막막했어요. 더구나 한 켤레뿐인 구두마저 도둑이 훔쳐 갔으니 이런 난처한 꼴이 또 어디 있겠어요! 정말 어찌할 바를 몰랐습니다. 그러나 또다시 '천무절인지로(天無絶人之路)'라는 속담이 들어맞아 나는 행운의 손길을 잡았어요. 기차역 밖에서 후난 출신의 옛 친구를 만났는데, 그가 역시 '훌륭한 후원자'였음이 입증되었던 셈이지요. 그는 나에게 구두 한 켤레를 사 주고 상하이까지 기차표를 끊을 수 있는 돈을 빌려 주었어요. 그래서 나는 상하이까지 무사히 갈 수 있었는데, 상하이로 가는 동안 나는 새로 산 구두를 계속 열심히 지켰습니다. 상하이에 도착해 보니 학생들을 프랑스로 보내기 위해 많은 돈이 모금되어 있어서 나도 후난으로 돌아갈 경비를 지급 받았지요. 나는 증기선에 오른 친구들을 배웅하고 창사로 향했습니다.

화베이로 첫 여행을 할 때는 이런 유람을 했던 것으로 기억되는군요.

나는 둥팅호(洞庭湖, 동정호) 주변을 구경했고 바오딩부(保定府, 보정부)의 성벽을 따라 한 바퀴 빙 돌았어요. 얼음이 언 베이하이의 호수 입구 위를 걷기도 했고, 삼국지에 나오는 유명한 쉬저우(許州, 허주) 성벽과 역시 역사적으로 유명한 난징 성벽도 둘러보았습니다. 끝으로 타이산에 오르고 공자료를 찾아보았지요. 이러한 유람여행은 그동안의 여러 가지 모험과 후난성 일대의 도보여행에 견줄 만한 큰 보람이 있다는 생각이 들었습니다.

창사로 돌아온 뒤 나는 현실 정치 속에서 더욱 직접적인 역할을 떠맡았습니다. 5·4 운동[32] 이후 나는 대부분의 시간을 학생들의 정치활동에 바쳤고, 또 《상강평론(湘江評論)》의 편집장을 맡았어요. 《상강평론》은 후난 학생들의 기관지로서 화난 지역의 학생운동에 큰 영향을 미쳤습니다. 나는 또 창사에서 근대의 문화적, 정치적 경향을 연구하는 모임인 '문화서사(文化書社)'의 설립을 도왔어요. 이 모임과, 또 더욱 두드러지게는 '신민학회'가 당시 후난 독군(督軍)으로 있던 포악한 인물인 장징야오(張敬堯, 장경요)에게 맹렬하게 반대했어요. 우리는 그의 해임을 요구하는 학생 시위를 벌이고, 베이징과 또 쑨원이 그 당시 활동하고 있던 서남 지역에 대표단을 보내 장징야오에 반대하는 선전활동을 벌이게 했어요. 장징야오는 학생들의 이러한 반대활동에 대한 보복으로 《상강평론》을 탄압했습니다.

이 일이 있은 뒤 나는 '신민학회'를 대표하는 베이징으로 가서 반군벌 운동을 준비했습니다. '신민학회'는 장징야오에 대한 반대투쟁을 전반적인 반군벌 선동 활동으로 확대시켰고, 나는 이 활동을 촉진시키기 위해 통신사의 책임자가 되었습니다. 후난에서는 이 운동이 어느 정도 성공을 거두었지요. 즉 장징야오가 탄옌카이에 의해 허물어지고 창사에 새 정권이 들어섰습니다. 이 즈음 '신민학회'는 좌익과 우익의 두 파로 나뉘기 시작했는데, 좌익은 광범한 사회, 경제, 정치 개혁을 내용으로 한 강령을 주장하고 나섰습니다.

나는 1919년에 두 번째로 상하이에 갔습니다. 그곳에서 천두슈[33]와 다시 만났어요. 국립 베이징 대학에 근무할 때 처음 그를 만났는데, 천두슈

---

32 5·4 운동은 '2차 혁명'과 근대 중국민족주의의 발단으로 간주되고 있다.

는 아마 그 누구보다도 나에게 큰 영향을 미친 사람일 것입니다. 그때 후스도 만났는데, 그를 찾아갔던 것은 후난 학생들의 투쟁을 지지해 주도록 요청하기 위해서였지요. 나는 상하이에서 천두슈와 후난개조연맹을 결성하기 위한 계획안을 협의하고 창사로 돌아와 이 연맹을 조직하는 일에 착수했어요. 나는 창사에서 교사 자리를 얻었지만 '신민학회'에서 맡은 활동은 계속해 나갔습니다. '신민학회'는 그때 후난성의 '자립', 즉 자치를 요구할 계획을 세우고 있었어요. 우리는 베이징 정부에 혐오감을 느꼈고, 또 베이징과 관계를 끊고 나면 후난성이 더욱 급속하게 근대화할 수 있다고 믿었기 때문에 베이징으로부터 이탈하는 것을 지지하는 선전활동을 벌였지요. 나는 그때 미국의 먼로 독트린과 문호개방을 열렬하게 지지했습니다.

탄엔카이는 '후난자립' 운동을 자신의 목적에 이용한 자오헝티(趙恒, 조항척)라는 군벌에 의해 후난에서 축출되었습니다. 그는 중국 자치합중국이란 계획을 내세우면서 이 운동을 지지하는 체했으나, 권력을 장악하자마자 곧 이 민주적인 운동을 맹렬하게 탄압했습니다. 우리는 남녀동등권과 대의정부, 그리고 부르주아 민주주의 강령을 포괄적으로 승인해 줄 것을 요구했어요. 우리는 기관지《신호남(新湖南)》을 통해 그러한 개혁안을 공공연히 주장했습니다. 우리는 앞장서서, 성(省)의 회의 대의원 중 과반수가 군벌들이 임명한 지주와 호신들로 이루어져 있다고 공격했어요. 이 투쟁을 통해 우리는 무의미하고 과도한 문구들로 가득 찬 선전문과 기치들을 우리 스스로 내던져 버리게 되었습니다.

---

33 천두슈는 1879년 안후이성(安徽省)에서 태어나, 저명한 학자이자 평론가가 되었으며, 또 여러 해 동안 '문예부흥의 요람'인 국립 베이징 대학 문학부의 부장으로 재직했다. 그가 주관한《신청년》은 '죽은' 문어(文語), 즉 고전어 대신에 중국의 구어인 '백화(白話)'를 국어로 채택하는 운동을 시작했다. 그는 리다자오와 함께 중국에서 마르크스 연구를 촉진시킨 주도적인 인물이자 중국공산당의 발기인이기도 했다.

의회에 대한 공격은 후난에서 큰 사건으로 인식되어 통치자들에게 두려움을 안겨 주었습니다. 그러나 자오헝티는 권력을 잡자 자신이 지지했던 모든 계획안을 헌신짝처럼 내던졌고, 특히 민주주의에 대한 모든 요구를 맹렬하게 탄압했습니다. 이 때문에 우리 '신민학회'는 그에 반대하는 투쟁을 벌였어요. 나는 1920년 '신민학회'가, 러시아의 10월혁명(러시아 구력-옮긴이) 3주년을 기념하는 시위를 조직하던 때의 일화가 생각납니다. 이 시위는 경찰의 탄압을 받았어요. 몇몇 시위대원이 집회장에 적기(赤旗)를 게양하려 하자 경찰이 이를 금지시켰습니다. 그러자 시위대원들이 헌법 제12조에 따라 인민은 집회·결사·언론의 자유권을 갖는다고 지적했지만 경찰은 눈도 깜짝하지 않았어요. 경찰은 그들이 헌법 강의를 들으러 온 것이 아니라 자오헝티의 명령을 수행하기 위해 왔다고 응수했어요. 이때부터 나는 대중들이 집단행동을 통해 정치적 힘을 획득할 때에만 활기찬 개혁을 실현할 수 있는 보장을 받을 수 있다는 점을 더욱 굳게 믿게 되었습니다.[34]

1920년 겨울, 나는 처음으로 노동자들을 정치적으로 조직했고, 또 그런 활동 속에서 마르크스의 이론과 러시아 혁명사의 영향에 이끌려 가기 시작했습니다. 베이징을 두 번째 방문하는 동안 나는 러시아 사태에 관해 많은 것을 읽었고, 또 당시 중국어로 씌어진 공산주의 관계 문헌은 아무리 짧은 것이라도 가리지 않고 찾아 읽었습니다. 특히 세 권의 책이 내 머릿속에 깊이 새겨져 마르크스주의에 대한 튼튼한 확신을 심어 주었어요. 나는 이 책들을 통해 일단 마르크스주의를 역사에 대한 올바른 해석이라고 받아들인 후에는 이 믿음에 흔들림이 없었습니다. 세 권의 책은 천왕다오(陳望道, 진망도)가 번역해서 중국어로 출판된 최초의 마르크스주의

---

[34] 1920년 10월 마오쩌둥은 창사에 사회주의 청년단 지부를 조직했고, 또 린보취(林伯渠)와 함께 후난성에 직업별 노동조합을 만들려고 노력했다.

책인 『공산당 선언』과 카를 카우츠키의 『계급투쟁』, 토머스 커컵(Thomas Kirkup)의 『사회주의사(The history of socialism)』였어요. 나는 1920년 여름까지는 이론 면과 또 어느 정도는 실천 면에서 마르크스주의자가 되었고, 또 이때부터 나는 스스로 마르크스주의자라고 생각했습니다. 같은 해 나는 양카이후이와 결혼했습니다.[35]"

4. 국민당 시절

마오쩌둥은 이제 마르크스주의자가 되었지만 공산당원은 아니었다. 중국에는 아직 조직을 갖춘 공산당이 존재하지 않았기 때문이다. 천두슈는 이미 1919년에 베이징에 거주하는 러시아인을 통해 코민테른과 접촉했고 리다자오도 마찬가지였다. 코민테른 공인대표인 그레고리 보이틴스키(Gregori Voitinsky)가 러시아 공산당원인 양밍자이(楊明齊, 양명제)를 통역으로 대동하고 베이징에 처음 도착한 것은 1920년 봄이었다. 이들은 리다자오와 협의를 갖고, 또 그가 주도하는 마르크스주의 연구회의 회원들과도 만났던 것으로 보인다. 같은 해 제3인터내셔널―중국어로는 제3국제(國際)―의 네덜란드인 공작원으로서 정력적이고 설득력 있는 얀 헨리쿠스 스니블리트[⑩]가 천두슈와 협의를 갖기 위해 상하이로 왔는데, 그때 천두슈는 상하이에서 중국의 진지한 마르크스주의자들과 협의를 거듭하고 있었다. 1920년 5월 핵심적인 공산주의자 그룹을 조직한

---

[35] 마오쩌둥은 양카이후이와 함께한 생활에 대해 더 이상 말하지 않고 그저 처형되었다고만 밝혔다. 그녀는 국립 베이징 대학에 다녔고, 대혁명 중에는 청년운동의 지도자였을 뿐만 아니라 매우 적극적인 여성 공산주의자 가운데 한 사람이었다. 후난의 급진적인 청년들 사이에서는 이들의 결혼을 '이상적인 로맨스'라고 축하했다.

회의가 열렸는데, 그것을 소집한 이는 천두슈였다. 이 그룹의 몇 사람은 (베이징의 리다자오 그룹과 천두슈가 조직한 광둥의 다른 그룹, 산둥 및 후베이의 몇 그룹, 그리고 후난의 마오쩌둥 그룹과 함께) 그다음 해 (보이틴스키의 도움을 받아) 제1차 중국공산당대회(중국공산당 창당대회 겸 제1차 전국대표대회)를 소집한 상하이 회의의 발기인들이 되었다.

중국공산당이 햇수로 따져 1937년 현재에도 아직 소년기에 놓여 있음을 감안할 때 공산당의 업적을 하찮은 것으로 볼 수는 없었다. 중국공산당은 러시아를 제외하면 세계 최강의 공산당이며, 또 역시 러시아를 제외할 경우 자체의 군대를 보유하고 있는 유일한 공산당이었다.

또 다른 밤에 마오는 자신의 이야기를 이어나갔다.

"1921년 5월 중국공산당 창당대회에 참석하기 위해 상하이로 갔습니다. 이 조직에서는 천두슈와 리다자오가 지도적인 역할을 맡았는데, 두 사람은 다 같이 중국에서 가장 명민한 지도적 지식인들이었어요. 나는 국립 베이징 대학 도서관 사서 보조원으로 리다자오 밑에서 일하는 동안 마르크스주의에 급속하게 눈을 떠 갔고, 또 천두슈도 내가 그 방향으로 관심을 키워 나가는 데 도움이 되었습니다. 나는 두 번째로 상하이를 찾아갔을 때 내가 읽은 마르크스주의 책에 대해 천두슈와 의견을 나누었는데, 자신의 신념에 대한 그의 확고한 주장은, 아마도 내 생애에서 가장 결정적이었을 것이 분명한 그런 시기의 나에게 깊은 영향을 미쳤습니다.

상하이에서 열린 그 역사적인 회의(공산당 제1차 전국대표대회)에 참석한 후난 출신자는 나 말고는 다른 한 사람뿐[36]이었어요. 그 밖의 참석자

---

36 이 한 사람이 허쑤헝인데, 그는 마오쩌둥의 친구이자 신민학회를 함께 창설한 사람이었다. 그는 1935년 국민당군에 의해 처형당했다.

는 현재 홍군 군사위원회 부주석인 장궈타오, 바오후이썽(包惠僧, 포혜승), 저우포하이(周佛海, 주불해)⑪ 등이었습니다. 이 회의에 참석한 사람은 모두 12명이었습니다. 상하이 회의에서 당 중앙위원으로 선출된 사람들은 천두슈, 장궈타오, 천궁푸, 스춘퉁(施存統, 시존통. 현재 난징 정부의 관리), 선쉔루(沈玄廬, 심현려), 리한쥔(李漢俊, 이한준. 1927년 우한에서 살해[37]되었음), 리다(李達, 이달),* 리쑨(李孫, 이손. 나중에 처형되었음)이었습니다. 그해 10월 공산당 최초의 성(省) 지부가 후난에서 조직되어 나는 그 지부의 당원이 되었지요. 다른 성과 도시에서도 지부 조직이 만들어졌습니다. 허베이성의 공산당원 중에는 둥비우(董必武, 동필무. 현재 바오안의 공산당학교 교장),* 쉬바이하오(許白昊, 허백호), 스양(施洋, 시양. 1923년에 처형되었음)이 포함되어 있습니다. 산시(陝西)성 당에는 가오충우[高崇武, 고숭무. 일명 가오강(高崗, 고강)]*과 유명한 학생 지도자 몇 명이 당원으로 있었어요. 베이징(의 당 지부)에는 리다자오(1927년, 19명의 다른 베이징 지부 당원들과 함께 처형되었음), 뤄장룽, 류런징(劉仁靜, 유인정. 현재 트로츠키파로 있음), 그 밖의 인물들이 당원으로 있었어요. 광둥에는 현재 소비에트 정부의 재정부장으로 있는 린보취와 펑파이(彭湃, 팽배. 1927년에 처형되었음)*가 당원으로 있었지요. 왕진메이(王燼美, 왕신미)와 덩언밍(鄧恩銘, 등은명)은 산둥성 당 지부를 창설한 사람들입니다.

한편 프랑스에서도 고학생으로 유학한 많은 학생들이 중국공산당[38]을 만들었는데, 창립 시기는 중국 내의 조직 착수 시기와 거의 동일했어요. 이 당(공산주의 청년동맹)의 창설자는 저우언라이, 리리싼, 차이허썬의 부

---

37 여기에서 '살해' 또는 '처형'되었다는 것은, 1927년 이전이면 군벌정권에, 1927년 3월 이후면 국민당군 장군들의 손에 각각 피살된 것을 말한다.
38 처음 사회주의 청년단으로 시작되었던 공산주의 청년동맹을 말한다. 이 동맹에는 덩잉차오, 리푸춘과 그의 부인이 된 차이창 등이 회원으로 활동했다.

인인 샹징위(向警予, 향경여) 등이었어요. 리웨이한과 차이허썬은 프랑스 지부의 창설자가 되었지요. 중국공산당 지부는 독일에서도 조직되었는데, 조직 시기는 약간 늦었어요. 당원으로는 가오위한(高語罕, 고어한), 주더(현재 홍군 총사령관), 장선푸(張申府, 장신부. 현재 칭화 대학 교수)가 있었습니다. 모스크바에서는 취추바이(瞿秋白, 구추백)*가, 일본에서는 저우포하이가 각각 지부 창설자로 활약했어요.

   1922년 5월, 당시 내가 서기39로 있던 후난성 당 지부는 광부, 철도 노동자, 공공사업 종업원, 인쇄공, 정부 조폐국 노동자들 속에서 20개 이상의 노동조합을 조직했어요. 그해 겨울에는 강력한 노동운동을 벌이기 시작했습니다. 당시 공산당의 활동은 주로 학생과 노동자들에게 집중되고 농민들에게는 거의 눈을 돌리지 않았어요. 큰 광산에는 대부분 노동조합이 결성되었고 학생들은 거의 전원이 조직화되었습니다. 학생과 노동자, 양 전선에서는 수많은 투쟁이 전개되었지요. 1922년 겨울 후난성 성장 자오헝티가 황아이(黃愛, 황애)와 팡런취안(龐人銓, 방인전) 등 2명의 후난 노동자를 처형하도록 명령해 그를 배격하는 광범한 운동이 전개되었습니다. 처형된 황아이는 우익 노동운동의 지도자였습니다. 우익 노동운동은 공업학교 학생들을 지지 기반으로 삼고 우리와 대립하고 있었지만, 우리는 이 사건과 그 밖의 많은 투쟁에서 이들을 지지했습니다. 무정부주의자들도 당시 전(全)후난노동연합회 산하에 조직된 노동조합들에 상당한 영향을 미쳤어요. 그러나 우리는 타협과 절충을 통해 이들의 무모하고 쓸데없는 많은 활동을 저지시켰습니다.

---

39 마오쩌둥은 국민당 후난성 지부의 유력한 당원이기도 했다. 쑨원은 아돌프 이오페와 국공합작 협약을 맺은 뒤 국민당 내의 반공분자들을 은밀하게 숙청하기 시작했다. 쑨원은 오랜 동료인 린보취에게 마오쩌둥, 샤시와 함께 국민당을 재편성할 권한을 주었다. 이들은 1923년 1월경까지, 국민당 후난성 지부를 좌파의 급진적인 도구로 만들어 버렸다.

나는 자오형티를 반대하는 운동 조직을 지원하도록 상하이에 파견되었습니다. 그해 겨울(1922) 상하이에서 제2차 당전국대표대회가 소집되어 나는 이 대회에 참석할 계획이었어요. 그러나 대회가 열리는 장소의 이름을 잊었고, 또 대회에 참석할 다른 동지를 찾을 길이 없어 그만 참석하지 못했어요. 나는 후난으로 되돌아와 노동조합 내에서 활발한 활동을 계속했습니다. 그해 봄에는 임금인상과 처우개선, 노동조합 인정을 요구하는 파업이 수없이 일어났습니다. 이러한 파업투쟁은 대부분 성공을 거두었어요. 5월 1일, 후난 전역에서 총파업이 단행되었는데, 이 투쟁은 중국 노동운동에서 전례 없는 힘을 과시한 사례였습니다.

공산당 제3차 전국대표대회는 1923년(5월) 광저우에서 개최되었는데, 국민당에 입당하여 함께 힘을 합쳐서 북방 군벌들에 대항하는 연합전선을 결성한다는 역사적인 결의가 이루어졌습니다.[12] 나는 상하이로 가서 당 중앙위원회에서 활동했어요. 다음 해 봄(1924), 나는 광저우로 가서 국민당 제1차 전국대표대회에 참석했습니다. 3월에는 상하이로 되돌아와 공산당 집행부(중앙위원회)의 일과 상하이의 국민당 집행부(중앙집행위원회) 위원 일을 겸임했어요. 당시 국민당 집행부의 위원으로는 왕징웨이(汪精衛, 왕정위. 후에 난징 정부 수반)*와 후한민(胡漢民, 호한민)이 있었는데, 나는 이들과 함께 공산당과 국민당의 정책을 상호 조정하는 일을 맡았습니다. 그해 여름엔 황푸 군관학교가 설립되었어요. 갈린(Galin)이 이 학교의 고문으로 취임했고, 다른 소련 고문들도 러시아에서 도착해 국공합작은 전국적인 혁명운동의 규모를 갖추기 시작했습니다. 그해 겨울 나는 쉬기 위해 후난으로 돌아왔는데[13]—나는 상하이에서 병에 걸렸어요—이때 후난에 머물면서 나는 이 성(省)에 대규모 농민운동의 핵심을 조직했습니다.

그때까지 나는 농민들 속에서 전개된 계급투쟁의 심각성을 제대로 인식하지 못했는데, 후난 농민들은 5·30 사건(1925)[40] 이후와 이 사건에 뒤이어 벌어진 거대한 정치활동의 격랑 속에서 대단한 호전성을 보였습니다. 나는 휴식을 취하던 집에서 나와 농민을 조직하는 운동을 시작했어요. 몇 달 만에 우리는 20개 이상의 농민조합을 만들었어요. 이런 활동이 지주들을 격분시켰고 이들은 나를 체포하라고 요구했어요. 자오헝티가 나를 체포하도록 군대를 보내 나는 광저우로 도망가지 않을 수 없었습니다. 내가 광저우에 도착했을 때는 황푸 군관학교 학생들이 원난 군벌 양시민(楊希閔, 양희민)과 광시 군벌 류전환(劉震寰, 유진환)을 막 격파해 광저우와 국민당은 굉장히 낙관적인 분위기에 휩싸여 있었어요. 쑨원이 베이징에서 서거한 후 장제스는 제1군 사령관이 되었고 왕징웨이는 정부 주석에 취임했지요.

나는 (왕징웨이가 책임자로 있는) 국민당 선전부 간행물인 《정치주보》의 편집인이 되었습니다. 이 주보는 나중에 다이지타오(戴季陶, 대계도)를 중심으로 한 국민당 우파를 공격해서 이들의 신뢰를 실추시키는 데 매우 적극적인 역할을 했습니다. 나는 또 농민운동 조직가의 양성(농민운동강습소)[41]을 책임지고 이를 위한 교육과정을 열었는데, 이 강습에는 21개 성의 대표들과 네이멍구의 학생들이 참여했어요. 광저우에 온 지 얼마 안 되어 나는 국민당의 선전부장이 되었고, 또 중앙위원회 후보위원으로 선출되

---

[40] 공산당과 국민당은 1925년 상하이 최초의 노동조합연맹을 조직했는데, 이 연맹은 상하이 공동조계의 치외법권 종식과 중국 주권 밑으로의 복귀를 요구하는 '5.30 시위'를 주도했다. 이때 영국 조계 경찰이 시위자들에게 발포하여 여러 명이 목숨을 잃었는데, 이에 자극을 받아 '영국 상품 불매운동'이 일어났다. 이 연맹활동의 지도적 인물은 류사오치와 천윈(陣雲)이었다. 약전표 참조.
[41] 1925년 마오쩌둥은 펑파이가 그 전해에 광저우에 설립한 농민운동강습소의 주임으로 취임했다. 이 강습소에는 저우언라이도 강사로 참여했다. 마오쩌둥의 동생인 마오쩌민(毛澤民)도 강습생 중의 한 사람이었는데, 강습생은 상당수가 후난 출신자들이었다. 그 이유는 아마 마오쩌둥이 주도하는 성(省) 당위원회에서 많은 강습생을 뽑아 보냈기 때문인 듯하다. 이 강습소는 《중국농민》이라는 간행물을 발간했다.

었어요. 그때 린보취는 국민당 농민부장이었고, 다른 공산당원인 탄핑산은 노동부장이었습니다.

나는 점차 많은 글을 쓰면서 공산당의 농민운동에 특별한 책임을 맡게 되었습니다. 나는 후난 농민의 조직화를 연구하고 실천하던 경험을 바탕으로 「중국 사회 각 계급 분석」과 「자오헝티의 계급적 기반과 우리의 임무」라는 두 편의 논문[18]을 썼습니다. 천두슈는 공산당 주도하의 급진적인 토지정책과 강력한 농민 조직화를 제창한 나의 첫 번째 논문의 견해에 반대하여 이를 공산당 중앙기관지에 발표하는 것을 거부했어요. 이 논문은 나중에 광저우에서 발행되는 《중국농민》과 잡지 《중국청년》에 발표되었습니다. 두 번째 논문은 후난에서 작은 책자로 발표되었어요. 나는 이 무렵 천두슈의 우경 기회주의적 정책과 의견이 대립하기 시작해 그 이후 점차 멀어졌는데, 우리 사이의 싸움은 1927년에 절정에 이르게 되었습니다.

나는 장제스가 광저우에서 첫 쿠데타를 기도했던 1926년 3월까지 그곳 국민당에서 계속 일했습니다. 나는 국민당 좌우파가 서로 화해하고 국공(國共) 간의 결속이 재확인된 뒤인 1926년 봄에 상하이로 갔습니다. 국민당 제2차 전국대표대회가 장제스의 주도로 그해 5월에 개최되었어요.[42] 나는 상하이에서 공산당 농민부를 이끌었는데, 그곳에서 (국민당과 공산당의) 농민운동 조사관으로 후난에 파견되었어요.[43]

한편 국민당과 공산당이 연합전선을 펴는 가운데 1926년 가을에 역사적인 북벌이 시작되었습니다.

---

42 마오쩌둥은 국민당 제2차 전국대표대회에 참석해서 중앙집행위원회 후보위원으로 다시 뽑혔다. 당시 공산당원으로 국민당 중앙집행위원회에 참여한 인원은 집행위원회 총원의 3분의 1이었다.
43 국민당 농민부는 이 기구가 생긴 이래 계속 공산당원들이 부장직을 맡아 왔다. 마오쩌둥은 5명의 공산당원 농민부장 중 마지막 부장이었는데, 그는 이 당시 만들어진 공산당 농민부의 초대회장(1926년 5~10월)을 지냈다.

후난에서 나는 창사, 리링(醴陵, 예릉), 샹탄, 헝산(衡山, 형산), 샹샹 등 5개 현의 농민조직과 정치 상황을 조사해서 중앙위원회에 보고서(「후난성 농민운동시찰보고서」[15])를 제출하면서 농민운동에 대한 새로운 노선을 채택하도록 촉구했습니다. 이듬해 초봄 나는 성간(省間) 농민회의가 열린 우한에 도착해, 회의에 참석해서 광범한 토지 재분배를 권고하는 내용이 담긴 내 논문의 제안들을 논의했습니다. 이 회의에는 펑파이, 팡즈민(方志敏, 방지민),* 그리고 졸크와 볼렌이라는 두 소련 공산당원이 참석했어요. 이 회의에서는 공산당 제5차 전국대표대회에 제출할, 내 제안을 채택하는 결의안이 통과되었어요. 그러나 중앙위원회는 이 제안을 거부했습니다.

1927년 5월 공산당 제5차 전국대표대회가 우한에서 개최되었을 때 당은 여전히 천두슈가 지배하고 있었습니다. 장제스가 이미 반혁명을 일으키고 상하이와 공산당을 공격하기 시작했는데도 천두슈는 우한의 국민당에 대해 계속 자제하고 양보하는 입장을 취했습니다. 그는 온갖 반대를 억누르고, 우경화한 기회주의적 소(小)부르주아 정책을 따랐어요. 나는 그때 당 정책, 특히 농민운동에 대한 정책에 큰 불만을 품었어요. 지금 생각해 보면 그때 농민운동이 지주에 대한 계급투쟁에서 더 철저한 조직과 무장을 갖추었더라면 소비에트 조직은 전국적으로 더 빨리, 또 훨씬 강력하게 발전했을 것입니다.

그러나 천두슈는 이에 대해 맹렬히 반대했어요.[44] 그는 농민의 혁명적 역할을 이해하지 못했고, 이 시기 농민들 속에 잠재된 가능성을 지나치게 과소평가했습니다. 이에 따라 대혁명에 위기가 임박한 상황에서 개최된 제5차 전국대표대회는 적절한 토지계획안을 통과시키지 못했지요. 농민

---

44 스탈린도 천두슈와 마찬가지로 반대했다. 마오쩌둥은, 스탈린의 지시에 따라 토지몰수의 대상을 '인민의 적'인 대지주들로 한정시키는 결의가 통과되었던 제5차 공산당 전국대표대회 마지막 회의에는 참석하지 않았다.

투쟁을 급속하게 강화시키자는 내 의견은 토의조차 되지 않았어요. 역시 천두슈가 장악하고 있던 중앙위원회가 내 의견의 심의를 거부했기 때문입니다. 당대회는 500무 이상[45]의 토지를 소유한 농민을 지주로 규정함으로써 토지 문제를 소홀하게 처리해 버렸는데, 이러한 규정은 계급투쟁을 발전시켜 나갈 기초로서는 전혀 부적절하고 비현실적일 뿐만 아니라 중국의 특수한 농촌경제의 성격을 완전히 도외시한 것이었어요. 그러나 이 대회가 끝난 후 전국농민협회가 조직되었고 내가 초대 회장이 되었습니다.

1927년 봄까지 후베이, 장시, 푸젠성과 특히 후난성의 농민운동은 공산당의 미온적인 태도에도 놀랄 만큼 호전성을 띠게 되어 국민당에게 큰 불안을 안겨 주었습니다. 국민당의 고위 관리와 군사령관들은 농민조합을 '깡패조합'으로 지칭하고, 이들의 행동과 요구조건이 지나치다고 단정하면서 이것을 탄압하도록 촉구하기 시작했어요. 천두슈는 후난에서 일어난 일부 사태에 대한 책임을 추궁하고 내 의견에 맹렬하게 반대하면서 내가 그곳에서 손을 떼도록 만들었습니다.[46] 4월에 난징과 상하이에서 반혁명 운동이 벌어지면서 장제스 지휘 아래, 조직을 갖춘 노동자들에 대한 대학살이 자행되었습니다. 똑같은 학살이 광저우에서도 벌어졌어요. 5월 21일 후난에서는 쉬커샹(許克祥, 허극상)의 폭력적인 탄압이 자행되어 수십 명의 농민, 노동자들이 반동분자들의 손에 살해되었어요. 그 직후에 우한의 국민당 좌파 정부는 공산당과 맺은 협약을 파기하고 국민당과 정부 내에서 공산당원들을 '축출'했는데, 그 이후 우한 정부는 곧 소멸되었습니다.

그때 많은 공산당 지도자들은 당의 명령에 따라 중국을 떠나거나 소

---

45 500무는 1마지기 200평 기준으로 500마지기에 해당하는 전답으로, 중국 농민 1인당 평균 경작지의 약 100배나 된다.
46 마오쩌둥은 대규모 소유농지를 모조리 몰수해야 한다는 후난농민조합의 결의를 지지(또는 제안)했다.

련으로 가거나 또는 상하이와 그 밖의 안전한 곳으로 도피했습니다. 나는 쓰촨성으로 가라는 명령을 받았지요. 나는 천두슈에게 쓰촨 대신에 성(省)위원회 서기로 후난성으로 보내 달라고 설득했는데, 그는 불과 열흘 후 내가 당시 우한의 지배자인 탕성즈에 반대하는 봉기를 조직하고 있다고 비난하면서 즉시 돌아오라는 명령을 내렸어요. 당의 업무는 그때 혼란 상태에 빠져 있었습니다. 거의 모든 당원들이 천두슈의 지도력과 기회주의적인 노선에 반대했어요. 그 뒤 얼마 안 되어 우한에서 합작협정이 와해되면서 그는 몰락하고 말았습니다."

5. 소비에트 운동

나는 많은 논란을 불러일으킨 1927년 봄의 사태에 관해 마오쩌둥과 나눈 대화 내용은 여기에서 언급할 만한 관심거리가 된다고 생각한다. 그 내용은 마오가 나에게 지적한 것처럼, 그의 자서전의 일부가 아니라 모든 중국공산당원들의 생애에 전환점 구실을 한 체험적 상황에 대한 개인적인 회고로서 중요한 의미가 있었다.

나는 1927년의 공산당의 실패와 우한 연립정부의 패배, 그리고 난징 독재의 완전 승리에 대해 가장 큰 책임을 져야 할 사람이 누구인지 물었다. 마오는 가장 큰 책임을 천두슈에게 돌리고 "흔들리는 그의 기회주의로 말미암아 당은 더 이상의 타협이 분명 파멸을 의미하던 순간에 단호한 지도력과 그 자체의 명백한 노선을 상실했다"라고 지적했다.

그가 천두슈 다음으로 패배의 책임이 있다고 지목한 사람은 러시아인 수석 정치고문으로 소련 정치국과 직접 연결되어 있던 미하일 마르코비치 보로딘이었다. 마오는 보로딘이 태도 변화를 뒷받침할 만한 아무런 논리적 근거도 없이, 1926년에는 철저한 토지 재분배에 찬성했다가 1927년에는 강력하게 반대하는 식으로 자신의 입장을 완전히 뒤바꾸었다고 설명했다. 마오가 말했다. "보로딘이 천두슈보다 그저 약간 우파 쪽으로 치우친 입장이었어요. 그는 부르주아를 만족시키기 위해서는 무슨 일이라도, 심지어 노동자들을 무장해제시키는 일까지도 불사할 용의를 갖추었고, 중국에서는 실제로 무장해제를 지시했습니다." 인도인 코민테른 대표 M. N. 로이(M. N. Roy)는 "천두슈와 보로딘보다 약간 좌파적인 입장에 서 있었지만 그저 그런 입장에 서 있었을 뿐"이었다. 마오에 따르면, 로이는 "말을 할 수는 있으나 실현시킬 어떤 방법을 제시하지 않고 지나치게 말을 많이 했다"라고 한다. 객관적으로 볼 때 로이는 바보였고 보로딘은 어설픈 사람이었으며, 천두슈는 무의식적인 배반자였다고 마오는 생각했다. "천두슈는 노동자들과 특히 무장한 농민들에게 정말 겁을 먹었습니다. 끝내 무장반란이란 현실에 당면하자 그는 완전히 판단력을 잃고 말았어요. 그는 전개되는 상황을 더 이상 명확하게 파악할 수 없었고, 소부르주아적 본능은 자신을 기만하여 공포와 패배의 구렁텅이로 몰아넣었습니다."

마오는 그 당시 천두슈가 당을 마음대로 쥐고 흔드는 완전한 독재자로서, 심지어 중앙위원회와 협의도 하지 않은 채 극히 중대한 결정들을 제멋대로 내렸다고 주장했다. "그는 코민테른의 지시를 다른 당지도자들에게 보이지 않거나 또는 우리들과 지시 내용을 협의조차 하지 않았습니다."[16] 그러나 국민당과 결별하도록 강요한 것은 결국 로이였다. 코민테른은 보로딘을 통해 제한적인 범위 안에서 지주의 토지를 몰수하는 작업을 시작하라고 당에 지시했다. 로이는 이 지시문의 사본을 얻어 당시 우한의 국민당 좌파정부 수반인 왕징웨이에게 곧바로 보였다. 이 분별없는 행위[17]가 어떤 결과를 몰고 왔는지는 이미 잘 알려져 있다. 공산당원들은 우한 정부에 의해 국민당에서 축출되었고, 우한 정부는 지방 군벌들의 지지를 상실하면서 이내 와해되었으며, 다시 지방 군벌들은 이제 장제스와 타협하면서 안전을 모색하게 되었던 것이다. 보로딘과 다른 코민테른 요원들은 소련으로 도주했다. 그들은 또 그곳에 도착하자마자, '반대파'가 분쇄되고 트로츠키의 '영구혁명'이 불신의 대상이 되면서 스탈린이 '일국 사회주의 건설'에 열을 올리는 상황을 목격하게 되었다.

공산당이 국민당과 분열되기 이전에 더욱 적극적인 토지몰수정책을 실행하고 노동자와 농민들을 대상으로 공산군을 창설했다 할지라도, 마오쩌둥은 1927년의 반혁명은 좌절되지 않았을 것이라고 생각했다. "그렇지만 소비에트는 남부에서 훌륭한 출발을 하고 또 그 이후 절대로 분쇄되지 않을 근거지를 확보할 수는 있었을 것입니다."

자신의 생애를 회고하는 마오의 이야기는 이제 소비에트 운동에 착수하던 때에 이르렀다. 그것은 혁명의 잔해를 떨쳐 버리고 일어나 패배 속에서 승리를 쌓아 나가는 투쟁의 시기였다. 그는 이야기를 이어나갔다.

"1927년 8월 1일, 허룽과 예팅이 지휘하는 제20군은 주더와 힘을 합쳐 역사적인 난창 봉기를 일으켰고, 이를 계기로 나중에 홍군을 만드는 최초의 모태가 조직되었습니다. 1주일 뒤인 8월 7일, 당 중앙위원회 임시회의(긴급회의)가 소집되어 천두슈를 당 총서기직에서 해임했어요. 나는 1924년 광저우에서 열린 제3차 전국대표대회 이래 당 정치국원으로 있었기 때문에 이러한 결정에 적극적으로 참여했습니다. 이 회의에 참석한 다른 10명 가운데는 차이허썬, 펑파이, 장궈타오, 취추바이[47] 등이 있었습

---

[47] 이 회의에서 '우파노선'으로 규탄 받고 정치국에서 추방된 천두슈 대신에, 취추바이가 정치국 총비서로 선출되었다.

니다. 이 회의에서 당은 새로운 노선을 채택했고, 당분간 국민당과 협력하는 희망은 일체 포기하기로 했습니다. 국민당은 이미 속절없는 제국주의의 도구로 전락되어 민주주의 혁명의 책임을 수행할 수 없었기 때문입니다. 이제 장기적이고 공개적인 권력투쟁이 시작되었습니다.

나는 나중에 추수 봉기로 알려졌던 운동을 준비하기 위해 창사로 파견되었습니다. 창사에서 벌일 내 활동계획은 다섯 가지 목표를 실현시키는 것이었습니다. (1) 성당(省黨)을 국민당으로부터 완전히 단절시키고, (2) 농민·노동자 혁명군을 조직하며, (3) 대지주는 물론, 중·소 지주의 재산을 몰수하고, (4) 국민당과 별개인 공산당의 권력 기반을 후난에 구축하며, (5) 소비에트를 조직하는 것입니다. 당시 코민테른은 다섯 번째 목표에 반대했기 때문에 이 목표를 슬로건으로 표면화시킨 것은 얼마가 지난 후였습니다.

우리는 9월에 이미 광범한 봉기를 조직하는 데 성공했고, 최초의 노농군(勞農軍) 부대도 만들었습니다. 노농군은 농민과 한양 지역 광부, 국민당의 반란군 등 세 부류의 사람들을 대상으로 모집했어요. 이 초기의 혁명군사력에는 '노농 제1군 제1사단'이란 이름이 붙여졌습니다. 제1사단의 1연대는 한양 지역 광부들[48]로 편성되었고, 2연대는 후난성의 핑장(平江, 평강), 류양(瀏陽, 유양), 리링과 다른 2개 현의 농민보위대 중에서 편성했고, 3연대는 왕징웨이에 반란을 일으킨 우한 수비대의 일부로 조직했습니다. 이 군대는 후난성 당위원회의 승인을 받아 조직되었지만 당 중앙위원

---

48 한양 지역의 광부들은 마오쩌둥, 류사오치, 천원이 조직했다. 마오는 노농군과 병사 소비에트 및 인민위원회를 만들 때 중앙위원회의 관여를 받지 않고 독자적으로 행동했는데, 이 때문에 견책당했다. 그가 최초의 병사 소비에트를 만들었을 즈음에는 코민테른 노선이 다시 바뀌었다. 1927년 11월, 중앙위원회는 '우파노선'을 추구했다는 이유로 마오를 정치국에서 추방했다. 그해 겨울 마오가 징강산에서 수행한 기본 공작은 모두 '불법적인' 것으로 간주되었는데, 그는 몇 개월 동안 자신의 공작이 당에 의해 불법시되고 있다는 점을 몰랐다. 마오는 1928년 6월에 복권되었다.

회는 후난성 당위원회와 우리 군대의 전반적인 계획에 반대했어요. 그러나 적극적인 반대라기보다는 관망하겠다는 방침을 세운 것 같았어요.

나는 군대를 조직하고 한양 광산의 광부들과 농민보위대 사이를 왕래하다가 어느 날 국민당과 협력하는 민단(民團)에 붙잡혔습니다. 당시 국민당의 테러 행위는 그 절정에 이르러 공산주의자로 혐의를 받은 수백 명이 총살당했습니다. 나를 민단본부로 끌고오라는 지시가 떨어졌는데, 그곳에 가면 살해당할 것이 뻔했지요. 그래서 나는 어느 동지에게 수십 위안의 돈을 빌려 나를 풀어주도록 호위병들에게 뇌물을 썼어요. 일반 병사들은 용병이나 다름없었기 때문에 내가 살해되는 데 별다른 관심이 없어서 나를 풀어주는 데 찬성했지만 담당 장교는 이를 거부했어요. 그래서 나는 도망치기로 결심했습니다. 하지만 기회가 없어 기다리다가 민단본부에서 약 200미터쯤 떨어진 곳에 와서 기회를 잡았습니다. 나는 그 지점에서 도망쳐 들판으로 달렸습니다.

나는 주위에 풀이 제법 높이 자란 어느 연못 위의 높은 곳에 이르러 그곳에서 해가 질 때까지 숨어 있었습니다. 병사들이 나를 추적하다가 나중에는 농민들 몇 사람까지 동원해서 수색했어요. 이들은 내가 숨어 있는 곳으로 여러 차례나 가까이 다가왔고 한두 번은 거의 몸이 닿을 정도까지 접근해 와서, 이제 꼼짝없이 다시 잡히는구나 싶어 대여섯 차례나 희망을 포기했지만 용케도 나는 발각되지 않았습니다. 날이 어두워지자 이들은 마침내 수색을 포기했어요. 나는 즉시 산을 넘어 밤새도록 걸었습니다. 신발이 없어서 두 발은 상처가 심하게 났어요. 길에서 나는 어느 농부를 만났는데, 그가 나를 도와 숨을 곳을 마련해 주고 나중에 나를 가까운 현으로 안내해 주었어요. 나는 호주머니에 있는 7위안으로 신발과 우산을 사고 음식을 사 먹으며, 마침내 농민보위대에 안전하게 도착했지요. 그때 호주머니에는 동전 두 닢밖에 남아 있지 않았습니다.

제1사단이 창설되면서 나는 당 전선위원회의 주석이 되었고, 제1군사령(관)은 우한 수비대 지휘관 중의 한 사람이었던 위사두(余酒度, 여쇄도)가 맡았습니다. 그러나 위사두는 부하들의 태도 때문에 다소 억지로 사령관직을 맡았어요. 그는 얼마 지나지 않아 도망쳐서 국민당에 가담했는데, 현재 난징에서 장제스를 위해 일하고 있습니다.

이 소규모 군대는 농민 봉기를 일으키면서 후난성을 따라 남쪽으로 이동했습니다. 남하 도중 수천 명의 국민당군을 돌파하지 않으면 안 되었고, 또 많은 전투를 겪으면서 여러 차례 패배도 맛보았지요. 군기는 엉망이었고 정치훈련 수준도 낮았으며, 장교와 사병들 속에는 동요하는 사람들도 많았어요. 도망가는 장병들도 상당수 있었습니다. 위사두가 도망친 뒤 부대는 닝두(寧都, 영도)에서 재편성되었어요. 정하오(鄭豪, 정호)가 약 1개 연대 규모인 잔존 부대의 지휘관이 되었는데, 그도 나중에 배신했어요. 그러나 이 최초의 군대 중 상당수는 끝까지 충실하게 남아 현재도 홍군에서 근무하고 있습니다. 예를 들면 제1군단의 정치위원인 뤄룽환(羅榮桓, 나영환)*과 현재 군사령관으로 있는 양뤄수(楊洛漱, 양낙수)가 그런 사람들입니다. 이 소부대가 마침내 징강산에 들어갔을 때는 병력 총수가 약 1천 명에 불과했어요.⑲

추수 봉기 계획이 당 중앙위원회의 찬성을 얻지 못했고, 제1군이 다소 심각한 패배를 당했으며, 또 도시 중심의 관점에서 살펴볼 때 이 운동이 실패로 끝날 것이 뻔해 보였기 때문에, 중앙위원회는 이제 나와의 관계를 완전히 끊어 버렸습니다.⁴⁹ 나는 정치국 위원직에서 해임되었고 당 전선위원회에서도 쫓겨났어요. 후난성 당위원회도 우리를 '소총운동'이라고

---

49 마오쩌둥은 중앙위원회로부터 세 차례 징계를 받고 세 차례나 추방당했다. 약전표 중 장궈타오 부분 참조.

빈정대면서 비난을 퍼부었어요. 그럼에도 우리는 스스로 올바른 노선을 따르고 있다고 확신하면서 징강산에 계속 군대를 결집시켜 놓았는데, 그 이후에 벌어진 사태는 우리의 생각이 옳았음을 충분히 입증시켜 주었습니다. 새로운 보충병이 계속 들어오면서 원래의 사단 규모를 다시 갖추게 되었습니다. 이제는 내가 지휘관이 되었습니다.

1927년 겨울부터 1928년 가을까지 제1사단은 징강산을 근거지로 삼았습니다. 1927년 11월에는 후난성 경계 지역인 차링(茶陵, 다릉)에 최초의 소비에트를 세우고 아울러 선출 과정을 통해 최초의 소비에트 정부를 수립했습니다.[50] 주석으로는 두쭝핑(杜宗平, 두종평)이 취임했어요. 이 소비에트와 그 이후에 조직한 소비에트에서, 우리는 느리지만 꾸준한 발전을 이룩한다는 온건한 방침 아래 민주적인 계획을 추진해 나갔습니다. 징강산은 이런 방침 때문에 당내의 강공주의자들로부터 비난을 받았는데, 이들은 지주들의 기를 꺾기 위해 습격, 방화, 살해 등 테러를 감행하는 정책을 써야 한다고 요구했습니다. 제1군 전선위원회는 그러한 전술을 거부해 성급한 사람들로부터 '개량주의 집단'이라는 낙인이 찍혔지요. 나도 이들로부터 더욱 '급진적인' 정책을 실행하지 않는다고 해서 심한 공격을 받았습니다.

징강산 근처에는 왕쭤(王佐, 왕좌)와 위안원차이(袁文才, 원문재)라는 산적 두목을 지낸 두 사람이 있었는데, 이들이 1927년 겨울에 홍군에 가담했습니다. 이들이 가담하면서 병력은 약 3개 연대 규모로 불어났어요. 왕쭤와 위안원차이는 다 같이 연대장이 되었고, 나는 군사령관이 되었습니다. 이 두 사람은 비록 산적 노릇은 했어도 국민혁명을 위해 휘하 무리를 이끌고 혁명 대열에 참여했는데, 이제는 반동세력과 싸울 결의를 갖추고

---

50 같은 달에 펑파이가 하이루펑(海陸風)에 소비에트를 수립했으나 이내 분쇄되었다.

있었어요. 내가 징강산에 머물러 있을 때는 이들도 충실한 공산주의자가 되어 당의 명령을 잘 수행했습니다. 그러나 나중에 징강산에 이들만 남겨놓자 다시 산적 노릇을 했습니다. 이 때문에 그들은 농민들에게 살해되었는데, 그 당시에 이르러 농민들은 조직을 갖추고 소비에트화하여 스스로 지킬 수 있는 힘을 갖추고 있었습니다.

1928년 5월, 주더가 징강산에 도착하여 우리는 두 병력을 합쳤습니다. 우리는 함께[제1차 마오핑(茅坪, 모평) 회의[51]에서] 6개 현에 소비에트 지구를 건설하고, 후난성, 장시성, 광둥성의 접경지역 일대에 공산세력을 점차 착실하게 다지고 강화시키며, 또 이를 근거지로 삼아 더 넓은 지역으로 세력을 확대시키는 계획을 내세우는 당의 권고안과는 대립되는 것이었어요. 주더와 나는 군 내부에서 대두되고 있는 두 가지 경향과도 싸우지 않으면 안 되었습니다. 즉 하나는 당장 창사(후난성 성도)로 진격하고자 하는 욕구이고, 다른 하나는 광둥성 남쪽 경계 지역으로 후퇴하고 싶어 하는 것이었는데, 우리는 전자를 '모험주의'로, 후자를 '퇴각주의(투항주의)'로 생각했습니다. 당시 우리들이 판단한 대로 우리의 주요 임무는 토지를 분배하는 것과 소비에트를 수립하는 것 두 가지였습니다. 우리는 백구와 자유롭게 교역하는 것을 허용하고, 적군 포로를 관대하게 처우하며, 또 대체로 민주적인 온건한 입장을 따른다는 방침이었어요.

1928년 가을 징강산에서 대표자회의(제2차 마오핑 회의)가 열려 징강산 북부의 여러 소비에트 지구에서 대표들이 참석했습니다. 소비에트 지구의 당원들 간에는 앞서 밝힌 목표들에 대해 여전히 의견이 엇갈리고 있었

---

51 이 회의에서 마오쩌둥과 주더는 린뱌오, 천이(陳毅), 샤오커(蕭克), 허창궁(何長工), 탄전린(譚震林), 장원빈(張文彬), 샤시, 그 밖의 다른 사람들과 연합, 단결하여 처음에는 코민테른의 지지를 받는 정치국 지도자 리리싼과 그 후에는 '28명의 볼셰비키'로 지칭되는 모스크바 유학생 그룹이 가해 오는 온갖 압력에 대항했다. 6장과 약전표 참조.

는데, 이 회의에서는 그러한 견해 차이를 기탄없이 드러내어 철저한 토론을 거쳤어요. 이러한 기반 위에서는 우리의 장래가, 겨우 존립을 유지하는 정도의 한계에 직면할 것이라는 것이 소수파의 주장이었고, 다수파는 현재의 방침에 확신을 표명했습니다. 결국 소비에트 운동이 승리를 거둘 것이라고 천명하는 결의안이 제출되어 쉽사리 통과되었습니다. 그러나 당 중앙위원회는 아직도 이 운동을 승인하지 않았어요. 승인은 1928년 겨울에 가서야 비로소 떨어졌는데, 이때 모스크바에서 개최된 중국공산당 제6차 전국대표회의 회의록이 징강산에 전달되었습니다.

주더와 나는 6차대회에서 채택된 새 노선에 전폭적으로 동의했습니다.[20] 그 이래 당 지도자들과 농촌 지역에서 소비에트 운동을 벌이는 지도자들 간의 견해 차이는 해소되었고, 당의 화합도 재확립되었어요.

6차대회의 결의는 1925~27년의 혁명과 난창 봉기, 광저우 봉기, 추수 봉기의 체험을 개괄한 것이었습니다. 이 결의는 농민운동에 주력하는 것을 승인하는 것으로 결론을 맺었어요. 한편 이즈음 홍군은 중국 곳곳에서 등장하기 시작했어요. 1927년 겨울에는 후베이성 서부와 동부 지역에서 봉기가 일어나, 이것이 새로운 소비에트 건설의 토대 구실을 했습니다. 후베이성 서부에서는 허룽이, 동부에서는 쉬하이둥(徐海東, 서해동)*이 각각 독자적인 노농군을 만들기 시작했어요. 쉬하이둥의 활동 지역은 어위완(鄂豫皖, 악예환) 소비에트[52]가 되었는데, 나중에 쉬샹첸(徐向前, 서향전)*과 장궈타오가 이 소비에트로 갔어요. 팡즈민과 사오스핑(邵式平, 소식평)도 1927년 겨울 푸젠성에 인접한, 장시성 동북 경계 지역에서 농민운동을 벌이기 시작했는데, 나중에 이 지역이 발전하여 강력한 소비에트 근거지가 되었습니다. 광저우 봉기가 실패로 끝난 뒤 펑파이는 자신을 따르는

---

52 9부 1장 참조.

일부 병력을 이끌고 하이루펑으로 가서 소비에트를 만들었지만 성급한 강공책(强攻策)을 좇다가 이내 궤멸되었습니다. 그러나 일부 병력은 구다춘(古大存, 고대존)*의 지휘 아래 이 지역에서 빠져나와 주더와 나와 연계를 맺어 나중에 홍군 제11군의 모체가 되었어요.

1928년 봄에는 리원린(李文林, 이문림)과 리사오주(李韶九, 이소구)가 지휘하는 유격대가 장시성 싱궈(興國, 홍국)와 퉁구(銅鼓, 동고)에서 활동을 벌였어요. 이 운동은 지안(吉安, 길안)을 근거지로 삼았는데, 이 유격대가 나중에 제3군의 중심이 되었고, 이 지역 자체는 중앙 소비에트 정부의 거점이 되었어요. 푸젠성 서부에서는 장딩청(張鼎丞, 장정승),[53] 덩쯔후이(鄧子恢, 등자회),* 그리고 나중에 사회민주주의자가 된 푸바이추이(傅柏翠, 부백취)가 소비에트를 만들었습니다.

징강산에서 '투쟁과 모험주의가 대립'되던 시기에 제1군은 이 산을 탈환하려는 백군의 두 차례 공격을 격퇴시켰습니다. 징강산은 우리가 키워 온 것과 같은, 기동성 있는 군대에게는 훌륭한 기지란 것이 입증되었어요. 그곳에는 천혜의 방어물이 잘 갖추어져 있을 뿐만 아니라 소규모 군대를 먹여 살릴 만한 농작물을 수확할 수 있었어요. 징강산은 둘레가 500리에, 직경이 80리쯤 되는 산으로, 인근에는 대소오정(大小五井)으로 알려져 있습니다. 그곳은 오랫동안 사람이 살지 않은 황폐한 산인데, 대소오정이란 이름이 붙은 것은 대정(大井), 소정(小井), 상정(上井), 하정(下井), 중정(中井) 등 다섯 개의 샘이 있었기 때문입니다. 이 산에 있는 다섯 개의 마을 명칭도 이 샘의 이름을 그대로 따온 것이지요.

징강산에서 합친 우리 군대가 재편성되면서 그 유명한 홍군 제4군이

---

[53] 나는 장딩청의 부하 중 한 사람인 양청우(楊成武)를 1936년 산시(陝西)성 북부에서 만났다. 두 사람 다 약전표 참조.

창설되었는데, 이 4군의 사령관은 주더가, 정치위원은 내가 맡았습니다. 1928년 겨울, 허젠의 군대가 봉기와 반란을 일으킨 뒤에 징강산에는 많은 부대들이 도착해서 이 병력으로 홍군 제5군을 편성하여 펑더화이(彭德懷, 팽덕회)*가 지휘를 맡았어요. 이때 펑더화이 외에도 장정 중 구이저우성 쭌이(遵義, 준의)에서 피살된 덩핑(鄧萍, 등평)과 1931년 광시성(廣西省, 광서성)에서 피살된 황궁뤠(黃公略, 황공략), 그리고 텅다이위안(滕代遠, 등대원) 등이 징강산에 도착했습니다.

이처럼 많은 병력과 부대가 몰려오면서 징강산의 형편은 여러모로 매우 어려워져 갔습니다. 몇 달 동안 우리는 사실상 호박으로 연명했지요. 병사들은 '자본주의를 타도하고 호박을 먹자!'라는 구호를 외쳤습니다. 이들에게는 자본주의가 곧 지주이자 지주들의 호박이었어요. 펑더화이를 징강산에 남겨 놓고 주더가 백군의 봉쇄망을 돌파하고 나감으로써, 방어진지를 갖춘 징강산에서의 첫 웅거(雄據)는 1929년 1월로 끝났습니다.

제4군은 이제 장시성 남부 지역에서 운동을 벌여 급속하게 성공해 나갔습니다. 우리는 퉁구에 소비에트를 수립하고 그 지역의 홍군들과 합류했습니다. 우리는 부대를 나누어 융딩(永定, 영정), 상항(上杭, 상항), 룽옌(龍巖, 용암)으로 밀고 나가면서 이 지역에 모두 소비에트를 조직했어요. 홍군이 도착하기 전에 투쟁적인 대중운동이 전개되었기 때문에 소비에트 조직은 계속 성공을 거두었고, 또 소비에트가 매우 신속하게 안정적인 기반을 구축하는 데 큰 도움을 주었습니다. 이제 홍군의 영향력은 농민대중운동과 유격대 활동을 통해 그 밖의 몇몇 현까지 뻗쳤지만 공산주의자들이 그런 지역에 완전히 뿌리를 내리기까지는 얼마간의 시일이 필요했습니다.

홍군의 내부 상황은 물질적, 정치적 양면에서 호전되기 시작했지만 그래도 여전히 좋지 못한 풍조가 많이 남아 있었어요. 예를 들어 '파당주의'는 규율 부족과 민주주의에 대한 과장된 인식, 조직의 이완 등으로 나타난 약점이었습니다. 극복해야 할 또 다른 풍조는 '방랑벽'이었는데, 이러한 버릇 때문에 정부 운영과 같은 중요한 업무에 전념하지 못하고 이동과 변화, 새로운 체험과 사건을 계속 추구하려는 경향을 보였어요. 또한 군벌군대식의 잔재가 남아 있어 일부 지휘관들이 부하들을 학대하거나 심지어 구타하는 일까지 있었고, 또 개인적으로 싫어하는 부하들을 차별대우하는 한편, 다른 부하들은 우대하는 경향이 있었습니다.

이러한 많은 취약점은 1929년 12월 푸젠성 서부 지역[구톈(古田, 고전)]에서 개최된 제4군 제9차 당원대표회의[21] 이후에 극복되었습니다. 이 회의에서는 다각적인 개선방안이 협의되어 견해 차이가 많이 해소되었고, 또 새로운 계획안이 채택되었는데, 이 계획안은 홍군 내에 높은 이념적 지도력을 확립하는 기초 구실을 했어요.

이 회의가 열리기 전까지는 앞서 말한 풍조들이 매우 심각한 양상을 보였는데, 당과 군사 지도층 내부에 도사리고 있던 트로츠키파는 이 운동의 역량을 잠식하기 위해 그러한 풍조를 이용하고 있었습니다. 이로 말미암아 이들에 대한 단호한 투쟁이 개시되어 몇몇은 당직과 군 지휘관직에서 해임되었어요. 이들 가운데 군 지휘관직에 있던 류안궁(劉安恭, 유안공) 같은 사람이 그러한 사람으로, 파당의 대표적인 인물이었어요. 이들은 홍군을 궤멸시키기 위해 백군과 전투를 벌일 때 의도적으로 군대를 어려운 곳으로 몰고 들어갔는데, 결국 홍군이 전투에서 몇 차례 패배한 후에 그들의 계획은 백일하에 드러나고 말았습니다. 이들은 우리의 계획이나 우리가 주장하는 것은 무엇이든 격렬하게 공격했어요. 실제로 체험을 통해 이들의 실책이 입증되면서 이들은 책임 있는 위치에서 제거되었고, 또 당원대표대회 이후에는 영향력을 완전히 상실했습니다.

이 대회에서는 장시성에 소비에트 권력을 수립하는 방안이 마련되었습니다. 이듬해는 눈부신 성공을 거둔 해였어요. 장시성 남부가 거의 전부 홍군의 수중에 장악되었습니다. 중앙 소비에트 지역의 근거지가 수립된 셈이었지요.

1930년 2월 7일, 소비에트의 장래 계획을 토의하기 위한 중요한 지방당 회의가 소집되었습니다. 이 회의에는 당과 군, 정부의 지역 대표들이 참석해서 토지정책 문제를 장시간 논의했어요. 이 논의 과정에서 토지 재분배에 반대하는 사람들을 중심으로 한 '기회주의'가 극복되었지요. 결국 토지 재분배를 실시하고 소비에트 조직을 가속화하기로 결의했습니다. 그때까지 홍군은 지방이나 현 단위의 소비에트만을 조직했는데, 이 회의에서는 장시성 소비에트 정부를 수립하기로 결정했습니다. 이러한 새로운 계획에 대해 농민들은 뜨겁고 열렬한 지지를 보냈는데, 이러한 지지는 몇 달 뒤에 밀어닥친 국민당의 초공전(剿共戰, 섬멸전)을 격퇴시키는 데 큰 도움이 되었습니다."

6. 홍군의 성장

마오쩌둥의 회고담은 '개인 이력'의 범주를 벗어나 왠지 선뜻 감지되지 않은 채 하나의 거대한 운동의 진행과정 속으로 승화되기 시작했다. 이 운동 속에서 그는 계속 중요한 역할을 담당했지만 이야기를 듣는 사람은 그의 개인적인 모습을 뚜렷하게 찾을 수 없었다. 이제는 더 이상 '나는'이 아니라 '우리는'이었고 마오쩌둥이 아니라 홍군이었으며, 홀로만의 삶의 체험에 비쳐진 주관적인 인상이 아니라 인간의 집단적 운명의 변전(變轉)을 역사 자료로서 관심 깊게 지켜본 방관자 같은 객관적 기록이었다.

그의 이야기가 끝나갈 즈음에는 내가 그 자신에 관한 것을 캐물어야 할 경우가 점점 더 많아졌다. 그 당시에 '그'는 무엇을 하고 있었는가?

그 당시 '그'의 직위는 무엇이었나? 이런저런 상황에 대한 '그의' 입장은 어떤 것이었나? 그의 이야기의 마지막 장(章)이 되는 다음 이야기 가운데 그 자신에 관한 언급이 섞이게 된 것은, 대체로 그러한 내 질문을 통해 억지로 이끌어 낸 것이었다.

"점차 홍군의 대중활동은 향상되었고 규율도 강화되었으며, 조직 작업을 하는 데 필요한 새로운 기술도 발전되어 나갔습니다. 농민들은 어디서나 자발적으로 혁명을 돕기 시작했어요. 홍군은 이미 징강산 시절부터 3가지 간단한 규율을 전사들에게 주었습니다. 즉 명령에 즉각 복종하고, 가난한 농민들로부터는 어떤 것이라도 빼앗지 않으며, 지주들에게서 몰수한 모든 재산은 즉시 소비에트 정부에 직접 전달해서 처분하도록 한다는 것이었습니다. 1928년 회의(제2차 마오핑 회의) 이후에는 농민들의 지지를 얻는 데 역점을 두어, 이상의 3가지 규율 외에 8가지 새로운 규칙을 덧붙였어요. 이 규칙들은 다음과 같습니다.

1. 인가(人家)에서 떠날 때는 모든 문짝을 제자리에 걸어 놓는다.[54]
2. 잠잘 때 사용한 짚단은 묶어서 제자리에 갖다 놓는다.
3. 인민에게는 예의 바르고 정중하게 대하며, 가능한 경우에는 무슨 일이든 도와준다.
4. 빌려 쓴 물건은 모두 되돌려준다.
5. 파손된 물건은 모두 바꾸어 준다.
6. 농민들과 하는 모든 거래는 정직하게 한다.

---

[54] 이 규칙의 내용은 선뜻 이해되지 않을 것이다. 나무로 만든 중국의 집 문짝은 쉽게 떼어 낼 수 있기 때문에 밤에 사람들이 이 문짝을 떼어 나무받침 위에 걸쳐 놓고 즉석 침상으로 이용하는 일이 종종 있다.

7. 구매한 모든 물건은 값을 지불한다.
8. 위생에 신경을 쓰고, 특히 변소는 인가에 피해를 주지 않는, 멀찍이 떨어진 곳에 세운다.

이 가운데 마지막 두 가지 규칙은 린뱌오가 덧붙인 것이지요. 이러한 8가지 항목은 실행되면서 점차 더 좋은 성과를 거두어, 지금까지도 홍군 병사의 규칙으로 남아 암기되고 자주 복창되기도 합니다.[55] 그 밖에도 주요 목표로 홍군에게 가르치는 3가지 임무가 있습니다. 첫째, 적과 목숨을 걸고 투쟁한다. 둘째, 인민대중을 무장시킨다. 셋째, 투쟁을 뒷받침하기 위해 자금을 모은다.

1929년 초에는 리원린과 리사오주가 지휘하는 몇 개의 유격대 집단이 홍군 제3군으로 재편성되어 황궁뤠가 사령관직을, 천이(陳毅, 진의)가 정치위원직을 맡았습니다. 같은 시기에 주페이더(朱培德, 주배덕)의 민단(民團) 병력 일부가 반란을 일으키고 홍군에 가담했어요. 이들은 국민당에 환멸을 느껴 홍군에 가담하기를 원한 뤄빙후이(羅炳輝, 나병휘)*의 인솔 아래 공산진영으로 넘어왔습니다. 그는 현재 제2방면군 제32군의 지휘관으로 있지요. 또 푸젠성의 유격대와 홍군 정규군의 핵심병력을 합쳐서 제12군을 만들었습니다. 지휘관은 우중하오(伍仲豪, 오중호)가, 정치위원은 탄전린이 맡았는데, 뒷날엔 우중하오가 전사해서 뤄빙후이가 지휘를 맡았어요.

이 시기에 제1군단이 조직되어 주더가 사령관을, 내가 정치위원을 맡았습니다. 제1군단은 제3군과 린뱌오가 지휘하는 제4군, 뤄빙후이가 지휘하는 제12군으로 구성되었어요. 당의 지도권은 전선위원회에 있었는데, 나는 이 위원회의 주석이었습니다. 당시 제1군단의 병력 수는 이미 1

---

55 이 규칙들은 홍군 노래 속에 가사로 담겨 있어 매일 노래로 불리기도 한다.

만 명을 넘어서서 10개 사단으로 편성되었어요. 이 주력군 외에도 지방 및 독립연대와 적위대, 유격대가 많이 있었습니다.

 이 운동의 정치적 기반을 젖혀 두고 홍군의 전술만 살펴보아도 성공적인 군사적 성장의 상당 부분이 분명하게 드러납니다. 징강산에서는 4가지 구호가 채택되었는데, 이것은 유격전에 활용된 전법들을 파악하는 실마리가 됩니다. 홍군은 바로 이러한 전법을 활용한 유격전 속에서 성장했지요. 그 구호는 이런 것입니다.

1. 적이 전진하면 우리는 퇴각한다(敵進我退, 적진아퇴)!
2. 적이 멈춰서 진을 치면 우리는 그들을 교란시킨다(敵駐我擾, 적주아요)!
3. 적이 피로하면 우리는 공격한다(敵疲我打, 적피아타)!
4. 적이 퇴각하면 우리는 추격한다(敵退我追, 적퇴아추)!

 사자성어로 만들어진 이 구호들은 처음에 실전 경험이 있는 많은 군인들의 반대를 받았어요. 이들은 그러한 형태의 전술에 찬동하지 않았습니다. 그러나 많은 체험 속에서 이 전술이 옳다는 점이 입증되었지요. 홍군이 이러한 전술에서 벗어나면 대체로 실패했습니다. 우리는 병력 수가 적어서 적군보다 10배에서 20배까지 열세에 놓여 있었습니다. 우리는 자원과 전투물자도 한정되어 있기 때문에 기동전술과 게릴라전을 교묘하게 배합시켜야만 우리보다 엄청나게 풍부하고 우세한 기지에서 싸우는 국민당과의 투쟁에서 승리할 가망이 있었습니다.

 홍군의 가장 중요한 한 가지 전술은 과거나 현재나, 공격할 때에는 주력을 집중시키고 공격이 끝나면 병력을 신속하게 갈라서 분리시키는 능력에 있습니다. 이것은 곧 진지전을 피하고 이동 중에 있는 적의 부대를 궤멸시키는 데 온갖 노력을 기울인다는 뜻입니다. 이러한 전술을 바탕으로 홍군은 기동성과 신속하고 강력한 '속공'을 발전시켰어요.[56] 홍군은 일반적으로 소비에트 지구를 확대시켜 나가면서, '약진(躍進)'이나 '도약' 형태처럼 점령한 지역을 뿌리 깊게 다지지 못하고 나아가는 고르지 못한 전진보다는 파도 형태나 물결 형태의 전진을 추구했습니다. 이러한 방침은 이미 설명한 전술과 마찬가지로 실제 계획을 통해 오랜 세월 동안 군사적, 정치적 체험을 축적하는 가운데 나온 것이었어요. 그러나 이러한 전술은 리리싼으로부터 혹독한 비판을 받았습니다. 그는 모든 무기를 홍군의 수중에 집중시키고 모든 유격대를 흡수, 통합시키라고 주장했어요. 그는 장악한 지역을 견고하게 다지기보다는 공격을, 배후를 굳게 지키기보다는 전진을 원했고, 봉기와 병행한 떠들썩한 대도시 공격과 극단주의를 추구했습니다. 당시 이러한 리리싼 노선이 당ㅡ소비에트 지구 밖의ㅡ을 지배하면서 상당한 영향력을 발휘해 야전 지휘관들의 판단과는 어긋나는 그러한 노선을 홍군이 어느 정도 받아들이지 않을 수 없게 만들었어요. 그 결과로 나타난 것이 창사에 대한 공격이고 난창을 향한 진군이었지요. 그러나 홍군은 이러한 모험 중에도 유격대가 기존 위치를 고수하게 함으로써 후방을 적군에게 열어 놓는 일은 없도록 했습니다.

1929년 가을, 홍군은 장시성 북부로 이동하면서 많은 성시(城市)를 공격, 점령하고 국민당에게 수많은 패배를 안겨 주었습니다. 제1군단은 난창을 공격할 수 있는 거리까지 접근했다가 서쪽으로 급선회하여 창사로 진군했어요. 우리는 이 작전 중에 펑더화이의 군대와 마주쳐 합류했는데, 그는 이미 창사를 한 차례 점령했지만 엄청나게 우세한 적군에게 포위당하는 사태를 피하기 위해 철수하지 않을 수 없었습니다. 펑더화이는 1929년 4월에 징강산을 버리고 떠날 수밖에 없어 장시성 남부에서 활동했

---

56 자세한 내용은 약전표의 린뱌오 항목 참조.

으며, 이 기간 중에 병력 수가 크게 불어났어요. 그는 1930년 4월 루이진에서 주더의 홍군 주력부대와 다시 합류했는데, 협의를 거친 뒤 그가 지휘하는 제3군은 장시-후난 접경 지역에서 활동하고 주더와 나는 푸젠성으로 이동하기로 했습니다. 제3군과 제1군단이 함께 창사를 공격한 것은 1930년 6월이었지요. 이때 두 부대를 합쳐서 제1방면군을 편성했는데, 총사령관은 주더였고 정치위원은 나였어요. 이러한 지휘 체제로 우리는 창사 외곽에 도착했지요.

이 즈음에 중국 공농(工農)혁명위원회가 조직되어 내가 주석으로 선출되었습니다. 홍군의 영향력은 후난성에도 광범하게 미쳐 장시성의 경우와 거의 대등할 정도였어요. 나는 주더나 다른 공산당원들과 마찬가지로, 죽이든 살리든 간에 잡아오기만 하면 많은 상금을 주겠다고 한 탓으로 후난성 농민들에게 널리 이름이 알려졌어요. 샹탄현에 있던 내 토지[57]는 국민당이 몰수했고, 내 아내와 누이동생, 그리고 두 동생인 마오쩌민(毛澤民, 모택민)과 마오쩌탄(毛澤覃, 모택담)*의 처인 두 제수, 내 아들들은 허젠(군벌 성장)에게 체포당했어요. 내 아내(양카이후이)와 누이동생[마오쩌젠(毛澤建, 모택건)]은 처형되었고,[22] 두 제수와 아들들은 석방되었지요. 홍군의 명성은 내 고향인 샹탄현까지 알려졌어요. 나는 그곳 농민들이 내가 곧 고향집으로 돌아올 것이라고 믿고 있다는 이야기를 들었어요. 어느 날 비행기 한 대가 머리 위를 날자 이들은 그 안에 내가 타고 있다고 단정했어요. 이들은 그 당시 내 농토를 경작하고 있는 사람에게, 내가 옛 논밭을 둘러보고 또 그 위에 있는 나무들을 베지 않았는지 확인하기 위해 돌아왔다고 알렸어요. 이들은 만약 나무를 벤 것이 있으면 내가 틀림없이 장제스에게 보상을 요구할 것이라고 말했다고 합니다.

---

57 마오쩌둥은 몰수당하기 전에 토지의 지대를 받아 후난의 농민운동 경비로 사용했다.

창사에 대한 두 번째 공격은 실패로 끝나고 말았습니다. 대규모 증원군이 창사에 투입되어 엄중한 방비를 하고 있었고, 또 9월에는 홍군을 공격하기 위해 후난성으로 새로운 부대가 쏟아져 들어왔기 때문이지요. 창사를 포위공격하는 동안 큰 전투는 한 차례밖에 없었는데, 홍군은 그 전투에서 적군 2개 여단을 궤멸시켰습니다. 그러나 창사를 점령할 수는 없어서 몇 주 뒤에 장시로 후퇴했지요.[23]

이 실패는 리리싼 노선의 붕괴를 촉진시켰고, 그 때문에 홍군은 리리싼이 계속 주장하고 또 실행했더라면 파멸적인 결과를 맞았을지 모를 우한 공격에서 벗어나게 되었습니다. 당시 홍군의 주요 과제는 새로운 병력을 보충시키고, 새로이 점령한 농촌 지역을 소비에트화하며, 또 무엇보다도 그런 지역을 철저한 소비에트 권력하에 굳게 다지는 일이었습니다. 그러한 계획에 비추어 볼 때 창사 공격은 불필요한 것이었고, 다분히 모험적인 요소들이 담겨 있었습니다. 만약 첫 번째 점령이 창사를 계속 장악하면서 정부 권력을 수립하려는 의도가 아니라 일시적인 방책으로 수행되었다면 효과는 유익했을지도 모릅니다. 왜냐하면 그런 점령이 전국적인 혁명운동에 크나큰 반응을 자아냈을 것이기 때문이지요. 그러나 배후 지역의 소비에트 권력이 아직 제대로 다져지지 않은 상황에서 창사를 근거지로 삼으려 한 시도는 전략과 전술 양면에서 실책이었습니다."

마오의 이야기를 잠시 중단하고 리리싼 이야기로 화제를 돌려 보자. 리리싼은 후난 출신이며, 프랑스에서 유학하고 돌아온 사람이었다. 그는 공산당 '지하' 본부가 있는 상하이와 한커우를 오가면서 활동했는데, 공산당 중앙위원회가 소비에트 지구로 옮겨온 것은 1930년 이후였다. 리리싼은 1929년부터 공산당을 지배하다가 1930년에 정치국에서 밀려나 모스크바로 파견되었다. 그는 천두슈와 마찬가지로 농촌 소비에트에 대한 확신이 결여되어 있어 창사, 우한, 난창과 같은 전략적 대도시에 대한 강력한 공세적 전술을 채택해야 한다고 주장했다. 그는 신사층(紳士層)의 기세를 꺾기 위한 농촌에서의 '테러' 활동과 노동자들의 '강력한 공세', 적의 근거지를 마비시키기 위한 봉기와 파업, 그리고 외몽골과 만주가 소련의 지원을 받아 북부에서 '측면 공격'을 감행해야 한다고 주장했다.[58]

다시 마오의 이야기를 계속해 보자.

"그러나 리리싼은 당시 홍군의 군사력과 국내 정치 상황 속에 나타난 혁명적 요인들을 다 같이 과대평가했습니다. 그는 혁명이 거의 성공하고 있어 곧 중국 전역의 권력을 장악하게 될 것이라고 믿었지요. 이러한 믿음은 당시 펑위샹과 장제스 사이에 벌어진 장기적인 소모적 내전으로 조장되었는데, 이 내전 때문에 리리싼의 눈에는 전반적인 전망이 매우 유리하게 비쳤던 것입니다. 그러나 홍군은 내전이 종결되는 즉시 적이 소비에트 지역에 대한 대규모 공격 준비를 갖출 것이고, 따라서 파멸적인 결과를 초래할지 모를 강공주의와 모험을 감행할 시간이 없다고 판단했습니다. 이러한 판단이 모두 옳았다는 것이 나중에 입증되었지요.

후난성의 사태와 홍군의 장시 복귀, 그리고 특히 지안 점령 이후에 '리리싼주의'는 홍군 내에서 힘을 잃었고, 또 리리싼 자신도 과오를 범한 것이 입증되어 곧 당내 영향력을 상실했습니다. 그러나 '리리싼주의'가 완전히 사라지기 전에 홍군 내에 위기가 조성되었어요. 제3군단의 일부가 리리싼 노선을 추종하면서 제3군단을 홍군에서 분리시키도록 요구했어

---

[58] 매우 부적절한 리리싼의 이러한 주장에 대해서는 후주 ㉔와 약전표의 리리싼 항목을 참고하면 약간의 보충적인 설명을 얻을 수 있다.

요. 그러나 사령관인 펑더화이는 이러한 경향과 맹렬한 투쟁을 벌여 제3군단의 통합성과 최고지도부에 대한 충성을 유지하는 데 성공했습니다. 그러나 류톄차오(劉鐵超, 유철초)가 지휘하는 제20군이 공공연한 반란을 일으켜 장시 소비에트 주석과 많은 장교 및 소비에트 간부들을 체포하고 리리싼 노선을 바탕으로 우리에게 정치적 공세를 가했습니다.[24] 이 반란은 푸톈(富田, 부전)에서 일어나 푸톈 사건으로 알려졌지요. 푸톈은 당시 소비에트 지구의 중심인 지안 근처에 있었기 때문에 이 사건은 큰 물의를 일으켰고, 또 많은 사람들은 혁명의 장래가 이 투쟁의 결과에 좌우될 것이라고 생각했던 것이 분명합니다. 그러나 반란은 제3군의 충성과 당 및 홍군 내부의 전반적인 단결, 그리고 농민들의 지지로 신속하게 진압되었습니다. 류톄차오는 체포되고 다른 반란군 장병들도 무장해제를 당해 일소되었습니다. 우리 노선이 재확인되고 '리리싼주의'가 완전히 제압되면서 소비에트 운동은 큰 성과를 얻었지요.

그러나 난징 측은 이제 장시 소비에트의 혁명적 잠재력을 철저하게 인식하고 1930년 말에 홍군에 대한 제1차 초공전[59]을 개시했습니다. 총 10만 명이 넘는 적군은 총사령관 루디핑(魯滌平, 노척평)의 지휘 아래 홍구를 포위하고 5개 방면으로 침입하기 시작했습니다. 당시 이 적군에 대항해서 홍군이 동원할 수 있는 총병력은 약 4만 명이었어요. 우리는 교묘한 기동전으로 제1차 초공전을 맞아 싸워 대승을 거두었습니다. 우리는 신속한 집결과 분산전술을 철저하게 좇아 우리 주력군으로 적의 여러 부대를 개별적으로 공격했어요. 우리는 적군을 소비에트 지구 안으로 깊숙이 끌어들인 다음, 급작스럽게 병력을 집결시켜 수적인 우세 속에, 따로 떨어

---

59 제1차 초공전에 대해서는 양취안(楊詮)의 『중국에서의 공산주의 상황』(난징, 1931)에 자세한 내용이 흥미 있게 기록되어 있다.

진 국민당 부대를 공격함으로써 기동전의 유리한 위치를 차지했습니다. 이런 전술 때문에 우리는 순식간에 적군을 포위함으로써 수적으로 엄청나게 우세한 적군의 전반적인 전략적 이점을 역전시킬 수 있었습니다.

1931년 1월까지 제1차 초공전은 국민당군의 완전한 패배로 끝났습니다. 나는 이 초공전이 시작되기 직전, 홍군이 다음과 같은 3가지 조건을 성취하지 못했다면 국민당군을 격퇴하는 것이 불가능했을 것으로 확신합니다. 그 조건이란, 첫째, 제1군단과 제3군단을 중앙통제를 받는 지휘권 아래 통합시킨 것, 둘째, 리리싼 노선을 청산한 것, 셋째, 당이 홍군 내부와 소비에트 지구 안에 있던 반(反)볼셰비키(류톄차오)파와 그 밖의 다른 적극적인 반혁명분자들을 소탕하고 승리를 거둔 것이었습니다.

난징 측은 불과 넉 달 뒤에 현재 군정부장으로 있는 허잉친(何應欽, 하응흠)을 총사령관으로 하는 제2차 초공전을 개시했습니다. 20만 명이 넘는 국민당군은 7개 방면으로 나뉘어 홍구로 밀고 들어왔지요. 당시 홍군이 처한 상황은 매우 위급한 듯이 보였어요. 소비에트 권력 아래 있는 지역은 규모가 매우 작았고 자원은 한정되어 있었으며, 장비도 빈약했어요. 적군의 물질적인 힘은 모든 면에서 홍군보다 엄청나게 우세했습니다. 그러나 홍군은 이러한 공격에 맞서 지금까지 성공을 안겨 준 전술을 그대로 굳게 지켰습니다. 우리는 적의 부대를 홍구 깊숙이 끌어들인 다음 불시에 주력을 집결시켜 우선 두 번째 방면으로 들어오던 적군을 공격하여 수개 연대를 쳐부숴 이들의 공격력을 분쇄했습니다. 그 직후에 우리는 세 번째, 여섯 번째, 일곱 번째 방면으로 들어오는 적군을 연달아 신속하게 공격하여 차례로 쳐부쉈습니다. 네 번째 방면으로 들어오던 적군은 접전 없이 그대로 퇴각했고, 다섯 번째 방면으로 들어오던 적군은 일부가 격파되었지요. 홍군은 14일 동안에 8일간 행군하고 여섯 차례 전투를 치러 결정적인 승리를 거두었습니다. 장광나이(蔣光鼐, 장광내)와 차이팅카이의 지휘 아래 첫 번째 방면으로 들어오던 국민당군은 다른 6개 방면의 부대가 분쇄되거나 퇴각하는 것을 보고 전투다운 전투 한 번 벌이지 못하고 그대로 퇴각했지요.

한 달 뒤 장제스는 '홍비(紅匪)를 최종 섬멸하기 위해' 30만 대군을 직접 이끌고 나섰어요. 그는 가장 유능한 지휘관들인 천밍수(陳銘樞, 진명추), 허잉친, 주사오량(朱紹良, 주소량)을 부사령관으로 대동하여 각각 주요 진격로를 하나씩 맡겼습니다. 장제스는 강습작전으로 홍구를 휩쓸어 '홍비'를 단숨에 '일소'하고자 했어요. 그는 소비에트 지구의 중심부를 향해 병력을 하루 80리씩 강행군시키기 시작했어요. 이러한 행위는 바로 홍군이 가장 잘 싸울 수 있는 여건을 만들어 주어, 장제스의 전술이 중대한 실책이었다는 것이 곧 입증되었습니다. 홍군은 3만 명에 불과한 주력으로 일련의 눈부신 기동전술을 써서 닷새 동안에 서로 다른 5개의 적군부대를 공격했어요. 첫 번째 전투에서 홍군은 수많은 적군을 생포하고 대량의 탄약, 총포, 군사장비를 노획했습니다. 9월경에는 제3차 초공전도 실패로 끝날 것이 확실해지자 장제스는 10월에 군대를 이끌고 철수했습니다.

홍군은 그 이후 비교적 평화로운 성장기로 접어들었습니다. 그리고 매우 빠른 속도로 팽창하기 시작했습니다. 1931년 12월 11일에 제1차 소비에트대회가 소집되어 나를 주석으로 하는 중앙소비에트 정부가 수립되었습니다. 주더는 홍군 총사령(관)으로 선출되었어요. 같은 달 닝두에서 대규모 봉기가 일어나 국민당 28방면군 소속 2만 명 이상이 반란을 일으키고 홍군에 가담했어요. 이들을 지휘한 사람은 둥전탕(董振堂, 동진당)과 자오보성(趙博生, 조박생)이었는데, 자오보성은 나중에 장시 전투에서 전사했고 둥전탕은 현재 제5군 사령관으로 근무하고 있습니다. 제5군은 닝두 봉기로 넘어온 국민당군으로 편성한 것입니다.

홍군은 이제 스스로 공세를 취해 나가기 시작했습니다. 1932년에는 푸젠성 장저우(漳州, 장주)에서 대규모 전투를 벌여 이 도시를 점령했어요. 남부에서는 난슝(南雄, 남웅)의 천지탕(陳濟棠, 진제당)을 공격했고, 장제스 전선에서는 러안(樂安, 낙안), 리촨(黎川, 여천), 젠닝(建寧, 건녕), 타이닝(泰寧, 태령)을 습격했어요. 간저우(贛州, 감주)는 공격은 했으나 점령하지는 않았어요. 1932년 10월부터 서북으로 장정을 개시할 때까지 나는 소비에트 정부 일에만 거의 전념하고 군사적 지휘 문제는 주더와 다른 지도자들에게 맡겼습니다.

1933년 4월, 네 번째이자 난징 측으로서는 아마도 가장 참담한 패배가 되었을 '초공전'[60]이 개시되었습니다. 이때는 첫 전투에서 2개 사단이 무장해제당하고 2명의 사단장이 생포되었습니다. 제59사단은 일부가 분쇄되었고, 제52사단은 완전 궤멸되었습니다. 러안현(樂安縣, 낙안현)의 다룽핑(大龍坪, 대룡평)과 차오후이(橋匯, 교회)에서 벌어진 이 한 차례의 전투에서 국민당군 1만 3천 명이 생포되었어요. 당시 장제스의 최정예 부대였던 제11사단도 섬멸되어 거의 완전히 해체되었고 사단장은 중상을 입었지요. 이 전투들이 전세를 결정짓는 전환점이 되어 제4차 초공전도 곧 종결

---

60 초공전을 다룬 다른 많은 글을 보면 소비에트 지구에 대한 토벌군의 파견 횟수에 대해 상당한 혼란이 일고 있다. 일부 필자들은 '초공전'이나 '섬멸전'이 모두 여덟 차례나 있었다고 주장하지만 난징 측의 대규모 병력 동원 중 몇 차례는 순전한 방어전이었다. 홍군 사령관들은 주요한 반공전(反共戰)이 다섯 차례뿐이었다고 밝혔다. 이것을 직접 투입된 난징 정부군의 대략적인 병력 수와 함께 살펴보면 다음과 같다. 제1차전은 1930년 12월부터 1931년 1월까지 10만 명, 제2차전은 1931년 5월부터 6월까지 20만 명, 제3차전은 1931년 7월부터 10월까지 30만 명, 제4차전은 1933년 4월부터 10월까지 25만 명, 제5차전은 1933년 10월부터 1934년 10월까지 40만 명(그러나 3개 주요 소비에트 지구에 '동원'된 총 병력 수는 90만 명 이상이었다). 1932년에는 난징 측이 대규모 토벌전을 벌이지 않았고, 그 대신 장제스는 홍구 일대를 둘러싸는 수비진지에 약 50만 명의 병력을 투입했다. 오히려 이 해에 대규모 공세를 취한 것은 홍군 쪽이었다. 1932년에 벌인 난징 측의 수비작전은, 물론 장제스가 '반공작전'이라고 선전한 탓도 있겠지만, 많은 필자들에게 대규모 토벌전으로 오인되었던 것이 분명했다.

되었습니다. 당시 장제스는 야전군 사령관인 천청에게 보낸 편지에서 이 패배를 자기 생애의 '최대의 치욕'으로 생각한다고 밝혔습니다. 천청은 이 초공전에 찬동하지 않았어요. 그는 당시 다른 사람들에게 홍군과 싸우는 것은 '필생의 일'이자 '종신형 선고'라고 자기 생각을 털어놓았는데, 그런 이야기가 장제스의 귀에 들어가자 그는 천청을 최고사령관직에서 파면시켰습니다.

장제스는 5차이자 마지막 초공전에서 약 100만 명의 병력을 동원하고 새로운 전술과 전력을 들고 나왔습니다. 장제스는 독일인 고문들의 권고에 따라 이미 4차전 때부터 토치카와 요새 조직을 활용하기 시작했어요. 그는 5차 초공전에서 이 보루 조직에 전적으로 의존했습니다.

이 시기에 우리는 두 가지 중대한 과오를 범했습니다. 하나는 1933년 푸젠란 중에 차이팅카이군과 연합하지 못한 점이었고, 다른 하나는 과거의 기동전술을 포기하고 단순히 방어에만 전념한 그릇된 전략을 채택한 것이었습니다. 엄청나게 우세한 난징군을 진지전으로 대적한 것은 중대한 실책이었어요. 홍군은 기술적인 면에서나 정신적인 면에서나 진지전으로는 최상의 능력을 발휘할 수 없었기 때문입니다.[25]

이러한 두 가지 실책과 장제스의 새로운 전술·전략이 국민당군의 압도적인 수적·기술적 우세와 연결되어 홍군은 1934년 급속하게 악화되는 장시에서의 존립 여건을 타개할 방도를 모색하지 않을 수 없었습니다. 그 밖에도 국내 정치 상황이 주요 활동무대를 서북으로 옮겨야 한다는 결정에 영향을 미쳤어요.[26] 일본이 만주 및 상하이를 침략하자 소비에트 정부는 이미 1932년 2월에 공식적으로 일본에 대해 선전포고했습니다. 국민당군이 소비에트 중국을 봉쇄하고 포위하는 바람에 이 선전포고는 물론 실행할 수 없었지만, 이 포고에 뒤이어 소비에트 정부는 일본 제국주의에 항거하는 중국 내의 모든 무장세력이 통일전선을 형성해야 한다고 촉구하는 선언문을 발표했습니다. 1933년 초 소비에트 정부는 내전 중지, 소비에트 지역 및 홍군에 대한 공격 중지, 인민대중에 대한 시민적 자유권과 여러 가지 민주주의적 권리 보장, 항일전쟁을 위한 인민의 무장화 등을 수락하는 조건이라면 어떠한 백군과도 협력하겠다고 선언했습니다.⑦

제5차 초공전은 1933년 10월에 시작되었습니다. 1934년 1월에는 제2차 전중국소비에트대회가 소비에트 수도인 루이진에서 개최되어 그간의 혁명 업적이 검토되었습니다. 나는 이 대회에서 장시간 보고를 했고, 현재까지 그대로 유지되고 있는 간부진이 선출되었습니다. 이 대회에 뒤이어 곧 장정 준비가 진행되었습니다. 장정은 장제스가 그의 마지막 초공전을 개시한 지 만 1년 뒤인 1934년 10월에 시작되었는데, 이 1년 동안은 전투와 투쟁과 양측의 엄청난 손실이 거의 끊임없이 계속되었습니다.

1935년 1월까지는 홍군의 주력이 구이저우성의 쭌이[61]에 도착했습니다. 그 후 4개월 동안 홍군은 거의 끊임없이 이동하면서 가장 강력한 전투와 교전을 벌였습니다. 끝없이 이어지는 수많은 난관을 헤치고 중국에서 가장 길고 가장 깊으며 가장 위험한 강들을 건너며, 또 가장 높고 가장 험난한 몇몇 산령(山嶺)을 넘고, 사나운 원주민들의 거주지와 아무것도 없는 대초원 지대를 뚫고 혹서와 바람과 눈과 폭우를 이겨 내며, 또 중국 전체 백군의 절반에 달하는 병력의 추격을 받으면서 이 모든 자연적 장애를 헤치고, 아울러 광둥, 후난, 광시, 구이저우, 윈난, 시캉(西康, 서강), 쓰촨, 간쑤, 산시(陝西) 등 각 성의 지방군과 싸우며 길을 뚫고 나가 홍군은 1935년 10월 마침내 산시(陝西)성 북부에 도착하여 중국의 광대한 서북 지역으로 그 근거지를 넓혔습니다.

---

61 이 부분의 회고에서 마오쩌둥은 쭌이에서 열린 중요한 중앙위원회 회의에 대해 아무런 언급도 하지 않았는데, 이 회의에서 그는 당 지도자로 선출되었다. 제5차 초공전과 쭌이 회의에 관한 설명은 이 부(部)의 후주 ㉔와 약전표 리더 항목을 참고할 것.

홍군이 승리에 찬 장정 끝에 병력을 그대로 유지하면서 간쑤성과 산시(陝西)성에 의기양양하게 도착할 수 있었던 것은, 첫째는 공산당의 올바른 지도 역량에, 둘째는 소비에트 인민의 기간요원들이 발휘한 굉장한 노련함과 용기, 결의, 그리고 거의 초인적인 인내력과 혁명적인 열정에 기인된 것입니다. 중국공산당은 과거에도, 현재에도, 미래에도 마르크스-레닌주의에 계속 충실할 것이며, 또 모든 기회주의적 경향과 계속 투쟁해 나갈 것입니다. 중국공산당을 그 누구도 꺾을 수 없으며, 또 우리가 반드시 최후의 승리를 차지하리라는 것은 바로 이러한 결의에 근거를 두고 있습니다.[28]"

5부
대장정(大長征)①

1. 제5차 초공전

장정(長征)이라는 서사시의 서곡이 울려 퍼질 수밖에 없었던 시기, 즉 중국 남부에서 소비에트들이 급성장하게 되는 6년간은 분명 흥미진진했다. 하지만 당시로서는 그 시기에 대한 역사가 단편적으로밖에 기록되어 있지 않았기 때문에 여기서는 그 윤곽을 소개하는 일조차 불가능하다. 마오쩌둥이 소비에트들의 유기적 발전과 홍군의 탄생에 대하여 간략하게 말한 적은 있었다. 즉 그는 헐벗고 굶주린, 그러나 젊고 결의에 찬 수백 명의 혁명가들로 출발한 공산주의자들이 수만 명에 달하는 노동자·농민의 군대를 조직하게 되는 과정에 대해, 그리고 급기야는 1930년에 이르러 그들이 권력에 대한 심각한 도전세력으로 성장하여 난징 정부로서는 그들에 대해 대규모 공세를 취할 수밖에 없었던 당시의 상황에 대해 말했던 것이다. 최초의 초공전이 그러했고, 제2, 제3, 제4의 초공전 역시 완전히 실패로 끝났다. 이들 작전이 있을 때마다 홍군은 국민당군의 수많은 여단과 모든 사단들을 격파했고, 무기와 탄약을 보충했으며, 전사들을 새롭게 증원시켰고, 나아가 그들의 영토를 확장했다.

그동안 뚫고 들어가기가 불가능했던 홍군 비정규군의 전열 그 너머에서는 어떻게 생활하고 있었는가? 중국 남부에 소비에트가 수립된 이래 —소련을 제외하고 전 세계에서 공산당이 지배하는 유일한 국가인—이 적색(赤色) 영토에 '외부의' 관찰자가 단 한 명도 들어간 적이 없었다는 것은 우리 시대의 놀라운 사실 가운데 하나로 보였다. 따라서 중국 남부의 소비에트에 관한 외국인들의 기록은 모두가 2차적인 자료일 수밖에 없었다. 그러나 몇 가지 뚜렷한 특징들이 적대적인 사람들과 우호적인 사람들의 설명을 통하여 확인되었으며, 이런 것들은 홍군의 지지 기반을 분명하게 제시해 주고 있었다. 토지는 재분배되었고, 조세가 경감되었다. 그리고 집단적 기업(collective enterprise)이 광범위하게 설립되었으며, 1933년에는 소비에트의 협동조합이 장시성에만 1천 개가 넘었다. 실업, 아편 중독, 매춘, 미성년 노예 제도, 강제 결혼이 자취를 감춘 것으로 보도되었으며, 전투 지역이 아닌 곳에 사는 노동자와 빈농의 생활환경이 크게 개선되었다. 안정을 되찾은 소비에트에서 대중 교육은 크게 진전했다. 일부 현(縣)에서 불과 3~4년 사이에 홍군이 퇴치한 문맹률은 중국의 다른 농촌 지역에서라면 족히 몇 세기에 걸쳐서나 가능했을 정도로 뛰어난 것이었다. 공산당의 모범 현이었던 싱궈에서는 민중의 문자해독률이 80퍼센트에 육박했다는 말이 있었다.

마오쩌둥은 "혁명은 다과회가 아니다"라는 사실을 간파했다. '적색' 테러[2]가 지주들과 계급의 적들에 대해 광범위하게 사용되었다―그들은 체포당하고, 토지를 몰수당했으며, '인민재판'에 회부되어 적지 않은 수가 처형당했다. 이것은 의심할 나위 없는 사실이며, 공산당의 보고서에 의해서도 확인되었다.[3] 그런 행위들을 만행으로 간주해야 마땅할까? 아니면 유산계급이 저지른 '백색' 테러에 대한 응징으로서, 무장한 무산계급이 총을 가졌을 때 집행한 '민중적 정의'로 간주되어야 마땅할까? 장시 소비에트를 직접 방문한 적이 없는 나는 이 문제에 관한 간접적 자료 평가에 내 자신의 증언을 아무것도 보탤 것이 없으며, 또한 그것은 나 자신의 시야에 들어온 사실들을 주로 담고 있는 이 책의 유용성에도 보탬이 되지 않을 것이다. 그런 이유에서 나는 장시 소비에트에 관한 몇 가지 인터뷰 자료가 있음에도 이를 생략하기로 결심했다. 이러한 자료들은 독립된 확실한 증거가 없는 것이므로 독자들은 그것을 저자 자신의 생각을 뒷받침하기 위한 자료로 볼 수도 있기 때문이다.[4] 어쨌든 지금으로서는 남부 소비에트에 관한 추측은 주로 학문적 관심거리에 지나지 않았다. 그 이유는 1933년 10월 말 난징 정부가 최대 규모의 제5차 초공전을 위해 동원령을 내렸고, 1년 후에는 홍군이 마침내 총퇴각하지 않을 수 없었기 때문이다. 당시에는 거의 모든 사람들이 이 퇴각을 홍군의 최후를 알리는 장송 행진이라고 생각했다. 하지만 그 2년 뒤 "공산주의의 위협을 근절시켰다"라고 자만하던 장제스 총통의 생명이 공산당의 수중으로 떨어지는 사건이 발생했고, 이 극적인 사건과 함께 역사상 전례를 찾아보기 어려울 만큼 눈부신 홍군의 재기가 절정에 이르게 되었다. 사람들은 이 사건이 있고 나서야 비로소 총퇴각을 홍군의 종말로 생각한 것이 얼마나 크게 잘못된 속단이었는지를 분명히 깨닫기 시작했다.

홍군을 타도하기 위한 시도가 여러 차례 있었지만 백군이 괄목할 만한 성공을 최초로 거둘 수 있었던 것은 그들을 상대로 한 전쟁이 7년째 접어들면서부터였다. 당시 홍군은 장시의 대부분에서, 그리고 푸젠과 후난의 광범위한 지역에서 실질적인 행정상의 통제력을 장악하고 있었다. 그 밖에 후난, 후베이, 허난, 안후이, 산시(陝西) 등지에도—지리적으로는 장시의 영토와 관계가 없지만—소비에트 지구들이 산재해 있었다.

장제스는 제5차 초공전에 약 90만 명의 병력을 동원했고, 그중 약 40만 명이—약 360개 연대—장시·푸젠 지역의 전투와 안후이·허난·후베이(어위완) 지역의 전투에 직접 참가했다. 그러나 장시가 역시 전반적인 작전의 주축이었다. 이곳의 홍군 정규군은 예비사단까지 포함하여 총병력이 18만 명이었으며, 20만 명에 이르는 당원과 홍위대를 거느리고 있었던 것으로 추측된다. 하지만 동원 가능한 화력은 전부해야 소총 10만 정에도 미치지 못했고, 중화기는 전혀 없었다. 게다가 수류탄·포탄·탄약도 모두가 루이진에 있는 홍군 병기창에서 제작된 것으로, 그 공급량이 극히 제한되어 있었다.

장제스는 월등하게 풍족한 자원, 기술 장비, 외부 세계로부터의 보급 물자 공급(홍군에게는 그럴 수 있는 가능성이 전혀 없었다), 비행 가능한 군용기

4백 대로 구성되는 공군력과 상당히 기계화된 장비 등 자신이 가진 이점을 최대한 활용하는 내용의 새로운 전략을 채택했다. 홍군 측은 장제스의 비행기 몇 대를 노획했고, 서너 명의 조종사도 보유하고 있었지만, 가솔린과 포탄과 정비 능력이 없었다. 과거에 장제스는 홍구 지역들을 침공해 보기도 하고, 우세한 군사력으로 대규모 기습을 시도해 보기도 했지만 번번이 참패를 경험했다. 따라서 그러한 방법 대신 이번에는 자신의 병력 대부분을 동원하여 '비적(匪賊)들'을 포위하고, 철저한 경제 봉쇄를 가하기로 결심했다.

하지만 이 새로운 전략은 엄청나게 비싼 대가를 요구했다. 장제스는 수백 킬로미터에 이르는 군용 도로망을 부설하고, 수천 개의 소규모 보루를 구축한 후에 그것들을 기관총이나 포화(砲火)로 무장시켰다. 이러한 방어·공격 전략 및 전술의 목적은 기동력에서 우위를 차지하고 있는 홍군의 장점을 약화시키고 수적 열세와 자원 부족이라는 그들의 단점을 공격하려는 것이었다.

장제스는 현명하게 도로와 진지가 그물처럼 퍼져 있는 조직 밖으로 대규모 병력을 노출시키는 것을 피했다. 백군은 대포와 비행기에 의해 거의 완벽한 엄호를 받고 있을 때만 전진했으며, 진지망(陣地網) 앞으로 수백 미터 이상을 이동하는 경우가 거의 없었다. 진지망은 장시, 푸젠, 후난, 광둥, 광시 등 여러 개의 성으로 뻗어나갔다. 홍군은 개방전(開放戰)에서라면 적을 유인하여 복병으로 공격함으로써 적의 기동력을 제압할 수 있었겠지만, 이제 그럴 수 있는 기회를 박탈당했기 때문에 진지전(陣地戰)에 주로 의존하기 시작했다—이러한 전략으로 전환하게 된 오류와, 이러한 오류를 범하게 된 이유는 뒤에 더 자세히 이야기하겠다.

제5차 토벌은 주로 장제스의 독일인 군사고문들, 특히 당시 총통의 수석고문으로 있던 독일군 장성 팔켄하우젠에 의해 계획된 것이라고 했다. 이 새로운 전술에는 철저하다는 장점도 있었지만, 동시에 지나치게 느리고 값비싼 대가를 요구한다는 단점도 있었다. 작전이 몇 달 동안 지루하게 계속되었지만 난징 정부는 그때까지도 적의 주력에 결정적인 타격을 가하지 못했다. 하지만 홍구(紅區)에서는 경제 봉쇄로 인한 타격을 통렬하게 느끼기 시작했다. 특히 소금을 찾아볼 수 없었다. 홍군의 근거지는 규모가 작아 이에 대해 가해지는 군사적, 경제적 압력을 견뎌 낼 수 없다는 사실이 드러나고 있었다. 이 토벌 기간 동안에 보여 준 경이로운 저항을 1년이나 지속하려면 농민들을 상당히 착취하는 것이 불가피했을 것이 틀림없다. 그러나 그들의 전사가 농민, 즉 새로 얻은 토지의 소유자라는 사실을 기억해야 한다. 중국의 농민들은 대부분 땅을 위해서라면 죽기를 각오하고 싸울 태세가 되어 있었다. 장시성 주민들은 국민당의 복귀가 지주의 복귀를 의미한다는 사실을 잘 알고 있었다.

난징 정부는 토벌전이 머지않아서 성공적으로 끝나리라고 믿고 있었다. 적은 포위당했고, 도주할 수도 없었다. 연일 계속되는 공중 폭격과 기총소사로, 그리고 국민당에 의해 재점령된 지역에서는 '숙청'으로 죽은 사람들이 수천 명이나 되었던 것으로 추정되었다. 저우언라이의 말에 의하면, 이 한 번의 포위전으로 홍군에서만 6만 명이 넘는 사상자가 생겨났다고 했다. 마을 전체가 때로는 강제 집단이주로, 때로는 좀 더 간편한 방법인 집단학살로 무인지경이 되는 경우가 있었다. 국민당 기관지의 보도에 따르면, 장시 소비에트를 탈환하는 과정에서 약 1백만 명이 살해당하거나 굶어 죽었을 것이라고 했다.

하지만 제5차 토벌도 결정적이지 못한 것으로 판명되었다. 제5차 토벌로도 홍군의 '살아 있는 전력'[1]을 파괴할 수는 없었다. 홍군의 군사회

| 1 홍군이 사용한 표현으로 주요한 전투부대를 의미한다.

의가 루이진에서 소집되었으며, 이 회의에서 홍군의 주력을 새로운 기지로 이동시키기 위해 퇴각할 것을 결정했다.

장시로부터의 퇴각은 아주 신속하게 그리고 아주 은밀하게 이루어졌기 때문에 적의 사령부에서는 어떤 일이 벌어지고 있는지조차 알지 못했다. 그들이 이 사실을 알았을 때는 이미 약 9만 명으로 추산되는 홍군의 주력이 행군을 시작한 지 며칠이 지난 뒤였다. 그들은 장시성 남부로 이동했으며, 정규군의 철수로 생긴 북부전선의 공백을 유격대로 메웠다. 항상 밤에만 이동했다. 홍군의 전 병력이 장시성 남부의 위두(于都, 우도)에 집결했을 때, 장정을 시작한다는 명령이 내려졌다. 이때가 1934년 10월 16일이었다.

홍군은 2열종대로 나뉘어 각각 서쪽과 남쪽으로 사흘 밤 동안 행군했다. 나흘째 되는 날 그들은 후난과 광둥의 요새선(要塞線)에 전혀 예기치 못한 공격을 거의 동시에 가하면서 계속 전진했다. 강습을 받은 적은 놀라서 도주하기 시작했고, 홍군은 남부 전선에 있는 일련의 보루와 참호를 점령하기까지 공격을 늦추지 않았다. 이로써 그들에게 남쪽과 서쪽으로 통하는 길이 열렸으며, 그들의 전위대는 이 길을 따라서 세상 사람의 이목을 집중시킬 진군을 시작했다. 주력군 외에도 남녀노소, 공산주의자·비공산주의자를 가릴 것 없이 모두 수만 명이나 되는 홍구의 농민들이 이 행군에 가담했다. 병기창이 텅 비고 공장은 해체되었으며, 기계가 노새와 당나귀의 등에 실렸다. 그리하여 운반할 수 있고 값어치 있는 것이면 무엇이든 이 기묘한 기마 행렬과 함께 운반되었다. 그러나 행군이 장기화되면서 짐의 대부분을 포기하지 않을 수 없었다. 홍군은 수천 정의 소총과 기관총, 적지 않은 기계류, 다량의 탄약, 심지어는 상당량의 은이 남방으로부터의 긴 도정(道程)에서 묻혀 버렸다고 나에게 말했다. 그리고 지금은 수천 명의 경비부대들에게 포위당해 있기 때문에 그럴 수 없지만, 앞으로 언젠가는 묻혀 있는 것들을 붉은 농민들이 다시 파내게 될 것이라고 말했다. 농민들은 신호가 오기만을 기다리고 있었다. 그리고 대일전쟁(對日戰爭)이 그 신호로 판명될 것이었다.

홍군의 주력이 장시로부터 철수한 뒤에도, 난징군(南京軍)이 홍군의 주요 근거지를 점령할 수 있기까지는 여러 주일이 걸렸다. 수만 명의 농민 적위대들이 유격전을 계속했다. 홍군은 이들을 지휘할 목적으로 지휘관들 중에서도 가장 유능한 사람들만 선발하여 뒤에 남겨두었다. 바로 천이, 쑤위(粟裕, 속유),* 탄전린(譚震林, 담진림), 샹잉(項英, 항영), 팡즈민, 류샤오(劉曉, 유효),* 덩쯔후이, 취추바이, 허쑤헝, 장딩청 등이 그들이었다. 그러나 그들에게 맡겨진 건강한 정규 병력은 6천 명에 지나지 않았다. 그리고 부상병 2만 명이 농민들 사이에 은신하고 있었다.[5] 그들은 수천 명이 체포되고 처형당하는 불행을 겪으면서도 후방을 지키는 전쟁을 수행해 나갔다. 이 후방 전쟁 덕분에 주력 부대는 장제스가 새로운 병력을 동원하여 그들을 추적하기 전에 전진할 수 있었고, 그랬기 때문에 전멸당하지 않을 수 있었다. 장시·푸젠·구이저우에는 홍군 잔류병이 장악하고 있는 지역들이 1937년까지도 남아 있었다. 그해 봄, 난징 정부는 푸젠성에서 '최후의 소탕'을 하기 위해 또 한 차례 반공토벌작전을 개시하겠다고 선언했다.[6]

2. 국가의 이동

최초의 보루선을 돌파하는 데 성공한 이후 홍군은 1년여에 걸쳐 서방과 북방으로 획기적인 대이동을 시작했다. 실로 다채롭고 이야깃거리도 많았던 원정이었지만 여기에서는 그 윤곽만을 소개할 수밖에 없다. 공산당원들은 직접 장정에 참가했던 사람들 수십 명으로부터 기고를 받아서 장정에 관한 집단 저술을 준비하고 있으며, 이미 그 저술은 전부 약 30만 자에 이르렀다고 나에게 말했다.⑦ 모험, 탐사, 발견, 인간의 용기와 연약함, 환희와 승리, 고통, 희생, 충성, 그리고 이 모든 것을 점철하는 수만 명의 젊은이들의 꺼질 줄 모르는 열정과 결코 좌절하지 않는 희망, 그리고 그저 경이롭기만 한 혁명적 낙관주의, 이것들 모두가, 아니 그 이상의 것들이 근대사에서 그 유례를 찾아볼 수 없을 만큼 웅장한 이 장정의 역사 속에서 구현되고 있는 것 같았다. 이 대서사시의 주인공들은 인간이든 자연이든 신이든 죽음이든 그 어떤 것에 의해 강요되는 패배도 결코 인정하려 하지 않았다.

공산주의자들 자신은 일반적으로 이것을 '2만 5천 리 장정'이라고 말했다. 사실상 푸젠성의 가장 먼 지점에서부터 산시(陝西)성 북서 끝의 종착 지점까지 가는 동안에 있었던 우여곡절과 우회 그리고 역(逆)행군을 감안할 때 행군대 일부는 그만큼 먼 거리를 아니면 더 먼 거리를 갔을 것임에 틀림없다. 제1군단[2]이 기록한 것으로, 단계 단계마다 정확하게 묘사하고 있는 행군기(行軍記)에 의하면 이 군단의 행로는—미 대륙 넓이의 두 배가 되는—총연장 18,088리, 즉 약 9,600킬로미터에 달했다고 한다. 그리고 이 숫자는 주력부대의 평균 행군 거리를 말해 주는 것일 가능성이 크다. 그들은 차량통행이 불가능한, 세계에서 가장 험난한 길의 일부를 지났으며, 눈 덮인 고산 지대와 아시아의 유명한 대하(大河)들을 여러 개 가로질렀다. 그것은 처음부터 마지막까지 실로 기나긴 투쟁의 연속이었다.

일련의 견고한 기관총좌와 요새들의 지원을 받은 주방위선 4개가 중

---

2 제1군단, 『장정기록(長征記錄)』, 위왕바오, 1936년 8월.

국 남부의 소비에트 지역을 포위하고 있었기 때문에, 홍군이 서부의 봉쇄당하지 않은 지역들에 이르기 위해서는 먼저 이들 주방위선을 돌파해야 했다. 장시성의 (난징 정부군) 제1선은 1934년 10월 21일에 돌파당했으며, 후난의 제2선은 11월 3일에 점령당했고, 역시 후난의 제3선은 일주일 뒤 유혈전 끝에 홍군의 손에 함락당했다. 광시(廣西, 광서)와 후난의 군대가 마지막 네 번째 방위선을 11월 29일 포기하자, 홍군은 북쪽으로 선회하여 후난으로 뛰어든 뒤 쓰촨성을 바라보며 일직선으로 행군하기 시작했다. 쓰촨성에 이르면 소비에트 지역으로 들어가 쉬샹첸 휘하의 제4방면군과 합류할 계획이었다. 위에서 말한 한 달 남짓의 기간에 모두 아홉 차례의 전투가 있었다. 그들의 행군을 가로막기 위하여 난징 정부와 천지탕, 허젠, 바이충시 등의 지방 군벌들이 모두 110개 연대를 동원했다.

장시, 광둥, 광시, 후난을 지나 행군하는 동안에 홍군은 치명적인 타격을 받았다. 그들이 구이저우성의 경계에 도착했을 때는 그들의 수가 약 3분의 1 정도 줄어 있었다. 그것은 우선 대량 수송의 장애 때문이었다. 실제로 이 일에만 5천 명의 인원이 투입되어 있었다. 그리하여 선봉대의 기동력이 크게 제약당한 결과 적군은 행군로에 정교한 장애물들을 설치할 수 있는 시간을 벌게 되었다. 둘째로 장시에서부터 북서쪽으로 향하는 행로를 이탈 없이 유지했기 때문에, 난징 정부는 홍군의 이동을 거의 전부 예상할 수 있었다.

홍군은 이러한 실수의 결과로 심각한 손실을 입었고, 이를 계기로 구이저우성에서 새로운 전술을 채택하게 되었다. 그들이 화살과 같은 일직선의 전진을 포기하고 일련의 기만적인 기동작전을 펴기 시작하자, 난징 정부군의 비행기로서는 그날그날 홍군 주력 부대의 목표 지점을 확인하는 일이 점점 더 곤란해졌다. 2개 지대(支隊) 때로는 4개 지대가 중앙

부대의 측면에서 일련의 기만작전을 전개하는 한편, 선봉대는 집게형(型)의 전선을 형성했다. 그들은 주요 장비 중에서도 가장 간편하고 가장 가벼운 것만을 가지고 갔다. 그리고 그 수가 크게 줄어든 수송대들에게는—그들은 연일 계속되는 공중폭격의 표적이 되었다—야간행군이 일상화되었다.

홍군이 양쯔강(揚子江, 양자강)을 건너 쓰촨성으로 들어갈 것으로 예상되었기 때문에 장제스는 후베이, 안후이, 장시로부터 수천 개의 부대를 철수하여 급히 서쪽으로 이동시켰다. 홍군의 행군로를 북에서부터 차단하겠다는 것이 그의 의도였다. 그리하여 모든 도하지점에 엄중한 방비태세를 갖추게 되었다. 모든 나룻배들을 끌어다가 강의 북쪽 제방에 묶어 두었으며, 모든 도로를 봉쇄하고 광대한 지역에서 곡식을 거두어들였다. 그 밖에도 난징 정부군 수천 명이 구이저우로 몰려와 군벌 왕자례(王家烈, 왕가열)의 아편에 찌든 지방군을 보강시켰다. 그러나 결국 왕의 군대는 홍군 앞에 무기력하게 무릎을 꿇고 말았다. 또한 윈난성 경계에도 군대를 파견하여 그곳에 장애물을 설치하도록 했다. 이처럼 구이저우성에서는 20~30만 병력의 환영단이 홍군을 기다리고 있었으며, 그들의 행로 도처에는 장애물이 널려 있었다. 그래서 홍군은 두 차례나 구이저우성을 횡단하는 대역진(大逆進)을 하지 않을 수 없었고, 고도(古都)를 돌아서 큰 원을 그리며 이동해야만 했다.

홍군이 구이저우에서 기동작전에 소비한 시간은 4개월이었다. 이 기간에 그들은 적의 5개 사단을 격파했고, 성장(省長) 왕자례의 사령부와 쭌이에 있는 그의 외국풍 궁전을 점령하고 2만 명의 병력을 충원했다. 그리고 이 지역에 있는 거의 모든 촌락과 도시를 방문하여 대중집회를 열고, 그곳의 젊은이들 사이에서 뽑은 공산당 간부로 조직을 만들었다. 이제 그들의 손실은 무시해도 좋을 만큼 적어졌지만, 그들에게는 여전히 양쯔강을 건너야 하는 문제가 남아 있었다. 장제스는 구이저우와 쓰촨의 경계선에 병력을 신속하게 집결시킴으로써 양쯔강에 이르는 최단의 직통도로를 차단할 수 있었다. 이제 그는 홍군이 어떤 지점에서도 양쯔강을 건너지 못하도록 한 뒤, 그들을 남서쪽으로 깊숙이 몰아넣거나 티베트의 황무지로 내몰 수만 있다면 홍군을 섬멸할 수 있으리란 희망을 갖게 되었다. 그는 자기 휘하의 지휘관들과 지방 군벌들에게 '국가와 당의 운명이 홍군을 양쯔강 이남에서 봉쇄할 수 있느냐 없느냐 하는 문제에 달려 있다'라는 내용의 전문을 보냈다.

1935년 5월 초, 홍군은 남쪽으로 급선회하여, 중국의 국경선이 버마(미얀마) 및 인도차이나와 만나는 곳인 윈난성으로 돌입했다. 홍군은 나흘간의 극적인 행군을 감행하여 윈난성의 중심 도시 윈난부에서 불과 16킬로미터밖에 떨어지지 않은 거리까지 접근할 수 있었고, 따라서 군벌 룽윈(龍雲, 용운)은 미친듯이 동원할 수 있는 병력을 모두 동원하여 방위태세를 갖추었다. 그동안 장제스의 원군이 구이저우성에서부터 맹렬히 추격한 끝에 도착했다. 장제스 자신과 당시 윈난부에 머물러 있던 장제스의 부인은 화급하게 인도차이나로 통하는 프랑스 철도를 보수하기 시작했다. 난징 정부의 폭격기 대편대가 연일 홍군 위에 폭탄을 투하했지만 그들은 행군을 멈추지 않았다. 그러나 오래지 않아 비상사태는 해제되었다. 윈난부를 향한 홍군의 진격은 소수의 부대가 연출해 낸 기만작전에 불과하다는 것이 드러났기 때문이다. 홍군의 주력은 서쪽으로 이동하고 있었다. 양쯔강 상류의 몇 개 안 되는 도하지점의 하나인 리장(麗江, 여강)에서 강을 건너겠다는 것이 그들의 의도였던 것이다.

윈난성의 거친 산악지대를 통과하는 양쯔강은 거대한 협곡과 곳곳에 1킬로미터가 넘도록 늘어서 있는 높은 봉우리들 사이를 깊고 빠르게 흐르면서, 양편에 거의 수직에 가까운 가파른 암벽을 만들고 있었다. 정부군이 몇 개 안 되는 도하지점을 모두 점령한 것은 이미 오래전의 일이었다. 장제스는 아주 만족했다. 이제 그는 배를 남김없이 강의 북쪽 기슭으로 끌어다가 태우라는 명령을 내렸다. 그러고는 자신의 군대와 룽윈의 군대를 이끌고 홍군에 대한 포위작전을 펴기 시작했다. 그는 유서 깊고 험난하기로 이름난 강기슭에다 홍군을 영원히 매장할 수 있으리라고 생각했다.

자신들에게 다가올 운명을 전혀 알지 못하는 듯, 홍군은 3열종대로 나뉘어 리장을 바라보면서 서쪽으로 신속히 행군했다. 그곳에 도착해 보니 배는 이미 불태워져 하나도 남아 있지 않았다. 난징 측 조종사들로부터 홍군 선봉대가 죽교(竹橋)를 만들기 시작했다는 보고가 들어왔다. 장제스는 더욱더 자신을 가질 수 있었다. 이 가교를 설치하려면 몇 주일이 걸릴 것이기 때문이다. 그러나 어느 날 저녁 홍군 1개 대대가 아주 은밀하게 진로의 방향을 급선회했다. 이 대대는 놀랄 만한 속도로 강행군하여 하룻밤과 하루낮 동안에 135킬로미터를 이동했다. 다음 날 저녁 무렵에는 리장을 제외하면 그 일대에서 유일한 나루터인 자오핑두(皎平渡, 교평도)에 도착했다. 노획한 난징 정부군 복장을 한 그들은 어둑어둑할 무렵에 소리 없이 마을로 잠입하여 수비대를 조용히 무장해제시켰다.

장제스는 배를 북안으로 끌고 가기는 했지만 아직까지 배를 파괴하지는 않은 상태였다(홍군이 수백 리 떨어진 곳에 있고, 그곳에는 나타나지도 않았는데 배를 파괴할 이유가 어디 있겠느냐는 것이 정부군의 생각이었을 것이다). 하지만 어떤 방법을 써서 배를 남쪽으로 끌어올 수 있을까? 날이 어두워진 뒤 홍군은 수비대의 장교 한 명을 강가로 데리고 갔다. 그리고 그를 강압하여 반대편에 있는 수비대에게 정부군이 도착했으니 배를 한 척 보내라고 외치도록 했다. 북쪽에서는 전혀 의심 없이 배를 한 척 보내 주었다. 그 배에 이들 '난징군'(난징군으로 가장한 홍군—옮긴이)의 한 무리가 올라탔고, 드디어 그들은 곧 북쪽 기슭에, 즉 쓰촨성에 다다르게 되었다. 조용히 수비대 초소에 들어가 보니, 마침 그들이 평화롭게 마작을 하고 있는 중이었기 때문에 홍군은 힘들이지 않고 그들의 무기를 빼앗은 뒤 그들을 무장해제시켰다.

그동안 홍군의 주력 부대는 장거리를 역행군했으며, 다음 날 정오 무렵 선발대가 나루터에 도착했다. 이제 강 건너기란 간단한 일이었다. 큰 배 여섯 척이 밤낮없이 9일간을 실어 날랐다. 그리하여 마침내 한 명도 죽거나 다치지 않고 전군이 쓰촨성으로 이동할 수 있었다. 도하작전을 끝낸 뒤, 홍군은 신속하게 배를 파괴하고 잠자리에 들었다. 이틀이 지나서야 장제스의 군대가 강에 도착하자 홍군의 후위는 강 건너편에 있는 적을 향해 건너려면 헤엄쳐서 건너와 보라고 조롱했다. 정부군이 가장 가까이에 있는 도하지점까지 오려면 어쩔 수 없이 200리 이상을 우회해야 했기 때문에 홍군은 그들의 추적을 뿌리칠 수 있었다. 격노한 총통은 이번에는 쓰촨성으로 날아갔고, 새로운 병력을 동원하여 접근해 오는 적군 행렬의 길목을 막았다. 전략상 또 하나의 중요한 강, 다두허(大渡河, 대도하)에서 적을 차단할 수 있으리라는 것이 그의 희망이었다.

3. 다두허의 영웅들

다두허를 횡단한 것은 장정 중에 있었던 단일 사건으로는 가장 중요한 사건이었다. 만약 홍군이 그곳에서 실패했더라면 그들은 거의 틀림없이 전멸을 면치 못했을 것이다. 역사 속에는 그러한 운명의 전례가 여러 차례 있었다. 다두허의 강기슭에서 '3국'(위·촉·오를 가리킴-옮긴이)의 영웅들이 그리고 그 후에도 적지 않은 전사들이 패배를 맛보았다. 또한 가까운 예로 19세기에는 이 계곡에서 석달개(石達開) 왕이 이끄는 태평천국의 반란군 10만 명이 그 유명한 증국번(曾國藩) 휘하의 청나라 군대에게 포위되어 전멸당했었다. 장제스 총통은 쓰촨성의 동맹 세력인 군벌 류샹(劉湘, 유상)과 류원후이(劉文輝, 유문휘)에게, 그리고 정부 추격군을 지휘하고 있던 자기 휘하의 장군들에게 태평천국의 역사를 재연시키라는 내용의 훈령을 타전했다.

그러나 홍군 또한 석달개에 대해서 알고 있었다. 그리고 그가 당한 패배의 주된 원인이 곧 터무니없이 값비싼 대가를 치러야 했던 시간의 지체에 있었음도 알고 있었다. 다두허 강가에 도착한 석달개 왕은 태자, 즉 자기 아들의 탄생을 축하하기 위해 사흘간을 그곳에 머물렀던 것이다. 이 사흘간의 휴식은 그의 적으로 하여금 병력을 집결시킨 뒤 배후로 신속하게 행군하여 그의 퇴각로를 봉쇄케 하는 기회를 주었다. 자신의 실수를 뒤늦게 깨달은 석달개 왕은 적의 포위망을 뚫어 보려 했지만, 이 산협의 좁은 지형에서는 움직이는 것이 불가능했다. 결국 그의 나라는 지도에서 사라져 버리고 말았다.

홍군은 그런 실수를 되풀이하지 않기로 결심했다. 진사강(金沙江, 금사강. 그곳의 양쯔강은 이렇게 불렸다)에서 신속하게 북진하여 쓰촨성으로 접어들자마자, 그들은 호전적인 부족국인 독립 뤄뤄국(猓猓國, 라라국)의 '백(白)'뤄뤄족과 '흑(黑)'뤄뤄족의 땅에 들어섰다. 뤄뤄족은 자신들을 둘러싸고 있는 중국인들에게 정복당한 적도 동화된 적도 없었으며, 수 세기 동안 쓰촨성 돌출부의, 밀림이 들어찬 산악지대를 점령하고 있었다. 그들 땅의 경계선은 티베트의 바로 동쪽에서 양쯔강이 남쪽을 향하여 크게 그리고 있는 호(弧)로 표시된다. 장제스는 홍군이 일단 이 지역으로 들어간 만큼 오래 지체하면서 전력이 크게 약화되리라 믿어 의심치 않았으며, 그렇다면 그동안에 자신은 다두허의 북쪽에 병력을 집결시킬 수 있을 것으로 생각했다. 예부터 한인들에 대한 뤄뤄족의 증오감은 뿌리 깊은 것이어서, 그들의 국경 안으로 들어간 어떤 중국의 군대도 치명적인 타격을 받거나 전멸당하지 않은 예가 거의 없었다.

그러나 홍군은 이미 구이저우와 윈난의 원주민인 먀오족(苗族, 묘족)과 샨족이 거주하는 지역들을 안전하게 통과한 적이 있었을 뿐만 아니라, 이들 원주민의 우의(友誼)를 얻고 심지어는 일부 원주민을 그들의 군대에 가담시킨 경험까지 갖고 있었다. 이번에도 그들은 뤄뤄족과 교섭할 목적에서 사절단을 미리 파견했다. 뤄뤄국으로 가는 도중에 그들은 독립 뤄뤄국의 국경에 있는 몇 개의 읍들을 장악했는데, 그때마다 중국의 지방 군벌들이 볼모로 감옥에 가둔 뤄뤄족의 추장들을 구해 냈다. 이때 석방되어 자기 동족에게로 돌아온 추장들이 여럿 있었는데, 이들이 홍군을 찬양하는 것은 당연한 일이었다.

홍군의 선봉대에는 한때 쓰촨성의 군벌 군대에서 사관을 지낸 류보청(劉伯承, 유백승)*이라는 지휘관이 있었다. 류보청은 원주민 내부의 원한과 불만까지도 잘 알고 있었다. 특히 그는 한민족에 대한 뤄뤄족의 증오심을 잘 알고 있는 데다가 그들의 말도 어느 정도 할 수 있었다. 친선우호동맹을 교섭한다는 임무를 부여 받은 그는 뤄뤄족의 영토에 들어가 추장들과 회담을 시작했다. 그는 다음과 같은 요지로 말했다. 뤄뤄족이 군벌 류샹이나 류원후이 또는 국민당과 적대 관계에 있는 것과 마찬가지로 홍군도 그들과 적대 관계에 있다. 뤄뤄족은 독립을 보존하기를 원한다. 공산당의 정책은 바로 중국의 모든 소수민족에게 자치권을 부여하는 것이다. 뤄뤄족은 한민족에게 탄압을 받아 왔기 때문에 그들을 증오한다. 그러나 '백'뤄뤄족과 '흑'뤄뤄족이 있는 것과 마찬가지로 한민족에게도 '백'과 '적(赤)'이 있다. 뤄뤄족을 살해하고 탄압한 한민족은 언제나 백색이었다. 적색 한인과 흑색 뤄뤄인이 단결하여 공동의 적, 백색 한인과 싸워야 하지 않겠는가? 뤄뤄족은 흥미 있게 들었다. 그들은 교활하게도 자신들의 독립을 지키고, 적색 한인이 백색 한인과 싸우는 것을 돕는 데 필요하다는 이유를 내세워서 무기와 탄약을 홍군에게 요구했다. 놀랍게도 공산당은 두 가지 요구를 모두 들어주었다.

이리하여 신속할 뿐만 아니라 정치적으로 유익한 통로가 열리게 되었다. 수백 명의 뤄뤄족이 '적색' 한인과 함께 그들 공동의 적을 무찌르기 위하여 다두허로 행군할 것을 자원했다. 이들 뤄뤄족 중 일부는 곧장 북서쪽으로 행군하기로 했다. 류보청이 닭의 목을 잘라 피를 마셨고, 뒤이어 뤄뤄족의 족장도 피를 마셨다. 뤄뤄족에게는 이러한 의식이 피로 맺어진 형제가 될 것을 맹세하는 것을 뜻했다. 이 맹세와 함께 홍군은 어느 쪽이든 먼저 동맹관계를 깨는 자가 있다면 그는 닭보다 더 비겁하고 나약한 자가 될 것이라 선언했다.

그리하여 린뱌오가 이끄는 제1군단의 선봉대가 다두허에 도착했다. 행군의 마지막 날 그들은 뤄뤄족의 숲에서 모습을 드러내고 전에 자오핑 나루터를 장악할 때와 마찬가지로 전혀 낌새 없이 갑작스럽게 안순창(安順場, 안순장)의 강변 마을로 내려갔다(이러한 급습이 가능했던 것은 난징 정부군 조종사들이 짙은 녹음 속을 이동하는 그들의 행로를 추적할 수 없었기 때문이다). 뤄뤄족의 안내를 받으며 홍군은 좁은 산길을 따라 그 조그만 읍까지 소리 없이 기어갔다. 높은 지점에서 강기슭을 내려다본 그들은 놀라움과 기쁨을 억누를 수 없었다. 나룻배 세 척 중 한 척이 빠른 속도로 강의 '남쪽' 기슭을 향해 오고 있는 것이 보였던 것이다. 또 한 번 운명의 힘이 그들을 도왔던 것이다.

어떻게 하여 그런 일이 있을 수 있었던가? 강 건너편에는 쓰촨성의 독재자 류원후이 장군 휘하에 있는 겨우 1개 연대 병력이 있을 뿐이었다. 쓰촨성의 다른 부대들과, 난징에서 파견된 원군은 다두허를 향하여 한가롭게 행군해 오고 있는 중이었다. 당분간이라면 1개 연대로도 충분하다고 생각했던 것 같았다. 배를 전부 북쪽 기슭에 잡아매어 두었으니만큼 1개 분대만으로도 충분했을지 모른다. 문제는 주둔 연대의 지휘관이 그 지역 출신이라는 데 있었다. 그는 홍군이 통과해야 하는 지형에 대해, 그리고 그들이 그곳을 통해 강가에 도착하는 데까지 걸릴 시간이 얼마나 될는지에 대해 잘 알고 있었다. 그는 틀림없이 부하들에게 홍군이 도착하려면 아직도 여러 날이 지나야 한다고 말했을 것이다. 그리고 알아본 바에 따르면, 그의 아내가 안순창 출신이었기 때문에 친척과 친구들을 방문하여 그들과 함께 향연을 즐기려면, 그는 강을 건너 남쪽 기슭으로 건너와야 했다. 이리하여 읍을 기습했을 때 홍군은 연대장과 그의 배를 포획하여 북쪽으로 가는 통로를 확보하게 되었던 것이다.

5개 중대에서 각각 지원자 18명씩을 뽑아서 노획한 배로 먼저 건너가 다른 배들을 가져오게 하는 한편, 남아 있는 홍군은 산기슭에 기관총을 설치하고, 강 건너 적의 노출된 지점들에 집중적인 엄호 사격을 펴기로 했다. 때는 5월이었다. 산악에서 쏟아진 홍수 때문에 강은 양쯔강보다도 폭이 더 넓어졌고, 물살이 빨랐다. 훨씬 상류에서부터 출발한 나룻배가 강을 건너 정확하게 마을의 맞은편에 도착하는 데는 2시간이나 걸렸다. 남쪽 기슭의 안순창 사람들은 숨을 죽이고 바라보았다. 이들은 소탕당할 것이다. 그러나 기다려 보자. 그들은 배를 탄 사람들이 바로 적의 총구멍 밑에 도착하는 것을 보았다. 이제야말로 그들의 종말임이 거의 확실했다. 하지만…… 남쪽 강기슭으로부터 홍군의 기관총이 불을 토하기 시작했다. 구경꾼들은 그 소부대가 뭍으로 기어올라 서둘러서 몸을 숨겼다가 적의 진지 아래쪽으로 돌출한 가파른 절벽을 느린 속도로 기어오르기 시작하는 것을 보았다. 그들은 돌출부 위에 경기관총을 설치했고, 강을 따라 만들어 놓은 적의 보루에 탄환과 수류탄을 쏟아 부었다.

갑자기 백군은 사격을 중지하고 보루를 뛰쳐나와 제2의 방어선으로,

이어 제3의 방어선으로 도주하기 시작했다. 남쪽 강기슭에서 갑자기 왁자지껄하는 소리가 일었고, '만세!' 하는 외침소리가 강을 가로질러 선착장을 점령한 돌격대의 귀에까지 와 닿았다. 그동안 처음의 배가 다른 배 2척을 예인해 왔고, 두 번째 운항에서는 배마다 80명씩 승선했다. 적은 도주하고 없었다. 그날부터 사흘 동안 안순창의 배 3척은 밤낮을 가리지 않고 왕복 운항을 계속했으며, 그리하여 거의 1개 사단 병력이 강의 북쪽 기슭으로 이동할 수 있었다.

그러나 강의 물살은 점점 더 거세지기만 했다. 강을 건너기가 점점 더 어려워졌다. 사흘째 되는 날에는 이쪽 강기슭에서 저쪽 강기슭으로 사람을 실어 나르는 데 자그마치 4시간이나 걸렸다. 이런 속도라면 전 병력에다가 가축과 보급물자까지 운반하는 데 몇 주일이 걸릴지 알 수 없었다. 그렇게 되면 도하작전을 채 끝내기도 전에 포위당할 것은 뻔한 일이었다. 홍군의 제1군단이 안순창으로 몰려들어 왔고, 뒤따라 양 날개 부대와 수송대 그리고 후위대가 그곳으로 집결하고 있었다. 이미 그 지점을 찾아낸 장제스의 비행기들이 엄청난 폭격을 가하고 있었다. 적군이 동남쪽으로부터 달려오고 있었고, 북에서도 다른 부대들이 거리를 좁혀 오고 있었다. 린뱌오는 급히 군사회의를 소집했다. 그때는 주더, 마오쩌둥, 저우언라이, 펑더화이 등이 강에 도착한 뒤였다. 그들은 결정을 내리고, 그 결정을 즉각 실천에 옮겼다.

안순창에서 서쪽으로 400리가량 가면 유난히 깊은 협곡 사이로 강이 좁지만 물살이 깊고 빠르게 흐르는 곳이 있었고, 그곳에는 루딩(瀘定, 노정)이란 사람이 설치했다 하여 루딩교(瀘定橋, 노정교)[3]라고 부르는 쇠고리줄로 된 다리가 하나 있었다. 티베트 동쪽에서는 그 다리가 강을 건널

---

3 말 그대로 루(瀘, 노)가 '고정시킨' 다리.

수 있는 마지막 수단이었다. 이 다리를 향해 맨발의 홍군은 출발했다. 그들이 가는 협로는 때로는 수백 미터 높이까지 치솟았다가 다시 불어 오른 강의 수면 높이까지 낮아지기도 했다. 그들은 때로는 허리까지 빠지는 진흙탕을 가로지르기도 하면서 굴곡이 심한 협곡을 통과했다. 그들이 루딩교를 확보한다면 전군(全軍)은 쓰촨성의 중심부로 들어갈 수 있을 것이다. 그러나 실패할 경우, 그들은 왔던 길을 도로 가야 했다. 즉 뤄뤄족을 통과해서 윈난성으로 들어갔다가, 다시 티베트 국경에 있는 리장을 바라보면서 서진(西進)할 수밖에 없었다. 사실 2천 리가 넘는 긴 여정을 견디고 살아남을 사람이 있을 것이라고는 기대하기 어려웠다.

남쪽 강기슭을 따라 홍군의 주력 부대가 이동하는 동안, 이미 북쪽 강기슭으로 건너간 사단도 함께 이동했다. 때로는 그들 사이의 계곡이 아주 가깝게 접근했기 때문에 홍군은 강을 끼고 서로 격려의 외침을 교환할 수도 있었다. 때로는 다두허에서 갈라져서 영원히 헤어지는 것이 아닐까 하는 공포감을 반영하기라도 하듯 계곡이 넓어지기도 했다. 그럴 때면 그들은 발걸음을 더욱 재촉했다. 밤에 그들이 긴 오(伍)를 지어 꼬불꼬불한 절벽길을 지나갈 때면, 1만 개의 횃불이, 그들을 구속하고 있는 강의 어두운 얼굴에 빛의 화살을 쏘았다. 밤낮없이 이들 선봉대는 구보로 이동했다. 10분간의 짧은 휴식과 식사를 위해서만 멈출 뿐이었다. 그 짧은 10분 동안에도 병사들은 지칠 줄 모르고 여러 번 되풀이해서 이 한 번의 전투가 얼마나 중요한 의미를 갖는지 설명하는 정치공작원의 강의에 귀를 기울였고, 그들을 기다리는 시련 속에서 승리를 위해 있는 힘을 다하고 목숨을 바치자고 서로 격려했다. 행군 속도를 줄일 수도 없었을뿐더러 망설임도 피곤함도 있을 수 없었다. 펑더화이는 말했다. "승리는 곧 삶이요, 패배는 곧 죽음이다."

이틀째 되는 날 오른편 강기슭을 가던 선봉대가 뒤로 처졌다. 쓰촨성의 백군 군대가 길가에 진지를 만들고 있었기 때문에 사소한 전투가 불가피했던 것이었다. 남쪽 강기슭의 홍군은 더욱더 무서운 속도로 전진했다. 오래지 않아서 반대편 강기슭에 새로운 군대가 나타났다. 망원경을 통해 그들이 루딩교를 향해 서둘러 가고 있는 백군의 증원 병력이라는 사실이 확인되었다. 하루 온종일 양군은 강을 사이에 두고 경주를 벌였다. 그러나 점차 홍군의 정예부대인 홍군 선봉대가 피로한 적병들의 추격을 따돌리기 시작했다. 이들 적병은 더 자주, 더 긴 휴식을 취하는 것으로 미루어 보아 더 심하게 지친 것 같았다. 아니 무엇보다도 이들은 다리 하나를 위해 목숨을 바칠 각오가 전혀 되어 있지 않았다.

루딩교는 몇 세기 전에 놓여진 것으로, 중국 서부의 깊은 강들 위에 놓인 다른 다리와 다를 바가 없었다. 전체 길이가 100미터쯤 되는 16개의 육중한 쇠고리줄이 강을 가로질러 뻗쳐 있었고, 그것들의 양 끝은 각각 돌 교두보 아래쪽의, 시멘트로 만들어진 거대한 암괴 밑에 묻혀 있었다. 체인에 묶여 있는 두꺼운 판자가 다리의 통로 역할을 했다. 그러나 홍군이 도착했을 때는 적군이 이미 나무 바닥의 절반가량을 들어내 버린 후여서 그들 앞에서부터 강의 중간지점까지는 쇠사슬만이 노출된 채 매달려 있었다. 북쪽의 교두보에는 적의 기관총좌가 그들을 향해 설치되어 있었고, 그 뒤에는 백군의 1개 연대 병력이 포진하고 있었다. 마땅히 이 다리를 파괴해야 했겠지만, 쓰촨성 사람들로서는 그들이 가지고 있는 몇 개 안 되는 다리의 하나인 이 다리에 대해 애착을 버릴 수 없었다. 다리를 다시 놓는 일 자체가 쉽지 않았을 뿐만 아니라 엄청나게 많은 비용이 들었다. 루딩교에 대해서는 "그것을 가설하는 데 18개 성으로부터 자금을 조달해야 했다"라는 말이 있었다. 그리고 홍군이 미쳐 있지 않는 한 감히 쇠줄만 밟고 강을 건너려 하지는 않을 것이라는 것이 모두의 생각이었다. 그러나 그들이 한 일이 바로 그런 미친 짓이었다.

단 한순간도 머뭇거릴 시간이 없었다. 적의 증원 병력이 도착하기 전에 이 다리를 점령해야 했다. 또 한 차례 지원자들을 소집했다. 자신의 생명을 내걸겠다는 홍군 병사들이 하나씩 하나씩 앞으로 나섰고, 이들 지원자 중에서 30명이 선발되었다. 수류탄과 모제르 총을 등에 매단 그들은 넘실대는 강물 위의 쇠줄에 매달려 앞으로 나아갔다. 홍군의 기관총은 적의 교두보에 총탄을 퍼부었다. 적도 기관총으로 응사해 왔다. 적의 저격병들은 물 위에 높게 매달려 느린 속도로 접근해 오는 홍군 병사들에게 총을 쏘아 댔다. 맨 앞의 용사가 총을 맞고 급류 속으로 떨어졌다. 그리고 두 번째 용사도, 세 번째 용사도 같은 운명을 맞이했다. 그러나 다른 용사들은 중앙에 좀더 가까이 접근할 수 있었고, 이때부터는 다리의 바닥이 죽음도 두려워하지 않는 이 전사들을 어느 정도 보호해 주었다. 그리고 적의 탄환은 대부분 빗나가거나 아니면 맞은편 강가의 벼랑에 부딪혔다.

쓰촨성의 백군 병사들은 일찍이 이런 투사들을 본 적이 없었다. 이 홍군 병사들에게는 군대 생활이 단순한 생계유지의 수단이 아니었다. 이들은 승리를 위해서라면 자기 목숨까지도 던질 각오가 되어 있는 젊은이들이었다. 이들이 도대체 인간인가, 아니면 미친 자들인가? 아니면 신인가? 적의 사기가 저하된 것일까, 그들은 총을 쏘기는 했지만 실제로는 이 용감한 젊은이들을 죽일 생각이 없었는지도 모른다. 마침내 홍군 하나가 다리의 바닥으로 기어 올라와, 수류탄을 까서는 정확하게 겨냥해서 적의 보루에 던져 넣었다. 정부군 장교들이 판자의 나머지 부분을 파괴하라고 명령했다. 그러나 때는 이미 늦었다. 더 많은 홍군 병사들이 기어 올라왔다. 쓰촨성 병사들은 판자에 기름을 뿌리고 불을 질렀다. 그때쯤에는 홍군 20여 명이 포복으로 다가와 차례로 적의 기관총좌에 수류탄을 던져 넣었다.

갑자기 남쪽 강기슭에서 그들의 동료들이 기쁨을 감추지 못하고 외치기 시작했다. "홍군 만세! 혁명 만세! 다두허의 영웅들 만세!" 적이 혼비백산하여 도주하고 있었던 것이다. 그들을 향해 타오르는 불길을 뚫고 남은 다리의 판자 위를 전속력으로 달려간 돌격대는 적의 보루 속으로 민첩하게 뛰어들었고, 버려진 기관총을 뭍 쪽으로 돌렸다.

그러는 동안 더 많은 홍군이 쇠줄을 타고 몰려와 불을 끄고 다리를 복구하는 데 합세했다. 곧 안순창에서 강을 건넌 홍군 사단도 남아 있는 적의 진지에 측면 공격을 가하면서 나타났다. 그러자 백군이 전면 도주하기 시작했다. 아니 일부는 도주하고 일부는 홍군에 합세했다. 약 1백 명의 쓰촨성 병사들이 총을 내던지고 되돌아와 그들의 추적자에게 합세했던 것이다. 한두 시간 뒤에는 전군이 즐겁게 노래 부르며 힘찬 발걸음으로 다두허를 건너 쓰촨성으로 행진했다. 격노한 장제스의 비행편대들이 공중 높이 떠돌았지만, 그들로서는 속수무책이었다. 흥분에 들뜬 홍군은 비행기들을 향하여 소리를 외쳐 댔다.

안순창과 루딩교의 영웅들에게는 그들의 뛰어난 용기를 기리어, 중국 홍군의 최고 명예인 금성훈장이 수여되었다.

4. 대초원을 지나다

일단 다두허를 무사히 건넌 홍군은 비교적 자유롭게 쓰촨성 서부 지역으로 전진할 수 있었다. 그만큼이나마 자유로울 수 있었던 것은, 아직 요새 체제가 완전히 갖추어져 있지 않은 상태여서 그들이 주도권을 잡을 수 있었기 때문이었다. 그러나 전투가 잠시 뜸해졌다고 해서 그들의 고난이 끝난 것은 아니었다. 5개의 거대한 산맥을 넘어야 하는 3,200킬로미터의 행군길이 아직도 그들 앞에 놓여 있었다.

다두허의 북쪽에서 홍군은 약 5천 미터의 다쉐산(大雪山, 대설산)에 올랐고, 공기도 희박한 그 정상에서 서쪽을 바라보았을 때 눈 덮인 봉우리의 바다—티베트—가 그들의 시야에 들어왔다. 때는 벌써 6월이었다. 저지대에서는 날씨가 아주 포근했다. 그러나 다쉐산을 횡단하는 중에, 고지대에 적응되어 있지 않은 데다가 입은 옷도 얇아, 야윈 남부 사람들이 적지 않게 추위를 견디지 못하여 쓰러졌다. 하지만 더 오르기 힘들었던 것은 파우퉁강(鮑崗, 포동강)이었다. 그들은 긴 대나무를 쓰러뜨려 허리까지 빠지는 진흙구덩이 위에 꼬불꼬불한 길을 만들면서 이 산에 올라야 했다. 마오쩌둥은 나에게 이렇게 말했다. "이 봉우리에서 한 군단은 수송용 소와 말의 3분의 2를 잃었습니다. 수백 명의 사람들이 쓰러지더니 영원히 일어나지 못했지요."

그러나 그들은 행군을 멈추지 않았다. 다음은 충라이산(邛徠山, 공래산)이 그들의 앞을 가로막았고, 이곳에서 더 많은 사람과 짐승을 잃었다. 그 뒤에도 아름다운 멍비산(夢筆山, 몽필산)과 다구산(大鼓山, 대고산)을 지나면서 수많은 생명을 잃었다. 1935년 7월 20일, 드디어 그들은 쓰촨성 북서쪽의 비옥한 마오궁(懋功, 무공) 지방으로 들어가, 제4군 및 쑹판의 소비에트 지구들과 만났다. 이곳에서 그들은 오랫동안 쉬면서 손실을 조사하고 대오를 재편성했다.

9개월 전, 9만 명의 무장병력으로 장시에서부터 행군을 시작했던 제1, 제3, 제5, 제8, 제9군단은 지금 망치와 낫의 기치 아래 겨우 4만 5천 명가량의 병력을 집결할 수 있었다. 나머지 4만 5천여 명의 병력 모두가 죽거나 체포당하거나 이탈한 것은 아니었다. 홍군은 허난, 구이저우, 윈난을 지나오면서 행군 대열의 뒤에 소수의 정규군 간부들을 남겨 두었다. 이는 그들로 하여금 농민들로 유격대를 조직하여 적의 측면에서 교란 및 견제 작전을 수행하도록 하는 방어 전술의 일부였다. 노획한 소총 수백 정을 행군하는 길을 따라 흩어 놓았으니 국민당으로서는 새로운 문제 지구들이 장시부터 쓰촨까지 뻗어 있게 된 셈이었다. 허룽은 아직도 후난성 북부에서 조그만 소비에트 지구를 지키고 있었고, 그곳에서 샤오커(蕭克, 소극)의 부대와 합류한 적이 있었다. 새로 편성된 다수의 유격대들이 그 지역을 향하여 서서히 이동하기 시작했다. 난징 정부는 1년여 동안 허룽을 물리칠 수 없었다. 그는 홍군 사령부의 명령을 받고서야 쓰촨성으로 이동했다. 그는 경악할 만한 장애들을 극복하고 티베트를 통과하는 어려움 속에서 이 작전을 완수했다.

지금까지의 여정은 장시의 홍군에게 많은 반성의 자료를 제공해 주었다. 그들은 새로운 친구들을 많이 얻었지만, 증오감에 불타는 적도 많았다. 행군 도중에 그들은 지주, 역인(役人), 관료, 호신(豪神, 지주와 악질 토호를 말함-옮긴이) 등 부유한 계급의 곡물을 '징발'해서 필요한 식량을 확보했다. 재정위원장 린보취의 말에 의하면, 그 몰수는 소비에트 법에 따라 조직적으로 이루어졌고, 획득한 물자를 분배할 수 있는 권한은 재정위원회의 징발부에게만 있다고 했다. 이 부서는 군의 물자를 절약했고, 징발이 있을 때마다 무선으로 그에 대한 보고를 받았으며, 행군 단위마다 일정량의 식량을 나누어 주기 위하여 80킬로미터가 족히 넘는 꼬불꼬불한 언덕길을 자주 이동해야만 했다.

가지고 갈 수 없을 만큼 많은 양의 '잉여물자'가 생길 때 홍군은 이를 그 지방의 빈민들에게 나누어 주었다. 윈난성에서는 홍군이 부유한 통조림 업자로부터 수천 덩어리의 돼지고기를 몰수했다는 소문이 돌자, 수 킬로미터 떨어진 곳에 사는 농부들까지 무료배급을 받으러 왔다-실로 통조림 업계의 역사에 유례가 없는 새로운 사건이었다고 마오쩌둥은 술회했다.

같은 방법으로 소금 수 톤이 분배되었다. 구이저우에서는 지주와 관리들이 소유한 오리 농장 여러 개를 접수했는데, 그때 홍군은 "오리라면 지겨워서 넌덜머리가 날 때까지" 오리고기를 실컷 먹었다. 그들은 장시에서부터 난징 정부의 지폐와 은화 그리고 금괴를 지니고 다녔으며, 가난한 지역을 지날 때는 이 돈으로 필수품의 구입 대금을 지불했다. 그들은 토지 문서를 불태우고, 조세를 폐지하고, 빈농을 무장시켰다.

쓰촨성 서부에서 겪었던 경험을 제외하면 홍군은 가는 곳마다 농민 대중으로부터 환영을 받았다고 한다. 그들의 로빈후드 정책에 대한 소문이 그들을 앞질러 퍼져 갔으며, '억압당하고 있는 농민'이 대표를 파견하여 그들의 지역으로 우회함으로써 자신들을 '해방시켜' 달라고 간청하는 경우도 흔히 있었다. 물론 그들은 홍군의 정치강령에 대해서 알고 있을 리 없었다. 그들은 홍군이 '빈민의 군대'라는 사실만 알고 있었다는 것이 우량핑의 말이었다. 그것으로 충분했다. 마오쩌둥은 웃으면서 '쑤웨이아이(蘇維埃, 소유애) 선생',[4] 즉 소비에트 씨를 환영하기 위해 온 대표단도 있었다고 말했다. 무식한 정도로 말하자면 이들 순박한 시골 사람들이나 푸젠성의 군벌 루싱방(盧興邦, 노흥방)이나 마찬가지였다. 루(盧, 노)는 자신의 영지 곳곳에 "쑤웨이아이를 생포하거나 사살한" 자에게는 상금을 주겠노라는 내용의 방을 붙였다. 루싱방은 "도처에서 크게 해악을 자행하고 다니는 자이니만큼 쑤웨이아이를 없애야 한다"라고 공표했다.

남쪽으로부터 이동해 온 군대들은 마오얼가이(毛兒蓋, 모아개)와 마오궁에서 3주일간 휴식을 취했으며, 그동안에 혁명군사회의와 당·소비에트 정부의 대표들은 장래의 계획에 관하여 논의했다. 그런데 일찍이

---

4 '소비에트'를 한자로 옮겨 적으면서 사용된 첫 글자 쑤(蘇, 소)를 성(姓)으로, 그 성에 뒤따르는 웨이아이(維埃, 유애)를 이름으로 착각하기 쉽다.

1933년에 쓰촨성에 근거지를 마련한 홍군의 제4방면군은 원래 허난·후베이·안후이에서 결성되었다는 것을 상기할 필요가 있다. 이 허난을 가로질러 쓰촨으로 이동해 온 제4방면군의 행군을 이끈 두 인물은 쉬샹첸과 장궈타오였다―이 역전의 용사들에 대해서는 뒤에 다시 이야기하겠다. 괄목할 만한 성공―그리고 비극적인 과잉―이 쓰촨성에서 그들이 보여 준 군사행동의 특징을 이루었으며, 한때 쓰촨성의 북쪽 절반이 그들의 지배하에 들어온 적도 있었다. 남방의 볼셰비키들과 마오궁에서 결합할 당시 쉬샹첸 휘하의 군대는 그 수가 약 5만 명에 이르렀다. 따라서 1935년 7월, 쓰촨성 서부 지역에 집결한 병력은 모두 합쳐서 10만 명에 가까웠다.

여기에서 홍군은 둘로 갈라졌는데, 남방군의 일부 병력은 북쪽으로 행군을 계속하는 한편, 나머지 병력은 제4방면군과 함께 쓰촨성에 남아 있게 된 것이다. 당시 올바른 행군로를 놓고 의견이 갈렸는데, 쉬샹첸과 장궈타오는 쓰촨성에 남아 있으면서 양쯔강 남쪽으로 다시 공산진영의 영향력을 확산시켜 나가자는 주장을 지지했으며, 마오쩌둥과 주더를 비롯한 정치국원 대부분은 북서쪽으로 계속 행군할 것을 주장했다. 그러나 결정을 내리지 못해 주저하던 시간은 두 가지 요인으로 인해 끝이 났다. 첫 번째는, 장제스 군대에 의한 포위 작전이었다. 장제스 진영은 동쪽과 북쪽으로부터 쓰촨성으로 이동하여, 홍군의 두 분파 사이에 쐐기를 박는 데 성공했던 것이다. 두 번째는, 급격하게 물이 불어난 쓰촨성의 급류였다. 당시 물리적으로 홍군을 두 부대로 나눠 놓고 있던 이 강의 수위가 갑자기 올라갔기 때문에 건널 수 없게 되어 버린 것이다. 그 밖에도 이와 관련된 당 내부의 갈등 요인들이 없었던 것은 아니지만, 여기에서 거론할 필요까지는 없을 것 같다.[8]

그해 8월, 장시에서부터 이동해 온 홍군의 주력은 제1군단을 선봉대로 삼고 북쪽으로 행군을 계속했다. 이들 뒤에는 주더와 리셴녠(李先念, 이선념)*이 쉬샹첸, 장궈타오와 함께 남아 있었다. 그 후 제4방면군은 이 곳과 티베트에서 1년을 더 보내다가 허룽의 제2방면군[5]과 합세한 뒤 간쑤 지방으로 파란만장한 행군을 하게 된다. 1935년 8월, 쓰촨과 티베트 사이의 국경에 있는 대초원을 이동하는 홍군의 행군 대열을 이끈 인물은 린뱌오, 펑더화이, 쭤취안(左權, 좌권),* 천겅(陳賡, 진갱), 저우언라이, 마오쩌둥 등이었다. 그들은 태반이 당시 중앙정부의 간부들로서 당 중앙위원회의 대다수를 이루고 있었다. 그들은 이 장정의 마지막 단계를 약 3만 병력으로 시작했다.

가장 위험하고 가장 흥미로운 여정이 그들을 기다리고 있었다. 그들이 선택한 항로는 독립심 강한 만쯔족(蠻子族, 만자족)과 티베트 동부의 호전적인 유목민 시판(西番, 서번)이 살고 있는 미개지를 지나는 것이었다. 홍군은 만쯔족의 영토와 티베트 영토로 접어들면서, 자신들에 대한 적개심으로 일치단결한 주민들과 처음 만나게 되었다. 따라서 이 부분의 여정에서 겪은 그들의 고통은 과거에 겪은 어떤 고통보다도 혹심했다. 돈은 가지고 있었지만 식량을 살 수 없었다. 총은 가지고 있었지만 적을 발견할 수 없었다. 그들이 울창한 삼림과 정글을 지나고, 10여 개나 되는 대하의 상류를 건너자 원주민들은 행군 대열의 주변에서 자취를 감추어 버렸다. 원주민들의 집은 텅 비어 있었다. 그들은 고원지대로 이동하면서 운반할 수 있는 것은 무엇이든 가지고 갔으며, 가축과 가금(家禽)도 그들과 함께 떠났다. 그야말로 전 지역이 온통 무인지경이었다.

하지만 길 양편의 몇 백 미터까지는 위험지대였다. 양(羊)의 사료를 찾아 나섰다가 영영 되돌아오지 못한 홍군이 적지 않았다. 산악 주민들은

---

5 런비스(任弼時)는 허룽의 정치위원이다. 약전표 참조.

무성한 관목 속에 숨어 있다가, 접근하는 '침입자들'을 기습했다. 만쯔족은 산에 올라가서, 홍군이 좁고 가파른 협곡—때로는 한 명씩이나 두 명씩밖에 통과할 수 없을 만큼 좁은 경우도 있었다—을 종대로 통과할 때까지 기다렸다가 거대한 바윗덩어리를 굴렸다. 이럴 때마다 사람과 동물이 뒤섞여 압살당했다. 이곳에서는 '소수민족에 대한 공산당의 정책'을 설명할 기회도, 우호동맹을 시도해 볼 기회도 없었다. 만쯔족의 여왕은 어떤 부류의 한족에 대해서도 무자비하기 짝이 없는 증오심을 보였다. 그녀는 적색 한족과 백색 한족 사이의 차이점을 전혀 인정하지 않았다. 그녀는 이들 여행자들을 돕는 자가 있으면 누구든지 산 채로 삶아 죽이겠다고 위협했다.

약탈하지 않고는 식량을 확보할 수 없었기 때문에 홍군은 가축 몇 마리를 얻기 위해 싸우지 않을 수 없었다. 그들 사이에는 '양 한 마리를 사려면 그 대가로 한 사람의 생명을 지불해야 한다'라는 말이 있었다고 마오쩌둥은 당시를 술회했다. 그들은 만쯔족의 밭에서 설익은 티베트 밀과, 당근, 순무 같은 채소를 거두었다. 마오쩌둥의 말에 의하면 순무가 얼마나 큰지 그것 하나면 "15명이 먹을 정도"였다고 한다.[6] 그들은 대초원을 횡단하면서 이렇게 빈약한 식량으로 배를 채웠다. 마오쩌둥은 농담조로 나에게 말했다. "이것이 우리가 외국에 진 유일한 빚입니다. 앞으로 언젠가는 우리가 어쩔 수 없이 만쯔족과 티베트족으로부터 탈취한 식량의 대가를 지불할 작정입니다." 그들은 원주민을 포로로 잡아서 안내자로 삼을 수밖에 없었다. 하지만 이들 안내자 중에서도 적지 않은 수가 그들의 친구가 되었으며, 이들은 만쯔의 국경을 지난 후에도 함께 행

---

6 티베트 고원지대의 희박한 공기 속에서는 채소 작물이 짧은 성장 기간에 '일반적인 크기'의 5배에서 10배까지 자란다.

군을 계속했다. 이들 가운데 일부는 현재 산시(陝西)성의 공산당학교에서 수업 중이며, 언젠가는 자기의 고국으로 돌아가 그곳 사람들에게 '적색' 한인과 '백색' 한인의 차이점을 말해 줄 것이다.

그 대초원은 열흘 동안의 행군 속에서도 주민 한 사람 볼 수 없는 곳이었으며, 거의 끊임없이 비가 내렸다. 그리고 이 습지를 가로지르려면 홍군의 안내역을 맡은 토착 산악인들이나 알고 있는 좁은 미로를 따라 가야 했다. 그리하여 더 많은 사람과 짐승을 잃게 되었다. 많은 사람들이 비틀거리며 젖은 풀 바닥에 쓰러져 동지들의 구원의 손길이 채 닿기도 전에 늪 속으로 사라져 버렸다. 불을 지필 나무도 없었다. 따라서 그들은 밀과 채소를 날로 먹지 않을 수 없었다. 몸을 피할 나무도 없었다. 경무장한 홍군이 천막을 가지고 있을 리 없었다. 밤이 되면 관목 밑에 모여들었지만 이런 방법으로 비를 피할 수는 없었다. 하지만 이런 시련 속에서도 그들은 또 한 번 승리자로 일어섰다. 적어도 그들을 추격하다가 길을 잃고, 일부분만 살아 돌아간 백군에 비하면 성공적이었다.

이제 홍군은 간쑤성 경계에 도착했다. 아직도 그들은 여러 차례의 전투를 치러야 했으며, 만약 이 전투들 중 그 어느 하나에서라도 패배한다면 그것은 곧 회복할 수 없는 치명타를 입는 것이었다. 그들의 행군을 저지할 목적에서 더 많은 난징군, 동북군(東北軍), 회교군(回敎軍)이 간쑤성 남부 지방으로 집결했지만, 홍군은 이들의 봉쇄선을 모두 돌파할 수 있었다. 특히 회교 기병대가 홍군을 영원히 매장하리라는 것이 일반인들의 분명한 예상이었지만, 홍군은 이런 예상을 뒤엎고 오히려 그들로부터 수백 마리의 말을 빼앗았다. 발은 부르트고, 몸은 극도로 지친 가운데 인간으로서는 견딜 수 없는 한계에 도달했을 때 그들은 만리장성 바로 밑 산시(陝西)성 북부에 도착했다. 1935년 10월 20일, 장시를 출발한 지 1년 만에 제1방면군의 선봉대는 1933년에 산시성으로 와서 소비에트 권력의 소규모 근거지를 마련해 놓은 홍군 제25, 26, 27사단과 합류했다. 그때까지 생존한 사람은 2만 명도 되지 않았다. 정착한 그들은 자신들이 이루어 낸 것이 무엇을 뜻하는지를 새삼스럽게 깨달았다.⁹

통계적으로 살펴보아도⁷ 장정은 인상적이다. 평균 잡아 하루에 거의 한 번씩 전선 어딘가에서 소규모 전투가 있었으며, 모두 15일 밤낮을 대접전으로 보낸 때도 있었다. 총 368일의 여정 중에서 235일이 주간 행군이었고, 18일이 야간 행군으로 소비되었다. 주로 소규모 전투 때문에 모두 100일 동안 행군이 정지되었는데, 그 가운데 56일은 쓰촨성 북서 지방에서 보냈고 나머지 44일 동안에 무려 8천 킬로미터의 거리를 이동했다. 달리 말하면 평균 182킬로미터를 행군하고는 한 번씩 쉰 셈이다. 그 빈약한 수송 수단으로 그처럼 대규모 군대가 지구상에서 가장 험난한 지형을 그런 속도로 행군했다는 것은 실로 경이로운 일이 아닐 수 없었다.

쭤취안 사령관이 나에게 제공해 준 자료에 의하면, 홍군은 18개의 산맥을 넘었으며, 24개의 강을 건넜다―특히 그 18개의 산맥 중에서 5개는 만년설로 덮여 있는 산맥이었다. 그들이 통과한 성(省)이 12개, 점령한 도시와 마을이 62개, 돌파한 지방 군벌군의 포위망이 무려 10개였다. 그 밖에도 그들은 자신들을 토벌할 목적으로 파견된 중앙정부군의 각종 병력을 물리치거나, 피하거나, 따돌렸다. 그들은 여섯 개의 각기 다른 원주민 지역을 횡단했으며, 수십 년 동안 어떤 한(漢)민족의 군대도 통과한 적이 없었던 지역들을 지나갔다.

홍군에 대해서, 그리고 그들이 정치적으로 표방한 것에 대해서 어떤 감정을 가지고 있든 간에(그리고 실제로도 그들과 그들의 정치적 입장에 대해서는 논란의 여지가 많다) 그들의 대장정(大長征)이 군 역사상 괄목할 만한 대위업

| 7 앞의 책 『장정기록』.

임을 부인할 수는 없을 것이다. 아시아에서는 몽골족만이 홍군의 장정을 능가했으며, 지난 3세기 동안에는, 스벤 헤딘(Sven Hedin)이 자신의 저서 『황제의 도시, 러허』에서 언급한 바 있는 토르구트(Torgut)족의 대탈출이라면 몰라도 그 밖에는 장정과 비견할 만큼 극적인 민족의 무장이동을 찾아볼 수가 없다. 한니발의 알프스 원정 따위는 그것에 비하면 휴일의 소풍에 지나지 않는다. 모스크바를 떠나는 나폴레옹군 후퇴와 비교해 보면 더 흥미롭겠지만, 당시 나폴레옹의 대군은 큰 타격을 입고 사기가 형편없이 저하되어 있었다.

서북방을 향한 홍군의 행군은, 몇 개 지역에서 결정적인 패배를 당했기 때문에 분명 강요당한 전략적 후퇴였다. 그러나 홍군의 사기와 정치적 의지는 예전과 다름없이 굳건했다. 공산주의자들은 자신들의 행군을 항일전선(抗日戰線)으로 진군하는 것이라고 합리화시켰을 뿐만 아니라 실제로도 그렇게 믿고 있었던 것이 틀림없다. 이런 확신은 대단히 중요한 심리적 요소로 작용했다. 그것은 사기저상(士氣沮喪)의 퇴각일 수도 있었던 것을 용기백배한 승리의 진군으로 전환시키는 데 큰 도움이 되었다. 결과적으로 역사는 자신들의 이동에서 의심의 여지 없이 제2의 원인에 지나지 않았던 것을 강조했던 그들의 입장이 옳았음을 입증해 주었다. 그들은 자신들의 이동이야말로 앞으로 중국과 일본 그리고 소비에트 러시아의 운명에 결정적 역할을 하게 될 지역으로 전진하는 것이라고 예상했으며, 이러한 예상은 적중했다. 선전적 효과가 많았던 이 교묘한 군사작전은 찬란한 정치 전술의 일부분이었다는 것도 주목하지 않으면 안 될 것이다. 그것은 영웅적 장정을 성공적인 귀결로 이끄는 데 크게 기여했다.

어떤 의미에서 이 대이동은 역사상 가장 규모가 큰 무장 선전여행이었다. 홍군은 2억이 넘는 사람들이 거주하고 있는 여러 개의 성들을 통과했다. 전투나 소규모 접전이 끝날 때마다 그리고 마을을 점령할 때마다 그들은 대중집회를 열었고, 연극을 상연했고, 유산계급에게 중과세를 부과했으며 다수의 노예들을 해방시켰고(이들 중 일부는 홍군에 가담했다), '자유와 평등과 민주주의'를 설파했고, '민족 반역자들'(관리, 대지주, 세금징수원)의 재산을 몰수해 그것을 가난한 사람들에게 나누어 주었다. 수백만 명의 가난한 사람들이 홍군을 직접 보았고, 그들이 말하는 것을 직접 들었으며, 이제는 더 이상 그들을 두려워하지 않게 되었다. 홍군은 농업혁명의 목적과 자신들의 항일정책을 설명했다. 그들은 수천의 농민들을 무장시켰으며, 간부들을 뒤에 남겨 두어 홍군 유격대를 훈련시키도록 했다. 이 유격대 때문에 난징 정부군은 늘 골치를 앓았다. 행군이 장기화 되고 점점 더 고통스러워지면서 수천 명에 이르는 사람들이 대열을 이탈했지만, 수천 명의 다른 사람들 — 농민, 도제, 노예, 국민당군의 탈주병, 노동자 등 모두가 권리를 박탈당한 사람들 — 이 합세하여 빈 대오(隊伍)를 채워 주었다.

앞으로 누군가가 이 흥미진진한 원정을 소재로 완전한 서사시를 쓸 것이라고 기대한다. 우선 이들 십자군을 이끈 풍운아일 뿐만 아니라 시인이기도 한 마오쩌둥 주석이 이 9천6백여 킬로미터의 대장정에 대해 쓴 고전풍의 시를 내 나름대로 번역·소개하면서 이 장의 맺는말로 삼으려 한다.

> 홍군은 고난의 장정도 두렵지 않은 듯
> 천수만산(千水萬山)을 가볍게 굽어보네.
> 오령(五嶺)의 산맥 높아지고 또 낮아지다가
> 잔물결로 멀어지고
> 오몽(烏蒙)의 굽은 층계들

겹겹이 푸르게 쌓여 있네.
진사강(金沙江)의 격랑 뜨겁게 바위를 두드리고
다두허(大渡河)에 걸린 적교(吊橋)의 쇠사슬 차갑구나.
민산(岷山) 천리에 신선한 눈 내리니
마침내 마지막 여정을 정복하고
삼군(三軍)은 웃음을 머금었네.[⑩]

6부
서북방의 붉은 별

1. 산시(陝西) 소비에트의 기원[1]

1927년 이후 장시, 푸젠, 후난에서 공산주의자들이 난징 정부에 대항하는 근거지를 점차 만들어 가고 있는 동안 홍군은 중국의 다른 지역에서도 폭넓게 모습을 드러냈다. 이들 지역 가운데 하나의 단위로서 가장 큰 지역은 허난·안후이·후베이 소비에트였다. 이 소비에트는 양쯔강 유역의 풍요로운 3개 성에 걸쳐 넓게 자리잡고 있으면서 2백만 명 이상의 인구를 거느렸다. 이곳에서 홍군을 처음 발족시킨 인물은 쉬하이둥이었으며, 뒤에는 황푸 군관학교의 제1기 졸업생이고 국민당군의 대령을 지냈으며 광저우 코뮌의 역전의 용사인 쉬샹첸이 홍군을 이끌었다.

그곳에서 북서쪽으로 멀리 떨어진 산악지대에서는 역시 황푸 군관학교 졸업생인 류즈단(劉志丹, 유지단)이 산시(陝西)·간쑤·닝샤에서 출현하게 될 소비에트 지구들의 근거지를 마련하고 있었다. 류즈단은 산악인 특유의, 부자들에 대해 증오심을 갖고 있는 현대판 로빈후드였다. 그의 이름은 빈민들 사이에서는 희망의 대명사였고, 지주와 고리대금업자들 사이에서는 천벌의 대명사였다.

이 난세의 영웅은 산시(陝西)성 북서쪽의 언덕으로 둘러싸인 마을 바오안에서 지주의 아들로 태어났다. 그는 만리장성 바로 밑에 있는 몽골의 대상(隊商)을 상대로 하여 교역의 중심지로 번창하고 있던 도시 위린(楡林, 유림)에서 고등학교에 진학했다. 그 뒤 광둥 황푸 군관학교의 입학을 허락 받고 위린을 떠났다. 그러고는 1926년, 황푸 군관학교에서 학업을 마치고 공산당원이자 국민당의 청년 장교가 되었다. 그는 국민당의 북벌에 참가하여 한커우까지 출정했으며, 그곳에서 국공합작(國共合作)의 분열을 보게 되었다.

1927년 그는 난징 쿠데타가 일어난 뒤 밀어닥친 '숙청'의 칼날을 피해 상하이로 도주했으며, 그곳에서 공산당을 위해 비밀리에 일했다. 1928년 고향으로 돌아온 그는 당시 펑위샹 장군 휘하의 국민군에 소속되어 있던 과거의 동지들 일부와 다시 접촉을 시작했다. 그리고 이듬해에는 산시(陝西)성 남부 지방에서 농민 폭동을 주도했다. 이 폭동은 유혈극 끝에 진압되고 말았지만, 최초로 산시성 게릴라 부대의 중추가 마련되는 계기가 되었다.

1929년부터 1932년 사이의 류즈단의 경력은 패배, 실패, 실의, 타락, 모험, 죽음으로부터의 탈출 등이 변화무쌍하게 어우러지는 일종의 만화경이었다. 그동안 그가 장교로서 재임명되어 명예를 회복했던 시기도 없지는 않았지만 그가 지휘하던 몇 개의 소부대가 거의 전멸당하는 치욕을 겪었다. 일단 바오안현 민단의 단장이 되자 그는 자신의 지위를 이용해 여러 명의 지주와 고리대금업자를 체포·처형했다. 이것은 민단의 단장으로서는 실로 기이한 행동이었다. 바오안의 현장(縣長)이 해임당했고, 류즈단은 추종자 세 명과 함께 이웃 현으로 도주했다. 그곳에서 펑위샹 장군 휘하의 장교 한 사람이 그들을 향연에 초대했는데, 그들은 향연 도중에 주인 측을 무장해제시키고 총 20정을 빼앗아 산속으로 도주했다. 산속에서 그들은 잠깐 동안에 3백여 명의 추종 세력을 모을 수 있었다.

그러나 이 소부대는 포위당했고 류즈단은 화해를 요청했다. 결국 그의 제안이 받아들여졌고, 그는 산시(陝西)성 서부의 한 수비대를 지휘하는 국민당군의 장교로 임명되었다. 하지만 그는 또다시 반(反)지주운동을 시작함으로써 다시 반역자가 되었고 이번에는 체포되었다. 그러나 산시성 가로회에 대한 자신의 영향력 덕분에 그는 또 한 번 용서를 받았다. 하지만 그의 부대는 수송대로 재편성되었고, 류즈단은 이 부대의 지휘관으로 임명되었다. 그리고 그는 이번에도 다시 그의 버릇이 되다시피 한 실수를 세 번째 되풀이했다. 류즈단의 작전지구에 사는 지주들 일부가 세금 면제를 받아 온 오랜 관습에 따라서[산시(陝西)성에서는 세금 면제가 지주들의 세습적 권리처럼 되어 있었다] 세금 납부를 거부했다. 류즈단은 즉각 그들 다수를 체포했고, 그 결과 호신 무리들이 무기를 들고 일어나 그의 파면과 처벌을 시안(西安)에 요구했다. 그의 부대는 포위되어 무장해제당했다.

마침내 그는 목에 현상금이 걸린 채 바오안으로 쫓겨왔다. 그러나 그의 휘하에 있던 수많은 공산당 청년장병들이 그의 뒤를 따랐다. 드디어 그가 여기에서 적기(赤旗)를 꽂고 독립군을 조직하기 시작했으니, 그해가 1931년이었다. 그는 바오안현과 중양현(中陽縣, 중양현)을 장악한 후 산시(陝西)성 북쪽으로 급속하게 세력을 뻗쳐 나갔다. 그를 토벌하라고 보낸 정부군이 전투 중에 그의 진영으로 달아나 홍군에 가세하는 사태가 빈번히 발생했다. 심지어는 산시(山西)성을 출발해 양쯔강을 건너 이 불법집단에 가담하는 국민당 탈영병이 있을 지경이었다. 앞뒤를 안 가리는 그의 대담함, 용기, 그리고 충동적인 성격은 북서 지방 전역에 널리 알려졌다. 그래서 "탄환도 그에게는 상처를 입힐 수 없다"라는 전설이 널리 퍼지게 되었다.

관리와 세금징수원과 지주를 살해하는 일이 곳곳에서 벌어졌다. 무장 농민들은 오랫동안 억눌려 왔던 분노가 폭발하자 습격하고, 약탈하고, 포로를 잡아다가 요새화된 그들의 근거지에 인질로 감금하는 등 실로 일반 비적과 전혀 다름없는 행동을 서슴지 않았다. 1932년까지 류즈단의 부하들은 산시(陝西)성 북부의 황토 구릉지대에 있는 11개 현을 장악했다. 그리고 공산당은 위린에 정치부를 설치하고 류즈단의 부대를 지도했다. 1933년 초에는 산시성 최초의 소비에트와 정규 행정기관이 설립되었으며, 장시성의 강령과 비슷한 강령이 실시되기 시작했다.

1934년과 1935년에 이 산시(陝西)성 홍군들은 세력권을 크게 확장할 수 있었고 군대를 개선할 수 있었으며, 또한 어느 정도까지 그들이 장악하고 있는 지구의 상황을 안정시킬 수 있었다. 안딩(安定, 안정)에 산시(陝西)성 소비에트 정부가 수립되었고, 당 훈련학교가 설립되었으며, 군사령부가 설치되었다. 소비에트 지구는 독자적으로 은행과 우체국을 개설했고, 조잡한 것이나마 화폐와 우표를 발행하기 시작했다. 완전히 소비에트화된 지역에서는 소비에트 경제가 시작되었고, 지주의 토지가 몰수되어 재분배되었으며, 모든 부가세가 전면 폐지되었고, 협동조합이 개설되었다. 그리고 당은 초등학교 교사직을 자원하고자 하는 당원을 모집한다는 광고문을 내붙였다.

그동안 류즈단은 홍군 근거지로부터 남쪽으로 이동하여 성도(省都)에 접근했다. 그는 시안부 외곽의 린퉁(臨潼, 임동)을 점령하고 이 성도를 며칠 동안 포위했지만 성공하지는 못했다. 한편 홍군의 1개 부대는 산시(陝西)성 남부로 밀고 내려와 몇 개의 현에 소비에트를 수립했다. 그들은 (뒷날 홍군의 동맹자가 되는) 양후청 장군과의 전투에서 몇 번은 참패당하고 몇 번은 승리를 거두었다. 군대 내부에서 규율이 강화되고 비적의 요소들이 제거되면서 홍군에 대한 농민들의 지지는 더욱 확고해졌다. 1935년 중반까지 소비에트는 산시(陝西)성과 간쑤성의 22개 현을 지배하게 되었다. 홍군 제26, 27부대의 병력은 5천 명이 넘었으며, 그 지휘자는 류즈단이었다. 그리고 이들 홍군 부대는 남부와 서부의 홍군 주력부대와 무선연락도 할 수 있었다. 남부의 홍군이 장시·푸젠의 근거지로부터 철수하기 시작하면서 이 산시성의 산악인들은 크게 세력을 강화했다. 1935년엔 드디어 견디지 못한 장제스가 자신의 부사령과 장쉐량 장군을 대군과 함께 보내 이들과 싸우지 않을 수 없는 사태에까지 이르게 되었다.

1934년 말, 쉬하이둥 휘하의 홍군 제25부대는 약 8천 명의 병력으로 허난성을 떠났다. 그해 10월 이 부대는 산시(陝西)성 남부에 도착하여 류즈단이 무장시켜 놓은 그 지역의 홍군 유격대 1천여 명과 합류했다. 쉬하이둥은 그해 겨울 내내 그곳에 주둔하면서 유격대의 정규군 설립을 도와주는 한편, 양후청 장군과 수차례 전투를 벌여 승리를 거두었다. 그 밖에도 그는 산시성 남부의 5개 현에서 농민을 무장시켰다. 소비에트 임시정부가 수립되어 약관 23살로 산시성 중앙위원회 위원이 된 정웨이싼(鄭位三, 정위삼)을 주석으로, 리룽쿠이(李龍逵, 이용규)와 천셴루이(陳先瑞, 진선서)를 각각 2개 홍군 독립여단의 여단장으로 임명했다. 이 지역의 방위를 그들에게 맡겨 두고 쉬하이둥은 자신의 제25군 부대와 함께 간쑤성으로 이동했다. 수천 명의 정부군 사이를 뚫고 소비에트 지역을 향해 나아가던 중에 그는 5개 현성(縣城)을 점령했고, 마훙빈(馬鴻賓, 마훙빈) 장군 휘하의 회교도군 2개 연대를 무장해제시켰다.

1935년 7월 25일, 제25군, 27군은 산시(陝西)성 북부에 있는 융핑(永坪, 영평) 근교로 집결했다. 이들 부대는 홍군 제15군단으로 재편성되었으며, 군단장으로는 쉬하이둥이, 부군단장 겸 산시(陝西)·간쑤·산시(山西) 혁명군사위원회[1] 의장으로는 류즈단이 선출되었다. 1935년 8월, 이 군단은 왕이저(王以哲, 왕이철) 장군 휘하의 동북군 2개 사단과 조우하여 그들을 격파했다. 그들은 여기에서 신병을 보충할 수 있었고, 절실히 필요했던 총과 탄약을 얻을 수 있었다.

그런데 이때 기이한 일이 생겼다.[2] 8월에 장칭포(張慶佛, 장경불)라는 이름의 뚱뚱한 젊은 신사가 공산당 중앙위원회의 대표자로 산시(陝西)성 북부에 도착했다. 당시 류즈단 휘하의 참모장교로 내게 정보를 제공한 사람에 의하면 (뚱보 장이라는 별명으로 불린) 장 선생은 당과 군을 '재편성' 할 수 있는 권한을 부여 받고 있었다는 것이다. 그는 일종의 최고사찰관

---

[1] 리쉐펑(李雪峰, 이설봉)은 이 위원회의 위원이었다. 약전표 참조.

이었다.

뚱보 장은 류즈단이 '당 노선'을 추종하지 않았다는 것을 증명해 줄 증거를 모으기 시작했다. 그는 류즈단을 '심문'했으며, 그에게 모든 직위에서 사임할 것을 요구했다. 류즈단은 자신을 비판했다는 이유만으로도 장 선생을 침입자로 몰아세울 수 있었지만 그렇게 하지 않고, 일체의 지도적 직위를 사퇴한 뒤 아킬레우스처럼 바오안의 동굴로 돌아가 우울한 혈거 생활을 시작했다. 장 선생은 이에 그치지 않고 당과 군 내부의 다른 '반동분자들' 1백여 명을 체포·투옥했으며, 그러고 나서야 만족한 듯 조용해졌다.

이처럼 기이한 장면이 연출되고 있을 때 린뱌오, 저우언라이, 펑더화이, 마오쩌둥 등이 이끄는 남부 홍군의 선봉대 제1군단이 도착했다. 이때가 1935년 10월이었다. 바오안에서 내가 들은 바에 의하면, 마오와 그의 정치국은 이 증거에 대한 재조사를 요구했고, 그 증거의 대부분이 근거 없는 것임을 알게 되었다. 오히려 장칭포가 월권행위를 했으며, 그 자신이 '반동분자'들에 의해 오도(誤導)되었음이 발견되었다. 그들은 류즈단과 그의 공범자들을 모두 복권시켰다. 이번에는 뚱보 장이 체포되어 심문을 받고 일정 기간 감금되어 있다가 그 후 최하급의 임무를 받았다.

그래서 1936년 초 홍군의 연합부대가 그 유명한 '항일원정(抗日遠征)'을 시도하며 강을 건너 인접한 산시(山西)성으로 진군했을 때 류즈단은 또다시 총지휘를 맡게 되었다. 홍군은 두 달 만에 소위 '모범 성(模範省)'의 18개 현을 점령하는 놀라운 전과를 올렸는데, 이 작전에서도 류즈단은 단연 두각을 나타냈다. 1936년 4월, 홍군이 황허(黃河, 황하)를 건너려면 적의 요새 하나를 점령해야 하는 상황에 처하게 되었는데, 이때 이 돌격부대의 지휘를 류즈단이 맡았다. 그는 이 전투에서 치명상을 입었다. 하지만 이 요새를 점령함으로써 홍군은 황허를 건널 수 있었다. 류즈단은 산시(陝西)성으로 후송되었고, 그가 소년 시절에 배회했고 사랑한 언덕들을 바라보면서 그가 믿어 의심치 않았던 길, 즉 혁명투쟁의 길을 그와 함께 걸어온 산악인들에게 둘러싸여 조용히 눈을 감았다. 그는 와야오바오에 묻혔고, 소비에트는 그를 기리기 위해 붉은 중국의 한 현을 즈단현(志丹縣, 지단현)으로 고쳐 불렀다.

바오안에서 나는 류즈단의 미망인과 당시 6살이었던 아름다운 그의 어린 딸을 만난 적이 있다. 홍군은 이 어린 소녀에게 특별히 주문해서 만든 군복을 입혔다. 이 소녀는 장교의 혁대를 매었고, 모자에 붉은 별을 달았다. 그곳에서 이 소녀는 모든 사람의 우상이었다. 그 어린 소녀는 원수(元帥)처럼 행동했으며, 자신의 '비적(匪賊)' 아버지에 대해 대단한 자부심을 갖고 있었다. 중국의 북서 소비에트는 류즈단을 중심으로 성장한 것이지만, 이들 민중의 격렬한 운동을 촉발시킨 것은 류즈단이 아니라 민중의 삶의 조건 바로 그것이었다. 그리고 그들이 거둔 성공이 어떤 것이었든 간에 그것을 이해하기 위해서는 이 사람들이 무엇을 위해 투쟁했는지를 아는 것 못지않게, 이 사람들이 무엇에 대항해 투쟁했는지를 아는 것이 더 필요할 것이다.

2. 죽음과 세금

서북의 대기근이 거대한 4개 성(省)에서 횡포를 부리기 시작한 지도 어언 3년이 되어 갈 무렵인 1929년 6월, 나는 가뭄에 시달리고 있는 쑤이위안의 몇 개 지역을 방문한 적이 있다. 그 몇 년 동안에 얼마나 많은 사람들이 굶어죽었는지 나는 정확하게 알지 못한다. 아마 앞으로 어느 누구도 알지 못할 것이다. 그것은 이미 잊혀진 사건이다. 3백만 명이라는 비공식적인 추정치가 흔히 받아들여지고 있지만, 나는 6백만 명까지 높게 올라가는 일부 사람들의 추정치에 대해서도 의심하고 싶지 않다.

서방세계는 고사하고 같은 중국에 사는 해안도시의 사람들조차 이 일대 참사를 거의 알지 못하고 있는 듯 지나쳤다. 그러나 중국기근구제 국제위원회에 소속되어 있던 몇 명의 용기 있는 중국인과 외국인, 특히 이 위원회의 서기장 드와이트 에드워즈(Dwight Edwards)와 미국인 기술자 O. J. 토드(O. J. Todd), 그리고 훌륭한 미국의 선교의사 로버트 인그램(Robert Ingram)[2]은 자신의 생명을 걸고 티프스가 만연되고 있던 이 지역들에 뛰어들어 인명을 구조하기 위해 노력했다. 나도 그들과 함께 며칠을 보내면서 죽음의 도시를 지나갔고, 한때 풍요로운 땅이었으나 이제는 황무지로 변해 버린 농촌과 적나라한 공포의 지대를 지났다. 그때 내 나이 23살. 내가 동방에 온 것은 '동방의 매혹'과 모험을 찾아서였다. 쑤이위안으로 가는 이 여행도 그런 목적에서 크게 벗어나지는 않았다. 그러나 태어나서 처음으로 나는 이곳에서 먹을 것이 없어 죽어가고 있는 사람들과 마주치게 되었다. 나는 이곳에서 보낸 악몽 같은 여러 시간 동안 굶어 죽어가는 남자, 여자, 어린이 수만 명을 끊임없이 목격해야 했다.

한 남자가, 그것도 '법을 준수하는 시민'으로서 열심히 일만 했지 남에게 큰 해를 끼친 적이라고는 없는 정직하고 훌륭한 한 남자가 한 달 이상 아무것도 먹지 못했을 때의 모습을 본 경험이 있는지 모르겠다. 그것은 정말 말로 표현하기 어려울 만큼 참혹한 모습이었다. 생명을 잃어 가는 그의 살은 쭈글쭈글하게 주름져 처지고, 그의 몸에 있는 뼈라는 뼈는 남김없이 드러났다. 그의 눈에서는 초점이 사라졌다. 비록 20살의 청년이었지만 그는 기력이 쇠한 노파처럼 이곳에서 저곳으로 몸을 질질 끌며

| 2 인그램 박사는 몇 년 뒤 홍비가 아닌 백비에게 살해당했다.

가까스로 움직였다. 재수가 좋은 사내라면 이미 오래 전에 자기 마누라와 딸들을 팔아먹었을 것이다. 어찌됐든 그는 그가 가진 모든 것, 심지어는 집의 서까래와 옷까지도 팔아 버렸다. 어쩌면 마지막 남은 한 조각의 위엄마저도 팔아 버렸는지, 그는 그 뜨거운 뙤약볕 아래 드러누워 시든 올리브 열매 같은 불알을 감출 생각도 하지 않고 뒤척거렸다. 이 최후의 음산한 웃음거리를 보고서야 비로소 그가 한때 남자였음을 겨우 떠올릴 수 있을 정도였다.

어린아이들은 이보다도 더 비참했다. 그들의 조그만 등뼈는 기형으로 굽어 있고, 그들의 양팔은 나뭇가지 같았으며, 나무껍질과 풀뿌리로 채워진 그들의 자주색 배는 혹처럼 튀어나와 있었다. 죽음을 기다리며 구석에 쓰러져 있는 여자들은 궁둥이가 바짝 말라 뼈만 날카롭게 튀어나왔고 가슴은 쭈그러진 자루 같았다. 그러나 부인과 여자들의 수는 그리 많지 않았다. 그들은 대부분 죽었거나 팔려 갔기 때문이다.

이상은 내가 직접 목격한 결코 잊을 수 없는 장면들이다. 기근 때문에 수백만 명의 사람들이 그렇게 죽어갔고, 아직도 수많은 사람들이 그렇게 죽어가고 있었다. 나는 싸라치(薩拉齊, 살납제)의 거리에서 막 목숨이 끊어진 시체를 보았으며, 촌락의 얕은 웅덩이에 기근과 질병의 희생자들이 죽어 겹겹이 쌓여 있는 것을 보았다. 그러나 이런 사실들이 가장 충격적인 것은 아니었다. 더욱 충격적인 것은 이런 마을들 대부분에서 아직도 부자와 쌀 매점상인과 밀 매점상인, 그리고 고리대금업자와 지주들이 무장병력의 보호를 받으며 엄청난 폭리를 취하고 있었다는 사실이다. 더욱 충격적인 것은 도시에는 관리들이 기생들과 어우러져 노래하고 희롱하는 가운데 식량이 산처럼 쌓이기 시작한 지도 벌써 여러 날 되었다는 것이다. 베이징과 톈진 같은 대도시에는 기근구제위원회가 (주로 외국으로부터 기부 받는 등의 방법으로) 모아 놓은 밀과 조가 수만 톤씩 쌓여 있었지만 그것을 굶주린 사람들에게 수송할 방법이 없었다. 왜 수송할 수 없었을까? 서북방의 군벌들 일부가 철도 차량을 전부 압류해 놓고는 단 하나도 동쪽으로 보내려 하지 않았으며, 동쪽에서도 다른 국민당의 장군들이 차량을 서쪽으로 보내려 하지 않았기 때문이다. 그들은 경쟁 상대에게 차량을 빼앗길까 두려워했기 때문이다.

기근이 한창 기승을 부리고 있는 동안 위원회는 (미국으로부터 자금지원을 받아) 가뭄으로 타들어 가는 경작지 일부에 물을 대기 위해 대운하를 파기로 결정했다. 관리들은 위원회에 온갖 협조를 아끼지 않는 한편, 관개예정지 전부를 1에이커(약 0.4헥타르-옮긴이)당 불과 몇 센트의 가격으로 사들이기 시작했다. 탐욕스러운 독수리 떼처럼, 그들은 난데없이 이 낙후된 지역으로 몰려와 굶주린 농민들로부터 체불된 세금 대신에, 아니면 몇 닢의 동전을 주고 수천 에이커의 땅을 사들였다. 그리고 그들은 소작인이 나타날 날과 비 내릴 날만을 기다리는 것이었다.

하지만 죽어가는 사람들의 절대다수는 항의의 몸짓 한번 하지 않고 순순하게 응했다. 나는 스스로에게 물었다. "왜 저 사람들은 맞서 싸우지 않는 것일까? 왜 저 사람들은 자신들로부터 세금은 징수해도 식량은 주지 않으며, 그들의 토지는 빼앗아도 관개운하를 보수해 주지는 않는 악당들을 무리지어 공격하지 않는 것일까? 그리고 왜 저 사람들은 큰 도시로 밀물처럼 몰려들어서 그들의 딸과 아내를 돈 주고 산 악당들의 재산을 약탈하지 않는 것일까? 정직한 사람들이 굶주리고 있는 동안에도 35번이나 상을 바꾸어 가면서 포식하는 자들의 재산을 왜 약탈하지 않는 것일까?"

나에게는 그들의 무저항이 불가사의할 뿐이었다. 나는 어떤 일이 있어도 중국인들을 싸우게 할 수는 없을 것이라고 생각한 적도 있었다.

하지만 그런 생각은 잘못된 것이었다. 중국 농민은 수동적이지 않았다. 중국 농민은 비겁자가 아니었다. 그들은 방법과 지도력과 실천 가능한 강령과 그리고 무엇보다도 무기가 있다면 싸우려 할 것이다. 중국에서 '공산주의'가 발전하는 과정을 보면 그것을 알 수 있었다. 앞에서 살펴본 농민들의 상황도 중국 여타 지역과 전혀 다르지 않았다. 이러한 배경에 비추어 볼 때 공산주의자들이 서북방에서 인기가 높았던 것은 전혀 놀라운 일이 아니었다.

국제연맹이 난징 정부의 고문으로 파견한 보건전문가 A. 스탬파(A. Stampar) 박사의 기록[3]을 보면 당시의 그곳 상황을 생생히 알 수 있다. 이 주제에 관한 한 그의 기록은 다른 무엇보다도 유익하다. 스탬파 박사는 산시(陝西)와 간쑤의 국민당 지역을 여행했으며, 그의 기록은 그에게 제공된 공식 자료 외에도 그가 직접 목격한 사실들에 근거를 두고 있다.

그의 기록에 의하면 "기원전 240년에 정공(鄭公)이라는 기술자가 한민족의 요람인 유서 깊은 웨이수이(渭水, 위수) 계곡에 1백만 에이커(약 40만 헥타르-옮긴이)에 가까운 토지를 관개할 수 있는 시설을 마련했다. 하지만 이 관개시설을 방치한 나머지 댐이 붕괴되고 말았다. 그 후 새로운 역사(役事)가 때때로 있었지만 청조의 말기(1912년)에 관개가 가능한 토지의 면적은 고작해야 2만 무(畝), 약 3,300에이커(약 1,300헥타르-옮긴이)밖에 되지 않았다." 그가 입수한 통계자료를 보면 이 대기근 동안에 산시(陝西)의 한 현에서는 인구의 62퍼센트가, 다른 한편에서는 인구의 75퍼센트가 죽어갔음을 알 수 있다. 다른 지역도 크게 나을 것이 없었다. 공식 통계도 간쑤성에서만 2백만 명이, 달리 말하면 인구의 약 20퍼센트가 굶어죽었음을 시인하고 있다.

---

[3] A. Stampar, *The North-western Provinces and Their Possibilities of Development*, 전국경제위원회의 개인 출판물 (난징, 1936년 7월).

이 제네바 시찰자의 말을 인용하면서 홍군이 도착하기 전에 서북방의 실정이 어떠했는지를 소개하기로 한다.

"1930년의 기근 때는 20에이커(약 8헥타르-옮긴이)의 땅을 3일분 식량으로 살 수 있었다. 이 기회를 이용하여 이 지역[산시(陝西)성]의 유한계급은 엄청난 토지를 매점할 수 있었으며, 반면에 소유-경작자의 수는 크게 줄어들었다. 중국기근구제 국제위원회의 앤드루(Findlay Andrew) 씨가 제출한 1930년의 상황보고를 일부만 보아도 그 해의 실정이 어떠했는지를 뚜렷이 알 수 있다.

…… 간쑤성은 지난 1년 동안 외관상으로는 많이 좋아진 것 같다. 어째서일까? 우리 조사 대상 지역의 경우로 미루어 보면 지난 2년 동안 기아·전염병·전화(戰禍)가 수많은 주민의 생명을 앗아갔으며, 그 결과 식량에 대한 수요 자체가 크게 줄어들었기 때문이다."

많은 토지가 황무지로 변했고, 많은 토지가 지주와 관리들의 손아귀에 집중되었다. 특히 간쑤성에는 경작할 수 있음에도 경작하지 않는 토지의 면적이 '엄청나게 컸다.' "지주들은 1928년부터 1930년 사이의 기근 동안에 토지를 터무니없는 헐값에 사 두었다가 (중국기근구제 국제위원회의 재정지원을 받아 기근 구제의 일환으로) 웨이베이(渭北, 위북) 지역의 관개계획이 실행되자 실로 막대한 횡재를 할 수 있었다."

"산시(陝西)성에서는 농지세를 내지 않는 것을 일종의 명예로 여겼으며, 따라서 대토지 소유주들은 어떻게 해서든지 농지세를 면제 받았다.…… 특히 바람직하지 못했던 것은 기근 동안 경작을 포기하고 자신의 토지를 떠났던 농민들에게 부재기간 동안에 체납된 세금을 지불하도록 강요하는 행위였다. 관리들은 체납세금을 완불하기 전에는 절대로 그들의 소유권 회복을 허락하지 않았다."

스탬파 박사가 목격한 바에 따르면 ('당연히 면세 혜택을 받는 지주'들을 제외하고) 산시(陝西)성의 농민들은 수입의 45퍼센트 정도 되는 농지세와 부가세를 내고도 부족하여 수입의 20퍼센트를 그 밖의 온갖 잡세 명목으로 더 내놓아야 했다. 그리고 "세금이 이처럼 가공할 만큼 무거웠을 뿐만 아니라 그것을 부과하는 기준이 일정하지 않은 것 같았다. 징수방법 또한 낭비가 심하고 야만적이며, 대부분의 경우 심하게 부패되어 있었다."

간쑤성에 관해 스탬파 박사는 다음과 같이 말했다.

"지난 5년 동안 간쑤성의 세수(稅收)는 평균 잡아 8백만 위안을 넘었다. 이 정도의 세금을 거두어들이려면 중국 내에서 가장 부유하고 가장 세금이 무거운 성의 하나인 저장성보다도 더 무거운 세금을 부과해야 한다. 그 밖에도 이 세수가—특히 간쑤성의 경우에—한둘의 큰 세원에서 나오는 것이 아니라 소액의 세수를 발생시키는 다수의 세원으로부터 모아져야 했기 때문에, 어떤 상품 또는 어떤 생산 및 상업 활동도 세금을 피할 수 없다는 사실에 주목해야 할 것이다. 주민이 부담하는 세금 액수는 공표된 수치보다도 더 높다. 먼저, 세금징수원들이 징수액의 일부—어떤 경우에는 아주 큰 일부—를 착복할 수 있기 때문이다. 둘째, 농민은 성(省)정부나 현(縣) 정부가 부과하는 세금에다가 군벌이 부과하는 세금을 추가로 부담해야 했으며, 간쑤성의 경우에는 이 세금만 1천만 위안 이상이었을 것으로 공식 추정된다."[4]

"주민에게 출혈 지출을 강요하는 또 하나의 요인이 지방민병(민단)이다. 원래 이 민단은 비적들에 대한 방어수단으로 결성되었지만 대부분의 경우에 농촌의 희생 위에서 살아가는 폭력집단으로 타락하고 말았다." 스탬파 박사가 인용한 수치를 보면 민단 유지비가 지방정부 예산의 30~40퍼센트에 이르고 있음을 알 수 있다. 민단 말고도 대규모 정규군을 유지해야 하는 책임이 지방정부에 있음은 두말할 나위도 없다. 스탬파 박사의 말에 의하면 간쑤와 산시(陝西)의 경우에는 정규군 유지비로 성(省) 예산 총액의 60퍼센트 이상이 투입되어 왔다고 한다.

내가 산시(陝西)에서 만난 외국인 선교사 한 사람은 돼지 한 마리가 소유주로부터 소비자에 이르는 과정을 직접 추적한 적이 있었는데, 그 과정에서 여섯 가지의 여러 세금이 부과되더라고 말했다. 간쑤성에서 만난 다른 선교사는 농부들이 자기 집의 나무벽을 헐어서 시장에 내다팔아 받은 돈으로 세금 내는 것을 보았다고 말했다. 그의 말에 의하면, 홍군이 처음 도착했을 때, 일부 '부유한' 농민들조차 우호적이지는 않았지만 무관심한 태도를 보인 것으로 미루어 보건대 그들도 "구(舊)정부보다 더 악질적인 정부란 있을 수 없다"라고 믿는 것 같았다는 것이다.

하지만 서북방은 경제적으로 절대 절망적인 지역은 아니었다. 그 지역은 토지가 대부분 아주 비옥한 데다가 인구도 과밀하지 않았다. 따라서 토지로부터 생산된 것을 사람이 미처 다 소비할 수 없었고, 개선된 관개시설만 있으면 이 지역은 '중국의 우크라이나'가 될 수도 있었다. 산시(陝西)성과 간쑤성에는 석탄의 매장량도 풍부했다. 산시성에는 석유까지 매장되어 있었다. 스탬파 박사는 "산시 특히 시안과 인접해 있는 평원이

---

4 이것은 적게 잡은 수치이다. 이 수치는 수년 동안 간쑤와 산시(陝西)의 군벌들이 아편세라는 명목으로 거두어들였던 비합법적 세금이 중요한 것임에도 포함되어 있지 않기 때문이다.

―그 중요성에서―양쯔강 계곡 다음가는 공업중심지가 될 것이며, 에너지원으로 자체의 탄광을 활용할 것"이라고 예언했다. 간쑤, 칭하이, 신장의 지하자원 매장량은 막대했지만, 거의 손도 대지 않은 상태였다. 스탬파 박사는 금만으로도 "이 지역은 제2의 크론다이크가 될지 모른다"라고 말했다.

이곳의 상황은 분명히 혁명을 기다리며 무르익고 있었다. 이곳에는 분명히 사람들이 반대하여 투쟁해야 할 것들이 있었다. 아니 투쟁하여 성취할 만한 것들이 전혀 없었다고 해도 타도해야 하는 상황은 엄존하고 있었다. 붉은 빛이 서북방에 나타났을 때 수만 명의 사람들이 들고일어나 그것을 희망과 자유의 상징으로 환영했음은 물론이다.

그러나 홍군이 실제로 다른 것들보다 더 낫다는 것은 판명된 것일까?

3. 소비에트 사회

남부에서의 공산주의가 어떠했는지는 몰라도 서북부에서 내가 본 그대로의 공산주의는, 마르크스가 볼 때 자신의 나이 어린 모델로 받아들일 수 있는 어떤 것이라기보다는 농촌 평등주의라고 부르는 것이 더 타당할지도 모르는 그런 것이었다. 이것은 경제의 측면에서는 부인할 수 없는 사실이었다. 정치·사회·문화 생활의 측면에서도 조잡한 형태로나마 마르크스주의적 지침이 없는 것이 아니었지만 물적 조건의 한계는 도처에서 뚜렷이 드러나 있었다.

서북부에는 이렇다 할 만큼 중요한 기계공업이 존재하지 않았다. 이 지방은 농업과 목축업을 주업으로 하고 있었다. 그리고 당시 만연되어 있던 다수의 경제적 악폐가 반공업화된 사회에서의 경제적 변화를 반영하는 것이었음은 이론의 여지가 없지만, 그 문화는 수 세기 동안 정체 상태를 벗어나지 못하고 있었다. 하지만 홍군 그 자체는 '공업화'가 중국에 미친 충격의 뚜렷한 산물이었으며, 그것이 이곳의 화석화된 문화에 가한 가상적인 충격은 진정한 의미에서 혁명적이라 할 수 있었다.

하지만 객관적 조건은 홍군이 근대경제의 단초를 마련하기 위해 정치 구조 이상으로 많은 것을 조직할 수 있는 가능성을 허락해 주지 않았다. 따라서 그들은 근대경제를 생각할 때 그들이 외국 조계로부터 산업기지를 인수 받아 사회주의 사회의 기초를 마련할 수 있는 곳인 대도시에서 권력을 장악하게 될 미래에 희망을 두지 않을 수 없었다. 그때까지 농촌 지역에서 그들의 활동은 주로 농민들의 직접적인 문제―토지와 조세 문제―를 해결하는 데 집중되었다. 그러나 중국 공산주의자들은 토지 분배를 민중적 기초를 만드는 데 필요한 하나의 단계 이상으로는 생각하지 않았다. 즉 그 단계가 있음으로 해서 그들의 권력 장악을 위한 투쟁과 철저한 사회주의적 변화를 궁극적으로 실현시키기 위한 혁명적 투쟁을 전개할 수 있게 되는 그런 단계로밖에 생각지 않았다. 1931년에 있었던 제1차 전중국 소비에트대회는「중국소비에트공화국 기본법」[5]이라는 형태로 중국공산당의 '최대강령'을 상세하게 공시했는데, 이 기본법을 보면 중국 공산주의자들의 궁극적인 목적은 마르크스-레닌주의의 이념을 구현하는 사회주의 국가임을 분명히 알 수 있다. 그러나 그때까지 홍구(紅區)의 사회·정치·경제 조직은 언제나 지극히 잠정적인 성격을 띠고 있었다. 장시성에서조차 홍구는 그런 성격을 거의 벗어나지 못했다. 소비에트들은 그 출발에서부터 존립을 위해 투쟁하지 않을 수 없었기 때문에, 그것들의 주된 과제는 언제나 '중국에서 공산주의를 철저하게 실현하는

---

5 마오쩌둥 편(毛澤東編).

것'이라기보다는 좀 더 확대·심화된 규모로 혁명을 확장시키기 위해 군사·정치적 근거지를 마련하는 것이었다. 당시 일부 사람들은 공산주의자들이 협소하고 더구나 봉쇄까지 당한 그들의 지역 내에서 공산주의를 철저히 실현시키고 있다고 생각했지만, 그런 생각은 잘못된 것이었다.

서북부에서 홍군이 크게 지지를 얻을 수 있었던 직접적인 근거는 '능력에 따라 생산하고 필요에 따라서 분배한다'라는 생각이었다기보다는 쑨원의 약속과 상당히 유사한 '토지는 그것을 경작하는 사람에게'라는 생각이었음에 틀림없다.

이론적으로 소비에트는 '노동자·농민'의 정부였지만 실제의 선거구민은 그 성격과 직업으로 볼 때 대부분 농민이었으며, 정치구조 또한 이에 부응해 만들어져야 했다. 그러한 농민의 영향력에 균형을 맞추고 또한 그것을 상쇄하기 위해 농촌 인구를 대지주, 중소지주, 부농, 중농, 빈농, 소작농, 농촌 노동자, 소공업 노동자, 룸펜·프롤레타리아, 그리고 자유직업인 또는 전문직 노동자―여기에는 교사, 의사, 기술자, '농촌 지식인'[3]이 포함된다―등의 범주로 분류했다. 이러한 분류가 경제적이었을 뿐만 아니라 정치적인 것이었음은 소비에트 선거에서 소작농, 농촌지도자, 수공업 노동자에게 다른 어떤 범주보다도 훨씬 더 큰 대표성을 부여했다는 사실에서 뚜렷이 드러났다. 그 목적은 분명 일종의 '농촌 프롤레타리아'에 의한 민주적 독재체제를 만들려는 것이었다.

이러한 제약조건이 있었는데도 정권이 안정된 지역에서는 소비에트가 아주 훌륭하게 운영되는 것 같았다. 대의제(代議制)의 구조가 최소단위인 촌락 소비에트에서부터 상향식으로 구성되었다. 촌락 소비에트 위에는 지구 소비에트, 즉 현(縣) 소비에트와 성(省) 소비에트가, 그리고 그 위에 중앙 소비에트가 있었다. 각 촌락은 더 상위의 소비에트에 보낼 대표를 선출했으며, 이렇게 순차적으로 올라가 소비에트 대회에 보낼 대표가 선출되었다. 선거권은 16살 이상이면 보편적으로 주어졌지만, 앞서 말한 이유 때문에 평등하지는 않았다.

지구 소비에트 산하마다 각종 위원회가 설립되었다. 일반적으로 홍군에 의해 한 지구가 점령된 직후의 치열한 선전활동 뒤에 열리는 대중집회에서 혁명위원회가 선출되었으며, 이 혁명위원회는 일종의 전권위원회였다. 이 위원회는 선거 또는 재선거를 실시했으며, 공산당과 긴밀하게 협조하는 관계였다. 지구 소비에트 산하에는 그것에 의해 선출된 것들로서 교육위원회, 협동조합위원회, 군사훈련위원회, 정치교육위원회, 토지위원회, 공공위생위원회, 유격훈련위원회, 혁명방위위원회, 홍군확대위원회, 농촌상조위원회, 홍군토지경작위원회 등 여러 위원회가 있었다. 그러한 위원회는 소비에트의 지부조직 모두에서 구성되었으며, 정책이 조정되고 국가의사가 결정되는 곳인 중앙정부까지도 예외는 아니었다.

조직은 정부 자체와 관계되는 것만으로 끝나지 않았다. 공산당은 도시와 농촌에 사는 노동자들과 농민 사이에서 광범위하게 당원을 확보하고 있었다. 그 밖에도 청년 공산당원들이 있었다. 그들 아래에는 소년선봉대와 아동단이라고 불리는 조직이 두 개 있었으며, 대부분의 청소년들은 그 회원이 되어 있었다. 공산당은 여성들도 청년공산동맹, 항일단체, 간호학교, 방직학교, 경작대 등으로 조직화했다. 성년이 된 농민들은 빈민회와 항일단체로 조직화했다. 심지어는 가로회가 소비에트의 생활에 도입되어 합법적이고 공개적인 역할을 맡게 되었다. 농민대와 유격대도 철저하게 조직화된 농촌의 정치·사회구조에서 한쪽을 차지했다.

이들 조직과 이들 조직에 소속된 갖가지 위원회의 활동은 중앙 소비에트 정부, 공산당, 그리고 홍군이 조정했다. 여기에서 자세한 통계 숫자까지 동원하면서까지 이들 집단의 조직적 관계를 설명할 필요는 없겠다. 하지만 일반적으로 그것들 모두는 교묘하게 상호관계를 맺고 있었다. 조직·회원·활동에 관한 결정이 농민들 자신에 의해 민주적 방법으로 이루어졌지만, 그것들은 예외 없이 공산당원의 직접적인 지도하에 있었다고 말할 수 있다. 소비에트 조직의 목적은 남자, 여자, 어린이를 가리지 않고 모든 사람을 어떤 한 단체의 회원으로 만들고, 그들 각자에게 수행해야 하는 특정한 역할을 부여하는 것이었음에 틀림없다.

소비에트 공작(工作)의 강도를 말해 주는 상당히 전형적인 한 예는 생산 증대와 넓은 황무지를 활용하기 위해 채택한 방법들이었다. 나는 토지위원회가 토지 경작에서 농민들을 조직하고 교육·선전하는 데에 지침으로 삼도록 여러 지부에 발송한 지령의 내용들을 여러 차례 본 적이 있는데, 그것들은 폭넓은 시야와 그리고 상식에 기초한 실천성이 놀라울 정도였다. 한 예로 내가 토지위원회의 한 지부에서 접한 지령에서는 춘계경작에 관한 지시를 내리고 있었다. 그 내용은 각 지부가 공작원들에게 "어떤 형태의 것이든 강압적 명령을 철저히 배제하고 대중들이 자발적으로 참여하도록 선전활동을 광범위하게 펴야 한다"라는 사실을 주지시켜야 한다는 것이었다. 또한 여기에는 지난 겨울 소비에트에 의해 승인된 올해 경작기의 4대 요구를 달성하는 방법에 대한 구체적인 권고도 있었다. 그 4대 요구는 황무지를 좀 더 광범위하게 활용할 것과 홍군용 토지의 확대와 증산, 작물의 다양화—특히 신품종 수박과 야채가 강조되었다—그리고 면화 경작 면적의 확대였다.

노동력을 확대하고 농업 생산에 여성이 직접 참여하도록 유도하기 위해(특히 남성들이 홍군에 입대했기 때문에 남성 인구가 줄어든 지구에서 여성의 직접 참여를 유도하기 위해) 앞서의 훈령[6]이 추천했던 방법들 중에서도 특히 다음

---

6 「훈령(訓令)」, 토지위원회(土地委員會)[산시(陝西)성 와야오바오, 1936년 1월 28일].

과 같은 독창적인 지시는 홍군이 입수할 수 있는 소재를 얼마나 효율적으로 이용했는지를 잘 암시해 준다.

"여성과 소년, 그리고 노인을 동원하여 봄의 모내기와 경작에 참여시키되, 다들 각자가 자기 능력에 따라서 노동 생산 과정의 주된 업무나 보조적인 업무를 수행하도록 해야 할 것이다. 예를 들어 '발 큰 여성들(전족을 하지 않아서 자연스러운 발을 가진 여성들)'과 젊은 여성들을 동원하여 생산 교육대를 조직하고 이들에게 토지 개간에서부터 농업 생산 자체의 주된 업무에 이르기까지 다양한 업무를 맡겨야 한다. 반면에 '발이 작은 여성들(전족을 한 여성들)', 어린 소년들, 노인들을 동원해서는 잡초 뽑기와 분뇨 수집 등의 보조적인 업무를 맡겨야 한다."

농민들은 이에 대해 어떻게 생각했을까? 중국인들은 자기 가족 이외의 모든 사회활동과 조직 및 규율을 혐오하는 것으로 알려져 있었다. 그러나 공산당원들은 이런 말을 들으면 비웃었다. 어떤 중국 농민이든 민단—지주나 세금징수원—이 아니라 자기 자신을 위해 일하는 경우라면 조직이나 사회활동을 싫어하지 않는다는 것이 그들의 말이었다. 나도 나와 대화를 나눈 농민들 대부분이 소비에트와 홍군을 지지하고 있는 것 같았다는 사실을 인정하지 않을 수 없다. 그들 대부분이 온갖 비판과 불만을 서슴지 않았지만, 과거에 비해 살기가 좋아졌느냐는 질문을 받았을 때는 거의 언제나 힘주어서 '그렇다'고 대답했다. 그 밖에도 나는 그들 대부분이 소비에트에 대해 '우리 정부'라고 말하는 것을 들었으며, 이것이야말로 중국 농촌에서 전혀 새로운 어떤 것이라는 강한 인상을 받았다.

홍군이 대중 사이에서 확고한 기반을 가지고 있음을 시사해 주는 한 가지 사실로는, 오래된 소비에트 지구에서라면 예외 없이 치안과 경비를 거의 전적으로 농민조직이 담당하고 있었다는 사실을 지적할 수 있다. 홍군의 전투병력이 전선에 머물고 있었기 때문에 소비에트 지구에서는 홍군 주둔부대를 거의 찾아볼 수 없었다. 지역방위는 촌락혁명보위대, 농민자위단, 유격대가 분담했다. 이런 사실은 (가난한) 농민들 사이에서 홍군이 누리고 있는 뚜렷한 인기를 부분적으로나마 설명해 주었다. 홍군은 다른 군대와 달라서 압제와 착취의 수단을 통해 그들 위에 군림하는 군대가 아니었고, 거의 언제나 전선에 있으면서 적의 공격을 막고 동시에 그곳에서 식량을 자급자족하는 군대였다. 다른 한편 농민의 철저한 조직화를 통해 후방보위대 및 기지가 생겨났고, 이러한 후방 방위력이 있었기 때문에 자유로워진 홍군은 작전에서 그 유명한 기동력을 발휘할 수 있었다.

공산주의 운동에 대한 농민들의 지지를 이해하려면 과거의 정치체제 아래에서 서북부의 농민들이 지고 있던 부담을 기억할 필요가 있다. 이제는 홍군이 가는 곳마다 소작농·빈농·중농, 그리고 모든 '가진 것 없는 자들'을 위해 기존 상태를 근본적으로 변화시켰다는 사실은 의심의 여지가 없었다. 새로운 소비에트 지구들에서는 첫해 동안에 모든 형태의 세금을 폐지함으로써 농민들에게 숨쉴 여유를 주었으며, 구(舊)지구들에서는 단일 지세를 누진적으로 징수하고 단일 영업세를 (5퍼센트에서부터 10퍼센트에 이르는 정도까지) 가볍게 부과했다. 둘째, 홍군은 토지에 굶주려 있는 농민들에게 토지를 주었고(대부분이 부재지주나 도망한 지주의 땅), 거대한 면적의 황무지를 개간하기 시작했다. 셋째, 그들은 부유한 계급으로부터 토지와 생활필수품을 빼앗아다가 가난한 계급에게 나누어 주었다.

토지의 재분배는 공산당의 기본정책이었다. 그 정책은 어떤 식으로 수행되었는가? 훗날 거국적인 정치 전략의 필요성 때문에 소비에트의 토지정책이 급격히 후퇴했지만, 내가 서북부를 여행할 때는 (1935년 12월 서북 소비에트 정부가 선포한) 현행 토지법에 근거를 두고 모든 지주의 토지가 몰수되고 있었으며, 나아가서는 부농의 토지 중에서도 소유주 자신이 경작하고 있지 않는 것이면 전부 몰수당하고 있었다. 하지만 지주와 부농에게도 그들이 자신의 노동력으로 경작할 수 있을 만큼의 토지는 허락되었다. 서북부에는 토지가 부족하지 않은 지구들이 많이 있었으며, 이런 지구들에서는 재향지주와 부농의 토지를 전혀 몰수하지 않았다. 단지 황무지와 부재지주의 토지를 분배하거나, 때로는 빈농에게는 토질이 좋은 땅을 주고 지주에게는 같은 크기의 토질이 나쁜 땅을 주는 식으로 양질의 토지를 재분배하는 경우가 있을 뿐이었다.

그렇다면 지주란 무엇인가? (지극히 단순화된) 공산당의 정의에 따르면, 자신의 노동에 의해서가 아니라 타인에게 임대해 준 토지로부터 자기 수입의 더 큰 몫을 벌어들이는 농민이라면 누구든지 지주에 속했다. 이러한 정의에 입각해 고리대금업자와 토호(土豪)[7]도 거의 비슷한 범주로 분류되었고, 따라서 비슷하게 취급당했다. 스탬파 박사의 말에 따르면, 과거 서북부에서는 이자율이 무려 60퍼센트나 되었으며, 흉년에는 이보다도 훨씬 더 높았다는 것이다. 간쑤, 산시(陝西), 닝샤의 대부분에서는 토지가 아주 값싼 반면에 현금이 믿기 어려울 만큼 부족했다. 자본 없는 농업노동자나 소작인이 돈을 축적해 그의 가족 부양에 부족함이 없을 만큼의 토지를 산다는 일은 실제로 거의 불가능했다. 내가 홍구에서 만난 농민들 중에는 토지임차료가 한 에이커당 2~3달러밖에 되지 않았지만 토지를 전혀 소유할 수 없었다는 농민들이 적지 않았다.[8]

---

[7] 토호는 실제로는 '지방의 악한(地方惡漢)'이라는 의미를 갖는 말이었는데, 홍군은 수입의 적지 않은 부분을 사채(私債)와 저당물의 매매로 얻는 지주를 가리키는 데 이 말을 사용했다.

[8] 가축이 토지보다 훨씬 더 비쌌다. 7부 2장 참조.

앞에서 말한 계급 이외의 다른 계급은 몰수처분의 대상이 아니었기 때문에 농민들 대부분이 재분배의 직접적인 혜택을 입었다. 빈농, 소작농, 농업노동자 등 모두가 생계유지에 부족함이 없을 만큼의 토지를 받았다. 토지 소유를 '평등화'하려는 시도는 없는 것 같았다. (29살의 러시아 유학생 출신으로 당시 서북 3성의 토지위원으로 있던) 왕관란(王觀瀾, 왕관란)의 설명에 의하면 소비에트 토지법의 1차적 목적은 모든 사람에게 그와 그의 가족이 품위 있는 생활을 하기에 부족하지 않을 만큼의 토지를 제공해 주는 것이었으며, 이것이 바로 농민들의 '가장 긴박한 요구'였다.

토지 문제, 즉 몰수와 재분배의 문제가 서북에서는 매우 간단하게 해결되었다. 그것은 대토지의 소유주들이 대부분 관리, 세금징수원, 부재지주였기 때문이다. 대부분의 경우에 대토지를 몰수하는 것만으로 빈농의 목전의 요구를 충족시킬 수 있었으므로 재향의 소지주와 부농은 크게 간섭받지 않았다. 공산당은 가난하고 토지 없는 농민들에게 토지를 줌으로써 그들의 지지를 얻는 경제적 기반을 닦았을 뿐만 아니라, 어떤 경우에는 세금 착취를 근절시킴으로써 중농으로부터 감사를 받았다. 그리고 드문 경우이기는 하지만, 같은 이유에서 또는 항일운동에 애국적으로 참여할 것을 호소함으로써 소지주들로부터 도움을 받기도 했다. 산시(陝西)성의 탁월한 공산주의자들 여러 명이 지주 집안 출신이었다는 것도 주목할 만하다.

그 밖에도 빈농들에게는 낮은 금리나 무이자 대부의 형태로 융자도 해 주었다. 고리대금업은 근절되었지만, 연간 최고금리 10퍼센트 한도 내에서라면 사채도 허용되었다. 일반적인 정부 측 대부의 이자율은 5퍼센트였다. 황무지를 개간하는 땅 없는 농민들은 홍군 병기창에서 제작하는 수천 가지의 간단한 농기구와 수천 파운드의 종자를 보급 받았다. 초등농업학교가 개설되었고, 상하이로부터 이 분야의 전문가가 도착하는 대로 축산학교도 개설할 계획이라는 말이 있었다.

협동조합운동이 맹렬한 기세로 추진되었다. 이 운동은 생산 및 분배 협동조합을 넘어서 농업용 가축과 농기구의 집단사용(특히 공용 토지와 홍군용 토지를 경작하는 데에서 집단사용)과 같은 형태의 협동이나 노동상조회의 조직과 같은 형태의 협동조합으로까지 확산되었다. 특히 후자의 방식 덕분에 대단위 경작지를 집단적으로 빨리 경작하고 수확할 수 있었으며, 농민들이 개개인으로 흩어져 있을 때의 농한기를 없앨 수 있었다. 공산당은 농민들이 새로운 토지를 얻도록 배려를 아끼지 않았다. 농번기가 되면 '토요돌격대' 제도가 이용되었다. 그것은 아동단체들뿐만 아니라 소비에트 관리, 홍군유격대, 여성단체 회원들, 근방에 머물게 된 홍군부대까지 동원해 모든 사람이 일주일에 적어도 하루는 농사일을 하도록 하는 제도였다. 마오쩌둥 자신도 토요돌격대에 참여했다.

여기에서 공산당은 집단노력이라는 혁명적 사상의 맹아를 도입함으로써, 집단화를 이룰 수 있는 미래의 언젠가에 대비하여 초보적인 교육사업을 하고 있었다. 동시에 좀 더 넓은 영역의 사회생활이라는 개념을 농민 의식구조의 어두운 구석까지 침투시키고 있었다. 농민들 사이에서 결성된 조직들은 그 효용성에서 경제적이고 정치적이며 문화적이었으며, 공산당은 이러한 통일성을 삼위일체(三位一體)라고 불렀다.

이 사람들 사이에서 공산당이 이룩한 문화적 진보는 선진 서구사회의 기준으로 볼 때는 실로 하찮은 것에 지나지 않을 것이다. 그러나 당시 중국의 거의 전역에 만연되어 있던 몇 가지 현저한 악폐는 소비에트화된 지 오랜 산시(陝西)성 북부의 20여 개 현에서는 말끔히 제거되었으며, 새로운 지역들에서도 마찬가지의 초보적 개혁을 확산시킬 목적으로 그곳 주민들 사이에서 선전·교육 활동을 활발하게 전개하고 있었다. 아편이 산시(陝西)성 북부에서 완전히 자취를 감추었다는 것이 눈에 띄는 업적 중 하나였는데, 실제로 나는 소비에트 지구에 들어간 뒤로 아편 중독의 흔적을 볼 수 없었다. 관리의 부패상에 관한 이야기도 좀처럼 듣기 어려웠다. 공산당의 주장대로 걸식과 실업이 정말로 '근절된 것' 같았다. 또한 공산 지역을 여행하는 동안 내 눈으로는 거지를 한 명도 보지 못했다: 전족과 유아살해는 범죄 행위였고, 미성년 노예 제도 및 매춘은 사라졌으며, 일처다부제(一妻多夫制)와 일부다처제(一夫多妻制)가 금지되었다.

'처(妻)의 공유화'와 '여성의 국유화'라는 신화는 너무나도 터무니없는 것이었기에 구태여 부인하려고 애쓸 필요도 없었다. 그러나 결혼과 이혼, 그리고 상속 제도에서 이루어진 변화는 중국 내 다른 지역의 반봉건적 법률과 관습에 비하면 그것 자체만으로도 지극히 과격한 것이었다. 혼인법[9]에는 시부모의 횡포, 여성을 처첩으로 매매하는 것, '동양식(童養媳: 민며느리-옮긴이)'의 관습을 금지하는 규정이 포함되어 있었다. 쌍방 합의에 의해 결혼이 성립되었으며, 법정 결혼 연령이 크게 높아져 남자는 20살, 여자는 18살로 되었다. 지참금 제도가 금지되었으며, 현·시·촌 소비에트에서 등록하는 남녀에게는 무료로 결혼확인서가 발급되었다. 실제로 동거하고 있는 남녀는 등록 여부와 관계없이 결혼한 부부임을 법적으로 인정받았는데, 이는 '자유연애'를 배제하려는 조치인 것 같았다. 소비에트법 앞에서는 어떤 어린이도 사생아일 수 없었다.

이혼 또는 결혼 계약에 응했던 어느 한쪽이 집요하게 요구하면 소비에트 등록소에서 무료로 인정받을 수 있었다. 그러나 홍군 장병의 아내는 예외여서 이혼을 허락 받기에 앞서 남편의 동의를 받아야 했다. 재산은 이혼부부가 똑같이 나누어 가졌으며, 부모 모두에게 자녀의 양육에

---

9 중화소비에트공화국의 혼인법(婚姻法)(1936년 7월 바오안에서 재인쇄).

대한 법적 책임이 있었다. 하지만 채무는 남편만이 졌으며, 그 밖에도 남편에게는 자녀양육비의 3분의 2를 지급할 의무가 있었다.

교육은 이론상으로는 '보편적이고 무료'였지만 학부모는 어린이에게 먹을 것과 입을 것을 공급해 주어야 했다. 교육위원인 쉬터리는 나에게, 서북 지방에 단 몇 년간의 평화만이라도 허락된다면 그들은 교육 분야에서 빠르게 진보하여 전 중국을 놀라게 할 수 있을 것이라고 장담했다. 하지만 아직까지는 '보편적인 무료교육' 같은 것을 실현할 수 없었다. 그 후 나는 공산주의자들이 지방의 경악할 만한 문맹현상을 퇴치하기 위해 해 온 일이 무엇이었으며, 앞으로 하고자 하는 일이 무엇인가에 대해 좀 더 상세하게 알 기회가 있었다. 그러나 우선은 정부가 어떻게 그러한 교육계획뿐만 아니라, 내가 지금까지 소비에트 사회라고 불러 온 일견 단순하지만 나름대로 지극히 복잡한 유기체까지도 재정지원하고 있는가를 아는 것이 흥미로운 일이다.

4. 재정의 해부

소비에트 경제로서는 최소한 두 가지 기능, 즉 홍군에게 식량과 장비를 공급해 주고 빈농을 당장 구제하는 것이 가장 시급한 당면 과제였다. 두 기능 중에 하나만이라도 해내지 못한다면 소비에트의 기초는 순식간에 붕괴되고 말 것이었다. 공산당은 이러한 과업을 확실히 성공하기 위해 그 초기에서부터 어떤 종류이든 경제 건설을 시작해야 했다.

서북 지방의 소비에트 경제는 개인자본주의와 국가자본주의에다가 원시사회주의가 기이하게 혼합된 형태를 띠고 있었다. 개인 기업과 사적인 산업이 허용되었을 뿐만 아니라 장려되었으며, 토지와 그 생산물의 사적 거래가 일정한 한계 안에서 허용되었다. 동시에 국가는 유정(油井), 염정(鹽井), 탄광 같은 기업을 소유하고 개발했으며, 가축, 피혁, 소금, 양모, 면화, 종이 등의 원료를 매매했다. 그러나 국가는 이들 품목에서 전매를 주장하지는 않았다. 이 모든 품목들에서 사기업이 경쟁할 수 있었고, 실제로도 어느 정도까지 경쟁했다.

협동조합이 설립되자 또 한 종류의 경제가 만들어졌다. 협동조합에 정부와 민중이 동반자로 함께 참여해 개인자본주의는 물론 국가자본주의와도 경쟁했다. 그러나 그것은 전적으로 극히 작은 원시적 규모에서 운영되었다. 그러한 혼합경제에서는 기본요소들 간의 적대관계가 뚜렷하며, 따라서 경제적으로 좀 더 발달된 지역에서라면 그 적대관계가 치명적일 수도 있었겠지만, 이곳 소비에트 지구들에서는 그런 기본요소들이 오히려 상호보완해 주는 역할을 했다.

공산주의자들은 협동조합을 "개인자본주의에 저항하고 새로운 경제체제를 발전시키기 위한 도구"라고 규정했다. 그리고 그것의 주요한 기능으로 "상인들에 의한 민중의 착취에 반대해 투쟁하는 것, 적의 봉쇄에 반대해 투쟁하는 것, 소비에트 지구들의 민족경제를 발전시키는 것, 민중의 경제·정치 수준을 높이는 것, 사회주의 건설을 위한 여러 가지 조건들을 준비하는 것" 등 5가지를 들었다. 또한 그것은 "중국 부르주아지의 민주적 혁명이 프롤레타리아트의 지도 아래 사회주의 혁명으로 이행할 수 있게 해 주는 역동적 조건들을 창조하는" 것이라고 규정되었다.[10] 과장된 이 기능들 가운데 처음 2가지가 실제로 뜻하는 것은 민중이 정부의 봉쇄돌파활동의 보조역으로서 그들 자신이 봉쇄돌파대를 조직하는

---

10 국민경제부(國民經濟部), 『협동조합발전대강(協同組合發展大綱)』(산시성 와야오바오, 1935년 11월), 4쪽.

데 협동조합이 도움을 줄 수 있다는 것에 지나지 않았다. 난징 정부는 홍구와 백구 사이의 교역을 금지했지만, 공산당은 산악의 소로를 이용하기도 하고 국경수비대를 매수하기도 하여 때로는 무역사업을 상당히 활발하게까지 할 수 있었다. 무역국 소속의 수송대나 협동조합은 소비에트 지구들에서 생산된 원료를 국민당 화폐나 필요한 제품과 교환했다.

소비, 판매, 생산, 신용 등 여러 협동조합이 촌(村), 구(區), 현(縣), 성(省)에서 조직되었다. 이들 협동조합 위에는 재정인민위원 및 국민경제부가 관할하는 협동조합 중앙국이 있었다. 협동조합을 이처럼 광범위하게 설립하게 된 배경에는 가장 낮은 사회계층의 사람들이 참여하는 것을 장려하려는 의도가 숨겨져 있었다. 구매자에게 회원 자격을 주는 지분(持分)의 가격은 불과 5각(角), 심지어는 2각밖에 되지 않았다. 조직상의 임무는 어찌나 광범위한지 거의 모든 조합원을 조합의 경제·정치 활동에 동원해야 했다. 개인이 살 수 있는 지분의 수에는 제한이 없었지만, 회원 각자는 가지고 있는 지분의 수와 관계없이 하나의 투표권만을 행사할 수 있었다. 협동조합은 중앙국의 협조를 받아 자체의 관리위원회와 감사위원회를 선출했으며, 중앙국에서도 숙련된 공작원이나 조직가를 제공해 주었다. 그리고 조합마다 사업부, 선전부, 조직부, 조사통계부가 있었다.

능률적으로 경영하기 위해 여러 가지 상을 주었으며, 또한 운동의 유익함에 관해 농민들을 자극하고 교육할 목적에서 선전활동이 대대적으로 전개되었다. 정부도 조합원과 마찬가지로 이익배당을 받기로 하고 기업 활동에 참여해 기술적인 도움은 물론 재정적인 도움까지 제공해 주었다. 정부는 무이자 대부로 약 7만 위안을 산시(陝西)성과 간쑤성의 신용조합에 투자한 바 있었다.

백구의 지폐도 받아들였던 국경지대 현들을 제외하고는 소비에트 화폐만 사용되었다. 장시성, 안후이성, 쓰촨성의 소비에트들에서 공산당은 은화(銀貨)와 보조동화(補助銅貨), 그리고 보조은화를 주조했으며, 이들 주화는 대부분 서북부로 운반되었다. 그러나 1935년 11월의 법령 이후 난징 정부는 중국에서 모든 은화를 압수하기 시작했고, 이에 은화의 가격이 크게 치솟았다. 공산당 측은 유통 중인 은을 회수해, 지폐 발행을 준비하기 위해 이를 보유했다.

'중국공농소유애정부국립은행(中國工農蘇維埃政府國立銀行)'이라고 씌어 있는 남부의 지폐는 좋은 지질에 인쇄도 뛰어났다. 그러나 서북부의 지폐는 기술상의 결함 때문에 인쇄가 아주 조잡했을 뿐만 아니라 지질도 좋지 않았으며, 때로는 천을 사용하기까지 했다. 모든 지폐에는 공산당의 표어가 적혀 있었다. 산시(陝西)성에서 발행한 지폐에는 "내전을 중지하라!", "일치단결하여 일본과 싸우자!", "중국 혁명 만세!" 같은 표어가 인쇄되어 있었다.

상인들은 소비에트 지구 밖으로 나가면 교환가치를 상실하고 마는 지폐를 받으면서 수입 상품을 어떻게 판매할 수 있었을까? 이러한 어려움은 재무국에서 맡아 해결해 주었다. 재무국은 소비에트 지폐와 국민당 지폐 사이의 교환율을 1.21 대 1로 정했다. 그리고 법으로 다음과 같이 규정했다. "백구로부터 수입하여 직접 무역국에 판매한 모든 상품에 대해서는 외국(국민당) 통화로 그 대가를 지불할 것이다. 수입한 생활필수품을 직접 무역국에 판매하지 않고 협동조합이나 개인 상인을 통하여 판매할 경우에는 우선 무역국에 등록해야 한다. 그러면 소비에트 지폐로 취득한 구매액을 백구의 지폐로 교환해 줄 것이다. 그렇게 해야 할 필요성이 확인될 경우라면 다른 국가의 통화로 지급해 줄 것이다."[11] 실제로

---

11 「소비에트의 화폐정책에 관하여」, 《당적공작(黨的工作)》 제12호(바오안, 1936).

이는 모든 상품 수입의 지불수단이 '외국 통화'여야 함을 의미했다. 그러나 빈약했던 수입제품의 규모가 (주로 원료이고 모두 밀수품으로 암시장에서 싼 가격으로 판매되어야 했던) 소비에트 수출품의 규모를 크게 초과했다. 따라서 심한 수지 역조의 경향이 상습적으로 일어났다. 달리 말하면 파산의 위험이 있었다. 이러한 곤경을 어떻게 극복할 수 있었을까?

완전한 극복은 있을 수 없었다. 내가 알고 있는 한 이 문제는 주로 재무인민위원으로서 공산당의 수지균형을 맞추는 일이 자신의 임무였던 위엄 있는 백발의 신사, 린보취에 의해 해결되었다. 이 흥미로운 노(老) 국고관리인은 한때 국민당의 재무부장이었으며, 그의 과거에는 경이로운 이야기가 가득했다.

1882년 후난성에서 학교 교사의 아들로 태어난 린보취는 경서를 공부한 뒤 창더부(常德府, 상덕부)의 사범학교를 다녔으며, 여기에서 수업을 마치고 일본의 도쿄로 유학했다. 그는 일본에 체류하는 동안 당시 청조에 의해 중국에서 추방당해 일본에 와 있던 쑨이셴[孫逸仙, 손일선: 일선은 쑨원의 자(子)—옮긴이]을 만났고, 그의 비밀 혁명결사인 동맹회(同盟會)에 가입했다. 쑨원이 그의 동맹회를 다른 혁명조직들과 통합하여 국민당을 설립할 당시 린보취는 발기인의 한 사람이었다. 그 후 그는 천두슈를 만나서 그로부터 심대한 영향을 받았고, 1922년에는 공산당에 가입했다. 하지만 그는 쑨원과 밀접한 관계 속에서 일을 계속했으며, 쑨원도 그의 당에 공산주의자들을 받아들였다. 린보취는 국민당의 재무부장과 총무부장을 지냈고, 쑨원이 서거할 당시에도 그와 함께 있었다.

국민당 혁명의 초기에 린보취는 국민당 중앙집행위원회 장로 중의 한 사람으로서 장제스보다 상위에 있었다. 그는 광저우에서 농민부장이었으며, 북벌 동안에는 당시 난징 정부의 참모총장이었던 고(故) 청첸(程潛, 정잠) 장군 휘하의 제6군에서 정치위원이 되었다. 1927년 장제스가 공산주의자들에 대한 소탕전을 시작하자, 그는 장제스를 비난하고 홍콩을 거쳐 소비에트 러시아로 도주했다. 그는 4년간을 그곳의 공산주의 대학에서 학습했다. 귀국로(路)로 '지하철도'를 택한 덕분에 그는 안전하게 장시에 도착할 수 있었다. 고국에 돌아와 보니 그의 아내는 이미 세상을 떠났고, 1927년 이후 한 번도 보지 못한 그의 딸과 아들은 성인이 되어 있었다. 45살에 그는 안락함을 보장해 주는 그의 지위를 버리고, 젊은 공산주의자들과 운명을 함께하기로 결심했던 것이다.

어느 날 아침, 외교부에 있는 내 방으로 장정(長征)을 거쳐 온 이 55살의 노장이 명랑한 웃음을 띠고 나타났다. 그의 군복은 색이 바래 있었고, 붉은 별이 달린 그의 모자는 위가 찌그러져 있었다. 그리고 그의 친절한 눈을 가린 안경은 한쪽 다리가 부러져서 고무줄로 귀에 걸려 있었다. 이 사람이 바로 재정인민위원이었다. 그는 항(炕)에 걸터앉아, 나와 재정의 수입원에 대해 대화를 나누기 시작했다. 내가 알기로는 정부는 세금을 거두지 않고 있었다. 틀림없이 정부의 기업 수입도 변변치 못할 것이다. 그렇다면 정부는 도대체 어디에서 재정을 조달하는 것일까? 나는 알고 싶었다.

린은 설명하기 시작했다. "대중에게 과세하지 않는다는 우리의 말은 틀림없는 사실입니다. 그러나 우리는 착취계급에게 중과세를 부과해 그들의 잉여 재화를 몰수합니다. 따라서 우리의 모든 세금은 직접세입니다. 이는 국민당이 하고 있는 것과 정반대입니다. 그들은 결국 노동자·빈농에게 조세 부담의 대부분을 넘겨씌웁니다. 이곳의 우리는 인구의 10퍼센트가 채 되지 않는 지주와 고리대금업자에게 세금을 부과합니다. 그 밖에도 소수의 큰 상인들에게는 가벼운 세금을 부과하기도 하지만 소상인들에게는 전혀 세금을 부과하지 않습니다. 언젠가는 농민들에게도 가벼운 누진세를 부과하게 될지 모릅니다. 그러나 현재로서는 대중에 대한 과세는 전면 폐지되어 있습니다.

다른 하나의 재정원(財政源)은 인민의 자발적 헌금입니다. 전쟁이 진행 중인 지역에서는 혁명적 애국심이 크게 고조되어 있으며, 인민들은 그들의 소비에트를 상실하게 될지 모른다는 불안을 느끼고 있기 때문에 자발적으로 많은 식량과 돈과 의류를 홍군에게 제공합니다. 우리는 무역, 홍군용 토지, 자체 공장, 협동조합, 금융대부로부터 약간의 수입을 얻습니다. 물론 우리들의 최대 재정조달원은 몰수입니다."

"몰수라니……. 보통 약탈이라고 말하는 것을 뜻하는 건가요?" 내가 따져 물었다.

빙그레 웃으며 린은 말을 이었다. "국민당은 그것을 약탈이라고 부릅니다. 그렇죠, 대중을 착취하는 자들에게 세금을 부과하는 것이 약탈이라면 대중에게 세금을 부과하는 국민당의 행위도 약탈이 아니겠습니까? 그러나 홍군은 백군이 하는 짓과 같은 약탈은 하지 않습니다. 몰수는 재정인민위원회의 지시에 따라 권한을 부여 받은 사람들에 의해서만 집행됩니다. 모든 몰수품은 품목별로 기록되어 정부에 보고되며, 사회 전체의 이익을 위해서만 사용됩니다. 사적인 약탈 행위는 엄중하게 처벌받습니다. 홍군 병사가 대금을 지불하지 않고 어떤 물건이든 하나라도 가져가는 것을 본 적이 있는지 인민들에게 한번 물어보십시오."

"좋습니다. 귀하의 말이 옳다고 하지요. 하지만 그 질문에 대한 답은 지주에게 물어보느냐, 농민에게 물어보느냐에 따라서 달라질 것입니다."

린은 말을 계속했다. "만약 끊임없이 전쟁을 수행하지 않아도 된다면 우리가 여기에 자립경제를 건설하는 일은 결코 어렵지 않을 것입니다. 우리는 신중하게 예산을 짜고, 가능한 한 최대로 절약합니다. 소비에트 관리라면 누구나 애국자이고 혁명가이기 때문에 임금을 요구하지 않으며, 적은 식량으로도 생존할 수 있습니다. 우리의 예산이 얼마나 적은가를 알면 당신은 놀랄 것입니다. 이 넓은 지역 전체에서[12] 현재 우리가 지출하고 있는 경비는 매달 32만 위안 정도밖에 되지 않습니다. 여기에는 화폐지출과 함께 물자소비까지 계산되어 있습니다. 이 총액 중에서 40~50퍼센트는 몰수로 조달하며, 15~20퍼센트는 자발적인 헌금으로 조달합니다. 이 자발적인 헌금에는 백구에 살고 있는 우리의 지지자들로부터 당이 거두어 들이는 헌금까지 포함되어 있습니다.[13] 재정 중의 나머지는 무역, 경제 건설, 홍군용 토지, 정부로부터의 금융대출로 조달됩니다."

공산당은 예산편성과 세입·세출의 과정에서 부정을 방지할 수 있는 체제를 고안했다고 주장했다. 나는 그 체제와 그것의 모든 안전장치를 상세하게 설명해 주는, 린보취가 쓴 『예산편성의 개요』를 부분적으로 읽었다. 그것이 완전무결하다면 그러한 근거는 주로 세입·세출의 집단통제에서 찾아야 할 것 같았다. 최고기관에서부터 촌락에 이르기까지 재무관은 지출과 세수를 감사위원회에 설명할 수 있어야 했기 때문에 개인적 영리를 위한 숫자 조작은 지극히 어려웠다. 재무인민위원인 린은 그의 체제에 대해 대단한 긍지를 느끼고 있었으며, 그런 체제에서는 어떤 종류의 부정도 불가능하다고 장담했다. 그것은 사실인 것 같았다. 어쨌든 그때까지 홍구에서 발생했던 실질적인 문제는 부정지출이 아니라 적자지출이었다. 린의 유쾌한 낙관론에도 불구하고 이날의 대담이 있은 뒤 나는 일기에 다음과 같이 썼다.

"린이 제시한 수치가 정확하게 어떤 의미를 지니고 있든 간에 유격대가 5년 동안이나 이 영토를 가로질러 오가며 전투를 하고 있는 때에 그런

---

[12] 당시 오스트리아 정도의 크기.
[13] 당시 이 소비에트 지역은 러시아와 직접 접하고 있지 않았기 때문에 러시아로부터 재정지원을 거의 받지 않았거나 전혀 받지 않았을 가능성이 크다.

경제가 어떻게든 유지되고 있으며, 기근이 없고, 농민들 대부분이 소비에트 지폐라면 의심 없이 받아들이고 있다는 사실은 중국의 기적이라 아니할 수 없다. 이런 현상을 재정이라는 관점에서만 설명할 수는 없다. 그것은 사회·정치적 근거 위에서만 이해할 수 있을 것이다.

하지만 공산당처럼 적은 예산으로 존속하는 조직에서조차 현재의 상황이 극도로 심각하다는 사실은 의심할 여지 없이 명백하다. 머지않아 소비에트 경제에서는 다음의 세 가지 변화 중 한 가지만이라도 반드시 일어나야 한다. 즉 필요한 제품을 시장에 공급해 줄 수 있도록 어떤 형태로든 기계공업이 육성되든가, 아니면 상당히 현대화된 경제기반을 갖춘 어떤 국가와 우호관계를 맺거나 현재의 수준보다 높은 수준에 있는 어떤 경제기지(예컨대 시안이나 란저우)를 점령하든가, 그것도 아니면 현재는 백군이 지배하고 있는 그런 기지와 실질적인 제휴관계에 들어가야 한다는 것이다."

공산주의자들은 나의 비관론에 동조하려 하지 않았다. 그들은 "반드시 활로를 찾을 수 있을 것"이라고 믿었다. 그리고 불과 두세 달 뒤에 그런 신념은 실현되었다. 활로는 '실질적인 제휴관계'로 나타났다.

하지만 린 개인의 재정상태는 그리 빨리 호전되는 것 같지 않았다. 재무위원인 그가 받는 수당은 한 달에 5위안, 그것도 소비에트 지폐로 5위안이었다.

5. 인생은 50부터

모든 소비에트 사람들이 그를 라오쉬(老徐, 노서)라고 부르기에 나도 그렇게 불렀다. 교육자 라오쉬의 나이는 61살. 동양의 다른 곳에서 61살이라면 고위직 정부 관리들의 평균 연령 정도밖에 되지 않지만 붉은 중국에서는 다른 사람들에 비해 나이 많은 노인이었다. 하지만 그가 망령든 노인이라고 생각하면 큰 잘못이다. 그는 그의 60대 동료 셰줴짜이(謝覺哉, 사각재)와 마찬가지로 꼿꼿하게 허리를 펴고 힘차게 걸었으며, 눈은 밝게 빛났으며, 장정 당시에는 튼튼한 발로 큰 강과 험한 산악지대를 횡단하기도 했다. 우리는 셰줴짜이와 라오쉬, 이렇게 백발이 성성한 비적 한 쌍이 중학교 학생들처럼 다정하게 팔짱을 끼고 함께 걸어가는 장면을 자주 볼 수 있었다.

나이 50에 놀랍게도 가정과 네 자녀, 그리고 창사 사범학교의 교장직을 버리고 자신의 남은 운명을 공산주의자들과 함께하기로 결심하기까지 쉬터리는 존경 받는 교수였다. 그는 1877년 펑더화이의 고향에서 그리 멀리 떨어지지 않은 창사 근방에서 빈농의 넷째 아들로 태어났다. 그의 부모는 온갖 희생을 무릅쓰고 그에게 6년간의 교육을 시켰으며, 학교를 졸업한 그는 청조가 운영하는 학교의 교사가 되었다. 그곳에 몸을 담고 있다가 29살이 되던 해에 창사 사범학교에 입학했으며, 졸업 후에는 수학 담당 교수가 되었는데, 수학은 독학한 것이었다.

마오쩌둥은 사범학교에 근무할 당시 그의 제자였으며(쉬터리의 말에 따르면 마오는 수학에는 형편없는 학생이었다고 한다), 마오 이후에도 그의 수많은 제자들이 공산주의자가 되었다. 쉬터리 자신은 마오쩌둥이 군주주의론자와 공화주의론자를 구별할 수 있을 정도의 지식을 갖게 되기 이미 오래 전부터 정치에 참여했다. 그는 청조의 봉건정치 시대 때부터 투쟁했다는 흔적을 갖고 있었다. 당시 그는 새끼손가락 끝을 절단함으로써 국민에게 의회를 허락해 달라는 그의 청원이 진심에서 우러나온 것임을 증명하고자 했다. 신해혁명(1911) 뒤 생명이 짧기는 했지만 후난성에 의회가 수립되었는데, 그는 이 의회의 의원이었다.

1차 세계대전 후 그는 후난성의 고학생 대표단을 이끌고 프랑스로 건너가 리옹에서 1년 동안 공부했다. 당시 그는 금속공장에서 임시직 노동자로 일해 학비를 벌었다. 그 후 파리로 옮겨간 그는 중국 학생들에게 수학을 가르쳐 학비를 벌면서 3년 동안 파리 대학에서 공부했다. 1923년 후난성으로 돌아온 그는 성도(省都)에 2개의 현대적인 사범학교를 설립하는 데 도움을 주었고, 그 후 4년 동안 상당히 부유한 생활을 할 수 있었다. 1927년까지 그는 공산주의자가 아니었기 때문에 부르주아 사회로부터 배척당하지 않았다.

국민혁명의 시기에 쉬터리는 국민당의 후난성 지부에서 활약했으며, 공산주의에 동조했다. 그는 공공연하게 마르크스주의를 학생들에게 전파했다. 잔인한 '숙청'의 바람이 일기 시작하자, 그는 위험인물로 지목받아 은신하지 않을 수 없었다. 그러나 그는 공산당과 관계가 없었으므로 혼자서 은신처를 찾아야 했다. 그는 나에게 감회 어린 어조로 말했다. "나도 공산주의자가 되고 싶었지요. 그러나 나에게 입당해 주기를 바라는 사람은 아무도 없었어요. 그 당시 내 나이 50, 나는 공산주의자들이 나를 너무 늙었다고 생각한다고 결론지었지요." 그렇게 체념하고 있던 참에 공산주의자 한 사람이 쉬터리의 은신처를 찾아와 입당을 권유했다. 그는 나에게, 자신이 아직도 새로운 세상을 건설하는 데 쓸모가 남아 있는 사람이라고 생각하니 기쁨의 눈물이 쏟아지더라고 말했다.

공산당은 쉬터리를 러시아로 보냈고, 그곳에서 그는 2년 동안 공부했다. 귀국하는 즉시 그는 봉쇄의 벽을 뚫고 장시로 들어왔다. 오래지 않아 그는 취추바이 밑에서 교육위원부 차장으로 일하게 되었으며, 취추바이가 사망하자 집행위원회는 그를 취추바이의 후임으로 임명했다. 그때부터 그는 교육자 라오쉬라 불렸다. 그는 군주제 사회, 자본주의 사회, 공산주의 사회에서 살고 가르치면서 다양한 경험을 쌓아 온 터였으므로 당면한 임무 수행의 적임자였던 것 같다. 주어진 임무가, 서방세계의 교육자라면 손을 들고 말았을 만큼 막중했기 때문에 그는 분명 자신의 풍부한 경험을 전부 동원해도 부족하다고 느꼈을 것이다. 그러나 라오쉬는 실망하기에는 아직 젊었다.

함께 대화를 나누고 있던 어느 날, 쉬터리는 자신의 고충을 해학적인 어조로 털어놓기 시작했다. 그는 단언했다.

"거의 틀림없는 추측이지만, 우리가 도착하기 전의 서북부에는 소수의 지주와 관리와 상인을 제외하고 글을 읽을 줄 아는 사람은 전혀 없던 것 같다. 문맹률이 어림잡아 95퍼센트는 됐을 것이다. 여기야말로 지구상에서 문화적으로 가장 낙후된 지역 중 하나여서, 산시(陝西)성 북부와 간쑤성 사람들은 물[水]을 해로운 것으로 생각할 정도였다. 이곳의 서민들은 일생 동안 태어날 때 한 번, 결혼할 때 한 번, 이렇게 두 번밖에 목욕을 하지 않는다. 그들은 손발이나 얼굴 씻는 것을 싫어하고, 손발톱이나 머리 깎는 것도 싫어한다. 중국의 다른 어떤 지역보다도 이 지역에는 변발한 사람들이 많다.

그러나 이런 편견이나 그 밖의 많은 편견들은 무지에서 비롯된 것이다. 따라서 그들의 사고를 개조하는 일이 내가 할 일이다. 이곳의 민중은 장시의 민중에 비해 크게 뒤져 있다. 장시의 문맹률도 낮지는 않아서 90퍼센트 정도가 된다. 그러나 그곳은 문화 수준이 훨씬 더 높고, 일하기에 더 좋은 물질적 조건이 있으며, 훈련 받은 교사도 훨씬 더 많다. 우리의 모범 현이었던 싱궈에는 초등학교 3백여 개에 8백여 명의 교사가 있었다. 이 숫자는 현재 우리가 이 지역 전체에서 보유하고 있는 학교 및 교사 수의 두 배나 되는 것이다. 어쨌든 우리가 싱궈에서 물러날 당시 그곳의 문맹률은 인구의 20퍼센트 이하로 떨어져 있었다.

여기에서는 일의 진척 속도가 훨씬 더 느리다. 모든 것을 원점에서부터 시작해야 하는 데도 물자는 극히 제한되어 있다. 인쇄기까지 파괴당하는 바람에 모든 것을 등사판이나 석판으로 인쇄해야 한다. 봉쇄당한 상태이기 때문에 종이를 충분하게 수입할 수도 없다. 우리 손으로 종이를 생산하기 시작했지만 그 질은 형편없이 나쁘다. 하지만 이런 어려움에 크게 개의치 않는다. 시간만 허락한다면 우리는 이곳에서 전 중국을 놀라게 할 만한 일을 해내고 말 것이다. 지금 우리는 민중 출신의 교사 수십 명을 양성하고 있으며, 당에서 양성하는 교사도 있다. 그들 대부분이 지원교사로서 민중교육 현장에 파견될 것이다. 지금까지 거둔 결과는 이곳 농민들도 기회만 주어지면 열심히 배운다는 사실을 입증해 주고 있다.

그리고 그들은 어리석지 않다. 그들은 아주 빨리 배우고, 그렇게 해야 할 이유를 알기만 하면 관습도 쉽게 바꾼다. 이 지역의 오래된 소비에트 지구에서는 전족한 여자아이를 찾아볼 수 없고, 많은 젊은 여성들이 단발을 하고 있다. 변발을 자르고 청년 공산당원이나 선봉대에게 읽고 쓰는 법을 배우는 농부들의 수가 점차 늘어나고 있다."

쉬터리는 소비에트의 비상교육 제도에는 학교 교육, 군사 교육, 사회 교육, 이렇게 세 부문이 있다고 설명한다. 학교 교육은 소비에트가, 군사 교육은 홍군이, 사회 교육은 공산당 조직이 주로 담당했다. 세 부문 모두에서 강조되는 것은 초보적인 정치이념이었다. 일단 단순한 혁명구호의 형태로 문자를 가르치고 난 뒤에는 공산당과 국민당, 지주와 농민, 자본가와 노동자 사이의 갈등에 관한 이야기를, 그리고 젊은 공산주의자와 홍군의 수많은 영웅담을, 나아가서는 지상낙원을 약속해 주는 소비에트의 장래를 소개한다. 가장 나이 어린 학동들을 상대로 하는 교육의 경우도 예외는 아니다.

학교 교육 부문에서 이미 200여 개의 초등학교를 설립했다는 것이 공산당의 주장이었으며, 그 밖에도 초등학교 교사 양성을 위한 사범학교,

농업학교, 방직학교가 있었고, 5학급의 노동조합학교와 학생 수가 400명가량 되는 당학교가 있었다. 기술학교의 학습과정은 예외 없이 6개월밖에 되지 않았다.

당연히 가장 강조된 부문은 군사 교육이었으며, 포위당한 소(小)국가의 여러 가지 악조건에도 불과 2년 동안에 이 부문에서 많은 업적을 쌓을 수 있었다. 홍군대학, 기병학교, 보병학교, 그리고 이미 앞에서 말한 2개의 당훈련 학교가 있었다. 무선통신학교와 간호원 양성을 위한 의료학교도 있었다. 공업학교가 있었으며, 그곳에서는 학생들이 도제의 초보적인 훈련을 받았다. 소비에트 조직 전체와 마찬가지로 모든 것이 잠정적이었으며, 주로 홍군을 강화시키고 홍군에 새로운 간부를 공급해주기 위한 후방활동의 일환으로 고안된 것이었다. 교사들 대부분의 학력은 중졸에도 미치지 못했다. 흥미로운 사실은 가진 지식이 무엇이든 간에 그들은 그것을 집단적으로 사용했다는 것이다. 이들 학교는 진실로 공산주의적이었으며, 단지 이데올로기에서뿐만 아니라 '문학 수준의 향상'을 위해 그들이 동원할 수 있는 일체의 기술경험을 활용하는 데서도 진정으로 공산주의적이라고 할 수 있었다.

사회 교육에서조차 소비에트의 목적은 주로 정치적이었다. 농민들에게 문학이나 꽃꽂이를 가르칠 시간도 기회도 없었다. 공산당원들은 실용주의적인 사람들이었다. 레닌 클럽에, 공산주의 청년동맹에, 유격대에, 그리고 촌락 소비에트에 그들은 조잡하게 삽화가 그려진 단순한 식자(識字) 교과서를 보냈다. 여러 대중조직은 스스로 그들 가운데서 공산주의자나 또는 읽고 쓸 줄 아는 동료를 지도자로 삼아 학습모임을 만들도록 도와주었다. 젊은이들이, 때로는 나이 든 농부들이 짧은 문장을 띄엄띄엄 읽기 시작하면, 문자와 함께 그것이 뜻하는 사상을 흡수하도록 되어 있었다. 한 예로 산간의 어느 조그만 '사회교육센터'에 들어가 보면 사람들이 다음과 같은 문답을 큰 소리로 읽고 있는 장면과 만날 수 있다.
"이것은 무엇인가?"
"이것은 홍기이다."
"이것은 무엇인가?"
"이것은 가난한 사람이다."
"홍기는 무엇인가?"
"홍기는 홍군의 깃발이다."
"홍군은 무엇인가?"
"홍군은 가난한 사람들의 군대이다."

이렇게 하여 어떤 한 젊은이가 다른 사람들보다 먼저 500개에서 600개의 한자를 전부 알게 되면, 그에게 붉은 서표(書標)나 연필 또는 그 밖의 어떤 약속했던 것을 상으로 주었다. 농부와 그의 아들딸이 교과서를 마치고 나면 그들은 태어나 처음으로 읽을 수 있을 뿐만 아니라, 누가 무엇 때문에 그들을 가르쳤는지에 대해서도 알게 되었다. 그들은 공산주의의 기본적인 투쟁이념을 파악한 것이다.

좀 더 빠른 시일 안에 대중에게 문자를 가르칠 수 있는 방법을 찾아내려는 노력에서 공산주의자들은 중국어의 로마식 표기법을 제한적으로 사용하기 시작했다. 그들은 알파벳 28자를 고안해 냈으며, 그들의 주장에 따르면 이 알파벳으로 거의 모든 중국 발음을 표기할 수 있다고 했다. 그리고 그들은 가장 많이 쓰이는 중국어의 어구를 쉽게 읽을 수 있는, 다음절(多音節)의 단어들로 표기하는 포켓 소사전을 창간했다. 《홍색중화(紅色中華)》의 일부가 라틴문자로 표기되어 발간되었으며, 바오안현에서 선발한 한 학급의 어린이들을 대상으로 쉬터리가 그것을 실험하고 있었다. 결국 대중교육에서 복잡한 한자를 포기할 수밖에 없다는 신념을 쉬터리는 갖고 있었다. 그리고 그는 자신이 여러 해 동안 노력을 기울여 온

제도가 유리하다는 여러 가지 논리적 근거를 갖고 있었다.

    그때까지도 그는 자신의 라틴문자와 그 밖의 다른 교육적 노력에서 거둔 성과에 대해 자만하지 않았다. "이곳의 문화 수준이 얼마나 낮았던지 더 낮아질 수는 없었다. 따라서 우리가 지금까지 이룩한 업적은 어떤 의미에서 당연한 것이었는지도 모른다"라고 그는 말했다. 장래에 대한 전망을 말하면서 그가 요구한 것은 오로지 시간이었다. 한편 그는 홍군이 쓰고 있는 교육방법을 집중적으로 관찰해 보면 그곳에서 진실로 혁명적인 교육방법을 발견하게 될 것이라고 힘주어 말했다.

# 7부
전선으로 가는 길에

1. 홍구 농민들과 대화를 나누다

바오안을 지나 간쑤성 국경의 전선으로 가는 도중 나는 농민들의 초라한 오두막집에 머물게 되었다. 그들이 자는 항 위에서 자고(호사스러운 목제 문이 없는 경우에는), 그들이 먹는 음식을 먹으면서 나는 그들과 나누는 대화를 즐겼다. 그들은 가난했지만 모두가 친절하게 손님을 잘 대해 주었다. 내가 '외국 손님'이라는 말을 듣고는 한사코 돈을 받지 않으려는 사람들도 있었다. 지금도 전족을 한 늙은 촌 아낙네 한 분이 기억에 생생하다. 그녀는 아이를 대여섯이나 거느리며 어렵게 살면서도, 나를 위해 여섯 마리 닭 중의 하나를 잡겠다고 고집을 부렸다.

나는 그녀가 "양놈이 바깥세상 사람들에게 우리 공산당원들은 예절도 모르더라고 말하게 할 수는 없지 않느냐?"라고 우리 일행 중의 한 사람에게 말하는 것을 엿들었다. 물론 그런 표현을 쓴 의도가 무례해서 나온 말은 아니었다고 나는 확신한다. 단지 그녀가 그런 상황에서 쓸 만한 단어로는 '양놈[洋鬼子, 양귀자]' 밖에 몰랐을 뿐이었다.

당시 이 여행에 나를 동반한 사람은 나를 전선까지 수행하라는 외교부의 지시를 받은 젊은 공산당원 푸진쿠이였다. 후방에 있는 공산당원이면 누구나 그랬듯이, 그도 군대와 행동을 같이하게 될 기회가 생길지도 모른다는 기대에 부풀어 있었다. 그는 나를 하늘이 보내준 선물 정도로 생각했다. 하지만 그는 나를 제국주의자라고 생각했고 실제로도 나를 그렇게 대했다. 여행이 거의 끝나 갈 무렵까지 나는 그의 노골적인 의심 어린 시선을 의식하지 않을 수 없었다. 그러나 그는 언제나 모든 면에서 큰 도움이 되었으며, 여행이 끝나면서 우리는 좋은 친구 사이로 헤어졌다.

하루는 간쑤성 가까이 있는 산시(陝西)성 북부의 저우가(周家, 주가)라는 마을에서 밤을 보내게 되었다. 그와 나는 대여섯 가구의 농민들이 함께 모여 사는 집단 주택에 숙소를 정하기로 했다. 울안에 들어서니 15명 가량의 어린이가 부산스럽게 뛰어놀고 있는 것이 눈에 띄었으며, 그중 여섯 아이의 아버지인 45살쯤 되어 보이는 한 농부가 우리에게 숙박을 흔쾌히 허락해 주었다. 그는 항 위에 새 모피가 깔려 있는 깨끗한 방을 비워 주었으며, 우리가 타고 온 말에게도 옥수수와 밀짚을 먹였다. 그는 20센트를 받고 우리에게 닭 한 마리와 달걀 몇 개를 팔았다. 그러나 방값은 받으려 하지 않았다. 그는 전에도 옌안에 가서 외국인들을 본 적이 있었지만, 그곳의 다른 남녀 어른들과 어린이들에게는 내가 처음 보는 외국인이었다. 그들은 수줍어하면서 나를 보려고 모여들었다. 그중 어떤 한 어린이는 나의 괴상한 모습에 놀라서 울음을 터뜨리고 말았다.

저녁식사가 끝나자 농부 여러 명이 내 방으로 찾아와 담배도 권하면서 이야기를 시작했다. 그들은 내가 사는 미국에서는 무엇을 재배하는지, 미국에도 밀과 귀리, 말과 소가 있는지, 그리고 미국에서도 염소 똥을 비료로 쓰는지에 대해 알고 싶어 했다(한 농부가 미국에서도 병아리를 키우느냐고 묻자, 집주인은 경멸조의 코웃음을 치더니만 "사람이 사는 곳이면 닭이 있기 마련"이라고 말했다). 그 밖에 미국에도 가난한 사람들과 잘사는 사람들이 있는지, 공산당과 홍군이 있는지에 대해서도 알고 싶어 했다.

그들의 끊임없는 질문에 대답해 준 대가로 나도 몇 가지 질문을 하기로 했다. 홍군에 대해서 어떻게 생각하느냐고 묻자 그들은 즉각 기병대 말들의 과식하는 버릇에 대해 불만을 털어놓기 시작했다. 최근에 홍군 대학이 기병학교를 옮기면서 기병대가 이 마을에 며칠 동안 머물렀는데, 그때 비축해 두었던 옥수수와 밀짚이 크게 축났던 것 같았다.

"그들이 물건 값을 주지 않던가요?" 푸진쿠이가 물었다.

"천만에요, 물건 값은 제대로 치러 주었지요. 그런데 문제는 그게 아니지요. 당신도 알다시피 우리가 겨울을 나려고 마련해 놓은 옥수수, 귀리, 밀짚이 그리 여러 단이 아니지 않소. 우리만 쓰면 약간 남을 정도니까. 협동조합에서 내년 정월쯤 곡물을 팔기만 해도 문제는 없을 텐데. 소비에트 돈으로 살 수 있는 것이 무엇이 있겠소. 제기랄, 그놈의 돈으로는 아편도 살 수가 없으니!"

이렇게 말한 사람은 아직도 변발을 하고 있는 초라한 차림의 늙은이였다. 그는 자신의 주름진 코와 두 자쯤 되는 장죽을 내려다보며 못마땅한 표정을 지었다. 그가 이런 말을 하는 동안 그보다 젊은 사람들은 빈정거리는 듯한 웃음을 지었다. 푸진쿠이는 아편을 살 수 없다는 사실을 인정하면서, 그러나 조합에 가면 필요한 것은 무엇이든 지금 당장 살 수 있다고 말했다.

"지금 당장 살 수 있다고요?" 집주인은 항의하듯 물었다. "그럼 이렇게 생긴 주발도 살 수 있단 말인가요?" 그는 이렇게 물으면서 내가 시안에서 가지고 온 싸구려 붉은 주발—지금 생각해 보니 일제(日製)였던 것 같다—을 집어 들었다. 푸진쿠이는 협동조합에서도 그런 붉은 주발은 살 수 없다는 사실을 인정하고 나서, 하지만 곡물, 옷감, 양초, 등잔, 바늘, 성냥, 소금 같은 것은 얼마든지 있다고 했다. 그리고 도대체 원하는 것이 무엇이냐고 물었다.

"내가 들은 바로는 한 사람 앞에 옷감을 여섯 자 이상 팔지 않습니다. 그렇지 않소?" 한 농부의 반박이었다.

푸진쿠이는 자신 있게 대꾸할 수 없었다. 그는 화제를 항일론 쪽으로 돌리며 "당신들이 고생하고 있는 만큼 우리도 고생하고 있습니다"라고 말했다. "홍군은 당신들 농민과 노동자의 권리를 위하여, 그리고 당신들을 일본 놈들과 국민당 놈들로부터 보호하기 위해 싸우고 있습니다. 원하는 만큼의 옷감을 살 수 없다고 합시다. 아편을 구할 수 없다고 합시다. 그러나 당신들이 세금을 내지 않는 것도 사실 아닙니까? 빚 때문에 지주 놈들한테 집과 토지를 빼앗기지 않게 된 것도 사실 아닙니까? 그런데도 여러분은 우리보다 백군이 좋단 말입니까? 어디 한번 대답해 보십시오. 백군 놈들은 곡물을 가지고 가고 그 대가로 당신들에게 무엇을 주었지요?"

이 질문에 모든 불평들은 흔적도 없이 사라져 버렸고 의견은 만장일치였다. "여보게 젊은이, 그게 무슨 말인가? 절대로 그런 말 말게!" 우리의 집주인은 머리를 설레설레 흔들었다. "선택해야 한다면 당연히 홍군쪽을 선택하지. 내 아들 한 놈도 홍군에 가 있다네. 내가 주장해서 홍군에 보냈지. 여기 있는 사람들 전부가 알고 있을 걸세."

나는 그에게 홍군이 더 좋은 이유를 물었다.

이 질문에 지금까지는 아편을 팔지 않는다고 협동조합에 대해 냉소적이었던 노인이 갑자기 흥분하여 떠들기 시작했다.

"백군 놈들이 왔을 때 어떤 일이 있었는지, 다들 알고 있겠지?" 그는 물었다. "그놈들 하는 짓이라니. 식량을 있는 대로 몽땅 내놓으라고 강요하면서도 대금에 대해서는 단 한 마디 말도 없지 않았소. 거절하게 되면 꼼짝없이 공산당으로 몰려 체포당하고 말지. 그렇다고 놈들의 요구를 들어주다 보면 세금을 낼 수 없게 되고. 어쨌든 우리에게는 그 많은 세금을 낼 능력이 없소. 하지만 세금을 내지 않으면 어떤 일을 당하게 되는지 여러분도 알고 있지요? 놈들은 우리의 가축을 빼앗아다가 팔아 버리지요. 지난해 홍군이 이곳을 비우자, 백군 놈들이 몰려와서는 내 당나귀 두 마리와 돼지 네 마리를 빼앗아 갔던 일을 모두 다 기억할 거요. 당나귀는 두 마리에 30위안은 나가고, 돼지는 다 큰 것이어서 마리당 2위안은 나갔을걸……. 놈들이 나한테 한 푼이라도 돌려준 줄 아는가?

생각만 해도 치가 떨리네. 놈들은 내가 세금과 임차료로 80위안을 물어야 하는데, 내 가축을 가지고 갔으니 40위안을 면제해 준다고 말하더군. 그리고 나머지 40위안을 더 내라는 게 아니겠소. 내 주제에 어디 가서 40위안을 구하겠소? 놈들이 훔쳐 갈 만한 것이라고는 이젠 아무것도 없었소. 그러자 놈들은 딸을 팔라고 나를 윽박질렀소. 이 기막힌 이야기는 거짓말이 아니오. 여기 있는 다른 사람들도 당했으니까. 짐승도 없고 딸도 없는 사람은 바오안 감옥으로 끌려가서 추위에 얼어 죽고 말았지. 그렇게 얼어 죽은 사람이 적지 않았소."

나는 노인에게 땅을 얼마나 갖고 있느냐고 물었다.

"땅이요?" 그는 침울하게 되물었다. "저기 내 땅이 있소." 그는 옥수수와 귀리 그리고 야채가 심어져 있는 언덕 꼭대기를 가리켰다. 우리가 있는 뜰에서 내를 하나 건너기만 하는 그의 땅이 있었다.

"가격은 얼마나 나가지요?"

"이곳에서는 골짜기 땅이 아니면 값어치가 나가지 않소." 그는 말했다. "저런 산 같으면 25위안에 살 수 있소. 돈 값어치가 나가는 것은 당나귀, 염소, 돼지, 닭, 집, 연장 같은 거요."

"댁의 농장 같으면 얼마나 나가겠습니까?"

그는 여전히 자기 땅을 값나가는 것으로 계산하려 하지 않았다.

"내 집하고, 내 가축하고, 내 연장에다가 산까지 끼우면 100위안쯤 나갈 거요." 마지못해 그는 헤아려 보았다.

"그 정도의 재산이면 세금과 임차료를 얼마나 물어야 합니까?"

"1년에 40위안이오."

"그건 홍군이 오기 전 이야기 아니오?"

"물론 그렇지요. 지금은 세금이 없어졌소. 하지만 내년이면 또 어떻게 될는지 알 수 없소. 홍군이 떠나면 백군이 되돌아오지요. '한 해는 홍군, 다음 해는 백군' 하는 식이오. 백군이 오면 그들은 우리를 공비라고 부르지요. 홍군이 오면 그들은 반혁명분자를 색출한답니다."

"하지만 이런 차이가 있지요." 젊은 농부가 끼어들었다. "우리의 이웃이 우리가 백군을 돕지 않았다고 말해 주면 홍군은 그것으로 만족하지요. 그러나 백군에게는 수백 명의 정직한 사람들이 우리를 위해 증언해 주어도, 증언자 명단에 지주의 이름이 빠져 있으면 우리는 여전히 공비랍니다. 그게 사실 아닙니까?"

노인이 고개를 끄덕였다. "지난해에는 백군이 이곳에 있었고, 그들 손에 바로 저 언덕 위에 있는 마을의 가난한 농민 일가족이 떼죽음을 당했지요. 왠지 아시오? 백군이 홍군들이 숨어 있는 곳을 물었을 때 알려주려고 하지 않았기 때문이오. 그 후 우리들은 짐승까지 끌고 이곳에서 도망쳤소. 우리는 홍군과 함께 돌아왔지요."

"다음에 백군이 다시 쳐들어오면 그때도 떠나겠소?"

"당연하지요!" 머리가 길고 이가 가지런한 늙은이 한 사람이 외쳤다. "이번에도 떠나야 해요. 틀림없이 놈들이 우릴 죽이려 할 테니까요."

그는 마을 사람들의 '범죄(?)' 행위에 대해 말하기 시작했다. 즉 그들은 '빈민자연맹'에 가입했고, 지구 소비에트를 위해 투표했으며, 백군의 이동에 관한 정보를 홍군에게 제공했다. 두 사람은 아들을 홍군에 입대시켰고, 다른 한 사람은 두 딸을 간호학교에 입학시켰다. 나는 그런 행위들 가운데 하나만으로도 그들이 총살당할 수 있다고 생각했다.

이때 갑자기 맨발의 10대 청년 하나가 토론에 열중한 나머지 양놈이 있다는 사실도 잊어버리고 앞으로 나섰다. "할아버지! 할아버지는 그런 행위를 범죄 행위라고 생각하십니까? 그런 행위야말로 애국적인 행위입니다. 어째서 우리가 그런 행동을 합니까? 우리 홍군이 가난한 사람들의 군대이고 우리의 권익을 위해 싸우기 때문이 아닙니까?" 그는 계속해서 열변을 토했다. "언제 우리 저우가 마을에 무료학교가 있었습니까? 홍군이 우리에게 무선 전신을 가져다주지 않았더라면 우리가 어떻게 세상 소식을 듣고 살 수 있겠습니까? 세상이란 이런 것이라고 누구 한 사람 우리에게 말해 준 적이 있었던가요? 당신께서는 협동조합에 옷감이 없다고 말씀하셨습니다. 하지만 언제 우리가 협동조합을 가져 본 적이 있습니까? 또 할아버지의 농장은 어떻습니까? 그것을 지주 놈 왕가에게 터무니없이 비싼 이자로 저당잡히시지 않았습니까? 할아버지는 우리가 비참한 생활을 하고 있다고 말씀하셨습니다. 우리 청년선봉대가 총 쏘는 법을 배워 반역자와 일본 놈을 상대로 싸울 수만 있다면 이런 생활도 결코 비참하지 않습니다."

어떻게 하여 이처럼 끊임없이 일본 놈과 '반역자'를 거론하는 소리가 들리게 되었는지, 일제 침략이나 그 밖의 민족 문제들에 대한 중국 농민 대중의 무지(무관심이 아니다)를 알고 있는 사람에게는 쉽게 납득할 수 없는 현상으로 보일 것이다. 그러나 나는 일제 침략과 반역자들에 대한 논의가 공산당원들의 연설에서뿐만 아니라 이처럼 지극히 평범한 농민들 사이의 대화에서도 끊임없이 반복되고 있는 현상을 직접 목격했다. 공산당의 선전이 강한 인상을 남기며 아주 광범위하게 퍼져 나갔기 때문에 이처럼 뒤떨어진 산골 사람들까지도 자신이 언제 '일제 왜놈들'의 노예가 될지 모른다는 위기감을 느끼게 되었던 것이다—하지만 그들 대부분은 지금까지 포스터나 풍자화를 통해서만 일제 왜놈들을 보았을 뿐이며 얼마 후에나 그들과 직접 만나게 될 것이다.

그 젊은이는 숨이 차서 조용해졌다. 나는 푸진쿠이의 얼굴에 만족스러운 웃음이 번져 가는 것을 보았다. 그 자리에 있던 사람들 몇 명도 큰 소리로 외쳐 대기 시작했고, 모두가 동조하는 미소를 지었다.

대화는 취침시간이 훨씬 지나 거의 9시가 될 때까지 계속되었다. 그런데 내가 주로 흥미를 느꼈던 점은, 대화가 공산당 '관리'인 푸진쿠이 앞에서 이루어지면서도 전혀 그를 두려워하지 않고 모든 이야기를 털어놓는다는 것이었다. 그들은 푸진쿠이를 그들 중의 한 사람으로 간주했는데, 실제로 그는 농부의 아들이었다.

마지막으로 자리에서 일어난 사람은 불만이 가장 많았던 변발 노인이었다. 방을 나서면서 그는 허리를 굽히고 또 한 번 푸진쿠이에게 속삭였다. "여보게 동무." 그의 목소리는 차라리 애원조였다. "바오안에는 그래도 아편이 있겠지? 지금 가지고 있는 것이 없겠나?"

그가 떠난 후 푸진쿠이는 불쾌한 표정으로 말했다. "믿어지지 않겠지만 저 늙은 영감탱이[1]가 이곳 빈민회의 회장이랍니다. 그런데도 아편을 찾는군요. 이 마을은 교육활동이 더 필요해요."

2. 소비에트의 공업

나는 바오안의 서북쪽으로 며칠을 여행하다가, 전선으로 향하던 발걸음을 멈추고 산시(陝西)성에 있는 소비에트 '공업 중심지' 우치전(吳起鎭, 오기전)을 방문하기로 했다. 우치전은 디트로이트나 맨체스터처럼 공업·과학상으로 큰 성과를 거두었기 때문이 아니라, 그것이 그곳에 존재한다는 사실 자체 때문에 주목할 만했다.

주변 수백 킬로미터에 펼쳐져 있는 반(半)초원에 사는 이곳 사람들은 수천 년 전부터 그들의 조상들이 그랬던 것처럼 동굴집에서 살아가고 있었으며, 많은 농부들이 아직도 머리는 변발을 하고 있었다. 말과 당나귀 그리고 낙타를 교통수단으로 동원하기 시작한 것도 최근의 일이었다.

---

[1] 중국에서 가장 일반적으로 쓰이는 욕설 중의 하나인 '타마타(他媽的)'라는 말의 의역. 루쉰이 이 주제에 관해 해학적인 수필을 쓴 적이 있다. Edgar Snow, *Living China*(New York, 1935)를 참조.

이곳에서는 종유(種油)가 등불을 켜는 데 사용되었고, 초는 사치품이었으며, 전등은 소개되지도 않은 상태였다. 그리고 외국 사람 한 번 보기가 아프리카에서 에스키모 사람을 보는 것만큼이나 어려웠다.

이러한 중세의 세계에서 돌연 소비에트 공장들을 만나, 기계가 돌아가고 있고, 노동자 집단들이 분주하게 잡화와 도구를 생산하고 있는 장면을 목격한다는 것은 실로 놀라운 일이었다.

공산당원들은 '장시' 지역이 바다와 닿아 있는 항구도 없는 데다가 적이 봉쇄하고 있기 때문에 대규모 산업기지와 접촉이 전혀 불가능했는데도 악조건을 극복하고 이 지역에 여러 개의 공장을 세워, 그것들을 날로 번창시켰던 경험이 있었다. 그들은 중국에서 매장량이 가장 풍부한 텅스텐 광산들을 운영했고, 매년 이 귀중한 광석을 1백만 파운드(약 450톤 —옮긴이) 이상 채굴하여 천지탕 장군이 경영하고 있던 광둥의 텅스텐 전매소에 밀매했다. 지안의 중앙소비에트 인쇄공장에서는 8백 명의 노동자들이 많은 책과 잡지, 더 나아가서는 '전국적인' 신문 《홍색중화일보(紅色中華日報)》를 찍어 냈다.

그 밖에도 장시에는 직포공장, 방직공장 및 소규모 기계공장 들이 있었다. 소규모 공장들이 간단한 수요를 충족시키는 데 부족하지 않을 만큼 제품을 생산했다. 1933년에는 1천2백만 위안 이상의 수출고를 기록했다는 것이 공산당 측 주장이었다. 이 무역 업무의 대부분은 모험심 강한 남부 상인들이 수행했으며, 그들은 국민당의 봉쇄를 뚫고 막대한 이익을 얻었다. 하지만 제조업의 대부분은 수공업과 가내공업이었고, 그 제품들은 생산협동조합을 통해 판매되었다.

마오쩌둥의 말에 따르면 1933년 9월 현재 소비에트는 장시에 1,423개의 '생산 및 분배' 협동조합을 갖고 있었는데, 이들 협동조합은 모두가 인민이 소유하고 경영하는 것이었다고 한다.[2] 국제연맹 조사단은 공산당이 생존을 위해 싸우고 있던 중이었음에도 집단기업의 형태로 성공을 거두고 있었다고 증언했다. 국민당도 남부의 일부 지역에서 공산당의 체제를 모방해 본 적이 있었는데, 그 결과를 보면, 엄격하게 자유방임적인 자본주의 체제에서 그러한 협동조합을 운영한다는 것은 불가능하지는 않지만 지극히 어렵다는 사실을 시사해 줄 뿐이었다.

그러나 서북부에서는 그러한 산업시설을 발견할 수 있으리라고는 전혀 기대하지 못했다. 소비에트가 건설되기 전에는 소규모 공장조차 존재하지 않았던 이곳이었던 만큼 공산당은 남부에서보다 훨씬 더 심한 악조건을 만나게 되었다. 서북부의 산시(陝西)·간쑤·칭하이(靑海, 청해)·닝샤·쑤이위안 등 5개 성을 합치면 그 면적이 러시아를 제외한 전 유럽과 비슷했지만, 이 광활한 서북부에 투여된 기계산업의 총 투자액은 전부 합쳐 봐야 포드 자동차 회사의 1개 지사가 한 공장에 투자한 액수에도 훨씬 미치지 못했을 것이다.

시안과 란저우(蘭州, 난주)에는 몇 개의 공장이 있었지만 모두가 더 동쪽에 있는 공업중심지들에 의존하고 있었다. 서북부에 잠재되어 있는 막대한 공업 발전의 가능성을 어떻게든 대대적으로 개발하려면 외부로부터 기술과 기계를 도입하는 수밖에 없었다. 이 지방의 두 대도시, 즉 시안과 란저우가 이런 지경이었다면, 간쑤·산시(陝西)·닝샤 등 더 후진적인 지역을 지배하고 있던 홍군이 어떠한 곤경에 처했으리라는 것은 충분히 짐작되고도 남을 것이다.

---

2 Mao Tse-tung, *Red China: President Mao Tes-tung Reports on the Progress of the Chinese Soviet Republic*(London, Martin, Lawrence, 1934), p.26. [마오쩌둥의 「우리들의 경제정책(經濟政策)」(1934. 1. 3)에는 다음과 같이 씌어 있다. "장시, 푸젠 두 성의 1936년 9월 통계에 의하면 각종 협동조합은 총 1,423개이고, 주금(株金)은 총 30만 위안이다. 가장 잘 발전되고 있는 것은 소비협동조합과 식량협동조합이고 그다음이 생산협동조합이다."—옮긴이].

소비에트 정부는 봉쇄로 인하여 기계 수입과 기술 도입의 길을 차단당하고 있었다. 하지만 기술 공급은 충분히 가능했다는 것이 공산당 측 말이었다. 차라리 기계와 원료가 더 심각한 문제였다. 홍군은 몇 대의 선반이나 직조기, 기계 또는 철 한 토막을 얻기 위해 전투를 마다하지 않았다. 내가 그곳에 있을 당시, 그들이 기계라고 보유하고 있던 것은 거의 전부가 '노획품'이었다. 예를 들어 1936년의 산시(山西)성 정벌 당시 기계와 도구와 원료를 노획하자 그들은 그것들을 당나귀 등에 싣고 산시(陝西)성의 산악지대를 가로질러 기이하게 생긴 동굴 속 공장으로 운반했다.

내가 붉은 중국을 방문했을 당시 소비에트 공업은 전부가 수공업이었다. 전력도 거의 없었다. 간쑤성의 바오안과 허롄완(河連灣, 하련만)에는 봉재, 군복, 제화, 제지 공장 들이 있었고, 만리장성 밑의 딩볜(定邊, 정변)에는 융단공장들이 있었다. 융핑의 공장들은 중국에서 가장 값싼 석탄[3]을 생산했고, 7개 현(縣)의 양모방직공장과 면방직공장은 산시(陝西)·간쑤 소비에트 지구의 4백 개 협동조합에 충분한 상품을 공급할 수 있는 생산능력을 갖고 있었다. 마오쩌둥의 동생이자 인민경제위원이었던 마오쩌민에 의하면, 이러한 공업화 계획의 목적은 붉은 중국을 '경제적 측면에서 자급자족 체제'로 만드는 것, 달리 말해 난징 정부가 통일전선과 내전 정지에 대한 공산당 측의 제안을 수락하지 않을 경우 국민당의 봉쇄에도 불구하고 생존할 수 있을 만큼 경제적으로 강하게 만드는 것이라고 했다.

가장 중요한 소비에트 국영기업으로는 만리장성을 따라 닝샤의 국경지대에 자리 잡고 있으며, 염지(池)라고 불리는 염호들 주변의 정염공장,

---

3 홍군에서 석탄 가격은 800근(斤)-약 0.5톤-에 은화 1위안이었다. 마오쩌둥, 「간쑤·산시(陝西) 소비에트 지구에서의 경제건설」, 《투쟁(鬪爭)》[산시(陝西)성 바오안, 1936년 4월 24일] 참조.

그리고 가솔린과 파라핀, 왁스와 양초 및 그 밖의 부산물들을 조금씩 생산하고 있던 융펑과 옌창(延長, 연장)의 유정(油井)들을 꼽을 수 있다. 염지의 정염공장들은 중국에서 가장 질이 좋은 소금 매장지를 배후에 두고서, 아름다운 결정의 암염을 대량으로 생산했다. 덕분에 소비에트 지구들은 국민당이 지배할 때보다 값싼 소금을 더 풍부하게 공급 받을 수 있었다. 염지를 점령한 후 홍군은, 소금 생산량 전량을 독점해 중요한 세입원의 하나로 삼았던 국민당의 관행을 깨고 생산량 일부를 만리장성 북쪽의 몽골족에게 양도하는 데 동의함으로써 그들의 호감을 살 수 있었다.

산시(陝西)성 북부의 유정들은 중국에서 유일한 것으로서, 과거에는 전 생산량이 그 지역의 다른 매장지에 대해 조차(租借) 계약을 체결한 미국 회사에 판매되었다. 홍군은 융펑을 점령한 후 유정 두 개를 새로이 개발함으로써 융펑과 옌창을 '비토비(非土匪)'가 장악하고 있던 옛날보다 석유 생산량을 40퍼센트 정도 증가시켰다고 주장했다. 이는 보고된 3개월 동안 가솔린 2천 근, 1등유 2만 5천 근, 2등유 1만 3천5백 근을 증산한 셈이었다.[4] (이 양을 배럴로 환산하면 불과 몇 배럴밖에 되지 않는다).

양귀비를 뽑아 낸 밭을 이용해 면화 재배 면적을 넓히려는 노력이 한창 진행 중이었고, 공산당이 안딩에 세운 방직학교에서는 1백여 명의 여학생이 교육을 받고 있었다. 그들은 매일 세 시간의 일반 교육과 세 시간의 직포 및 방직 교육을 받고 있었다. 3개월에 걸친 교육과정을 수료한 학생들은 수공업 섬유공장을 열어 그곳에서 일한다는 임무를 띠고 각 지역으로 흩어졌다. "앞으로 2년이 지나면 산시(陝西) 북부가 섬유류의 전 수요를 자급자족할 수 있을 것 같았다."[5] 우치전은 홍구 최대의 공장노

---

[4] 앞의 논문.
[5] 앞의 논문.

동자 집결지였을 뿐만 아니라 홍군의 주요 병기 공장이 있는 곳이기 때문에 더욱 중요했다. 우치전은 간쑤성으로 통하는 중요한 교역로에 자리하고 있었으며, 폐허가 된 두 성곽은 과거에도 그곳이 전략상으로 대단히 중요했다는 것을 말해 주었다. 마을은 급류 양편의 가파른 황토 둑 위에 높게 자리 잡고 있었다. 주택은 그 절반 정도가 '양방(洋房)'이라 불리는 외국식 가옥이었고, 나머지 절반이 '요방(窯房)'이라 불리는 동굴집이었다―산시(陝西)성 원주민들은 그때까지도 네 개의 벽면과 지붕이 있는 집이면 무엇이든 양방이라고 부르고 있었다.

저녁 늦게야 도착한 나는 몹시 피곤했다. 전방부대의 병참위원장이 내가 온다는 전갈을 받고 길까지 말을 타고 마중 나왔다. 그는 노동자들의 레닌 클럽에 나의 숙소를 정해 주었다―레닌 클럽은 흙벽의 요방이었지만 하얀색으로 칠해서 깨끗했고, 벽에는 색종이 고리의 꽃술로 장식된 레닌의 초상화가 걸려 있었다.

뜨거운 물, (장제스의 신생활운동 구호가 찍혀 있는) 깨끗한 수건, 그리고 비누가 즉시 지급되었다. 잘 구워진 빵이 곁들여진 풍성한 저녁이 뒤따라 들어왔다. 기분이 한결 나아지는 것 같았다. 나는 탁구대 위에 잠자리를 펴고 나서 담배를 꺼내 물었다. 그러나 인간이란 만족시켜 주기 어려운 동물인 것 같았다. 이러한 사치와 배려 때문에 나는 오히려 고향에서 즐겨 먹던 음식을 생각하게 되었던 것이다.

나의 소망을 어떻게 간파했는지, 전혀 기대하지도 않았건만 갑자기 병참위원장이 진한 커피와 설탕을 들고 나타났다. 우치전은 정말로 나의 마음을 사로잡는 곳이었다.

"5개년계획의 생산품이오." 병참위원장이 웃으며 말했다.

"당신들 징발부의 생산품이란 말씀이시겠지요?" 내가 말을 수정했다.

3. "그들은 노래를 너무 많이 한다!"

우치전에 머무르는 사흘 동안 나는 공장을 방문하여 그곳의 노동자들과 대화를 나누고, 그들의 작업 조건을 '시찰하고', 그들의 공연을 관람하고, 그들의 정치집회에 참여하고, 그들의 벽신문과 국어독본을 읽고, 그들과 함께 운동경기를 했다. 외교부의 안내역 푸진쿠이, 정치부에 근무하며 영어를 말할 줄 아는 젊은 대학생, 홍군의 군의관, 병사, 그리고 나 이렇게 다섯 명이 모여 농구팀을 하나 급조했다. 병기공창의 농구팀이 우리의 도전을 받아들였지만 결과는 우리의 참패로 끝났다.

병기공창은 홍군대학이 그랬듯이 산허리에 일렬로 파져 있는 돔형의 동굴들로 이루어졌다. 동굴방은 시원하게 환기가 잘 되었으며, 벽에 네모지게 파여진 창으로는 빛이 잘 들어왔고, 특히 포격으로부터 안전할 수 있다는 큰 장점을 지니고 있었다. 이곳에서 나는 1백여 명의 노동자들이 수류탄, 박격포, 화약, 권총, 소형포탄, 탄환, 그리고 약간의 농기구를 제작하고 있는 것을 보았다. 수리부는 부러진 소총이나 기관총 또는 자동소총이나 경기관총을 수리하는 데 전념하고 있었다. 그러나 병기공창의 제품은 조악했기 때문에 주로 유격대를 무장시키는 데 사용되었으며, 홍군 정규군은 거의 전적으로 적군한테서 빼앗은 총과 탄환을 공급 받았다.

병기공창의 주임 허시양(何錫楊, 하석양)은 나를 이 방 저 방으로 안내하면서 노동자들을 소개시켜 주고, 그들과 그 자신에 대한 이야기도 들려주었다. 그는 36살로 미혼이었으며, 일본 침략이 있기 전에는 그 유명한 선양 병기공장의 기사로 있었다. 1931년 9월 18일, 그는 상하이로 가서 공산당에 입당했고, 그 후 서북부로 이동해 홍구에 들어왔다. 이곳의 기사들 대부분은 그와 마찬가지로 '외지(外地) 사람들'이었다. 적지 않은 사람들이 중국 최대의 한양(漢陽, 한양)제철소(일본인 소유)에서, 그리고 소수는 국민당의 병기창에서 일한 경력을 가지고 있었다. 나는 상하이 출신의 기계 전문기사 두 명과 조립 전문기사 한 명을 만났으며, 특히 조립 전문기사는 유명한 영·미 회사들―자디·매디슨 회사와 앤더슨 메이어 회사, 그리고 상하이전력공사―의 추천서를 나에게 보여 주었다. 그 내용인즉, 그를 격찬하는 것이었다. 또 어떤 사람은 상하이 기계제작소의 감독까지 지낸 경력을 가졌으며, 톈진·광저우·베이징 출신의 기사들도 있었다. 그들 중 일부는 홍군과 함께 장정에 참가하기도 했다.

기사와 견습생 114명 중에서 기혼자는 20명에 지나지 않았다. 이들의 아내는 남편과 함께 우치전에 살면서 공장노동자로 근무하거나 당무(黨務)에 종사했다. 홍구 최고의 숙련노동을 대표하는 이 병기공창 노동조합은 그 조합원의 80퍼센트 이상이 공산당이나 공산주의 청년동맹에 소속되어 있었다.

우치전에는 병기공창 외에도, 직물공장, 피복공장, 제화공장, 양말공장, 약국 들이 있었다. 이곳 약국을 운영하는 의사는 산시(山西)성의 의학전문학교를 갓 졸업한 젊은이였으며, 그의 젊고 예쁜 아내가 그를 도와 간호원으로 일하고 있었다. 이 부부는 홍군과 함께 지난해 겨울의 산시(山西)성 원정에 참가했었다. 근처에는 군의관 세 명이 배속되어 있는 홍군의 전용병원이 있어서 주로 부상병들을 치료하고 있었으며, 무전통신소, 미완성의 실험소, 협동조합, 군보급기지가 각각 하나씩 있었다.

병기공창과 피복공장을 제외하고, 노동자들은 대부분 18살에서 25살 또는 30살 사이의 젊은 여성들이었다. 이들은 일부가 전선에 나가 있는 홍군 병사의 아내였으며, 거의 모두가 산시(陝西)·간쑤·산시(山西) 출신이었다. 그리고 이들은 예외 없이 단발머리를 하고 있었다. '동일한 노동에 동일한 임금'이라는 중국 소비에트의 구호가 말해 주듯이 여성에 대한 임금 차별은 없었던 것으로 추측된다. 소비에트 지구들에서는 노동자들이 다른 모든 사람에 우선하여 경제적 우대를 받고 있는 것 같았다. 이 모든 사람이란 말 속에는 홍군의 지휘관까지 포함되어 있었다. 홍군 지휘관들은 정해진 봉급을 받는 것이 아니라 국고 사정이 허락하는 대로 소액의 생활비를 지급 받았다.

우치전은 29살의 류췬셴(劉群先, 유군선) 여사의 본부가 있는 곳이기도 했다. 그녀는 우시(無錫, 무석)와 상하이의 방직공장 노동자로 있다가, 모스크바의 쑨이셴 대학으로 유학하여 그곳에서 보구[博古, 박고. 본명 친방셴(秦邦憲, 진방헌)]*를 만나 결혼했다. 모스크바 유학 시절부터 빈세트 시언(Vincent Sheean)의 『자전(Personal History)』에서 불가사의한 반역의 여신으로 등장하는 붉은 머리의 미국 여성 리나 프롬을 뜨겁게 사모했다. 당시 류 여사는 소비에트 노동조합의 부인부장으로 있었다. 그녀는 공장 노동자들이 국가로부터 숙식을 제공 받고 매월 10~15위안의 임금을 지급 받는다고 말했다. 노동자들은 그 밖에도 무료 의료혜택과 상해보상을 보장 받았다. 여성들은 산전·산후 4개월의 유급휴가를 받았으며, 노동자들의 유아들을 위한 탁아소가 시설이 부족한 대로 운영되고 있었다. 그러나 그들 대부분은 걷기 시작하면서부터 방치되는 것 같았다. 어머니들은 노동자들의 월급에서 10퍼센트를 공제·적립하고, 여기에 똑같은 액수의 정부 보조금을 추가해 조성된 기금으로부터 '사회보장비'의 일부를 받았다. 그 밖에도 정부가 급료 총액의 2퍼센트에 해당하는 액수를 노동자의 교육과 휴양을 위해 기부했으며, 이 기부금은 노동조합과 노동자공장위원회가 공동으로 관리했다. 1일 8시간 노동제와 1주 6일 노동제가 실시되고 있었다. 내가 방문했을 때는 공장들이 3교대로 24시간 가동되고 있었다.

이 모두가 공산주의의 이상향에서는 멀리 동떨어진 것이겠지만, 진보적인 것으로 보였다. 궁핍한 소비에트 지구에서 위와 같은 조건들이 실현되고 있다는 사실은 실로 흥미로운 일이었다. 그것들이 얼마나 원시적인 형태인가 하는 것은 전혀 다른 문제였다. 그들에게는 회관과 학교와 충분한 기숙사가 있었지만, 그것은 흙바닥의 동굴집에다가 샤워장도, 영화관도, 전등도 없었다. 그들에게 식사가 제공되었지만, 그것은 수수와 야채에다가 간혹 양고기가 곁들여지는 것이었을 뿐 맛이 별로 없었다. 그들은 임금과 사회보장비를 소비에트 통화로 어김없이 지급 받았지만, 그들이 살 수 있는 것은 엄격하게 생활필수품에 제한되어 있었으며, 그것조차 넉넉하게 살 수는 없었다.

미국이나 영국의 일반적인 노동자라면 '견딜 수 없는' 생활이라고 말할 것이다. 그러나 나는 '상하이'의 공장들에서 나이 어린 소년·소녀 노예노동자들이 서서 또는 앉아서 하루 12시간에서 13시간을 일하다가 기진맥진해 그들의 잠자리인 기계 바로 밑의 더러운 솜이불에 쓰러져 잠이 드는 장면을 보았고, 지금도 그 장면을 또렷하게 기억한다. 그리고 4년에서 5년 동안의 실질적인 시한부 노예로 팔려 와, 그 기간에는 특별한 허락이 없으면 낮이든 밤이든 높은 담에 감시가 엄중한 공장 구내를 벗어나지 못했던 제사공장의 어린 소녀들과 면방직공장의 창백한 젊은 여성들을 지금도 또렷이 기억하고 있다. 그리고 1935년 한 해 동안에 상하이의 거리와 강과 운하에서 적빈자, 아사자, 또는 양육할 수 없어 강에 버린 그들의 어린 아기의 시체를 2만 9천 구 이상이나 치워야 했다는 사실을 지금도 생생히 기억한다.

이곳 우치전 노동자들의 생활은 극히 소박한 것이라 할지라도, 최소한 건강과 운동과 맑은 산 공기와 자유와 인간적 존엄과 희망을 보장 받는 생활인 것 같았으며, 그런 생활이기에 성장하고 발전할 여지가 충분히 있었다. 그들은 누구도 '그들을 이용하여' 돈벌이를 하고 있지 않다는 사실을 알고 있었으며, 그들은 자신을 혁명가라고 생각했다. 그들은 매일 두 시간씩 읽고 쓰는 학습과 그들의 연극활동 모임을 아주 소중하게 여겼다. 그리고 그들은 운동경기, 문자해독 경쟁, 공중보건 경쟁, 벽신문 경쟁, '공장능률' 경쟁에서 집단 또는 개인에게 주는 보잘것없는 상을 받기 위해 치열하게 노력했다. 이 모든 것이 그들로서는 전에 알지 못했던 일이고, 지금도 중국의 다른 공장에서라면 알 수 없는 일이지만, 현재 그들에게는 실재하고 있는 것이었다. 그들은 자신들을 위해 열려져 있는 새생활의 문에 대해 진심으로 감사하고 있었다.

중국에 대해 비교적 안다고 말할 수 있는 나 같은 사람도 그것을 믿기 어려웠으며, 그것의 궁극적인 의미에 대해서도 혼란을 느꼈다. 그러나 내가 직접 목격했던 증거를 부인할 수는 없는 일이다. 내가 그 증거를 상세하게 제시하려 했다면 노동자들과의 대화에서 들은 이야기를 수십 가지는 해야 할 것이고, 문맹 상태에서 갓 벗어난 어른들이 어린아이처럼 서툴게 쓴 벽신문의 글들과 비평을 인용해야 할 것이며, 내가 참여했던 정치회합에 대해 말해야 할 것이며, 강렬한 인상을 주기에 적합한 다수의 조그만 사건들을 소개해야 할 것이다.

한 예로 나는 우치전에서 전기기사 주자오치(朱兆祺, 주조기)를 만났다. 그는 영어와 독일어를 잘했을 뿐만 아니라 탁월한 전기 전문가였다. 그는 중국에서 당시 널리 사용되고 있던 공학 교과서의 저자였다. 그는 한때 상하이 전력공사에, 그 후에는 앤더슨 메이어 회사에 근무했으며, 최근까지 연봉 1만 위안을 받으면서 기술고문 겸 능률전문가로 화난사(華南社)에 근무했었다. 그러다 그는 갑자기 직장과 가족을 버리고 산시(陝西)의 이 황량하고 어두운 구릉지대를 찾아와 공산당을 위해 무보수로 일하고 있었다. 이처럼 극적인 사건의 배후에는 닝보(寧波, 영파)의 유명한 자선가였던, 그가 사랑하는 할아버지가 있었다. 이 노인이 임종의 자리에서 손자에게 한 훈계는, "민중의 문화수준을 높이는 데 네 생명을 바쳐라"라는 것이었다. 그리고 주자오치는 할아버지의 유언을 가장 빠르게 실현할 수 있는 방법이 공산주의의 방법이라 판단했다.

주자오치는 순교자와 열광하는 자의 기백으로, 그리고 약간의 연극조의 과장된 기분으로 그 길에 뛰어들었다. 그 길이 이 지상에서 일찍 죽는 것을 의미한다고 생각했던 그였던 만큼 엄숙하지 않을 수 없었다. 그리고 그는 다른 모든 사람들도 그렇게 느끼리라고 상상했다. 그는 자기가 생각하기에는 분명히 온통 북새통이 벌어지고 있는데도, 모든 사람들이 행복한 표정을 짓고 있는 것을 보고 약간 충격을 받았을 것이라고 나는 믿고 있다. 내가 이곳에 대해 어떻게 생각하느냐고 물었을 때, 그는 진지한 표정으로 비판해야 할 것이 꼭 하나 있다고 대답했다. "이곳 사람들은 모두가 노래를 부르는 데 너무 많은 시간을 낭비합니다!"라고. 그는 불평했다. "노래를 부르고 있을 시간이 어디 있소!"

8부

홍군과 함께 (上)

1. 진정한 홍군

2주 동안 간쑤성과 닝샤성의 언덕과 평원을 말을 타기도 하고 걷기도 하면서 지나 나는 위왕바오(豫旺堡, 예왕보)에 도착했다. 위왕바오는 닝샤 남부 지방의 성곽도시로, 펑더화이가 지휘하는 제1방면군(第1方面軍)[1] 사령부가 그곳에 자리 잡고 있었다.

　엄격한 군사적 의미에서 볼 때 모든 홍군 전사들을 '비정규군'이라고 부를 수도 있었겠지만(그리고 어떤 사람들은 '고도의 비정규군'으로 부르곤 했다), 홍군 자신은 전방부대, 독립부대, 유격대, 농민보위대를 명확하게 구분했다. 처음으로 산시(陝西)성을 단기간 여행하는 동안 나는 홍군 정규군을 전혀 보지 못했는데, 그것은 당시 홍군의 주력이 바오안에서 320킬로미터 떨어진 서쪽으로 이동하고 있었기 때문이었다. 원래 나는 전선(前線)으로 가는 여행을 계획했었다. 그러나 장제스가 남쪽에서 또 하나의 대공세를 준비하고 있다는 소식을 접하고, 나는 신중한 쪽으로 마음을 바꾸어 견문기를 쓰기 위해서는 국민당 군부대의 전선을 통과할 수 있을 때 일찍 출발하는 것이 좋겠다고 생각했다.

　하루는 마오쩌둥과 장기간에 걸쳐 공식 대담을 할 때 나를 위해 통역을 맡아 주었던 젊은 소비에트 간부 우량핑과 상의했다. 우량핑은 어이없어 하더니 다음과 같이 말했다. "전선을 방문할 수 있는 기회가 생겼는데도 그 기회를 받아들여야 할지 의심하고 계시단 말이군요. 그건 잘못 생각한 것입니다. 장제스는 과거 10년 동안 우리를 격퇴시키려고 갖은 애를 썼지만 번번이 실패했습니다. 그리고 이번에도 틀림없이 실패합니다. 진정한 홍군을 보기 전에는 돌아갈 수 없습니다!" 그는 나에게 왜 격

---

[1] 녜허팅(聶鶴亭)은 참모장이었고, 샤오화(蕭華)는 제2사단의 정치위원 대리였다.

정할 필요가 없는지를 여러 가지 증거로 설명해 주었다. 내가 그의 충고를 받아들인 것은 결국 잘한 일이었다.

이른바 비적(匪賊)이라고 불리는 이들을 이해하는 데 가장 좋은 방법은 통계적 접근일 것이다. 아래의 사실들은 러시아어에 능통한 29살의 청년으로 당시 제1방면군 정치주임으로 있었던 양상쿤(楊尙昆. 양상곤)*의 서류철에서 얻은 것이다. 몇 가지 예외가 없는 것은 아니지만 이 통계적인 보고는 주로 내가 직접 보고 확인할 수 있는 기회를 가졌던 사실들에만 국한시키기로 한다.

무엇보다도 먼저 많은 사람들이, 홍군은 다루기 힘든 무법자와 불만분자들의 집단이라고 생각했다. 나 자신도 막연하지만 그런 생각을 갖고 있었다. 하지만 나는 곧 홍군 병사들이 대부분 젊은 농민과 노동자들로 구성되어 있으며, 그들 스스로가 그들의 가정과 그들의 땅과 그들의 조국을 위해 싸우고 있는 것으로 믿고 있다는 사실을 확인할 수 있었다.

양상쿤의 통계를 보면 일반 병사들의 평균 연령은 19살이었다. 홍군 가운데 적지 않은 수가 7~8년, 심지어는 10년 이상의 전투 경력을 갖고 있지만 아직도 10대 중반인 소년병들이 대단히 많은 수를 차지하고 있기 때문에 평균 연령이 이처럼 낮아졌다. 게다가 수많은 전투를 치른 '고참 볼셰비키들'도 대부분 20대 초반이었다. 그들 대부분은 소년 전위대로서 홍군에 가담했거나, 15~16살에 입대한 사람들이었다.

제1방면군의 경우 전체의 38퍼센트가 장인(匠人), 말몰이꾼, 도제(徒弟), 농장노동자를 포함하는 농업노동계급 출신이거나 산업노동계급 출신이었으며, 58퍼센트가 농민 출신이었다. 상인, 지식인, 소지주를 포함한 프티부르주아 출신은 4퍼센트에 불과했다. 그리고 지휘관까지 포함해 장병의 50퍼센트 이상이 공산당원이거나 공산주의 청년동맹원이었다.

홍군 병사의 60~70퍼센트가 읽고 쓸 줄 알았다. 즉 간단한 문자와 문장, 포스터, 전단 등을 읽고 쓸 수 있었다. 이 비율은 백구(白區)에 있는 일반 병사들의 평균 수준보다 훨씬 더 높았고, 서북 지방 농민들과는 비교할 수도 없을 만큼 높은 것이었다. 홍군 병사들은 입대하는 바로 그날부터 그들을 위해 특별히 마련된 교과서로 문자를 배우기 시작했다. 진도가 빠른 병사들에게는 그들이 매우 좋아하는 수첩, 연필, 서표(書標), 끈 같은 상을 주는 등 학습 의욕을 고취시키고 경쟁심을 자극하기 위해 많은 노력을 기울였다.

홍군 병사들은 그들의 지휘관과 마찬가지로 정규적인 급료를 받지 않았다. 그러나 모든 입대자들에게는 일정한 토지와 거기에서 나는 어느 정도의 소출을 소유할 권리를 주었다. 그가 없을 때는 그의 가족이나 그가 소속된 소비에트 지구가 그 토지를 대신 경작했다. 그러나 그가 소비에트 지구의 주민이 아닐 경우에는 대지주들로부터 몰수한 공전(公田)을 수확해서 얻은 수익의 일부에서 급료를 받았다. 공전에서 나온 수확은 홍군의 보급에도 기여했다. 공전은 그 소비에트 지구의 주민들이 직접 경작했다. 이때의 무상(無償)노동은 의무였지만, 농민들 대부분이 토지 분배에서 혜택을 입었기 때문에 이처럼 자신의 생활향상에 기여한 체제를 옹호하는 데 기꺼이 협력했다.

홍군 장교들의 평균 연령은 24살이었다. 이는 조장(組長)부터 군 지휘관까지 모든 장교를 포함한 것인데, 이 같은 젊은 나이에도 그들의 평균적인 전투경험 햇수는 8년이나 되었다. 중대장급 이상의 장교들은 모두가 문자를 해독할 수 있었는데, 내가 만난 장교들 가운데 여러 명은 홍군에 입대하기 전까지는 문자를 읽거나 쓰지 못했었다고 말했다. 홍군 지휘관의 약 3분의 1은 국민당군 출신이었다. 그들 가운데 많은 수가 황푸군관학교 졸업생이었으며, 그 밖에도 모스크바의 적군대학(赤軍大學) 졸업생, 장쉐량의 '동북군(東北軍)' 장교 출신, 바오딩(保定. 보정) 군관학교 출신, 국민군['크리스천 장군'(펑위샹)의 군대] 출신, 그리고 프랑스·소련·독일·영국 유학생들 다수가 있었다. 내가 만난 장교 가운데 미국 유학 출신은 단 한 명밖에 없었다. 홍군은 그들 자신을 병사라고 부르지 않고―병(兵) 또는 병사라는 말이 중국에서는 악평으로 얼룩졌기 때문에―투사 또는 용사라는 뜻을 지닌 전사(戰士)라고 불렀다.

홍군 병사들과 장교들은 대부분 미혼이었다. 기혼자들도 많은 수가 사실상 '이혼한 상태', 즉 처와 가족을 뒤에 남겨두고 온 상태였다. 몇몇 경우 이혼하고 싶다는 희망이 실제로 그들의 입영에 어떤 작용을 한 것이 아닌지 의심도 해 보았지만 그것은 비뚤어진 눈으로 보는 편견에 지나지 않을 것이다.

길에서, 그리고 전선에서 나눈 수많은 대화를 통해 내가 받은 인상은 이들 '홍군 전사' 대부분이 아직도 동정(童貞)을 유지하고 있다는 것이었다. 전선에서 군대와 함께 생활하는 여성 공산당원들이 있기는 했지만 그 수는 아주 적었고, 그녀들은 거의 전부가 당연히 소비에트의 직원이거나 소비에트 간부의 아내였다. 내가 보고 들은 바로는 홍군은 농부의 아내나 딸들을 경의를 갖고 대했으며, 농민들도 홍군의 도덕성을 훌륭하게 평가하는 것 같았다. 남겨두고 떠나온 '연인'에 대한 이야기를 남부 출신 병사들에게 들은 적이 있기는 해도 그들이 농촌 여성을 강간하거나 욕보였다는 이야기를 들은 적은 없다. 사사로이 정을 나누는 것을 금하는 법은 없었지만 여자와 문제를 일으킨 홍군 병사는 누구든 당연히 그녀와 결혼하지 않으면 안 되는 것으로 되어 있었다. 하지만 남자가 여자보다 압도적으로 많은 곳이었기 때문에 그런 일이 생길 기회도 거의 없었다. 나는 문란한 남녀관계로 보이는 어떤 것도 본 적이 없었다. 홍군은 청교도적이어서 성적 방종을 혐오했을 뿐만 아니라, 고된 하루의 일과에 쫓기다 보면 다른 생각을 할 여유도 없었다. 담배를 피우거나 술을 마시는 사람은 거의 없었다. 절제는 홍군의 8대 규율 중 하나였다. 담배 피우는 것이나 음주 등 어떤 것에 대해서도 특별한 처벌 규정이 있는 것은 아니었지만, 나는 벽신문의 '흑란(黑欄)'에 상습 흡연자들에 대한 엄중한 비판이 게재된 것을 몇 차례 읽은 적이 있다. 음주가 금기는 아니었지만 술 취한 사람들의 이야기를 들은 적은 없었다.

과거 국민당의 장군이었던 펑더화이 사령관은 홍군이 극심한 곤경을 그렇듯 견뎌 나갈 수 있었던 것은 주로 그들이 매우 젊었기 때문이라고 내게 말했는데, 이러한 그의 말은 믿을 만했다. 여성과의 문제가 그리 절실한 문제로 되지 않은 것도 같은 이유 때문이었던 것 같다. 펑더화이 자신도 국민당 군대의 반란을 주도하고 홍군에 가담했던 1928년 이후 그의 아내를 보지 못했다.

홍군 지휘관들의 사상자 발생 빈도는 아주 높았다. 그들 중 보통 연대장급 이하의 지휘관들은 부하들과 어깨를 나란히 하고 전투에 참가했다. 언젠가 조지프 스틸웰[①]은 나에게 엄청나게 우세한 물량을 가진 적과의 대결에서 홍군이 보여 준 전투력은 다음과 같은 사실 하나만으로도 설명될는지 모른다고 말한 적이 있었다. 즉 홍군 장교들은 "진격하라!"라고 말하지 않고, "나를 따르라!"라고 말하는 버릇이 있다는 것이다. 난징 정부의 1, 2차 '초공전' 당시에는 홍군 장교들의 사상률이 50퍼센트나 되는 경우가 숱했다. 홍군으로서는 이러한 희생이 더 이상 견디기 어려운 것이었고, 따라서 그 후부터는 경험이 풍부한 지휘관을 내세워 생명의 위험을 상당한 정도까지 줄이도록 하는 쪽으로 전술을 전환시켰다. 하지만 장시에서의 제5차 초공전에서도 홍군 지휘관들의 사상률은 평균 23퍼센트에 이르렀다. 홍구에서는 이런 사실을 입증해 주는 증거들을 많이 볼 수 있었다. 아직 20대 초반에 있는 젊은이임에도 팔이나 다리를 잃고, 총에 맞아 손가락이 없거나 머리나 몸에 흉한 상처가 있는 경우를 흔히 볼 수 있었다. 그러나 그들은 혁명의 장래를 믿는 쾌활한 낙관론자들이었다.

홍군 부대는 중국의 거의 각 성(省)에서 모여든 젊은이들로 구성되어 있었다. 그런 의미에서 홍군은 중국 유일의 '국민적' 군대라고 말할 수 있었다. 홍군은 또한 '가장 광범위하게 여행한 군대'이기도 했다. 고참 간부들은 18개 성을 횡단했다. 그들은 다른 어떤 군대보다 중국 지리에 정통했다. 장정을 통해 그들은 과거의 중국 지도라는 것들이 대부분 쓸모없는 것들이라는 것을 알게 되었다. 수백 킬로미터에 달하는 중국 영토의 지도가 홍군 제도가들의 손으로 재작성되었으며, 특히 미개 지역과 서부 변방의 지도가 다시 만들어졌다. 제1방면군은 약 3만 병력의 거의 3분의 1 정도가 장시·푸젠·후난·구이저우 출신으로, 남부 출신의 비율이 높은 편이었다. 그리고 거의 40퍼센트 정도가 쓰촨·산시(陝西)·간쑤 등 서부 성 출신이었다. 제1방면군에는 먀오족과 뤄뤄족 같은 변방의 원주민들이 약간 섞여 있었으며, 그 밖에도 새로 편성된 회교도군이 여기에 소속되어 있었다. 독립부대에서는 원주민의 비율이 아주 높아서 평균 4분의 3에 이르렀다.

최고사령관부터 병사에 이르기까지 홍군은 같이 먹고 같이 입었다. 다만 대대장급 이상이면 말이나 노새를 이용하는 것이 허용되었다. 맛있는 음식이 생겼을 때는 그것이 공평하게 분배되는 것을 나는 보았다— 내가 홍군과 함께 있었을 당시의 별미는 주로 수박과 자두였다. 기거하는 숙소에서도 지휘관과 사병 사이에 거의 차이가 없었으며, 그들은 아무런 격의 없이 자유롭게 왕래했다.

한 가지 사실이 나에게는 수수께끼로 남아 있었다. 도대체 홍군은 먹고 입는 것과 장비 문제를 어떻게 해결하는 것일까 하는 것이었다. 대부분의 다른 사람들과 마찬가지로 나도 그들이 전적으로 약탈에 의존해 살아가고 있을 것이라고 가정했었다. 그러나 나는 앞에서도 말했듯이 이런 가정이 잘못되었다는 것을 알게 되었다. 왜냐하면 나는 그들이 어떤 한 지역을 점령하자마자 즉시 그들 자신의 자급자족 경제체제를 건설하기 시작하는 것을 보았기 때문이다. 이런 단순한 사실이 적의 봉쇄에도 그들 스스로 근거를 지탱할 수 있게 해 준다는 것을 보았기 때문이다. 또한 나는 거의 믿을 수 없을 만큼 적은 돈으로도 중국의 프롤레타리아 군대가 유지될 수 있다는 사실을 미처 깨닫지 못했었다.

홍군은 무기 생산량이 극히 제한되어 있었기 때문에 적을 주요한 공급원으로 삼았다. 몇 년 동안 홍군은 국민당 군대를 그들의 '탄약 운반대'라고 불렀을 정도였다. 그리고 그들은 그들이 보유하고 있는 총의 80퍼센트, 그리고 탄약의 70퍼센트가 적군으로부터 노획한 것이라고 주장했다. 내가 본 정규부대는 지역 유격대와는 달리 영국제·체코제·독일제·미국제의 기관총, 소총, 자동소총, 모제르총, 야포 들로 무장하고 있었으며, 이들 무기는 모두 난징 정부가 대량으로 수입했던 것들이었다.[2] 홍군 진영에서 내가 본 유일한 러시아제 소총은 1917년에 제작된 것이었다. 이 소총은 마홍쿠이(馬鴻逵, 마홍규) 장군의 부대로부터 빼앗은 것이라는 사실을 나는 과거 마홍쿠이의 병사로 있었던 사람들에게서 직접 들었다. 아직 국민당이 지배하고 있던 닝샤성의 주석이었던 마 장군은 1924년 이 지역을 통치하고 있던 펑위샹 장군이 외몽골로부터 입수한 총을 인계 받았었다. 정규군은 이 구식 총의 사용을 꺼려 했기 때문에 나는 이 총을 유격대원들의 손에서만 보았다.

내가 소비에트 지구에 있던 시기에는 소련과 접촉해 무기를 공급 받

---

[2] "홍군의 탄약공급원에 관한 질문을 받고 장 총통은, 대부분을 패배한 정부군으로부터 노획한다는 사실을 인정했다"(1934년 10월 9일 《노스 차이나 데일리 뉴스(North China Daily News)》와 한 인터뷰에서).

는다는 것은 물리적으로 불가능했다. 홍군은 모두 40만 명에 가까운 적의 여러 부대에 포위당해 있었고, 적군은 외몽골·신장·소련으로 통하는 모든 길을 장악하고 있었다. 홍군은 어떤 기적에 의해 소련으로부터 무기를 공급 받고 있다고 자주 비난 받곤 했는데, 나는 그들이 그런 만나(manna)를 받을 수만 있다면 크게 기뻐할 것이라고 생각해 보았다. 지도를 한 번만 보아도, 홍군이 북쪽과 서쪽으로 크게 영토를 확대하기 전에는 모스크바 측이 홍군의 주문에 응하고 싶어도 전혀 응할 수 없다는 사실을 분명히 알 수 있으며, 실제로 모스크바 측이 그러한 의사를 갖고 있느냐는 것도 지극히 의심스러웠다.

둘째, 홍군에는 고액의 급료를 받는 관리나 장군들이 없었고, 돈을 착복하는 관리나 장군들도 없었던 것이 사실이다. 중국의 다른 군대에서는 이들이 군자금의 대부분을 착복했다. 철저한 내핍이 군과 소비에트에서 실천되고 있었다. 군대 때문에 인민에게 부과되는 유일한 부담은 군대를 먹이고 입히는 것에 지나지 않았다.

이미 앞서 말했듯이 서북 소비에트의 총예산액은 사실상 매월 32만 달러에 지나지 않았다. 그리고 이 예산의 60퍼센트 가까이가 군대 유지비로 쓰였다. 재정부장 노(老) 린보취는 이에 대해 변명하면서 그러나 혁명이 공고해질 때까지는 그것이 불가피하다고 말했다. 당시의 무장병력(농민 보조병력을 제외하면)은 4만 명 정도였다. 이는 간쑤에 제2, 제4방면군이 도착하기 이전의 숫자였으며, 이후로 홍군이 지배하는 영토가 크게 확장되면서 북서 지역의 홍군 주력군도 약 9만 명 선에 육박하게 되었다.

통계는 이 밖에도 많이 있다. 그러나 홍군이 시련에 찬 이 몇 년 동안을 견디고 살아남을 수 있었던 이유를 찾으려면, 그들 내면의 기백과 사기와 투쟁의지, 그리고 그들의 훈련방법을 잠깐이나마 살펴보지 않으면 안 될 것이다. 그리고 더욱 중요한 것으로는 그들의 정치·군사적 지도력을 주목해야 할 것이다.

그렇다면 예컨대 난징 정부(재정부장 린보취의 계산이 정확했다면)가 자기 휘하의 군대 전체를 한 달 동안 유지하고도 남을 만큼 거액의 현상금을 목에 걸어 준 펑더화이는 과연 어떤 인물인지 살펴볼 필요가 있다.

2. 펑더화이의 인상

내가 전선을 방문했던 8월과 9월 당시는 제1, 제2, 제4방면군의 지휘권은 아직 통합되어 있지 않았다. 당시 홍군의 제1방면군 8개 사단은 닝샤성의 만리장성에서부터 간쑤성과 펑량(平涼, 평량)에 이르는 전선을 담당하고 있었다. 이 제1방면군의 선봉대가 서쪽과 남쪽으로 이동하고 있었는데, 그 목적은 당시 시캉성과 쓰촨성을 출발해 간쑤성 남부에서 난징 정부군의 두터운 저지선을 뚫으면서 북진하고 있던 주더의 제2, 제4방면군에게 길을 열어 주려는 것이었다. 닝샤성 동남부에 있는 고대 회교의 성곽도시 위왕바오에 제1방면군 사령부가 자리 잡고 있었는데, 이곳에서 나는 사령관 펑더화이와 그의 막료를 만났다.[3] '홍비로서의 펑더화이의 경력은 그러니까 거의 10년 전, 그가 많은 처첩을 거느린 군벌성장(軍閥省長) 허젠 장군 휘하의 국민당 군대 내부에서 반란을 주도했던 때부터 시작되었다. 펑더화이는 병졸부터 시작해 처음에는 후난 군관학교를, 다음에는 난창 군관학교를 졸업하기에 이르렀다. 졸업 후 그는 단연 두각을 나타냈고 따라서 승진이 빨랐다. 그의 나이 28살 되던 해인 1927

---

[3] 당시의 여행에서 나는 황화[黃華: 왕루메이(王汝梅)]를 동반했다. 그는 당시 옌징 대학의 학생이었으며, 나를 도와달라는 요청을 받고 왔다.

년 그는 이미 여단장이 되었고, 실제로 병사위원회(兵士委員會)의 의견을 묻는 '자유주의적' 장교로서 후난성 전군을 통해 평판이 높았다.

당시 그는 국민당 좌파에서, 군대에서, 그리고 후난 군관학교에서 영향력이 컸던 만큼 허젠에게는 그가 심각한 문제의 인물이 아닐 수 없었다. 1927년 허젠은 휘하의 군대 내부에서 철저하게 좌파 숙청을 시작하는 한편 저 유명한 후난 '농민대학살'을 저질러 수천 명의 급진적인 농민과 노동자들을 '공산주의자'로 몰아 살해했다. 하지만 펑더화이의 광범위한 인기가 두려웠던지 그는 펑더화이에 대한 행동을 쉽사리 결정하지 못했다. 허젠은 결국 결정을 미루다가 값비싼 대가를 치러야 했다. 1928년 7월, 펑더화이는 자기 자신의 유명한 제1여단을 핵으로 하고, 여기에 제2, 제3여단의 일부 병력과 군관학교 장교 후보생들을 규합해 펑장 폭동을 일으켰는데, 이 폭동은 농민 봉기와 결합해 후난성 최초의 소비에트 정부를 탄생시켰다.

2년 후 펑더화이는 '강철 같은 형제애'로 굳게 뭉친 8천 명의 추종자를 갖게 되었는데, 이것이 바로 홍군의 제5군단이 되었다. 이 병력으로 그는 후난의 성도이며 큰 성곽도시인 창사를 공격해 대부분이 아편중독자였던 허젠의 6만 군대를 격파하고 이 도시를 장악했다. 홍군은 난징·후난 연합군의 반격에 맞서 열흘 동안 이 도시를 장악했지만, 결국은 외국 군함으로부터 포격 지원까지 받는 적군의 전력상의 절대적 우세 때문에 철수하지 않으면 안 되었다.

이때는 장제스가 홍비에 대해 제1차 '대초공전'을 개시한 직후였다. 남방 홍군의 대장정에서 펑더화이는 선봉대인 제1군단의 지휘를 맡았다. 그는 적이 수만 명의 병력을 동원해 쳐 놓은 여러 개의 저지선을 돌파했으며, 진군 중에 중요한 거점들을 점령했으며, 주력부대에게 통신망을 확보해 주었고, 마침내는 산시(陝西)성에 이르는 길을 뚫고 서북 소비에트의 근거지에 정착할 수 있었다. 그는 지쳐 있거나 부상당한 동지를 볼 때마다 그 동지에게 자신의 말을 내주고, 장정 9천6백여 킬로미터의 길을 대부분 걸어서 왔다고 그의 병사들이 내게 말했다.

펑더화이는 장정 중에 일주일 동안이나 밀과 풀만을 날로 먹어야 했고, 또한 독성이 있는 것을 먹을 때도 있었으며, 며칠간이나 굶을 때도 여러 번 있어서 위장이 약해져 있었는데, 그것을 빼놓고는 아주 건강하고 웃음을 좋아하는 쾌활한 사람이라는 것을 알게 되었다. 수십 번의 전투를 치른 역전의 용사이건만 그는 단 한 번밖에 부상을 당하지 않았고 그 상처도 깊지 않았다.

위왕바오에 체류하는 동안 나는 펑더화이의 사령부가 자리 잡고 있는 건물의 구내에 머물렀기 때문에 그와 여러 차례 접촉할 수 있었다. 이 사령부는 당시 3만 명이 넘는 병력을 지휘하는 곳이었는데도, 책상 하나에 목제 의자 하나, 철제 문서함 두 개, 홍군에서 제작한 지도 몇 개, 야전 전화, 수건과 세면대, 항과 그 위에 깔려 있는 펑더화이의 모포가 전부인 간소한 방이었다. 그는 그의 부하들과 마찬가지로 군복을 두 벌밖에 갖고 있지 않았으며, 그 군복에는 계급장이 없었다. 그가 어린아이처럼 자랑스럽게 입는 일반 옷이 하나 있었는데, 그것은 장정 중에 쏘아 떨어뜨린 적군 비행기의 낙하산으로 만든 조끼였다.

우리는 여러 차례 함께 식사했다. 그는 간소한 음식을 알뜰하게 먹었는데, 부하들의 식사와 다름이 없었다. 음식은 보통 양배추, 국수, 콩, 양고기로 되어 있었고, 때때로 만두가 나오기도 했다. 닝샤에서는 온갖 종류의 탐스러운 수박이 재배되고 있었는데, 펑더화이는 그것을 아주 좋아했다. 하지만 수박을 먹는 데서는 그도 대식가인 내 경쟁 상대가 되지 못했다. 그러나 탁월한 재능을 가진 펑더화이의 참모인 한 의사 앞에서는 나도 굴복할 수밖에 없었다. 그는 어찌나 수박을 잘 먹는지 그 때문에

'한츠과디(漢喫瓜的, 한끽과적. 수박대장이라는 뜻)'란 별명까지 갖고 있었다. 펑더화이는 태도와 말에서 개방적이고 솔직하고 정확했으며, 동작이 민첩했고 웃음과 기지가 충만했다. 육체적으로도 매우 활기가 있었으며, 말을 뛰어나게 잘 탔다. 그리고 그는 인내력이 강한 사람이었다. 그 이유는 부분적으로 그가 담배를 피우지 않고 차만 즐겼기 때문이었는지도 모른다. 하루는 홍군 제2사단의 기동연습 중에 그가 나와 함께 행동하게 되었는데, 우리는 아주 가파른 언덕을 올라가야 했다. "정상까지 달립시다!" 갑자기 펑더화이는 가쁜 숨을 몰아쉬고 있는 그의 참모와 나에게 외쳤다. 그는 토끼처럼 치달아 우리들을 물리치고 정상에 올랐다. 한번은 말을 타고 있을 때도 그가 똑같은 식의 도전을 해 왔다. 결국 그는 어떤 방법에서든 지칠 줄 모르는 정력을 지닌 사람이라는 인상을 나에게 심어 주었다.

늦게 잠자리에 들고 늦게 일어나는 마오쩌둥과는 달리 펑더화이는 늦게 잠자리에 들고 일찍 일어났다. 내가 보기에 그는 하루에 너댓 시간밖에 자지 않는 것 같았다. 그는 절대로 서두르는 법이 없었지만 언제나 바쁘게 일했다. 제1군단이 적의 영토 안에 있는 하이위안(海原, 해원)까지 200여 리를 진격하라고 명령 받던 날 아침을 나는 기억하고 있다. 그는 아침식사 전에 필요한 모든 명령을 내리고는 나와 식사를 함께하려고 내려왔다. 식사가 끝난 즉시 그는 시골로 유람여행이나 떠나듯이 출발했다. 그는 참모들과 함께 위왕바오의 중심가를 걸어갔고, 그에게 작별인사를 하기 위해 모여든 회교 승려들과 이야기를 나누기 위해 멈춰 서기도 했다. 대부대가 한 덩어리가 되어 움직이는 것 같았다.

정부군의 비행기들이 펑더화이를 사살하거나 생포하면 5만 위안에서 10만 위안의 현상금을 주겠다는 내용의 전단을 홍군 진영에 살포하는 일이 자주 있었지만 그는 사령부에 단 한 명의 보초만을 세웠고, 시가지를 호위 없이 돌아다녔다. 나는 그곳에 있는 동안 펑더화이와 쉬하이둥, 마오쩌둥을 체포하는 자에게는 상금을 주겠다는 내용의 전단이 수천 장 떨어져 있는 것을 보았는데, 펑더화이는 그 전단들을 모두 모아 두라고 명령했다. 그 전단은 한 면만 인쇄되어 있었다. 홍군은 종이가 부족한 상태에 있었으므로 전단의 인쇄되지 않은 면은 훗날 홍군의 선전문을 인쇄하는 데 사용되었다.

펑더화이는 아이들을 아주 좋아했으며, 그래서 나는 아이들이 무리지어 그의 뒤를 따르는 경우를 자주 보았다. 사동(使童), 나팔수, 전령, 마부의 역할을 하는 많은 소년들이 소년선봉대라 불리는 홍군의 정규부대로 조직되어 있었다. 나는 펑더화이가 두세 명의 '소홍귀(小紅鬼)'와 머리를 맞대고 앉아서 진지하게 그들에게 정치에 대해 말해 주거나 그들의 개인적인 고민을 놓고 상의하는 장면을 여러 차례 보았다. 그는 경의를 가지고 그들을 대했다.

어느 날 나는 펑더화이와 그의 참모 몇 사람과 함께 전선 부근의 조그만 병기창(兵器廠)을 방문해 노동자들의 오락실이자 '례닝탕[列寧堂, 열녕당: 레닌을 중국어로 列寧(례닝)으로 표기했음-옮긴이]', 즉 레닌 클럽이기도 한 방을 살펴본 일이 있다. 방의 한쪽 벽에는 노동자들의 작품인 대형 풍자화가 하나 걸려 있었다. 그것은 기모노를 입은 일본인 하나가 두 발을 만주, 러허, 허베이에 올려놓고, 피가 떨어지는 칼을 들어서 중국의 나머지 땅을 겨누고 있는 장면을 보여 주고 있었다. 희화화된 일본인의 코는 엄청나게 컸다.

"저게 누구인가?" 펑더화이는 레닌 클럽을 책임지고 있는 청년 선봉대원에게 물었다. "저것은 일본 제국주의자입니다." 그 젊은이가 대답했다.

"어떻게 일본 제국주의자인 것을 알 수 있지?" 펑더화이가 물었다.

"저 큰 코를 보십시오!" 선봉대원이 답변했다.

펑더화이는 웃으면서 나를 바라보더니 말했다. "그렇다면 여기 코 큰 '양귀자(洋鬼子)'가 있는데 이 사람도 제국주의자인가?"

"그는 양귀자지만 일본 제국주의자는 아닙니다. 그의 코가 큰 것은 사실이지만 일본 제국주의자의 코만큼 크지는 않습니다." 선봉대원이 대답했다.

나는 펑더화이에게 실제로 일본인과 맞닥뜨렸을 때, 이런 풍자화만 보던 홍군이 일본인도 중국 사람과 마찬가지로 코가 그리 크지 않기 때문에 심각한 착각을 일으킬 수도 있다는 점을 지적해 주었다. 즉 적을 알아보지 못하고 싸우려 하지 않을지도 모른다는 점이었다.

"걱정하지 마시오! 우리는 왜놈들에게 코가 있건 없건 상관없이 그놈들을 알아볼 수 있을 겁니다"라고 이 지휘관은 말했다.

한번은 내가 펑더화이를 따라서 제1군단의 항일극장으로 연극을 보러 간 적이 있었다. 우리는 다른 병사들과 섞여 가설무대 바로 아래의 잔디밭에 앉아 있었다. 그는 앞장서서 좋아하는 노래를 신청하기도 했다. 그는 연극을 매우 좋아하는 것처럼 보였다. 아직 8월 말이었건만 해가 진 뒤로는 날씨가 점점 더 서늘해졌다. 나는 외투 깃을 바짝 끌어당겼다. 공연이 한참 열기를 더해 가고 있을 무렵 나는 펑더화이가 외투를 벗고 있는 것을 보고 놀랐다. 그리고 나는 그가 바로 옆에 앉아 있는 어린 나팔수에게 그것을 입혀 주는 것을 보았다.

어느 날 밤 펑더화이는 나의 간청을 이기지 못해 자신의 소년 시절에 대한 이야기를 들려주었는데, 이 이야기를 듣고서야 비로소 나는 그의 '소귀(小鬼)'에 대한 지극한 사랑을 이해하게 되었다. 그가 겪은 소년 시절의 시련이란 서양 사람들의 귀에는 놀라운 것으로 들릴지 모른다. 하지만 그가 겪은 시련은 그와 함께 '공산주의에 투신'한 많은 중국의 젊은이들을 설명해 주는 배경적 사건의 전형이었다.

3. 왜 공산주의자가 되었나?

펑더화이는 마오쩌둥의 고향에서 그리 멀지 않은 샹탄현의 어느 마을에서 태어났다. 그의 고향은 창사에서 90리 정도 떨어진 기름진 농촌이었으며, 이 마을 옆으로는 샹강(湘江, 상강)의 푸른 물줄기가 흐르고 있었다. 샹탄현은 넓은 논과 키 큰 대나무 숲으로 누벼진 푸른 전원으로 후난성에서 아름다운 고장 중 하나로 손꼽혔다. 이 현에는 무려 1백만 명이 넘는 사람들이 살았다. 샹탄의 땅은 비옥하기는 했지만, 펑더화이의 말에 따르면 농민의 대부분이 비참할 만큼 가난했고 까막눈이었으며, '농노보다 나을 것이 없었다.' 그곳의 지주들은 절대적인 권력을 휘둘렀고 가장 좋은 땅을 차지하고 있었다. 그리고 그들은 대부분 관리·악질 지주이기도 했기 때문에 엄청난 소작료와 조세를 농민에게 부과했다.

샹탄의 대지주 몇 명은 연간 4만에서 5만 담(擔)[4]의 쌀을 거둬들였으며, 후난 굴지의 미곡상들 중 일부가 그곳에 살았다.

펑더화이의 집은 부농이었다. 그가 6살 때 어머니가 세상을 떠나자 아버지는 재혼했는데, 이 후처는 펑이 끊임없이 전처 생각을 떠오르게 한다 해서 그를 미워했다. 후처는 펑더화이를 구식학교에 보냈는데, 그곳 선생은 그를 자주 때렸다. 하지만 그는 스스로 자기 몸을 돌보고도 남을 소년이었다. 그때도 마침 선생이 그에게 매질을 하고 있는 중이었는데, 그는 의자를 집어 들어 선생을 치고는 도주했다. 선생은 지방재판소에 펑더화이를 고소했고 계모도 그를 고발했다.

그의 아버지는 이 싸움에 무관심한 입장을 취하려고 했지만, 아내와 평화를 유지하기 위해서라도 선생에게 의자를 집어 던진 이 아이를 그가

---

[4] 약 2,600~3,300톤.

좋아하는 숙모한테 보내서 함께 살도록 하지 않을 수 없었다. 숙모는 이 소년을 소위 신식학교에 입학시켰다. 이 학교에서 펑더화이는 조상숭배의 타당성을 부인하는 급진적인 선생님과 만나게 된다. 어느 날 펑더화이가 공원에서 놀고 있는데, 이 선생님이 다가오더니 그의 옆에 앉아 이야기를 건넸다. 펑더화이는 선생님에게, 선생님은 부모를 진심으로 공경하느냐, 선생님 생각에 나도 마땅히 나의 부모를 숭배해야 하느냐고 물었다. 선생님의 말인즉 자신은 그런 식의 어리석은 생각을 하지 않는다, 그가 이 공원에서 놀고 있었던 것과 마찬가지로 부모들도 둘이서 놀다가 아이를 세상에 내보내게 된다는 것이었다.

"이 견해가 나의 마음에 꼭 들었다"라고 펑더화이는 말했다. "그래서 집에 와서 숙모에게 그런 견해를 털어놓고 말았다. 숙모는 아연실색하고, 당장 그다음 날로 나를 사악한 '외국의 영향'으로부터 격리시켰다." 손자가 조상숭배를 반대한다는 말을 듣자 그의 할머니는 "매달 초하루 보름마다, 그리고 제사가 있을 때나 날씨가 사나워지는 날마다" 이 불효자식이 천벌을 받아 급사하기를 빌었다.

펑더화이 자신의 말은 이렇다.

"나의 할머니는 우리들 모두를 자신의 노예로 생각했다. 할머니는 심한 아편 중독자였다. 나는 아편 냄새를 혐오했다. 어느 날 밤 더 이상 그 냄새를 참을 수가 없어 나는 벌떡 일어나 난로에 얹어 놓은 아편 그릇을 발로 차 버렸다. 할머니는 격노했다. 할머니는 친족회의를 소집하고 불효자식이기 때문에 나를 물에 빠뜨려 죽여야 한다고 정식으로 요구했다. 할머니는 나의 죄상을 낱낱이 열거했다.

친족들은 할머니의 요구를 받아들여 실행할 작정이었다. 계모는 나를 죽여야 한다는 데 동의했고, 아버지는 그것이 일단 친족의 뜻인 이상 반대하지 않겠다고 말했다. 그때 마침 외삼촌이 나를 변호하고 나섰다. 그는 나를 제대로 교육시키지 못한 데 대한 책임이 나의 부모에게 있다고 그들을 신랄하게 공격했다. 그는 이런 경우 모든 잘못을 그들이 책임져야 할 것이며, 절대로 어린아이에게 전가시킬 수 없다고 주장했다.

    나는 가까스로 목숨을 건질 수 있었다. 그러나 집을 떠나지 않으면 안 되었다. 내 나이 겨우 9살이었고, 때는 10월이라 날씨가 추웠다. 그리고 내가 가진 것이라고는 입고 있는 외투와 바지가 전부였다. 계모는 그것까지 빼앗으려 했지만, 나는 그것이 계모의 것이 아니라 내 친어머니가 주었던 것임을 증명할 수 있었다."

이렇게 해서 넓은 세계에서의 펑더화이의 삶은 시작되었다. 그의 첫 직업은 소몰이꾼이었고, 다음 직업은 탄광의 광부였다. 탄광에서 그는 하루에 14시간씩 풀무질을 해야 했다. 이처럼 긴 작업시간에 염증을 느낀 그는 광산에서 도망쳐 나와 하루 12시간만 일해도 되는 제화점의 도제공이 되었다. 그러나 그는 급료를 받지 못했다. 그는 8개월 후에 제화점을 뛰쳐나와 이번에는 나트륨 광산에서 일하게 되었다. 하지만 광산이 곧 문을 닫는 바람에 다시 직장을 구해야 했다. 아직도 등에 짊어진 괴나리봇짐 외에는 가진 것이 없었다. 그는 제방 공사장의 인부가 되었다. 여기에서 처음으로 그는 실제로 급료를 받는 '훌륭한 직업'을 갖게 되었으며, 2년 만에 현금 1,500문(文)―약 12위안!―을 모을 수 있었다. 그러나 군벌이 바뀌면서 화폐가 가치를 상실하자 그는 모든 것을 잃고 말았다. 극도로 의기소침해진 그는 고향으로 돌아가기로 결심했다.

그때 펑더화이의 나이 16살, 그는 자신의 목숨을 구해 주었던, 그리고 부유하게 살고 있는 외삼촌을 찾아갔다. 항상 펑더화이를 좋아했던 데다가 아들을 잃은 직후여서 외삼촌은 그를 환영했고, 그에게 집까지 마련해 주었다. 여기에서 펑더화이는 외사촌 누이와 사랑에 빠졌고, 외삼촌은 그들의 약혼을 허락해 주었다. 그들은 한문 가정교사 밑에서 함께 공부하고 함께 놀면서 그들의 미래를 설계했다.

그러나 그들의 미래에 대한 계획은 펑더화이의 억제할 수 없는 격렬한 성격 때문에 좌절되고 말았다. 다음 해 후난 지방에 대기근이 들어 수많은 농민이 곤경에 처하게 되었다. 펑더화이의 외삼촌은 많은 사람들을 도와주었다. 하지만 이 지방 최대의 미곡창고는 대지주이자 상인이었던 사람이 소유하고 있었는데, 그는 엄청난 폭리를 취하고 있었다. 하루는 농민 2백여 명이 그의 집으로 몰려가서 쌀을 이윤 없이 팔아 달라고 간청했다. 그것은 전통적으로 기근을 당할 경우 덕 있는 사람이라면 마땅히 취해야 할 행동이었다. 이 부자는 이 문제에 대해 이야기하는 것을 거부하고 사람들을 문밖으로 몰아내고는 문을 잠가 버렸다.

펑더화이는 이야기를 계속했다.

"마침 그 집 앞을 지나가던 나는 걸음을 멈추고 사람들이 시위하는 것을 지켜보았다. 군중은 대부분 거의 굶어죽을 지경에까지 와 있었다. 나는 이 부자의 창고에 1만 담(擔) 이상의 쌀이 있다는 것을 알고 있었으며, 그럼에도 그가 굶주린 사람들을 전혀 도우려 하지 않는다는 것도 알고 있었다. 나는 격분하여 농민들을 이끌고 그의 집을 습격했다. 몰려든 농민들이 창고에 있는 쌀을 거의 대부분 다 싣고 갔다. 뒷날 생각해 보아도 내가 왜 그런 일을 했는지 알 수 없었다. 다만 나는 그 부자가 가난한 사람들에게 쌀을 팔아야 한다는 것과 만약 그가 팔지 않으려 한다면 그로부터 쌀을 빼앗는 것이 옳다는 것을 알고 있었을 뿐이다."

펑더화이는 또 한 번 살기 위해서 도망쳐야 했다. 그러나 이번에는 군대에 들어가도 될 만큼 나이가 차 있었다. 군인의 삶이 시작되었던 것이다. 그리고 그는 머지않아 혁명가가 될 운명에 있었다.

18살에 펑더화이는 소대장이 되었고, 그러고는 당시의 성장 푸량쭤(傅良佐, 부량좌) 독군(督軍)을 타도하려는 음모에 가담하게 되었다. 펑더화이는 군대 생활을 함께 하던 한 학생운동 지도자에게서 깊은 영향을 받았는데, 독군이 그를 살해했다. 푸량쭤를 살해하라는 임무를 맡게 된 그는 창사에 잠입해 거리를 지나가는 푸량쭤를 기다리고 있다가 푸량쭤를 향해 폭탄을 던졌다. 폭탄은 불발이었고 펑더화이는 도망갔다.

쑨원 박사는 오래지 않아서 서남연합군(西南聯合軍)의 총통이 되어 독군인 푸량쭤를 물리치는 데 성공했지만, 그 후 북방의 군벌들에게 패하여 다시 후난에서 쫓겨나고 말았다. 펑더화이는 쑨원의 군대를 따라서 도주했다. 그는 쑨원군의 지휘관 가운데 한 사람인 청첸으로부터 정탐의 임무를 받고 창사로 돌아왔는데, 그만 배신당하여 체포되고 말았다. 당시 후난성에서는 장징야오가 정권을 잡고 있었다. 펑더화이는 그때의 경험을 다음과 같이 말했다.

"나는 매일 한 시간가량 온갖 고문을 당해야 했다. 어느 날 밤 그들은 나의 발을 묶고 팔도 등 뒤로 묶더니 손목에 밧줄을 감아서 나를 지붕에 매달았다. 그러고 나서는 큰 돌을 나의 등에 쌓아 올려놓고는 둘러서서 발길질을 해댔다. 그러고는 내게 자백할 것을 요구했다. 내게서 불리한 증거를 찾아내지 못했기 때문이었다. 나는 여러 차례 정신을 잃었다.

이런 고문이 약 한 달 동안 계속되었다. 나는 고문이 끝날 때마다 다음 번에는 견디지 못하고 자백하게 될 것이라고 생각하곤 했다. 그러나 매번 다음 날까지 버텨 보리라고 결심했다. 결국 그들은 나에게서 아무것도 얻어 내지 못했고, 놀랍게도 나는 석방되고야 말았다. 몇 년 후 우리들(홍군)

이 창사를 점령하여 그 옛날의 고문실을 때려 부술 때 느낀 만족은 내 생애 최고의 만족감 중 하나였다. 우리는 그곳에 갇혀 있던 정치범 수백 명을 석방했는데, 그들 중의 태반이 매 맞고 잔인하게 학대당하고 굶주려 거의 반죽음 상태에 있었다."

자유를 되찾은 펑더화이는 외삼촌 집으로 외사촌 누이를 찾아갔다. 그는 아직도 그녀와의 약혼이 유효하다고 믿고 그녀와 결혼하리라고 마음먹었다. 그러나 그녀는 이미 세상을 떠나고 없었다. 군에 재입대한 그는 오래지 않아 최초로 장교임명장을 받고 후난 군관학교에 파견되었다. 졸업 후 그는 루디핑 휘하의 제2사단 소속 대대장으로 임명되었으며, 그의 고향 지구에 부임하라는 명령을 받았다.

"외삼촌이 돌아가셨다는 소식을 듣고 장례식에 참석하려고 귀향길을 서둘렀다. 도중에 어린 시절에 살던 우리 집을 지나가야 했다. 할머니는 여든이 지난 노인이었지만 살아 계셨으며 아직도 매우 정정했다. 내가 돌아온다는 소식을 듣고 할머니는 10리 밖에까지 마중 나와서는 과거의 잘못에 대해 용서를 빌었다. 할머니는 아주 비굴한 태도로 나에게 경의를 표했다. 이러한 변화가 나는 그저 놀랍기만 했다. 무엇 때문에 이런 변화가 일어났을까? 그때 나는 할머니의 심경에 변화가 있어서가 아니라 내가 사회로부터 버림받은 자에서 성장해 월급 2백 위안을 받는 장교로 출세했기 때문이라고 생각했다. 내가 약간의 돈을 주자 할머니는 친족들 앞에서 나를 '효자'의 표본으로 칭송해 주었다."

나는 펑더화이에게 어떤 책을 읽고 영향을 받았느냐고 물었다. 그는 소년 시절에 사마광(司馬光)의 『자치통감(資治通鑑)』을 읽고 처음으로 군인의 사회에 대한 책임을 상당히 진지하게 생각하기 시작했다고 말했다. "사마광이 묘사한 전쟁은 인민에게 고통을 안겨 줄 뿐 전혀 의미가 없는 것이었다. 내가 살고 있는 이 시대의 중국에서 군벌들이 벌이고 있는 각축전과 매우 비슷했다. 우리의 투쟁에 목적을 부여하고 영원한 변화를 초래할 수 있으려면 우리가 무엇을 해야 하는가?"

펑더화이는 마오쩌둥에게도 영향을 미쳤던 량치차오를 비롯한 많은 사상가의 저서를 읽었다. 일시적으로는 무정부주의에 대해서도 상당한 관심이 있었다. 그는 천두슈의 《신청년》을 통해 처음으로 사회주의를 알게 된 이후 마르크스주의를 공부하기 시작했다. 국민혁명이 형성되고 있을 당시에 여단장이었던 그는 자기 부대에 사기를 불어넣어 줄 수 있는 정치강령이 필요함을 느꼈다. 펑더화이는 국민당원이었음에도 쑨원의 '삼민주의(三民主義)'가 "량치차오에서 한 단계 발전한 것이기는 하지만 너무 애매모호하고 혼란을 느끼게 해 주는 것"이라고 생각했다. 부하린의 『공산주의 ABC』는 그에게 "실현가능하고 합리적인 사회 및 정부의 형태를 최초로 제시해 준 책"이었던 것 같다.

1926년까지 펑더화이는 『공산당 선언』, 『자본론』의 개요, 중국의 지도적인 공산주의자가 쓴 『신사회관(新社會觀)』, 카우츠키의 『계급투쟁』, 그리고 중국 혁명을 유물론에 입각하여 해석하고 있는 다수의 논문과 소책자를 읽었다. "전에는 다만 사회에 대해 불만을 갖고 있었을 뿐이며, 근본적인 개혁이 가능하다고는 생각지 않았었다"라고 펑더화이는 말했다. "그러나 『공산당 선언』을 읽고 난 후 비관주의를 청산하고, 사회는 변혁될 수 있다는 새로운 신념으로 일하기 시작했다."

펑더화이는 1927년까지는 공산당에 가입하지 않았지만, 그 이전에도 자기 부대에 공산주의 청년을 받아들였고, 정치훈련에 마르크스주의 과정을 신설했으며, 또한 병사위원회를 조직했다. 1926년 그는 사회주의 청년동맹의 회원이었던 중학교 여학생과 결혼했다. 그러나 혁명기간 동안에는 헤어져 살았고, 그는 1928년 이후 그녀를 만나지 못했다. 그가 반란을 일으켜 핑장을 점령한 것이 이 해(1928) 7월이었고, 그로부터 반역자 또는—독자들이 좋아하는 표현을 쓴다면—비적으로서의 그의 긴 생애가 시작되었다.

나에게 자신의 어린 시절의 사건들과 투쟁을 말해 주는 동안 그는 웃기도 하고 농담도 하면서 방 안을 서성거리다가는 강조할 대목에 이르면 몽골 말의 갈기로 만든 파리채를 자기도 모르는 사이에 힘차게 휘둘렀다. 그때 전령이 전보 한 묶음을 가지고 돌아왔는데, 그는 돌연 사령관다운 엄숙한 표정을 되찾고 그것을 차례로 읽는 것이었다.

"어쨌든 이상이 내 이야기의 전부요" 하고 펑더화이는 말을 맺었다. "이 이야기를 듣고 나면 한 인간이 어떻게 해서 홍비가 되는지를 어느 정도 이해할 수 있을 것이오!"

4. 유격전의 전술

우리는 전에 위왕바오의 성장(省長)이 살았던 집에 앉아 있었다. 2층으로 된 이 집에는 난간이 딸린 조망대가 있었는데, 이 조망대에 서면 닝샤의 평원을 가로질러 몽골 쪽이 눈에 들어왔다.

위왕바오의 높고 견고한 성벽에서는 홍군 나팔수 1개 소대가 연습을 하고 있었다. 그리고 요새 모양을 한 도시의 한 모퉁이에는 대형 진홍색 깃발이 꽂혀 있었는데, 그 깃발에 그려진 노란색의 망치와 낫은 마치 그 뒤에 그것을 잡고 휘두르는 주먹이라도 있는 듯 바람 속에 흔들리며 소리를 내고 있었다. 한쪽 옆으로는 깨끗한 뜰 안을 내려다볼 수 있었는데,

그곳에서는 회교 여인들이 벼를 탈곡해서 햇볕에 널고 있었다. 다른 한쪽 옆에는 빨랫줄에 빨래가 널려 있었다. 멀리 떨어진 광장에서는 한 무리의 홍군 병사들이 벽 오르기와 멀리뛰기, 수류탄 던지기를 연습하고 있었다.

펑더화이와 마오쩌둥은 같은 고향 사람이면서도 홍군이 결성되고 나서야 만날 수 있었다. 펑더화이는 억양 강한 남방 사투리를 기관총 쏘듯 빠른 속도로 말했다. 나로서는 그가 느리게 또는 간단하게 말을 할 때나 분명하게 알아들을 수 있었지만, 성미 급한 그가 언제나 그렇게 말해 주기를 기대할 수는 없었다. 따라서 그와 인터뷰를 하려면 영어에 능통한 황화(黃華, 황화)가 통역을 맡아 주어야 했다.

펑더화이가 말문을 열었다.

"중국에서 유격전이 효력을 발휘할 수 있는 가장 큰 이유로는 경제 파탄, 특히 농촌 경제의 파탄을 들 수 있다. 제국주의, 지주제도, 군벌 간의 전쟁이 결합해 농촌 경제를 기초에서부터 파괴하고 있다. 그 주요한 적을 제거하지 않는 한 농촌 경제는 회복될 수 없을 것이다. 군사·경제 양면에서의 일본의 침략과 더불어 엄청난 세금이 농촌 경제의 파탄을 촉진시키고 있다. 이러한 농촌의 파산에는 지주들도 가세하고 있다. 촌락에서 벌어지고 있는 악질 지주 계급의 권력남용도 농민들 대부분의 생활고를 더욱더 견딜 수 없는 것으로 만들고 있다. 농촌에서는 또 실업이 만연되고 있다. 그러므로 빈민계급 사이에서는 변혁을 위한 투쟁의 의지가 자라나기 시작한다.

둘째, 유격전이 발전하게 된 것은 배후지(背後地)의 낙후성 때문이다. 벽지에는 통신시설, 도로, 철도, 교량 등이 거의 전무한 상태이기 때문에 인민들을 무장시키고 조직하는 일이 가능하다.

셋째, 중국의 전략 중심지들은 정도의 차가 있을망정 모두 제국주의자들에게 지배당하고 있는데, 그러나 이 지배는 서로 균형을 이루고 있지 못할 뿐만 아니라 통일성도 없다. 따라서 이들 세력권과 세력권 사이에는 넓은 공백이 존재하며, 바로 이 공백에서야말로 유격전이 급속하게 발전하게 되는 것이다.

넷째, 1925~27년 사이에 일어난 대혁명이 많은 사람들의 마음속에 혁명사상을 굳게 심어 주었다. 이 때문에 1927년의 반혁명과 도시에서의 대학살에도 불구하고 수많은 혁명가들은 뜻을 굽히지 않고 새로운 저항의 방법을 찾아 나서게 되었다. 대도시에는 제국주의자와 매판자본[5]가 결탁해서 만든 특수한 지배체제가 존재하는 데다가 초기에는 이에 대항할 수 있는 무력을 갖지 못했기 때문에 도시에서 기지를 찾는다는 것이 불가능하게 되었으며, 따라서 많은 혁명적 노동자·지식인·농민 들이 농촌 지역으로 돌아와 농민 봉기를 지도하게 되었다. 견디기 어려운 사회·경제적 조건 때문에 이미 혁명에 대한 요구가 높아져 있었으므로 농촌의 대중운동에 지도력과 형태, 그리고 목적을 부여하는 것만이 필요하게 되었다.

이들 요인 모두가 혁명적인 유격대의 성장과 성공에 기여했다. 물론 이상의 설명에서는 그 요인들이 간단하게 언급되었을 뿐이고 그 배후에 있는 깊은 문제들까지 파헤친 것은 아니다.

이와 같은 이유들 말고도 대중과 전투원들 사이에 일체감이 형성돼 있었기 때문에 유격전은 성공을 거둘 수 있었으며, 유격대가 불패(不敗)의 전투력을 자랑하게 되었다. 홍군 유격대원들은 단순한 전사가 아니라 정치선전원이며 조직가이기도 하다. 그들은 가는 곳마다 혁명의 메시지를 날라다 주었다. 놀라운 인내력을 가지고 농민대중에게 홍군의 진정한 사

---

[5] 매판자본가란 서방세계의 상인과 중국의 상인 사이에서 중간 상인 역할을 하는 중국인이었다.

명을 설명해 주었고, 오로지 혁명을 통해서만이 그들의 소망이 실현될 수 있으며, 공산당이 바로 혁명 과정에서 그들을 지도할 수 있는 유일한 정당임을 납득시켰다.

유격전의 특수한 사명에 대해 말하는 가운데 당신은 왜 어떤 지역에서는 유격대가 놀라운 속도로 발전하여 강력한 정치세력이 되는 반면에 어떤 지역에서는 그것이 손쉽게 진압되는지를 물었다. 참으로 흥미로운 질문이다.

무엇보다도 중국에서 유격전은 공산당의 혁명적인 지도 아래서만 성공을 거둘 수 있다. 왜냐하면 공산당만이 농민의 요구를 만족시키고자 하고, 또한 만족시킬 능력이 있으며, 공산당만이 농민들 사이에서의 깊고 넓고 끊임없는 정치활동과 조직공작에 대한 필요성을 파악하고 있으며, 공산당만이 약속을 실현시킬 수 있기 때문이다.

둘째, 유격대의 지도자는 실전에 임하여 단호하고 두려움을 모르며 용기가 있어야 한다. 지도자에게 이런 자질들이 없으면 그 유격대는 성장할 수 없을 뿐만 아니라 반동세력의 공세 앞에 위축되거나 사멸되고 말 것이다.

대중은 자신들이 당면하고 있는 생존 문제를 실질적으로 해결하는 데에만 관심이 있기 때문에 그들의 가장 시급한 요구를 즉각 충족시켜 줄 수 있을 때라야 비로소 유격전이 가능해진다. 이는 착취계급을 즉각 무장해제시켜야 함을 뜻한다.

유격대는 절대로 정체되어 있을 수 없다. 유격대에게 정체는 파멸을 뜻한다. 그들은 끊임없이 새로운 주변집단과 방어집단을 만들어 가면서 지속적으로 팽창해야 한다. 투쟁의 매 단계에는 언제나 정치훈련이 수반되어야 한다. 혁명세력에 새로운 집단이 추가될 때마다 그 집단에서 현지 지도자를 선발해서 양성해야 한다. 물론 외부에서 지도자를 데려올 수도 있지만 거기에는 뚜렷한 한계가 있다. 그러므로 운동을 통해 현지 대중을 끊임없이 각성·고무시킴으로써 그들 스스로가 끊임없이 새로운 지도자를 배출하도록 하는 데 실패한다면 유격전의 성공을 기대하기 어렵다."

그의 파견 목적이 홍군을 타도하는 것이었음에도 장쉐량 장군이 홍군을 존경하기 시작한 주된 이유 중의 하나는, 그가 유격전에서 유감없이 과시된 홍군의 능력을 항일투쟁에 동원할 수 있겠다는 확신에 도달했기 때문이다. 장쉐량은 홍군과 일종의 휴전협정을 체결한 연후에 홍군의 교관들을 초청해 자기 지휘하의 만주군을 위해 신설한 산시(陝西) 사관학교의 교관에 앉혔다. 그리고 이를 계기로 장쉐량 장군의 군대에서 공산당의 세력은 급속하게 확산되기 시작했다. 격렬한 반일감정을 가진 장쉐량 장군과 그의 휘하 장교들은 대(對)일본전에서 중국이 최초로 기대해 볼 만한 것이 있다면 그것은 중국 군대의 월등하게 우월한 기동력과 작전 능력임을 확신하고 있었다. 그들은 홍군이 지난 10년간의 전투 경험을 통해 습득할 수 있었던 기동전의 전략·전술에 대한 모든 지식을 전수 받고자 갈망했다.

나는 펑더화이에게 '홍군 유격전의 원칙들'을 요약해 줄 수 있느냐고 물었다. 그는 간단히 몇 가지를 적은 후 그것을 읽어 주었다. 그는 마오쩌둥이 썼고 소비에트 지구에서 출판된 작은 책자를 소개해 주면서, 그 책자를 읽으면 이 주제에 관해 좀 더 완전하게 알 수 있을 것이라고 말했지만, 그것을 구할 수는 없었다.[6] 펑더화이가 설명했다.

"새로 조직된 유격대가 성공을 거두려면 반드시 지켜야 할 몇 가지 전술적 원칙이 있다. 우리는 이 원칙들을 우리의 오랜 경험을 통해 터득하

---

6 마오쩌둥, 『유격전쟁(遊擊戰爭)』[산시(陝西)성 와야오바오, 1935]. 당시는 절판 상태였다.

게 되었다. 확신하건대 이들 원칙을 상황에 따라 변화시키는 것은 가능하지만 이것들로부터 이탈하면 거의 틀림없이 파국을 맞게 된다. 우리는 이 주요한 원칙들을 아래와 같이 열 가지로 요약할 수 있다.

첫째, 유격대는 어떤 경우에도 패하는 전투를 하지 말아야 한다. 승리할 수 있다는 강력한 확신이 서지 않으면 절대로 교전해서는 안 된다.

둘째, 기습이야말로 잘 지도 받은 유격대의 주요한 공격전술이다. 기동성 없는 전투는 피해야 한다. 유격대에게는 보조병력도 후방도 없고 적의 것을 제외하고는 병참선과 통신망도 없다. 장기적인 진지전(陣地戰)에서는 모든 면에서 적이 유리하며, 일반적으로 유격전의 성공 가능성은 전투의 지속시간에 정비례해 감소한다.

셋째, 교전을 도발하거나 받아들이기 전에 공격과 후퇴, 특히 후퇴의 계획을 신중하고 자세하게 세워야 한다. 특수한 상황에 대한 완전한 지식 없이 시도된 공격은 틀림없이 유격대를 적의 책략에 노출시킬 것이다. 우월한 기동력이 바로 유격대의 최대 장점이니만큼 기동작전의 실패는 유격대에게 파멸을 의미한다.

넷째, 유격전의 전개에서 최대의 관심은, 지주 및 호신들의 최초이자 최후이며 가장 완강한 저항선, 즉 민단(民團)[7]에 쏟아야 한다. 민단은 군사력으로 파괴해야 하지만, 가능할 경우에는 정치적인 설득을 통해 대중의 편에 서도록 이끌어야 한다. 한 지역의 민단을 무장해제시키지 않으면 그 지역에서 대중을 동원하는 일은 불가능해진다.

다섯째, 적군 부대와의 일반적인 교전이라면 유격대가 수에서 적을 능가해야 한다. 그러나 적의 정규부대가 이동이나 휴식 중이거나 경비를 소

---

[7] 펑더화이는 2백만 명이라는 엄청난 수의 국민당 정규군 외에도 적어도 3백만 명 정도에 이르는 민단이 있을 것으로 추측했다.

홀히 하고 있을 경우에는 훨씬 더 적은 인원으로 적 진영의 치명적인 지점에 대해 신속하고 과감한 측면 기습을 할 수 있다. 과거 홍군은 불과 수백 명의 병력으로 수천 명의 적군 병력에 대해 '기습전'을 감행했던 경우가 매우 많다. 이런 유의 공격에서는 돌발성, 속도, 용기, 흔들림 없는 결단, 결함 없는 작전 계획, 적 진영에서 가장 노출이 심하면서도 치명적인 지점 설정 등이 필승의 조건이다. 따라서 경험이 풍부한 유격대만이 이런 유의 공격으로 승리를 거둘 수 있다.

여섯째, 실전에 임하는 유격대의 전열은 최대의 탄력성을 유지해야 한다. 일단 적의 병력이나 전투 준비태세 또는 전투에 대한 그들의 계산이 잘못된 것으로 판명되면 즉각 교전을 중지하고 공격을 시작할 때와 마찬가지로 신속하게 후퇴해야 한다. 지휘관이 전투 중에 쓰러진다 해도 그를 충분히 대신할 수 있고 신뢰할 만한 간부가 각 조마다 육성되어 있어야 한다. 유격전에서는 하사관의 기지가 중요한 변수로 작용한다.

일곱째, 교란, 유인, 견제, 복병, 양공, 도발 등 여러 가지 전술을 체득해야 한다. 한문으로는 이들 전술을 '성동격서책(聲東擊西策: 동쪽을 공격하는 체하면서 서쪽을 공격하는 기만술책)'이라고 부른다.

여덟째, 유격대는 가장 약하면서도 치명적인 지점을 집중 공격할 뿐이지 절대로 적의 주력부대와 대결하는 것을 피해야 한다.

아홉째, 적이 유격대의 주력이 있는 곳을 알지 못하도록 조심하고 또 조심해야 한다. 이런 이유 때문에 유격대는 적이 진군하고 있을 때 절대로 한 장소에 집결해 있지 말아야 하며, 공격 직전에는 하루 낮 하루 밤 동안에도 2번에서 3번씩 자주 장소를 이동해야 한다. 이동할 때의 은밀성은 유격대의 성공에 절대로 필수적이다. 적의 진격을 막기 위한 실질적인 집결계획은 물론이고 공격 후의 분산계획도 중요하니만큼 이 두 가지 계획 모두가 완벽해야 한다.

열째, 유격대는 우월한 기동성 외에도, 현지의 대중과 밀착되어 있기 때문에 우월한 정보수집 능력이라는 장점도 가지고 있는 만큼 이 장점을 최대한 활용해야 한다. 물론 이상적으로는 농민들 전부를 유격대의 정보수집원으로 활용해 적이 한 발자국을 움직일 때마다 유격대가 그것을 알도록 하는 것이 필요하다. 적에 대한 정보통로를 보호하는 데 크게 신경을 써야 하며, 보조정보망이 항상 여러 개씩 마련되어 있어야 한다."

펑더화이 사령관의 말에 따르면, 이러한 유격전의 주요 원칙들에 입각해 지금까지 홍군은 세력을 구축할 수 있었으며, 앞으로도 홍구를 확장하기 위한 모든 노력에서 이들 원칙을 철저히 적용해야 한다는 것이었다. 그는 다음과 같이 결론을 맺었다.

"앞에서 말했듯이 유격전에서 승리하려면 대담성, 신속성, 현명한 계획, 기동성, 은밀성, 도발성, 과단성 등의 기본적 요소를 갖추어야 한다. 이들 요소 가운데 일부만 빠져 있어도 유격대는 승리를 기대하기 어렵다. 만약 전투의 초반에 신속한 결단을 내리지 못한다면 전투는 장기화될 것이다. 유격대는 속전속결을 지향해야 한다. 그렇지 못하면 적은 보강될 것이다. 그들은 탄력성 있게 이동해야 할 것이다. 그렇지 않으면 그들은 작전상의 우위를 상실하고 말 것이다.

마지막으로 유격대가 농민대중의 지지와 참여를 얻어 내는 일이 절대로 필요하다. 무장농민의 운동이 없다면 실제로 유격대의 근거지는 있을 수 없으며, 따라서 군대는 존재할 수 없다. 인민들의 마음속에 깊이 뿌리내릴 때, 대중의 요구를 충족시켜 줄 수 있을 때, 농민 소비에트 속에서 근거지를 견고히 할 때, 그리고 대중의 비호 밑에 은신할 수 있을 때 비로소 유격대는 승리의 개가를 부르게 될 것이다."

펑더화이는 내가 앉아서 그의 말을 받아쓰고 있는 책상을 향하게 될 때마다 요점을 하나씩 전달해 주면서 발코니 위를 오락가락했다. 그러다가 갑자기 멈추어 깊은 생각에 잠기더니 과거를 회상했다.

"그러나 어떤 것도, 절대로 어떤 것도 홍군이 인민의 군대이며 인민이 도와주었기 때문에 비로소 홍군이 성장할 수 있었다는 사실보다 더 중요할 수는 없다.

나는 1928년 겨울 후난에서 있었던 일을 잊을 수 없다. 당시 내 휘하의 병력은 2천 명이 겨우 넘을까 하는 정도까지 크게 줄어들었으며, 적이 우리를 포위하고 있었다. 국민당군은 300리가량의 주변에 있는 가옥들을 남김없이 불태워 버리고, 그곳에 있는 식량을 남김없이 빼앗아 간 후 우리를 봉쇄했다. 헐벗은 우리들은 나무껍질로 겉옷을 만들어 입었으며, 바지의 단을 잘라서 신발을 만들어 신었다. 우리의 머리는 자랄 대로 자랐고, 우리에게는 숙소도, 등불도, 소금도 없었다. 우리는 병들어 있었고 굶어 죽기 직전에 놓여 있었다. 농민들도 우리보다 나을 것이 없었기에 우리는 그들이 가진 것에 전혀 손을 대지 않았다.

그러나 농민들은 우리를 격려해 주었다. 그들은 백군에게 빼앗기지 않으려고 땅 속에 파묻어 두었던 곡식을 파내어 우리에게 주고, 그들 자신은 감자와 풀뿌리로 연명했다. 그들은 그들의 집을 불태우고 그들의 식량을 약탈해 간 백군을 증오했다. 우리가 도착하기 전에 그들은 이미 지주와 세리를 상대로 싸움을 시작했으며, 따라서 그들은 우리를 환영했다. 많은 농민들이 우리를 환영하면서 망설임 없이 우리에게 가담했고, 거의 모든 농민들이 우리를 어떤 식으로든 도와주었다. 우리가 승리하기를 원했다. 이에 힘입어 우리는 전투를 포기하지 않았고, 결국 봉쇄망을 뚫을 수 있었다."

나를 바라보며 펑더화이는 간단하게 말을 맺었다. "전략이 중요하다. 그러나 대부분의 인민이 우리를 도와주지 않았다면 우리는 존재할 수도 없었다. 우리는 인민의 억압자들을 때리는 인민의 주먹에 지나지 않는다."

5. 홍군 전사의 생활

중국 병사들은 해외에서 평판이 그리 좋게 나 있지 않았다. 총은 주로 장식품이고, 중국 병사들의 유일한 투쟁 상대는 아편 파이프이며, 총격을 교환할 때도 쌍방 합의에 따라서 공중에 대고 하고, 전투의 승패가 운에 의해 결정되며, 병사들에게는 봉급으로 아편이 지급된다는 것이 많은 사람들의 생각이었다. 이러한 소문들 중 일부는 과거 중국 군대 대부분의 경우에 틀림없는 사실이었지만, 이제는 홍군은 물론 백군의 경우에도 잘 무장된 일급의 중국 병사가 촌극에나 나옴직한 농담거리일 수는 없게 되었다.

아직도 중국에는 그처럼 희극적인 군대가 얼마든지 있지만 최근 들어 새로운 형태의 전사들이 등장하기 시작했고, 이들이 구식 군대를 대체할 날도 멀지 않았다. 내전, 특히 홍군과 백군 사이의 계급전쟁은 교전 당사자 모두에게 비싼 대가를 요구하고 있으며, 교전 당사자 어느 쪽도 막사나 우산 밑에서의 휴식은 생각지도 못할 정도의 치열한 전투가 빈번하게 발생하고 있는 것이 지금의 실정이다. 10년 동안 계속되고 있는 중국의 갈등 속에서 다른 무엇보다도 현대적인 기술과 전술을 익숙하게 사용할 줄 아는 전투병력과 군사적인 두뇌가 창조되었으며, 이를 핵심으로 하여 더 이상 장난감 병정이라고 무시할 수 없는 강력한 군대가 만들어질 날도 멀지 않았다.

문제가 인적 자원에 있었던 적은 없었다. 나는 1932년의 상하이 전쟁을 통해 중국인들도 다른 어떤 국민 못지않게 잘 싸울 수 있다는 사실을 확인할 수 있었다. 기술적인 제약을 제외한다면 문제는 지휘관들이 인적 자원을 훈련하여 자유자재로 사용하고, 나아가서는 이 인적 자원에 군사적 규율과 정치적 사기, 그리고 승리를 향한 의지를 부여하는 데 무능했다는 사실에 있었다. 이러한 문제를 해결할 수 있었다는 데서 홍군이 우위를 차지한 비결을 찾을 수 있다. 자신들이 무엇인가를 위해 싸우고 있다는 믿음으로 전투에 임하는 중국 유일의 군대가 바로 홍군이었다. 홍군이 기술적으로나 수적으로 엄청나게 우세한 적과의 대결을 견딜 수 있었던 것은 그들이 군대를 만들어 가는 과정에서 교육 사업에 크게 성공했기 때문이다.

홍군의 대부분을 차지하고 있는 중국 농민들은 지독할 정도의 끈질긴 인내력을 가졌으며, 불평 없이 난관을 극복하는 능력에서는 남의 추종을 허락지 않았다. 이런 사실이 장정을 통해 유감없이 입증되었다. 홍군은 사방으로부터 혹독한 공격을 받았으며, 오랜 기간을 노천에서 자고 통밀을 먹고 견디면서도 여전히 굳건한 단결력을 잃지 않았고, 장정이 끝났을 때는 강력한 군사력으로 재등장할 수 있었다. 그것은 또 엄격하고 책무가 무거운 일상생활을 견뎌 내는 홍군의 모습에서도 확인되었다.

내가 닝샤성과 간쑤성을 방문했을 당시 홍군은 동굴이나, 부유한 지주가 마구간으로 썼던 건물 또는 서둘러 세운 흙벽돌의 막사, 아니면 국민당 관리와 주둔군이 사용하다 남겨 두고 간 가옥이나 막사에서 생활하고 있었다. 그들은 딱딱한 항 위에서 그대로 잠을 자거나 얇은 광목천 한 장을 이불 삼아 잠을 잤다. 그들의 방은 바닥이고 벽이고 천장이고 온통 회칠을 한 것이었음에도, 한결같이 깨끗했고 정돈이 잘 되어 있었다. 적이 퇴각하기 전에 가구들을 대부분 파괴하거나 싣고 가 버렸기 때문에 그들이 책상이나 의자를 가지고 있는 경우란 극히 드물었다. 그들은 벽돌이나 돌을 쌓아서 의자 대신 사용했다.

부대마다 자체의 취사반과 병참부를 두고 있었다. 홍군의 일상적인 식사는 조밥과 절인 배추에 소량의 양고기, 그리고 때때로 돼지고기가 곁들여지는 지극히 간소한 것이었지만, 그들은 이런 식사로도 혈기왕성했다. 커피, 차, 과자, 설탕, 신선한 야채란 거의 구경하기조차 힘들 정도였지만 이런 것들이 없다고 서운해하지는 않았다. 그들은 그 안에 든 내용물보다도 커피 깡통 자체를 더 소중하게 여겼다. 쓴 약 같아서 커피를 좋아하는 사람은 없었지만 깡통은 편리한 식기로 사용할 수 있었기 때문이다. 음료수라고는 끓인 물밖에 없었으며 냉수는 오염되어 있는 경우가 많았기 때문에 냉수를 마시는 것은 철저한 금기였다.

홍군 병사들은 전투가 없을 때도 온종일 바삐 움직였다. 새로운 지역을 점령했을 경우에 홍군은 소비에트를 건설하거나 공고히 하기 위해 한두 달 정도를 정착했고, 소규모 병력만을 전초경계에 내보냈다. 따라서 홍군 병사는 남방에서처럼 북방에서도 오랜 군사활동 정지 기간을 가지게 되었다. 적은 주기적으로 시작되는 대토벌전의 시기를 제외하면 거의 언제나 수세를 취했다.

참호 근무나 전초경계 근무에 임하지 않을 때면 홍군 병사는 1주 6일 근무제를 지켰다. 병사들은 5시에 일어나서 9시에 취침나팔 소리를 듣고 잠자리에 든다. 하루 일정은 기상 후의 운동 한 시간, 아침식사, 군사훈련 2시간, 정치강의 및 토론 2시간, 점심식사, 휴식 1시간, 한자공부 2시간, 오락과 운동 2시간, 저녁식사, 노래와 그룹 모임, 그리고 취침으로 짜여져 있었다.

멀리뛰기, 높이뛰기, 달리기, 벽 타기, 밧줄 타기, 로프 뛰어넘기, 수류탄 던지기, 사격 등에서 치열한 경쟁이 장려되었다. 홍군이 벽과 기둥을 타고 밧줄을 뛰어넘는 것을 보고 있으면 중국 신문들이 그들의 신속한 동작과 민첩하고 능숙한 등산 솜씨에 감탄해 그들에게 '인간원숭이'라는 별명을 붙였던 이유를 쉽게 이해할 수 있었다. 운동경기, 군사훈련, 정치 지식, 읽고 쓰기, 공중위생 등 여러 분야에서 소대부터 연대까지의 각 단위부대들이 벌이는 단체경기의 승자에게는 기념패를 주었다. 나는 이러한 단체경기에서 두각을 나타낸 부대들이 그들의 레닌 클럽에 상패를 자랑스럽게 전시하고 있는 것을 보았다.

중대에서 연대에 이르기까지 부대마다 레닌 클럽이 있었으며, 그곳이 모든 사회·문화 생활의 중심이었다. 연대의 레닌 클럽이 가장 훌륭한 건물에 자리 잡고 있었지만, 그 건물이 그리 대단한 것은 아니었다. 내가 본 레닌 클럽의 건물은 전부가 조잡한 가건물이었다. 그곳이 관심을 끄는 것은 거기에 설치된 비품 때문이 아니라 그곳에서 이루어지는 인간들의 행위 때문이었다. 레닌 클럽에는 예외 없이 소속 부대의 재주꾼이 그린 마르크스와 레닌의 초상화가 걸려 있었다. 중국에서 그린 예수의 초상화들 일부가 그렇듯이 그 초상화들도 거의 전부가 마르크스와 레닌을 이마가 둥글거나 아니면 이마가 전혀 없으며 공자처럼 눈매가 치켜 올라간 분명히 동양인의 모습으로 그려 놓고 있었다. 마르크스의 한자 이름은 '마커스(馬克斯, 마극사)'였지만, 홍군 병사들은 이 이름보다도 마다쯔쯔(馬大髭子, 마대자자)라는 그의 별명을 더 즐겨 사용했다. 그들은 마르크스에 대해 애정 어린 경외감을 느끼고 있었다. 특히 중국에서 유독 그들만이 마르크스처럼 풍성한 수염을 갖고 있고, 또 그것을 소중히 여기는 회교도들의 경우에는 더욱 그러했다.

레닌 클럽의 또 하나의 특성으로는 군사전략을 연구할 목적으로 방의 한쪽 모퉁이에 설치해 놓은 촌락, 산, 진지, 강, 호수, 교량 등의 축소판 진흙 모형을 지적할 수 있다. 학습반이 어떤 전략 문제를 연구할 때면 역시 진흙으로 만든 꼬마 병정들을 그 위에서 이리저리 이동시킴으로써 포진을 시험해 보았다. 어떤 곳에서는 상하이의 중일전쟁이, 또 어떤 곳에서는 만리장성의 전투가 재연되기도 했지만, 대부분의 모형은 홍군과 백군 사이의 전투를 재연시키고 있었다. 그 밖에도 그것들은 군대가 주둔하고 있는 지역의 지리적 특징을 설명하거나 가상전의 전술을 극화시키거나, 또는 군사훈련의 일부인 지리·정치 교육을 상기시키는 데 쓰였다. 의무중대의 레닌 클럽에는 인체 각 부분의 진흙 모델이, 특정한 질병의 증상을 보여 주거나 위생학적 지식을 주입시키기 위한 목적에서 진열되어 있었다.

한자 공부에 이용되는 클럽의 다른 한 모퉁이에는 전사들의 학습장이 가지런히 놓여져 있었다. 한자 학습반은 3조로 나뉘어져 있었다. 한 조는 100자 이하의 한자를 알고 있는 병사들로, 다른 한 조는 100자에서 300자까지를 알고 있는 병사들로, 나머지 한 조는 300자 이상을 알고 있는 병사들로 각각 짜여졌다. 홍군은 이상의 세 조에 각각 적합한 세 가지 교과서를 자체에서 제작했으며, 그 내용은 모두 정치선전이 주류를 이루었다. 중대급 이상의 각 부대마다 정치부가 있었는데, 이 정치부가 정치훈련뿐만 아니라 대중교육도 담당했다. 내가 듣기로는 제1군단의 20퍼센트 정도만이 아직도 중국어로 '샤쯔(瞎子, 할자)', 즉 완전한 문맹이었다.

제2사단의 정치위원으로 나이가 22살이었던 샤오화(蕭華, 소화)*는 나에게 다음과 같이 말했다. "레닌 클럽에는 아주 간단한 몇 가지 원칙이 있다. 즉 병사들의 삶과 활동 전체가 그들의 끊임없는 발전에 기여하도록 해야 한다는 것이 제1의 원칙이다. 제2의 원칙은 병사들 자신이 실천해야 한다는 것이며, 모든 것이 이해하기 쉽도록 간단명료해야 한다는 것이 제3의 원칙이다. 또한 군대의 당면 임무에 대한 실천적 교육에 오락적 가치를 부여해야 한다는 것이 제4의 원칙이다."

일반적인 레닌 클럽의 '도서실'에는 주로 중국 홍군의 정규 교과서와 강의록, 러시아 혁명사, 백구에서 밀반입했거나 압수한 것이 분명한 각종 잡지들, 《신화일보(神華日報)》, 《당공작(黨工作)》, 《투쟁(鬪爭)》 같은 중국소비에트의 출판물 등이 있었다.

그 밖에도 레닌 클럽마다 벽신문이 있었으며, 이 벽신문을 시기적절하게 유지하는 책임이 병사위원회에 있었다. 벽신문에는 병사들의 문제점과 발전상이 반영되었다. 나는 이들 신문을 여러 장 완역하여 보관했다. 그중에서 가장 전형적인 것이 위왕바오에 주둔하고 있던 제2사단 제3연대 제2중대의 9월 1일 자 신문이었다. 그것은 공산당과 공산주의 청년동맹의 일간예고와 주간예고, 갓 문맹상태를 벗어난 병사가 쓴 혁명적 구호와 격려가 대부분을 차지하는 2단의 기고란, 남부 간쑤성에서 홍군이 거둔 승리를 알리는 전황 발표, 배워야 할 신곡, 백구에서 들어온 정치 소식, 그리고 칭찬하는 적색란과 비판하는 흑색란으로 구성되어 있었다. 나는 적색란과 흑색란에 특별한 흥미를 느꼈다.

'적색란'은 개인이나 집단이 보여 준 용기, 애타심, 근면 등 여러 가지 미덕에 대한 찬사로 차 있었다. '흑색란'에는 총기 소제의 소홀, 나태한 학습태도, 수류탄이나 총검의 분실, 근무 중의 끽연, 정치의식의 낙후성, 개인주의, 반동적 습관 등 여러 가지 문제를 놓고 동료 사병이나 장교를 혹독하게 비판하는 내용이 담겨져 있었다. 어떤 흑색란에는 밥을 설익힌 취사병에 대한 비판이, 또 어떤 흑색란에는 식사 때문에 불평을 늘어놓는 동료 병사에 대한 취사병의 비난이 실려 있었다.

탁구에 대한 홍군의 열의는 대단했다. 어떻게 생각하면 기이하게 들릴지 모르겠지만 레닌 클럽마다 중앙에는 식사시간이면 식탁으로 바뀌는 대형 탁구대가 있었다. 식사시간이면 언제나 탁구채, 공, 네트로 무장한 너덧 명의 '비적들'이 동료들의 식사를 재촉했다. 그들은 게임을 계속하고 싶어서 안달이었다. 병사들은 자기 부대의 챔피언이 최강자임을 자랑했다. 나는 그들의 적수가 되지 못했다.

일부 레닌 클럽에는 난징 정부의 관리나 백군 장교로부터 몰수한 전축이 있었다. 어느 날 저녁 나는 당시 산시(陝西)와 쑤이위안의 경계에서 홍군과 대결하고 있던 국민당의 가오구이쯔(高桂滋, 고계자) 장군이 보낸 '선물', 미제 빅트롤라(오디오 기종 이름)로 합주곡을 즐길 수 있었다. 가오구이쯔 장군이 갖고 있는 레코드는 프랑스 판 2장을 제외하고는 모두가 중국 판이었다. 프랑스 판 2장 중 하나에는 〈라 마르세예즈〉(프랑스 국가-옮긴이)와 〈티퍼러리(Tipperary)〉가, 다른 하나에는 프랑스 희극곡이 실려 있었다. 두 장 모두 프랑스어를 한 마디도 이해하지 못하는 청중들의 웃음보를 터뜨렸다.

홍군은 그들만의 독특한 경기를 여러 가지 알고 있었으며, 끊임없이 새로운 경기를 개발했다. 그중의 하나인 스즈파이(識字牌, 식자패)라는 경기는 문맹자가 상형문자를 배우는 데 도움이 되었다. 포커와 흡사한 경기도 있었는데, 이 경기에서 높은 패에는 '일본 제국주의 타도', '지주 타도', '혁명 만세', '소비에트 만세' 등이 표시되었으며, 낮은 패에는 정치·군사적 목적에 따라 변하는 여러 가지 구호들이 표시되었다. 단체경기도 여러 가지가 있었다. 공산주의 청년동맹원들이 레닌 클럽의 운영을 맡고 있었는데, 매일의 합창을 지도하는 것도 그들의 일이었다. 많은 노래들이 기독교의 찬송가에 맞추어 불려졌다.

이와 같은 활동들로 홍군 병사들은 매우 바빴고 또 상당히 건강할 수 있었다. 홍군 병사들의 주변에서는 위안부나 창녀를 찾아볼 수 없었다. 아편 흡연도 철저히 금지되어 있었다. 나는 길에서든 막사에서든 아편이나 아편 파이프를 갖고 있는 홍군을 본 적이 없었다. 근무 중이 아니면 담배 피우는 것이 금지되지 않았지만 금연을 권하는 선전이 있었고, 실제로도 담배 피우는 병사는 거의 없는 것 같았다.

이상이 후방에 있는 홍군 정규 병사의 단체생활이었다. 이것은 그리 크게 흥미롭지 않을 수 있겠지만 국민당의 선전과는 판이하다. 국민당의 선전을 들어 보면 홍군의 생활이란 밥 먹듯이 저지르는 강간, 발가벗은 무희들의 난무, 거친 유흥 등의 연속일 것이라고 생각하게 된다. 하지만 사실은 정반대이다. 어떤 시대, 어떤 곳의 혁명군이라도 결코 방종하지 않으며 오히려 지나치게 청교도적으로 될 위험이 있다는 주장이 타당하다.

장제스는 홍군의 사상 일부를 모방해 그것을 그의 정예부대인 '신군(新軍)'과 신생활운동에 적용하고 있었다. 사실 백군은 그것을 실현하기에 훨씬 더 유리한 물질적 기반을 갖고 있었지만, 홍군의 주장에 의하면 단 한 가지 절대로 모방할 수 없는 것이 있었다. 그것은 혁명정신이었다. 이 혁명의식이 무엇인지는 홍군 부대의 정치집회에 참여해 보면 가장 쉽게 알 수 있다. 정치집회는 이들 젊은이들이 그것을 위해서라면 싸우다 죽어도 좋다고 말하는 그 신념이 무엇인지, 그리고 그 신념이 얼마나 확고하게 그들의 가슴 속에 자리 잡고 있는지를 말해 준다.

6. 정치 집회

어느 날 오후 한가한 시간에 나는 홍군 정치부원 류샤오(劉曉, 유효)를 찾아 나섰다. 그의 사무실은 위왕바오 성곽 위의 위병소에 있었다.

이 무렵 나는 홍군 지휘관들이 충실한 마르크스주의자이며, 그들이 단위 부대마다 있는 정치부의 대표를 통해 전달되는 공산당의 지시를 충실하게 받아들이고 있다는 사실을 확인할 수 있었다. 물론 트로츠키라면 그들이 과연 올바른 마르크스주의자인지 여부를 놓고 토론하고 싶어 했겠지만, 역시 문제의 초점은 그들이 그들 나름대로 사회주의를 위해 투쟁하고 있다고 생각하고 있었으며, 자신들이 원하는 것이 무엇인지를 분명히 알고 있었고, 자신들의 운동이 범세계적인 운동의 일환이라고 믿고 있었다는 사실일 것 같다.

류샤오는 내가 홍군에서 만난 가장 진지하고 가장 부지런한 청년 가운데 한 명이었다. 그때 나이가 25살이었던 그는 잘생기고 지적인 외모에다가 정중하고 점잖고 겸손했다. 나는 그가 홍군과 자신의 관계에 대해 강한 자부심을 느끼고 있다는 것을 알 수 있었다. 그는 공산주의에 대해 종교적 절대주의에 가까운 순수한 감정을 느끼고 있었다. 자신 있게 단언하건대 당의 명령만 내려진다면 그는 아무리 많은 반혁명분자나 배반자들일지라도 전혀 주저하지 않고 처형해 버리고 말 그런 인물이었다.

내게는 그의 공무를 방해할 권리가 없었지만 가능한 한 모든 방법으로 나를 도우라는 명령이 그에게 하달되었음을 알고 있었던 만큼 이 기회를 최대한 활용하기로 작정했다. 그는 이미 나를 위해 여러 차례 통역을 맡아 준 적이 있었다. 내가 보기에 그는 외국인을 혐오하는 것 같았다. 하지만 그의 과거를 알고 나니 그를 탓할 수도 없었다. 그는 남의 나라도 아닌 자기 나라에서 두 번씩이나 외국 경찰에 체포되어 옥살이를 했다. 그는 후난성 천저우부(辰州府, 진주부)의 미국계 전도학교인 동방중학을 다니다가 퇴학당했다. 1926년의 대혁명까지만 해도 그는 독실한 기독교 신자였고, 열성적인 YMCA 회원이었다. 어느 날 그가 학생데모를 주동하다가 퇴학당하자 그의 가족도 그를 받아들이려 하지 않았다. 중국에 있는 선교기관들의 '제국주의적 속성'을 파악한 그는 상하이로 가서 그곳의 학생운동에 적극적으로 참여했고 공산당에도 가입했다. 그 후 그는 프랑스 조계에서 관헌에게 잡혀 투옥되었다가 1929년에 석방되었다. 석방된 뒤에도 그는 옛 동지들과 만났고 공산당 지방위원회에서 일하게 되었다. 그는 또다시 이번에는 영국 관헌에게 체포되어 악명 높은 화더루 형무소에 수감되었다. 그는 이곳에서 전기고문까지 당하면서 자백을 강요받은 뒤 중국 관헌에 넘겨져 다시 투옥되었다. 그가 석방된 해는 1931년, 그해 그의 나이는 갓 스물이었다. 석방 직후 그는 공산당의 '지하철도'를 이용해 푸젠성의 소비에트 지구로 갔으며, 이후로는 한 번도 홍군을 떠나지 않았다.

나는 류샤오와 함께 그때 마침 정치집회를 하고 있던 레닌 클럽을 방문했다. 그것은 제1군단 제2사단 제2연대에 소속되어 있는 한 중대의 모임이었고, 참석 인원은 62명이었다. 이 모임은 그 중대의 '상급반'이었으며, '하급반'도 있었다. 홍군의 정치교육은 3개의 주요 그룹으로 나뉘어 진행되었으며, 각 그룹은 다시 앞서 말한 2개 반으로 나뉘었다. 반별로 자체의 병사위원회가 선출되는데, 이 병사위원회의 설립 목적은 상급 장교와 상담하고 소비에트에 대표를 파견하는 것이었다. 3개 그룹은 중대장급 이상의 고급장교들의 모임, 소대장과 일반 병사들의 모임, 그리고 요리사·마부·운반부·청소부·소년선봉대 등으로 구성되는 봉사단의 모임이었다.

클럽은 푸른 나뭇가지로 장식되어 있었고, 문에는 붉은색의 큰 종이별이 붙어 있었다. 안으로 들어서자 우선 마르크스와 레닌의 흔히 볼 수 있는 초상화가 눈에 들어왔고, 한옆으로는 상하이 전쟁의 영웅들인 차이팅카이 장군과 장광나이 장군 사진이 걸려 있는 것을 볼 수 있었다.[8] 러시아의 적군(赤軍)이 2월혁명 기념일에 붉은 광장에서 대량 학살당하는 장면을 담은 대형 사진도 걸려 있었다. 그 밖에도 펑위샹 장군의 대형

---

8 상하이 전쟁 또는 상하이 사변(上海事變, 상해사변)은 1932년 1월에 일어났다. 공산주의자는 아니었지만 항일투사였던 이들 장군의 사진을 걸어 놓았다는 사실은 1935년에 채택된 공산당의 통일전선정책을 반영하는 것이다.

석판화가 걸려 있었다. 그리고 그 밑에는 예부터 전해 내려왔지만 당시의 항일운동을 계기로 구호가 되어 새롭게 유행하게 된 '환아산하(還我山河: 우리의 산과 강을 되찾자!)'라는 문구가 씌어 있었다.

사람들은 각자 가지고 온 벽돌 의자(한 손에는 연습장, 또 한 손에는 벽돌 의자를 들고 학교에 가는 홍군 병사의 모습을 흔히 볼 수 있었다)에 앉아 있었고, 둘 다 공산당원인 중대장과 정치위원이 이 반을 지도하고 있었다. 토론의 주제는 '항일운동의 발전적 전개'였다. 몸이 야위고 얼굴이 수척한 젊은이 하나가 이야기를 하고 있었다. 선전포고 없이 5년 동안 계속되고 있는 중일전쟁을 개관하는 그의 목소리는 절규에 가까웠다. 그는 일본의 만주 침략과, 장쉐량 군대의 병사로 있을 당시의 자신의 체험을 말하고 있었다. 그는 '무저항'을 명령한 데 대해 난징 정부를 비난했다. 그러고 나서 상하이, 러허, 허베이, 차하얼, 쑤이위안이 일본에 의해 침략당하던 때의 정황을 설명했다. 그는 끊임없이 '국민당의 주구들'이 싸움 한 번 하지 않고 퇴각했음을 강조했다. 또한 "그들이 일본 강도 놈들에게 조국의 4분의 1을 고스란히 넘겨주었다"라고 말했다.

"왜?" 극도의 흥분 때문에 이렇게 묻는 그의 목소리가 약간 갈라졌다. "왜 우리의 중국군이 조국을 구하기 위해 싸우지 않는가? 싸우고 싶지 않기 때문인가? 절대 그렇지 않다. 우리 동북군 병사들은 거의 매일같이 장교에게 우리를 전선으로 데려다 달라고 간청했다. 우리들은 싸워 조국을 되찾고 싶었다. 그런데도 중국군은 싸울 수 없었다. 그것은 전적으로 '매국정부' 때문이다."

"그러나 우리들 홍군이 앞장선다면 국민은 일어날 것이다……." 그는 서북방에서 공산당의 지도가 있자 항일운동 세력이 급성장했던 예를 간략하게 말하는 것으로 연설을 맺었다.

다른 사람이 일어났다. 그의 얼굴에는 긴장감이 감돌았고 양손으로는 허리를 힘차게 받치고 있었다. 류샤오가 나에게 그는 장정에 참가했던 오장(伍長: 한 오의 우두머리-옮긴이)으로 이 반의 반장이라고 속삭여 주었다.

"일본과 싸우고 싶어 하지 않는 놈들은 변절자들밖에 없다. '중일합작' 운동이나 '공동방공(共同防共)' 따위를 주장하는 놈들은 돈 있는 놈들, 세리 놈들, 군벌 놈들, 지주 놈들, 은행가 놈들뿐이다. 그놈들은 전부해야 한 줌밖에 되지 않는다. 그놈들은 중국 사람이 아니다.

우리들 농민과 노동자는 모두가 싸워 조국을 구하고자 한다. 필요한 것은 길을 제시하는 것뿐이다. 이런 사실을 어떻게 알 수 있는가? 인구가 3백만 명밖에 되지 않는 장시 소비에트에서 우리는 의용유격대를 5십만 명이나 모집할 수 있었다. 우리의 충성스러운 소비에트들은 배반자의 무리인 백군과 싸우고 있는 우리를 앞다투어 지원했다. 홍군이 우리의 강토 전역에서 승리를 거두는 날 우리의 유격대는 그 수가 1천만 명을 넘게 될 것이다. 그때에도 일본이 감히 우리의 조국을 넘볼 수 있겠는가!"

열변은 그에게서 그치지 않았다. 그들은 차례로 일어나 때로는 강조하기도 하고, 때로는 앞서 말한 연사를 반박하기도 하고, 때로는 좌장(座長)의 질문에 답하기도 하면서 그들의 일본에 대한 강한 증오감을 나타냈다.

한 젊은이가 지난해 있었던 홍군의 항일 산시(山西) 원정에 대한 인민의 반응을 말했다. "인민들은 우리를 열렬히 환영했다"라고 그는 외쳤다. "그들은 수백 명씩 몰려와 우리에게 합세했다. 그들은 차와 과자를 들고 길로 나와 우리의 행군대열을 맞이했다. 많은 사람들이 밭에서 뛰어나와 우리에게 합세하거나 우리를 위로해 주었다……. 그들은 누가 반역자이고 누가 애국자이며……, 누가 일본과 싸우기를 원하고, 누가 일본에게 조국을 팔아넘기려고 하는지를 잘 알고 있었다. 우리의 당면 과제는 우리가 산시(山西)의 인민들을 각성시켰듯이 국민 전체를 각성시키는 것이다……."

한 사람은 백구에서의 항일운동에 대해, 다른 한 사람은 서남방에서의 항일운동에 대해 말했고, 동북군 출신의 병사 한 사람은 장쉐량 장군 휘하의 병사들이 더 이상 홍군과 싸우고 싶어 하지 않는 이유를 설명했다. "중국 사람이 중국 사람과 싸울 수는 없다. 우리는 일치단결하여 일본 제국주의를 무찌르고 잃어버린 조국을 탈환해야 한다!"라고 웅변조로 말하고 그는 끝을 맺었다. 또 한 사람이 일어나 만주의 항일의용군에 대해, 또 한 사람이 일어나 일본인이 소유하고 있는 공장에서 중국 사람들이 일으킨 파업에 대해 말했다.

토론은 한 시간이 넘도록 계속되었다. 때때로 지휘관이나 정치위원이 개입하여 그때까지의 토론 내용을 요약하거나, 어떤 점에 대해 부연 설명해 주거나, 새로운 정보를 추가시켜 주거나, 말한 것을 수정해 주었다. 사람들은 수첩에다가 열심히 요점들을 기록했다. 진지한 생각으로 그 정직한 농군들의 얼굴에는 고랑이 파졌다. 토론은 시종일관 거친 선전의 성격을 띠었고, 사실의 과장이 심했지만 그들은 전혀 개의치 않았다. 그것은 단일 명제의 타당성을 입증하기 위하여 자료를 선택하는 식의 자체 전도적인 성격을 띠었다. 그러나 그것의 효과가 강력했음은 부인할 수 없었다. 간결하지만 강력한, 그리고 논리적인 확신이 순진한 청년들의 마음속에서 형성되고 있었다―위대한 십자군이라면 강한 정신적 일체감, 놀라운 용기, 대의를 위해서라면 목숨도 바치겠다는 굳은 각오가 있어야 한다. 한마디로 놀라운 사기로 무장하는 데는 반드시 그러한 신념이 필요했다.

나도 그들의 토론에 끼어들어 몇 가지 질문을 던졌다. 질문은 손을 들어 답할 수 있는 간단한 것이었다. 나는 참석자 62명 가운데 9명이 도시 노동자 출신이고 나머지가 농촌 출신임을 알았다. 21명이 전에 백군 병사였고, 6명이 만주군 병사였다. 이들 가운데 기혼자는 8명밖에 되지 않았으며, 21명이 적색 집안 출신—즉 소비에트 치하에서 토지 재분배로 혜택 받은 빈농집안 출신—이었다. 34명이 20살 미만이었고, 24명이 20살에서 25살 사이였으며, 4명만이 30대였다.

"그렇다면 홍군이 중국의 다른 어떤 군대보다도 더 훌륭하다고 생각하느냐?"는 나의 질문에 여섯 명이 일제히 벌떡 일어나 외쳤다.

"홍군은 혁명군이다!"

"홍군은 항일을 한다!"

"홍군은 농민을 돕는다!"

"홍군의 생활 조건은 백군에서의 생활 조건과 판이하다. 여기에서 우리들은 모두가 평등하다. 반면에 백군에서는 병사 대중이 탄압에 시달린다. 여기에 있는 우리는 우리들 자신과 대중을 위해 투쟁한다. 반면에 백군은 호신과 지주들을 위해 싸운다. 홍군에서는 장교와 병사가 전혀 다름없이 생활한다. 반면에 백군에서는 병사들이 노예처럼 학대당한다."

"홍군은 공로를 유일한 선발 기준으로 삼아 병사들 중에서 장교를 선발한다. 반면에 백군에서는 장교가 되려면 돈이나 정치적 압력을 동원해야 한다."

"홍군은 지원병인 데 반해 백군은 징집병이다."

"자본주의 군대는 자본가 계급의 존속을 위해 있지만, 홍군은 프롤레타리아를 위해 투쟁한다."

"군벌군대가 하는 일은 세금을 징수하고 인민의 피를 짜는 일이지만 홍군은 인민의 해방을 위해 투쟁한다."

"대중이 백군은 증오하지만 홍군은 사랑한다."

"하지만 농민들이 홍군을 진정으로 좋아한다는 것을 어떻게 확신할 수 있는가?" 나는 또 물었다. 이번에도 역시 여러 명이 답변을 하려고 앞다투어 일어났다. 정치위원이 그중 한 사람을 지적했다. "우리가 부상병을 남겨두고 다른 지역으로 이동할 때면 농민들이 그 부상병의 간호를 자원한다. 그리고 그들은 우리의 부상병을 전선에서 병원으로 옮겨다 주기도 한다"라고 그는 말했다.

다른 한 사람이 말했다. "장정 중의 일인데, 우리가 쓰촨성을 통과할 때 농민들은 우리에게 그들의 손으로 만든 짚신을 주었다. 그리고 그들은 뜨거운 물과 음식을 들고 나와 길에서 우리를 환영했다."

또 다른 병사는 "내가 류즈단 휘하의 제26군 소속으로 딩볜에서 싸울 당시 우리는 겨우 1개 소대 병력으로 국민당의 가오구이쯔군에 대항하며 외따로 떨어진 전초기지를 방어해야 했다. 농민들이 우리에게 먹을 것과 마실 것을 가져다주었다. 그리고 인민들이 보급물자를 대신 운반해 주었기 때문에 우리는 병력을 분산시킬 필요가 없었다. 가오구이쯔군을 대파하고 포로를 잡았는데, 그중 몇몇은 이틀 동안이나 물 한 모금 마시지 못했다고 했다. 농민들이 우물에 독약을 풀고 도망갔기 때문이었다"라고 말했다.

간쑤성 출신의 농민병사는 말했다. "전투 중에 인민들이 우리에게 여러 가지 도움을 주었다. 그들은 적의 소부대를 무장해제시켰고, 적의 전화선과 전신선을 끊어 버렸고, 우리에게 백군의 동태에 관한 정보를 제공해 주었다. 그러나 절대 아군의 전화선은 끊지 않았다. 오히려 우리의 전화선 가설작업을 도와주었다."

또 다른 병사가 말했다. "적기가 산에 추락한 일이 최근에 산시(陝西)성에서 있었다. 농부 두세 명 외에는 그것을 본 사람이 없었다. 그들은 창과 삽으로만 무장하고 비행기를 공격하여 조종사 두 명을 생포했다.

그들은 그 두 명을 와야오바오에 주둔하고 있던 우리에게 데리고 왔다."

또 다른 병사가 말했다. "지난해 4월, 내가 주둔하고 있던 옌창의 5개 촌락에서 소비에트가 결성되었다. 그 후 우리는 탕언보(湯恩伯, 탕은백)의 공격을 받고 후퇴해야 했다. 민단 놈들이 돌아와 마을 사람 18명을 처형했다. 그 후 우리가 반격했다. 마을 사람들이 우리를 은밀한 산길로 안내해 주었기 때문에 우리는 놈들을 기습해 3개 대대를 무장해제시킬 수 있었다."

뺨에 긴 흉터가 있는 청년 하나가 일어나 장정 중에 겪은 경험을 몇 가지 말해 주었다. "홍군이 구이저우성을 통과할 때 나와 동료 몇 사람이 쭌이 근방에서 부상을 입었다. 부대는 계속 행군해야 했고, 우리는 따라갈 수가 없었다. 의사가 우리에게 붕대를 감아 주고 나서 우리를 농부 몇 명에게 맡겼다. 그들은 우리를 먹여 주고 정성껏 치료해 주었다. 그리고 백군이 그 마을에 들어오자 그들은 우리를 깊숙이 숨겨 주었다. 몇 주일 후 우리는 건강을 회복했다. 그 후 홍군이 되돌아와 쭌이 일대를 점령했다. 우리는 마을 청년들 여럿과 함께 우리 부대에 합류했다."

또 다른 병사가 말했다. "한번은 우리가 북부 산시(陝西)성 안딩의 한 촌락에 체류한 적이 있었다. 당시 아군은 12명밖에 되지 않았던 데다가 무기라고는 소총밖에 없었다. 그곳의 농민들은 우리에게 두부를 만들어 주었고, 양까지 한 마리 주었다. 포식한 우리는 보초 한 명만을 남겨 두고 모두 잠에 곯아떨어졌다. 보초도 잠이 들었다. 밤이 깊었는데 농부의 어린 아들 하나가 와서 우리를 깨웠다. 그는 민단이 도착했고 우리를 포위·공격하려 한다는 것을 알려주려고 10리나 되는 산길을 단숨에 달려왔다고 말했다. 약 1시간 뒤에 실제로 민단이 우리를 공격했지만 이미 만반의 준비태세를 갖추어 놓고 기다리고 있던 우리는 그들을 쉽게 격퇴시킬 수 있었다."

수염 한 가닥 없는 소년이 총명하게 빛나는 눈을 크게 뜨고 다음과 같이 선언했다. "백군이 간쑤성의 한 촌락에 도착했을 때는 누구 한 사람 그들을 도우려 하지 않았고, 누구 한 사람 그들에게 먹을 것을 주려 하지 않았으며, 누구 한 사람 그들과 합류하려 하지 않았다. 그러나 홍군이 도착하자 농민들은 우리를 돕기 위해 위원회를 결성했고, 청년들이 자발적으로 우리에게 합세했다. 우리들 홍군은 인민이라는 사실, 바로 이것이 내가 말하고 싶은 것이다!"

그곳에 있는 젊은 병사들 모두가 '농민들이 우리를 좋아한다'라는 사실을 입증할 수 있는 개인적 체험을 갖고 있었다. 내가 각각 다른 것으로 골라 적어 놓은 답변만도 17가지나 되었다. 그런 경험이 어떻게나 일반적이었던지 이야기를 듣다 보니 또 한 시간이 지났다. 그제야 비로소 나는 이 전사들이 저녁식사 시간을 놓친 지 이미 오래되었다는 사실을 깨달았다. 내가 이에 대해 사과하며 황망히 떠나려 하자, 이 중대 소속의 한 '소귀(小鬼)'가 일어나 말했다. "격식을 차릴 필요는 전혀 없습니다. 전투가 있으면 우리 홍군은 며칠씩 밥을 굶고도 견뎠지요. 외국 친구에게 우리 홍군을 소개하려고 한 끼쯤 굶었기로 개의할 것이 있겠습니까?"

9부

홍군과 함께 (下)

1. 쉬하이둥: 홍군의 도공(陶工)

어느 날 오전 내가 펑더화이의 사령부를 방문해 보니 그곳에는 방금 회의를 마친 그의 막료 여러 명이 앉아 있었다. 그들은 나를 불러들이고 수박 하나를 잘랐다. 책상에 둘러앉아 항(炕)에 씨를 뱉어 놓기 시작했을 때 나는 초면인 젊은 지휘관 한 사람이 동석하고 있음을 깨달았다.

그에게 눈길을 주고 있는 나를 향해 펑더화이가 농담조로 말했다. "저기 앉아 있는 사람은 아주 악명 높은 비적이오. 그가 누군지 알아보겠소?" 이 말에 젊은 지휘관은 싱긋 웃고는 얼굴을 붉혔다. 싱긋 웃을 때 그는 천진스럽게도 앞니 두 개가 자리하고 있어야 할 곳에 텅 빈 공간을 크게 드러내 보였다. 그래서 그는 전혀 악의 없는 개구쟁이 소년처럼 보였다. 그곳에 있던 모든 사람들이 웃었다.

"당신이 그렇게도 만나고 싶어 하던 사람이 바로 저 사람이오. 그 역시 당신이 자기 부대를 방문해 주기를 고대하고 있소. 저 사람이 그 유명한 쉬하이둥이오." 펑더화이가 보충설명해 주었다.

홍군의 군사 지도자들 중에서 쉬하이둥보다 더 '악명 높은' 사람도 없었고, 쉬하이둥보다 더 두터운 비밀의 장막에 가려져 있는 사람도 없는 것 같았다. 과거 후베이성의 도자기 공장에서 일한 적이 있는 그에게 장제스가 가혹한 징벌을 가했다는 사실 외에 그에 대해 외부 세계에 알려진 것은 거의 아무것도 없었다. 최근 난징 정부의 비행기들은 홍군의 전선을 찾아와 탈주를 권유하는 내용의 유인물을 무더기로 뿌렸다. 그 유인물에는 (누구든 소총을 가지고 국민당 진영으로 넘어오는 홍군 병사에게는 100위안을 주겠다는 내용을 포함해) 다음과 같이 쓰여 있었다. "펑더화이와 쉬하이둥을 살해한 후 우리 '국민당' 진영에 가담하면 상금으로 10만 위안을 주겠다. 그 밖의 비적 괴수를 살해할 경우에도 이에 상응하는 상금을 준다."

그런데 난징 정부가 펑더화이의 머리 못지않게 높은 가격을 매겨 놓은 바로 그 머리가 소년 같은 실팍한 양 어깨 위에 수줍게 얹혀 있었던 것이다.

나는 자기 부하 가운데 그처럼 높게 값나가는 생명을 지니고 있게 되면 그 기분이 어떨까 상상해 보았으며, 또한 그때의 그 기쁨을 이해할 것도 같았다. 그러고는 진심으로 나를 자신의 부대에 초청해 주겠느냐고 그에게 물었다. 그는 홍군 제15군단의 지휘관이었는데, 그의 사령부는 서북쪽으로 약 80리 떨어진 위왕현(豫旺縣, 예왕현)에 자리 잡고 있었다.

쉬하이둥의 대답은, "나는 이미 종탑(鐘塔)에 당신의 방을 마련해 놓았소. 당신이 오겠다는 날짜를 알려 주기만 하면 즉시 호위병을 보내겠소"라는 것이었다.

우리는 당장 그 날짜를 약속했다.

며칠 후 나는 빌린(아니 이번에는 내가 직접 나서서 홍군 장교 한 사람에게 '압수한') 자동소총을 들고, 그리고 소총과 모제르총으로 무장한 홍군 부대원 10명의 호위까지 받으면서 위왕을 향해 출발했다. 왜냐하면 우리들이 가야 할 길은 곳곳이 전선에서 너무 가까운 거리에 있어 홍군 진지 밖으로 우회하지 않으면 안 되었기 때문이다. 우리가 가는 길은—그 길은 만리장성과 한적하고 아름다운 네이멍구의 대초원으로 통하는 길이었다—언덕과 골짜기로 끝없이 이어지는 산시(陝西)성이나 간쑤성의 풍경과는 대조적으로 높은 고원지대를 지나는 것이었는데, 이 고원지대에는 길고 긴 푸른 풀밭이 줄무늬 모양을 하고 펼쳐져 있었다. 키 큰 포아풀들이 점점이 흩어져 있었고 부드럽고 둥근 언덕들이 여기저기 자리 잡고 있었다. 그리고 양과 염소가 크게 무리 지어 한가롭게 그 위에서 풀을 뜯고 있었다. 때로는 독수리와 말똥가리(독수리의 일종—옮긴이)가 머리 위를 날아다녔다. 한번은 야생 영양 떼가 우리 일행 가까이까지 접근했다가는 하늘을 향해 코를 벌름거리고 냄새를 맡더니 믿기 어려울 만큼 민첩하고 우아한 동작으로 안전한 산허리를 돌아서 순식간에 우리의 눈앞에서 사라졌다.

다섯 시간 후 우리 일행은 4백~5백 가구가 살고 있는 회교의 고도 위왕바오에 도착했다. 돌과 벽돌로 만들어진 거대한 성곽이 이 도시를 둘러싸고 있었다. 이 성곽 밖에는 역시 자체의 성곽으로 둘러싸인 회교 사원이 있었는데, 사원의 성곽은 파손되지 않은 채 빛을 발하는 아름다운 벽돌로 되어 있었다. 다른 건물들은 홍군이 이 도시를 점령하기 전에 겪었던 포위공격의 흔적을 역력히 보여 주고 있었다. 전에 현청(縣廳)으로 쓰였던 2층 건물은 일부가 파손되어 있었고, 앞쪽에는 탄환 구멍이 어지럽게 나 있었다. 내가 들은 바로는, 홍군의 포위공격이 시작되자 마훙쿠이 장군의 수비대가 이 건물을 비롯해 외곽에 있는 건물들을 파괴했다는 것이었다. 그들이 홍군이 성곽 밖의 건물들을 점령해 성곽에 대한 공격의 거점으로 이용하지 못하도록 그것들을 남김없이 불태워 버리고는 철수했다고 한다.

쉬하이둥은 내게 말했다. "소규모 접전이 겨우 한 차례 있고 나서 도시는 함락되었다. 우리는 위왕바오를 열흘 동안 포위, 봉쇄했다. 도시에는 마훙쿠이의 기병 1개 여단과 약 1천 명의 민단 병력이 있었다. 우리는 열흘째 밤이 되기까지 전혀 공격을 가하지 않았다. 그날 밤은 아주 어두웠다. 우리는 벽에 사다리를 놓았고, 아군 1개 중대가 적의 초병에게 발각되지 않도록 조심하면서 성곽으로 기어 올라갔다. 성곽에 올라간 그들이 기관총으로 사다리를 지키는 동안 또 다른 1개 대대가 성곽으로 올라갔다."

쉬하이둥은 계속해서 말했다. "전투는 거의 없었다. 동이 트기 전에 우리는 민단을 무장해제시키고 기병여단을 포위했다. 아군 측의 피해는 한 명이 사망하고 몇 명이 부상한 것으로 그쳤다. 민단원에게는 1위안씩 주어 각자의 농촌으로 돌려보냈고, 마훙쿠이의 병사들에게는 2위안씩 주었다. 그들 중 수백 명이 위왕바오에 남아 홍군에 참가했다. 현장(縣長)과 여단장은 그들의 군대가 무장해제당하는 틈을 타서 동쪽 성곽을 넘어 도주했다."

나는 15군단에서 닷새를 보냈다. 깨어 있는 모든 시간이 흥미진진하기 이를 데 없었다.[1] 위왕바오에 있는 동안 나에게는 '소비에트 지구의 시찰'이라는 칭호가 붙었는데, 쉬하이둥 자신의 이야기보다 나에게 소중한 것은 없었다. 나는 매일 밤 그의 근무가 끝나고 나면 그와 대화의 시간을 가졌다. 나는 그와 말머리를 나란히 하고 제73사단의 전선까지 달리기도 했고, 붉은 극장의 공연을 관람하기도 했다. 그는 나에게 당시만 해도 아직 그 전모가 밝혀지지 않았던 허난·안후이·후베이 소비에트 공화국의 역사를 처음으로 들려주었다. 쉬하이둥은 크기에서 장시 중앙 소비에트 다음가는 그 위대한 홍구에서 최초로 유격대를 조직했던 인물이었기 때문에, 그 발전 과정을 상세한 부분까지 자세히 알고 있었다.

나는 쉬하이둥이―행동, 외모, 대화, 출신 배경 등 모든 면에서―그때까지 내가 만났던 다른 어떤 홍군 지도자보다도 더 투철한 계급의식을 지닌 사람이라는 인상을 받았다. 하급 장교들이 거의 빈농 출신이라면 고급 지휘자들은 대부분 중산계급 출신이거나 중농 또는 지식인 출신이었다. 그러나 쉬하이둥은 뚜렷한 예외였다. 그는 자신이 프롤레타리아 계급 출신임에 대해 자부심을 느꼈고, 웃으면서 자신을 가리켜 '쿠리(苦力, 고력)'라고 불렀다. 그는 중국의 가난뱅이들인 농민과 노동자는 선한―친절하고 용감하고 이기심이 없고 정직한―사람들인 데 반해 부유한

---

[1] 제15군의 정치부 주석이었던 왕서우다오(王首道)가 자신의 경력에 대해 말해 주었다.

사람들은 모든 악을 독점하고 있는 악의 덩어리라고 진심으로 믿고 있었다. 자신이 그 악덕을 제거하기 위해 싸우고 있다는 그의 신념도 마찬가지로 단순했다. 이러한 절대적 신념이 없었더라면 그가 자신의 대담무쌍함과 휘하 군대의 우월성에 대해 자신에 차서 하는 말들이 허영이나 거짓으로 들렸을지도 모른다. "홍군 한 명이 백군 다섯 명을 이길 수 있다"라고 말할 때 그에게 그것은 반박의 여지가 전혀 없는 사실이었다.

그는 인간 개개인으로서도 병사, 기병(騎兵) 또는 혁명가로서도 자기 부대에 대해 커다란 자부심을 갖고 있었다. 그는 자기 부대의 레닌 클럽에 대해, 그리고 거기에 걸린 포스터의 예술성에 대해 자부심을 가졌는데, 실제로 그 포스터들은 아주 우수한 작품이었다. 그리고 그는 자기 휘하 사단의 지휘관들에 대해서도 자부심을 갖고 있었다. 그들 중 둘은 "나 자신과 마찬가지로 쿠리 출신"이었고, 다른 하나는—6년의 홍군 경력을 가진—21살밖에 되지 않는 청년이었다.

쉬하이둥은 육체적인 강인함을 과시하는 행동을 아주 높게 평가했지만, 10년간의 전투를 통해 여덟 군데나 상처를 입다 보니 이제는 그 자신의 행동이 약간 부자연스러워진 것을 아주 유감스럽게 생각하고 있었다. 그는 술도 담배도 입에 대지 않았다. 그는 아직도 늘씬한 몸매에 쭉쭉 뻗은 사지를 갖고 있었는데, 그의 몸의 모든 부분이 단단한 근육덩어리로 뭉쳐진 것 같았다. 그는 양쪽 다리, 양쪽 팔, 가슴, 어깨, 궁둥이에 부상을 입었다. 총알 하나가 눈 바로 밑의 얼굴을 뚫고 들어가 귀 밑으로 빠져 나왔다. 하지만 그는 아직도 마치 얼마 전 논에서 나와, 걸어 올렸던 바지를 내리고 마침 그곳을 지나던 전사(戰士)의 '의용단'에 가담한 젊은 농부와 같은 인상을 주었다.

나는 그의 앞니가 없는 이유도 알게 되었다. 말을 타다가 사고 때문에 잃어버렸던 것이다. 하루는 말을 타고 길을 가는데 그의 말이 병사 한 사람을 차고 말았다. 쉬하이둥은 그가 다치지나 않았나를 확인하려고 안장에 앉은 채 몸을 틀었다. 그때 놀란 말이 그를 나무에 내동댕이쳤다. 그는 2주일이나 지나서야 의식을 되찾았고, 그의 앞니 두 개는 나무 밑에서 발견되었다.

"언젠가 또 다칠지도 모르는데, 두렵지 않소?" 하고 나는 물었다.

"그리 두렵지는 않소." 그는 웃으며 대답했다. "나는 어릴 때부터 매를 맞고 자랐기 때문에 이제는 고통에 익숙해져 있어요."

홍군 병사들이 대부분 그렇듯이 그의 화제도 주로 전투에 집중되어 있었다. 하지만 간간이 들을 수 있었던 그의 어린 시절에 관한 이야기는 나에게 퍽 뜻깊은 것으로 받아들여졌다.

쉬하이둥은 1900년 한커우 근처의 황피현(黃陂縣, 황파현)에서 태어났다. 그의 집안은 대대로 도공(陶工)이었다. 그의 할아버지 대에 이르러 약간의 토지를 소유하게 되었지만, 가뭄과 홍수 그리고 세금에 시달리다 보니 다시 프롤레타리아로 전락하고 말았다. 그의 아버지와 다섯 형제는 황피의 도자기 가마에서 노동하며, 먹고 살 만큼은 돈을 벌었다. 모두가 문맹이었던 그들은 총명한 막내아들 쉬하이둥에게 큰 기대를 걸고 있었고, 그래서 함께 푼돈을 모아 그를 학교에 보냈다.

쉬하이둥은 나에게 말했다. "가난한 집 자식으로 학교에 가는 일은 거의 없었으므로 나의 동료 학생들은 거의 전부가 지주나 상인의 아들이었다. 그들과 같은 책상에서 공부를 했지만, 거의 언제나 신발을 신지 못하고 누더기를 걸치고 있었기 때문에 많은 학생들이 나를 혐오했다. 그들이 나에게 욕설을 퍼붓기 일쑤여서 그들과 충돌하는 것은 피할 수 없었다. 선생에게 달려가 도움을 부탁해 보았지만 선생은 그때마다 나를 때렸다. 지주의 자식들이 불리해져 선생에게 달려가도 나는 역시 매를 맞았다.

나이 11살로 4학년이 되던 해, 나는 '부자 대 가난뱅이'의 싸움에 말려들게 되었고, 가난뱅이 패거리는 '부자 아이들' 패거리에게 구석으로 몰리게 되었다. 우리 패는 막대기와 돌을 닥치는 대로 던졌고, 내가 던진 돌 하나가 돈 많은 지주의 아들로 황씨 성을 가진 아이의 머리를 깨고 말았다. 그 애가 울면서 가더니 잠시 후에 그의 가족을 데리고 왔다. 그 애의 형은 내가 '타고난 신분'을 망각했다면서 나를 차고 때렸다. 다음에는 선생이 나를 때렸다. 그 뒤 나는 학교를 뛰쳐나왔고 학교로 돌아가길 거부했다. 그 사건은 내게 깊은 인상을 남겨 주었다. 그로부터 나는 가난한 집 자식이 정당한 대우를 받는다는 것은 불가능하다는 확신을 갖게 되었다."

그 뒤 쉬하이둥은 도공의 도제(徒弟)가 되었는데, '도제 기간'에는 임금을 전혀 받지 못했다. 나이 16살이 되어서야 비로소 그는 완전한 도공이 되어, 3백 명의 노동자들 가운데 가장 높은 수준의 봉급을 받게 되었다. 쉬하이둥은 웃으면서 자랑했다. "아직도 나는 중국에서 가장 빨리, 가장 훌륭한 도자기를 빚을 수 있는 사람이다. 그러니 나는 혁명이 끝나도 쓸모 있는 시민이 될 것이다……."

그는 상류계급 사람들에게 더욱더 호감을 가질 수 없었던 사건 하나를 회상했다. "유랑극단이 인근 마을에 찾아오자 우리 노동자들도 구경하러 갔다. 악질 토호들과 관리들의 아내들도 와 있었다. 언제나 엄중한 호위 속에서 생활하는 이 위대한 사람들의 아낙들이 어떻게 생겼는지, 노동자들이 호기심을 갖고 쳐다보고 그녀들이 앉아 있는 곳을 계속 주시하는 것은 당연한 일이었다. 하지만 토호들은 이에 격분해 민단에 그들을 내쫓으라는 명령을 내렸다. 한바탕 싸움이 벌어졌다. 그 후에 우리 공장의 주인은 기분이 상한 '귀하신 분들'을 달래기 위해 향연을 베풀고, 천민들의 시선으로 귀부인들의 '순결이 더럽혀진' 것을 보상해 주기 위해 폭죽을 터뜨려 주었다. 주인이 향연비를 우리의 임금에서 갹출하려

하자 우리는 파업하겠다고 위협했고 주인도 결국 생각을 고쳐먹게 되었다. 이 사건은 가난한 사람들이 자기방어의 무기로서 조직의 힘을 행사할 수 있다는 것을 가르쳐 준 나의 첫경험이었다."

21살이 되던 해 그는 가정불화에 분개해 집을 떠났다. 그는 걸어서 한커우를 거쳐 장시성으로 갔고, 그곳에서 1년 동안 도공으로 일하며 돈을 저축했다. 그는 황피로 돌아갈 계획이었다. 그러나 그는 콜레라에 걸려서 저축한 돈을 치료비로 탕진하고 말았다. 빈손으로 돌아가기 부끄러워 그는 한 달 봉급 10위안씩을 약속 받고 군에 입대했다. 하지만 그가 받은 것은 '매질' 뿐이었다. 이 무렵 농민혁명이 남쪽에서부터 시작되고 있었는데, 공산주의자들은 쉬하이둥의 부대에서도 선전활동을 벌이고 있었다. 그들 중 일부는 참수형을 당했다. 그는 군벌 군대에 혐오감을 느껴 장교 한 명과 함께 탈영해 광저우로 도주했으며, 그곳에서 장파쿠이 휘하의 제4국민당군에 입대했다. 1927년까지 그는 국민당군에 있으면서 소대장이 되었다.

1927년 봄 국민당군은 좌익과 우익으로 갈라졌으며, 당시 양쯔강에 도착해 있던 장파쿠이의 군대에서는 이들 두 파 사이의 갈등이 특히 날카로웠다. 급진주의 편에 섰던 쉬하이둥은 부득이 도주하지 않을 수 없었고, 비밀리에 황피로 돌아왔다. 그때 그는 학생 선전대원들에게 큰 영향을 받아 공산주의자가 되어 있었다. 그는 황피에서 즉시 공산당의 지방 지부를 결성하기 시작했다.

1927년 4월의 우익 쿠데타와 함께 공산주의는 지하로 들어가지 않을 수 없었다. 그러나 쉬하이둥은 지하로 들어가지 않았다. 그는 그 지방의 도기공장 노동자들 대부분과 농민들을 조직했다. 처음에는 그들의 수가 17명에 지나지 않았다. 그리고 그들이 가진 무기라고는 쉬하이둥의 리볼버 한 자루와 실탄 8발이 전부였다.

그러나 이것은 그 후 6만 병력을 거느린 홍군 제4방면군의 중핵(中核)이 되었다. 이 군대는 1932년, 아일랜드 크기의 소비에트화된 영토를 지배하게 되었다. 이 소비에트 지역은 자체의 우편국, 금융조직, 조폐국, 협동조합, 방직공장, 그리고 전반적으로 상당히 잘 조직된 농촌경제를 갖고 있었다. 황푸 군관학교 출신이며 국민당군의 장교였던 쉬샹첸이 제4방면군의 사령관으로 임명되었다. 그의 정치 지도자는 (중국공산당 창시자의 한 사람이며 뒤에 당 중앙위원회의 지배권을 놓고 마오쩌둥에게 도전하게 되는) 장궈타오였다. 그들은 함께 후베이, 안후이, 허난, 이렇게 3개 성에 걸치는 성 경계 지대에서 중국형 소비에트를 수립했다. 이들 세 성의 옛 이름이 어(鄂, 악), 위(豫, 예), 완(皖, 환)이었기 때문에 공산당은 이들을 하나로 묶어 어위완 소비에트라고 이름 짓고, 양쯔강 남쪽에 수립된 마오쩌둥의 중화 소비에트 정부에 합병시켰다.

어위완은 여러 차례의 '포위'를 견뎌 내면서 1932년 10월까지 꾸준하게 영토를 확장할 수 있었다. 그런데 이때 국민당군은 가장 풍요로운 이 근거지에까지 침투해 들어오는 데 성공했다. 포위를 피할 목적에서 장궈타오와 쉬샹첸은 주력부대를 서쪽으로 철수시켰다. 쉬하이둥에게는 그의 제25군과 함께 뒤에 남아 있다가 국민당의 주력이 쉬샹첸 부대를 추적하는 동안에 흩어진 유격대를 재결집해 새로운 저항의 근거지를 마련하라는 명령이 내려졌다. 쉬하이둥의 유격대는 예기치 않게도 결정적 승리를 거두고 국민당 군대를 어위완 밖으로 내몰 수 있었다. 1933년에는 국민당 측 공세가 다시 시작되었다. 그리고 1934년 장제스는 남방에서 제5차 초공전을 펴는 것과 동시에 이 조그만 공화국을 말살하려고 목을 조여 왔다. 1934년이 저물어 갈 무렵, 쉬하이둥은 2천 명밖에 남지 않은 그의 부대를 이끌고 서쪽으로 돌파구를 열었으며, 마침내 1935년에는 북부 산시(陝西)에서 마오쩌둥의 군대와 합류하게 되었다.

난징 정부의 장군들은 경제 봉쇄, 연일 계속되는 공중 폭격, 어위완 지구를 둘러싸는 수천 개의 소규모 보루 망을 건설하는 것 말고도 민간인을 조직적으로 추방하거나 섬멸하는 정책을 추구했다. 제5차 초공전을 위해 후베이와 안후이에 집결된 반공병력은 약 30만 명에 이르렀는데, 이 병력은 장제스가 난창 및 난징의 군관학교에서 1년 동안의 반공 교육으로 세뇌시킨 사관(士官)들에 의해 강화되었다. 따라서 내전은 종교전을 방불케 하는 치열한 양상을 띠게 되었다.

2. 중국에서의 계급전쟁

사흘간에 걸쳐 오후와 저녁의 몇 시간 동안 나는 쉬하이둥과 그의 참모들에게 그들의 과거에 대해, 그들의 부대에 대해, 어위완 소비에트 공화국의 장래 문제에 대해, 그리고 서북 지역의 현 상황에 대해 물었다. "현재 당신 가족은 어디 있소?"라고 묻자, 쉬하이둥은 담담한 어조로 대답했다. "한 형제를 빼고 나의 일족은 몰살당했소. 그 형제는 지금 제4방면군에서 복무하고 있지요."

"전투 중에 사망했나요?"

"아니요, 나의 형제들 중 셋만이 홍군이었지요. 나머지 가족은 '난징 정부군의' 장성이었던 탕언보와 샤더우인(夏斗寅, 하두인)에게 처형당했어요. 국민당군의 장교들은 이와 함께 쉬(徐, 서)씨 일족 66명을 살해했습니다."

"66명이나요!"

"그렇소. 내 가까운 친척 27명과 먼 친척 39명이―모두 황피현에 살고 있던 쉬씨―처형당했지요. 노인, 젊은이, 남자, 여자, 어린이, 심지어 갓 난아이까지 살해됐어요. 나의 아내, 홍군에 복무하고 있던 세 형제 그리고 나를 빼고는 쉬씨 일가가 몰살당했지요. 내 형제들 가운데 둘은 그 후 전투에서 죽었고요."

"그러면 당신의 아내는?"

"어떻게 되었는지 알 길이 없소. 1931년 백군이 황피를 점령할 때 내 아내도 잡혔어요. 그 후 한커우 근처의 어떤 상인에게 첩으로 팔려갔다는 말을 들었지요. 도망쳐 온 나의 형제들이 다른 사람들의 죽음과 함께 그 소식도 전해 주더군요. 제5차 초공전 중 쉬씨 문중의 열세 사람이 황피를 탈출해 위산현(豫山懸, 예산현)으로 피난했지만 결국은 모두 잡히고 말았소. 남자들은 참수당하고, 여자와 아이들은 총살당했지요."

나에게서 놀라는 표정을 본 쉬하이둥은 쓰게 웃었다. "이런 경우는 그리 특별한 것은 아니지요." 그는 말했다. "우리 집안의 희생이 컸던 것은 사실이지만 수많은 홍군 장교들의 집안이 그런 변을 당했기 때문이지요. 나의 고향을 점령했을 때 장제스는 쉬씨 성 가진 사람은 하나도 살려두지 말라는 명령을 내렸어요."

나는 쉬하이둥 및 그의 동료들과 나눈 대화들을 여러 쪽에 걸쳐 기록했고, 국민당군 부대가 어위완에서 민간인에게 가한 것으로 주장되는 포악한 행위의 날짜, 장소, 그리고 자세한 내용 들을 기록했다. 더욱 끔찍한 범죄 행위의 내용들을 여기서 상세히 되풀이한다는 것은 의미 없는 일이 될 것이다. 같은 시기에 있었던 스페인의 비극적 사건들이 그랬던 것처럼, 멀리 떨어져서 이 이야기들을 읽는 의심 많은 사람들에게는 그것이 믿어지지 않을 것이다. 실제로 이런 잔학한 행위들을 목격하지 않았던 사람들에게는 모두가 풍문이고 의심스러운 일로 남아 있을 수밖에 없었다. 이러한 인간에 의한 인간의 타락을 인정한다는 것은 우리의 자존심을 상하게 하는 것이다. 그리고 이 이야기들이 설사 사실이었다 할지라도 희생된 자들의 계급적 선택만을 달리했을 뿐이지 홍군도 폭력행위를 저지른 것은 아닐는지? 하지만 국민당 측 신문은 여러 해 동안 계급전쟁의 이야기들을 자기들 측면에서만 보도해 왔다. 역사의 결락(缺落)을 메우기 위해서는 근본적으로 '농민혁명'인(마오쩌둥은 그렇게 주장했다) 이 혁명의 지도자들이 그들의 동지들에 대해서 무엇을 말했고, 자신들이 무엇에 대항해 투쟁하고 있다고 생각하는지를 아는 것이 유익할 것이다.

이미 앞에서 말했듯이 제5차 초공전 중에 국민당의 장교들은 수많은 지역에서 민간인들을 전멸시키라는 명령을 내렸다. 이러한 명령은 군사적으로 필요한 것으로 판단되었다. 왜냐하면 장제스 총통이 어느 연설에서 말했듯이, 소비에트가 수립된 지 오래된 지역에서는 '선량한 시민과 홍비를 구별하는 것이 불가능'했기 때문이다. 어위완 공화국에서 국민당 측이 사용한 방법이 유난히도 야만적이었던 것은, 다른 무엇보다도 토벌작전을 지휘했던 국민당 측 장군들 가운데 몇 명이 이 지방 출신이었는 데다가 홍군에게 토지를 몰수당한 이 지역 지주들의 아들이었고, 따라서 만족할 줄 모르는 복수욕에 불타고 있었기 때문이다. 이 지역 소비에트의 인구는 제5차 초공전이 끝날 무렵에는 약 60만 명이나 감소되었다.

어위완에서의 홍군 측 전술은 넓은 영토를 배경으로 하는 기동성에 의존하는 것이었다. 그리고 국민당 군대의 초공전이 시작될 때마다 홍군의 주력은 홍구를 벗어나 적지에서 교전하곤 했었다. 그들은 방어해야 할 중요한 전략기지가 없었기 때문에 쉽게 이 장소에서 저 장소로 이동하면서 유인전술, 분산전술, 견제전술 등으로 기동성의 이점을 충분히 살릴 수 있었다. 이로 인하여 '인간 기지'의 주변이 심하게 적에게 노출되었지만, 초기의 국민당군은 그들이 점령한 소비에트 지역에서 평화롭게 생업에 종사하고 있는 농민이나 시민들을 살해하지는 않았다.

제5차 초공전이 시작되면서부터 백군은 장시성에서와 마찬가지로 새로운 전술을 채택했다. 백군은 넓은 지역에서 홍군을 공격하는 대신에, 광범위한 보루들을 배경으로 하여 부대들을 밀집시켜서 전진해 나갔다. 조금씩 조금씩 홍군 영토로 침투해 들어가면서 홍구 경계 내외의 광범위한 지역에 거주하는 주민들을 조직적으로 학살하거나 이주시켰다. 그들은 이 지역을 황폐화시켜 사람이 살지 않는 황무지로 만들어 버림으로써 훗날 홍군이 이를 다시 점령한다 해도 지원을 받을 수 없게 만들려고 했다.

어린이 수천 명이 포로로 잡혀 한커우 등의 대도시로 끌려가서는 '도제'로 팔렸다. 젊은 여자와 부인 수천 명도 끌려가 공장의 노예노동자나 창녀로 팔렸다. 도시에서 그들은 '굶주린 난민'이나 '홍군에게 사살당한 사람들의 고아'로 둔갑했다. 1934년, 나는 신문에서 여러 대공업 중심지에 그런 사람들이 수백 명씩 몰려오고 있다는 보도를 보았던 것으로 기억한다. 중개상인들이 국민당 장교들로부터 소년과 여자들을 사들이기 시작하면서 인신매매는 크게 번창했다. 그것은 한때 이익이 많이 남는 사업이 되었지만 군대를 부패시키는 요인이 되기도 했다. 선교사들이 이 문제에 대해 이야기하기 시작했고, 장제스는 부득이 이러한 '수회행위'를 금지시키고 앞으로 이러한 거래에 관여하는 장교가 있으면 엄중하게 처벌하라는 명령을 내렸다.

쉬하이둥은 말했다. "1933년 12월까지 어위완의 절반가량이 광활한 황무지로 바뀌었다. 한때 풍요롭던 농촌에는 백군이 점령한 후 남아 있는 집이 거의 없었고, 가축들은 모두 끌려갔으며, 경작지는 방치되었고, 거의 모든 마을에 시체더미가 쌓여 있었다. 후베이성의 4개 현, 안후이성의 5개 현, 허난성의 3개 현이 거의 완전히 폐허가 되어 있었다. 동서로 4백 리, 남북으로 3백 리가량 되는 광대한 지역의 전 주민이 살해되거나 강제이주를 당했던 것이다.

그해가 다 가기 전 한 전투에서 우리는 백군으로부터 이들 지역의 일부를 탈환했다. 그러나 돌아와 보니 비옥했던 땅들은 반(半)사막으로 변해 있었다. 다만 몇몇 노인들과 여자들만이 남아 있었는데, 그들은 우리를 전율케 하는 이야기를 들려주었다. 우리는 그런 범죄 행위가 중국인에 의해 중국인에게 저질러졌다는 사실을 믿을 수가 없었다.

1933년 11월 우리가 톈다이산(天垈山, 천대산)과 뤄중산(洛鍾山, 낙종산)으로 퇴각할 당시, 그곳 소비에트 지구에는 약 6만 명의 주민이 살고 있었다. 그로부터 두 달 후 우리가 돌아와 보니, 농부들은 농토에서 축출당해 있었고, 그들의 집은 폭격을 받아 타거나 파괴되어 있었다. 그리고 그 지역 전체에서 살아남은 사람은 고작 노인 3백여 명과 병든 어린이 두세 명뿐이었다. 우리는 그들에게서 어떤 일이 벌어졌는지를 들었다.

백군이 도착하자마자 장교들은 부인과 소녀들을 선별하기 시작했다. 단발머리를 한 여자나 전족을 하지 않은 여자들은 공산주의자라고 쏘아 죽였다. 우선 고급 장교들이 '죽이고 난' 나머지 부인과 소녀들을 심사하다가 예쁜 여자가 눈에 띄면 자기들의 것으로 추려 놓았다. 그리고 나서 선택권이 하급 장교에게로 넘어갔다. 마지막까지 남은 여자들은 사병들에게 인계되어 창녀로 쓰였다. 그들의 말인즉, 이 여자들은 '비적의 여편네들'인 만큼 하고 싶은 대로 해도 좋다는 것이었다.

이 지역의 많은 청년들은 이미 홍군에 가담해 있었다. 뒤에 남아 있던 많은 사람들과 심지어 일부 노인들까지도 이러한 범죄행위를 보고 백군 장교들을 죽이려 했다. 하지만 항의하는 자들은 공산주의자로 몰려 모두 사살당했다. 생존자들의 말에 의하면 백군들 사이에서 부녀자를 분배하는 문제를 놓고 말다툼을 하다가 총격전까지 벌인 일도 많았다고 한다. 몸을 버려 못 쓰게 된 이 부인과 소녀들은 도시로 끌려가 매매되었고, 오직 장교들만이 예쁜 여자 몇 명을 첩으로 거느렸다."

"그 사람들이 정말로 국민당 정부군이었단 말인가요?" 내가 물었다.

"그렇소. 그들은 탕언보 휘하의 제13군과, 왕쥔(王均, 왕균) 휘하의 제5군이었지요. 샤더우인, 량관잉(梁冠英, 양관영), 쑹톈차이(宋天才, 송천재) 같은 장군 놈들에게도 책임이 있어요."

쉬하이둥은 1933년 7월 홍군이 왕쥔으로부터 후베이의 황강현(黃岡縣, 황강현)을 탈환한 후 목격했던 참상에 대해서도 이야기했다.

"한때 날로 번창하는 소비에트 협동조합들의 거리였고 행복하게 살던 사람들의 거리였던 바오룽지(包用集, 포용집) 상가는 폐허가 되어 있었고, 생존자라고는 노인 두세 명밖에 없었다. 그들은 우리를 어느 골짜기로 안내해 뙤약볕에 반라(半裸)의 상태로 흩어져 있는 여자 시체 12구를 보여 주었다. 모두가 강간당한 후 살해된 여자들이었다. 한 소녀의 바지가 한쪽만 벗겨져 있는 것으로 보아 백군은 몹시도 급했던 것이 분명했다. 그날 우리는 그곳에서 집회를 열어 추도식을 가졌다. 울지 않는 사람이 없었다.

그 후 곧바로 우리는 마청(麻城, 마성)에서 예전에 우리가 운동장으로 사용했던 곳을 찾아가 보았다. 그곳에는 얕게 파여진 구덩이가 있었는데, 그 속에는 살해당한 동지들의 시체 12구가 있었다. 그들은 껍질이 벗겨지고, 눈이 튀어나오고, 코와 귀가 잘려 있었다. 이 야만적인 광경에 우리들은 모두 분노의 울음을 터뜨렸다.

같은 달, 역시 황강현에서 우리 제25군은 어우궁지(歐公集, 구공집)에 도착했다. 한때 활기에 차 있던 이곳 역시 폐허로 바뀌어 있었다. 마을 밖으로 나가 보니 언덕 위의 한 농민의 오두막집에서 연기가 나고 있었다. 우리 가운데 한 사람이 그곳에 올라가 보았더니 집을 지키고 있는 사람은 한 노인이었다. 그는 분명히 미쳐 있었다. 우리는 다시 골짜기를 따라 내려갔는데, 어느 곳에서 겹겹이 쌓여 있는 남녀의 시체더미와 마주치게 되었다. 시신은 400구가 넘었다. 그들은 바로 얼마 전 살해된 것이 분명했다. 어떤 곳에는 피가 몇 센티미터의 깊이로 고여 있었다. 아이들을 끌어안은 채 죽은 아낙네들도 있었다.

그때 갑자기 나는 시체들 가운데서 하나가 움직이면서 시체 위를 기어가고 있는 것을 발견했다. 그것은 아직도 살아 있는 한 남자였다. 우리는 뒤이어 여러 사람의 생존자를 더 찾아냈는데, 전부 열 명이 넘었다. 우리는 그들을 데리고 가서 상처를 치료해 주었다. 그들은 우리에게 무슨 일이 일어났는지를 말해 주었다. 이 사람들은 소도시를 빠져나와 이 골짜기를 은신처로 정하고 야숙하고 있었다. 그때 백군 장교들이 이곳으로 부대를 끌고 와서 산허리에 기관총을 설치하라는 명령을 내렸다. 그러고는 아래에 있던 사람들을 향해 사격을 시작했다. 그들은 도저히 살아남은 사람이 있을 수 없다고 생각될 때까지 여러 시간 동안 총을 갈겨 댔다. 그러고는 골짜기에 있던 사람들을 내려와 보지도 않고 행군해 가 버렸다."

쉬하이둥은 다음 날 그 골짜기로 자기 부대를 인솔해 가서 대원들에게 시체들을 보여 주었다고 말했다. 이 시체들 가운데는 병사들이 아는 농민들도 있었다. 언젠가 그들에게 은신처를 제공해 주었던, 그들에게 수박을 팔았던, 또는 협동조합에서 그들과 물건을 사고팔았던 남자들도 있었고 여자들도 있었다. 그들은 커다란 충격을 받았다. 이러한 경험은 그의 부대로 하여금 강인한 사기와 죽음도 불사하는 결의를 갖도록 단련시켰고, 그 때문에 최후의 대토벌전이 계속된 12개월 동안 제25군에는 단 한 명의 이탈자도 없었다고 쉬하이둥은 말했다.

그는 이야기를 계속했다. "제5차 대토벌전이 끝나갈 무렵엔 죽은 사람이 없는 집을 찾아보기가 어려울 지경이었다. 우리는 텅 비어 있는 것처럼 보이는 마을에 들어가 파괴된 가옥들을 들여다보곤 했다. 그때마다 우리는 출입구나 마루, 항 또는 은밀한 어떤 곳에서 시체들을 발견하곤 했다. 개까지도 도망쳐 버린 마을이 많았다. 그 당시에는 적의 동태를 파악하기 위해 정찰병을 내보낼 필요조차 없었다. 우리는 읍이나 마을들을 태우느라고 연기가 자욱해진 하늘만 보고도 쉽게 그들을 추적할 수 있었기 때문이다."

이상은 그 끔찍한 한 해를 투쟁 속에서 버텨 온 쉬하이둥과 그 밖의 사람들에게서 들은 이야기의 극히 적은 일부를 옮겨 적은 것이다. 제25군은 마침내 서쪽으로 이동했다. 그들의 군대는 파괴되지 않았지만 그들의 인간 기지는 파괴되었고, 언덕과 골짜기는 젊은이들의 피로 얼룩져 있었다. 살아남은 사람들의 가슴은 갈가리 찢겨 있었다. 후에 나는 어위완으로부터 온 많은 병사들과 이야기를 나누었는데, 그들은 이보다도 더 비참한 이야기를 들려주었다. 그들은 자신이 목격했던 것들을 말하고 싶어 하지 않았다. 질문을 받고 나서야 겨우 입을 열 뿐이었다. 어쨌든 그런 경험들이 그들의 마음속에 평생 동안 지워지지 않을 계급적 증오감을 남겨 놓았을 것은 분명한 일이다.

하지만 그것은 홍군이 그러한 잔악 행위와 계급적 보복을 하지 않았다는 것을 의미하는 것은 아니지 않느냐고 되묻고 싶은 사람이 있을 것이다. 나는 그렇지 않다고 생각한다. 내가 그들과 함께 보낸 4개월 동안에는 그것은 진실이다. 간섭 받지 않은, 그러나 범위가 제한된 조사에 의해 내가 알 수 있었던 바에 의하면 민간인 두 명이 처형당한 적이 있었을 뿐이다. 나는 그들이 단 하나라도 촌락이나 시가지를 불태우는 것을 보지 못했다. 많은 농부들에게 물어 봐도 홍군이 방화했다는 말은 도무지 들을 수 없었다. 그러나 나 자신의 개인적인 체험은 그들과 함께 서북방에서 보낸 몇 달로 끝이 났다. 따라서 나는 그 밖의 다른 곳에서 있었을지도 모를 살인과 방화에 대해서는 아무런 확인도 부인도 할 수 없다.

앞서 말한 불운한 두 '반혁명 분자' 가운데 한 사람은 홍군이 죽인 것이 아니라 닝샤성의 회교도들이 '세금 징수'에 대한 치열한 증오심에서 죽인 것이다. 그 세금징수원이 어떻게 죽게 되었는지는 나중에 이야기하겠지만, 그에 앞서 이들 회교도들이 어떤 통치를 받아 왔는가를 살펴보는 것이 필요할 것이다.

3. 4대마(四大馬)

칭하이성, 닝샤성, 그리고 북부 간쑤성은 스위프트의 작품에 등장하는 환상세계의 원형인 휴이넘족(the Houyhnhnms:『걸리버 여행기』에 나오는 인간의 이성을 갖춘 말들)의 나라를 연상시켰다. 이들 지역은 중국 전역에서 명성이 높은 4대마(四大馬)가 지배하고 있었기 때문이다. (홍군이 이들 휴이넘족의 영지 상당 부분을 빼앗기까지) 이 지역은 마(馬)씨 성을 가진 회교(回敎) 장군들 일족에 의해 분할 통치되고 있었다. 그들은 마홍쿠이, 마홍빈, 마부팡(馬步芳, 마보방), 마부칭(馬步靑, 마보청) 이렇게 4명이었다. 마(馬)란 말을 뜻하는 글자이다.[2]

마홍쿠이는 닝샤성의 성장으로 있었고, 그의 사촌인 마홍빈은 같은 닝샤성의 성장으로 있다가 북부 간쑤성의 일부 영지를 통치하고 있었다. 유명한 회교 지도자 마커친(馬克勤, 마극근)의 아들로서 많은 처(妻)를 거느리고 있었던 마부팡은 이들과 친척 사이였다. 부친의 법통을 이어받은 마부팡은 1937년 난징 정부에 의해 칭하이성의 보안사령관으로 임명되었으며, 그의 형제 마부칭은 칭하이의 통치를 보조하는 것 외에도

| 2 마(馬)란 글자는 처음의 상형문자로부터 진화한 것으로 재미있는 문자이다.

서쪽에서 칭하이를 닝샤로부터 분리시키는 간쑤성의 대돌출부를 지배하고 있었다. 10년 동안 이 변경의 땅은 마씨 일가가 알라신의 도움을 받으며 중세의 회교왕국처럼 통치하고 있었다.

이들 4대마 가운데 두 사람은 중국 서북방의 역사에서 때때로 결정적 역할을 했던 회교 귀족의 자손이었던 만큼 스스로가 귀족계급에 속한다고 자부했다. 중국에 사는 대부분의 회교도들이 그러하듯이 이들 마씨에게도 튀르크족의 피가 섞여 있었다. 현재 우리에게는 튀르크족이라고 알려져 있는 한 종족이 일찍이 6세기에 중국의 서북 국경지대에서 강성해지더니 이 평원지대의 군주들에게 여러 가지 중요한 요구를 제기하기에 이르렀다. 2세기 후 그들은 동부 시베리아에서부터 몽골 일부를 횡단해 중앙아시아에 이르는 대제국을 건설했다. 그들이 점차 남쪽으로 세력을 펴 나가다가 7세기에 이르러 그들의 대가한(大可汗, 대칸)은 수조(隨朝) 최후의 황제인 양제(煬帝)의 궁정에서 그와 동등한 대우를 받게 된다. 바로 이 대가한의 도움을 받아 튀르크족의 피가 반은 섞인 이연(李淵) 장군은 수양제를 제거한 후 그 유명한 당조(唐朝)를 수립할 수 있었다. 당조는 그 후 3세기 동안 당시 지구상에서 문명이 가장 발달된 도시였던 창안[長安, 장안. 지금의 시안부(西安府, 서안부)]을 수도로 삼아 동아시아를 지배했다.

7세기 중엽 이전에 해로로 중국에 들어온 아라비아 상인들에 의해 광저우에는 이미 회교사원이 세워지게 되었다. 관용적인 당조의 출현과 함께 회교도는 튀르크족이 사는 서북방의 육로를 통해 급속히 중국 대륙으로 침투해 들어왔다. 회교승, 상인, 사절단, 전사(戰士) 등이 회교를 페르시아와 아라비아 그리고 투르키스탄(Turkistan)으로부터 도입했으며, 당(唐)의 역대 황제들은 서방의 회교 칼리프들과 긴밀한 관계를 유지했다. 특히 9세기에 당조가 위구르 튀르크족(위대한 지도자 셀주크는 아직 태어나지 않았다)의 큰 무리를 불러들여 반란을 진압한 이후로는, 회교가 중국에서 더욱 확고한 근거를 마련하게 되었다. 반란을 성공적으로 진압한 후 다수의 위구르족이 그 보상으로 작위와 대영지를 받고 서북방과 쓰촨 그리고 윈난에 정착하게 되었다.

여러 세기 동안 회교도들은 한족(漢族)과 동화되는 것을 완강하게 거부했지만, 점차 튀르크족 고유의 문화를 상실하고 한족 문화의 대부분을 수용했으며, 어느 정도 한족의 법률에 복종하게 되었다. 하지만 그들은 19세기에도 두 차례에 걸쳐 대대적인 권력 탈취를 시도할 정도로 강력했다. 한번은, 일시적인 것이긴 했지만, 두원슈(杜文秀, 두문수)가 윈난에 왕국을 세우고 자신을 술탄 술레이만으로 선포한 적이 있었고, 그 후 1864년에는 회교도들이 서북방 전역을 장악하고 후베이성에까지 침입한 적이 있었다. 특히 두 번째의 반란은 11년간이나 계속된 전쟁 끝에 진압되었다. 한족의 유능한 장군 쭤쭝탕(左宗堂, 좌종당)은 청조의 세력이 쇠진해 가고 있을 당시 후베이·산시(陝西)·간쑤·동부 티베트를 탈환한 후, 승리로 용기백배해진 그의 군대를 이끌고 투르키스탄 사막을 통과해 중앙아시아의 먼 변경에까지 한족의 지배권을 재확립시킴으로서 세계를 놀라게 했다.

그 이후 중국의 회교도들 사이에서는 그들을 통일시키고 그들의 독립 투쟁을 성공으로 이끌어 줄 지도자가 한 사람도 나타나지 않았다. 하지만 한족의 지배에 저항하는 반란은 산발적으로 계속되었고, 그때마다 양쪽 사이에 야만적이고 피를 흘리는 대살육전이 벌어지곤 했다. 최근 들어 가장 규모가 컸던 반란은 펑위샹 장군이 서북방의 군벌로 있던 1928년에 일어났다. 5마(五馬)[3]가 합심해 그 세력을 확대하고 현재 그들이 누리고 있는 권력과 부의 바탕을 마련할 수 있었던 것도 바로 펑위샹 밑에서였다.

중국인들은 이론적으로는 회교도 즉 이슬람교도들을 중국 5대 민족[4] 중의 하나로 간주하면서도, 그들 대부분은 회교도들이 이미 한민족화 되었음을 이유로 내세워 회교도들의 민족분리주의를 부인했다. 실제로 국민당은 몽골족에 대해서보다도 회교도들에 대해서 더 직접적인 동화정책을 (아마도 덜 성공적인 것이었음에도) 적극적으로 추진했다. 회교도들에 대한 중국 당국의 입장은 그들을 '소수민족'으로 보는 것이 아니라 '종교적 소수파'로 보려는 것 같았다. 하지만 서북방에 있는 회교도들 자신의 영역에서 그들을 직접 접해 본 사람이라면, 자신들에게도 인종적 통일과 독립국가를 요구할 권리가 있다는 그들의 주장이 사실과 역사를 무시한 터무니없는 것이 아님을 분명히 알 수 있었을 것이다.

중국의 회교도는 그 수가 2천만 명에 이르며, 이들 가운데 적어도 절반이 산시(陝西), 간쑤, 닝샤, 쓰촨, 칭하이, 신장(新疆, 신강)에 집중적으로 거주하고 있는 것으로 알려져 있다. 그들은 여러 지역—특히 간쑤와 칭하이—에서 다수를 이루고 있었으며, 몇 개의 대단위 지역에서는 그들이 수적으로 10 대 1 정도로 한족을 압도하고 있었다. 일반적으로 특정 지역에서의 그들의 종교적 정통성은 그 지역에서 그들이 점유하는 인구 비율에 따라서 다른 것 같았다. 회교도가 압도적으로 많았던 북부 간쑤와 남부 닝샤는 그 분위기가 이슬람 국가와 전혀 다르지 않았다.

중국의 회교 사회는 종교가 여전히 문화·정치·경제에서 결정적 요인으로 작용하는 가운데, 종교 지도자가 정신생활에서는 물론 세속생활에서도 진정한 중재자의 역할을 하고 있었다. 그것은 중국에 남아 있는 최

---

[3] 마중잉(馬仲英, 마중영)이 제5대 마(馬)였지만, 당시는 종족 간의 전쟁과 국제적 음모에 의해 정치 일선으로부터 제거당했다. 헤딘이 *The Flight of Big Horse*(New York, 1936)에서 그를 흥미진진하게 설명하고 있다.

[4] 중국의 5대 종족으로는 한(漢), 만(滿), 몽(蒙), 회(回), 장(藏) 족이 있다.

대의 종교 공동체라고 말할 수 있다. 회교 사회는 멘황(menhuang)과 아훈(ahun)―즉 추장과 승려―을 주축으로 운영되었으며, 코란, 튀르키예어 또는 아랍어에 대한 그들의 지식(일반적으로 빈약한 것이었다)은 권위의 근거가 되었다. 서북 지방의 회교도들은 매일같이 잘 보존된 수백 개의 회교사원에서 기도를 드렸으며, 회교의 제일(祭日)과 단식일을 지키고, 회교의식에 따라 결혼식과 장례식을 치렀다. 돼지고기를 먹지 않았으며, 돼지와 개를 보면 불쾌하게 생각했다. 메카를 순례하는 것은 하나의 큰 소원이었는데, 부자나 승려들은 자주 이 소원을 이루었으며, 또한 이 순례를 통해 자신의 경제·정치 권력을 더욱 강화할 수 있었다. 그들 대부분에게서 범한족주의(汎漢族主義)보다는 범이슬람주의가 이상이었다.

하지만 중국 문화의 영향은 매우 뚜렷했다. 회교도들은 [남자들이 쓰는 흰색의 둥근 모자나 의식용(儀式用) 터키모(帽)와 여자들이 쓰는 흰색 터번을 제외하면] 한족과 동일한 의상을 입고 있었으며, (대부분이 코란의 몇 구절쯤은 알고 있었지만) 일상어로는 모두가 중국어를 사용했다. 그들에게서는 공통적으로 분명한 튀르크족의 특징을 읽을 수 있었지만, 그들 대부분의 얼굴 골격 자체는 여러 세기에 걸친 한족과의 교혼(交婚) 때문에 한족의 얼굴 골격과 거의 구별하기가 어려웠다. 회교도와 결혼한 한족은 반드시 회교 신앙을 받아들여야 할 뿐만 아니라, 한족 친척과의 관계를 단절하고 회교 가족의 일원이 되어야 한다는 율법이 있었기 때문에, 혼혈의 자손은 자신을 한족 친척과 다른 종족이라 생각하며 성장하는 경향이 있었다.

중국의 회교도들은 세 파로 나뉘어 투쟁함으로써 그들 사이의 단결력을 크게 약화시켰다. 그리고 그로 인해 중국공산당은 유리한 입장에서 대(對)회교공작을 펼 수 있었다. 그 세 파는 간단히 말해서 구교(舊敎), 신교(新敎), 신신교(新新敎)이다.[5] 구교와 신교는 이단인 신신교에 대항해 그들 나름의 연합전선을 만들고 있었다. 신신교는 표면상으로는 회교의식과 관습을 타파하고 '과학'을 신봉해야 한다는 주장을 내세웠다. 그러나 그 참된 목표는 4대마(四大馬)가 불편하게 생각하고 있던 승려들의 세속적 권력을 타파하는 데 있었다. 신신교는 국민당의 지지를 받고 있었기 때문에 많은 회교도들은 신신교가 이른바 '범한족주의', 즉 한족에 의한 소수민족의 동화를 꾀하고 있다고 믿었다. 서북 지방에서는 4대마가 바로 신신교의 지도자들이었다. 그들의 주변에는 그들의 추종자들, 관료, 대지주, 대목장주가 모여 있었는데, 이들의 힘이 4대마의 정권을 유지시켜 주고 있었다. 하지만 4대마는 종교개혁운동을 주도할 만한 인물들이 결코 아니었다.

그들 4명 중에서도 재산이 가장 많고, 권력이 가장 강했던 마홍쿠이를 그 한 예로서 여기에 소개하고자 한다. 그는 수많은 처첩을 거느리고 있었고 닝샤시의 60퍼센트가량을 자기 땅으로 소유하고 있었으며, 아편, 소금, 모피, 조세, 독자적인 지폐 발행으로 수백만 금을 갖고 있었다. 하지만 그는 그 유명한 '사진으로 신부(新婦)를 간택'함으로써 어떤 의미에서 충분히 현대적임을 입증했다. 그는 상하이 출신의 비서를 고용해 그로 하여금 교양 있는 아름다운 여자들의 사진을 수집하도록 한 후에, 그 사진으로 신부를 선택했다. 신부의 몸값은 5만 위안으로 정해져 있었다. 늙은 마(馬)는 전세 비행기를 타고 북방의 먼지구름을 뚫고 쑤저우(蘇州, 소주)로 날아가서는 최근 새로 얻은 첩—쑤저우 기독교대학 출신의—과 정을 나눈 후에, 융단을 타고 나는 알라딘처럼 소문을 세간에 파다하게 뿌리면서 닝샤로 되돌아왔다. 그 소식은 '죽음과 세금'에 관한 기사와 함께 당시의 국민당 신문에 대대적으로 보도되었다.

닝샤에서 발행되는 정부회보는 마 장군이 징수할 조세대상의 목록을

---

5 신신교는 문자 그대로 '새롭고 새로운 종교'를 뜻한다.

다음과 같이 발표했다. 즉 판매(販賣), 가축, 낙타, 소금[食鹽, 식염]의 운반, 소금 소비, 연등(煙燈: 아편용 램프), 양, 상인, 운반부, 비둘기, 토지, 중개, 식량, 특수 식량, 액외토지(額外土地), 목재, 석탄, 도살(屠殺), 운반선(運搬船), 관개(灌漑), 제분, 연자매, 가옥, 저울, 의식(儀式), 연초, 주류, 인지, 결혼, 야채 등이 모두 과세대상이었다.[6] 이것으로 조세대상을 사소한 것까지 전부 열거했다고 할 수는 없지만, 그곳 백성들이 홍군을 두려워할 이유가 전혀 없었음을 시사해 주는 데는 부족함이 없었다.

마훙쿠이의 소금 분배방법은 아주 특이했다. 소금은 독점 품목이었을 뿐만 아니라, 모든 사람은 자신이 그것을 소비할 수 있든 없든 매달 0.5파운드(약 227그램-옮긴이)의 소금을 구입해야 할 의무가 있었다. 그리고 다시 파는 것은 허용되지 않았다. 소금의 사거래(私去來)에 대해서는 체형부터 (회교도 홍군의 말에 의하면) 사형까지의 형벌이 가해졌기 때문이다. 그 밖에 주민들의 항의의 대상이 되었던 것으로는 양, 소, 당나귀의 판매에 대해서는 30퍼센트의 세금이, 양 한 마리의 소유에 대해서는 25퍼센트의 세금이, 돼지 한 마리의 도살에 대해서는 1위안의 세금이, 밀 두 말의 판매에 대해서는 40전의 세금이 부과된 것을 들 수 있다.

과도한 과세와 빚 때문에 수많은 농민들은 가축을 모두 팔아 버리거나 땅을 포기하지 않을 수 없었다. 관리나 세금징수원 또는 고리대금업자가 방대한 토지를 헐값에 사들였지만, 세금과 지대(地代)를 감당하면서 경작하려는 소작인을 찾을 수 없었기 때문에 토지가 대부분 황폐한 상태로 방치되어 있었다. 토지·가축·자본의 집중화가 급속하게 진행되고 있었으며, 피고용 농업노동자의 수가 크게 늘어나고 있었다. 어떤 지역을 조사해 본 결과 농민의 70퍼센트 이상이 부채를 안고 있었으며, 약

---

6 《닝샤공보(寧夏公報)》(닝샤성, 1934년 12월).

60퍼센트가 외상으로 사들인 식량으로 살아가고 있었다고 한다.[7] 그 지역에서는 주민의 5퍼센트가 1백 무에서 2백 무의 토지를, 20마리에서 50마리의 낙타를, 20마리에서 40마리의 소를, 5마리에서 10마리의 말을, 5대에서 10대의 마차를, 1천 위안에서 2천 위안의 상업자본을 소유하고 있는 반면에, 주민의 60퍼센트가 15무 이하의 토지와 한두 마리의 당나귀에 의지해 살아가고 있었으며, 평균 35위안의 돈과 곡물 336파운드(약 152킬로그램 — 옮긴이)의 부채를 짊어지고 있었다 — 이러한 부채는 그들이 소유하고 있는 토지의 평균 가격을 크게 넘어서는 것이었다.

공산당계 신문은 마훙쿠이가 홍군에 대항하기 위해 일본을 지원세력으로 끌어들이려고 음모하고 있는 것이 아닌가 추측하고 있었다. 실제로 일본군 특무대가 닝샤시에 설립되었으며, 마훙쿠이는 그들에게 이 도시의 북쪽 알라샨 몽골의 영토에 비행장 건설을 허락했다.[8] 일부 회교도와 몽골인들은 일본의 군사침략이 현실화되는 것이 아닌가 두려워했다.

이상과 같은 상황을 목격한 홍군은 자신들의 힘으로 '거대한 돌풍을 일으켜' 마씨들의 제국을 붕괴시킬 수 있다는 확신을 갖게 되었다. 마의 군대는 전투에는 거의 관심이 없는 것 같았다. 하지만 공산당은 회교도들로 하여금 한인에 대한 협조에 혐오감을 갖지 않도록 해 주어야 하는, 그리고 그들에 대한 적절한 계획(프로그램)을 제시해야 하는 숙제를 안고 있었다. 회교 지역의 전략적 중요성이 뚜렷했기에 홍군은 이 문제를 해결하

---

[7] 류샤오, 「위왕현의 개황(槪況)」, 《당적공작(黨的工作)》(바오안, 1936년 8월 3일). 이것은 공산당의 조사에서 얻은 것이기 때문에 중립적이지 못한 것은 분명했다. 그러나 전반적인 상황이 크게 다르지 않았음은, 앞에서도 언급한 바 있는 스탬파 박사의 국제연맹 보고서에 수록되어 있는 조사 결과를 보아도 알 수 있다.

[8] 후에 일본인들은 어쩔 수 없이 특무대와 비행장을 포기하게 되었다. 1937년 마씨들은 중앙정부에 대한 충성을 맹세했다.

는 데 온갖 노력을 기울여야 했다. 회교도들이 서북방의 광범위한 지역을 점령하고 있었기 때문에, 신장과 외몽골에 이르는 통로는 이들이 지배하고 있었다. 이 통로를 이용하게만 된다면 홍군은 소비에트 러시아와 직접 접촉할 수 있을 것이다. 공산당은 그것을 다음과 같이 보고 있었다.

"지극히 중요한 위치를 차지하고 있는 서북 지방에는 1천만 명 이상의 회교도들이 살고 있다. 현재 우리가 해야 할 임무와 책임은 이 서북 지방을 방어하고 이들 5개 성에서 항일기지를 구축하는 것이다. 그렇게 함으로써 우리는 좀 더 강력하게 전국의 항일운동을 주도하고, 대일전(對日戰)을 즉각 개시할 수 있을 것이다. 동시에 우리는 상황의 전개에 따라 소련 및 외몽골과 접촉할 수 있을 것이다. 하지만 우리가 회교도를 우리 편으로 끌어들이는 데 실패한다면, 그리고 항일전선으로 끌어들이는 데 실패한다면 우리의 사명을 실현하는 것은 불가능해지게 될 것이다."9

공산당은 이미 여러 해 전부터 서북방의 회교도들 사이에서 공작을 해 오고 있었다. 홍군이 닝샤와 간쑤를 가로질러 황허를 향해 이동할 때인 1936년 초, 회교 청년들로 구성된 선봉대는 이미 닝샤의 군대에 침투해 선전활동을 전개하고 있었다. 그들은 '국민당의 주구(走狗)'이며 '회교의 배신자' 마훙쿠이를 타도해야 한다고 외쳤으며, 그 때문에 그들 중 몇 명은 참수형을 당했다. 홍군은 회교도들에게 다음과 같이 약속했다.

1. 일체의 부가세 폐지.
2. 회교 자치정부 수립에 대한 지원.

9 「회민(回民) 문제」, 『부대토론과집(部隊討論科集)』(제1군 정치부, 1936년 6월 2일), 2쪽.

3. 징병제도의 폐지.

4. 채무(債務) 일체의 무효화.

5. 회교문화 보호.

6. 모든 종파의 종교의 자유 보장.

7. 항일(抗日) 회교군의 창설 및 무장에 대한 지원.

8. 중국, 외몽골, 신장 및 소련의 회교도 연합에 대한 지원.

이상의 약속에는 거의 모든 회교도들에게 호소력을 발휘하는 무엇인가가 있었다. 일부 승려들까지도 이 약속에서 마훙쿠이를 제거(신교 및 구교 사원에 불을 지른 마훙쿠이를 처벌)하고, 나아가서는 중앙아시아를 통해 튀르키예와 직접적인 접촉을 재개한다는 오랜 염원을 실현시킬 수 있는 기회를 보았다. 드디어 그해 5월, 공산당은 회의론자들이 불가능하다고 했던 일을 실현시켰노라고 공언할 수 있게 되었다. 그들은 중국회민홍군(中國回民紅軍)의 중핵(中核)을 마련했다고 자랑할 수 있게 된 것이다.

4. 회교도와 마르크스주의자

어느 날 아침 나는 영어를 할 줄 아는 쉬하이둥의 막료 한 사람을 데리고 제15군단 소속의 회교도 훈련부대를 방문했다. 이 부대는 상인이며 관리이기도 했던 한 회교도의 저택에 주둔하고 있었다. 두터운 벽으로 되어 있는 집이었는데, 무어식(式) 창을 통해 자갈길 위로 노새, 말, 낙타, 사람이 줄지어 왕래하는 모습을 내려다볼 수 있었다.

실내는 시원하고 깔끔하게 잘 정돈되어 있었다. 방마다 벽돌로 되어 있는 바닥의 중앙에 욕조가 놓여 있었고, 욕조는 지하의 배수로와 연결되어 있었다. 정통파 회교도라면 마땅히 하루에 다섯 번씩 목욕을 해야 했으며, 이들 병사도 여전히 자신들의 신앙에 충실해 욕조를 자주 사용하고 있는 게 틀림없었다. 하지만 그들은 아무리 좋은 일도 극단으로까지 몰고 갈 필요는 없다고 믿는 것 같았다. 어쨌든 그들은 내가 중국에서 만난 다른 어떤 병사들보다도 주위를 청결하게 유지했으며, 마루에 침을 뱉는 국민적인 습관을 조심스럽게 자제하고 있었다.

홍군은 전선에서 회교 훈련부대 2개 연대를 조직했으며, 두 연대 모두가 주로 마훙쿠이와 마훙빈의 전(前) 부대원들 가운데서 뽑았다. 그들은 한인들보다 키가 크고 골격도 더 좋았으며, 수염도 더 짙고 피부 색깔도 더 검었다. 그리고 금강석처럼 생긴 눈이 검고 컸으며, 강하고 뚜렷한 코커스인의 특징을 지니고 있었다. 그들은 모두가 서북 지방의 큰 칼을 가지고 다녔으며, 단 한 번의 신속한 일격으로 적의 머리를 벨 수 있는 검술을 몸에 익히고 있었다.

풍자화, 포스터, 지도 그리고 구호가 그들의 막사 벽면을 덮고 있었다. 구호는 "타도, 마훙쿠이!", "마훙쿠이의 국민당 정부를 쓸어 버리자!", "일본의 비행장 건설, 지도 작성, 닝샤 침략을 반대한다!", "회교 인민의 독립정부를 실현시키자!", "우리의 손으로 항일회교홍군(抗日回教紅軍)을 세우자!" 같은 것들이었다.

마훙쿠이의 군대 내부에서도 그에 대한 불만이 적지 않을 것임을 충분히 짐작할 수 있었으며, 닝샤의 농민들도 똑같은 감정을 갖고 있는 것 같았다. 어느 날 나는 가던 발걸음을 멈추고, 언덕 한쪽에 온통 수박을 심어 놓은 회교 농민에게서 수박을 샀다. 그는 표정이 밝고 몸짓이 익살스러운 매력적인 시골 노인이었는데, 그에게는 그 일대에서 보기 어려울 정도로 정말 아름다운 딸이 있었다. 나는 그에게서 수박 세 개를 샀다. 그리고 마훙쿠이의 관리들이 홍군의 주장대로 그렇게도 악질이냐고 물었다. 그는 이빨 사이로 수박씨를 내뱉더니 분노의 표시로 우스꽝스럽게도 양손을 번쩍 쳐들었다. 그러고는 "그걸 말이라고 하는 거요!"라고 외쳤다. "마훙쿠이 그놈은 세금으로 우리를 죽이고, 우리의 아들을 훔쳐 가고, 방화·살인도 서슴지 않는 놈이요. 에미하고 붙어먹고도 남을 마훙쿠이 놈!" 그는 마훙쿠이의 어머니에 대한 모독도 서슴지 않았다. 마당에 모여 있던 사람들이 모두 웃음을 터뜨렸다. 달리 생각해 보면 설사 그 노인이 알라신에 맹세코 마훙쿠이를 칭송하고 싶었더라도, 그렇게 하기에는 사정이 마땅치 않았는지도 모른다.

표면상으로는 홍군의 회교 병사들이 마훙쿠이의 군대 속으로 파고들어 역선전을 한 탓으로 탈영을 결심했고, 홍군 진영에 당도한 후에는 정치강의도 듣고 홍군과 운명을 같이하기로 했다고 말할 수도 있겠다. 내가 한 지휘관에게 어떤 이유로 홍군에 가담할 결심을 하게 되었느냐고 묻자, 그는 이렇게 대답했다.

"마훙쿠이와 싸우기 위해서요! 마훙쿠이 치하에서 살아온 우리 회교도들의 생활이란 비참하기 짝이 없소. 어떤 집안도 안심하고 살 수가 없어요. 한 집안에 아들이 둘 있으면, 하나는 그놈의 군대에 끌려가게 되지요. 셋이 있으면 둘이 끌려가고. 아주 부자여서 자식 대신에 세금을 내놓기 전에는 피할 길이 없소. 가난한 사람이 어떻게 그 막대한 세금을 감당할 수 있겠소. 그것뿐이 아니오. 군에 입대하는 사람은 누구나 자기가 입을 옷을 자기가 가지고 가야 하고, 그의 가족은 식량, 연료, 심지어는 등유까지 사 주어야 합니다. 그 경비가 1년에 수십 위안이나 되니 어찌 당해낼 수가 있겠어요."

이들 회교홍군연대가 결성된 지 채 반년도 되지 않았건만, 그들은 이미 상당히 철저한 계급의식으로 무장되어 있는 것 같았다. 그들은 『공산당 선언』을 읽었거나 낭독하는 것을 들어서 알고 있었으며, 거의 하루도 쉬지 않고 '계급투쟁'에 관한 간단한 강의와 회교 인민의 당면 문제에 관한 정치강의를 받고 있었다. 이 강의는 한인뿐만 아니라 공산당학교를 수료한 회교 공산당원이 함께 맡아 보았다. 나는 마홍쿠이 군대의 99퍼센트가 문맹이며, 홍군에 입대한 회교도들 거의 전부가 처음에는 글을 읽지 못했다는 말을 들었다. 그러나 이제 그들은 수백 자가량의 한자를 알고 있었으며, 간단한 교재라면 독학할 수도 있을 정도였다. 2개 훈련연대가 앞으로 회교 홍군의 대단위 부대를 짊어지고 나갈 간부를 배출해 내고, 그들이 서북방에서 실현되기를 꿈꾸는 회교자치공화국의 방위를 담당할 수 있었으면 하는 것이 공산당의 소망이었다. 이미 회교 병사들의 25퍼센트가 공산당에 가입해 있었다.[1]

자치가 회교 주민들의 오랜 소망이었던 만큼, 자치의 구호에 대해 그들이 열렬한 호응을 보여 준 것은 당연한 일이었다. 하지만 그들 대부분이 홍군 측의 약속을 신뢰했는지는 또 다른 문제이다. 이 문제에 관해 나는 회의적인 입장이었다. 오랫동안 중국 군벌들의 학정에 시달려 온 그들이었기에 그들은 한인들에 대해 치열한 인종적 증오감을 갖고 있었으며 한인들을 철저하게 불신했다. 이런 불신감은 어떤 의미에서는 당연한 것이었는지도 모른다. 따라서 공산당이 단시일 내에 그처럼 뿌리 깊은 회교도 측의 불신감을 해소시킬 수 있을지는 지극히 의심스러웠다.

홍군에게 협조적인 회교도들에게도 그들 나름의 계산이 있었다. 한인들이 '국민당의 축출, 독자적인 군대의 설립 및 무장, 자치정부의 수립, 유산계급으로부터의 재산 박탈' 등에서 적극적인 도움을 아끼지 않겠다고 한다면, 회교도들은 이 기회를 활용할 용의가 있었다. 훗날 홍군이 그들의 약속을 지키지 않는다 해도 군대만은 자신들의 필요에 따라 활용할 수 있지 않겠느냐는 계산이었다. 그러나 농민들이 홍군에 대해 우의를 가지고 그들 밑에 자발적으로 모여들고 있는 사실로 미루어 보아 홍군의 계획은 그들에게 상당히 매력적으로 보였으며, 회교 제도를 존중하는 홍군의 신중한 정책이 그들에게 강한 인상을 주었던 것 같았다.

병사들 자신도 역사적인 인종적 적대감을 상당히 극복했거나, 그 적대감을 서서히 계급적 적대감으로 대체시켜 가고 있는 것 같았다. 한 예로 내가 회교 병사들 몇 명에게 한족과 회교도가 소비에트 정부하에서 서로 협력할 수 있을 것 같냐고 묻자, 그들은 이렇게 대답했다.

"한족과 회교도는 형제 사이다. 우리들 회교도에게도 한족의 피가 흐르고 있다. 우리는 모두가 대중국에 속하는데, 서로 싸워야 할 이유가 어디 있는가? 우리들 공동의 적은 지주이고, 자본가이고, 고리대금업자이고, 압제적인 지배자이고 일본 놈들이다. 우리들 공동의 목표는 혁명이다."

"그러나 혁명이 당신의 종교에 방해가 된다면?"

"방해될 리가 없다. 홍군은 회교도의 신앙생활에 간섭하지 않는다."

"나의 말은 그런 뜻은 아니다. 승려 중의 일부는 부유한 지주에다가 고리대금업자가 아닌가? 그들이 홍군에게 반대한다면 당신은 그들을 어떻게 대하겠는가?"

"우리는 그들을 설득해 혁명의 대열에 참여시키려고 노력할 것이다. 하지만 승려는 대부분 부자가 아니다. 그들은 우리에게 동조한다. 우리의 지휘관 중에도 승려가 한 사람 있다."

"그런데도 일부 승려가 설득당하지 않고 국민당에 가담해 당신들을 적대시한다면 어떻게 하겠는가?"

"우리는 그들을 처벌할 것이다. 그들은 틀림없이 악질 승려일 것이고 인민들이 그들의 처벌을 요구할 것이다."

한편 병사들에게 회교도들에 대한 당의 정책과 회한연합전선(回漢聯合戰線)을 결성하기 위한 당의 노력을 이해시키기 위해 제1군과 제15군에서는 강도 높으면서도 광범위한 교육이 실시되고 있었다. 나는 병사들이 '회교혁명'에 대해 토론하고 있는 정치집회에 몇 차례 참석했으며, 그 집회에 대단히 흥미를 느꼈다. 한 집회에서는 토지 문제를 중심으로 하는 긴 토론이 있었다. 홍군이 회교 대지주의 토지를 몰수해야 한다는 주장도 있었는가 하면, 그것을 반대하는 주장도 있었다. 그때 정치위원이 당의 입장을 간략하게 설명해 주었다. 그는 회교도들 자신이 그들 자신의 강력한 혁명단체를 조직하고 회교대중의 지지기반을 굳건히 한 후에 토지혁명을 자기 자신들의 힘으로 실천하는 것이 왜 필요한지를 설명했다.

한 중대에서 회교도와 한족 사이의 관계를 역사적으로 개관하면, 다른 중대에서는 회교 지역에 주둔하는 모든 병사들에게 선포된 행동규칙의 엄격한 준수가 왜 필요한지에 대해 토론했다. 선포된 행동규칙을 보면, 홍군 병사는 허락 없이 회교도의 가정을 출입해서는 안 된다, 절대로 사원이나 승려를 모독해서도 안 된다, 회교도 앞에서 '돼지'나 '개'를 거론하지 말아야 하며, 그들에게 돼지고기를 먹지 않는 이유를 묻지도 말아야 한다, 회교도를 '소교(小敎)'라 부르거나 한족을 '대교(大敎)'라고 불러서는 안 된다는 것이었다.

공산당의 대(對)회교 정책 아래 홍군 전체를 지적으로 통일시키기 위한 그러한 노력 외에도 농민들을 상대로 하는 공작이 끊임없이 계속되었다. 2개 회교 훈련연대가 이 선전활동에 앞장섰지만 홍군도 중대 단위로 선전대를 조직했다. 그들은 집집마다 방문을 하면서 공산당의 정책을 설명했고, 농민들의 조직화를 촉구했다. 홍군 연극단들도 마을을 순회하면서 지방의 실정과 역사적 사건에 근거를 두고 구성된 '주민 선동용' 회교 연극을 공연했다. 한자와 아랍어로 쓰어진 유인물, 신문, 포스터가 배포되었다. 그리고 대중집회를 자주 소집해 혁명위원회와 촌락 소비에트의 결성을 촉구했다. 그해 7월까지는 닝샤에 있는 수십 개의 회교공동체가 선거를 통해 촌락 소비에트를 수립했으며, 회교 공산당원과 회합할 대표를 위왕바오에 파견하게 되었다.

4개월 후 제4방면군이 황허를 건너 서쪽으로 320킬로미터 이상을 이동해 마부팡 영토 내의 쑤저우에 도착했다. 이리하여 홍군은 신장에 이르는 간선도로 위에 올라서게 되었다. 9월 초 닝샤성에서는 홍군이 지배하는 더 많은 촌락들이 소비에트를 결성했으며, 이들 소비에트의 회교 대표 3백 명이 참여하는 회의가 개최되었다. 이들 대표 중에는 다수의 승려, 교사, 상인, 그리고 두세 명의 소지주도 섞여 있었지만, 그들은 대부분 빈농이거나 '한비(漢匪)'의 도착에 놀라 도망간 적이 있는 중농이었다. 이 대표회의에서는 주석과 임시 회교 소비에트 정부 위원회가 선출되었다. 그들은 홍군과의 협력관계를 재확인했으며, 항일 회교군의 결성을 지원하는 동시에 회한연합동맹, 빈민동맹, 대중적 규모의 항일 회의 결성에 착수하자는 홍군의 제안을 수락하기로 결의했다.

이 역사적 회의가 마지막으로 결의한 (그러나 내가 보기엔 그곳 농민들에게는 가장 중요한 관심사였던) 안건은, 국민당의 어떤 세금징수원을 처벌하는 문제에 관한 것이었다. 그에 대한 원성은 홍군이 도착하기 전에 이미 높아져 있었다. 홍군이 도착하자 그는 장자지(張家集, 장가집)라고 불리는 이웃의 구릉촌락으로 도주했는데, 그곳에서도 그는 계속 세금을 징수했다. 그는 종전의 두 배나 되는 세금액을 부과하면서, 그것은 자신이 대표하는 새로운 공산주의 정부의 원칙에 의거한 것이라고 선전했다. 그러나 공산당이 세금징수원을 임명한 적이 없다는 사실을 간파한 회교 농민들 대여섯 명이 이 사기꾼을 체포해 위왕바오로 압송했고, 그는 민중재판에 회부되었다. 그에 대한 비판을 듣고 내가 개인적으로 느낀 것은 그러한 시기에 그런 연기를 할 수 있을 만큼 두둑한 배짱과 뛰어난 재능을 가진 사람이라면 비록 사기꾼이라 해도 살려 둘 만한 가치가 있지 않을까 하는 것이었다. 하지만 회교도들의 생각은 달랐다. 대표단이 그의 처형을 결정했을 때 반대표는 단 하나도 없었다.

내가 알기로는 내가 위왕바오에 머문 2주 동안 그는 유일하게 처형당한 민간인이었다.

10부

전쟁과 평화

1. 다시 말[馬]에 대하여

8월 29일 나는 홍청수이(紅城水, 홍성수)를 향해 말을 달렸다. 웨이저우현(韋州縣, 위주현)의 이 아름답고 조그만 도시는 복숭아, 사과, 포도의 과수원으로 유명했으며, 이 과수원은 운하를 지나 힘차게 흐르는 수정처럼 맑은 샘물로 물을 대고 있었다. 여기에 제73사단의 일부 병력이 주둔하고 있었다. 그리 멀리 떨어지지 않은 곳에는 요새화된 통로가 있었다. 참호라 하기에는 너무 초라한 두더지굴 모양의 작은 기관총좌와 언덕 위의 낮은 흙벽에 지나지 않는 요새들이 이어지면서 임시 방어선을 만들어 놓고 있었다. 언덕 위의 요새에서는, 10킬로미터에서 15킬로미터가량 후퇴해 성곽 안에 진을 치고 있는 적의 동태를 살필 수 있었다. 몇 주일 동안 이 전선에는 이동이 없었다. 그동안 홍군은 쉬면서 새로 얻은 영토를 견고히 하고 있었다.

다시 위왕현에 돌아와 보니 부대에서는 수박 잔치가 벌어지고 있었다. 이 향연은 남부 간쑤성으로부터 마훙쿠이의 한인 군대 1개 사단 전체가 주더의 제4방면군에게로 넘어왔다는 무선 소식을 축하하는 것이었다. 이 국민당 측 사단의 지휘관 리쭝이(李宗義, 이종의)는 북방으로 향하는 주더군의 행로를 차단하라는 임무를 부여 받고 파견되었다. 그의 휘하 청년 장교들 사이에는 공산당 비밀당원이 있었는데, 이들이 주도한 반란이 일어났다. 1개 기병대대를 포함한 약 3천 명의 병력이 이 반란에 가세해, 룽시(隴西, 농서) 부근에 주둔하고 있던 홍군과 합류했던 것이다. 이로써 장제스 총통의 남쪽 방어선에 큰 구멍이 뚫렸고, 총통은 이 구멍을 메우기 위해 남방 2개 부대의 북진을 재촉하게 되었다.

이틀 후 쉬하이둥 휘하 제15군의 3개 사단 중 2개 사단이 다시 이동할 준비를 마쳤다. 1개 사단은 남쪽으로 이동해 주더에게 길을 열어 주고,

다른 1개 사단은 서쪽의 황허 계곡으로 이동할 작정이었다. 새벽 3시에 나팔이 울렸고, 6시에는 이미 군대가 행군을 시작한 뒤였다. 나는 그날 아침 펑더화이에게 상황보고를 해야 하는 두 명의 홍군 장교와 함께 위왕바오로 돌아가기로 했다. 나는 쉬하이둥 및 그의 막료와 함께 남쪽 문으로 그 도시를 벗어나서 눈앞에 펼쳐진 초원을 가로질러 행군하고 있는, 마치 한 마리 회색 용을 연상시키는 군대와 짐승의 긴 대열을 향해 말을 달렸다.

끝없이 울리는 나팔소리뿐 다른 소리라고는 전혀 없이 도시를 떠나는 이 대부대는 그 지휘가 참으로 탁월함을 잘 말해 주고 있었다. 행군 계획은 벌써 며칠 전에 완료되었다고 했다. 도로에 대해 상세하게 조사했으며, 홍군이 준비한 지도 위에 적의 집결지가 빠짐없이 정확하게 표시되었다. 그리고 보초를 내보내 여행자들이 전선 너머로 이동하는 것을 철저히 금지시켰다(홍군은 전투나 군대 이동이 없으면 교역을 장려할 목적에서 여행자들의 자유로운 왕래를 권장했다). 국민당군이 이들의 이동을 전혀 감지하지 못했다는 것은 그 후 적의 외곽 초소가 이들에게 기습·점령당했다는 사실을 통해서 입증되었다.

때때로 먼 곳에 나타나는 양이나 들돼지를 추적하느라고 무리지어 초원을 가로지르며 달려갔다가 되돌아오곤 하는 30마리가량의 간쑤산(產) 야생 사냥개 외에는, 이 부대를 따라가는 상인도 매춘부도 눈에 띄지 않았다. 서로 경쟁하듯 짖어 대거나 기분 좋게 땅을 긁어 파는 것으로 보아 이 짐승은 전쟁터로 나가는 것을 좋아한다는 것을 알 수 있었다. 적지 않은 병사들이 애완동물을 데리고 갔다. 조그만 원숭이를 가죽 끈으로 묶어 데리고 가는가 하면, 회색빛 비둘기를 자기 어깨 위에 올려놓고 가는 사람들도 있었고, 흰 쥐를 가지고 가는가 하면, 토끼를 가지고 가는 사람들도 있었다. 도대체 이것을 군대라고 할 수 있을까? 전사들의 어린 나이로 보나, 긴 행렬을 타고 흐르는 힘찬 노랫소리로 보나, 오히려 그것은 휴일 소풍을 가고 있는 대학 예비학교 학생들의 행렬 같았다.

도시를 떠나 몇 리쯤 행군했을 때 갑자기 방공연습 명령이 떨어졌다. 병사들은 조별로 흩어져 길을 벗어나서는 키가 큰 풀 속으로 들어가 숨었다. 그러고는 풀로 만든 위장모를 쓰고, 역시 풀로 만든 외투를 어깨에 걸쳤다. 그들은 길옆의 풀이 나 있는 둔덕 위에 기관총을 올려놓고 적기가 낮게 비행해 목표물이 되어 주기를 기다렸다. 순식간에 그 길던 행렬은 흔적도 없이 풍경 속으로 흡수되었다. 인간들의 모습은 수많은 풀더미에 쌓여 도저히 구별되지 않았다. 길에 남아 있는 것이라고는 노새와 말과 낙타밖에 없었기 때문에, 비행사가 그것들을 보았다 해도 흔히 있는 대상(隊商)으로 착각했을 것이다. 그러나 선봉대로서 그때 이미 시야를 벗어나 있던 기병대는 공습을 정면으로 받아들일 수밖에 없었다. 그들이 강구할 수 있는 유일한 대비책은 주위에서 적당한 엄폐물을 찾아보거나 아니면 단순하게 가능한 한 넓게 산개하는 것이 고작이었다. 그러나 절대로 말에서 내릴 수는 없었다. 공습이 있을 때 말에서 내리면, 이 몽골 말들을 제어할 수가 없게 되고, 그렇게 되면 전 연대가 완전히 혼란 속에 빠질 위험이 있었다. 비행기 소리가 들릴 때, 기병대가 맨 처음 내리는 명령은 승마(乘馬)였다.

그들은 방공훈련이 만족스러웠다는 평가를 내리고 행군을 계속했다.

리장린의 말이 옳았다. 홍군의 좋은 말은 전부가 전선에 있었다. 기병사단은 홍군의 자랑이었고, 모든 사람이 기병으로 승진하기를 갈망했다. 전군에서 신체적으로 가장 강건한 사람들만 기병으로 선발되었다. 그리고 그들이 타고 있는 3천 필가량의 아름다운 닝샤산(産) 말들은 화베이의 몽골 말보다 크고 힘이 셌으며, 옆구리에 윤기가 돌고 궁둥이에 살이 잘 올라 있었다. 그 말들은 마훙쿠이와 마훙빈으로부터 빼앗은 것이 대부분이었지만, 기병 3개 대대의 말은 거의 1년 전 난징 정부군의 기병 제1군 사령관 하주궈(何柱國, 하주국) 장군과의 전투에서 얻은 것이다. 그중 1개 대대의 말은 모두가 순백색이었고, 1개 대대의 말은 모두가 순흑색이었다. 이들 3개 대대가 홍군 제1기병대의 중추를 이루고 있었다.

나는 간쑤성에서 홍군 기병대와 함께 며칠 동안 말을 탔다―아니 좀더 정확하게 말하면 말과 함께 걸었다. 그들은 나에게 노획품이 틀림없는 서양식 안장과 함께 좋은 말 한 필을 빌려 주었다. 그러나 하루가 저물 때마다 나는 말이 나에게 봉사하는 것이 아니라 내가 말에게 봉사하고 있음을 새삼스럽게 느꼈다. 그 이유인즉, 네 발 달린 짐승의 피로에 대해 지나치게 신경을 곤두세우고 있는 우리 대대장을 의식하다 보니, 우리들 두 발 달린 짐승은 1리 말을 타고 나면 3~4리가량 말을 인도해야 했기 때문이었다. 이런 지휘관이라면 마부보다는 간호원을, 말 잘 타는 사람보다는 잘 걷는 사람을 자기 부하로 선발하지 않을까 하는 생각도 들었다. 나는 물론―중국에서는 보기 드문 현상인―그들의 동물애호에 대해 합당한 존경을 표시하기는 했지만, 그 부대를 떠나 무소속 전사의 입장으로 되돌아왔을 때가 더 즐거웠다. 무소속 전사가 되어서야 비로소 실제로 말을 탈 수 있는 기회를 얻었기 때문이다.

이에 대해 완곡하게 표시한 나의 불만을 듣고, 쉬하이둥은 나를 놀려 주기로 결심한 것 같았다. 위왕바오로 돌아올 때 그는 황소처럼 힘센 멋진 닝샤 말을 빌려 주었고, 나는 이 말로 일찍이 맛보지 못했던 거친 승마를 즐길 수 있었다. 내가 갈 길은 초원에 있는 큰 요새 부근에서 제15군단과 갈라졌다. 그곳에서 나는 쉬하이둥 및 그의 막료와 작별인사를 나누었다. 나는 곧장 빌린 군마에 올라탔고, 그 후부터는 우리들 중에 누가 살아서 위왕바오에 도착하느냐가 최대의 관심사였다.

발을 옥죄는 짧고 투박한 박차도 문제였지만 더 큰 문제는 너무 좁아서 올라앉을 수가 없는 중국식 나무 안장이었다. 나는 목적지에 도착하기까지 안쪽 허벅지에 몸을 싣고 견뎌야 했다.

평원을 가로지르는 길은, 평탄하지만 50리가 넘는 먼 길이었다. 이 먼 길을 가면서 우리가 내려 걸은 것은 단 한 번밖에 없었다. 우리는 8킬로미터 거리를 앞에 두고 끊임없이 말에 박차를 가했으며, 위왕바오의 중심가를 통과하는 마지막 진로에서 나는 동행인을 훨씬 앞질러 선두로 나설 수 있었다. 펑더화이의 사령부에 도착해 말에서 급히 뛰어내린 나는 타고 온 말을 살펴보았다. 말이 기진맥진해 쓰러지지나 않을까 하는 걱정이 들었다. 그러나 말은 그다지 거친 숨도 내쉬지 않고 약간의 땀방울만 맺혀 있을 뿐이었으며, 그 밖에는 전혀 동요하는 빛을 보이지 않았다.

2. 소홍귀

어느 날 아침 나는 위왕바오의 넓고 두터운 노란색 성벽에 올라갔다. 10미터 높이의 이 성벽 위에서 나는 여러 가지 평범한 일상사들이 산만하게 일어나고 있는 정경을 한눈에 내려다볼 수 있었다. 마치 도시를 덮고 있던 뚜껑을 열어 놓은 것 같은 기분이었다. 그런데 벽의 한쪽이 크게 파괴되어 있었다. 사실 홍군 같은 유격 전사들에게는 벽이 장애물에 지나지 않았다. 그들은 적과의 교전 장소로 공개된 지역을 택했으며, 설사 패배한다 해도 성곽도시의 방어에 전력을 소모하지는 않았다. 오히려 성곽진지를 방어하다가는 봉쇄·섬멸될 위험이 따른다는 것을 알고 있었기에, 그들은 공개전에서 패할 경우 성곽 도시를 미련없이 적에게 넘겨주고 후퇴했다. 벽이 파괴되어 있으면, 그들이 힘을 회복했을 때 그 도시를 재점령하기가 쉬워진다.

총안(銃眼)이 나 있는 흉벽(胸壁)을 반쯤 돌았을 때 나는 쉬고 있는 나팔수 소대와 만났다. 그들의 나팔소리가 며칠간을 쉬지 않고 구슬프게 울려 퍼지고 있던 터라 휴식 중의 그들과 요행히도 만나게 되니 반가운 생각이 들었다. 그들 모두가 아직 어린아이 티를 벗지 못한 소년선봉대원이었기 때문에 나는 제법 아버지의 자애스러운 기분까지 느꼈다. 나는 그들 중의 한 소년에게 다가가 말을 걸었다. 그는 테니스화를 신고 회색 윗옷을 입고 있었으며, 칙칙한 붉은 별 휘장이 붙은 색이 바랜 회색 모자를 쓰고 있었다. 그러나 모자 밑으로는 퇴색한 모습이라고는 전혀 찾아볼 수 없었다. 그들의 얼굴은 장밋빛이었으며 그의 눈은 초롱초롱 빛났다. 집이 얼마나 그리울까, 생각도 해 보았다. 그러나 이러한 나의 환상은 곧 깨졌다. 그는 엄마의 치마폭을 찾는 어린애가 아니었다. 그는 이미 역전의 홍군 병사였다. 그는 나에게 자기 나이가 15살이고, 4년 전 남방에서 홍군에 입대했다고 말했다.

"아니, 4년 전에!" 나는 믿을 수 없다는 듯이 외쳤다. "그렇다면 홍군에 입대할 때 나이가 겨우 11살밖에 되지 않았다는 말인가! 그리고 장정에까지 참여했고……."

"맞아요." 그는 익살스럽게 들릴 만큼 뽐내는 목소리로 대답했다. "홍군에 입대한 지 4년이나 되었는 걸요."

"왜 입대했지요?" 나는 물었다.

"우리 가족은 푸젠성의 장저우 가까이에 살았어요. 나는 산에 나무를 하러 다녔는데, 동네 사람들이 홍군에 대해 이야기하는 것을 자주 들었어요. 그들이 홍군은 가난한 사람들을 돕는다고 말해서 나는 홍군을 좋아하게 됐어요. 우리 집은 지독히 가난했어요. 부모님과 내 위로 형 셋, 그리고 나, 이렇게 해서 모두 여섯 식구였어요. 우리에게는 땅이 없었어요. 소작료로 가져가는 것이 수확량의 절반을 넘었기 때문에 우리는 언제나 식량이 부족했지요. 겨울에는 나무껍질로 죽을 끓여 먹으면서 곡식을 아껴야 봄에 쓸 종자를 겨우 남길 수 있을 정도였어요. 나는 언제나 배가 고팠어요.

어느 해인가 홍군이 장저우 가까이에 왔어요. 나는 산 속으로 그들을 찾아가, 가난에 허덕이는 우리 집을 도와달라고 부탁했지요. 그들은 친절했어요. 그들은 잠깐 동안이지만 나를 학교에 보내 주었고, 먹을 것도 넉넉히 주었습니다. 몇 달 후 홍군은 장저우를 점령하고 우리 마을에 왔지요. 그러고는 지주와 고리대금업자와 관리들을 쫓아 버렸어요. 우리 집에도 땅이 생겼고, 더 이상 세금징수원과 지주들에게 돈과 곡식을 바치지 않게 되었지요. 우리 식구들은 행복해했고 나를 자랑스럽게 생각했어요. 나의 세 형들 중에서 둘이 홍군에 입대했지요."

"그들은 지금 어디 있지요?"

"지금요? 모르겠는데요. 우리가 장시를 떠날 때 형들은 푸젠성의 홍군에 있었어요. 그들은 팡즈민의 부대였어요. 그러나 지금은 형들이 어디 있는지 몰라요."

"농민들이 정말로 홍군을 좋아하나요?"

"홍군을 좋아하냐고요? 물론 좋아하죠. 홍군이 그들에게 땅을 주고, 지주와 세금징수원 같은 착취자들을 몰아내 주니까요"(이 '소귀'들은 예외 없이 마르크스주의의 용어를 사용했다).

"정말 좋아한단 말이네요. 하지만 그렇다는 것을 어떻게 알 수 있지요?"

"그들은 우리에게 수천 켤레, 아니 수만 켤레의 신발을 그들 손으로 만들어 주었어요. 여자들은 우리에게 군복을 만들어 주었고, 남자들은 적의 동태를 정찰해 주었고요. 홍군에 아들을 입대시키지 않는 집이 거의 없었어요. 그러니 백성들이 우리를 좋아한다고 말할 수 있죠."

홍군에는 이와 같은 소년들이 매우 많았다. 소년선봉대는 공산주의 청년동맹이 조직했으며, 이 동맹의 서기였던 평원빈(馮文彬, 풍문빈)의 주장에 따르면, 당시 서북방의 소비에트 지구들에는 소년선봉대가 4만 명 가량 있었다. 홍군에만 몇백 명이 있었을 것이다. 홍군의 주둔지마다 그들의 '모범대'가 있었다. 나이는 12살에서 17살(서양 나이로는 11살에서 16살)[1] 사이였으며, 그들은 중국 각지에서 모여들었다. 이 꼬마 나팔수처럼 그들 중 적지 않은 수가 남쪽에서 시작된 고난에 찬 장정을 견디고 살아남았다. 그리고 많은 수가 산시 원정 때 홍군에 가담했다.

소년선봉대원은 전령, 취사병, 나팔수, 밀정, 무선전신수, 식수공급자, 선전원, 배우, 마부, 간호원, 비서, 심지어는 교사로 일했다. 한번은 한 소년이 큰 지도를 앞에 놓고 신병 학습반에게 세계 지리를 강의하는 장면을 직접 목격하기도 했다. 내가 그때까지 본 것 중에서 가장 우아한 춤을 춘 두 어린이 무용수가 제1군단의 연극반 소속이었고, 장시에서부터 장정에 참여한 경력을 갖고 있었다.

그들이 어떻게 이런 생활을 견뎌 내는지 궁금한 생각이 들지도 모른다. 죽거나 살해당한 그들의 수는 수천 명에 달했다. 2백 명 이상의 선봉대원이 정보활동이나 선전활동을 하다가 잡혔거나 행군 중에 부대를 따라갈 수 없어 낙오했기 때문에 잡혀서 시안부의 누추한 감옥에 감금되어 있었다. 그러나 그들의 용기는 놀라웠다. 홍군에 대한 그들의 충성심은 어린 소년들의 순진한 충성심이었기에 강렬하기 짝이 없었다.

그들은 대부분 소매가 무릎까지 내려오고 상의가 땅에 끌릴 정도로 큰 군복을 입고 있었다. 그들은 하루에 세 번씩 손과 얼굴을 닦는다고 주장했지만 언제나 얼굴은 지저분했다. 그리고 보통 코를 흘리기 일쑤였

---

1 전통적인 중국의 연령 계산법은 임신에서부터 시작된다. 따라서 누구든지 나면서부터 한 살이다.

고, 옷소매로 코를 훔치고는 멋쩍게 웃곤 했다. 하지만 천하가 그들의 것이었다. 그들은 먹을 것이 풍족했고, 이불도 한 사람 앞에 하나씩 배당되었으며, 지도자가 되면 권총도 가질 수 있었다. 그리고 붉은 견장을 달고 있었으며, 너무 크고 찌그러지기는 했지만 붉은 별이 달린 모자를 쓰고 있었다. 그들은 대부분 출신이 분명치 않았다. 많은 소년들이 부모의 이름조차 기억하지 못했으며, 많은 소년들이 도망친 도제(徒弟)였다. 또한 노예 출신[2]도 일부 섞여 있었다. 그들은 대부분 식구 수가 너무 많은 오두막으로부터 탈출한 소년들이었으며, 모두가 자기 자신의 결심에 따라 선봉대에 가담했다. 소년들이 단체로 탈출해 함께 선봉대에 가담하는 경우도 그리 드물지 않았다.

그들에 대한 무용담도 많았다. 그들은 어린이라 해서 관대한 처분을 받지도 않았고, 또한 그런 처우를 요구하지도 않았다. 그들은 실전에 참여했다. 장시에서 있었던 일이라고 하는데, 홍군 주력이 떠난 후 수천 명의 소년선봉대원과 공산주의 청년동맹원이 성인 유격대원과 어깨를 나란히 하고 싸웠으며, 심지어는 백병전에도 가담했다는 것이다. 백군 병사들이 웃으면서 하는 말을 들어 보면, 그들이 어찌나 조그맣고 가벼웠던지 총검을 움켜잡고 잡아당기면 참호 안으로 힘없이 끌려 들어왔다고 했다. 포로가 되어 장시의 국민당 비적감화학교에 수감되어 있던 홍군의 대부분이 10살부터 15살 사이의 소년들이었다.

선봉대원들이 홍군을 좋아했던 것은 그들이 홍군에 입대해서 난생처음으로 인간다운 대접을 받았기 때문인 것 같았다. 그들은 어른과 똑같이 먹고 생활했고, 모든 일에 참여하는 것 같았다. 그들은 자신이 어떤

---

2 아동 노예제는 국민당법으로도 금지되었지만, 그 법은 그것이 알려진 지역에서조차 거의 시행되지 않았다. 다른 지역에서는 아동 노예제가 더욱더 일반적이었다.

성인 병사와도 동등하다고 생각했다. 나는 그들이 맞거나 혼나는 것을 한 번도 본 적이 없었다. 그들이 전령이나 취사병으로 '혹사당하고' 있는 것은 분명했지만(그리고 상부에서 내린 명령 중 어느 정도가 소년선봉대원에게 내려졌는지를 알게 되면 놀랄 정도이다), 그들에게도 나름대로 행동의 자유가 있었고, 스스로를 보호하기 위한 자체 조직이 있었다. 그들은 게임과 운동을 배웠으며, 초보적인 것이기는 하지만 교육을 받았다. 그리고 그들은 대부분 마르크스주의를 지주나 공장 주인에게 총 쏘는 것을 도와준다는 지극히 단순한 의미로밖에 받아들일 수 없었지만, 어쨌든 간단한 구호를 통해 마르크스주의에 대한 신념을 갖게 되었다. 분명히 소년선봉대에서의 생활은 공장에서 하루 14시간씩이나 일하면서 주인을 먹여 살리는 생활보다도, 또 냄새 고약한 어머니의 요강이나 비우면서 배고프게 사는 생활보다도 나았다.

나는 도망쳐 온 한 도제를 지금도 기억한다. 간쑤성에서 그를 만났는데, 그의 별명은 '산시(山西)성 애기'였다. 그는 산시성 훙둥(洪洞, 홍동) 부근에 있는 공장에 도제로 팔려 갔다. 홍군이 왔을 때 그는 다른 도제 세 명과 함께 성곽을 몰래 뛰어넘어 홍군에 입대했다. 나로서는 왜 그가 홍군 입대를 결심했는지 알 수 없었지만, 분명한 것은 옌시산(閻錫山, 염석산)의 반공선전이나 연장자들의 경고 등이 정반대의 효과를 초래하고 말았다는 사실이다. 그는 아기 얼굴을 한 12살의 어린 소년이었지만, 산시(山西)와 산시(陝西)를 지나 간쑤로 행군해 온 것으로도 충분히 입증되었듯이, 스스로를 돌볼 수 있는 능력이 있었다. 내가 그에게 홍군이 된 이유를 물었을 때 그는 말했다. "홍군은 가난한 사람들을 위해 싸웁니다. 홍군은 항일운동의 선봉을 맡고 있습니다. 그렇다면 누구인들 홍군 병사가 되고 싶지 않겠습니까?"

또 한번은 몸이 야윈 15살의 소년을 만난 적이 있었다. 그는 간쑤성

허롄완 근처의 병원에서 일하는, 소년선봉대와 공산주의 청년동맹의 우두머리였다. 자신의 고향은 장시 소비에트 지구의 모범 현이었던 싱궈였다. 그는 자신의 형제 중 하나가 아직도 그곳에 남아 유격대원으로 활약하고 있으며, 그의 누이도 그곳에서 간호원으로 일했다고 말했다.

그는 자기 가족이 어떻게 되었는지 알지 못했다. 어쨌든 그들 일가족은 모두가 홍군을 좋아했다. 왜 그럴까? 그들은 모두가 '홍군이 그들의 군대이고 무산계급을 위해 투쟁하고 있다'라고 이해하고 있기 때문이다. 나는 서북방으로의 대장정이 이 어린 소년의 마음속에 어떤 인상을 남겼는지 궁금했지만, 그 궁금증을 풀 수는 없었다. 이 생각 깊은 소년에게는 모든 것이 사소한 일에 지나지 않았다. 심지어는 미국을 횡단하는 거리의 두 배나 되는 장정도 산책 정도의 사소한 일에 지나지 않았다.

나는 용기를 내어 물어보았다. "그래도 장정은 힘들었지요?"

"아니요, 힘들지 않았습니다. 동료들과 함께 있으면 어떤 행군도 힘들지 않아요. 우리들 혁명적인 청년들은 어떤 일이 힘들거나 고통스러운지에 대해 생각할 여유가 없었어요. 우리들은 우리 앞에 놓여진 임무에 대해서만 생각할 뿐입니다. 1만 리를 걷는 것이 우리의 임무라면 우리는 1만 리를 걷고, 2만 리를 걷는 것이 우리의 임무라면 우리는 2만 리를 걷습니다."

"간쑤성에 대해서는 어떻게 생각하지요? 장시보다 좋은가요, 나쁜가요? 남방에서보다 이곳에서의 생활이 더 나은가요?"

"장시도 좋았고, 간쑤도 좋아요. 혁명이 있는 곳이면 어디든 그곳이 좋아요. 무엇을 먹고 어디서 자는지는 중요하지 않아요. 중요한 것은 혁명입니다."[1]

교과서적인 대답이라고 나는 생각했다. 홍군 선전원으로부터 자기가 해야 할 답변을 썩 잘 배운 소년이 바로 여기에 있었다. 다음 날 있었던 홍군 병사들의 대중집회에서 그는 중요한 연사로 연단 위에 올랐다. 그 자신이 '선전원'임을 알고 나는 놀라지 않을 수 없었다. 내가 듣기로는, 그는 부대에서 가장 탁월한 연사였다. 그는 그 회합에서 현재의 정치적 상황에 대해, 그리고 왜 홍군이 내전을 중지하고 모든 항일군과 통일전선을 형성하고 싶어 하는지에 대해 간략하면서도 완벽에 가깝게 설명했다.

나는 상하이의 기계제작소에 도제로 있다가 동료 세 명과 함께 온갖 난관을 뚫고 서북으로 찾아온 14살 소년도 만났다. 내가 만났을 때 그는 바오안에 있는 무선학교의 학생이었다. 상하이를 다시 보고 싶지 않느냐는 나의 질문에 대해 그는 "그렇지 않아요. 내가 상하이에 남겨두고 온 것이라고는 아무것도 없어요. 그곳에서 유일한 즐거움이 있었다면 진열장 유리를 통해, 나로서는 살 엄두도 낼 수 없는 진기한 음식들을 구경하는 것이었어요"라고 대답했다.

바오안에서 외교부 통신과장 리커눙의 전령으로 일하던 '소귀'도 만났다. 그는 13살이나 14살가량 되는 산시(山西)성 출신의 소년이었다. 그가 어떻게 홍군에 가담했는지는 알 수 없었다. 그는 선봉대의 멋쟁이로서, 맡은 역할을 아주 완벽하게 해냈다. 그는 누군가가 물려준 샘브라운 허리띠를 차고 있었고, 몸에 꼭 맞도록 재단한 조그만 군복을 깨끗하게 차려입고 있었다. 그리고 구부러질 때마다 새 판자로 갈아 끼워서 언제나 챙에 날이 서 있는 모자를 쓰고 있었다. 그는 잘 다려진 칼라 밑으로 언제나 하얀 리넨(아마천)이 보이도록 세심한 주의를 기울였다. 그는 어렵지 않게 마을의 가장 멋쟁이 병사가 되었다. 마오쩌둥도 그의 옆에 서면 초라하게 보였다.

이 멋쟁이는 부모의 사려가 부족해 이름이 샹지보(向季伯, 향계백)였다. 그렇다고 이 이름이 크게 잘못되었다는 게 아니었다. 단지 지보(季伯)가 지바(鷄巴, 계파)와 아주 비슷하게 발음된다는 것이 잘못이었다. 따라서 그는 남자의 음경(陰勁)을 의미하는 '지바'로 자주 불리고 있었는데, 그로서는 이것이 매우 굴욕적이었다. 하루는 지보가 외교부의 조그만 내 방을 찾아왔다. 그는 언제나 그렇듯이 엄숙한 표정을 하고 들어왔다. 그는 신발 뒤축을 소리 내 부딪치면서 똑바로 서서는, 내가 홍군에서 본 것 중 가장 멋들어진 프러시아식 경례를 했다. 그러고 나서 그의 조그만 가슴 속에 담긴 고민을 털어놓았다. 그가 원하는 것은 자신의 이름이 지바가 아니라 지보이며, 이 두 말 사이에는 엄청난 차이가 있다는 사실을 내가 분명히 알아주었으면 하는 것이었다. 그는 자기 이름을 종이 위에 조심스럽게 쓰더니 그것을 나에게 전해 주었다.

놀란 나는 정말로 진지하게, 그를 지보 외의 다른 이름으로 부른 적이 없으며 앞으로도 절대 그럴 생각이 없다고 대답했다. 그는 감사의 뜻으로 정중하게 고개를 숙였다가, 또 한 번, 나에게는 결코 합당치 않은, 앞서 한 그 거수경례를 했다. 그리고 그는 말했다. "분명히 해 두고 싶은 것은 당신께서 외국 신문에 저에 대해 기사를 쓸 때 제 이름을 잘못 쓰지 말아 달라는 것입니다. 해외의 동지들이 이름이 지바인 홍군 병사가 있다는 말을 들으면 좋지 않은 인상을 받게 되지나 않을까 걱정되기 때문에 드리는 말씀입니다." 그때까지만 해도 나는 이 부분의 이야기에서 지보를 소개할 계획이 전혀 없었다. 그러나 이 일 때문에 소개하지 않을 수 없었다.

소년선봉대가 맡은 임무 중의 하나는 후방에서 행인들을 검문하고 그들이 통행증을 가지고 있는지 확인하는 일이었다. 그들은 이 임무를 아주 엄격하게 수행했으며, 통행증이 없는 사람은 누구나 지역 소비에트로 연행해 조사했다. 한번은 소년선봉대가 펑더화이를 멈추어 세우고 통행증 제시를 요구한 적이 있었다고 펑더화이는 말했다. 그리고 응하지 않자 그를 체포하겠다고 위협하더라는 것이었다.

"하지만 내가 펑더화이오. 내가 바로 통행증을 발급하는 사람이오"라고 그는 말했다.

그러자 어린 회의론자들은 "당신이 주더 사령관이라 해도 우리하고는 관계가 없습니다. 당신에게는 통행증을 소지해야 할 의무가 있습니다"라고 대답했다. 그들이 지원을 요청하는 신호를 보내자 여러 명의 소년들이 달려와 가세했다.

펑더화이는 그들이 허락해 자신의 통행증을 쓰고, 거기에 서명했다.

'소귀들'은 어떻게 보아도 크게 잘못된 점을 찾기 어려운 붉은 중국의 자랑거리 중의 하나였다. 그들의 기백은 충천했다. 나이 든 사람이 그들을 바라보고 있노라면 자신의 비관주의를 떨쳐 버릴 수 있을 것이고, 자신이 이러한 소년들의 장래를 위해 싸우고 있다는 생각에 용기가 새로워질 것이 아닌가 하고 나는 생각해 보았다. 그들은 예외 없이 명랑하고 낙관적이었으며, 하루의 행군 끝에 몸이 피곤할 때도 만나는 모든 사람에게 '안녕하십니까' 하고 인사했다. 그들은 참을성이 강했고, 열심히 일했고, 영리했고, 학습의욕이 강렬했다. 그들을 보면 중국이 결코 희망 없는 나라가 아니며, 어떤 나라도 이런 젊은이들이 있으면 결코 절망적이지 않으리라는 것을 느끼게 했다. 바로 이들 소년선봉대원에게 중국의 장래가 걸려 있었다. 따라서 그들은 해방되고, 각성되고, 발전되고, 새로운 세상을 건설하는 데 참여해야 했다. 이 말이 복음조로 들릴는지는 몰라도 누구든지 이 영웅적인 소년들을 보았다면, 중국 사람들이라고 나면서부터 타락한 것이 아니고 오히려 그들에게는 훌륭한 인격자가 될 수 있는 무한한 가능성이 있다고 느끼지 않을 수 없었을 것이다.

3. 통일전선의 실천

내가 닝샤성과 간쑤성의 전선에 머물고 있던 때인 1936년 9월 초, 펑더화이 휘하의 군대는 황허를 향해 서쪽으로, 또한 남쪽으로 북상하고 있던 주더 군대와 합류하기 위해 시안-란저우 간선도로를 향해 남쪽으로 이동하기 시작했다. 이 작전은 10월 말에 빛나는 성과를 올리며 완료되어, 시안-란저우 간선도로 이북의 북부 간쑤성의 거의 전역을 홍군 부대가 점령하게 되었다.

그러나 홍군은 국민당에게 대일저항(對日抵抗)의 입장을 '강요하려는' 노력의 일환으로 국민당과 화해를 추구하기로 결정한 마당이었기 때문에, 하루가 다르게 점령에 의한 권력 장악을 의도하는 군대의 성격이 약화되고 정치선전 세력의 성격이 강화되어 가고 있었다. 당은 각 부대에 앞으로의 행동에서 '통일전선전술'을 지키도록 하라는 명령을 하달했다. 그렇다면 '통일전선전술'이란 무엇이었던가? 당시의 행군일지를 소개하는 것이 그 질문에 대한 최선의 답변일 것 같다.

바오터우지(包頭集, 포두집), 9월 1일: 제1방면군 사령부는 위왕바오를 떠나 65킬로미터가량을 걸어갔으며, 그동안 펑더화이 사령관은 마부와 농담을 하는 등 시종일관 즐거운 표정이었다. 여행하고 있는 지역은 대부분이 구릉지나 산악지대였다. 펑더화이는 이 조그만 촌락에서 한 회교 농민의 집에 임시사령부를 차리고 이날 밤을 보냈다.

즉시 벽에 지도가 붙여졌고 무전기가 작동하기 시작했다. 통신이 들어왔다. 펑더화이는 쉬고 있는 동안에 회교 농민들을 방문해 그들에게 홍군의 정책을 설명해 주었다. 한 노파가 그에게 자기의 고충을 털어놓는 등, 거의 두 시간 동안 이야기를 나누었다. 그동안 홍군 수확대는 도망간 지주의 농작물을 수확하러 갔다. 그는 '배반자'였기 때문에 토지를 몰수당했다. 또 1개 소대가 그 지역 회교사원을 지키고 그 구내를 청소하는 데 배치되었다. 농민들과 관계는 좋은 것 같았다. 이 현의 농민들은 홍군 치하에서 세금을 내지 않고 살아온 지 여러 달이 되었으며, 일주일 전에는 대표단을 통해 면세에 대한 감사의 표시로 마차 여섯 대분의 곡물과 그 밖의 식량을 펑더화이에게 선사했다. 어제는 농민 몇 명이 펑에게 선물로 멋진 나무침대를 만들어 주었다. 펑더화이는 그 선물을 받고 아주 즐거워했지만, 미련 없이 그것을 그 지역의 승려에게 양도했다.

리자거우(李家溝, 이가구), 9월 2일: 행군길에 오른 것은 새벽 4시, 그러나 펑더화이는 이미 오래전에 일어나 있었다. 그는 부상병을 병원으로 후송하는 일을 도와주려고 위왕바오에서부터 군대를 따라온 10명의 농민을 만났다. 강제로 자기의 아들들을 군에 끌고 갔기 때문에 마홍쿠이를 미워하고 있던 터라 그들은 이 일을 하겠노라고 자원했다. 난징의 폭격기가 머리 위를 날다가 우리를 발견했기 때문에 우리들은 기민하게 흩어져 위장했다. 전군이 순식간에 풍경 속으로 녹아 들어갔다. 비행기는 머리 위를 두 바퀴 돌다가 폭탄 하나를 떨어뜨렸다―"쇠알을 낳았다"라고 말하는 홍군도 있었고, "새똥을 떨어뜨렸다"라고 말하는 홍군도 있었다. 그러고는 말들을 향해 기총소사를 하더니 우리 군의 선봉대를 폭격하기 위해 날아갔다. 한 병사가 위장을 늦게 하는 바람에 발에 부상을 입었다. 하지만 부상이 가벼웠기 때문에 치료를 받은 뒤에는 부축을 해 주지 않아도 걸을 수 있었다.

우리가 밤을 보낸 이 마을에서는 거의 아무것도 보이지 않았다. 적의 1개 연대가 이곳에서 가까운 요새를 지키고 있었고, 제15군단의 한 파견대가 이 요새를 공격하고 있었다.

오늘 아침 적의 폭격기들이 이 도시를 공격했고, 폭탄 10개를 투하했다는 내용의 전신이 위왕바오로부터 왔다. 농민 몇 명이 죽거나 부상했지만, 병사에게는 피해가 없었다.

타이바오쯔(太堡子, 태보자), 9월 3일: 리자거우를 떠나 행군하는 중에 수많은 농민들이 도로 연변까지 마중 나와 병사들에게, 이 지방 사람들이 좋아하는 음료수인 백차(白茶), 즉 뜨거운 물을 주었다. 회교도 학교의 교사들이 펑더화이에게 작별인사를 하러 찾아와 학교를 보호해 준 데 대해 감사를 표시했다. 우리가 (위왕바오에서 서쪽으로 1백 리 남짓을 행군해 와) 타이바오쯔에 접근하고 있을 때, 고립된 진지로부터 철수 중이던 마홍쿠이의 기병대 일부가 우리의 후방에 나타났다. 그들은 우리들로부터 수백 미터밖에 떨어지지 않은 곳에 있었다. 제1군단의 참모장 녜룽전(聶榮臻, 섭영진)[3]의 명령에 따라서 사령부의 기병대 일부가 그들을 추격했고, 그들은 먼지 소용돌이를 일으키며 도주했다. 홍군 수송대가 공격을 받았기 때문에 또 일단의 병사들을 파견해 나귀를 보살피고 길을 보수해야 했다. 수송대는 무사히 귀환했다.

오늘 저녁에는 흥미 있는 소식 몇 가지가 게시판에 붙여져 있었다. 리왕바오(李王堡, 이왕보)가 현재 포위상태에 있으며, 그곳에서 가까운 요새에 박격포탄이 떨어져 쉬하이둥의 사령부가 날아갈 뻔했다. 소년선봉대원 1명이 죽고 병사 3명이 부상했다. 부근의 다른 곳에서는 백군 소대장 1명이 홍군의 진지를 정찰하다가 기동타격대에 의해 체포되었다. 그는 가벼운 부상을 입었는데, 사령부로 연행되었다. 펑더화이는 그가 부상당했음을 알고 대노해서 무전기에 대고 소리쳤다. "통일전선전술에 충실하지 않았어. 우리의 구호가 탄환 10발보다 더 가치 있다는 사실을 모르는가?" 그는 자기 막료에게 통일전선전술과 그것의 실천방법에 대해 강의했다.

길에서 농부들이 과일과 수박을 팔고 있었고, 홍군 병사들은 틀림없

| 3 덩샤오핑이 그의 대리정치위원이었다.

이 대금을 치렀다. 어린 병사 하나가 한 농부와 오래 협상한 끝에 자기의 애완용 토끼를 주고 수박 3개를 샀다. 수박을 다 먹고 난 후 그는 토끼를 되돌려 달라고 끈질기게 졸라 댔다.

펑더화이는 오늘의 소식을 축하하는 의미에서 성대한 수박 잔치를 벌였다. 이곳의 수박은 값도 싸고 맛도 아주 좋았다.

타이바오쯔, 9월 4일~5일: (정치부의) 류샤오는 현재 위왕바오 근처의 회교도들 사이에서 공작을 하고 있었다. 오늘 그가 그곳에서 최근에 있었던 몇 가지 사건에 관한 보고서를 보내왔다. 마훙쿠이 휘하의 한 연대가 홍군회교연대에 연사를 1명 보내 달라고 요청했다. 마훙쿠이 측 연대장은 그 홍군 대표와의 대면은 거절했지만 그가 자기 부하들에게 연설하는 것은 허락해 주었다.

왕(홍군 측 회교 대표)이 돌아와 병영마다 홍군의 광고가 붙어 있는 것을 보았다고 보고했다. 그의 말에 의하면 그가 마훙쿠이의 병사들과 한두 시간가량 대화를 나누자 그들이 점점 더 관심을 가지기 시작했고 마침내 연대장도 귀를 기울이게 되었지만, 걱정이 된 그는 왕을 체포하도록 명령했다는 것이었다. 그러나 병사들의 빗발치는 항의가 있었기 때문에 그는 호위를 받아 가며 안전하게 홍군 진영으로 되돌아올 수 있었다. 마의 연대는 왕을 통해 전달된 류샤오의 편지에 대해 답장을 보냈다. 그 답신의 내용인즉, 그들이 후퇴하지 않는 것은 이 지역을 방어하라는 명령을 받았고 이 명령에 따르지 않을 수 없기 때문이다, 그들에게는 일본과 싸우기 위해 협정을 체결할 용의가 있지만 우선은 홍군이 그들의 사단장과 협의를 해 주어야 할 것 같다, 홍군이 그들과 교전하려 하지 않으면 그들도 홍군과 교전하지 않겠다, 그리고 홍군이 보내준 편지와 유인물은 영내에서 배포했다는 것이었다.

오늘 이곳으로부터 멀지 않은 곳에서 폭격기 2대가 홍군 기병대를 공격했다. 병사와 말은 피해가 없었지만 폭탄 하나가 마을의 회교사원 한 모퉁이에 떨어져 예배 중이던 회교도 노인 3명이 사망했다. 이 사건으로 인해 그렇지 않아도 좋을 리 없는 난징 정부에 대한 지역 주민들의 감정이 더욱 악화되었다.

타이바오쯔, 9월 6일: 휴식과 오락의 하루. 제1군단의 지휘관들이 펑더화이의 사령부에 모여 수박 잔치를 벌이고 있는 동안, 병사들도 휴식을 취하고 운동을 하고 그들 나름대로 수박 잔치도 벌였다. 펑더화이는 중대장급 이상의 전 지휘관을 정치집회에 소집했다. 나도 참석을 허락 받았다. 펑더화이의 연설을 요약하면 다음과 같다.

"우리가 이 지역으로 이동해 온 목적은, 첫째가 소비에트 지구를 확대 발전시키는 것이고, 둘째가 제2, 제4방면군의 이동과 전진을 돕는 것이고, 셋째가 이 지역에서 마훙쿠이와 마훙빈의 세력을 제거한 후 그들 휘하의 부대들과 직접 통일전선을 형성하는 것이다.

우리는 이곳에서 통일전선의 기초를 확장해야 한다. 우리는 현재 우리에게 동조하고 있는 백군 지휘관들에게 결정적인 영향을 미침으로써 그들을 우리 편으로 확고하게 끌어들여야 한다. 현재 우리는 그들 중의 다수와 좋은 관계를 유지하고 있다. 우리는 편지를 통해, 언론매체를 통해, 대표단을 통해, 비밀결사를 통해, 그리고 그 밖의 모든 방법을 통해 우리의 공작을 부단히 계속해야 한다.

우리는 우리 부대들 내에서의 교육사업에 한층 박차를 가해야 한다. 최근에 있었던 몇 가지 예로 보건대, 우리의 병사들은 후퇴를 허락해 주고도 그 부대에 발포하는 등 통일전선정책을 위반해 왔다. 노획한 소총을 되돌려주라는 명령을 두 번 세 번 하달해야만 마지못해 따르는 경우도 있었다. 이것은 군율 위반은 아니라 할지라도 지휘관의 명령에 대한 신뢰의 결여임에 틀림없다. 이로써 병사들이 그런 조치의 이유를 충분히 이해하지 못하고 있다는 사실이 드러났다. 실제로 일부 병사들이 그들의 지휘관에게 '반혁명적인 명령'을 내린다고 비난을 퍼부은 일까지 있었다. 어떤 중대장은 백군 지휘관으로부터 편지를 받자, 그것을 읽지도 않고 찢어 버리면서 '백군 놈들은 모두가 똑같은 놈들'이라고 말했다는 이야기도 들었다. 이런 일들은 우리가 제1차 강연만으로는 병사들에게 우리의 입장을 분명히 납득시킬 수 없었으니만큼, 좀 더 깊이 있게 병사들을 교육해야 할 필요가 있음을 단적으로 말해 주는 것이다. 우리는 그들의 비난에 귀를 기울이고, 철저한 토론과 설명을 거친 후 그들이 필요하다고 생각하는 대로 우리의 정책에 수정을 가해야 한다. 우리는 통일전선정책이 백군을 속이기 위한 술수가 아니라 기본정책이며, 당의 결정과도 일치하는 것임을 그들에게 분명히 인식시켜야 한다.

동부 공격[산시(山西) 원정]을 마치고 여기 간쑤와 닝샤에 와서는 적지 않은 동지들이 실망을 느끼고 있는데, 그 이유는 그곳에서 우리가 받았던 환대와 비교해 볼 때 이곳의 반응이 눈에 띄게 다르기 때문이다. 그들은 이곳의 농촌이 가난하고, 이곳 주민들의 정치적 수준이 낮기 때문에 의기소침해 있다. 실망하지 말아라! 더 열심히 노력하라! 이곳의 주민들도 우리의 형제이고, 이곳의 주민들도 다른 사람들과 마찬가지로 우리의 선의에 호응하기 시작할 것이다. 우리는 단 한 명의 백군 병사나 단 한 명의 회교 농민을 설득할 수 있는 기회라도 잃어서는 안 된다. 우리는 지금 힘껏 일하고 있지 않다.

모든 혁명적 행동에서 대중이 앞장을 서도록 해야 한다. 우리가 직접 회교도 지주에게 손을 대서는 아니된다. 인민들에게는 지주를 처분할 자유가 있다. 그렇게 할 때 우리는 그들의 대중조직을 보호해 줄 것이다.

그렇게 하는 것은 그들의 혁명적 권리이며, 지주의 재산은 그들이 행한 노동의 산물이기에 그들에게 속한다는 등의 사실을 분명히 밝혀 주기만 하면 된다. 우리는 민중의 정치의식을 높이기 위한 노력을 강화시켜야 한다. 이제까지는 그들이 인종적 증오감 외의 어떤 정치적 의식도 갖지 못했음을 기억해야 한다. 우리는 그들 속에 잠자고 있는 애국심을 일깨워야 한다. 우리는 가로회를 비롯한 비밀결사에서 공작을 더 강화함으로써, 그 결사들로 하여금 소극적인 태도를 버리고 적극적인 동맹세력으로서 항일전선에 참여하도록 해야 한다. 우리는 승려들과의 우호관계를 더욱 공고히 하고, 그들로 하여금 항일운동에서 지도적 역할을 하도록 해야 한다. 우리는 회교 청년들을 남김없이 조직하여, 혁명세력의 기초를 강화해야 한다."

펑더화이의 연설에 뒤이어, 제1군단과 제15군단의 두 정치위원들이 오랜 시간에 걸쳐서 비판을 가했다. 그들은 '통일전선의 교육사업'에서 그들이 한 노력을 평가하고 몇 가지 개선책을 제시했다. 지휘관들은 예외 없이 연설 내용을 열심히 기록했고, 뒤이어 오랜 토론과 논의가 있었다. 회의는 저녁식사 시간까지 계속되었다. 펑더화이는 5백 명의 신병을 모집해 두 군단을 확대할 것을 제안했고, 이 제안이 동의를 받아 만장일치로 통과되었다.

저녁식사 후에는 제1군단의 연극반이 지난 일주일간의 경험을 바탕으로 하여 새로운 연극을 발표했다. 그 연극은 새로운 정책을 수행하는 과정에서 지휘관과 일반 병사들이 저지른 실수를 재미있게 묘사하는 것이었다. 제1막에서 어떤 장면은 지휘관과 병사 사이의 논쟁을, 어떤 장면은 두 지휘관 사이의 논쟁을 보여 주었다. 또 어떤 장면은 한 중대장이 백군으로부터 받은 편지를 찢고 있는 장면을 보여 주었다.

제2막에서는 이러한 잘못들이 수정된 후, 홍군과 항일 회교군이 어깨를 나란히 하고 함께 노래하면서 행군하는 장면, 그리고 일본군과 국민당군을 상대로 함께 싸우는 장면이 연출되었다. 믿기 어려울 만큼 신속한 오락·교육부의 대처에 감탄하지 않을 수 없었다.

다음 한 달 동안 중국에 있는 모든 홍군의 관심은 일련의 작전에 집중되었는데, 이 작전을 통해 소비에트 역사상 최초로 홍군의 주력부대들 전부가 합류해 단 하나의 거대한 지역에 집결하게 되었다. 그리고 여기에서 각광을 받은 인물은 남방으로부터 제2의 대이동을 지도했던 '전중국' 홍군 총사령관인 주더였다. 주더는 티베트의 동토(凍土)를 지나는 행군으로 고난에 찬 겨울을 보낸 제2, 제4방면군을 서북방에 쏟아 넣고 있었다.[2]

4. 주더[3]에 관하여

리장린은 나에게 말했다.

주더는 어린 시절에 모험을 좋아하고 용감했으며, 민족설화 『수호지』에 나오는 '자유결사'의 이야기에, 그리고 그의 고향 쓰촨의 산야에서 싸운 『삼국지』 영웅들의 이야기에 크게 감화를 받았다. 당연히 그는 무인(武人) 쪽에 뜻을 두게 되었다. 가족의 정치적 영향력이 있었기에 그는 신설된 윈난 강무당(雲南講武堂)에 입학해, 중국에서 최초의 현대식 군사훈련을 받은 사관들의 대열에 낄 수 있었다. 윈난 강무당을 졸업하면서 그는 중위로 임관했으며, 중국인들 사이에서 외국군이라 불리는 군대―서양식 훈련방법과 전술을 사용했고, 전투에 나갈 때 중국 악대를 동반하지 않았고, 무기로 '외국 창' 즉 총검을 사용했기 때문에―에 배치되었다.

1912년 청조를 타도할 당시 이 윈난의 신식 군대는 눈부신 활약을 했으며, 용감한 병사들 1개 대대를 이끌고 있던 주더는 공화국의 전사로서 두각을 나타내게 되었다. 1916년 위안스카이가 군주제로 복고를 꾀할 당시 그는 여단장이었는데, 그 유명한 차이어(蔡鍔, 채악) 휘하에 있던 주더의 윈난군(軍)은 위안스카이에 대해 최초로 반기를 든 부대였다. 이 반란에 부딪쳐 황제가 되겠다는 위안스카이의 야심은 깨어지고 말았다. 이 사건을 계기로 주더는 남부 전역에서 차이어 휘하의 '사천왕(四天王)' 중의 일인자로 알려지게 되었다.

이렇게 자신의 명성을 확고하게 굳힌 주더의 정치적 행운은 의외로 빨리 찾아왔다. 그는 윈난부의 공안국 장관이 되었다가 성(省)의 재무위원으로 승진했다. 윈난과 쓰촨의 백성이라면 누구나 관리들에게 두 가지 분명한 점이 있다는 사실을 알고 있었다. 즉 하나는 관리들이 부패했고, 또 하나는 관리들이 아편중독자였다는 사실이다. 차를 마시듯 아편을 피우는 것이 당연시되는 지역에서 자랐고, 또 부모들이 보채는 가난한 아이를 달랠 때 으레 사탕수수에 아편을 발라서 주는 습관이 있었기 때문에, 주더도 아편중독자가 되지 않을 수 없었다. 그리고 공금횡령이 가족을 위한 권리라기보다도 의무로 간주되고 있던 관료제도 아래서 직책을 맡았으니만큼, 그도 선배들의 전례에 따라 자신과 그의 자식들을 부유하게 하는 데 관직의 특권을 활용했다.

그는 처첩들도 거느렸다. 그에게는 여러 명의 처첩들이 있었다는 말이 있다. 그는 그의 처첩들과 자녀들을 위해 윈난의 성도에 궁궐 같은 집을 지었다. 남들 눈에 그는 자신이 원하는 모든 것, 즉 부와 권력, 사랑, 자식, 아편의 꿈, 우뚝한 명예, 그리고 유교의 미덕을 전파할 여유가 보장되는 장래 등을 손에 넣었다. 그런데 그에겐 단 한 가지 정말로 좋지 않은 버릇이 있었다. 그리고 그는 바로 이 버릇 때문에 몰락하고 말았다.

그는 독서를 좋아했던 것이다.

그때까지 철저하게 현실주의자였던 그의 인격 속에도 틀림없이 일말의 이상주의와 진정한 혁명적 정열이 잠자고 있었을 것이다. 책으로부터 영향을 받으면서 그리고 가끔 윈난이라는 오지에까지 표류해 들어오는 소수의 해외 유학생들에게 영향을 받으면서, 주더는 점차 1911년의 혁명이 백성들에게는 전혀 무가치한 것이었으며, 그것이 하나의 전제적이고 착취적인 관료제도를 다른 하나의 역시 전제적이고 착취적인 관료제도로 대체시킨 것에 지나지 않았다는 사실을 깨닫기 시작했다. 더욱이 4만 명의 소년·소녀 노예가 있는 도시 윈난부에 살고 있었기에 감각이 예민한 사람이면 누구나 그렇듯이 그 자신도 그런 현실에 대해 마음 아파했던 것 같다. 그는 수치심을 느끼는 동시에 서방세계의 민중적 영웅들을 뒤따르겠다는 야심을 갖게 되었다. 그리고 중국을 '근대화'시키고 싶다는 강렬한 욕망을 가졌던 것 같다. 책을 많이 읽으면 읽을수록 그는 자신의 무지함과 중국의 후진성을 더욱더 통감하게 되었다. 그는 공부하고 싶었고, 여행하고 싶었다.

1922년 주더는 연금(年金)을 통해 그의 처와 첩들이 윈난부에 살도록 조처한 후에 그곳의 집을 떠났다. 중국의 보수주의, 특히 윈난의 봉건적 금기를 알고 있던 사람이 이처럼 단호하게 전통을 거부하는 행동을 보여준다는 것은 정말 믿기 어려운 일이었다. 그런 행동 자체만으로도 그가 얼마나 독립심과 결단력이 강한 사람인지를 알 수 있었다. 윈난을 떠나 상하이에 도착한 그는 그곳에서 과거의 동지였던 국민당의 젊은 혁명가들을 여러 명 만났다. 그리고 좌익 급진주의자들과도 접촉했다. 그러나 그들은 대체로 그를 구식 군벌이라고 멸시했다. 봉건적인 윈난에서 온 부패한 관리이자 처를 여러 명 거느린 장군인 데다가 아편중독자였던 이 사람도 혁명가가 될 수 있을까 지극히 의심스러웠던 것이다.

이 여행길에 오르기 전에 주더는 아편을 끊기로 결심했다. 그는 오랫동안 아편을 즐겨 왔기 때문에 그것은 쉬운 일이 아니었다. 그러나 이 남자에게는 그의 가까운 친구들도 미처 상상하지 못했던 강철 같은 의지가 있었다. 그는 며칠 동안 거의 의식을 잃어 가면서까지 이 사악한 욕망과 싸웠다. 그러고 나서 양쯔강을 따라 상하이로 가는 영국 기선에 몸을 싣고는 약물치료를 받았다. 이 배 안에서는 아편을 사고팔 수가 없었다. 그는 몇 주일 동안 갑판 위를 오가면서 한 번도 상륙하지 않았으며, 그것은 그의 생애 중 가장 피나는 자신과의 투쟁이었다. 배를 탄 지 한 달 뒤 그의 눈동자는 맑아지고 뺨은 홍조를 띠게 되었으며, 마침내 그는 새로운 확신에 찬 발걸음으로 배를 떠날 수 있었다. 상하이의 병원에서 마지막 치료를 받은 뒤 그는 진지하게 새로운 삶을 시작했다. 이상은 그의 보좌관 리장린이 전해 준 말이었다.

당시 주더는 나이가 마흔에 가까웠지만, 아주 건강했고, 새로운 지식을 얻으려는 열망으로 가득 차 있었다. 그는 몇 명의 중국 학생들과 함께 독일로 건너가 하노버 부근에서 잠깐 동안 살았다. 그곳에서 그는 여러 공산주의자들과 만났으며, 마르크스주의에 대해 진지하게 학습했다. 그는 사회혁명론에 의해 열린 새로운 시야에 매혹당했던 것 같다. 이 과정에서 그에게 주된 도움을 주었던 이들은 그의 아들만큼이나 젊은 중국 학생들이었다. 그는 프랑스어를 전혀 몰랐고, 독일어라야 몇 마디밖에 할 줄 몰랐다. 어학 능력이 빈약했기 때문이다. 독일에서 그를 가르쳤던 한 학생의 말을 들어 보면 그가 얼마나 진지했는지, 그가 새로운 사상의 충격으로 인한 혼란 속에서도 기본적인 진리와 의미를 배우기 위해 얼마나 끈질기고 고집스럽게 고투했는지 알 수 있다. 그리고 전통적인 중국식 교육과정에서 강요당한 편견과 한계를 떨쳐 버리기 위해 그가 얼마나 철저한 지적 노력을 기울였는지를 알 수 있다.

이런 식으로 그는 1차 세계대전에 관한 역사를 알게 되었고, 유럽 정치에 통달하게 되었다. 하루는 그의 학생 동료[4]가 그를 찾아와, 『국가와 혁명』이란 책에 대해 흥분된 어조로 말했다. 주더는 그 학생에게 그 책 읽는 것을 도와달라고 부탁했고, 그렇게 해서 마르크스주의와 러시아 혁명에 대해 관심을 갖게 되었다. 그는 부하린의 『공산주의 ABC』와 변증법적 유물론에 관한 그의 저작을 읽었고, 그 후에 레닌의 저서를 더 읽었다. 그는 당시 독일에서 거세게 일고 있던 혁명운동에 휩쓸려서, 수백 명의 중국 학생들과 함께 세계 혁명을 위한 투쟁에 참여하게 되었다. 그는 독일에서 창설된 공산당의 중부지부에 참가했다.

"주더는 경험이 풍부하고, 절도가 있었으며, 실천적인 정신을 지니고 있었다." 독일에서부터 그를 알고 있었던 그의 동료 한 사람은 나에게 말했다. "그는 지극히 소박하고, 겸손하고, 분수를 지킬 줄 아는 사람이었다. 그는 언제나 비판의 소리에 귀를 기울였다. 그에게는 만족할 줄 모르는 비판에 대한 욕구가 있었다. 독일에서 그는 병사처럼 검소한 생활을 했다. 주더는 가난한 사람들에 대한 동정심 때문에 국민당 진영에 가담했듯이 이번에도 그 동정심 때문에 공산주의에 관심을 갖게 되었다. 그는 땅을 일구는 자에게 토지를 주어야 하며 사적 자본을 제한해야 한다는 쑨원의 주장 때문에 한동안 그를 철저히 신뢰했다. 그러나 마르크스주의를 이해하기 시작하면서부터는 쑨원이 내세운 계획의 부당성을 깨닫게 되었다."

주더는 파리에서도 잠깐 머물면서, 국민당의 노(老)혁명가 우즈후이(吳稚暉, 오치휘)가 중국 학생들을 위해 창설한 학교에 입학했다. 독일에서도 그리고 프랑스에서도 그는 젊은 프랑스인 교사나 독일인 교사 또는

| 4 그 학생은 저우언라이였다.

중국인 교사의 발치에 앉아 겸손하게 귀를 기울이고, 조심스럽게 묻고, 토론하면서 문제를 명료하게 파악하려고 노력했다. 그의 어린 교사들은 누구나, "현대적인 시각을 가지고 혁명의 의미를 이해하려면 러시아로 가야 한다. 그곳에 가면 미래가 보인다"라고 말하곤 했다. 또다시 주더는 그들의 충고에 따랐다. 모스크바에 도착한 그는 극동 노동자대학에 입학했고, 그곳의 중국인 교사들로부터 마르크스주의를 배웠다. 1925년 말 상하이로 돌아온 그는 자신의 남은 재산을 공산당에 기부하고는, 그 뒤부터 당의 지시에 따라 일하기 시작했다.

주더는 과거에 그의 상관이었으며, 당시로서는 장제스 다음가는 국민당 내의 권력자였던 동향 출신 주페이더 장군의 군대에 다시 들어갔다. 1927년 주페이더 장군의 군대가 양쯔강 남부의 몇 개 성을 점령했을 때, 주더는 장시성의 수도인 난창의 공안부장에 임명되었다. 그 밖에도 그는 그곳에서 군관학교의 교장직을 겸임했고, 장시의 남부 지방에 주둔하고 있던 제9국민당군과 접촉했다. 이 제9군에는 전에 윈난에서 그의 지휘를 받았던 부대들도 섞여 있었다. 이렇게 난창의 8월 봉기를 위한 무대가 마련되었다. 공산당은 이 8월 봉기를 시발점으로 해서 국민당을 상대로 한 오랜 기간의 권력투쟁을 공공연히 벌이게 되었던 것이다.

1927년 8월 1일은 주더에게 위대한 결단의 날이었다. 주페이더 총사령관으로부터 봉기를 진압하라는 명령을 받았지만, (봉기의 조직을 도왔던) 주더는 반대로 반역자의 편에 서게 되었던 것이다. 이로써 그는 자신의 과거와 맺고 있던 남은 관계를 말끔히 청산하게 되었다. 허룽의 패배 이후 주더가 그의 경찰대와 훈련연대를 이끌고 반란군과 함께 남쪽으로 향하고 있을 때 그의 뒤에서는 성문들이 일제히 닫혔다. 그것은 안락과 성공을 누렸던 그의 젊은 시절과 최종적인 결별을 상징하는 것이었다. 그의 앞에는 끊임없는 투쟁의 시련이 기다리고 있었다.

제9군의 일부도 주더에 가담했으며, 길게 늘어선 혁명가 일대가 산터우로 몰려내려가 그 도시를 점령했다. 그러나 그는 그곳에서 다시 장시와 후난으로 퇴각했다. 당시 주더를 따르던 중견 사관 중에는 세 명의 황푸 군관학교 출신, 즉 (후에 전사한) 왕얼쭤(王爾琢, 왕이탁)와 천이 그리고 홍군대학교의 교장이 될 린뱌오가 있었다.[5]

그들은 자신들을 국민혁명군이라고 고쳐 불렀을 뿐, 아직은 홍군이라 부르지 않았다. 푸젠성으로부터 후퇴한 이후 주더의 병력은 이탈자와 사상자로 인해 9백 명으로 줄어들었고, 화력이라고는 소총 5백 정과 기관총 1문, 그리고 각자 갖고 있는 소량의 탄약이 전부였다.

주더는 이러한 상황에서, 당시 후난의 남부에 대부대를 주둔시키고 있었으며 역시 윈난 출신이었던 판스성(范石生, 범석생) 장군의 제안을 받아들여 그와 합세했다. 판스성은 공산주의자는 아니었지만, 자기 휘하의 군대에 공산주의자를 받아들여 장제스와의 대결에서 그들을 정치적으로 이용하려는 심산을 갖고 있었다.④ 판스성은 같은 윈난 출신으로서 자기의 동향 사람에게 피난처를 제공하고 싶다는 기분도 작용하지 않은 것은 아니었다. 여기에서 주더의 부대는 제140연대로 편입되었으며 주더는 제16군의 수석 정치고문이 되었다. 이렇게 해서 그는 위기일발의 궁지를 벗어날 수 있었다.

판스성의 군 내부에서 공산주의 세력이 급속하게 확장되어 가자, 비밀리에 장제스와 내통하고 있던 반볼셰비키파가 주더에 대한 쿠데타를 계획했다. 어느 날 저녁 주더가 그의 부하 40명만을 데리고 숙소에 머물고 있을 때 쿠데타 주모자인 후즈룽(胡之籠, 호지롱) 휘하의 부대가 기습해 왔다. 즉시 총격전이 벌어졌지만 암살하러 온 자들을 가려낼 수는 없었

---

5 리셴녠도 주더와 함께 있었다.

다. 그들 중 몇 명이 주더의 머리에 권총을 겨누었을 때 그는 흥분된 어조로 "나를 쏘지 마시오! 나는 요리사요. 당신들을 위해 요리할 수 있는 사람을 쏘지 마시오!"라고 외쳤다. 마침 배가 고팠던 참이라 병사들은 머뭇거렸고, 주더는 밖으로 끌려나와 좀 더 자세하게 조사 받게 되었다. 그때 후즈룽의 사촌이 주더를 알아보고는, "여기 주더가 있다! 그를 죽여라!" 하고 외쳤다. 그러나 그 순간 주더는 감추고 있던 무기를 빼어서는 후즈룽의 사촌을 쏘고 그의 호위병을 위협하면서 도망쳤다. 주더와 함께 몸을 피한 부하는 5명뿐이었다.

주더가 홍군에서 '주방장'이라는 별명으로 불리게 된 것은 바로 이 사건 때문이다.

자기의 연대로 돌아온 주더가 판스성에게 작별을 고하자 판스성은 그에게 3만 위안을 선사함으로써 자신의 선의에 변함이 없음을 보여 주었다. 장제스와 그 사이의 갈등이 아직도 분명하게 해소되지 않은 마당에 그의 장교와 병사들에게 상당한 영향력을 미쳐 온 무소속의 동맹세력, 젊은 공산주의자들을 가볍게 축출할 수 없다는 것이 판스성의 판단이었다.

그러나 그 후 몇 달 만에 그 돈은 바닥나고 말았다. 그 소부대가 여전히 한데 뭉쳐 있는 것은 순전히 주더와 몇 명의 지휘관들에 대한 충성심 때문이었다. 공산당은 일대 혼란에 빠져 있었고, 어떤 '결정적인 노선'도 확립되어 있지 않았으며, 군사전략은 아직도 결정되지 않은 상태에 있었다. 주더의 군대는 아직도 국민당의 군복을 입고 있었다. 옷은 누더기였고, 그들 중 많은 사람이 신발도 없었다. 게다가 부실한 식사마저 제대로 못 하고 굶는 때가 자주 있게 되자 끊임없이 이탈자가 생겨났다. 이때 명확한 행동노선을 제시해 주는 광저우 코뮌의 소식을 접하자 그들은 어느 정도 용기를 얻을 수 있었다. 주더는 그의 군대를 농민종대(農民縱隊)라고 불리는 3개 소대로 재편성하고, 후난·장시·광둥의 접경으로 이동했다. 그곳에서 그는 급진적 학생 한 명이 이끄는 비적부대와 합류했으며, 세금 폐지와 토지 재분배 그리고 부자들의 재산 몰수를 골간으로 하는 정책을 실시했다. 그들은 유혈이 낭자한 격전 끝에 솬장현(宣章縣, 선장현)을 점령해 기지로 삼았으며, 이 기지에서 이 젊은이들의 군대는 호박죽을 먹으며 정치토론을 하면서 한 해 겨울을 근근이 이겨냈다.

그동안 마오쩌둥의 농민군은 갖은 수모 끝에 후난성을 통과해, 장시·후난의 남부 접경에 있는 징강산에서 은신처를 찾아냈다. 마오의 농민군은 비적의 영수인 왕쭤와 위안원차이의 도움을 받으며 주변의 2개 현을 점령하고, 산악지대에 난공불락에 가까운 기지를 건설했다. 마오쩌둥의 '노농홍군'은 그리 멀지 않은 곳에 있던 주더에게 마오쩌둥의 동생인 마오쩌민을 대표로 파견했다. 그는 병력을 규합하라는 당의 지시와, 유격전·농업혁명·소비에트 건설에 관한 명확한 계획을 갖고 있었다. 1928년 5월 두 군대가 징강산에서 합류했을 당시, 그들은 5개 현을 점령하고 있었으며, 5만 명가량의 추종자를 거느리고 있었다. 이들 중 4천 명 정도가 소총으로, 그리고 1만 명 정도가 창이나 칼 또는 농기구 등으로 무장하고 있었으며, 나머지는 무장하지 않은 당 공작원, 선전원, 아이들까지 딸린 전사의 가족들이었다.

이렇게 하여 앞으로 6년에 걸쳐 중국 남부에서 역사를 창조해 낼, 그 유명한 주더와 마오쩌둥의 결합이 이루어졌다. 주더가 확고한 군사 지도자로 성장하는 과정은 소비에트의 성장 과정과 일치했다.

1931년의 제1차 소비에트대회에서 주더는 만장일치로 홍군 총사령관에 임명되었다. 불과 2년 만에 대부분 적군으로부터 노획한 소총 약 5만 정과 기관총 수백 정으로 무장한 4개 군대가 결성되었으며, 소비에트는 남부 장시성과 후난성, 푸젠성의 일부에 걸치는 방대한 지역을 지배하게 되었다. 집중적인 정치교육이 실시되었고, 병기공장이 건설되었으며, 소비에트 전역에서 사회혁명의 성격을 띠는 기본적인 경제·정치 개혁이 단행되었다. 그리고 신참 유격대원을 무장시키기 위해 홍군 군복이 밤낮없이 생산되었고, 혁명에 대한 결의가 날로 강화되었다. 또 2년이 지나자 홍군 병력은 배가 되었다.

남부에서 보낸 이 몇 해 동안 주더는 수백 번의 소규모 접전과 수십 번의 대규모 전투에서, 그리고 5차에 걸친 장제스의 대소탕전에서 홍군연합세력의 전반적인 군사지휘를 맡았다. 특히 그는 그 대소탕전 최후의 전투에서 (대포, 공군, 기계화 부대까지 동원했음을 감안할 때) 기술 차원의 공격력에서 자신의 군대보다 8배에서 9배가 더 강하고, 물자 면에서라면 비교조차 할 수 없을 만큼 월등했던 적군과 대결했다. 그의 공과에 대한 평가와는 관계없이 그가 천재적인 전술과 극적인 기동성 그리고 작전상의 풍부한 술수를 통해 유격전에서의 중국 혁명군의 전투력을 실로 막강한 수준에까지 끌어올려 놓았다는 것은 의심할 여지가 없다. 남방에서 홍군이 저지른 가장 커다란 실수는 전략적 차원의 실수였기 때문에 그런 실수에 대해서 책임을 묻는다면 그것은 주로 정치 지도자들에게 물어야 할 것이다.

부하들에 대한 주더의 헌신은 유명했다. 군의 통수권을 맡은 후 그는 일반 사병들과 똑같이 생활하고 똑같은 옷을 입었으며, 모든 고난을 함께 나누었다. 특히 초기에는 맨발로 다니는 경우가 허다했으며, 한 해 겨울은 호박으로 또 한 해 겨울은 풀뿌리로 연명한 적도 있었다. 그러나 그는 절대로 불평하지 않았고, 병에 걸리지도 않았다. 그는 야영지를 돌아다니다가 병사들과 함께 앉아서 대화를 나누거나 갖가지 게임을 즐겼다. 그는 탁구를 잘했고, 농구를 열심히 했다. 어떤 병사든지 불만이 있으면 사령관에게 직접 호소할 수 있었다. 주더는 부하들에게 인사할 때면 언제나 모자를 벗었다. 장정 당시 그는 피로한 동지들에게 자신의 말을 빌려 주고, 피로한 기색 없이 여정의 태반을 걸어서 갔다.

주더에 관한 신화들이 항간에 널리 퍼지다 보니 사람들은 그가 기적을 행할 수 있는 능력을 가지고 있다고까지 믿게 되었다. 그가 사방 1백 리를 볼 수 있다느니, 날 수 있다느니, 도교의 술법에 통달했기 때문에 적의 진영에 먼지구름을 일으키거나 그들을 향해 바람을 일으킬 수 있다느니 하는 소문이 떠돌았다. 수만 발의 총탄과 포탄도 그를 죽이지 못했기 때문에 미신을 믿는 민중들은 그가 불사신이라고 믿게 되었다. 국민당이 끊임없이 그의 죽음을 선언했고, 심지어는 그가 숨을 거두는 장면까지 자세하게 설명한 적도 여러 차례 있었기 때문에 어떤 사람은 그가 부활의 능력을 지니고 있다고 말했다. 중국에 사는 수백만의 사람들이 주더라는 이름을 알고 있었으며, 그들 각자가 처한 사회적 지위에 따라 그는 위협적인 인물이 되기도 하고 밝게 빛나는 희망의 별이 되기도 했다. 그러나 그의 이름이 이 10년간의 역사에 뚜렷이 기록되어 있다는 데 대해 이의를 제기하는 사람은 아무도 없었다.

11부
바오안으로 돌아와서

1. 길에서 목격한 일들

나는 닝샤에서 남쪽을 향해 오다가 간쑤성에 들렀다. 그리고 4~5일 만에 허롄완에 당도했다. 그곳에서 차이창과 그의 남편 리푸춘을 다시 만나 또 한 번 프랑스 요리를 함께 즐길 수 있었고, 제1군단의 정치위원 녜룽전의 젊고 아름다운 아내를 만났다. 그녀는 최근 백군 지역을 탈출해 소비에트 지역으로 건너왔으며, 5년 동안 보지 못했던 남편을 방문하고 이제 막 돌아오는 길이었다.

나는 허롄완에 사흘 동안 머물면서 군수병참부와 함께 있었다. 이 군수병참부는 전에 회교도 미곡상이 소유하고 있었던 저택에 자리 잡고 있었다. 건축학적 관점에서 볼 때 이 건물은 납작하고 무거운 지붕 하며, 적어도 1미터는 됨직한 두터운 벽에 깊이 박혀 있는 아랍식 유리창 하며, 전반적으로 중앙아시아풍을 갖춘 건물이어서 흥미로웠다. 내가 타고 온 말을 널찍한 마구간으로 몰고 가자 키가 큰 백발의 노인이 낡은 회색 군복 위에 땅까지 끌리는 긴 가죽 앞치마를 두르고 나와서는 붉은 별이 달린 모자를 벗으면서 인사를 했다.

햇볕에 탄 그의 얼굴에 환한 웃음이 번지면서 이빨 없는 잇몸이 드러났다. 그는 나의 말 '마훙쿠이'를 맡아 주었다.

이런 할아버지가 어떻게 소년단 진영까지 흘러 들어오게 되었는지 궁금한 생각이 들었다. 나는 발걸음을 멈추고 말을 걸었다. 그에게서 이야깃거리를 얻어낼 작정이었다. 그는 산시(山西) 출신이었으며, 산시 원정 당시 홍군에 입대했다. 성은 이씨였으며 64살이었다. 그는 자신이 홍군 전사 중에서 최고 연장자로 알려져 있음을 자랑했다. 그의 변명에 가까운 설명에 의하면 '여기서 말을 돌보아 주는 것이 더 유익하겠다'라는 양(楊) 사령(司令)의 판단이 있었기 때문에 전선으로 가지 않고 거기 머물러 있다는 것이었다.

그는 산시(山西)성의 훙둥이라는 도시에서 정육점을 하다가 훙군에 입대했다. 그는 '모범 성장(省長)' 옌시산과 그 지역의 관리들 그리고 가혹한 세금에 대해 신랄하게 비난했다. "훙둥에서는 장사를 할 수가 없소. 놈들은 사람 똥에도 세금을 매긴다오" 하며 분개했다. 그는 훙군이 오고 있다는 말을 듣고 훙군에 입대하기로 결심했다. 그의 처는 죽었고, 두 딸은 모두 출가한 뒤였다. 그에게는 아들이 없었다. 중과세로 경영이 힘든 정육점 외에 그를 훙둥에 붙들어 놓을 수 있는 것은 아무것도 없었다. 어쨌든 훙둥은 '지긋지긋한' 곳이었다. 그는 좀 더 활기 있는 무엇인가를 원했기 때문에 이 도시를 탈출해 훙군에 투신했던 것이다.

"내가 입대를 자원하자 그들은 '당신은 늙었소. 훙군에서의 생활은 쉽지 않소'라고 말합디다. 이에 대해 내가 무어라고 말했을 것 같소. 이렇게 대답했지요. '알고 있소. 이 몸이 64살이라는 것을 말이오. 그러나 나는 아직도 20살의 청년처럼 가볍게 걸을 수 있고, 총도 쏠 수 있고, 다른 사람이 하는 일이면 어떤 일이든지 할 수 있소. 당신들이 필요한 것이 병사라면 나도 입대할 수 있소'라고 말입니다. 이렇게 말하고 나니 그들도 나를 받아줍디다. 그래서 나는 훙군과 함께 산시(山西)를 가로지르고 훙군과 함께 황허를 건너 이곳 간쑤까지 오게 되었소."

나는 웃으면서 지금의 생활이 고기를 팔던 생활보다 나으냐고 물었다. 그리고 지금의 생활에 만족하느냐고 물었다.

"두말할 필요도 없습니다. 푸줏간의 일이라니, 그게 어디 사람이 할 일입니까? 하지만 이곳에서의 일은 보람이 있지요. 억압받는 사람들을 위해 싸우는 가난한 사람들의 군대가 아닙니까? 나는 이곳 생활에 진심으로 만족하고 있어요." 노인은 가슴에 달린 주머니를 뒤지더니 때 묻은 천조각을 꺼냈다. 그가 이 천조각을 조심스럽게 젖히고 나니 조그만 낡은 공책이 하나 나왔다. "이것 보시오." 그는 말했다. "나는 이미 200자 이상을 알아볼 수 있습니다. 하루도 거르지 않고 홍군이 나에게 4자씩을 가르쳐 줍니다. 산시(山西)에서 64년을 살았지만 지금까지 나에게 이름 쓰는 법을 가르쳐 준 사람은 아무도 없었어요. 홍군이 정말 최고입니다." 그는 강한 자부심을 느끼면서, 마치 세탁한 이불 위에 찍힌 암탉의 흙투성이 발자국같이 서툴게 씌어진 글자를 가리켰다. 그러고는 더듬거리면서 새로 적어 넣은 글자들을 읽어 내려갔다. 그러고 나서도 흥분이 가라앉지 않았는지 그는 몽당연필을 꺼내어 정성들여 자기 이름을 써 주는 것이었다.

"혹시 재혼하실 생각은 없나요?" 내가 농담조로 말했다. 그는 엄숙한 표정으로 머리를 흔들면서 그럴 생각이 없다고 말했다. 말들이 쉴 새 없이 새끼를 낳는 바람에 여자 문제를 생각할 겨를이 없다는 말을 남기고 그는 말들을 향해 종종걸음으로 사라졌다.

다음 날 아침에는 정원 뒤편의 과수원을 거닐다가 나이는 이 노인보다 스무 살이 어리지만 역시 재미있는 또 한 명의 산시(山西)성 사람을 만났다. 소귀들은 그를 "예배당! 예배당!" 하고 부르고 있었다. 그래서 나는 도대체 그가 어떤 사람이기에 '예수를 경배하는 집'[1]으로 불리는지 만나 보고 싶은 호기심이 생겼다. 나는 언덕 위에서 한 소년의 머리를 달걀처럼 말끔하게 깎고 있는 이발사를 찾아냈다. 나는 그의 실제 이름이 구허춘(賈河春, 가하춘)이고, 전에는 산시(山西)성의 핑양(平陽, 평양)에 있는 미국인 선교사의 병원에서 약사로 근무했었다는 사실을 알았다. '소귀'들이 그에게 '예배당'이란 별명을 붙여 준 것도 그가 기독교 신자이고 아직도 매일매일 기도를 하고 있기 때문이었다.

구허춘은 바지를 걷어 올리고 다리에 나 있는 심한 총상의 흉터를 보

---

[1] 글자 그대로 '일요일의 예배장소'.

여 주면서, 그 상처 때문에 아직도 다리를 절고 있다고 말했다. 그러고 나서는 윗옷을 걷어 올려 역시 총상이 남긴 배의 흉터를 보여 주었다. 그의 설명에 따르면, 이 상처들은 참전의 기념물이고, 이 상처들 때문에 전선에서 물러나게 되었다는 것이었다. 지금 하고 있는 머리 깎는 일은 그의 원래 직업이 아니었고 본 직업은 약사이자 동시에 홍군 전사였다.

구허춘은 그 병원에서 함께 근무하던 간호사 두 사람도 홍군에 입대했다고 말했다. 병원을 떠나기 전에 그들은 그들의 계획에 대해 그 병원의 미국인 의사와 상의했다. 의사의 중국식 이름은 리런(李人, 이인)이었다. 그는 '가난한 환자에 대해서는 무료로 치료도 해 주고, 사람들에게 피해를 준 적이라고는 단 한 번도 없는 좋은 사람'이었다. 구허춘과 그의 동료들이 그 의사에게 조언을 청하자 그는 "가시오. 홍군은 다른 군대와 달리 착하고 정직한 사람들의 군대라고 들었소. 그들과 함께 싸운다면 행복할 것이오"라고 말했다. 그래서 그들은 병원을 떠나 홍군, 아니 붉은 로빈후드가 되었다.

"의사 리런이 당신을 내쫓고 싶었는지도 모르지요." 내가 넌지시 자극적인 말을 던져 보았다.

이발사는 화난 말투로 절대로 그럴 리가 없다고 말했다. 그는 리런과 자신들은 사이가 언제나 좋았으며, 리런은 훌륭한 사람이라고 말했다. 그는 나에게 리런을 만날 기회가 있으면, 자신이 아직 살아서 건강하고 행복하게 지내고 있으며 혁명이 끝나자마자 산시(山西)로 돌아가 약국에서 전에 하던 일을 다시 시작하겠다는 말을 전해 달라고 부탁했다. 나는 헤어지기가 서운했지만 '예배당'과 작별인사를 나누었다. 그는 훌륭한 홍군 전사였을 뿐만 아니라 훌륭한 이발사였으며, 진정한 기독교 신자였다.

우연히 나는 기독교도이거나 전에 기독교도였던 사람을 여럿 만났다. 적지 않은 공산주의자들이 전에는 열렬한 기독교 신자였다. 홍군 의무대의 주임 넬슨 푸(傳, 부) 박사도 전에는 장시에 있는 감리교파 병원의 의사였다. 그는 자원하여 홍군과 손을 잡았고, 그들을 위해 열정적으로 일했다. 그러나 그는 아직도 신앙을 포기하지 않았으며, 따라서 공산당에 가입하지 않았다.

장시에서 소비에트는 '신(神)을 부정'하는 선전활동을 대대적으로 전개했다. 그리고 사원, 교회, 교회 소유지를 전부 몰수하여 국가 재산으로 만들었으며, 승려, 신부, 목사, 전도사, 외국인 선교사들의 시민권을 박탈했다. 그러나 서북방에서는 종교에 대해 관용정책을 쓰고 있었다. 실제로 종교의 자유가 기본권으로 보장되고 있었다. 모든 외국인 선교사들의 재산이 보호를 받았으며, 도피한 선교사들은 그들의 교회로 돌아오라는 권유를 받았다.① 하지만 공산주의자들이 반종교적 선전활동의 권리를 포기한 것은 아니었다. 그들의 원칙은 '종교를 반대하는 자유' 또한 신앙의 자유라는 민주적 권리가 있기에 당연히 인정해야 한다는 것이었다.

종교에 대한 공산당의 새로운 정책으로 이득을 얻은 유일한 외국인들은 쑤이위안의 대주주였던 몇 명의 벨기에 선교사들이었다. 그들은 2만 무(畝)의 방대한 토지와 만리장성의 딩볜 부근에 있는 5천 무가량의 다른 토지를 갖고 있었다. 홍군이 딩볜을 점령하자, 벨기에인 토지의 일부는 소비에트 영토와 접하고, 다른 일부는 백군의 수중에 들어가게 되었다. 홍군 측은 벨기에인들의 토지를 몰수하려 하지 않고 그들과 협정을 맺었다. 그것은 이 가톨릭 교회 소유의 방대한 영지를 경작하는 소작인들 사이에서 홍군이 항일단체를 조직하는 것을 신부들이 허용해 주기로 하는 내용의 '협정'이었다. 이 기이한 협정의 또 다른 조항은 중화소비에트 정부가 프랑스의 브룸 수상에게 보내는 메시지를 벨기에인 선교사들이 발송해 준다는 것이었다. 그것은 그의 인민전선이 승리를 거둔 데 대해 축하한다는 내용이었다.

허롄완 부근에서는 민단의 공격이 여러 차례 있었으며, 내가 도착하기 이틀 전에도 가까이에 있는 한 마을이 밤에 습격을 당했다. 민단 1개 부대가 동트기 직전에 그 마을로 잠입해 보초를 서고 있던 보초병을 살해한 뒤 마른 관목 다발을 가져다가 10여 명의 홍군 병사들이 잠자고 있던 오두막집에 불을 질렀다. 홍군이 연기 때문에 앞을 보지 못하고 달려 나올 때 민단은 그들을 쏘아 죽이고 총을 빼앗았다. 그러고 나서 그들은 국민당의 장군 가오구이쯔로부터 무기를 공급 받고 북쪽에서부터 침략해 온 4백 명가량의 폭력배 집단과 합류하여 농장과 마을에 멋대로 불을 질렀다. 제28군은 그들을 체포하기 위해 1개 대대를 파견했으며, 내가 허롄완을 떠나던 날이 바로 이 젊은 병사들이 그들을 소탕하고 귀환하던 날이었다.

전투는 허롄완에서 불과 2~3리 떨어진 곳에서 벌어졌으며, 백군 측 비적들이 허롄완 공격을 준비하고 있었다는 말이 있었다. 홍군은 민단의 소굴을 산악지대에서 발견한 농민들의 제보를 근거로 작전을 세웠다. 그들은 3개의 대오로 나누어 중앙의 대오가 비적들을 정면으로 공격했다. 전투의 승패는 양편의 홍군 대오가 좁혀 오면서 적을 포위했을 때 결정되었다. 민단 측에서는 약 40명이, 홍군 측에서는 16명이 사망했으며, 양측 모두 부상자가 많았다. 민단은 완전히 무장해제당했으며, 그들의 수괴 두 명이 사로잡혔다.

우리는 산시(陝西)로 되돌아가는 길에 포로들을 데리고 귀환하는 홍군 대대와 마주치게 되었다. 촌락마다 대대적인 환영 준비가 되어 있었으며, 농민들이 길을 따라 늘어서 있다가 승리하고 돌아오는 전사에게 박수와 환호성을 보냈다. 농민보위대는 붉은 술을 늘어뜨린 긴 창으로 경례를 했으며, 소년선봉대가 그들에게 홍군의 노래를 불러 주었다. 한편 소녀와 부인들은 더운 물, 차, 과일 같은 여러 가지 음식을 가지고 나왔다. 무엇보다도 그들의 미소는 병사들의 얼굴에서 피로의 기색을 말끔히 씻어 주었다. 그들은 전선의 정규군보다도 훨씬 더 어려 보였다. 그리고 피 묻은 붕대를 감고 있는 대부분의 병사들은 14살이나 15살밖에 되지 않은 것 같았다. 나는 의식을 반쯤 잃고 양쪽으로 동료들의 부축을 받으며 말에 앉아 있는 소년을 보았다. 그는 이마에 흰 붕대를 감고 있었으며, 붕대의 한가운데에 둥글게 피가 배어 있었다.

자기 키만큼이나 큰 총을 들고 가는 이 소년들의 대오 한가운데에 비적 수괴 두 명이 끌려가고 있었다. 한 명은 머리가 희끗희끗한 중년의 농민이었다. 비적 수괴는 자기 아들 나이 정도밖에 되지 않는 어린 전사들에게 끌려가고 있는 자신의 모습에 부끄러움을 느끼고 있지 않을까 하고 나는 생각했다. 하지만 그의 두려움 없는 태도에는 떳떳한 무엇인가가 엿보였다. 그를 보고 내가 제일 먼저 머리에 떠올린 생각은, 그도 다른 사람들과 마찬가지로 가난한 농민일 것이고, 홍군과 싸울 때 그도 어떤 신념을 가지고 있었을지도 모르는 일이니, 그가 죽어야 한다는 것은 아무래도 애석한 일이라는 것이었다. 푸진쿠이는 나의 질문에 머리를 가로저었다.

"우리는 생포한 민단을 죽이지 않소. 우리는 그들을 교육하고 그들에게 뉘우칠 기회를 줍니다. 실제로 그들 중의 적지 않은 수가 후에 훌륭한 홍군 유격대원이 됩니다."

홍군이 이 비적 집단을 제거함으로써 바오안으로 돌아가는 우리의 길을 안전하게 해 주었다는 것은 참으로 다행스러운 일이었다. 우리는 간쑤성의 국경을 출발한 지 닷새 만에 간쑤성에 도착했는데, 마지막 날은 1백 리 이상을 강행군했다. 하지만 사소한 사건은 많았지만 큰 사건은 단 하나도 없었다. 그리고 나는 옌볜(연변)에서 사 온 수박을 제외하고는 아무런 전리품도 없이 되돌아왔다.

2. 바오안에서의 생활

바오안으로 다시 돌아온 나는 또 한 번 외교부에 정착했고, 그곳에서 9월 말부터 10월 중순까지 머물렀다. 나는 『붉은 중국의 인명록』을 충분히 채울 수 있을 만큼의 전기를 수집했으며, 매일 아침이면 대담할 대상이 될 지휘관이나 소비에트 관리를 물색했다. 그러나 나는 홍구를 빠져 나가는 일에 대해 점점 더 불안을 느끼지 않을 수 없었다. 난징군이 간쑤와 산시(陝西)로 진입해 오고 있었으며, 점차 홍군과 대치하고 있는 전선 곳곳에서 동북군과 자리바꿈을 하기 시작했기 때문이다. 장제스는 남쪽과 서쪽으로부터 다시 한번 대토벌전을 시작할 만반의 준비를 갖추고 있었다. 그래서 그 후의 일에 대해서는 다른 사람이 기록하고 나는 이미 준비한 것만이라도 세상에 알리고 싶었다. 그러나 내가 살아서 나가지 못한다면 그 일도 이루어질 수 없을 것이었다. 그리고 홍군들로부터 전선의 안전한 통과를 보장 받는 데 시간이 걸렸다. 빨리 이곳을 빠져나가지 못한다면 그것이 전혀 불가능할 수도 있었다. 봉쇄선의 마지막 틈바구니가 막히고 말지도 모를 일이었다.

한편 바오안에서는 지극히 평온한 생활이 계속되고 있어서, 이곳 사람들은 목전에 벌어질 '대토벌전'을 모르고 있는 것이 아닌지 의심스러울 정도였다. 나의 숙소에서 멀리 떨어지지 않은 곳에 신병 훈련부대가 주둔하고 있었다. 그들은 행진연습을 하고, 운동경기를 하고, 노래를 부르면서 하루를 보냈다. 때때로 저녁에 연극을 상연했는데, 매일 밤 다른 집단들의 막사나 동굴로 집결하면서 골짜기 아래를 향해 부르는 노랫소리가 온 마을에 가득 울려 퍼지곤 했다. 홍군대학에서는 간부들이 하루 10시간씩 열심히 공부했다. 대중교육의 선풍이 온 도시에 새롭게 일기 시작하면서, 외교부에 있는 '소귀들'조차 하루도 쉬지 않고 독서와 정치 및 지리 교육을 받아야 했다.

하지만 나는 말을 타고, 목욕을 하고, 정구를 하면서 마치 휴일 같은 나날을 보냈다. 정구장이 두 개 있었는데, 하나는 홍군대학 부근에 있는 풀밭이었다. 염소와 양들이 풀을 뜯다 보니 풀밭은 언제나 단정히 깎여져 있었다. 다른 하나는 서북 소비에트 정부의 주석으로서 전에는 공산당의 총서기였던 보구의 초가집 문 앞에 있는 흙바닥 정구장이었다. 이곳에서 나는 매일 아침 해가 언덕 위에 뜨자마자 홍군대학의 교수 세 명과 함께 정구를 했다—그 세 명은 독일인 리더, 인민위원 차이수판(蔡樹藩, 채수번),* 그리고 또 한 사람의 인민위원 우슈취안(伍修權, 오수권)*이었다. 정구장에는 돌이 가득해서 빠른 볼을 쫓는 것이 지극히 위험했지만, 게임에서 치열한 승부욕이 식은 적은 없었다. 차이수판과 우슈취안은 모두 리더에게 러시아어로 말했고, 나는 리더에게는 영어로 차이수판과 우슈취안에게는 중국어로 말했기 때문에 우리는 3파전을 즐겼다.

내가 바오안 사회에 좀 더 부정적인 영향을 끼친 것이 있다면 그것은 나의 도박장이었다. 나에게는 카드 한 벌이 있었는데 여기에 도착한 이후 한 번도 꺼내 놓지 않고 있다가, 하루는 인민위원 차이수판이 왔기에 그에게 러미(rummy) 게임을 가르쳐 주었다. 차이수판은 전투에서 한쪽 팔을 잃었지만, 정구에서든 카드놀이에서든 이로 인해 지장을 받지는 않았다. 러미를 배운 후 그는 한 손으로도 쉽게 나를 이겼다. 한동안 러미는 대단한 인기였다. 심지어는 부인들도 외교부의 도박판에 남몰래 드나들기 시작했다. 이로 인해 나의 숙소는 바오안 상류사회의 사교장이 되었다. 밤에 촛불에 비춰진 얼굴 중에는 저우언라이의 부인 덩잉차오(鄧穎超, 등영초), 보구의 부인 류춴셴, 카이펑(凱豊, 개풍)의 부인 랴오스광(廖施光, 요시광), 덩파의 부인 천후이칭(陳慧清, 진혜청), 심지어는 마오쩌둥의 부인 허쯔전도 눈에 띄었다. 정말로 혀를 내두를 지경이었다.

그러나 소비에트의 도덕성이 정말로 위협 받게 된 것은 바오안에서 포커가 시작되면서부터였다. 우리들의 정구팀은 리더의 오두막집과 외교부에 있는 나의 범죄 소굴을 번갈아 오가면서 포커를 시작했다. 우리는 보구, 리커눙, 카이펑, 뤄푸 같은 존경 받는 인물들을 이 범죄의 구렁텅이로 끌어들였다. 판이 점점 커졌다. 외팔이 차이수판이 마침내 하루 저녁 사이에 주석 보구로부터 12만 위안을 따는 사건이 벌어졌는데, 보구가 빠져나갈 수 있는 유일한 길은 국가 재정을 횡령하는 것뿐인 것 같았다. 우리들은, 소비에트에 공군이 없으니 차이수판이 받는 돈으로 비행기를 몇 대 구입한다는 조건하에 보구가 국고에서 12만 위안을 끌어내어 차이수판에게 지불하도록 한다는 식으로 그 문제를 타결했다. 어쨌든 그것은 모두가 말뿐인 내기였고 불행하게도 차이수판이 살 비행기들도 말뿐이었다.

외팔이 차이수판은 재기가 넘치고, 잘 흥분하고, 재치 있게 말을 잘 받아 넘기고, 농담도 풍부했다. 그가 후난에서 철도 공원으로 일하다가 공산당에 가입한 지도 벌써 10년이 지났다. 공산당에 가입한 후 그는 모스크바로 가서 2~3년 동안 공부했으며, 그동안에 러시아 여자와 사랑에 빠져 그녀와 결혼했다. 때때로 그는 그의 헐렁한 소맷자락을 슬픈 눈길로 바라보면서, 과연 아내가 그의 잘려 나간 팔을 보며 이혼하자는 소리를 하지 않을까 근심했다. 그럴 때면 역시 러시아 유학생이었던 우 교수(敎授)가 그를 위로해 주곤 했다. "그녀를 다시 만나게 될 때까지 당신의 자식이 총에 맞아 죽지 않으면 다행으로 생각하시오." 하지만 차이수판은 여전히 내가 백구로 돌아가면 의수(義手)를 꼭 보내 주어야 한다고 졸라 댔다.

이것은 내가 보내 달라는 요청을 받았지만 보내줄 수 없는 여러 가지 물건들 중의 하나였다. 루딩이(陸定一, 육정일)*는 내가 홍군의 사진들을 팔아서 돈을 벌면 그 돈으로 비행기 1개 편대를 사서 무장을 시키고 조종사까지 딸려서 보내 달라고 부탁했다. 쉬하이둥은 빠진 치아를 메울 수 있도록 의치 한 짝을 보내 달라고 부탁했다. 그는 열애 중이었다. 수년 동안 치과 의사를 구경하지 못한 그들이었기 때문에 모두 이[齒] 어딘가가 잘못되어 있었다. 특히 사람이 먹을 수 있는 것인지 의심스러운 것까지 먹어 가며 몇 년을 연명했던 터라 위궤양 같은 병으로 고생하는 사람이 많았다. 그러나 나는 그 누구에게서도 불평하는 소리를 단 한 마디도 들어본 적이 없다.

나 자신은 그들의 음식으로도 매우 건강했고 체중도 불어났다. 그리고 매일 똑같은 식사를 했지만 민망할 정도로 많이 먹었다. 그들은 나를 위해 밀기울과 밀가루를 섞어 만든 만두를 만들어 주었으며, 그것을 구우면 먹기에 그리 나쁘지 않았다. 그리고 때때로 돼지고기나 양고기 구이도 먹을 수 있었다. 그 밖에도 귀리를 삶거나 튀기거나 구워서 먹었다. 양배추가 풍족했으며, 후추나 양파 또는 콩을 곁들여 먹기도 했다. 커피, 버터, 설탕, 우유, 달걀 등 없어서 서운한 것이 한두 가지가 아니었지만 귀리는 언제 먹어도 맛이 있었다.

하루는 도서관에 《노스차이나 데일리 뉴스(North China Daily News)》가 한 묶음 도착했는데, 나는 아주 간단한 초콜릿 케이크 만드는 방법을 그 신문에서 보았다. 나는 보구의 오두막에 약간의 코코아가 있다는 것을 알았다. 내가 생각하기에 그 코코아를 얻어서 버터 대신에 돼지기름을 쓰면 그 케이크를 만들 수 있을 것 같았다. 그래서 나는 리커눙에게 부탁해 중화소비에트공화국 서북 소비에트 정부의 주석 앞으로 코코아 2온스를 공급해 달라는 내용의 공식 청구서를 보냈다. 청구서 전달 과정에서 며칠 지연되었고, 나의 케이크 굽는 능력에 대해서도 많은 말들이 오갔다. 게다가 복잡한 행정상의 절차를 밟아야 했고, 관료들과의 마찰도 있었지만, 마침내 나는 코코아 2온스를 보구로부터 얻어 내고, 다른 재료들도 식품협동조합으로부터 얻어 내는 데 성공했다. 그러나 내가 반죽을 채 시작하기도 전에 나의 호위병이 잠깐 들러 보러 왔다가 코코아를 땅에 엎지르고 말았다. 나는 재차 복잡한 수속 절차를 밟아 주문품을 다시 받을 수 있었고, 드디어 위대한 실험에 착수했다.

결과가 뻔한 것을 가지고 왜 그렇게까지 애썼는지, 지금 생각해 보아도 알 수가 없다. 총명한 주부라면 어떤 일이 있었는지를 말하기도 전에 예측할 수 있을 것이다. 내가 고안해 낸 오븐이 기대했던 만큼 기능을 발휘하지 못했던 것이다. 케이크는 부풀어 오르지 않았다. 결과는 케이크 밑부분은 5센티쯤이 숯덩어리였고 윗부분은 아직도 끈끈한 액체 상태였다. 하지만 흥미진진하게 구경하고 있던 외교부의 관람객들은 그것을 맛있게 먹어 치웠다. 내버리기에는 너무 아까운 좋은 재료들이 여러 가지 들어 있었기 때문이다. 나는 체면만 크게 깎였고, 그 후부터는 주는 음식을 다소곳이 받아먹었다.

리더는 나에게 '서양 요리'를 함께 만들어 보자고 초대해서 나의 실패를 보상해 주었다. 그는 때때로 쌀과 달걀을 입수하는 기술이 있었는데, 독일인이었기 때문에 직접 소시지를 만들었다. 바오안의 중심가 가까이에 있는 그의 집 대문 밖에는 소시지가 매달려 마르고 있었다. 그는 월동 식량을 준비하고 있었다. 그 밖에도 그는 자기 손으로 벽난로를 만들고, 장시에서 함께 온 그의 중국인 아내[2]에게 빵 굽는 방법을 가르쳐 주었다. 그는 나에게 상당한 양의 요리를 하는 데 충분한 재료가 그곳에도 있다고 말했다. 문제는 식품협동조합(우리의 식사는 여기에서 공동으로 만들어졌다) 사람들이 어떻게 요리해야 좋을지를 알지 못한다는 것뿐이었다. 홍군 지휘관 뤼빙후이의 부인이 그 협동조합의 요리 담당 주임이었다(그녀는 전족을 하고도 장정을 한 유일한 여성이었다). 리더의 아내가 그녀와 연줄이

닿아 있었기 때문에 그가 달걀과 설탕을 입수할 수 있었던 것이 아닌가 하고 나는 생각했다.

그러나 리더는 단지 훌륭한 요리사나 훌륭한 포커꾼만은 아니었다. 중국의 소비에트 지구에서 신비의 사나이였던 그는 과연 어떤 인물이었는가? 국민당의 장군 뤄잉줘(羅英卓, 나영탁)는 장시에서 발견한 리더의 글 몇 가지를 읽고는 그를 홍군의 '두뇌'라고 평가했는데, 이러한 평가는 그의 중요성을 과장한 것은 아닐는지? 그는 소비에트 러시아와 어떤 관계가 있었는지? 그리고 실제로 러시아는 붉은 중국의 내정에 얼마나 큰 영향력을 미치고 있었던 것일까?

3. 러시아의 영향[3]

중국의 공산당이 러시아의 공산당이나 코민테른 또는 소비에트 동맹 전체와 맺고 있는 관계를 살펴보는 일은 이 책의 주된 목적에 속하지 않는다. 이 책에서는 그런 일을 하기에 적합한 배경이 마련되어 있지 않다. 하지만 그러한 유기적 관계와 그 관계가 중국 혁명사에 미친 심대한 영향에 대해 어느 정도라도 논의하지 않는다면 이 책은 아마도 불완전해질 것이다.

러시아가 지난 10여 년 동안 중국의 사회·정치·경제·문화적인 문제에 대해 중국인들의 사고에 지배적인 영향을 미쳐 왔던 것은 틀림없는 사실이다. 특히 교육 받은 젊은이들 사이에서 러시아가 미친 영향은 지배적이었다. 국민당 내에서는 이런 사실이 인정되지 않는 반면에 소비에트 지구에서는 이런 사실이 공공연하게 영광스러운 것으로 받아들여진다는 차이가 있었다. 하지만 국민당의 경우에도 그 영향은 마찬가지였다. 젊은이들이 어떤 종류의 것이든 열렬한 혁명적 신념을 가진 곳이라면 중국 어디에서나 마르크스주의의 충격은 뚜렷했다. 마르크스주의는 철학으로서, 또한 종교의 대체물이라는 형태로서 나타났다. 중국의 그런 젊은이들 사이에서 레닌은 거의 숭배의 대상으로 여겨질 정도였으며, 스탈린은 인기 있는 외국의 지도자였다. 게다가 사회주의는 중국이 앞으로 마땅히 취해야 할 사회형태로서 받아들여졌다. 그 밖에도 러시아 문학은 최대의 독자층을 갖고 있었다. 막심 고리키의 작품들은, 공산주의자는 아니었지만 위대한 사회혁명가였던 루쉰을 제외하면 어떤 중국 작가의 작품보다도 많이 읽혔다.

그리고 이 모든 현상은 특히 한 가지 이유 때문에 매우 주목할 만했다. 미국, 영국, 프랑스, 독일, 일본, 이탈리아, 그리고 그 밖의 자본주의 국가나 제국주의 세력들은 자국의 이익을 위해 수천 명에 이르는 정치가, 문화인, 경제인 또는 선교사를 중국에 보내어 적극적으로 중국의 민중에게 선전 공작을 폈다. 하지만 러시아인들은 중국에서 마르크스-레닌주의의 교리를 합법적으로 전파할 수 있었음에도 여러 해가 지나도록 단 하나의 학교나 교회, 심지어는 토론회조차 가지려고 하지 않았다. 소비에트 지역들을 제외하면 소련의 영향은 대개가 간접적이었다. 더욱이 국민당 측은 소련의 영향이 더 이상 확산되지 못하도록 적극적인 저지책을 써 왔다. 하지만 그 10년 동안 중국에 체류하면서 중국 사회를 의식해 온 사람이라면, 마르크스주의와 러시아 혁명 그리고 소련의 새로운 사회가 중국 인민에게 미친 영향은 모든 기독교 선교사들이 미친 영향을 합친 것보다 훨씬 더 심대했다는 주장에 감히 반대하지 못할 것이다.

그러나 중국 공산주의자들의 코민테른에 대한 집착과 소련과의 일체감은 순전히 자발적인 것이기에, 언제라도 내부로부터 중국인들에 의해 청산될 수도 있었다는 사실을 유념할 필요가 있다. 소련의 역할은 그들에게 희망과 신념을 키워 주는 산 실례로서 가장 큰 힘을 발휘해 왔다. 그들은 중국 혁명이 결코 고립되어 있지 않다는 것을 굳게 믿고 있었다. 그들은 러시아뿐만 아니라 전 세계의 수억 노동자들이 자신들을 마음 졸이며 주시하고 있고, 때가 되면, 자신들이 러시아의 동지들을 본받았듯이 세계 각국의 노동자들도 자신들을 본받을 것이라고 확신했다. 마르크스와 엥겔스의 시대라면 "노동자들에게는 조국이 없다"라는 말이 타당했을는지도 모르지만, 중국 공산주의자들은 그들 자신의 조그만 권력 근거지 외에도 소련이라는 강력한 조국을 갖고 있다고 믿었다.

제1차 전중국소비에트대회에서 채택된 헌법에는, "중국의 소비에트 정부는 전 세계의 프롤레타리아 및 피압박 민족과 혁명적 연합전선을 결성할 용의가 있음을 선언하는 바이며, 프롤레타리아 독재 국가인 소비에트 동맹은 충실한 동맹자임을 선언하는 바이다"라고 기록되어 있다. 중국 공산주의자를 전혀 알지 못했던 서양인들로서는, 방점 표시된 어구가 거의 언제나 지리·정치·경제적으로 완전히 고립되어 있던 중국의 소비에트 지구에서 얼마나 큰 의미를 지니는지 이해하기 어려웠을 것이다.

그들의 배후에 위대한 동맹 세력이 있다는 생각은—바로 그런 생각의 타당성은 오랜 시간이 지났음에도 소련의 적극적인 지지표명을 통해 확인되지는 않았지만—중국 공산주의자들의 사기를 높이는 데 결정적인 역할을 했다. 바로 그런 생각은 그들의 투쟁에 종교적 대의의 보편성을 부여해 주었기 때문에 그들은 그것을 지극히 소중하게 여겼다. 그들이 '세계 혁명 만세!'와 '전 세계의 프롤레타리아여, 단결하라!'를 외칠 때 그것은 그들의 모든 교리와 신념에 깊이 침투된 사상이었고, 그것에서 그들은 전 세계 사회주의자들의 형제애라는 이상에 대한 자신들의 충성심을 재확인했다.

내가 보기에 중국인들의 태도는 이들 개념으로 인해 이미 바뀐 것 같었다. 나는 나를 대하는 공산주의자들의 태도에서 '외국인 배척주의'를 발견하고 괴로워했던 적이 한 번도 없었다. 그들이 반(反)제국주의의 입장을 취한 것은 틀림없지만, 인종적 편견은 이미 민족적 경계가 없는 계급적 적대감으로 승화되어 있었다. 심지어 그들의 항일운동조차 인종적 근거에서 일본인들을 직접 겨냥하는 성격을 띠지는 않았다. 홍군은 선전을 통해, 자신들이 반대하는 것은 일본 군국주의자와 자본가를 비롯한 '파시스트 억압자들'일 뿐이며, 일본의 민중은 오히려 자신들의 잠재적 동맹세력임을 끊임없이 강조했다. 실제로 그들은 그러한 확신이 서 있었기에 큰 용기를 얻었다. 이처럼 민족적 편견이 인종주의에서 계급적 적대감으로 바뀌게 된 근원은 러시아에서 중국공산당 지도자 수십 명이 교육을 받았다는 사실에서 찾을 수 있을 것이다. 그들은 러시아의 쑨이셴 대학이나 적군대학 또는 그 밖에 국제적인 공산주의 간부를 양성하기 위해 설립된 교육기관에서 교육 받은 후, 중국에 돌아와서는 인민의 교사로서 활약했다.

그들이 국제주의를 보여 주었던 단적인 실례의 하나로는 홍군들이 스페인 내전의 사태 추이에 강렬한 관심을 나타냈던 사실을 지적할 수 있다. 언론기관을 통해 속보가 발표될 때마다 그것은 촌락 소비에트의 집회소에 게시되었으며, 일선의 군대에까지 전달되었다. 스페인 전쟁의 대의와 중요성에 대해 정치부가 개최하는 특별 강좌가 있었으며, 스페인에서의 '인민전선'은 중국에서의 '연합전선'과 비교되었다. 주민들의 대중집회가 소집되었고, 시가행진이 있었으며, 공개토론이 권장되었다. 때로는 외진 산속에 살고 있는 홍군의 농민들조차 이탈리아의 아비시니아 정복이나 독일·이탈리아의 스페인 침공 같은 주요한 사실들을 알고 있었으며, 이들 국가를 그들의 적인 일본의 '파시스트 동맹 세력'이라고 지칭하는 것을 보고 놀라지 않을 수 없었다. 지리적 고립에도 이 시골사람들은 라디오 뉴스와 벽보 그리고 공산당의 강연 및 선전활동을 통해 중국의 다른 어떤 지역에 살고 있는 도시 주민보다도 세계 정치에 대해 훨씬 더 많은 것을 알고 있었다.

공산당의 방법과 조직이 엄격한 규율을 강조했기 때문에 중국의 마르크스주의자들 사이에서는 겉보기에도 개인주의가 억제되고 협력 관계가 확립되어 있었다. 그 협력 관계는 '중국인의 심리를 알고 있다고 자부하는' 일반적인 중국 전문가나 개항지의 상인 또는 선교사라도 직접 보지 않고서는 믿기 어려울 만큼 강력했다. 정치생활이라는 측면에서 보면 그들의 개인 존재란 사회 총체, 즉 대중 속에서야 느낄 수 있는 미세한 박동에 지나지 않았다. 그러므로 그들은 일단 지도적 역할을 맡게 되면 의식적으로, 그리고 물질 생산에서 한 역할을 맡게 되면 무의식적으로 대중의 의지 앞에 복속시켜야 할 것으로 생각했다. 공산주의자들 사이에서 논쟁과 유혈 투쟁이 없었던 것은 아니지만, 그 어떤 것도 군이나 당에 치명상을 입힐 만큼 치열하지는 않았다.

난징 정부가 공산당의 군사·정치적 힘을 상호대립적이고 끊임없이 대적하는 분파로 갈라놓을 수만 있었다면, 공산당에 대한 탄압 공작은 결국 성공을 거둘 수 있었을지도 모른다. 장제스는 분열책을 사용해 국민당 내부의 권력 투쟁에서 승자가 될 수 있었으며, 공산당을 제외한 다른 어떤 적대세력과의 대결에서도 승리를 거둘 수 있었다. 하지만 공산당에 대해서만은 그의 분열책이 무력했다. 예를 들어 몇 년 전에 난징 정부는 전 세계적으로 풍미했던 스탈린-트로츠키 논쟁을 이용해 중국공산당을 분열시켜 보려고 애를 썼다. 하지만 소위 중국의 '트로츠키파'는 출연만 했을 뿐 대중적인 영향력을 미칠 수 있는 중요한 세력으로까지는 성장하지 못했다.

공산주의자들은 일반적으로 전통적인 중국식 예법과 의식을 거의 전부 던져 버렸으며, 그들의 심리와 성격 또한 우리가 과거부터 알고 있던 중국인의 그것과는 판이했다. 그들은 직선적이고, 솔직하고, 단순하고, 음흉하지 않았으며, 과학적인 사고를 하고 있었다. 그 밖에도 그들은 과거의 중국식 가족주의를 단호하게 반대했다.[2]

그들은 소련을 열광적으로 찬미하고 있었기 때문에 외국식 이념, 제도, 방법 그리고 조직을 여러 분야에서 모방하고 있었다. 중국 홍군은 러시아의 군사노선에 따라서 구성되어 있었으며, 그것의 전술적 지식도 러시아의 경험에서 연유한 것이 적지 않았다. 또한 사회조직은 전반적으로 러시아의 볼셰비즘에 의해 규정된 형태를 따랐다. 홍군의 노래는 그 태반이 러시아식 음악에 맞추어 소비에트 지구들에서 널리 불렸다. '소비에트'의 한자어 쑤웨이아이(蘇維埃, 소유애)는 러시아 말을 중국 말로 직접 옮겨 놓은 여러 가지 실례 중의 하나에 지나지 않는다.

그러나 빌려 쓰는 과정에서 새롭게 적용한 것도 적지 않았다. 러시아의 이념과 제도 중에서 중국의 환경에 적합하도록 대폭적인 수정을 거치지 않고 존속하는 것은 거의 없었다. 10년간에 걸친 경험을 통해 무분별한 대량 수입 사태는 사라지게 되었으며, 대신에 중국식의 적용이 크게 늘어났다. 서방세계를 모방하거나 적용하는 과정은 중국의 부르주아 세계에서도 진행되고 있었다. 당시 중국에는 자국의 거대한 새로운 요구를 해결해 줄 현대적 사회―부르주아 사회이든, 사회주의 사회이든―를 건설하는 데 이용할 만한 '위대한 역사의 파편'(슈펭글러의 말)이 전혀 남아 있지 않은 상태였다. 심지어는 봉건시대의 유물인 시(詩)조차도 거의 자취를 감추다시피 한 상태였다. 공산주의자들이 청년들을 조직하기 위

---

[2] 여기에서 내가 말하는 것은 농민 대중 전체가 아니라 전위적인 공산주의자들이다. 그러나 소비에트 지구의 농민들 사이에서조차 사고방식은 스미스(Arthur H. Smith)가 『중국인의 성격(Chinese Characteristics)』(N.Y., 1894)에서 묘사한 것과 뚜렷한 대조를 이루었다.

한 방법도 주로 러시아로부터 배우고 있는 동안, 장제스 총통은 그들을 파괴하기 위해 이탈리아제 비행기를 사용했을 뿐만 아니라 그의 반공 신생활운동을 추진하는 데서도 YMCA 방식을 채용했다.

그리고 마지막으로 중국공산당은 정치 이념과 전술 노선 그리고 이론 지도에서 코민테른의 직접적인 지령을 받지는 않았지만 긴밀한 지도를 받은 것은 사실이었다. 중국공산당이 러시아 혁명의 집단적인 경험을 공유함으로써 그리고 코민테른의 지도를 받음으로써 큰 이익을 얻었다는 사실은 의문의 여지가 있을 수 없다. 그러나 중국공산당이 고통스러운 성장 과정에서 겪어야 했던 중대한 실패의 책임을 코민테른에 물을 수 있다는 것도 부인할 수 없는 사실이다.

4. 중국 공산주의와 코민테른[④]

1923~37년의 중·소 관계의 역사는 크게 세 시기로 나눌 수 있다. 제1기는 1923~27년으로, 민족혁명가들이 소련과 국민당, 공산당의 깃발 아래 결집해 동상이몽(同床異夢)하던 3자동맹 시기이다. 이 시기의 공산당은 당시의 중국 정부를 혁명으로 타도해 중국의 주권을 완전 회복한다는 목표를 내걸고 있었다. 그러나 이 시기는 국민당 우파가 승리하여 난징에 국민당 정부를 수립한 후 식민주의 세력과 타협하는 한편 중·소 관계를 단절시킴으로써 끝이 났다.

1927~33년은 소련이 중국(국민당의 중국)으로부터 격리되어 전혀 영향을 미칠 수 없었던 시기였다. 이 시기는 1933년 말 모스크바가 난징과 외교 관계를 재개함으로써 끝이 났다. 제3기는 난징-모스크바의 미온적인 접근에 의해 시작되었지만, 난징 정부와 중국공산당 사이에 치열한 내

전이 계속되었기 때문에 양자 사이가 거북한 시기였다. 제3기는 1937년 초 공산당과 국민당 사이에 부분적인 화해가 이루어지자 극적으로 종말을 맺고, 중·소 협력에서 새로운 가능성이 열리게 되었다.

이상에서 말한 중소 관계의 세 시기는 코민테른의 성격 변화와 그 변천의 단계들을 정확하게 반영하는 것이기도 했다. 소련과 코민테른 내에서 그러한 변화를 일으킨 원인은 국내적인 것과 국제적인 것 등 복잡한데, 그것들을 여기에서 깊이 천착한다는 것은 불가능하다. 그러나 그것들이 중국 혁명과의 관계에서 어떤 영향을 미쳤고, 역으로 어떤 영향을 받았는지에 초점을 맞추고 그것들을 살펴보는 것은 무리가 아닐 것 같다.

중국 혁명에 밀어닥친 1927년의 위기는, 이론과 실천 양면에서 러시아를 지배하는 문제를 놓고 트로츠키파와 스탈린파 간에 투쟁이 일어난 러시아 및 코민테른의 위기와 서로 연관되어 있다. 만약 스탈린이 1924년보다 훨씬 앞서서 '일국사회주의'의 구호를 제창했고, 이 문제를 놓고 투쟁해 그해 전에 코민테른을 지배할 수 있었더라면 거의 확실하게 중국에 대한 '개입'은 시작하지 않았을 것이다. 어쨌든 지금 와서 이런 가정을 한다는 것은 무익한 일이다. 스탈린이 '일국사회주의'의 투쟁을 실제로 전개하고 있을 때는 이미 중국에서 노선이 결정된 뒤였다. 1936년까지 중국의 국민혁명에는 군사적·정치적·재정적·지적 원조가 본격적으로 제공되었으며, 이는 주로 당시에 코민테른 의장이었던 지노비예프(Zinovyev)의 지도하에서 이루어졌다. 그 후 1926년 초 스탈린이 소련 공산당뿐만 아니라 코민테른의 업무와 정책을 주로 책임지게 되었는데, 그 후부터는 그가 이 양대 조직에 대한 자신의 지배를 점점 더 강화시켜 나갔다는 것은 논란의 여지가 없다.

따라서 1926년에 그리고 1927년 봄의 대파국(大破局) 동안에 중국공산당에게 전술적인 노선을 제공하고 '지령'을 내렸던 인물이 바로 코민테른을 지도하고 있던 스탈린이었음은 쉽게 짐작할 수 있다. 중국 공산주의자들에게 재앙이 닥쳤던 이 결정적인 기간에 스탈린의 노선은 트로츠키, 지노비예프, 카메네프(Kamenev) 등이 주축이 된 반대파로부터 지속적인 공격을 받아야 했다. 자신이 코민테른 의장으로 있을 때는 국민당에 대한 공산당의 협력을 올바른 노선이라 해서 유감없이 지지했던 지노비예프였건만, 동일한 노선을 스탈린이 답습하자 신랄한 공격을 퍼붓기 시작했다. 특히 장제스가 최초의 '변절행위'를 저지른 이후부터는—즉 1926년 광저우에서 쿠데타를 기도하다 실패한 뒤부터는—반혁명을 우려하면서, 이 과정에서 민족 부르주아가 제국주의와 타협해 '민중을 배반하게' 될 것임을 예언했다.

적어도 장제스가 제2차 쿠데타를 시도해 성공하기 1년 전부터 지노비예프의 혁명의 2대 과제, 즉 외세에 의한 중국 지배의 종식으로 구현되어야 하는 '반제국주의'와, 중국 농촌을 지배하는 지주·토호의 타도로 구현되어야 하는 '반봉건주의'를 실천할 수 있는 능력이 중국의 민족 부르주아에게 없기 때문에 이들의 정당인 국민당으로부터 공산주의자들을 분리시켜야 한다고 주장하기 시작했다. 이때쯤이면 트로츠키도 소비에트와 독자적인 중국 홍군이 결성되어야 한다고 역설하기 시작한다. 반대파는 전반적으로, 스탈린의 노선이 계속된다면 '부르주아 민주혁명'이 실패할 것임을 예언했고, 또한 실패하기를 바랐다.

일대 참변이 있은 후 스탈린은 코민테른의 전략노선이 실패의 주된 원인이었다는 트로츠키파의 주장을 비(非)마르크스주의적이라고 반박함으로써 자신을 변호했다. 스탈린은 선언했다. "카메네프 동지는 코민테른의 정책이 중국 혁명의 실패를 초래한 주된 원인이었으며, 우리가 중국에서 키운 것은 카베냐크(Cavaignac)라고 말했다.…… 한 정당의 전술이 계급 간의 세력 관계를 폐지 또는 역전시킬 수 있다고 감히 주장하는지 나로서는 이해할 수가 없다. 혁명기의 계급 간 세력 관계를 잊어버리고, 모든 것을 한 정당의 전술에 의해 설명하려는 사람에게 무슨 말을 하겠는가? 그런 사람에게 할 수 있는 말이 있다면 그것은 그가 마르크스주의를 포기했다는 말뿐일 것이다."

트로츠키가 스탈린의 자기변명에 대해 적절한 반론을 구상하는 데에는 나의 도움이 필요하지 않았다. 그러나 그의 예지는 헝가리와 바바리아에서의 공산당 정권의 붕괴 및 동양에서 코민테른의 희망이 무산되는 것을 막을 수 없었고, 중국공산당을 대격변으로부터 구제할 수 없었으며, 따라서 중국공산당은 거의 붕괴 직전에 이르렀다. 단지 스탈린이 승리하고―즉 트로츠키를 영광스러운 기사단의 권좌로부터 축출하고―그 결과 그가 앞으로 중국에서 코민테른이 벌일 활동을 지배하게 되었을 뿐이었다. 하지만 당분간 그런 활동은 전무했다. 중국에 주재하던 러시아 기관들은 폐쇄당했고, 러시아 공산주의자들이 살해당하거나 중국으로부터 추방당했으며, 러시아로부터 제공되던 재정적·군사적·정치적 원조가 격감되었다. 중국공산당은 크나큰 혼란에 빠졌고, 그 지도층은 당분간 코민테른과 접촉할 수 없게 되었다. 농촌을 배경으로 하는 소비에트 운동과 '마오쩌둥의' 중국 홍군은 자발적으로 시작된 것이었고, 사실 이것들은 제6차 코민테른 대회가 개최될 때까지는 러시아의 지지를 크게 받지 못했다. 코민테른은 뒤늦게 제6차 대회에 가서야 중국공산당의 새로운 노선을 사후 승인했던 것이다.[5]

1927년 이후 중국의 홍구는 항구도 없었고 게다가 적군에게 완전히 포위당한 상태에 있었기 때문에, 러시아로서는 홍구와 지리적 관계를 맺는 것이 불가능했다. 과거에는 중국에 수십 명의 공작원이 있었지만 이제는 두세 명의 공작원이 있을 뿐이었다. 그리고 그들은 그나마 사회로부터 격리당하다시피 살아가고 있었으며, 생명에 대한 위협을 무릅쓰고 몇 달 이상을 체류하는 경우란 극히 드물었다. 대량의 러시아 금괴와 무기가 장제스의 국민당군에게 전달되었던 과거와는 대조적으로 지금은 아주 적은 양이 홍군에게 전달되고 있을 뿐이었다. 그 밖에도 1925~27년의 대혁명이 전(全)소련으로부터 후원을 받았던 것과는 대조적으로 지금의 중국 공산주의 운동은, '세계 혁명기지'의 막대한 자원에 대한 지배권을 상실한 채 조그만 과오에도 의절당할 수 있는 의붓자식처럼 무기력하게 명맥만을 유지하고 있는 코민테른의 지원을 받고 있을 뿐이었다.

모스크바나 코민테른이 이 10년 동안 중국의 공산당에 제공한 재정적 원조는 있어 봤자 거의 도움이 되지 않을 만큼 적은 액수에 불과했다. 1932년에 뉴란(牛蘭, Hilaire Noulens) 부부가 상하이에서 체포되어, 난징에서 코민테른의 극동담당 수석요원으로 확인·기소된 사건이 있었는데, 이때의 경찰조서에 따르면 (중국을 포함하는) 동양 전체를 위한 코민테른의 지출 총액이 미화(美貨)로 고작 매월 1만 5천 달러에 지나지 않았다. 이 정도의 액수라면 일본과 나치·파시스트가 선전활동을 위해 중국에 쏟아 부은 막대한 액수와는 비교조차 할 수 없는 것이었다. 그것은 미국이 1933년 난징 정부에게 제공해 준 5천만 달러 상당의 소맥(小麥) 차관과 비교할 때도 보잘것없는 액수였다―외국 군사시찰단의 보고에 의하면 장제스는 홍군을 상대로 하는 내전에서 이 차관 수입을 극히 요긴하게 사용했다고 한다.

미국, 영국, 독일 그리고 이탈리아는 난징 정부에게는 비행기, 탱크, 소총, 탄약 등을 대량으로 판매하면서도, 홍군에게는 아무것도 판매하지 않았다. 미국은 장교들을 파견해 중국의 공군을 훈련시켰으며, 이렇게 훈련 받은 중국의 공군이 붉은 중국 내의 수많은 마을을 폐허로 만들었다. 그리고 이탈리아, 독일의 교관들은, 스페인에서만큼 대대적이지는 않았지만 중국의 내전 중 가장 파괴적이었던 몇 차례의 폭격 원정에 직접 참여해 작전을 지휘하기도 했다.

독일은 장제스를 돕기 위해 프러시아 장교단과 함께 처음에는 폰 제크트를, 그의 후임으로는 폰 팔켄하우젠을 파견했으며, 이들은 초공전에 임하는 난징 정부군의 기술을 크게 향상시켜 주었다. 장제스가 그래도 10년 가까이 버틸 수 있었던 것은 다른 무엇보다도 홍군이 받은 것과는 비교도 할 수 없을 만큼 중요하고도 많은 원조를 열강들로부터 받았기 때문이었던 것 같다.

중국 현대사에서 중국의 홍군처럼 외국으로부터 물질적 원조를 전혀 받지 못하면서 싸웠던 군대는 단 하나도 찾아볼 수 없을 것이다.

5. 외국인 고문

홍군이 등장한 지 5년이 되도록 그 내부에는 한 명의 외국인 고문도 없었다. 1933년이 되어서야 리더(Otto Braun)가 코민테른의 독일 대표로 장시 소비에트 지구에 나타나 정치·군사적으로 높은 지위를 차지했다. 이처럼 '외국의 영향'이 양적으로 미미한 것이었는데도, 서북방의 책임 있는 공산주의자들 중 적지 않은 수가 장시 소비에트 공화국에서 있었던 두 번의 값비싼 실수에 대해 상당한 정도까지 '리더의 충고'에 책임을 물어야 한다고 느끼고 있는 게 분명했다. 마오쩌둥이 지적한 바에 따르면 첫 번째 실수는 1933년 가을 제19로군이 난징 정부에 대해 반기를 들었음에도 홍군이 그 군대와 연합하지 않았다는 것이었다.

천밍수, 차이팅카이, 장광나이의 지휘하에 있던 제19로군은 1932년에 일본의 공격으로부터 상하이를 사수하고 강렬한 민족혁명적 성격을 유감없이 발휘했다. 상하이 정전 후 푸젠성으로 이주한 제19로군은 점차 난징 정부의 '무저항' 정책에 반대하는 정치세력의 중추가 되었다. 난징 정부가 일본과 치욕적인 탕구 정전협정을 체결하자 제19로군의 지도자들은 푸젠성에 독립 정부를 세우고, 민주공화국을 건설하고 장제스 정권을 타도하기 위한 운동을 개시했다.

제19로군은 홍군에게 패한 적이 없는 몇 개 안 되는 국민당 군부대의 하나였기 때문에 홍군은 제19로군의 전투력을 높이 평가하고 있었다. 주로 광둥인으로 구성된 이 부대는 그 정치적 성격에서는 엉성하게 조직된 좌익 반대운동 세력에 가까웠다. 국민당 주변에는 중국 사회민주당이 이끄는 몇 개의 분파가 있었는데, 이들 분파를 군사적으로 지원하는 주축이 바로 제19로군이었다.

1932년 말, 장제스는 제19로군을 공산당 탄압에 참여시키기 위해 푸젠성으로 파견했건만, 그 지도자들은 즉시 독자적인 근거지를 구축하고 장제스에게 도전하기 시작했다. 그들은 홍군과 불가침협정을 체결했고, 훗날 서북방에서 만주군, 즉 동북군과 공산군 사이에 체결된 것과 동일한 노선의 반(反)난징, 반(反)일본 동맹을 제안했다. 그러나 홍군은 제19로군과 협력하지 않고, 오히려 그들의 주력을 푸젠성 경계로부터 장시성 서부 지역으로 '철수'시켰다. 이에 장제스는 아무런 방해도 받지 않고 자유롭게 저장성에서 남하해 인접해 있는 푸젠성으로 들이닥칠 수 있었다. 장제스는 제19로군이 군사·정치적으로 방어태세를 갖추기 전에 습격함으로써 손쉽게 반란군을 진압했다. 그 결과 홍군은 가장 강력한 잠재적 동맹세력을 잃었다. 이제 제19로군을 섬멸한 만큼 남방 소비에트들을 파괴하는 일이 훨씬 더 쉬워진 것은 부인할 수 없는 사실이었고, 1934년 초 장제스는 새로운 확신을 가지고 주저 없이 이 일에 착수했다.

홍군의 두 번째 큰 실수는 장제스의 새로운 공격, 즉 제5차 초공전에 대응하기 위한 전략과 전술을 구상하면서 저질러졌다. 과거의 초공전에서는 기동전에서의 우월성과 신속 과감한 집결 및 기습 능력을 갖춘 홍군이 장제스로부터 주도권을 빼앗아 올 수 있었다. 따라서 진지전과 정규전은 그들의 작전에서 언제나 보조적인 역할을 하는 데 그쳤다. 그러나 내가 대화를 나누었던 홍군 지휘관들의 말을 들어 보면 제5차 초공전에서는 리더가 유격전과 게릴라전 전술을 보조적인 것으로 격하시키고 진지전 전략을 채택해야 한다고 주장했고, 홍군 군사위원회가 '만장일치'로 반대했는데도 어떻게 된 영문인지 그의 계획안이 채택되었다는 것이었다.⑥

그러나 리더가 이렇듯 실수를 저질렀다 할지라도, 중국식 전투 방법과 중국의 지형에 관한 오랜 경험을 통해 그가 서양인으로서는 가장 훌륭한 중국 군사 전문가의 한 사람이 되었다는 것은 분명한 사실이다. 그리고 장정의 혹독한 고난을 견뎌 낸 사람으로서 그의 개인적인 용기는 찬사 받을 만했으며, 그것은 또한 전 세계의 말뿐인 혁명가들에게 보낸 일종의 도전장이기도 했다. 신체 구조가 다른 서양 사람이었기 때문에 장정은 리더에게 남달리 견디기 힘든 고난의 과정이었다. 그는 소화불량에 시달렸으며, 치과 의사가 절실하게 필요했다. 하지만 그의 가장 시급한 문제는 11문(文)이나 되는 큰 신발을 구하는 것이었다. 중국 안에는 그렇게 큰 신발이 없었던 것이다. 또한 3년 동안 유럽인들과 접촉하지 못했던 까닭에 읽을 만한 책이 있을 리가 없었다. 내가 바오안에 있는 동안 『중국 연감(China Year Book)』이라는 방대한 책을 한 권 주었더니 그는 아주 기뻐했다. 그는 수많은 통계표까지 포함해 맨 처음부터 끝까지 한 구절도 빠뜨리지 않고 정독하고는 그것을 요약했다. 이것은 아마도 『연감』 편집자인 H. G. W. 우드헤드에 필적할 만한 그의 몇 가지 업적 중의 하나일 것이다. 이 푸른 눈에 갈색 머리를 가진 아리아인은 중국어라고는 단 한 마디도 알지 못한 채 홀로 동양의 동지들 사이에 뛰어들었다.

그리고 아직도 진지한 대화를 할 경우에는 통역이 있어야 하거나 아니면 독일어나 러시아어 또는 프랑스어로 말해야 했다.

　아무리 탁월한 '작전의 천재'가 지휘를 맡았다고 해도 홍군이 제5차 초공전이 계속되는 1년간 직면했던 불리한 입장을 어떻게 극복하고 승리를 거둘 수 있었는지는 참으로 의심스럽다. 장시 소비에트의 마지막 투쟁을 특징지었던 것은 홍군 측이 어떠한 외국의 지원을 받았다는 사실이 아니라 오히려 국민당 측이 막대한 외국의 지원을 받았다는 사실이었다. 분명한 것은 중국 홍군이 '러시아 볼셰비키들의 지휘를 받지 않았다는 것'이며, 또한 그들은 '모스크바의 루불화를 주고 산 용병들이 아니었고', '스탈린의 괴뢰군이 아니었다'라는 사실이다. 반공전이 있을 때마다 중국 신문과 외국 신문에는 국민당 측이 홍군을 공격한 후에는 전장(戰場)에서 '러시아군 장교의 시체' 몇 구가 발견되었다는 내용의 기사가 거의 정기적으로 보도되곤 했다. 실제로는 외국인 시체가 발견된 적이 없었지만, 이런 식의 선전이 매우 주효해 공산당원이 아닌 중국인들은 대부분 홍군을 일종의 외국 침략군으로 생각하게까지 되었다.

　장정이 시작된 이후 2년 동안 홍군은 중국의 연안 도시에 있는 당원들과 접촉할 수 있는 선이 거의 완전하게 끊어진 상태에 있었으며, 코민테른이 아주 드물게 홍군과 직접 연락을 취할 뿐이었다. 모스크바에 주둔하고 있던 중국공산당 수석대표 왕밍[王明, 왕명. 본명은 천사오위(陳紹禹, 진소우)]*조차 때때로 코민테른에 보고해야 할 내용들, 예컨대 홍군 주력부대의 위치에 대한 정확한 정보 등을 접하는 게 틀림없이 힘들었을 것이다. 이런 사실은 《인프레코르(Inprecorr)》[3]에 실린 그의 일부 기사에서 드러났다. 내가 바오안에 체류하고 있던 어느 날 우연히 《인프레코르》 몇

---

3 *International Press Correspondence*(국제언론통신), 모스크바에서 간행되는 코민테른의 기관지.

부가 도착했는데, 미국에서 교육 받았으며, 당중앙위원회의 서기였던 뤄푸가 그것들을 열심히 읽고 있는 것을 보았다. 그는 대수롭지 않은 어조로, 3년 가까이 《인프레코르》를 보지 못했다고 말했다.

내가 여전히 홍군 진영에 머물고 있던 때인 1936년 9월까지, 이미 1년 전에 개최된 코민테른 제7차대회의 상세한 의사록이 붉은 중국의 수도에는 아직도 도착하지 않은 상태였다. 중국공산당에 최초로 국제적 반(反)파시스트 통일전선전술의 완전한 이론을 소개해 준 것이 바로 이 보고서였으며, 이 이론은 그 후 여러 달 동안 그들의 정책 수립에서 중요한 지침의 역할을 하게 되었다. 그 시기는 바로 폭동이 서북방 전역으로 확산되고 동양 전역을 뒤흔들고 있던 때였다. 그리고 또 한 번 코민테른과 스탈린이 중국 문제에 관한 자신의 의사를 표명함으로써 혁명의 전개에 첨예한 영향을 미칠 예정이었다.

나는 베이징으로 되돌아와 이번에는 옆에서 이 일련의 사건들을 관찰하게 되었다.

6. 붉은 중국과의 고별

내가 바오안을 떠나기 전에 두 가지 흥미로운 사건이 발생했다. 먼저, 10월 9일 간쑤성으로부터 들어온 무전통신에 따르면 후이닝(會寧, 회령)에서 홍군 제4군의 선봉대가 제1군 소속인 천겅 휘하의 제1사단과 합류하는 데 성공했다는 것이었다.[7] 이제는 홍군의 정규 병력 모두가 중국 서북방에 집결하게 되었으며, 훌륭한 통신망도 확립되었다. 바오안과 우치전의 공장에는 군복 주문이 쏟아져 들어왔다. 3개 군의 총병력은 8만에서 9만 명이었으며, 모두가 노련한 전사들인 데다가 무장도 잘 되어 있었다. 바오안과 소비에트 지구들 전역에서 기념식과 축제가 열렸다. 남부 간쑤성에서 전투가 벌어지는 동안 지속되었던 오랜 불안의 시기가 끝났다. 이제는 모든 사람이 장래에 대해 새로운 확신을 갖게 되었다. 중국의 가장 우수한 홍군 부대 전부가 방대한 새로운 땅에 집결해 있을 뿐만 아니라 근처에는 그들의 동맹세력이라 할 수 있는 10만 병력의 동북군이 주둔하고 있었던 만큼 난징 정부도 이제는 통일전선에 대한 그들의 제안에 좀 더 예민한 관심을 보이게 될 것으로 믿었다.

두 번째로 중요한 사건은 내가 바오안을 떠나기 직전에 마오쩌둥과 대담을 하게 되었다는 사실이다. 이 대담에서 마오쩌둥은 최초로, 구체적인 조건을 제시하면서 이 조건들만 충족되면 국민당과 평화협정을 맺고 항일전선에서 협력할 의사가 있음을 밝혔다. 이들 조건의 일부는 이미 8월에 발표된 공산당의 선언에서 언급된 바 있었다. 나는 마오쩌둥과 대화를 나누면서 새로운 정책을 채택하게 된 이유를 설명해 달라고 부탁했다.[8]

그가 말문을 열었다. "무엇보다도 일본의 침략이 더욱 심각한 양상을 띠게 되었기 때문입니다. 일본의 공세가 날로 강화되고 있으며, 이제는 그것을 중대한 위협으로 받아들이지 않을 수 없게 되었기 때문에 중국의 모든 세력은 단결해야 합니다. 중국에는 공산당 이외에도 여러 개의 정당과 세력이 있지만 그중에서도 가장 강한 것은 국민당으로, 국민당의 협력 없이 일본을 격퇴하기에는 현재 우리들의 힘이 너무 미약합니다. 그러므로 난징 정부가 참여해야 합니다. 국민당과 공산당이라면 중국의 2대 정치세력인데, 그들이 이런 마당에도 내전을 계속한다면 항일운동은 치명적인 타격을 받게 될 것이기 때문입니다.

둘째, 1935년 8월 이후 공산당은 몇 차례의 성명을 통해, 일본에 대항하기 위해서는 중국 내의 모든 정당이 단결해야 한다는 것을 역설해 왔습니다. 그리고 우리의 이러한 제안에 대해 전 국민이 공감을 표시했습니다.

그럼에도 국민당은 우리에 대한 공격을 늦추지 않고 있기 때문입니다.

셋째, 수많은 애국자들이, 심지어는 국민당 내의 애국분자들까지도 이제는 공산당과 연합하는 것을 지지하고 있습니다. 난징 정부와 난징 군부 내에서도 일본과 싸워야 한다고 생각하는 사람들은 국가의 존립이 위기에 처한 이 마당에 마땅히 통일전선을 펴야 한다는 견해를 지지하기 시작한 것입니다.

이상이 중국 내부의 현 상황이 보여 주는 주요한 특징입니다. 그리고 이러한 특징들 때문에 우리는 민족해방운동에서 협력을 가능케 해 줄 수 있는 구체적인 방식들을 상세하게 재고해 보지 않을 수 없게 되었습니다. 우리가 주장하는 통일전선의 기본 원칙은 민족해방을 위한 항일이며, 그것을 실현하려면 민주적 국방정부가 수립되어야 한다는 것이 우리의 확신입니다. 그리고 이 정부의 주된 임무는 외국의 침략자들에게 저항하고, 인민 대중에게 민주적 권리를 부여하고, 국가 경제의 발전을 가속화하는 것이어야 한다는 것입니다.

따라서 우리는 의회 형태의 대의정부와 항일구국정부, 그리고 모든 민중의 애국단체를 보호하고 후원하는 정부를 지지할 것입니다. 그러한 공화국이 수립된다면, 중국 소비에트들은 기꺼이 그것의 일부가 될 것이며, 우리의 구역 내에서도 역시 민주적 의회 형태의 정부를 수립하는 데에 필요한 제반 조치를 취할 것입니다."

"그렇다면 그러한 민주적 정부의 법률이 소비에트 지구들에서도 적용되도록 하겠다는 말입니까?"라고 내가 의문을 제기하자, 마오는 그렇다고 대답했다. 그는 그러한 정부를 통해 쑨원의 유지(遺志)를, 나아가서는 대혁명기에 그가 주창했던 '3대 기본 원칙'을 부활시키고 다시금 실현시키기 위해 모두가 노력해야 할 것이라고 주장했다. 그 3대 기본 원칙이란 소련을 비롯해 중국을 자기 나라와 대등한 차원에서 대우하는 모든 국가들과의 동맹 결성, 중국공산당과의 연합, 중국 노동자계급의 기본권 보장이었다.

그는 말을 계속했다. "국민당 내부에서 그런 운동이 발전되면, 우리는 기꺼이 국민당과 협력하고 국민당을 지지할 것이며, 1925~27년에 실현됐던 것과 같은 반제통일전선(反帝統一戰線)을 결성할 것입니다. 확신하건대, 이것만이 우리의 조국을 구할 수 있는 유일한 길입니다."

"새로운 제안을 해야 할 어떤 직접적인 동기라도 있나요?" 내가 다시 물었다. "그 제안이야말로 당신들 정당의 10년 역사에서 가장 중대한 결단으로 여겨지리라고 생각하는데, 어떻게 생각하는지요?"

마오가 설명했다. "직접적인 동기는 일본의 새롭고 가혹한 요구 조건들[4]입니다. 만약 일본에 굴복해 이 요구 조건들을 받아들인다면, 장래 시도될 어떤 형태의 운동도 어려워지게 될 것입니다. 심화되어 가는 일본의 침략 위협에 맞서 대대적인 국민애국운동의 형태로 전개될 민중의 대응도 말할 수 없이 어려워질 것입니다. 한편 이들 조건 때문에 난징 정부의 일부 인사들 사이에서 태도 변화가 일어나게 되었습니다. 이런 상황에서라면 우리 측이 제안한 정책이 실현되는 것을 기대해 볼 만도 합니다. 1년 전이나 그 이전에 이런 형태의 제안을 했더라면, 국민당도 국민들도 그것을 받아들이려 하지 않았을 것입니다.

현재 협상이 진행 중에 있습니다. 공산당은 난징 정부를 설득시켜 항일전선에 나서도록 할 수 있으리라고 크게 기대하지는 않지만, 그것이 전혀 불가능하지는 않다고 봅니다. 가능성이 조금이라도 보이는 한, 공산당은 모든 방법을 동원해 국민당과 협력하려고 노력할 것입니다. 설사 장제스가 내전을 계속하는 쪽을 바란다고 하더라도 홍군은 그를 받아

---

4 난징 정부에 제출된 히로다 외상의 '3항목 요구'.

들일 것입니다."

실제로 마오쩌둥은, 국민당을 비롯한 여러 정당과 협력할 수 있게 해주는 정치기구만 마련된다면, 공산당과 소비에트 정부 그리고 홍군은 내전을 종식시키는 동시에 난징 정부를 무력으로 타도하려는 일체의 시도를 중지하고 대표성을 지니는 중앙정부의 최고명령에 복종할 용의가 있음을 공식 선언했다. 이번에도 역시 마오쩌둥은 공식 대담의 일부로서 그렇게 말한 것은 아니지만, 공산당과 홍군의 독자적인 역할을 크게 침해하지 않는 한도 내에서, '협력'을 용이하게 하는 데 필요하다면 명칭까지 바꿀 용의가 있음을 시사했다. 즉 필요하면 홍군의 명칭을 '국민혁명군'으로 바꾸고, '소비에트'라는 호칭을 포기하며, 항일전을 준비하는 기간 동안에는 농업정책을 수정할 용의가 있다는 것이었다. 이러한 마오쩌둥의 발언은 앞으로 다가올 격변의 몇 주일 동안 사태가 전개되는 데에 중요한 영향을 미쳤다.[5]

1936년 10월 중순, 내가 홍군과 생활한 지도 거의 네 달이 되어 가던 때 내가 백구로 돌아갈 수 있는 준비가 완료되었다. 준비는 쉽지 않았다. 우호적인 장쉐량의 동북군이 거의 모든 전선에서 철수했고, 빈 자리를 난징군이나 적대적인 군대가 메웠기 때문이다. 시안에서 북쪽으로 하루를 달리면 다다르게 되는 성곽도시 뤄촨 부근에서 여전히 홍군과 함께 전선을 형성하고 있는 동북군 사단이 유일한 출구였다.

나는 마지막으로 바오안의 중심가를 걷고 있었다. 성문이 가까워질수록 더욱더 발걸음이 내디뎌지지 않았다. 사람들이 사무실 밖으로 머리를 내밀고 나에게 마지막 작별인사를 외쳤다. 나의 포커팀이 함께 몰려

---

[5] 이 대담의 완전한 기록은 《차이나 위클리 리뷰(The China Weekly Review)》(상하이, 1936년 11월 14일, 21일)에 소개되었다.

와서는 애석한 작별의 뜻을 전해 주었고, '소귀들' 몇 명도 나와 함께 바오안의 성곽까지 무거운 발걸음을 옮겨 주었다. 나는 발걸음을 멈추고 쉬(徐, 서) 노인과 졔(解, 해) 노인이 어깨동무하고 있는 모습을 카메라에 담았다. 유일하게 마오쩌둥만 눈에 띄지 않았다. 그는 아직도 잠을 자고 있었다.

"내 의수(義手)를 잊지 마시오!" 차이수판이 외쳤다.

"내 필름을 잊지 마시오!" 루딩이[9]가 외쳤다.

"비행대가 오기를 기다리겠소!" 양상쿤이 웃으며 말했다.

"내 처를 좀 들여보내 주시오!" 리커눙이 부탁했다.

"그리고 코코아 4온스도 되돌려줘야 합니다." 보구가 추궁조로 말했다.

내가 지나갈 때 마침 홍군대학 학생들 전원이 밖으로 나와 큰 나무 밑에서 뤄푸의 강의를 듣고 있었다. 그들 모두가 내게로 몰려왔고, 우리들은 악수를 하면서 간단한 작별의 말을 나누었다. 그리고 돌아서서 내[川]를 건넌 다음 그들에게 손을 흔들어 마지막 작별을 고하고 말에 몸을 실었다. 소수의 기병대가 나를 뒤따랐다. 내가, 살아 있는 그들을 본 마지막 외국인이 되지 않을까 하는 불길한 생각이 스쳐 지나갔다. 그리고 마치 집으로 돌아가는 것이 아니라 집을 떠나고 있는 듯한 생각이 들어 울적했다.

닷새 뒤 우리들 일행은 남쪽의 전선에 도착했으며, 나는 조그만 마을에 머물면서 사흘을 보냈다. 그곳은 숲으로 둘러싸인 아름다운 농촌이었고, 사냥감이 얼마든지 있었다. 나는 그 며칠 동안 몇 명의 농부 그리고 홍군 병사와 어울려 산속에서 사냥을 즐겼으며, 멧돼지와 사슴을 잡는 전과도 올렸다. 관목 숲에는 살찐 꿩들이 무리를 지어 살고 있었다. 하루는 멀리 사정거리 밖으로 호랑이 두 마리가 가을의 진홍색과 황금색으로 흠씬 물든 골짜기의 공터를 가로질러 질주하는 장면도 볼 수 있었다. 전선은 그야말로 평온했고, 홍군은 그곳에 1개 대대만을 주둔시키고 있었다.

10월 20일, 나는 무인지대를 무사히 통과해 동북군 진영의 배후를 돌아, 다음 날에는 말을 빌려 타고 뤄촨에 도착했다. 그곳에는 트럭 한 대가 나를 기다리고 있었다. 하루 뒤 나는 시안에 도착했다. 고루(鼓樓: 큰북을 달아 놓은 누각—옮긴이)를 지날 때 나는 조수석에서 뛰어내려 (동북군의 군복을 입고 있던) 홍군 병사들 중의 한 사람에게 내 가방을 던져 달라고 부탁했다. 그러나 아무리 찾아도 가방은 눈에 띄지 않았고 나는 점점 더 불안해졌다. 결국 가방이 그곳에 없다는 단정을 내리지 않을 수 없었다. 그 가방 안에는 일기장과 공책 22권, 최초로 중국의 홍군을 찍은 사진과 영화 필름 30통, 그리고 홍군 잡지와 신문 및 문서 수 파운드가 들어 있었다.

그곳에서의 초조함은 이루 말할 수 없었다. 교통순경은 가까운 거리에서 호기심 어린 눈초리로 나를 바라보고 있었다. 목소리를 낮추어 이 사람 저 사람에게 조언을 구했다. 결국 사태를 파악할 수 있었다. 트럭에는 마직 자루가 실려 있었는데, 거기에는 고장이 나 수리하려고 보내는 동북군의 총이 들어 있었다. 또한 내 가방도 수색당할 경우에 대비해서 그 자루 중의 하나에 쑤셔 박아 놓았던 것이었다. 내가 잃은 가방은 그곳에서 후방으로 30킬로미터 떨어진 웨이수이 연안의 셴양(咸陽, 함양)에 다른 짐과 함께 내팽개쳐져 있었다. 운전수는 안타깝다는 표정으로 트럭을 바라보았다. "빌어먹을!" 그는 욕이라도 해야 위안이 되겠다는 듯이 말했다.

이미 땅거미가 진 뒤였고, 운전수는 아침까지 기다렸다가 가서 찾아보겠다는 의사를 밝혔다. 아침까지? 이상한 예감이 나에게 '아침이면 너무 늦다'라고 말하고 있었다. 나는 당장 출발해야 한다고 고집했고, 결국 운전수도 내 고집에 굴복했다. 트럭은 오던 길을 되돌아갔다. 나는 그 소중한 가방을 다시 볼 수 있을지 초조한 마음에 시안부의 한 친구 집에서 뜬눈으로 밤을 새웠다. 셴양에서 내 가방이 적발된다면 내 물건과 동북군의 트럭이 압수당하는 것은 물론이고, 그 트럭에 타고 있던 모든 사람도 끝장이었다. 셴양에는 난징군의 헌병들이 있었다.

가까스로 가방은 찾을 수 있었다. 그러나 수색에 대한 내 육감은 적중했다. 다음 날 아침 일찍부터 거리의 차량 통행이 완전히 금지되었고, 그 도시로 통하는 길마다 헌병과 군대가 늘어섰다. 길가에 사는 농민들이 집을 떠나 소개당했다. 시계(視界)를 위해 눈에 거슬리는 초가집 여러 채가 헐렸다. 장제스 총통이 갑자기 시안부를 방문했던 것이다. 이때 우리의 트럭이 그 길을 지나 웨이수이로 오려 했다면 틀림없이 사건은 터지고 말았을 것이다. 트럭이 경계가 매우 삼엄한 비행장을 스쳐 지나가야 했기 때문이다.

아직도 내 머릿속에는 마오쩌둥이나 쉬하이둥 또는 린뱌오나 펑더화이가 유유히 붉은 중국의 거리를 산책하는 장면이 생생하게 남아 있었다. 이런 장면과 비교해 보면 장 총통의 도착은 잊을 수 없는 대조를 이루었다. 더구나 총통의 목에는 현상금도 걸려 있지 않았다. 하지만 시안에서 그를 보호하기 위해 취한 경비는 충분치 못한 것으로 판명되고 말았다. 그는 자신을 지켜 주는 군대 내부에서조차 적이 있을 만큼 적을 많이 두고 있었던 것이다.

12부
다시 백구(白區)로

1. 반란의 서막

내가 붉은 중국에서 벗어나와 보니 장쉐량 원수의 동북군과 장제스 총통 간의 긴장상태는 점차 고조되고 있었다. 이때 장제스는 중국군 총사령관 직뿐만 아니라 총리직이라 할 수 있는 행정원 주석직도 차지하고 있었다.

나는 동북군이 어떤 과정을 거쳐 군사적·정치적 양면에서 점진적으로 변화되어 나갔는지를 이미 설명했다.[1] 동북군은 홍군을 토벌하기 위해 6개 성을 지나는 먼 길을 이동해 온 용병 집단에서, 적군(홍군-옮긴이)의 민족적인 항일애국 슬로건에 영향을 받아 계속되는 내전의 무익성을 확신하는, 그리고 오로지 한 가지 권고와 한 가지 일념, 즉 '고향으로 되쳐들어 가서' 그들의 가족을 학대하며 살해하는 일본군을 그들의 가정에서 몰아내고 만주를 되찾겠다는 희망에만 피를 끓이고 충성을 바치려는 군대로 변해 갔다. 당시 이러한 생각은 난징 정부가 견지하고 있던 대원칙과 정면으로 배치되고 있었기 때문에 동북군은 항일을 내세우는 홍군에 대해 점차 동료의식을 깊게 느끼게 되었다.

내가 붉은 중국을 4개월간 여행하던 중에 일어난 몇 가지 중요한 사건들로 난징 정부에 대한 동북군의 소원함은 더욱 깊어졌다. 서남 지역에서 바이충시 장군과 리쭝런 장군이 난징 정부에 대해 반란을 일으켰는데, 이들이 내세운 중요한 정치적 요구는 국민당 정부의 무저항정책에 반대한다는 데 바탕을 둔 것이었다. 전쟁이 일어나기 직전의 상태가 몇 주일간 계속된 후 마침내 절충적인 해결책이 타결되었지만, 그사이에 중국 전역의 항일운동은 엄청난 자극을 받게 되었다. 내륙 지역 몇 군데에서 격분한 군중들의 손에 일본인 서너 명이 살해되자 일본은 난징 정

---

1 1부 3장 참조.

부에 사과와 배상, 새로운 정치적 요구를 강력하게 요구했다. 이제 일본군이 한 차례 침략을 감행하면 또 다른 일화(日華) '사변'이 당장 터질 것처럼 보였다.

한편 좌파인 전국구국연합회가 주도하는 항일운동은 엄중한 탄압조치에도 곳곳에서 기세를 올렸고, 또 대일 강경자세를 취하라는 대중의 강한 압력도 간접적인 형태로 난징 정부에 가해졌다. 이러한 압력은, 일본군이 점령한 러허(지금의 청더)와 차하얼에서 훈련을 받고 무장을 갖춘 몽골 및 중국의 괴뢰군이 일본군의 지휘 아래 쑤이위안성(네이멍구) 북부를 침공하기 시작한 10월에는 더욱 증대되었다. 그러나 이러한 침략을 '마지막 벼랑'이자 전국적인 규모의 '항일전쟁'을 개시하는 신호로 간주해야 한다는 광범한 국민들의 요구는 무시되었다. 동원령도 내려지지 않았다. 난징 정부의 반응은 조금도 변하지 않았다. '국내 통일', 즉 공산세력의 근절이 선행되어야 한다는 것이었다. 많은 애국 진영은, 인민의 모든 역량을 결집시켜 공동의 적인 일본에 대항하기 위해서는, 내전 종식과 '자발적 통합'에 기초를 둔 통일전선을 결성해야 한다고 요구한 공산당의 제안을 난징 정부가 받아들여야 한다고 촉구하기 시작했다. 그러나 그런 의견을 내세운 사람들은 '반역자'로 체포되었다.

인민들의 감정이 극도로 격앙되어 있었던 곳은 바로 서북 지역이었다. 당시 동북군의 반일 감정이 초공전을 중단시켜야 한다는 결의와 얼마나 밀접하게 연결되어 있는지를 제대로 인식하고 있는 사람들은 거의 없었다. 시안은 중국의 큰 조약항들에 모여 사는 외국인들에게는 물론이고 대부분의 중국인들에게도 까마득히 먼 곳으로 인식되고 있었고, 그 때문에 기자들이 찾아오는 일도 거의 없었다. 하지만 미국인 문필가인 님 웨일스(Nym Wales)는 예외여서, 10월 시안을 찾아온 그는 장쉐량과 회견을 갖고 다음과 같이 전했다.

"중국 내의 진지한 항일운동은 화베이에서 화난 지역에 걸친 갖가지 '사변' 속에서가 아니라—논리적으로 당연하다고 예상할 수 있는 것처럼—만주에서 쫓겨나 이곳 시안부에서 유랑생활을 하는 동북인들 속에서 뚜렷하게 나타나고 있다. 중국 여타 지역에서는 항일운동이 탄압을 받고 있지만 시안부에서는 젊은 원수 장쉐량의 공개적이고도 열성적인 지도를 받고 있으며, 그의 휘하 군대들로부터도 열렬한 지지를 받고 있는데, 이 군대들은 그런 방향으로 나아가도록 강요받은 것이 아니다."[2]

웨일스는 자신과 회견하면서 젊은 원수가 밝힌 내용이 어떤 의미를 지니는지에 대해 다음과 같이 썼다.

"이 회견은 사실상, 또 그 배경과 연관시켜 살펴볼 때 장제스가 적극적인 저항의 선두에 나서게끔 영향을 미치려는 기도로 풀이될 수 있는데……, 이를 위해(그는 성명 중에), '외국의 침략에 대한 저항을 통해서만이(즉 내전을 통해서가 아니라) "진정한" 중국의 통합이 시현(示顯)되는 것'이며, '정부가 인민의 의사에 따르지 않으면 그 정부는 존립할 수 없다'라는 위협을 은연중에 암시하고 있다. 가장 중요한 의미는 (장제스 바로 밑의) 총부사령관직에 있는 그가 '만약 공산당이 공동의 외국 침략자에 맞서 싸우는 데 진정으로 협력할 수 있다면 어쩌면 이 문제를 평화적으로 해결하는 일이 가능할지도 모른다'라고 밝힌 점이었다……."

그러나 장제스는 이러한 경고의 중대성을 과소평가했던 것이 분명했다. 그는 간쑤성의 홍군을 공격하기 위해 최정예 부대인 제1군을 파견했

---

2 《뉴욕 선(New York Sun)》, 1936년 10월 25일 자.

으며, 시안부로 온 것도 홍군 토벌을 위한 제6차 전면 공격의 예비계획을 끝내기 위해서였다. 시안과 란저우에는 폭격기 100대 이상을 수용할 수 있는 시설이 갖추어졌다. 폭탄도 대량 수송되었다. 독가스를 사용하리라는 소문도 떠돌았다. 장제스가 '공비 잔당을 2주일 이내에, 길어도 1개월 이내에 완전히 분쇄하겠다'[3]라고 야릇한 호언장담을 한 것은 표면상으로, 이러한 독가스 사용설 외에 달리 설명할 길이 없는 것이었다.

장제스는 10월의 시안 방문에서 한 가지 사실만은 명확하게 깨달은 것이 분명했다. 즉 동북군이 공산당과 전쟁을 하는 데 쓸모가 없는 군대가 되고 있다는 사실이었다. 총통은 동북군 사령관들과 면담하는 과정에서 이들이 자신의 새로운 초공전에 거의 관심을 기울이지 않고 있음을 간파할 수 있었다. 훗날 장쉐량의 참모 한 사람은 이때 젊은 원수가 통일전선 결성과 내전 종식, 소련과의 동맹, 반일항전 등의 계획을 총통에게 정식으로 제시했다고 나에게 밝혔다. 장제스는 이에 대해 "중국 내의 모든 홍군이 섬멸되고 모든 공산당원들이 투옥될 때까지는 그 문제를 접어두기로 합시다. 그런 연후에만 소련과 협력할 수 있을 것이오" 하고 응수했다. 이 면담이 있기 얼마 전에 총통은 다시 외교부장이던 왕징웨이를 통해 소련의 상호방위협정 체결 제의를 거부했다.[①]

총통은 뤄양(洛陽, 낙양)에 있는 사령부로 돌아가 새로운 초공전을 위한 준비를 지휘했다. 필요할 경우에는 20개 사단 병력을 서북으로 투입할 예정이었다. 그리하여 11월 말까지 전투 준비를 완전히 갖춘 10개 사단 이상의 병력이, 산시(陝西)성으로 들어가는 길목에 있는 역사적 요지인 퉁관(潼關, 동관) 외곽에 집결했다. 포탄과 그 밖의 군수품이 화물열차 편으로 시안에 대량 수송되었다. 그 뒤를 이어 탱크와 장갑차, 트럭이 이

| 3 장제스 일기 참조.

동할 준비를 갖추었다.

강렬한 민족적 감정의 불꽃이 중국 전역에서 타오르고 있는 가운데 일본은 전국구국운동이 반일 선동활동을 벌인다고 주장하면서 이에 대한 탄압을 요구했다. 난징 정부는 이 요구에 순응해 전국구국회의 저명한 지도자 7명을 체포했다. 이들은 유명한 은행가와 변호사, 교육가, 작가 들로서 모두 많은 사람들의 신망을 받는 인물들이었다. 이와 동시에 난징 정부는 전국적으로 널리 읽히는 14개의 잡지를 판매 금지시켰다. 또한 상하이의 일본인 소유 공장에서 벌어진 파업도 국민당의 협조 아래 일본인들의 무자비한 폭력으로 분쇄되었는데, 이 파업은 일본의 쑤이위안 침공에 대한 항의의 뜻이 곁들여진 파업이었다. 칭다오(青島, 청도)에서 애국적인 파업이 벌어졌을 때는 일본 해병대가 상륙해 파업 가담자를 체포하고 아예 칭다오시를 점령해 버렸다. 해병대는 앞으로 칭다오의 일본인 공장에서 일어나는 파업을 일체 금지시키겠다는 장제스의 확약을 받고서야 철수했다.

이러한 모든 사태가 서북 지역의 반발을 한층 격화시켰다. 11월 부하 장교들의 압력으로 장쉐량은 장제스에게 동북군을 쑤이위안 전선으로 출동시켜 달라는 그 유명한 호소문을 발송했다. 이 호소문은 다음과 같은 내용으로 끝을 맺었다. "우리 부대를 통제하기 위해서는, 언제든지 기회가 오면 장병들의 뜻대로 적(일본—옮긴이)과 싸울 수 있도록 해 주겠다는 우리의 약속을 지켜야 할 것입니다. 그러나 약속을 지키지 않는다면 나 자신뿐만 아니라 각하까지도 협잡꾼으로 생각하고 더 이상 우리의 명령에 복종하지 않을 것입니다. 동북군 전 병력이 안 된다면 최소한 일부 병력이라도 동원해서, 일본 제국주의와 항쟁한다는 신성한 임무를 수행하고 있는 사람들에 대한 증원군으로서 당장 쑤이위안으로 진군하도록 명령을 내려 주십시오. 그렇게 해 주신다면 나는 물론이고 10만여 명이 넘는 내 병력도 각하의 영도에 끝까지 따를 것입니다." 실추된 동북군의 위신을 회복하겠다는 희망이 이 호소문[4] 속에 진지한 어조로 구구절절 넘쳐흘렀건만 장제스는 이 제의를 일축하고 말았다. 그는 동북군이 계속 홍군과 싸우기를 바랐다.

끈질긴 장쉐량은 얼마 지나지 않아 다시 전용기 편으로 뤄양으로 가서 장제스에게 그 같은 요구를 되풀이했다. 장쉐량은 이때도 체포된 전국구국회의 지도자들을 감싸면서 선처를 호소했다. 나중에 총통을 체포한 뒤 장쉐량은 당시의 면담 내용을 다음과 같이 밝혔다.[5]

"최근 장 총통은 상하이에 있는 전국구국회 지도자 7명을 체포, 투옥했습니다. 나는 총통에게 이 지도자들을 석방하라고 요구했습니다. 이들 구국회 지도자들 중 내 친구이거나 친척인 사람은 하나도 없으며, 심지어 이들 대부분을 나는 알지도 못하는 형편입니다. 그때 나는 장제스에게 이렇게 말했습니다. '인민의 애국운동에 대한 총통의 무자비한 조치는 위안스카이나 장쭝창(張宗昌, 장종창)[6]과 조금도 다를 바 없습니다'라고 말입니다.

그에 대해 장 총통은 '그것은 당신 생각일 뿐이오. 내가 곧 정부요, 내 조치는 바로 혁명가로서의 조치요'라고 대답했습니다.

동포 여러분, 여러분은 이 말을 믿습니까?

이 질문에 대해 운집한 수천 명의 군중들로부터 성난 고함소리가 터져 나왔습니다."

그러나 그 당시 장쉐량의 뤄양 방문은 한 가지 긍정적인 성과를 거두

---

4 서북 군사위원회가 1937년 1월 2일 시안부에서 공포.
5 시안부에서 발해되는 《서경민보(西京民報)》, 1936년 12월 17일 자에 보도된 연설 내용.
6 20년 전 일본의 요구에 굴복한 군벌들.

었다. 총통이 다음에 시안을 방문할 때 동북군의 사단 지휘관급 장군들에게 자신의 계획과 전략을 자세하게 설명해 주겠다고 동의했던 것이다. 장쉐량은 시안으로 돌아와 장제스의 두 번째 시안 방문을 초조하게 기다렸다. 그러나 장제스가 시안을 다시 방문하기에 앞서 두 가지 새로운 사태가 벌어져 서북 지역의 반감은 한층 고조되었다.

그 가운데 한 가지 사태는 독일과 일본 간의 반공협정 체결과 그에 대한 이탈리아의 비공식적인 지지였다. 이탈리아는 이미 일본의 만주 정복을 묵시적으로 승인했고, 그 대가로 일본은 이탈리아의 에티오피아(아비시니아) 장악을 인정했다. 이탈리아가 만주국과 관계를 수립하자 장쉐량은 격분했다. 과거 이탈리아의 치아노 백작과 친분을 맺었던 그는 그 소식을 듣자 치아노와 무솔리니를 다 같이 맹렬히 비난하면서 중국 내의 모든 이탈리아 영향력을 분쇄하겠다고 맹세했다. 그는 사관후보생들 앞에서 "이것으로 중국 내의 파시스트 운동은 완전히 끝장났다!"라고 외쳤다.

또한 11월 21일에는 후쭝난의 유명한 제1군이 홍군에게 참패를 당했다는 소식이 전해졌다. 난징 정부군 내에서 가장 유능한 전술가인 후쭝난 장군은 몇 주일 동안 거의 아무런 저항도 받지 않고 간쑤성 북부로 계속 진군해 들어갔다. 홍군은 소규모 전투 외에는 교전을 거부하면서 서서히 후퇴를 거듭했다. 그러나 이들은 난징 정부군이 진군을 중지하도록 설득시키려고 애를 쓰고, 홍군은 항일 부대를 공격하지 않을 것이라고 선언하면서 홍군과 함께 항일전에 참여토록 촉구하는 등, 갖가지 방법으로 '통일전선'을 위한 선전활동을 계속 벌였다. "중국인이 서로 싸워서는 안 된다!" 이러한 선전은 나중에 매우 효과적이었음이 입증되었다.

그러나 후쭝난 장군은 진군을 그치지 않았다. 홍군도 거의 허롄완에 이를 때까지 후퇴를 계속했다. 홍군은 이제 더 이상 후퇴해서는 안 된다는 결정을 내렸다. 적군에게 교훈을 가르쳐 줄 필요가 있었다.[7] 통일전선에도 엄격한 면이 있음을 보여 줄 필요가 있었다. 갑자기 방향을 바꾼 홍군은 후쭝난 장군의 부대를 황토 지대의 계곡으로 교묘하게 유인해서 폭격이 중지된 해 질 무렵에 이들을 포위한 다음, 한밤중에 정면 기습 공격을 가하면서 측면에서 백병전으로 양쪽 허리를 찔렀다. 영하의 싸늘한 날씨였다. 장갑을 끼지 못한 홍군 병사는 손이 곱아서 수류탄의 안전핀을 뽑을 수조차 없었다. 병사 수백 명이 방망이 수류탄을 곤봉처럼 휘두르면서 적진으로 돌진했다. 홍군 제1군단이 선봉이 되어 맹렬한 살육전을 벌인 결과 적의 2개 보병여단과 1개 기병연대를 완전 괴멸시켜 소총과 기관총 수천 정을 노획했다. 후쭝난의 1개 연대는 고스란히 홍군에 투항, 귀순했다. 며칠 뒤 후쭝난 장군은 몇 주일 동안 별다른 저항 없이 '회복'해 왔던 모든 영토를 포기하고 황급히 퇴각했다.

이 소식에 동북군 장군들이 분명 쾌재를 불렀을 것이다. 그들이 경고한 그대로가 아닌가? 홍군의 힘은 과거 어느 때보다도 강하지 않은가? 새로운 초공전이 서전(緖戰)부터 이런 불길한 조짐을 보이고 있는 것으로 미루어 초공전의 과정이 앞으로 얼마나 힘겹게 전개되리라는 것을 알 수 있지 않은가? 1년, 2년, 아니 3년이 지나면 어떤 상황이 벌어질까? 그때도 여전히 홍군과 싸움을 벌이고 있을 것이다. 그렇다면 일본은 어떨까? 그동안에 일본군은 중국 영토를 더욱 많이 차지하고 있을 것이다. 그러나 완강한 총통은 자신의 최정예 부대가 치욕적인 패배를 당한 데 격분해 후쭝난 장군을 견책하고 지난 10년간 자신과 싸워 온 홍군을 반드시 분쇄하겠다는 결의를 더한층 굳힐 뿐이었다.

장제스는 1936년 12월 7일 전용기 편으로 시안 비행장에 착륙함으로

---

7 마하이더(馬海德, 마해덕) 박사는 나에게 편지를 보내 이 전투 상황을 자세하게 전해 주었다. 그때 마하이더 박사는 홍군과 행동을 같이했다.

써 이상과 같은 사태의 주무대로 뛰어들었다.

그동안 이 주무대의 좌우 양 날개에는 다 같이 중대한 사건이 벌어졌다. 동북군 지휘관들은 내전 중지와 항일전을 공동으로 요구하기로 합의했다. 이러한 합의에는 산시(陝西)성 평정 책임자인 양후청 장군 휘하의 장교들이 참여했다. 약 4만 명의 병력을 거느린 양 장군의 군대는 홍군과 계속 싸우는 문제에 대해 오히려 동북군보다도 더 관심이 없었다. 이들에겐 초공전이 그저 난징 정부의 전쟁으로 보일 뿐이며, 따라서 홍군과의 싸움으로 그들 자신을 희생시킬 이유가 하나도 없다고 생각했다. 더구나 홍군 중 상당수는 그들과 마찬가지로 산시(陝西)성 출신들이 아닌가. 또한 이들은 일본군이 인접한 쑤이위안성을 침공하고 있는 때에 홍군과 싸움을 벌인다는 것은 수치스러운 일이라고 생각했다. 서북군으로 알려진 양후청 장군의 군대는 몇 달 전부터 동북군과 긴밀한 결속을 다져 왔기 때문에 홍군과의 정전(停戰)에 은밀하게 참여했다.

이러한 모든 내용을 총리 겸 총통인 장제스가 모를 리 없었다. 그는 시안에 자신의 정규군을 배치하고 있지는 않았지만, 남의사(藍衣社)의 이른바 '특무' 연대로서 장샤오셴(蔣孝先, 장효선) 장군이 지휘하는 약 1천5백 명의 제3헌병대를 몇 달 전에 시안에 파견했었다. 장제스의 조카인 장샤오셴은 급진주의자 수백 명을 납치, 투옥, 살해한 인물이었다. 이들은 산시(陝西)성 전역에 첩보 조직을 만들어 공산주의자 혐의를 받는 학생, 정치운동가, 병사 들을 체포하거나 납치하기 시작했다. 난징 정부가 임명한 산시성 성장인 사오리쯔는 성도(省都)인 시안의 경찰력을 장악하고 있었다. 장쉐량이나 양후청은 다 같이, 경호원 외에 시안에 아무런 휘하 병력도 두지 못하고 있기 때문에 시안은 사실상 총통이 장악하고 있는 셈이었다.

이러한 상황이 또 다른 사건을 유발시키는 데 한몫했다. 장제스가 도착한 지 이틀 후인 12월 9일 학생 수천 명이 반일 시위를 벌이면서 총통에게 탄원서를 내기 위해 린퉁으로 행진했다. 사오리쯔 성장이 해산시키라는 명령을 내리자 경찰은 장제스의 헌병대 병력 일부의 지원을 받아 시위 학생들을 무자비하게 다루었고, 나중에는 발포까지 했다. 이 발포로 학생 2명이 다쳤는데, 우연히도 이 두 학생이 동북군 장교의 아들이어서 발포 행위는 한층 자극적인 요인이 되었다. 마침내 장쉐량이 나서서 대치 상태를 중지시키고 탄원서를 총통에게 전달해 주겠다고 약속하면서 학생들을 설득해 시안으로 되돌려 보냈다. 격분한 장제스는 장쉐량이 "'양쪽'을 대변하는 불충"을 범하고 있다고 힐난했다. 장제스는 나중에, 두 사람 사이에 일어난 이런 일이 반란의 직접적인 원인이 되었던 것으로 생각한다고 기술했다.

총통은 이러한 온갖 반대와 경고에도 10일 참모부 전체회의를 소집하고 제6차 홍군토벌전을 강행한다는 최종 계획을 정식으로 채택했다. 뒤이어 서북군과 동북군, 간쑤성과 산시(陝西)성에 이미 투입된 정부군과 퉁관에 대기하고 있는 정부군에 대한 총동원령을 내릴 준비를 갖추었다. 동원령은 12월에 내려질 것으로 발표되었다. 또한 장쉐량이 이 명령을 거부하면 난징 정부군이 그의 군대를 무장해제시키고, 그도 역시 지휘권을 박탈당할 것이란 이야기가 공공연하게 떠돌았다. 장쉐량 대신에 장딩원(蔣鼎文, 장정문) 장군이 토벌군 사령관에 이미 임명되었다. 또한 장쉐량과 양후청이 동시에 입수한 정보에 의하면 남의사가 경찰과 함께, 동북군과 서북군 내의 공산당 동조자 '블랙리스트'를 만들어 동원령이 내려지는 직후에 이들을 모두 체포한다는 것이었다.

장쉐량이 동북군과 서북군의 사단장 합동회의를 소집한 12월 11일 밤 10시는 바로 이러한 일련의 복잡한 사태가 그 절정으로 치닫던 순간이었다. 동북군 1개 사단과 서북군 1개 연대에는 그 전날 시안부 외곽으로 이동하라는 비밀명령이 하달되었다. 합동회의에서는 이 병력을 이용해 총통과 그의 참모진을 '체포'하기로 결정했다. 17만 대군의 반란이 현실로 나타난 것이었다.

2. 총통의 체포

시안에서 일어난 쿠데타는, 그 동기나 이면에 도사리고 있는 정치 세력에 대해서는 비난할 수 있을지 모르겠으나 적절한 타이밍과 눈부신 실행 과정에 대해서는 그 누구도 이의를 제기하지 못할 것이다. 반란 계획은 이미 손을 쓸 수 없을 지경에 이를 때까지 장제스 진영에 한 마디도 누설되지 않았다. 12월 12일 아침 6시까지는 모든 일이 끝났다. 동북군과 서북군은 시안을 완전히 장악했고, 자다가 기습을 당한 남의사 병력은 무장해제당한 뒤 체포되었으며, 참모부 요원 전원은 시안 영빈관 숙소에서 포위당해 사실상 구금 상태에 놓였다. 성장인 사오리쯔와 경찰국장은 사로잡혔으며, 일이 이렇게 되자 시안시 경찰은 모두 반란군에 투항했고, 난징 정부의 폭격기 50대와 조종사들은 비행장에 억류당했다.

그러나 총통을 체포하는 데에는 피를 조금 봐야만 했다. 장제스는 시안에서 16킬로미터 떨어진 유명한 온천 휴양지인 린퉁에 머물고 있었는데, 그가 린퉁에 숙소를 정하면서 그곳의 휴양객들은 모두 쫓겨났다. 장쉐량의 경호대장인 26살의 쑨밍주(孫銘九, 손명구)* 대위는 한밤중에 린퉁으로 출발했다. 가는 길에 동북군 200명을 인솔하고 새벽 3시에 트럭 편으로 린퉁 외곽에 도착했다. 그곳에서 새벽 5시까지 기다렸다가 15명이 탑승한 첫 번째 트럭이 장제스가 유숙한 호텔로 돌진했다. 보초들이 "누구냐?" 하고 묻자 뒤이어 총격전이 벌어졌다.

선발대에 뒤이어 대기하고 있던 증원군이 곧바로 도착해 쑨밍주 대위가 총통의 숙소 공격을 지휘했다. 기습을 받은 장제스의 경호대는 짤막한 총격전 끝에 손을 들었지만, 그동안 기겁한 총통이 도피할 시간 여유를 얻을 수 있었다. 쑨밍주 대위가 수색대를 이끌고 휴양지 뒤편에 있는, 눈 덮인 바위투성이의 산비탈을 훑으며 올라갔다. 이들은 이내 총통의 몸종을 찾아냈고, 얼마 안 되어 총통을 발견했다. 그는 잠옷 위에 헐렁한 긴 겉옷만을 걸치고 신발도 신지 못한 맨발에다가, 황급하게 산 위로 도주하다 양손에 상처를 입은 채, 혹한에 덜덜 떨면서 틀니조차 빠뜨린 모습으로 큰 바위 옆 움푹 들어간 곳에 웅크리고 앉아 있었다.

쑨밍주가 그에게 경례를 하자 총통의 첫마디는 "귀관이 내 동지라면 나를 사살하고 모든 것을 끝내게" 하는 것이었다. 그 말에 대해 쑨밍주는 이렇게 대답했다. "우리는 각하를 쏠 생각이 없습니다. 우리는 다만 각하가 조국을 이끌고 일본에 대항하기를 요청할 뿐입니다."

장제스는 바위 위에 그대로 걸터앉은 채 더듬거리듯 말했다. "장 원수를 이리 불러오게, 그러면 산을 내려가겠네."

"장 원수는 이곳에 안 계십니다. 성내에서 군대가 봉기를 일으켜 우리는 각하를 보호하러 왔습니다."

이 말에 총통은 적이 안심하는 표정이더니, 자신이 산을 내려갈 때 탈말 한 필을 가져오도록 요청했다. "이곳에는 말이 없습니다" 하고 쑨밍주가 말했다. "그 대신 제가 업어서 산 아래로 모시겠습니다." 쑨밍주는 손을 등 뒤로 돌린 채 장제스의 발밑에 무릎을 꿇고 앉았다. 잠시 망설이다가 장제스는 그 제의를 받아들이고 고통스러운 표정을 지으면서 그 젊은 장교의 넓은 어깨 위에 업혔다. 이들은 이와 같은 모습으로 병사들의 호위를 받으면서 자못 엄숙하게 산비탈을 내려왔는데, 그때 하인이 장제스의 구두를 가져다주었다. 이들은 산기슭에서 차에 올라 시안으로 출발했다.

쑨밍주가 장제스에게 말했다. "지난 일은 과거로 돌리고 이제부터는 중국이 새로운 정책을 취해야 합니다. 각하는 어떻게 하실 작정이십니까? 중국에 한 가지 급선무가 있다면 그것은 곧 일본과 싸우는 일입니다. 동북 지역 사람들이 각별히 요구하는 것은 바로 이러한 항일전입니다. 각하는 왜 일본과 싸우지 않고 대신 홍군과 싸우라는 명령을 내리십니까?"

"나는 중국 인민의 지도자야" 하고 장제스가 고함을 질렀다. "나는 국가를 대표하고 있네, 나는 내 정책이 옳다고 생각하고 있네."[8] 이와 같이 총통은 약간의 유혈 충돌은 있었지만 여전히 굴복하지 않은 모습으로 시안에 도착해서 양후청 장군과 장쉐량 원수의 본의 아닌 빈객이 되었다.

쿠데타를 일으킨 그날 동북군과 서북군의 사단장 전원은 중앙정부와 각 성(省)의 지도자, 그리고 전체 인민에게 보내는 통전(通電)에 서명을 하고 이를 발표했다. 이 짤막한 전문은 총통의 '각성을 촉구하기 위해' 그에게 '당분간 시안부에 체류하도록 요청'했다고 해명했다. 이 전문은 또 시안 체류 중 총통의 신변 안전을 보장했다. 총통에게 제시한 '구국' 요구조건은 방송을 통해 전국에 공표되었지만 국민당 정부의 사전 검열을 받는 모든 신문에는 일체 보도되지 않았다. 반란군 측이 제시한 8개 항목의 요구조건은 다음과 같다.

1. 난징 정부를 개편하고 모든 정파를 참여시켜 구국의 공동책임을 분담케 할 것.

---

[8] 제임스 버트램(James Bertram)이 쑨밍주와 가진 기자 회견 내용 중의 일부. 버트램은 《런던 데일리 헤럴드(London Daily Herald)》의 시안부 주재 특파원으로 필자 대신 활동하고 있었다.

2. 내전을 즉각 전면 중지하고 '무력항일 정책을 채택'할 것.
3. 상하이의 애국운동 지도자들(7명)을 석방할 것.
4. 모든 정치범을 사면할 것.
5. 인민의 집회의 자유를 보장할 것.
6. 애국적 단체를 조직할 인민의 권리와 정치적 자유를 보장할 것.
7. 쑨원 박사의 유지를 이행할 것.
8. 전국구국회의를 즉각 소집할 것.

이러한 8개 항의 요구조건에 대해 홍군과 중화소비에트 정부, 중국공산당은 즉각 지지 의사를 표명했다.[9] 며칠 후 장쉐량은 자신의 전용기를 바오안으로 보냈는데, 이 전용기 편으로 군사위원회 부주석 저우언라이와 홍군 동부전선군 참모장 예젠잉(葉劍英, 엽검영), 서북 소비에트 지구 정부 주석 보구 등 공산당 대표 3명이 시안으로 왔다.

동북군, 서북군, 홍군 대표 간의 합동회의가 열리면서 세 그룹은 공공연한 동맹세력이 되었다. 14일에는 동북군 약 13만 명과 서북군 4만여 명, 홍군 약 9만 명으로 항일연합군이 결성되었음을 발표했다.

장쉐량이 항일연합군 군사위원회 주석으로 뽑혔고, 양후청이 부주석으로 선출되었다. 한편 위쉐중(于學忠, 우학충) 휘하의 동북군은 12일 간쑤성 성도인 란저우에서 중앙정부 관리와 군에 대한 별도의 반란을 일으켜 그곳 난징군 수비대를 무장해제시켰다. 간쑤성 내 다른 지역에서는 홍군과 만주군이 함께, 간쑤성에 주둔하고 있는 난징 정부군 약 5만 명을 포위하고 모든 주요 교통로를 장악함으로써 산시(陝西)성과 간쑤성은 반

---

[9] 위의 8개 항목 중 7개 항목은 1936년 12월 1일 공산당과 소비에트 정부가 각계에 타전한 통전에서 주창한 '구국' 계획과 그대로 일치하는 내용이었다.

란군 측 손아귀에 들어갔다.

쿠데타를 일으킨 직후, 동북군과 서북군은 새로 조직된 군사위원회의 명령에 따라 산시(陝西)-산시(山西)성과 산시(陝西)-허난성의 경계 지역인 동쪽으로 이동했고, 홍군도 군사위원회의 명령을 좇아 남쪽으로 밀고 내려왔다. 홍군은 1주일 사이에 '수도'를 옌안으로 옮기고, 웨이허(웨이수이의 다른 이름—옮긴이) 이북의 산시(陝西)성 북부 거의 전역을 장악했다. 펑더화이가 지휘하는 홍군 선봉대는 시안부에서 불과 50여 킬로미터밖에 안 떨어진 싼위안(三原, 삼원)시에 주둔했다. 쉬하이둥이 지휘하는 다른 홍군 부대 1만 명은 산시(陝西)-허난성 경계 지역으로 이동할 준비를 갖추고 있었다. 홍군과 동북군, 서북군은 산시(陝西)성 경계를 따라 나란히 포진했다. 이러한 방어태세가 갖추어지는 동안 3개 군은 새로운 내전에 반대한다는 명확한 성명서를 발표했다.

8개 항목을 실행하기 위한 제반 조치가 즉각 취해졌다. 홍군과의 전투 명령은 모두 철회되었고, 시안부에 구금된 4백 명 이상의 정치범이 모두 석방되었다. 신문에 대한 사전 검열이 철폐되었고, 애국(반일)단체에 대한 모든 탄압은 중지되었다. 수백 명의 학생들은 대중 속에 파고들어 자유롭게 활동하면서 모든 계급을 연합시키는 조직을 결성하는 데 박차를 가했다. 이들은 수많은 마을을 찾아다니면서 농민들을 정치적·군사적 양면으로 훈련시키고 무장시키기 시작했다. 군대 안에서도 정치공작원들이 전례 없이 대규모로 항일운동을 전개했다. 또한 대중집회는 거의 매일같이 열렸다.

그러나 이러한 상황들은 서북 지역에서만 보도될 뿐, 중국의 다른 지역에서는 사전 검열 때문에 전혀 보도되지 않았다. 독자들의 신뢰도가 높은 《대공보(大公報)》의 지적처럼, 시안에서 흘러나오는 소식은 무엇이든 감히 기사화하려는 신문편집자가 있다면 그는 즉시 체포될 것이라는 위협이 가해졌다. 그동안 난징 정부의 선전기관들은 연막전술을 펴서, 그렇지 않아도 미망 속을 헤매는 대중들의 판단을 한층 더 혼란시켰다. 총통의 연금과 그 이후 전해진 일련의 소식에 놀란 난징 정부는 우선 국민당 상임위원회(중앙집행위원회와 중앙정치협의회) 회의를 소집해서 즉시 장 쉐량을 반도(叛徒)로 규정하고 그를 현직에서 해임하는 한편, 총통의 석방을 요구했다. 이 회의는 만약 총통을 석방하지 않는다면 토벌작전을 벌여 응징할 것이라고 선언했다.

사흘 동안은 장제스의 생사를 알고 있는 사람이 거의 없었다. 단 미국의 AP통신만은 예외였는데, 이 통신은 장쉐량이 장제스를 살해한 과정과 이유를 라디오를 통해 설명했다고 단정적으로 보도했다. 장제스의 생사뿐만 아니라 반란군이 앞으로 어떤 계획을 실행해 나갈지를 정확하게 알고 있는 사람도 거의 없었다. 난징 측은 서북 지역과 연결되는 모든 연락과 통신을 차단시켰고, 서북 지역의 신문과 성명서는 검열관 손에서 소각되었다.

내가 타전, 송고한 기사 내용도 수백 단어씩이나 삭제되었다. 나는 서북 지역이 제시한 8개 항의 요구조건—이 내용은 서방세계 독자들이 품고 있는 수수께끼 같은 의문을 해소시키는 데 어느 정도 도움이 될지도 몰랐다—을 밖으로 내보내려고 몇 차례 시도했지만 그때마다 검열관들이 삭제해 단 한 자도 내보낼 수 없었다. 많은 외국 특파원들은 그들 스스로가 서북 지역의 최근 사태에 대해 전혀 모르고 있었다. 난징 정부와 그 지지 세력은 사실상 진실을 억누르는 한편, 전 세계에 유치하기 짝이 없는 거짓말을 퍼뜨림으로써 중국을 본래의 상황 이상의 광란의 도가니로 비치게끔 만들었다. 난징 정부가 날조·유포한 거짓 사실은, 반도들이 시안 경찰국장을 성문에 못질해 놓았다거나, 홍군이 시안을 점령해 마구 약탈을 자행하면서 성벽 도처에 적기(赤旗)를 휘날리고 있다거나, 장쉐량이 부하에게 암살당했다는 내용 따위였다. 난징 정부는 시안에서 폭동이 일어나고 있다고 매일같이 되풀이 발표했다. 홍군이 소년과 소녀들을 납치하고 있으며, 여자들은 '공동 소유'가 되고 있고, 동북군과 서북군은 모두 비적이 되어 도처에서 노략질을 하고 있으며, 장쉐량은 총통의 몸값으로 8천만 위안을 요구하고 있다[10]는 것이었다.

터무니없이 떠돌아다니는 소문 중 상당수는 중국 내에서 발행되는 일본어 신문이 그 진원지이거나 아니면 일본 고위관리들의 입에서 직접 흘러나오기도 했다. 일본인들은 특히 시안에서 자행되는 '공산당의 위협'에 대한 이른바 '목격담'을 날조해 내는 데 매우 풍부한 상상력을 발휘했다. 일본인들은 또 이 쿠데타의 이면에 소련의 음모가 도사리고 있음을 확인한 것처럼 주장했다. 그러나 일본은 모스크바의 신문 속에서, 선전활동이 어떤 것인지를 보여 주는 그야말로 임자를 만나게 되었다. 《이즈베스챠(Izvestia, 뉴스)》와 《프라우다(Pravda, 진리)》는 시안 사건과의 무관성을 공식 천명하는 데 급급한 나머지 장쉐량을 규탄하고 장제스를 찬양했을 뿐만 아니라, 이 사건이 전 총리인 왕징웨이와 '일본 제국주의자들'이 함께 부추겨서 일어난 것이라고 주장했다. 이러한 주장은 사실과 너무나 동떨어진 중상모략이어서 가장 반동적인 중국 신문들조차 독자들의 조소가 두려워 감히 암시조차 하지 못했던 내용이었다. 언젠가 레닌은 "여러분, 발뺌을 용인할 수 없는 것은 아니지만 그래도 거기에는 일정한 한계가 있어야 합니다!"라고 역설한 적이 있다고 한다.

장제스가 구금된 지 1주일이 지나면서부터 사실을 은폐하려는 난징 정부의 노력은 제대로 실효를 거두지 못했다. 감춰진 사실이 새 나가기

---

10 장제스의 부인 쑹메이링은 그러한 소문을 개탄하면서 "돈 문제나, 또는 권한이나 직위를 확대 또는 승진시키는 문제는 한 번도 제기된 적이 없었다"라고 밝혔다.

시작하더니 곧 큰 구멍이 뚫리고 말았다. 8개 항목의 요구조건이 지하신문을 통해 광범하게 유포되면서 대중들은 서북 지역의 의도가 내전을 벌이겠다는 것이 아니라 내전을 중지하자는 것임을 점차 알게 되었다. 일반인들의 감정은 특정한 군사 지도자의 안위를 걱정하던 것에서 나라의 안전을 우려하는 쪽으로 서서히 변하기 시작했다. 이제 내전으로 장제스를 구출할 수는 없는 일이며, 자칫하면 중국을 파멸의 구렁텅이로 몰아넣을지도 모르는 일이었다.

장제스의 구금 소식이 전해지자 난징에서는 이내 권력 장악을 위한 음모가 싹트기 시작했다. 군정부장으로서 야심에 차 있는 허잉친은 당시 난징 정부의 고위직을 차지하고 있던 국민당 내의 친일적인 '정학파(政學派)'—8개 항목의 요구조건 속에서 주로 반대의 화살이 겨냥된 대상이 바로 이들이었다—와 긴밀한 유대를 맺고 '응징적인 토벌전'을 강력하게 주장하고 나섰다. 허잉친의 이러한 주장은 파시스트적 경향이 강한 황푸 군관학교 출신파와 남의사, 왕징웨이파(실권에서 밀려난 재야), 시산(西山, 서산)회의파, 'C.C.파',[11] 난징에 있는 독일 및 이탈리아 고문단 등으로부터 적극적인 지지를 받았다. 이들에 반대하는 세력은 이들이 이번 사태를 이용해 국민당 내의 진보파와 친미파, 친영파, 친러파 연합전선 지지세력들을 정치적으로 무력화시키고 정권을 장악하려 하고 있다고 말했다. 허잉친 장군은 정부군 20개 사단을 동원해 허난-산시(陝西)성 경계 지역으로 이동시켰다. 그는 또 항공기 편대들을 시안부로 보내 그 상공을 위협 비행케 하고, 보병부대가 반란군 전선을 시험적으로 공격하도록 만들었다. 난징 정부가 보유한 몇몇 항공기(총통의 '50회 생일을

---

[11] 'C.C.파'라 함은 국민당의 당기구를 좌지우지하던 천리푸(陳立夫, 진립부)와 천궈푸(陳果夫, 진과부) 형제 일파를 말한다.

축하하는 선물'로서 항일을 위해 헌납된 항공기)는 산시(陝西)성 변경 인근에 있는 웨이난(渭南, 위남)과 화셴(華縣, 화현)을 시험적으로 폭격하여 다수의 공장 노동자들을 살해한 것으로 알려졌다.

이제 큰 문제는 장제스가 시안에 구금된 상태 속에서도 여전히 난징 정부 내의 지지를 충분히 확보해, 자신의 신체적 생명이 아니라면 정치적 생명의 종결을 가져올 가능성이 많은 소모적인 내전의 발발을 예방할 수 있겠는가 하는 점이었다. 난징과 상하이에서는 장제스의 처남이자 중국 중앙은행 총재인 쑹쯔원(宋子文, 송자문)과 총리대리 쿵샹시(孔祥熙, 공상희)가 쑹메이링과 함께 장제스의 개인적인 지지 세력을 규합해서, 난징의 더 반동적인 세력들이 '응징적인 반공토벌전'이란 구실로 공격을 개시하지 못하도록 필사적인 노력을 기울였다.

한편 시안에서 장제스는 심경이 빠르게 변화하고 있었다. 총통은 구금된 직후부터, 어쩌면 자신의 극악한 '배반자'는 시안에 있는 것이 아니라 난징에 있을지 모른다는 사실을 깨닫기 시작했다. 이러한 상황을 깊이 헤아린 장제스는 자신이 희생자가 되고 허잉친 장군이나 그 밖의 다른 인물이 그 시체를 딛고서 독재권력을 장악하게끔 만들어서는 안 되겠다는 쪽으로 결심했던 것이 분명했다.

3. 장제스, 장쉐량, 공산당

중국은 대의적인 민주주의 체제가 아니라 정파나 개개 독재자들의 통치를 받고 있었다. 정치 면에서는 봉건적인 관행에 빠지는 일이 매우 흔했다. 언론이 철저한 억압을 받고 국민들에게 선거권이 없는 상황에서 난징 정부를 질책하거나 또는 정부 시책을 변경시키는 효과적인 방법은 한 가지뿐이었다. 즉 다름 아닌 무장봉기나 무력시위, 또는 중국에서 말하는 이른바 병간(兵諫)―무력에 의한 설득―인데, 이러한 방법은 중국의 정치적 책략에서 하나의 공인된 전술이 되고 있다. 장쉐량이 독재권력의 우두머리에게 노골적인 실력 행사를 취한 것은, 그가 자신의 목적을 성취시키기 위해 생각할 법한 여러 가지 방법 중에서는 그나마 가장 인간적이고 직접적인 방법이라 할 수 있었다. 그 방법으로 우선 인명 손실과 유혈 사태가 최소한으로 줄어들었다. 그 방법은 봉건적인 것이었지만 장쉐량은 자신이 상대한 인물이 반(半)봉건적인 정치세계에서 어떤 역할을 수행하고 있는지를 직관적으로 파악하고 있었다. 장쉐량의 행동이 초래한 객관적인 결과가 국가적 위기에 대처할 수 있도록 중국을 통합시켰기 때문에 내가 알고 있는 대부분의 중국인들은 그를 애국자로 생각하게 되었다.

그런데 장제스의 생명은 실제로 중대한 위험에 처해 있었을까?

그랬던 것 같다. 그러나 장제스는 젊은 원수와 공산당 때문에 생명의 위협을 받았던 것은 아니다. 어쩌면 양후청 때문에 그랬을 가능성은 있었다. 그러나 가장 확실한 위협은 동북군과 서북군의 급진적인 청년 장교들과 불만에 가득 찬 반항적인 병사들, 그리고 조직된 무장 인민들로부터 가해졌다. 이들은 모두 장제스를 처형할 것을 요구했다. 청년 장교들이 채택한 결의안은 '반역자' 장제스와 그의 모든 참모를 인민재판에 회부할 것을 요구했다. 군대 내의 분위기는 총통의 처형을 지지하는 쪽으로 완전히 기울었다. 그러나 기묘하게도 그의 생명을 구해야 한다고 이들을 설득한 사람들은 다름 아닌 공산당원들이었다.

시안 사건이 전개되는 전체적인 과정에서 이 사건에 대한 공산당의 방침이 명확하게 해명된 적은 한 번도 없었다. 많은 사람들은 장제스가 지난 10년간 무자비하게 벌인 반공전쟁(反共戰爭)에 대한 의기양양한 보복조치로서 공산당이 그의 처형을 요구하고 나설 것이라고 생각했다. 또한 많은 사람들은 공산당이 이 호기를 이용해서 동북군 및 서북군과 연합해 그들의 근거지를 대폭 확대시킨 다음, 대규모적인 새로운 정권 쟁탈전을 통해 난징 정부에 도전할 것이라고 믿었다. 그러나 많은 사람들의 예상과 달리 공산당은 평화적인 해결과 장제스의 석방을 촉구했을 뿐만 아니라 그가 다시 난징 정부의 지도적 위치에 복귀해야 한다고 역설했다. 심지어 장제스 부인까지도 "외부에서 믿고 있던 바와는 전혀 다르게 이들(공산당)은 총통을 억류하는 데 관심이 없었다"라고 기술했다. 그렇다면 왜 그랬을까? 이들은 경제, 정치, 군사, 그 밖의 모든 부문에서 진정으로 국내의 평화를 원했기 때문이었다.②

마오쩌둥은 이렇게 밝혔다. "중국의 민족해방운동의 승리는 세계 사회주의 승리의 일부가 될 것이다. 왜냐하면 중국 내의 제국주의를 패배시키는 것은, 곧 제국주의의 가장 강력한 기지 중의 하나를 분쇄시키는 것이기 때문이다. 만약 중국이 독립을 획득한다면 세계 혁명은 매우 급속하게 진전될 것이다. 우리 조국이 적에게 정복당한다면 우리는 모든 것을 상실할 것이다. 국가적 자유를 박탈당한 민족에게는 혁명적 임무가, 조속한 사회주의의 실현이 아니라 독립을 위한 투쟁이다. 우리가 공산주의를 실현할 나라를 빼앗긴다면 아예 공산주의를 논의할 수조차 없을 것이다."¹² 공산당이 총통 구금 이전부터 국민당에게 통일전선을 만들자고 제안했던 근거는 기본적으로 이와 같은 명제에 토대를 두고 있었다. 이들은 시안 사건이라는 위기 속에서 그들의 제안이 얼마나 성실한 것인지를 과시할 수 있는 기회가 있음을 인식했다. 이들은 장제스의 체포와는 무관했지만 그 문제를 결말짓는 데는 깊이 관여했다.

---

12 바오안에서 나와 가진 회견 내용.

시안 사건 소식을 들은 직후 중화소비에트 정부와 공산당은 합동회의를 갖고 8개 항의 요구조건을 지지하고 항일연합군사위원회에 참여하기로 결정했다. 그 직후에 이들은 "시안의 지도자들이 즉각 항일이란 국책을 신속하게 수립하려는 애국적인 충정과 열의로서 행동했다"라고 믿는다는 내용의 전문[13]을 각계에 타전했다. 이들은 이 전문에서 허잉친의 토벌전을 맹렬하게 비난하면서 "내전이 벌어지면 나라 전체는 완전히 혼란의 도가니로 빠져 들고, 강도 일본은 그러한 기회를 이용하여 조국을 침범할 것이며, 그에 따라 우리의 운명은 노예로 전락할 것"이라고 선언했다. 공산당은 평화적인 해결을 이룩하기 위해 내전 회피를 기본 토대로 협상을 시작할 것과 모든 정당이 참여하는 평화회의를 소집해서 일치단결해 항일계획을 협의하자고 촉구했다. 이러한 전보 내용은 장쉐량 원수가 시안으로 그들을 불렀을 때 공산당 대표들이 제시했던 정책을 뚜렷하게 암시한 것이었다.

공산당 대표단이 시안에 도착한 직후, 대표단장인 저우언라이는 장제스를 만나러 갔다.[14]

이 면담이 장제스에게 어떻게 받아들여졌을지는 누구나 쉽사리 상상할 수 있을 것이다. 자신이 겪은 일로 인해 아직까지 신체적으로 허약하고 심리적으로도 깊은 타격에서 벗어나지 못한 장제스는 저우언라이 ─ 과거 자신의 밑에서 정치부 부주임을 지냈고 또 그 자신이 8만 위안의 현상금을 걸어 놓은 인물 ─ 가 방 안으로 들어서면서 친근하게 인사를 건네자 이내 안색이 창백해졌다고 한다. 장제스는 그 순간 홍군이 시안으로 들어왔고, 자신이 포로로서 홍군에 인도될 것이라고 판단했던 것이

---

13 '평화회의 개최제의' 통전(通電). 1936년 12월 9일 바오안에서 타전함.
14 장제스 자신의 기술에는 그가 저우언라이와 대화한 사실이 언급되어 있지 않았다.

분명했다. 아름다운 장제스 부인도 똑같은 불안으로 번민했는데, 그녀는 "(장제스가 시안으로 옮겨진다면) 그 목적지는 홍군 전선 너머의 어느 곳이 될 것이란 느낌이 들었다"라고 말했다.

그러나 저우언라이와 장쉐량이 다 같이 그를 총사령관으로 인정하고, 또 자리에 앉아서 국가적 위기에 대한 공산당의 입장을 듣자 총통은 그제야 짙은 불안감에서 벗어났다. 처음에는 딱딱한 표정으로 침묵을 지키고 있던 장제스가 서서히 표정을 누그러뜨리면서 지난 10년간의 초공전 중 처음으로, 내전 종식을 위한 공산당 측의 제안에 귀를 기울였다.③

12월 20일까지는 '원칙 문제에 대한' 개괄적인 합의가 이미 타결된 듯이 보였다. 다음은 12월 19일, 장쉐량 원수가 외국 기자들에게 발표한 성명서 내용을 발췌한 것인데, 그 내용을 보면 장쉐량은 문제가 거의 완전히 타결된 것으로 간주하고 있음을 알 수 있다.

"총통의 이곳 체류가 길어지는 것은 우리 탓이 아니다. 지난 월요일 도널드 씨[15]가 이곳에 도착한 직후부터 총통은 자신의 당연한 분노와, 대화를 기피하는 감정을 다소간 억제하고, 우리 모두가 당면한 문제를 침착하게 충분히 협의했으며, 화요일에는 우리가 목표로 삼고 있으며, 또한 고(故) 쑨원 박사의 유지와 합치되는 몇 가지 논점에 원칙적으로 합의했다.

이에 따라 나는 총통의 의견을 듣고 그와 함께 사태가 내전으로 진전되는 것을 막는 데 필요한 안전조치를 타협할 수 있는 사람을 난징에서 파견한다면 누구라도 환영할 것이라는 뜻을 타전했다. 총통이 자신을 석방하여 난징으로 돌아가게 해야 한다고 강력히 주장한 것은 당연한 일이지

---

[15] W. H. 도널드(W. H. Donald)는 장제스와 장쉐량에게 다 같이 신임을 받고 있는 오스트레일리아인으로서 (장제스 부인의 주장에 따라) 시안에 파견된 국민당 최초의 특사였다.

만, 나는 총통이 자신의 약속을 이행할 것이라고 개인적으로 확신하고 있음에도 불구하고 그가 난징에 도착한 후 내전을 계속하도록 설득당할 위험이 있다는 점을 고려하지 않을 수 없었다.…… 그도 이 점을 묵시적으로 인정해서 그 후부터는 우리와 마찬가지로 이 문제(즉 내전을 중지한다는 적절한 보장책을 제시하는 문제)를 처리할 수 있는 누군가가 난징에서 와서 총통이 수도로 돌아갈 수 있기를 기다렸으나 지금까지는 허사였다.

이것이 전부다. 왜 이처럼 지체되는지 이상한 일이 아닐 수 없다. 누군가가 왔다면 그는 며칠 전에 돌아갈 수 있었을 것이다.……

—장쉐량"[16]

그러나 동북군의 급진적인 청년 장교들 사이에서 심각한 문제가 번지고 있었다. 이들은 장쉐량이 이끄는 항일연합군 군사위원회에 대해 강력한 발언권을 행사하고 있어 이들의 견해를 무시할 수 없었다. 이들은 현재 서북 지역 전체로 번져 나가는 강력한 대중운동의 분위기에 영향을 받아 처음에는 난징이 8개 항목의 요구 조건을 실행하기까지는 장제스를 석방해서는 안 된다고 격렬하게 반대했다. 사실 대부분의 청년 장교들은 그들이 소집할 계획인 대규모 군중집회 앞에서 장제스를 '인민재판'에 부쳐 그의 운명을 결정짓자고 주장했다.

장제스는 과거에도 대중 앞에서 그 같은 굴욕을 당할 뻔한 일이 있었다. 즉 그는 1927년에도 이와 비슷한 봉기로 거의 거꾸러질 뻔한 일이 있었기 때문에 서북 지역에서 벌어진 운동의 잠재력을 그 누구보다도 잘

---

[16] 12월 19일 시안부에서 타전한 이 전문은《런던 타임스》상하이 특파원인 프레이저 앞으로 보낸 것인데, 장쉐량은 다른 특파원들에게도 전문 내용을 알려 달라고 요청했다. 난징 정부 검열 당국은 이 전문 내용의 보도를 금지시켰다. 이 전문의 사본 한 장이 도널드 씨에게 입수되어 여기 인용할 수 있게 되었다.

알고 있었다. 장제스는 질서정연한 사태의 흐름에 불가피하게 나타나는 교란요소—그는 이것을 '폭도'라고 불렀다—를 물리치는 데 전 생애를 바쳤던 인물이다. '인민재판' 이야기는 그를 지키는 감시병들의 입에서도 흘러나왔다. 장제스는 문틈으로 자신의 운명을 이야기하는 감시병들의 대화 내용을 엿들었다고 기술했다.

"내가 '인민의 판결'(이라는 말)을 들었을 때 나는 그것이 폭도들을 앞장세워 나를 죽이려는 악의적인 계획임을 알았다."

공산당이 그러한 계획에 반대하고 나섰기 때문에 장제스는 비로소, 더 이상의 굴욕을 겪지 않게 되었다고 할 수 있다. 공산당은 저우언라이가 장제스를 만나기 전부터, 장제스가 석방되면 내전을 중지하고 전반적인 '통일전선' 계획을 포괄적으로 실행할 것이라고 믿을 만한 충분한 보장(객관적인 상황에서 추정할 수 있는 보장 외에도)을 그로부터 받았다는 뜻을 밝히기 시작했다. 그러나 장제스가 그렇게 실행하려면 그의 직위가 유지되어야 하고, 또한 그의 위신이 조금도 깎이지 않은 채 난징으로 돌아가야만 한다는 것이었다. 공산당은 만약 그가 '인민재판'이란 모욕을 받게 된다면 내전이 다시 일어나는 것은 불가피해지고, 10여 년간 끌어 온 국공내전은 훨씬 장기화해서 항일통일전선의 성취 희망은 정말 까마득해질 것이라고 주장했다. 그러한 견지에서 살펴본다면 어느 정파도 이득을 기대할 수 없고, 그저 중국만이 타격을 입을 뿐이며, 오로지 일본만이 이득을 보게 될 것이었다. 공산당이 나에게 설명한 방침은 최소한 그런 것이었다.[4]

그리하여 12월 22일, 재정부장인 쑹쯔원과 내정부장, 군정부차장, 군사고문 위원회 주임, 총통의 수석부관 등 여러 명의 중앙정부 특사와 협상대표들이 시안에 도착했고, 장제스와 함께 '구금'되어 있던 참모본부의 각급 요원들이 이들과 합류했다. 이들은 대부분이 장쉐량, 양후청, 저우언라이, 동북군의 고위 지휘관들과 다각적인 접촉과 회담을 가졌다.

8개 항의 요구조건을 지지하는 사람들은 그 조건에 내포된 본질적 의미의 중요성을 다음과 같은 순서로 파악하고 있었다. (1) 내전 종식과, 국민당과 공산당 간의 다음 분야에서의 상호 협력, (2) 즉 앞으로의 일본의 침략에 무력으로 항쟁한다는 명확한 정책 수립, (3) 난징 정부 내의 몇몇 '친일' 관리들을 파면시키고 영국, 미국, 소련과 더욱 긴밀한 관계를 수립(가능하다면 동맹 체결)하기 위해 적극적인 외교정책을 채택할 것, (4) 동북군과 정치적, 군사적 양면에서 서북군을 재편성해서 난징 정부군과 동등한 위치에 서도록 할 것, (5) 인민에 대한 정치적 자유를 확대시킬 것, (6) 난징 정부가 민주적인 정치구조를 갖출 것.

이런 점들이 장제스와 장쉐량이 시안을 떠나기 전에 합의에 도달했던 주요 골자였던 것 같다. 장제스는 앞으로 더 이상 내전이 없을 것이란 점을 개인적으로 보장했다. 장제스가 어떠한 문서에도 서명하지 않았다는 주장은 정직한 이야기임이 분명하고, 또 그가 어떤 문서에 서명했다는 사실을 뒷받침할 만한 증거도 찾아볼 수 없었다. 이처럼 난징 정부와 총통은 여전히 '체면'을 지킬 수 있었지만 그 후의 사태에 비추어 볼 때 장쉐량 원수도 체면이 완전히 깎인 것만은 아니었다.

22일, 장제스 부인의 시안 도착은 확실히 회담의 종결을 촉진시켰고, 또 (3일간의 시안 체류에 대한 생생한 기술에서 충분히 밝힌 것처럼) 그녀의 끈질긴 요구와 장쉐량에 대한 질책이 총통의 석방을 촉진시켰던 게 분명하다. 장제스가 자신을 십자가에 오른 예수 그리스도로 비유한 것과 마찬가지로 그녀도 "야훼가 이제 새로운 역사(役事)를 하실 것이니, 그것은 곧 여자가 남자를 지키게 할 것이니라"라는 성경 구절을 인용하면서 성경 속의 한 역할을 자임하고 나섰다. 장제스 부인은 25일, '산타클로스가 시안을 그대로 지나치지 않을까' 하는 조바심을 내고 있었는데, 바로 그 산타 클로스가 장쉐량의 모습으로 나타나서 자신이 휘하 장교들의 주장을 낱낱이 꺾었다고 말하고, 그날 안으로 장제스 일행을 난징으로 돌려보내겠다고 밝혔다. 그리고 그대로 실천했다.

끝으로 체면을 살리기 위한, 마지막이자 소스라치게 놀랄 만한 일이 벌어졌다. 장쉐량 원수가 자신의 전용기 편으로 총통과 함께 난징으로 가서 처벌을 기다린다는 것이 아닌가!

4. 대립되는 논점의 해결

그 후 3개월 동안, 시안에서 일어난 정치적 분규는 대부분 완전히 해결되어 마침내 상황은 아주 달라졌다. 대대적으로 정복해 승리했는가 하면, 엄청난 손실과 패퇴도 기록되었다. 그러나 양자 간의 결투 모습은 중국 연극 무대에서 벌이는 두 무사의 싸움과 흡사했다. 이들은 소름 끼치는 기합소리를 내지르면서 칼로 맹렬하게 허공을 베지만 정작 서로의 몸을 건드리는 법은 없었다. 마침내 패자가 잠시 동안 바닥에 힘없이 쓰러져서 자신의 죽음을 인정한 후 다시 몸을 일으켜, 살아 있는 시체로서 당당하게 제 발로 무대에서 물러난다.

난징에서 벌어진 흥미진진한 가짜 놀음이 바로 그런 것이었다. 모두가 '승리'를 거두고 오로지 역사만이 기만당하고 희생되었다.

장쉐량은 난징에 도착한 직후 총통을 찾아가 이렇게 말했다. "부끄러움을 이기지 못해, 제가 마땅히 받아야 할 처벌을 받기 위해 각하를 뒤따라 수도로 왔습니다. 그래야만 규율을 바로잡을 수 있습니다."

이에 대해 장제스는 자못 근엄한 표정으로 다음과 같이 대답했다. "내부덕(不德)과 부하를 제대로 가르치지 못한 소치로 전례 없는 반란이 일어났소.…… 귀관이 회개의 뜻을 밝힌 만큼 나는 중앙당국이 사태를 원상회복시키기 위해 적절한 조치를 취하도록 요청하겠소."

도대체 원상회복 조치란 무엇이었나? 갖가지 격렬한 행동을 타협적인 조치로 전환시키고, 처벌과 보상을 적절히 조정하는 데 이처럼 뛰어나고 교묘한 경우가 어디 있었을까? 타협 전략의 명수가 만들어 낸 작품이자, 중국인들이 말하는 이른바 '무명유실(無名有實)'과 유명무실을 접근시키는 방법을 완벽하게 터득한 사람의 작품이었다.

장제스는 난징에서 돌아오자 먼저, 반란을 저지하지 못한 무능과 총리로서 태만 행위를 고백하는 장문의 성명서를 발표했다. 그는 곧 산시(陝西)성에 파견한 정부군에 전원 철수하라는 명령을 내리고—이로써 내전을 방지하겠다는 약속을 이행한 셈이었다—사의를 밝혔다(그는 관례에 따라 세 차례나 연속 사의를 밝혀야만 했다). 그러나 실제로 그는 자신의 사의 표명을 진정한 뜻으로 생각하지 않았고, 난징 정부도 참된 사의로 받아들이지 않았다. 장제스는 12월 29일 중앙집행위원회의 긴급상임위원회를 소집하고, 국민당의 최고의결기관인 이 위원회에, 장쉐량의 처벌 문제를 군사위원회(그가 주석으로 있다)에 회부할 것과 서북 문제의 해결을 군사위원회에 위임할 것, 반란군에 대한 군사작전을 중지할 것, 그리고 장제스 부재 시에 시안 공격을 위해 설치했던 '토벌' 사령부를 해체할 것 등의 4개 중요 조치를 취해 주도록 '요청'했기 때문이다. 이러한 그의 '권고안'은 상임위원들의 고분고분한 '복종'으로 통과되었다.

장쉐량은 12월 31일 군사법정(장제스는 참석하지 않았다)에서 10년 금고형과 5년간의 공민권 박탈을 선고 받았다. 그러나 그는 그다음 날로 사면되었다.[5] 그 이후 그는 장제스의 처남이자 난징 정부의 특사로 시안에 파견되었던 쑹쯔원의 빈객으로 나날을 보냈다. 1월 6일에는 시안에 설치된 총통의 초비 사령부가 해체되었다. 이틀 후에는 국민당 내 정학파의 유력한 지도자로서 일본에 유학해 일본어를 능숙하게 구사하는 외교부장 장췬(張群, 장군)이 해임되었다고 공표되었다. 장췬은 서북 지역에서 난징 정부 제1의 '친일' 관리로 지목되어 비난 받던 인물이었다. 외교부장의 후임에는 왕충후이(王寵惠, 왕총혜) 박사가 임명되었는데, 그는 영국에서 교육을 받은 변호사로 국민당 내 항일 '구미파(歐美派)'의 지도적 인물이었다. 서북군사위원회는 왕충후이를 호의적인 인물로 생각했다.

다시 장제스의 요청으로 국민당 중앙집행위원회 전체회의가 2월 15일 소집되었다. 지금까지 이 회의의 기능은 누구나 쉽사리 예측할 수 있었다. 즉 장제스의 독재를 뒷받침하는 핵심적인 지배파가 사전에 결정한 당의 중요한 정책 전환을 합법화시키는 구실밖에 하지 않았던 것이다. 그렇다면 이제 이 회의에 제기될 중요한 정책 전환은 과연 어떤 것이었을까? 수백 건의 결의안이 이 당당한 기관에 제출되기 위해 준비되어 있었는데, 대부분이 '구국' 문제에 관한 것이었다.

1월부터 2월 초까지 장제스는 '병가'를 얻었다. 그는 장쉐량과 함께 자신의 고향인 저장성 평화 인근의 총통 별장에서 휴양했다. 첫 번째 사의 표명이 반려되자 장제스는 두 번째로 사의를 밝혔다. 그동안 그는 표면상 공무에서 벗어난 입장에 놓여 있었음에도 서북 지역 문제의 해결 형태를 완전히 좌지우지했을 뿐만 아니라 동북군, 서북군, 홍군 지휘관들과 진행하는 회담도 완전히 주도해 나갔다. 장쉐량은 '근신' 상태로 곁에 있으니 여전히 포로나 다름이 없었다.

2월 10일, 공산당 중앙집행위원회는 난징의 국민당 정부와 국민당 제5기 중앙집행위원회 제3차 전체회의에 역사적인 전문[17]을 타전했다. 공

---

17 공산당 간행물인 《신중국(新中國)》(옌안), 1937년 3월 15일 자 참조.

산당은 이 전문에서 시안 사건의 평화적 해결과 조국의 '임박한 평화적 통합'을 난징 정부에 경하(慶賀)한다는 뜻을 밝혔다. 중앙집행위원회 전체회의에 대해서는 4가지 중요한 정책 전환을 제의했다. 즉 내전을 중지할 것, 언론·출판·집회의 자유를 보장하고 정치범을 석방할 것, 일본의 침략에 저항하는 범국민적 계획을 제시할 것, 그리고 쑨원 박사의 삼민주의(三民主義)로 복귀할 것 등이었다.

이러한 제안이 명실공히 채택된다면 공산당은 '민족적 통합과 항일을 촉진'시키기 위해 온갖 형태의 정부전복 기도를 중지하고 다음과 같은 정책을 채택할 용의가 있다고 밝혔다. (1) 홍군의 명칭은 '국민혁명군'으로 바꾸고, 이를 장제스의 군사위원회의 지휘하에 두고, (2) 소비에트 정부의 명칭을 '중화민국 특별구 정부'로 바꾸며, (3) 소비에트 지구 내에 '완전한 민주적' (대의적) 형태의 정부를 실현시키고, (4) 토지몰수정책을 중지하고 인민의 노력을 구국, 즉 항일 과업에 집중시킨다.

그러나 2월 15일에 소집된 중앙집행위원회 전체회의는 비적들의 전문 내용에 아무런 공식적인 관심을 표명하지 않았다. 이 회의에서는 성취해야 할 더 중요한 일이 있었다. 장제스는 전체회의 첫 연설에서 자신이 시안에 구금된 전말을 다시 한번 감동적인(그로서는) 어조로 빠짐없이 설명했다. 그는 자신이, 반란군의 요구조건 이행서약에 관한 서면 요구를 어떻게 거부했는지를 극적으로 설명했다. 그는 또한 반란군들이 자신의 관점으로 생각을 바꾸고, 압수한 자신의 일기를 보고는 그 애국심의 발로에 감동해 눈물을 흘린 과정을 설명했다. 그리고 이러한 모든 이야기를 다 끝마친 후에야 비로소 그는 즉흥적이고 경멸적인 태도로 반란군의 8개 항 요구조건을 제시했다. 전체회의는 총통에 대한 전폭적인 신임을 재천명하면서 세 번째로 표명한 그의 사의를 반려하고 이어 장쉐량을 비난하고 반란군의 뻔뻔스러운 요구조건을 총통과 마찬가지로 예사롭게, 또 경멸적인 태도로 거부했다.

그러나 그런 가운데서도 중앙집행위원회는, 평소에 익숙해져 있던 방식대로 자체 발의로 여러 가지 문제들을 풀어 나갔다. 아마 가장 주목할 만한 사실은 바로 장제스 다음의 국민당 제2인자인 왕징웨이의 개회 연설에서 찾을 수 있을 것이다. 그는 반공전을 시작한 이래 처음으로, '내부 평정'(공산주의의 근절)이 국가가 당면한 가장 중요한 문제라는 말과 그 유명한 문구인 '선통일 후저항'이란 말을 거듭 역설하지 않는 연설을 했던 것이다. 그는 이제 국가가 당면한 '최대의 문제'가 '실지 회복'이라고 역설했다. 더구나 전체회의는 우선 허베이성 동부와 차하얼 북부를 회복하고, 일본이 구성한 허베이·차하얼 '자치' 정무위원회를 폐지한다는 결의안을 실제로 채택했다. 물론 그러한 결의를 채택했다고 해서 난징 정부가 항일전쟁을 시작한다는 것은 아니었다. 다만 일본이 중국 내에서 또다시 군사적 침략을 감행한다면 난징 정부가 무력항쟁을 벌일 것이라는 데 그 의의가 있었다. 그러나 이러한 결의는 정말 급속한 변화가 아닐 수 없었다.

두 번째로 중앙집행위원회는 역시 총통의 권고에 따라 오랫동안 연기되어 온 '국민대표대회'를 11월 12일에 소집하기로 결정했는데, 이 대회가 소집된다는 것은 중국에 '민주주의'가 시작된다는 것을 의미했다. 더 중요한 점은 '모든 당파'의 대표성을 확대시키기 위해 상임위원회가 대표대회의 기본법을 개정할 수 있는 권한을 부여 받았다는 사실이었다. 총통은—역시 왕징웨이의 입을 빌려서—국가가 당면한 두 번째로 중요한 문제는 조속한 민주제도의 실현이라고 밝혔다.

끝으로 전체회의 마지막 날 장제스는 반역자를 제외한 모든 사람들이 더 많은 언론의 자유를 누릴 수 있도록 공약한다고 밝혔는데, 여기서 '지능적인 비적들'은 전혀 언급되지 않았다. 그는 또 '잘못을 뉘우치는 정치범들을 석방할 것'도 아울러 약속했다. 신문이나 잡지에는 앞으로 더 이상 '홍비'나 '공비'라는 통칭을 사용하지 말라는 지시가 극히 은밀하게 전달되었다. 몇몇 형무소에서는 비중이 낮은 정치범부터 석방하기 시작했다.

이 역사적인 전체회의의 마지막 날인 2월 21일에는 마치 뒤늦게 생각이라도 난 것처럼, 표면상 공산당을 비난하는 장문의 선언서가 발표되었다. 이 선언서에는 공산당이 10년 동안 자행한 범죄와 만행의 과정이 개략적으로 열거되었다. 그렇다면 산적이나 도적, 살인자들과의 '화해' 협상을 전혀 논외로 치부한다는 것이 분명하게 드러난 것이 아닌가? 그러나 이러한 공언(空言)은 모두 선언서 말미에 화평조건을 제시하기 위한 실질적인 준비 과정이었는데, 어떠한 희생을 치르더라도 공산당과의 화평에 반대하는 보수파들은 그러한 화평조건을 극도로 불쾌하게 생각했다.

제시된 조건은 어떤 내용이었나? 전체회의는 다음과 같은 4가지 조건으로 공산당에게 '새로운 삶을 시작할' 기회를 베풀겠다고 제의했다. (1) 홍군을 해체하고 국가의 단일 군사력 아래 편입할 것, (2) '소비에트 공화국'을 해체할 것, (3) 쑨원 박사의 '삼민주의'와 정면으로 배치되는 공산주의 선전활동을 중지할 것, (4) 계급투쟁을 포기할 것. 국민당은 이처럼 '협력'이란 말 대신에 '투항'이란 표현을 쓰면서도 공산당의 '화해' 협상의 기본원칙[18]들을 수락한 셈이었다. 여기서 주목할 점은 국민당의 이러한 조건 속에는 공산당이 그들 자신의 조그만 자치국가와 독자적인 군대, 조직, 정당 그리고 장래에 대비한 '최대 목표의 강령'을 그대로 유지할 수 있는 여지를 남겨 놓았다는 사실이다. 그런 것이 아니라면 최소한 공산당이 그러한 희망을 품을 수 있는 여지가 남겨져 있다고 볼 수 있었다. 또한 실제로 공산당은 그러한 희망을 품고 3월 15일 당과 소비에트

---

[18] 이 중요한 결의안의 전문을 살펴보려면 『중화연감(中華年鑑)』(상하이, 1938)을 참고할 것.

정부, 홍군의 연명(連名)으로 난징 정부와 협상을 시작하도록 요청하는 장문의 선언서를 발표했다.

그러면 장제스가 이상과 같은 복잡한 책략들을 동원한 목적은 무엇이었나? 그는 자신이나 난징 정부의 위신을 약화시키지 않으면서 반대 세력을 무마시킬 수 있는 형태로 그와 같은 책략들을 교묘하게 엮어 나갔던 것이 분명했다. 전후관계를 잘 헤아려 가면서 그의 지시나 성명, 그리고 전체회의의 결의 내용을 살펴본다면 그가 모든 반대 세력의 정치적 요구사항을 '부분적으로' 충족시키고 있음을 알 수 있다. 즉 자신에게 대항하는 모든 반대 세력의 결속과 결의를 분쇄시키기에 알맞은 정도이면서, 동시에 국민당 내의 반발을 일으키지 않을 정도의 교묘한 절충이었다. 내전은 중지되었고, 그에 따라 항일전의 책무를 마침내 난징 정부가 어깨에 짊어졌다는 것은 분명해졌다. 정치적 자유를 확대시키겠다는 공약은 이루어졌고, '민주주의'를 실현하기 위한 일정이 확정되었다. 또한 국민당과 공산당이 '협력'은 아니라 하더라도 최소한 휴전 속에서 공존할 수 있는 방식이 제안된 상태였다. 그러면서도 난징 정부는 반란군의 요구사항과 공산당의 '협력' 제안을 거부하는 형식을 그대로 유지하고 있었다. 얼마나 교묘하고 멋진 책략인가!

여기서 눈여겨보아야 할 점은 장제스가 난징 정부 내의 상당한 반발을 무릅쓰고 또 개인적으로 굉장히 충격적인 사태를 겪은 지 얼마 안 되는 시기에 그러한 유화적 조치를 채택하도록 강행했다는 사실이다. 선견지명이 부족한 사람이 그러한 충격적인 체험을 했다면 아마도 격분 속에서, 이해득실을 제대로 가늠하지 못하고 성급하게 보복 조치를 취하겠다고 날뛰었을지도 모른다. 사실 그런 보복 조치는 장제스를 추종하는 난징의 지지 세력이 강력하게 요구했던 것이다. 그러나 장제스는 이들보다 훨씬 빈틈없는 계산을 하고 있었다. 그가 시안에서 한 공약을 무시하지 않은 점과 자신을 구금한 세력에 대해 당장 노골적인 보복 조치를 취하지 않은 점, 그리고 그가 협박과 그에 필요한 양보를 적절하게 비교하고 헤아려 조화시키는 방책을 교묘하게 활용한 점은 정치적 전략 면에서 그의 탁월한 재능을 입증하는 사례들이라 하겠다. 그러한 방법으로 그는 마침내 서북 세력의 연합을 와해시키는 데(그의 제1목표였다) 성공하여 동북군을 산시(陝西)성에서 안후이성과 허난성으로 평온하게 이동시키고, 양후청 장군 휘하의 서북군은 중앙통제 아래 편입시킬 수 있었다. 2월 난징 정부군은 아무런 방해와 저항 없이 시안과 그 주변 지역을 장악할 수 있었고, 3월에는 ─홍구 전선에 총부리를 겨누어 놓은 채─ 공산당과 협상을 시작했다.⑥

5. 올드 랭 사인(Auld Lang Syne, 즐거웠던 옛날)?

시안 사건이 진행되는 가운데 홍군은 광대한 지역을 새로이 장악하게 되었다. 홍군은 웨이허 이북의 거의 전역을 포함해서 산시(陝西)성의 대부분을 점령했다. 홍군이 장악한 지역은 약 50개 현 ─약 15만~18만 제곱킬로미터로 당시 오스트리아 영토의 2배가량 되는 영역─을 합친 규모로, 이들이 지금까지 지배하던 단일 지역으로는 가장 넓은 것이었다. 그러나 그 지역은 경제적인 면에서 빈약할 뿐만 아니라 개발할 가능성도 매우 한정되어 있었으며, 인구밀도도 희박해서 주민 총수는 2백만 명이 채 안 되었다.

다만 전략적인 면에서는 극히 중요한 지역이었다. 공산당은 만약 원하기만 한다면 중앙아시아와의 교역통로를 차단시킬 수 있었고, 또 나중에 신장(新疆)성이나 외몽골과 직접 연결될 수도 있었다. 또한 이 지역은 중국의 변경 중 일본이 봉쇄할 수 없는 두 지역 중의 하나로 물자공급원의 구실을 할 수 있었다. 약 137만 제곱킬로미터에 이르는 신장성 중 절반 이상은 표면상 중국공산당과 소련에 동조적인 특정 군벌의 지배를 받고 있었다. 과거 중국의 속국이었던, 면적 230만 제곱킬로미터의 외몽골―외몽골에 대한 중국의 종주권은 소련으로부터도 계속 명목상 인정을 받고 있다―은 1936년 소련과 체결한 군사동맹(상호방위조약)으로 말미암아 적기(赤旗) 아래 놓여 있었다.

이처럼 공산당의 지배 아래 있는 이 세 지역은 아직도 '대중국'이라 불리는 영역 속에 포함되고 있는데, 그 면적은 중국 제국의 약 3분의 1에 해당한다. 이 세 지역 간의 물질적 접촉을 떼어 놓는 것이라고는 몽골인, 회교도, 변경 부족들이 거주하는, 정치적 성향이 불투명한 완충지역이라는 지리적 요인뿐이다. 그런데 이 완충지역의 주민들은 난징 정부와의 유대가 희박한 반면, 일본의 정복 위협은 심각한 현실로 느끼고 있었다. 이런 지역은 나중에 '항일통일전선'이란 권역 안으로 들어와서 소련의 영향을 받게 될지도 모른다. 그렇게 되면 앞으로 공산당의 근거지는 중앙아시아에서 몽골을 거쳐 중국의 서북 지역까지 이어지는 광대한 영역으로 확대될 것이다. 그러나 이 지역은 한결같이 낙후된 곳으로, 일부는 메마른 초원지대와 사막으로 이루어져 교통이 불편하고 인구가 희박했다. 이 지역이 동양의 정치판도에서 결정적인 요소로 등장할 가능성은 소련이나 화중(華中)의 어느 한쪽 또는 양쪽의 발전한 산업 및 군사 기지와 긴밀하게 제휴할 때에만 기대할 수 있을 것이다.

중국공산당이 당장 얻은 이득은 내전의 중지, 난징 정부의 대내정책 면에서 나타난 어느 정도의 자유화와 관용, 대일 강경정책, 그리고 소비에트 지구가 오랜 봉쇄에서 부분적으로 벗어난 것 정도에 한정되었다. 시안에 파견된 총통의 특사인 장충(張沖, 장충) 장군과 공산당 대표 저우언라이 간에 진행된 협상이 결실을 거두면서 4월부터 6월까지는 많은 중요한 변화가 일어났다. 즉 경제봉쇄가 해제되었고, 훙구와 외부 사이의 통상 관계가 회복되었으며, 또 더 중요한 일로서 두 지역 간의 교통망이 복구되었다. 접경지역에는 공산당의 적성기(赤星旗)와 국민당의 청천백일기(靑天白日旗)가 연합을 상징하듯이 서로 마주보는 형태로 게양되었다.

우편과 전신 업무가 부분적으로 재개되었다. 공산당은 시안에서 미국제 트럭을 사들여서 훙구 내의 주요 지점을 연결하는 교통버스로 활용했다. 필요한 온갖 종류의 기술물자들이 쏟아져 들어오기 시작했다. 공산당에 가장 귀중한 것은 책이었다. 옌안에는 루쉰기념도서관이 새로 설립되었고, 또 이 도서관에 도서를 갖추어 놓기 위해 전국에 흩어져 있는 공산당원들이 신간서적을 대량으로 구입해 옌안으로 보냈다. 청년 공산당원 수백 명이 대도시에서 공산당의 새로운 수도인 산시(陝西)성 북부의 옌안으로 이주했다. 5월까지는 2천 명 이상의 학생들이 홍군대학('항일대학'으로 개명되었다)에 입학했고, 약 5백 명은 공산당학교에 들어갔다. 이 학생들 중에는 몽골인, 회교도, 티베트인, 대만인, 먀오족, 뤄뤄족 출신들도 섞여 있었다. 많은 학생들은 각종 기술훈련학교에도 입학했다.

열의에 넘치는 젊은 급진주의자들이나 노련한 당 공작원들도 중국 전역에서 밀려들어 왔는데, 그중 어떤 사람들은 굉장히 먼 거리를 걸어서 찾아왔다. 훙구 내에서 학생들의 생활이 매우 엄격함에도 7월까지는 입학 신청자들이 너무 많아 더 이상 받아들일 수 없는 지경에까지 이르렀다. 많은 학생들은 공산당이 5천 명을 교육시킬 준비를 갖출 다음 학기까지 기다리지 않으면 안 되었다. 숙련된 기술자들도 많이 몰려와 교사로 일하거나 새로 시작한 '건설계획'에 참여했다. 내전 종식의 평화 속에서 당장 얻을 수 있는 최대의 혜택은 이런 데에 있는 듯했다. 즉 혁명과 항일전쟁 대열에 필요한 새로운 간부들을 자유롭게 지도·훈련·단련시킬 수 있다는 점이었다.

물론 국민당은 공산당이 홍구의 바깥세계와 관계를 맺어 나가는 과정을 계속 엄중 감시했다. 이제 공산당원들의 활동에 대해서는 과거처럼 심한 제약이 따르지는 않았지만, 그렇다고 그런 사실을 아직 공공연하게 인정한 것은 아니었다. 공산당원이 아닌 많은 지식인들도 실태를 알아보기 위해 붉은 중국을 찾아왔다가 그중 상당수는 그곳에 눌러앉아 함께 일을 도왔다. 6월에는 국민당이 사오화(邵華, 소화)를 단장으로 하는 반(半)공식대표단을 은밀하게 파견해 옌안을 시찰하게 했다. 이들은 소비에트 지구를 순방하면서 수많은 군중이 모인 대중집회에서 항일 연설을 했다. 이들은 공산당과 국민당이 반제국주의 통일전선으로 복귀한 점을 인정했다. 그러나 이러한 사실은 국민당 지역에서 발행되는 신문에는 일절 보도되지 않았다.

레닌의 추종자들에 대한 국민당 지배지역 내의 상황도 호전되었다. 공산당은 명목상 여전히 불법화되어 있었지만 탄압이 다소 느슨해지면서 영향력이나 조직 확대는 가능하게 되었다. 정치범들은 조금씩이나마 계속 석방되었다. 특무헌병 조직인 남의사가 공산당에 대한 은밀한 사찰을 계속하긴 했지만 전처럼 납치해서 고문하는 일은 없어졌다. 남의사의 활동이 앞으로 주로 '친일 반역자'의 색출에 집중될 것이란 소문이 퍼져 나갔다. 소문대로 수많은 친일 반역자들이 체포되었고, 이 가운데 일본 측으로부터 금품을 받고 첩자 노릇을 한 중국인 몇 사람이 처형된 것으로 알려졌다.

5월까지 서로 양보를 주고받은 끝에 소비에트는 '특별구 정부'라는 명칭을 채택할 준비를 갖추었고, 홍군은 국민혁명군으로서 국가방위군에 편입시켜 주도록 청원하게 되었다. 5월과 6월에는 공산당과 홍군 대표들이 참석하는 '전중국' 대회가 소집되었다. 이 대회에서는 국민당과의 협력을 요구하는, 새로운 정책을 실현시킬 조치들이 결정되었다. 또한 이 대회에는 마르크스, 레닌, 스탈린, 마오쩌둥, 주더, 그 밖의 공산당 지도자들의 초상화만 걸린 것이 아니라 장제스와 쑨원의 초상화도 나란히 장식되었다.

공산당의 정책 중 가장 중요한 변화는 지주들의 토지 몰수를 중지하고, 반(反)난징·반국민당 선전활동을 중지하며, 출신 성분에 관계없이 모든 시민에게 동등한 권리와 투표권을 준다고 약속한 점이었다. 토지 몰수를 중지했다고 해서 이미 재분배가 이루어진 지역에서 지주들에게 토지를 되돌려주는 것은 아니었고, 다만 새로이 공산당 지배에 들어간 지역에서 더 이상 토지 몰수를 강행하지 않겠다고 약정하는 것을 의미하는 것이었다.[19] 한편 총통은 소비에트 지구를 '국방지구'의 일부로 간주하고 그에 상응한 경비를 지불하는 데 동의했다. 공산당에 대한 첫 경비 지급(50만 위안)은 장제스가 난징으로 돌아간 직후에 이행되었다. 국민당 정부 화폐 중 일부는 소비에트 화폐로 환전되어 협동조합에 필요한 제품이나 그 밖에 필요한 장비를 구매하는 데 활용되었다. 난징 정부가 매월 지급할 정확한 액수는 아직 협의 중에 있었지만—앞으로의 협력을 위한 전반적이고 최종적인 실무협정도 여전히 협상 중에 있었다—그 사이에 일본의 폭풍과도 같은 침략의 마수는 화베이로 뻗치고 있었다.

6월, 총통은 자신의 전용기를 시안으로 보내 공산당 수석대표인 저우언라이를 그들의 여름철 수도인 구링(牯嶺, 고령)으로 불러들였다. 그곳에서 저우언라이는 장제스와 그의 난징 정부 각료들과 회담을 가졌다. 이

---

19 그러나 지대(地代)에 관한 새로운 정책은 지주들에게 불리한 것이었고, 실행 면에서도 '민주적인' 정치기구들은 빈농들에게 유리한 방향으로 기울어졌다. 공산당은 단명으로 끝난 국공합작의 초기 몇 개월은 물론이고 그 후 어느 때에도, 그들의 목표에 대한 선전활동을 중지하거나 또는 궁극적인 마르크스주의 강령을 부인한 적이 없었다.

회담에서 토의된 문제 중의 하나가 11월에 개최되는 국민대표대회—이 대회에서는 '민주적인' 헌법을 채택할 예정이었다—에 대한 공산당의 의석 배분 요구였다. 결국 '특별구'에서 9명의 대표를 선출한다는 데 합의한 것으로 알려졌다.

그러나 이 대표들이 십중팔구 '공산당원들'로 발표되지는 않을 것이 분명했다. 난징 정부는 소위 국·공 재결합을 공개적으로는 인정하지 않았다. 국민당은 공산당과 국민당의 관계가 마치, 첩을 얻기는 했지만 정절을 지킬 것인지는 두고 보겠다는 식으로 유지되기를 바랐고, 또 대외적인 이유 때문에 일가 외에는 가능한 한 이야기가 퍼져나가지 않으면 좋겠다는 입장이었다. 그러나 세력 면에서 큰 차이가 나는 국·공 간의 이러한 은밀한 결합마저도 일본에게는 충격적이고 노골적인 저항으로 보였는데, 이런 일은 불과 몇 달 전만 해도 상상조차 할 수 없었던 것이었다. 한편 난징과 '반공' 결속[20]을 맺자는 일본의 그럴 듯한 제안(중재인인 히로다를 통한 제의)은 마침내 일축되었다. 이 같은 일축은 난징 정부의 외교정책이 근본적으로 전환되었다는 것을 마지막으로 분명하게 암시하는 신호였을지 모른다.

많은 관찰자의 눈에는 이러한 모든 사태 진전이 전혀 이해할 수 없는 결말로 비쳤고, 사태를 분석하면서 커다란 오류를 범하기도 했다. 10년간에 걸친 격렬한 내전 끝에 적(赤)과 백(白)은 느닷없이 '즐거웠던 옛 시절'로 되돌아갔던 것이다. 그런 사태는 어떤 의미가 있는 것일까? 적(赤)은 백(白)으로, 백은 적으로 바뀌었단 말인가? 그 어느 쪽도 아니었다. 그러나 누군가가 승리를 얻고 누군가가 패배했다는 것은 분명했다. 그

---

20 일본 측 제안의 본질적인 내용은 중국을 로마-베를린-도쿄의 3각동맹에 대한 위성적 협동국가로 만들겠다는 것이었다.

렇다. 중국이 승리했고 일본이 패배했다. 왜냐하면 지극히 복잡한 내부 투쟁에서 최종적인 결판을 내는 일은 제3의 요인, 즉 일본 제국주의의 개입으로 다시 한번 뒤로 미루어진 듯이 보였기 때문이다.

6. 붉은 지평(地平)

레닌이라는 탁월한 사회학자는 그의 저서에서 다음과 같이 말했다. "일반적으로 역사는, 그중에서도 특히 혁명의 역사는 항상 가장 우수한 정당과 또 가장 선구적인 계급이, 가장 계급의식이 투철한 전위들이 상상하는 것보다도 그 내용이 더 풍성하고 더욱 다채로우며 더욱 다면적이고 더욱 활기차고 '미묘한' 법이다. 이런 점을 납득할 수 있는 것은 가장 뛰어난 전위들이 표출시키는 계급의식과 의지, 열정, 그리고 환상은 수만 명의 것이지만, 혁명은 가장 첨예한 계급투쟁으로 분기한 수천만 명의 계급의식과 의지, 열정, 환상에 의해 인간의 온갖 역량이 그 절정으로 치솟아 발휘되는 순간에 이루어지는 것이기 때문이다."[21]

그렇다면 중국의 역사는 어떤 면에서, 공산주의 이론가들이 10여 년 전에 예측했던 것보다 "그 내용이 더욱 풍성하고 더욱 다채로우며 더욱 다면적이고 또 더욱 활기차고 '미묘한' 것"으로 입증되었는가? 구체적으로 표현한다면 홍군은 왜 중국 내에서 권력을 획득하는 데 실패했는가? 이에 대한 해답을 얻기 위해서는 공산당이 중국 혁명과 혁명의 주요 목표들을 어떻게 인식하고 있는지를 다시 한번 되새기고 그 점을 분명하게 유념하지 않으면 안 된다.

---

21 V. I. 레닌의 『'좌익' 공산주의: 소아병('Left-Wing' Communism: An Infantile Disorder)』(런던, 1934).

공산당은 중국 자본가계급이 진정한 부르주아지가 아니라 '식민지 부르주아지'라고 주장했다. 중국 자본가계급은 주로 외국 금융 및 독점자본주의에 봉사하면서 그곳에 기생하는 '매판계급'이었다. 이 계급이 혁명을 주도하기에는 너무 미약했다. 이 계급은 반제국주의 운동을 완수하고 외국의 지배를 배제함으로써 그 계급 자체의 자유로운 상태를 성취할 수 있었다. 그러나 그러한 혁명을 최후의 승리로 이끌 수 있는 계급은 노동자와 농민뿐이었다. 공산당은 러시아를 제외한 프랑스, 독일, 이탈리아 등 도처의 혁명에서 나타난 바와 같이, 노동자와 농민들이 그 같은 승리의 결실을, 그 승리로 인해 자유롭게 된 새로운 자본가들에게 넘겨주어서는 안 된다고 생각했다. 그 대신 노동자와 농민들은 '신경제정책', 즉 단기간의 '통제자본주의'와 그다음의 국가자본주의 시대를 거쳐서 소련의 도움을 받아 마침내 사회주의 건설기로 신속하게 이행해 나갈 때까지 권력을 계속 장악하고 있어야 한다고 생각했다. 이러한 점은 모두 「중화소비에트공화국 기본법」[22]에 명확하게 나타나 있다.

마오쩌둥은 1934년 "제국주의를 몰아내고 국민당을 타도하려는 것은 중국을 통일시키고 '부르주아 민주주의 혁명'을 성취시키며, 이 혁명을 더 높은 단계의 사회주의 혁명으로 전환시킬 수 있도록 하는 데 그 목적이 있다. 이것이 소비에트의 임무이다"[23]라고 거듭 밝혔다.

대혁명(1925~27)이 절정에 이르렀을 때 농민 대중과 프롤레타리아 사이에는 그에 필요한 혁명적 분위기가 팽배해 있었다. 그러나 그 상황은 러시아 혁명을 불러일으킨 상황과는 많은 차이가 있었다. 그중 한 가지는 매우 뚜렷한 차이를 드러냈다. 즉 봉건제도의 잔재는 중국보다 러

---

22 마오쩌둥과 그 밖의 다른 사람들이 편찬함.
23 『붉은 중국: 마오쩌둥 주석의 보고(Red China: President Mao Tse-tung Reports)』.

시아 쪽이 훨씬 두드러졌지만, 중국은 반식민지로서 '압박을 받는 나라'였던 반면 러시아는 제국주의 국가로서 '압박을 가하는 나라'였던 것이다. 러시아 혁명에서는 프롤레타리아들이 단일 계급, 즉 토착적인 부르주아 제국주의 계급만을 타도하면 되었다. 그러나 중국 혁명에서는 이중성을 지닌 중국 고유의 적대 세력, 즉 자생적으로 나타난 미숙한 초기 단계의 부르주아 세력과 중국에 뿌리를 내리고 있는 외국 제국주의 세력, 이 양자와 싸우지 않으면 안 되었다. 초기에 중국공산당은 논리적인 면에서, 세계 '프롤레타리아 협력세력'과 '소련 노동자들'의 도움을 받아 적대세력의 이중성을 그들 자신이 전개하는 공격의 이중성으로 싸워 나갈 수 있으리라고 기대했다.

중국 전체 산업노동자들의 약 절반은 세계 열강 포함(砲艦)들의 위협을 받고 있는 상하이에 집중되어 있었다. 또한 중국 전체 산업노동자들의 4분의 3은 아마도 톈진, 칭다오, 상하이, 한커우, 홍콩, 주룽(九龍, 구룽), 그 밖의 제국주의 세력권 내에 있었을 것이다. 상하이는 그러한 실태의 전형적인 축도(縮圖)라 할 수 있었다. 그곳에는 영국, 미국, 프랑스, 일본, 이탈리아, '그리고 중국'의 병사와 해군과 경찰이 진을 치고 있으면서 그야말로 세계의 모든 제국주의 세력이 중국 사회의 가장 타락한 집단인 폭력단 및 매판부르주아들과 결탁해 맨손뿐인 노동자들을 무자비하게 억압하는 데 '협력'하고 있었다.

이들 노동자들에게는 언론·집회·결사의 권리를 인정하지 않았다. '중국과 외국의 이중 경찰구조가 유지되는 한은' 중국의 산업프롤레타리아를 정치활동에 동원한다는 것은 거의 생각할 수 없는 일이었다. 그러한 구조가 파괴된 경우는 1927년 한 차례뿐이었다. 그때 장제스는 북방 군벌들을 타도하기 위해 며칠 동안 노동자들을 이용했었다. 그러나 그 직후 이 노동자들은 역사적으로 손꼽힐 만한 추악한 유혈 참사 중의 하나로 기록될 상황 속에서 무자비한 탄압을 받았는데, 이 탄압은 외국 열강의 축복과 외국 자본가들의 재정 지원을 받아 감행되었다.

난징 정권은 조약항들에 진을 치고 있는 외국 열강이 산업기지를 안전하게 장악하고 있을 것이란 점—열강의 병력과 대포, 순양함, 경찰, 내하포함(內河砲艦)과 함께—과 열강의 부(富), 신문, 선전활동, 첩자들에게 의존할 수 있었고 또 실제로 의존했다. 이러한 열강이 홍군과의 실제적인 전투에 직접 참여한 일이 거의 없었다는 점은 별로 중요한 것이 아니었다. 그러한 참여가 반드시 필요할 때 열강은 서슴없이 직접 뛰어들었다. 그러나 이들은 주로 산업노동자들을 단속하고 난징 정부에 무기와 항공기를 공급하며, 그 밖에도 공산당원들을 그저 '비적'이라고 불러 내전의 실체 자체를 간단하게 부정하는 모의에 가담하는 식으로 그들의 몫을 다했다. 열강은 내전의 실재(實在)를 부정함으로써 '불간섭위원회'(스페인 내전의 경우와 같은)의 구성과 같은 난처한 문제를 아예 제기조차 하지 않았다.

공산당 지도자들은 근거지를 찾아 농촌 지역으로 물러서지 않으면 안 되었는데, 그곳에서 전개된 소비에트 운동은 프롤레타리아 계급의식에 기초를 둔 제반 목표와 이념을 그대로 유지하면서 실제로는 농민을 기반으로 한 민족사회혁명을 떠맡게 되었다. 마침내 공산당은 농촌 지역에서 충분한 역량을 쌓아, 우선 외국의 영향력이 비교적 확고하게 뿌리를 내리지 못한 도시 지역을 공격한 다음—세계 프롤레타리아의 지원을 받아—조약항에 쌓아 놓은 외국 열강의 성채를 포위·공격할 수 있으리라는 희망을 갖게 되었다.

그러나 제국주의 열강은 공산주의에 대항하는 중국 부르주아 세력의 당연한 협력자였던 반면, 공산당이 세계 프롤레타리아 세력으로부터 기대했던 도움은 얻지 못했다. 코민테른 강령(Communist International

Programme)[24]은 중국과 같은 반식민지 국가의 프롤레타리아 운동은 '프롤레타리아 독재가 확립된 국가(예를 들면 소련)들로부터 직접적인 지원을 받아야만 비로소 성공을 거둘 수 있다'라는 점을 명백하게 지적하고 있었지만 소련은 사실상 중국공산당에 약속한 '프롤레타리아 독재의 원조와 지지'를 필요로 하는 만큼 제공하지 않았다. 그 반대로 소련은 거의 개입에 가까울 정도의 막대한 원조를 장제스에게 제공함으로써 그 실권 장악을 지원하는 객관적인 영향을 미쳤고, 동시에 결국은 홍군의 혁명운동에 대항하는 반혁명세력의 등장을 도운 셈이 되었다. 물론 1927년 이후 중국공산당에 직접적인 원조를 제공한다는 것은 소련이 취한 입장과는 전혀 양립될 수 없는 것이었다. 왜냐하면 그런 직접적인 원조를 제공할 경우, 자칫 국제적인 전쟁을 유발시켜 한 나라에 이룩된 사회주의 건설계획 전체가 와해될 위험이 있었기 때문이다. 그럼에도 이러한 요인이 중국 혁명에 미친 영향은 심대했다.

외부로부터 물질적 지원을 받지 못한 중국공산당은 국내외 정세의 심각한 변화가 그들에게 유리한 새로운 상황을 조성할 것이라고 믿으며 '부르주아 혁명의 주도권'을 장악하기 위한 외로운 투쟁을 계속해 나갔다. 그러나 이들의 판단은 전혀 잘못된 것이었다.

국민당의 세력은 앞서 말한 여러 가지 이유로 대도시 지역에서는 비교적 안정세를 유지할 수 있었지만 농촌 지역에서는 영향력 확대가 극히 완만하게 진행되었다. 역설적인—변증법적인—현상이지만 부르주아 세력이 농촌 지역에서 빈혈 증세를 보이게 된 것은 난징 정부의 도시 지역의 세력 기반이 된, 바로 외국 제국주의에서 기인된 것이었다. 제국주의는 도시 지역에서의 봉기나 또는 봉기 가능성을 예방하고 진압하는 데

---

24 런던, 1929.

열심히 '협력'하면서 동시에 그러한 기여에 대한 대가를, 새로운 영토 병합(만주, 러허, 차하얼, 허베이성 동부)이나 새로운 특권의 획득, 중국의 부(富)를 수탈하는 형태로 거두어들이는 일―주로 극동에 최대의 역점을 두고 있는 일본을 통해서―에 열중했다. 이러한 새로운 단계의 제국주의가 난징 정부에 크나큰 부담을 안겨 주게 되자, 국민당은 농촌 지역의 불만 확대와 농민 봉기를 억제하는 데 필요한 자본주의적 '개혁조치'―상업은행의 설립이나 교통망의 개선, 징세 및 경찰 기능의 중앙 단일화 등―를 신속하게 취할 수 없었다. 그 반면 공산당은 토지혁명을 실행해 다수의 농민들이 추구하는 욕구를 충족시켜 줌으로써 농촌 지역에서 주도권을 장악하고 나아가 거의 순수한 농촌경제 위에 몇 개의 강력한 근거지까지 세울 수 있게 되었다. 그러나 공산당은 그들의 적대 세력이 계속 근거지로 삼고 있는 도시 지역에서는 세력을 확대시켜 나갈 수 없었다.

이러한 상황 속에서 공산당은, 국민당이 소비에트 지역을 공격함으로써 중국 인민이 일본을 몰아내고 '민족해방'을 성취시키는 과업을 실행하지 못하게 저지했다고 비판했으며, 또한 국민당 스스로가 조국을 방위하겠다는 의욕을 보이지 않고 있는 만큼 그것은 곧 지도력의 파탄을 입증하는 것이라고 주장했다. 그러나 국민당은, 공산당이 끊임없이 정부 전복을 노리기 때문에 국민당으로 하여금 일본의 침략에 대항할 수 없도록 만들었으며, 또한 심각한 국가적 위기 속에서도 공산당이 오지에서 계속 '붉은 비적 행위'를 자행하고 있어서 국내의 개혁조치 실현이 지연되고 있다고 반박했다. 이 시기의 중국 혁명이 특이한 정체 상태, 즉 기본적인 무력화를 드러낸 본질적 근거가 바로 여기에 있었다.

이 10년 동안에 제국주의 세력의 압력이 점차 극심한 양상을 보이고 또 일본이 도시 지역에 있는 중국인 매판 세력의 권익을 보호하는 대가로 과도한 요구를 들고 나오자, 부르주아와 지주 세력을 대변하는 국민당과, 노동자와 농민의 이익을 대변하는 공산당 사이의 계급적 적대감은 점차 중화(中和)되는 경향을 보였다. 국민당과 공산당이 10년간의 끊임없는 전쟁 끝에 일본 제국주의에 대한 공동의 적대감이라는, 더 높은 차원에서의 본질적 통합의 형태로, 하나의 종합체로 재결합할 수 있었던 것은 바로 이러한 이유—그리고 앞의 여러 장에서 설명한 직접적인 일련의 사태—때문이었다. 이 통합은 안정된 것도, 항구적인 것도 아니었다. 따라서 내부의 거부 요인들이 대외적인 거부 요인들보다 커졌을 때는 언제라도 와해될 위험에 놓여 있었다. 그러나 어쨌든 새로운 시대는 열리기 시작했다.

10년간의 계급전쟁 끝에 공산당은 '프롤레타리아 지배권 아래에서만' 부르주아 민주주의 운동이 발전할 수 있다는 그들의 테제를 당분간이나마 포기하지 않을 수 없었다. 그 대신 '모든 계급의 연합만이' 그러한 목표들을 달성시킬 수 있다는 점을 인정했다. 그러한 인정에 내포된 실제적 의미는 '현시점에서의' 국민혁명에 대한 국민당의 지도권—여기에서는 국민당이 장악하고 있는 권력과 같은 의미—을 명백하게 인정한다는 것이었다. 그 같은 입장 전환은 마오쩌둥이 솔직히 시인한 것처럼 장시 소비에트 시절에 비한다면 분명 '크나큰 후퇴'가 아닐 수 없었다. 장시 소비에트 시절에 공산당은 '노동자 및 농민의 독재를 강화하고 소비에트와 인민 대중이 혁명전쟁을 수행해 나가도록 동원, 조직, 무장시키기 위해 투쟁'[25]했었다. 그래서 당장 권력을 장악하려는 무력 투쟁은 중지되었다. 공산당의 슬로건은 중앙정부를 지지하고, 난징 정부 아래 평화적인 통합을 촉진시키며, 부르주아 민주주의를 실현시키고, 전 민족을 조직해 항일에 나서자는 것으로 바뀌었다.

---

25 『붉은 중국: 마오쩌둥 주석의 보고』, 11쪽, 후기, 1944.

이러한 양보로 공산당이 어떤 실리를 얻었는지는 앞서 설명한 바 있다. 그러나 공산당은 어떤 보장 아래 그러한 이득이 유지될 수 있다고 판단했는가? 국내의 평화가 유지되고 공약된 민주주의가 실현되며 항일정책이 지속되리라는 어떤 보장책이 있었는가?

레닌은 그러한 시기에 "필요한 것은 공산주의 이념에 최대한 철저하게 충실하면서 동시에 타협이나 '방침 전환', 협정 체결, 우회, 후퇴 등 필요한 온갖 형태의 조치를 취할 수 있는 능력을 발휘하는 일"이라고 쓴 바 있었다. 이와 마찬가지로 중국공산당은 전략상의 대전환을 단행했지만 과거보다 훨씬 유리한 여건에서 싸움을 벌여 나갈 수 있게 되었다고 확신했다. 마오쩌둥이 밝힌 것처럼 '양보를 주고받았지만' 거기에는 '명확한 한계'가 있었다.

마오쩌둥은 계속해서 다음과 같이 썼다. "공산당은 소비에트 지구 및 홍군과 관련된 제반문제에 대한 지도권을 보유하며, 또한 국민당과의 관계에서 독립성과 이를 비판할 자유를 확보한다. 이런 점에 대해서는 어떠한 양보도 할 수 없다.…… 공산당은 사회주의와 공산주의의 목표들을 절대로 포기하지 않을 것이며, 또 여전히 부르주아 민주주의 혁명 단계를 거쳐 사회주의와 공산주의의 단계를 성취할 것이다. 공산당은 자체의 강령과 정책을 계속 견지해 나갈 것이다."⑦

국민당이 공산당의 정책 전환에 따른 이득을 최대한 활용할 것임은 너무나 분명한 일이었다. 중국 내 유일한 도전 세력인 공산당으로부터 난징 정부의 권위를 인정 받은 장제스는 아직도 군벌들의 영향력이 강하게 작용하는 광시성, 윈난성, 구이저우성, 쓰촨성 등 변경 지역으로 군사적, 경제적 세력을 계속 확대시켜 나갈 계획이었다. 그는 공산당 근거지 주변 지역에 대한 군사적 우위를 확보해 나가면서 잠정적인 관용에 대한 대가로 정치적 양보를 얻어 낼 생각이었다. 그다음 종국에는 정치,

경제 양면의 전술을 교묘하게 결합해 정치적인 면에서 공산당을 극도로 약화시킨 뒤, 최후로 완전항복(그는 분명 지금도 공산당의 항복을 받아 내려 열망하고 있었다)을 요구할 적절한 시기가 오면, 그때 그는 홍군을 고립시키고 국내의 정치적 알력을 바탕으로 이들을 분열시켜 이 완강한 잔당을 완전히 국지적인 군사 문제로 격하시켜 해결할 생각이었을 것이다.

공산당은 이러한 점에 대해 아무런 환상도 가지고 있지 않았다. 또한 '민주주의'의 공약이 그들 자신의 지속적이고 적극적인 반대 없이도 성취될 수 있으리란 환상도 품고 있지 않았다. 역사상 어떠한 독재정당도 감내하기 어려운 가장 강력한 압력을 받지 않고는 그들이 장악한 권력을 양도하지 않았는데, 이런 점에서는 국민당도 예외가 아니었다는 것이 드러났다. 심지어 이제 기대할 수 있게 된 '민주주의적' 조치의 성취도 10년간에 걸친 무력항쟁이 없었다면 불가능한 일이었을 것이다. 사실 그러한 저항이 없었다면, 어떠한 '민주주의'도 필요하지 않았을 것이고, 또 이제 중국에서 목격하게 될 국가권력의 중앙집중화도 생각할 수 없었을 것이다. 왜냐하면 민주정치가 성장한다는 것은 근대국가 자체의 성숙과 마찬가지로 자본주의 사회에 내재된 여러 가지 모순, 즉 기본적인 계급대립을 조정하기 위한 권한과 기구의 필요성이 표출되는 것이기 때문이었다.

중국에서는 이러한 여러 가지 모순들이 축소된 것이 아니라 급속하게 확대되었고, 마지막에 가서는 국가가 그 모순들을 인지하지 않을 수 없을 정도로 첨예한 양상을 보이게 되었다. 난징 정부는 국내 평화가 성취되고 또 그것이 지속되는 한, 사회 여러 계층의 대표성을 확대시키지 않을 수 없었다. 그러나 국민당이 진정으로 부르주아 민주주의를 실현시키거나, 공산당으로 하여금 공개적인 선거운동을 통해 자신과 자유롭게 경쟁할 수 있도록 허용함으로써 (만약 자유로운 선거가 실시된다면 공산당은 농민 지지만으로도 압도적인 다수 의석을 확보할 수 있을 것이다) 자신의 '사형집행 영장'에 조용히 서명할 가능성이 있다는 뜻은 아니었다. 사실 그 두 가지 점은 공산당과 다른 정파들이 지금까지 요구해 왔고, 또 앞으로도 계속 요구할 목표였다. 그러나 국민당이 진정으로 의도하는 것은 국가 경제와 경찰력을 독점하고 있는 극소수파가 농민들의 요구를 일부 수용하도록 하겠다는 것이었다. 소비에트 지구에서 선출된 대표를 국민대표회의에 참여시킨다는 잠정적인 양보는 바로 그러한 의도를 시사하는 한 가지 사례였다.

이른바 '통합화'의 과정이라는, 경제적, 정치적, 사회적 이해관계의 구심적 전개―바로 사회제도를 만들어 내는 제반조치―는 동시에 그 자체의 보존과 해결불능의 과제, 즉 심화되는 계급적 이해 상충을 해소하기 위해 점차 많은 집단이 중심에 집중되도록 해야만 한다. 따라서 난징 정부가 전국에 걸쳐서 서로 다른, 더 광범한 계급적 이해를 대변하는 방향으로 나아가면 갈수록―즉 민주주의의 성취에 더욱 가깝게 접근하면 할수록―그 자신의 존립책을, 날이 갈수록 탐욕을 더해 가는 일본의 요구에 저항하는 형태 속에서 찾지 않으면 안 되었다. 이 때문에 공산당은 중국에 유기적인 경제·사회·정치 관계, 더 정확하게 표현한다면 현재의 상황을 가져온 여러 가지 구조 속에서 자신들의 영향력 증대와 앞으로의 초공전 재개를 저지시키는 보장책을 찾았던 것이다. 이러한 보장책 가운데 무엇보다도 중요한 것은 무장을 갖추거나 무장을 갖추지 못한 인민대중들 속에서 지속적인 국내 통합과 생활수준의 향상, 민주정치, 그리고 민족해방을 위한 공동투쟁으로서의 항일을 요구하는 소리가 광범하게 번지고 있는 점이었다. 두 번째는 그 같은 전국적인 요구를 뒷받침하는 운동에서 공산당이 지속적인 지도력을 제공할 수 있다는 점과 또 실제적인 군사적·정치적 투쟁에서 공산당이 상당한 역량을 발휘할 수 있다는 점이었다.

1937년 봄, 중국에 대한 일본의 압력이 일시적으로 축소되면서, 네이멍구에 대한 침략이 중지되고 '중국에서의 협력'을 위한 영일회담이 개시되었으며, 중일협정 체결과 극동에서의 '근본적 평화'를 이룩하기 위한 영국 정부의 중재 노력에 서광이 비치자, 일부 사람들은 공산당의 정치정세 판단이 그릇된 것이 아닌가 하는 의혹을 품게 되었다. 중일전쟁이 더 빨리 반드시 일어날 것이란 평가를 전략의 기본 축으로 삼는다는 것은 무모한 도박이 아닌가? 이제 중국에는 국내 평화가 확립되었고, 공산당은 국민당을 타도하겠다는 생각을 중지했으며, 일본은 진정으로 난징 정부에 유화책을 쓰고 있다는 주장이 여기저기서 튀어나왔다. 일본 제국주의자들은 그들이 중국 부르주아지 세력을 너무 과도하고 성급하게 투항의 길로 휘몰아간 결과, 중국 내부의 계급전쟁이 일본에 대한 광범한 증오로 소멸되었음을 뒤늦게 깨달았다. 이들은 다시 자유롭게 중국의 내부 충돌을 선동할 수 있도록, 중국 부르주아지 세력에 새로운 우호정책을 펴는 것이 현명하다는 점을 알았다. 따라서 도쿄와 난징 간에 친선이 이룩된다면 항일운동이 크게 의존하고 있는 공산당의 정치적 영향력은 분쇄되리라고 보았다.

그러나 넘쳐흐르는 역사의 물결은 운동의 법칙에 따라 그 배출구를 찾지 않을 수 없었다. 이 물결을 범람하기 이전의 수로로 되돌릴 수는 없는 일이었다. 일본은 예리한 지도자들이 침략을 중지해야 한다는 절대적 필요성을 인식하고 있음에도 불구하고 대중국정책을 일단 정돈 상태로 전환시킬 수 없었다. 공산당의 이러한 통찰은 7월 8일 루거우교(蘆溝橋, 노구교) 사건으로 그 정당성이 충분히 입증된 듯했다. 베이징에서 약 16킬로미터 떨어진 완핑(宛平, 완평)에서 '야간기동훈련'(완전한 불법이었다)을 벌이던 일본군은 중국 철도경비병들로부터 총격을 받았다고 주장했다. 이 사건은 일본군에게 좋은 구실을 제공했다. 일본은 7월 중순까지 약 1만 명의 병력을 베이징·톈진 일대에 급파하고 새로운 제국주의적 요구조건들을 내세웠다. 그러한 조건들을 수락하는 것은 화베이를 사실상 일본의 보호령으로 인정하는 것과 다름이 없었다. 공산당은 이러한 상황과 또 그로 인해 불이 붙은 일련의 사태에 대해 다음과 같이 인식했다. 즉 화베이뿐만 아니라 새로운 침략의 대상이 되었던 모든 지역에서 전체 인민들이 항일에 대한 압력을 가중시킬 것이기 때문에, 장제스 정권은 일본이 대중국 정책을 바꾸고 과거의 행위를 바로잡지 않는 한 전쟁 이외에 다른 해결책이 없다는 입장을 취할 수밖에 없을 것이라는 판단이었다. 그것은 곧 대일전쟁을 의미하는 것이었다. 또한 공산당은 그러한 항일전쟁이 곧 민족독립투쟁일 뿐만 아니라 혁명운동도 될 것이라고 계속 판단해 왔다. 그 이유는 "중국에서 제국주의를 패퇴시키는 것은 곧 제국주의의 가장 강력한 근거지 중의 하나를 파괴시키는 것을 의미하며,…… 중국 혁명의 승리 그 자체는 일본 침략에 대항하는 중국 인민의 승리와 같기" 때문이었다(마오쩌둥). 일본, 중국, 그리고 전 세계의 정치적, 경제적 긴장의 극한상태를 분석한 마오쩌둥의 설명에 따르면, 인류의 운명을 결정짓는 그 같은 전쟁이 앞으로 상당 기간 동안 미루어질 수는 없을 것이라고 했다.

공산당은 이 전쟁에서 투쟁에 나설 수천만 명의 인민을 무장, 교육, 훈련, 동원시킬 필요성이 있을 것이라고 예측했는데, 이들의 투쟁은 제국주의라는 외부의 종양과 계급적 억압이라는 내부의 암을 동시에 도려내는 역할을 할 수 있었다. 공산당이 인식하고 있는 것처럼 그러한 전쟁은 인민대중을 가장 광범하게 동원하고, 또 군대가 고도의 정치의식을 갖추도록 계발해야만 수행될 수 있는 것이었다. 또한 그러한 전쟁은 가장 선구적인 혁명적 지도력의 인도를 받아야만 비로소 '승리'할 수 있다. 이 전쟁을 부르주아지 세력이 시작할 수는 있지만 완결시킬 수 있는 사람들은 오직 노동자와 농민들뿐이다. 실제로 인민들이 광범위한 규모로 무장과 조직을 갖춘다면 공산당은 일본에게 결정적인 승리를 거두기 위해 온갖 노력을 기울일 것이다. 이들은 국민당이 항일을 선도하는 한은 국민당과 함께 진군할 것이다. 그러나 난징 정부가 기가 꺾여 '패배주의'로 기울어지고 다시 일본에 굴복할 의향을 보인다면, 공산당은 언제라도 항일전의 지도권을 인수 받을 것이다. 공산당은 국민당이 항일전에서 첫 번째 대패를 당한 직후에 그러한 경향을 보일 것으로 예상하고 있었다.

난징 정부는 공산당의 이러한 목표를 아마도 훤히 내다보기 때문에 가능한 온갖 형태의 타협 방안을 모색하려 할 것이다. 그들은 국내에 파급될 영향을 회피할 수만 있다면 일본에 더 양보할 의사가 있을 것이다. 최소한 정세가 매우 유리하게 전개되어 국민당 정권이 전쟁에 뛰어들 때뿐만 아니라 전쟁에서 벗어날 때도 본래 지니고 있던 권력을 그대로 지닐 수 있고, 또한 국내 혁명도 여전히 중지된 상태로 남아 있을 때까지는 그러한 양보를 거듭할 것이다. 그러나 공산당은 역사의 흐름에 대한 그들 나름의 분석에 만족했으며, 또 앞으로 여러 가지 사태를 헤쳐 나가기 위해 그들이 선택한 방향 설정에도 만족했다. 이들이 헤쳐 나갈 사태는 곧 난징 정부가 그들 자신의 존립을 위해 싸우지 않을 수 없도록 만드는 것이기도 했다. 공산당은 난징 정부가 계속 망설일 것이고, 일본은 갖가지 방법으로 기만과 교묘한 술책을 거듭할 것으로 예측했다. 그러한 우유부단과 기만술책은, 대외적으로는 일본 제국주의의 이익과 중국의 국가 이익 간의 대립이, 또 대내적으로는 중국 및 일본 대중들과 양국의 지주 및 신사 계급 간의 대립이 그 극에 달할 때까지, 또 온갖 물리적 속박과 억압이 도저히 이겨 낼 수 없을 지경에 이르러 역사의 방책이 허물어지고 제국주의가 낳은 거대한 격변이 터져 나와 자멸하는 프랑켄슈타인처럼 제국주의를 파멸시키고, 대홍수가 거센 물결로 휩쓸고 나가는 순간까지 계속될 것으로 예측했다.

이와 같이 '자본주의는 그 자신의 묘혈을 파고', 제국주의도 그와 같이 제국주의 자체를 파멸시킬 것이다. 그 같은 정세 속에서 제국주의 전쟁이 대규모로 터지기만 한다면 아시아 인민대중을 무장, 교육시키고 정치적 경험과 조직의 자유를 누리게 하며 경찰력을 치명적일 정도로 약화시킬 수 있는 힘을 분출시키게 될 것이다. 이러한 것은 비교적 가까운 장래에 권력 장악에 성공할 혁명세력들이 마땅히 거치게 될 과정이라고 공산주의자들은 보았다. 제국주의 전쟁이 일어날 경우라도, '무장한 대중'이 최후의 승리를 거둘 때까지 공산당의 지도력을 따를 것인지 여부는 여러 가지 많은 가변적 요인과 예측할 수 없는 요소들에 좌우될 것이다. 그중에서도 가장 중요한 것은 국내적 요인이겠지만, 미국, 영국, 프랑스, 독일, 이탈리아의 극동정책과 또 가장 크게는 소련의 정책에 영향 받게 될 것이다.

나는 일본의 공격을 기다리고 있는 이 시점에서, 공산당이 내다보는 미래에 대한 그림의 윤곽을 이상과 같은 것으로 믿고 있었다. 어떤 사람은 그러한 윤곽에 이의를 제기할지도 모르겠으나, 최소한 한 가지 분명해 보이는 점은 레닌이 20년도 더 지난 과거에 말한 다음과 같은 내용이 아직도 진실로 남아 있다는 사실이다. "거대한 중국 혁명의 운명이 어떻게 결정되고 또 이 혁명에 대항해서 지금 '문명'의 하이에나들이 아무리 날카로운 이빨을 갈고 있다 할지라도, 세계의 그 어느 세력도 아시아에 옛 노예제를 부활시키지는 못할 것이며, 또한 아시아와 준(準)아시아 국가들의 인민대중이 요구하는 영웅적인 민주주의를 이 지구상에서 말살하지 못할 것이다."

똑같이 명확하게 생각되는 또 한 가지 사실이 있다. 이미 중국에서 수만 명의 젊은이들이 목숨을 바친 민주적인 사회주의 사상도, 또 그 뒷면을 떠받치는 에너지도 결코 파괴될 수 없다는 사실이다. 중국의 사회혁명운동은 패배하기도 하고 일시적인 후퇴를 맛보기도 하며, 한때는 쇠퇴하기도 하고 당면한 필요성이나 목표에 적응하기 위해 전술을 크게 변화시키기도 하고, 또 어떤 때는 모습을 감추고 지하로 잠입하지 않을 수 없을지도 모른다. 하지만 그럼에도 그것은 앞으로 계속 성장할 뿐만 아니라 변전(變轉)을 거듭하는 가운데 결국엔 최후의 승리를 거두게 될 것이다. 그 이유는 단순하다. 이 운동을 태동시킨 기본적인 조건들이 역동적인 승리의 필연성을 그 자체 속에 내포하고 있기 때문이다(이 책이 무엇인가를 입증하고 있다면 아마도 그런 점이 될 것이다).

후기 1944[1]

일본이 중국을 점령하기 위한 선전포고였던 1937년 7월의 루거우교 사건이 있은 지도 7년, 그동안 이 책의 주인공들에게는 어떤 일이 일어났던 가? 우선 시간의 흐름은, 항일투쟁을 하기 위해서는 민족의 단결을 성취하는 것이 혁명운동의 다른 어떤 직접적 목적보다도 더 중요하다는, 마오쩌둥을 비롯한 공산당 지도자들의 판단이 정당했음을 입증해 주었다.

이러한 관점에서 보면 시안 사건은 중국의 근대사에서 결정적인 중요성을 갖는 사건으로 크게 부각된다. 시안 사건이 발생하지 않았더라면 중국이 반(反)코민테른 조약을 체결했을 것이라는 사실을 기억하고 있는 사람은 거의 없었다. 그러나 이제는 시안 사건 때문에 도쿄와 난징이 결정적으로 갈라서게 되었음이 분명하게 드러났다. 시안 사건은 앞으로 찾아올 전 세계적 대결에서 중국이 반(反)파시스트의 편에 서도록 했다.

다른 시각에서 보면 시간의 흐름은 중국의 혁명가들이 쟁취하려고 죽기를 각오하고 투쟁해 온 사상들이 타당하다는 것을 입증해 주었다. 그 사상들의 타당성이 입증되었기 때문에 오랜 시간의 시련이 막바지에 접어든 지금에 이르러 생존자들은, 그리고 크게 늘어난 그들의 추종자들

---

[1] 1944년판 『중국의 붉은 별(Red Star Over China)』(Modern Library)에서 발췌.

은 찬란한 명성을 누리게 되었다. 혁명운동에는 앞으로 일어날 일들을 다른 누구보다 앞서 파악할 수 있는 능력을 갖춘 지도자가 필요하다. 그리고 이러한 점에서 마오쩌둥은 대단히 탁월했기 때문에 이제는 수천만 중국인들이 장제스의 판단 못지않게 그의 판단을 신뢰하게 되었다.

공산당에 대해, 그리고 공산당이 표방하는 이념에 대해 느끼는 그들의 감정과 관계없이 중국인들은 대부분 마오쩌둥이 정확하게 대내외적 세력들을 분석했고 앞으로 다가올 사건들의 윤곽을 올바르게 묘사했다는 사실을 인정하게 되었다. 실제로 내전은 끝났으며, 공산당과 홍군은 존속할 수 있었을 뿐만 아니라 힘을 강화시킬 수 있었다. 마오쩌둥은 전쟁이 일정한 단계에 이르면 국민당 일부가 중국을 배반하고 일본의 괴뢰가 될 것이라고 예언한 바 있었는데, 이러한 예언에 대한 비난이 자자했었다. 그러나 국민당 진영에서 장제스 다음가는 실력자이며 의회 지도자였던 왕징웨이가 변절한 이후에는 마오쩌둥이 중앙정부 내의 갈등 요인을 매우 치밀하게 파악하고 있었음을 부인할 수 없게 되었다.

또 한 번 마오쩌둥은 견디기 어려운 전쟁이 오래 계속될 것임을 예언했다. 이 예언은 무력투쟁의 주창자이면서도 그의 추종자들에게 신속한 승리를 약속하지 않았다는 의미에서 그 역사적 전례를 찾아보기 어려운 것이었다. 이와 같은 그의 솔직함은 깨어진 환상을 먹고 자라는 부류의 패배주의를 사전에 견제하는 데 중요한 역할을 했다. 다른 한편으로 마오쩌둥은 중국 자체의 인적·물적 자원을 혁명적 방법으로 동원했을 때는 반드시 엄청난 저지력을 갖게 된다고 정확하게 평가함으로써 국민에게 좀 더 지속력 있는 자신감을 심어 주는 데 크게 기여했다. 또한 그는 유럽이나 미국 사람들도 대부분 그렇게 되리라고 예측하지 못하고 있을 때 이미 민족전쟁이 불가피하게 세계전쟁으로 확대되면서 일본이 영국, 프랑스, 덴마크, 미국 등의 열강을 공격하게 될 것이라고 예언했다. 그리고 그때까지 견디기 위해 중국이 채택해야 하는 전략과 전술을 말했다.

1944년이 되자 중국공산당은 중국 북방의, 전 세계에서 단연코 제일 큰 게릴라 조직에게 지도력을 제공해 주게 되었다. 양쯔강의 계곡에서부터 몽골의 초원, 그리고 남만주의 산하에 이르기까지 널리 퍼져 있는 촌락 수만 개가 일본의 전선 배후에서 일종의 '인민전쟁'을 수행했다. 그것의 조직자들은 8로군과 신4군의 연합체, 제18연합군이 주로 훈련시킨 젊은이들이었다. 이 병력들을 이끌고 있는 인물들은 온갖 고난을 뚫고 17년 동안의 국내외 전쟁 속에서 살아남으면서 놀라운 성장을 기록해 온 과거 중국 홍군의 고참 전사들, 즉 주더와 펑더화이 같은 인물들이었다.

1943년에 게릴라 지역들을 방문했던 외국인들은 일본의 전선 배후에서 제18연합군이 그 수가 무려 7백만 명에 이르는 민병대를 조직했고, 이들을 거칠게나마 훈련시킨 것으로 평가했다. 이들은 주(主)전투부대들의 예비군이었다. 그 밖에도 정규군을 입히고 먹이고 재우고 수송하는 데 도움을 주는 동시에, 그들의 귀와 눈이었던 각종 항일단체의 소속원이 1천2백만 명 정도 있었다고 말했다. 공식자료를 보아도 유격대는 중국 북방의 455개 현과 5만 2천8백 개의 촌락에 침투해 있었으며, 이들 현과 촌락에 사는 주민을 모두 합치면 그 수가 무려 6천만 명에 이르렀음을 알 수 있다. 소위 점령지역의 5분의 3에서 3분의 2가 주로 게릴라에게 장악되어 있었다.

거의 7년에 걸쳐 일본군은 이 지칠 줄 모르는 적을 섬멸하려고 노력해 왔다. 1937년까지만 해도 제8로군은 병력이 5만 명 정도에 지나지 않았고, 일본군 2~3개 사단으로도 쉽게 견제당했다. 그러나 1944년에는 (만주를 제외하고) 중국 본토에 주둔하는 일본군 35만 명과 괴뢰군 약 20만 명, 모두 55만 명 병력의 절반 이상이 제18연합군의 공격으로부터 요새화된 지역을 방어하고 그들에 대한 보복전을 수행하는 데 몰두하고 있었다. 일본 측 군사보고서는 제18연합군의 병력을 50만에서 60만 명으로 추정하고 있었다.

일본이 점령하고 있는 지역은 프랑스의 약 3배 되는 크기였는데, 유격대는 이 지역의 각 성마다 촌락평의회와 현평의회를 결성해 놓고 있었다. 그들은 짧은 기간을 제외하면 전쟁이 계속되는 동안 거의 언제나 몇 개의 근거지를 지킬 수 있었으며, 이 근거지들에 4개의 '국경정부'를 수립했다. 이들 국경정부는 각각 몇 개 인접 성의 해방지구를 대표했다. 전선 배후에 있는 이들 정부는 정상적인 행정부의 기능들을 거의 전부 수행했다. 그것들은 자체의 우편 체제와 라디오 통신망을 가졌으며, 자체적으로 신문과 잡지 그리고 책을 출판했다. 그것들은 광범위한 교육기구를 유지했고, 남녀평등과 성인선거권을 인정하는 개정법령을 집행했다. 그것들은 소작료를 조정했고, 세금을 징수했으며, 상업활동을 통제했고, 화폐를 발행했고, 공장을 운영했고, 다수의 실험농장을 경영했으며, 농업지원용 신용대출을 확대했고, 곡물배급제를 실시했고, 여러 곳에서 상당히 대대적인 조림사업 계획을 실천에 옮겼다.

1944년 현재 일본군이 보유하는 방어능력의 반경은 1939년이 끝나기도 전에 이미 확정되어 있었다. 적군이 처음 점령지역으로 이동해 들어올 때 국민당 정부의 관리들은 대부분 국민당 군대를 따라서 서쪽과 남쪽으로 철수했다. 그들의 철수와 함께 행정관료체제는 붕괴되었다. 도시에서는 일본인들과 그들의 중국인 괴뢰들이 행정관료의 자리에 대신 앉았지만, 오지의 도시와 촌락, 그리고 적군 주둔 부대들 사이의 간격에서는 공백이 있었다. 그 일시적 공백 속으로 총을 든 과거의 중국 홍군이 교사들과 함께, 그리고 인민의 힘에 대한 신뢰를 바탕으로 밀려 들어왔다.

이러한 이동은 총통의 묵인하에 시작되었다. 무엇보다도 그것이 가능했던 것은, 이미 살펴보았듯이, 일찍이 시안에서 장쉐량 장군이 총통을 억류해 놓고, 그에게 홍군에 대한 공격을 중지하고 홍군과 항일통일전선을 결성하도록 강요했기 때문이다. 일본이 중국 북부에 대한 침략을 시작한 이후, 평화협정이 맺어지면서 10년간의 내전이 끝났다. 이 협정에는 홍군을 국민군에 통합시킬 것과 모든 계급을 대표하는 정부 수립을 위해 소비에트를 폐지시킬 것, 공산당이 계급전쟁의 구호를 포기하고 토지의 몰수와 재분배를 중단할 것이 규정되어 있었다. 북방의 홍군은 적기를 내리고 붉은 별을 떼었으며, '제8로군'이라는 칭호를 받아들였다. 예팅 장군과 샹잉 장군 휘하에 있던 상하이 동남쪽의 홍군 잔류병은 1938년에 재집결해 '신4군(新四軍)'을 이루었다.[2]

그리하여 이제는 국민당과 공산당 양자가 중화민국의 창시자인 쑨원 박사의 정통 후계자임을 자처하게 되었다. 두 정당 모두가 혁명의 초기에 그를 지지했다. 그러나 1937년이 지나도록 쑨원의 3대 원칙인 '민족주의, 민생주의, 민주주의'를 실천적으로 적용하는 문제에 대한 합의가 이루어지지 않았다. 공산주의자들은 아직도 쑨원을 사회혁명가로 간주했고, 그의 원칙이 급진적으로 해석되어야 마땅하다고 주장하고 있었다. 간단히 말해서 그들은 평등한 토지소유, 보통선거, 인민의 권력을 보장하는 입헌정부를 동반하는, '철저히 민주적이라 할 만한 혁명'을 원했다—특히 인민의 권력이라는 말 속에는 공산당과 궁극적으로는 '프롤레타리아 독재'라는 의미가 함축되어 있었다. 국민당은 아직도 지주계급을 국내의 주된 정치적 지지기반으로 삼고 있었기 때문에 당연히 급진적인 성격의 토지개혁을 반대할 수밖에 없었다. 전반적으로 국민당은 경제·정치적 관계가 불변하는 가운데, 중국의 반봉건적 구(舊)체제 위에 자신

---

[2] 1937~41년에 있었던 홍군의 재편성과 유격대의 성장에 대해서는 에드거 스노, 『아시아를 위한 전쟁(The Battle for Asia)』(뉴욕, 1941)을 참조.

의 독재권력을 구축하고자 했다. 만약 국민당이 다른 정당들의 합법성과 그것들의 대립적인 해석을 인정했다면, 특히 한발 양보해 성인선거권을 인정했더라면, 그 체제는 거의 틀림없이 붕괴되고 말았을 것이다.

계급 권력의 문제가, 그리고 국가 및 사회의 궁극적인 형태라는 문제는 아직 해결되지 않은 상태였지만, 일본이 조국을 침략하자 공산당과 국민당은 '민족주의'의 원칙에 대해 의견의 일치를 보았다. 그 후 홍군은 총통으로부터 군사적 명령을 하달 받았다. 1939년 그는 홍군을 중국의 북부전선으로 보냈다. 이때 국민당의 지도자들 대부분은 홍군이 일본의 공세에 부딪혀 흔적도 없이 와해되어 주기를 기대했고, 이러한 기대가 틀림없이 실현되리라고 확신했다. 하지만 북방의 일부 군벌군도 그런 식으로 무너지지 않았는데 그들이 그런 식으로 와해당할 리가 없었다. 그들은 일본군의 공격을 받아 도시에서 패배했다. 그러나 그들은 패주하거나 항복하지 않고 촌락과 구릉지대로 후퇴해 전투를 계속했다.

노련한 유격전 지도자와 정치 조직가들을 북방의 각 성에 침투시킨 그들은 곧바로, 물밀듯 도시로부터 도망쳐 온 피란민들의 대열에서 값진 보충병력을 모집하기 시작했다. 오랫동안 중국 정권과 일본 정권 모두에게 억압당해 온 학생, 노동자, 각종 전문직업인, 그리고 비공산계열의 자유주의적 정당에 소속되어 있던 일부 지식인들이 모병에 응해 주었다. 또한 패배한 중국군 몇 개 사단이 후방에서 차단당했기 때문에 고스란히 공산당의 휘하에 들어왔다. 중국 북방의 민단들은 국민당 정규군이 일본군에게 밀려났기 때문에 구심점을 잃고 흩어졌다. 그들의 재정적 후원 세력인 호신들이 도망치거나 남아서 일본군에 아부했기 때문에, 민단은 일본의 괴뢰군이 되거나 장제스의 영토로 도주하거나 공산당이 이끄는 유격대에 가담하는 수밖에 없었다. 일본군은 농촌에서 호신과 유산계급 사이의 동맹 관계를 유지시키는 데 주요한 역할을 해 온 농촌 지역의 치안세력 체계를 파괴 또는 약화시킴으로써 공산당의 세력 확장에 기여했다. 초기에 제8로군의 급속한 팽창을 가능하게 해 주었던 것은 일본군에 대한 승리라기보다도 그러한 치안체계의 해체였다. 또한 그들의 화력은 끊임없이 강화되었다. 1939년에는 그들의 요새가 막강한 세력을 갖추게 된 까닭에 일본군은 그들에 대한 전면 공격을 펴지 않을 수 없었다. 일본군은 이 해를 기점으로 반년마다 전면 공격을 가해 왔다.

완전히 점령된 영토 안에서 최초의 유격대 정부는, 황허 동쪽에 있으면서 북으로는 네이멍구까지 포괄하는 산시(山西) 동북부의 산악지대에 수립되었다. 산시(山西)성 남부에 수도를 두는 또 하나의 정부는 후베이성 남부와 산둥성을 가로질러 동쪽으로 황허까지 5백 킬로미터가량 펼쳐져 있는 수복지구에서 작전을 개시했다. 상하이의 북쪽에 있는 장시성 북부에 중심을 둔 제3의 국경지역이 있었는데, 이곳은 병력이 10만 명에 가까운 신4군이 지배하고 있었다. 제4의 지역정부는 안후이성과 후베이성의 경계선이 후난성의 남단을 감싸고 있는, 한커우 상단 양쯔강 이북의 사막지대에 수립되어 있었다.

인민을 조직하는 데 사용한 정치·군사적 방법은 주로 산시(陝西) 북부의 구(舊)소비에트 지구들에서 개발된 유형으로부터 빌려 온 것이었다. 1937년에 소비에트 정부가 폐지된 이후 '산시(陝西)·간쑤·닝샤 국경지역 정부'가 그것을 대신했으며, 소위 '중국 유격대의 고향'이라는 옌안이 그 국경지역 정부의 수도가 되었다. 나는 신(新)정부가 수립된 이후인 1939년에 옌안을 다시 방문했다. 그러나 나의 옌안 방문이 외국 신문기자로서는 최후의 방문이 되고 말았는데, 그것은 내가 방문한 직후부터 1944년까지 그 지역의 국민당이 군사적 봉쇄를 단행해 외부로부터 차단당했기 때문이었다.

황허 건너편, 일본 측 전선의 배후에서는 당연히 사회·정치·경제 생활의 조직화가 옌안에서보다 더 어려웠다. 물론 그 성과에서는 비교의 대상이 될 수 없다 하더라도 전반적인 목표에서만은 서로 비교할 만했다. 자유로운 중국(Free China)에 주재했던 외국인 신문기자들이 산시(山西)성과 후베이성 지역들을 조사할 수는 없었지만, 일본이 장악하고 있던 베이징을 탈출한 후 게릴라 영토를 지나 남쪽으로 내려온 각국 사람들의 말을 들어 보면, 그 지역들에 보편화되어 있던 체제를 거의 완전하게 추측할 수 있었다. 이런 사람들 중에는 유명한 미국계 선교기관이 세운 학교인 옌징(燕京, 연경) 대학의 교수로 있던 윌리엄 밴드(William Band)가 있었는데, 나는 그곳에서 강의하던 1934~35년 사이에 그를 알게 되었다. 역시 옌징 대학의 교수였던 마이클 린제이(Michael Lindsay)도 그들 가운데 한 사람이었는데, 그곳 상황에 대한 그의 보고서가 1944년에《아메라시아(Amerasia)》라는 잡지를 통해 발표된 바 있었다.[3]

그의 보고서는 유격대 지역에 관한 보고서로서 외부 세계에 알려진 것으로는 당시 가장 포괄적이었는데, 이 보고서의 출판을 주선한 사람은 다름 아닌 마이클 린제이의 아버지이자 당시 옥스퍼드 밸리올 대학의 학장이었던 A. D. 린제이(A. D. Lindsay)였다.

린제이 교수의 보고서에 따르면, 인민과 그들의 여러 단체가 직접 입후보자들을 지명했고, 이들 후보자 가운데서 선출된 인물들로 유격대 정부가 구성되었다고 한다. 중국의 유격대는 모든 집단의 통일전선을 목표로 삼았기 때문에 공산당은 어떤 경우이든 자기 당 출신의 당선자 수를 당선된 총인원의 3분의 1에 국한시켰다. 린제이 교수는 이 특이한 정책이 엄격하게 집행되었다고 말했다. 그것은 (부재지주를 제외한) 지주계급과 상인계급 모두에게 정부로서의 대표권을 허용하려는 것이었지만,

---

| 3 뉴욕, 1944년 3월 31일과 4월 14일자.

무엇보다도 빈농계급과 노동자계급 출신의 정치 지도자를 양성하려는 데 가장 큰 목적이 있었다. 유격대 지도자들의 말을 빌리면 그것은 민주정치의 실천을 통한 민주정치에 대한 교육이었다.

하지만 대중조직들에서는 공산당의 지도력이 제한 받지 않았다. 그리고 이들 대중조직이야말로 게릴라전의 원동력이자 생명이었다. 이러한 조직들로는 농민, 노동자, 청년, 어린이, 부녀자 들을 위한 별도의 조합이나 결사가 있었으며, 각 조직들은 그 회원 수가 수백만 명에 이르렀다. 이러한 조직들 중에서도 자위대, 민병대, 소년선봉대는 가장 중요한 의미를 지니고 있었다. 이것들은 조잡했지만 그나마 그 본질에서 보면 군사적인 조직이었으며, 현지에서 제18연합군의 주력을 지원했다.

마텔 홀(G. Martel Hall)은 국립 베이징시은행의 총재로 있다가, 일본의 손아귀를 벗어나 유격대 지역들을 가로질러 온 최후의 미국인이었다. 그가 나에게 전해 준 말에 따르면, '청렴결백, 열정적인 애국심, 민주정치의 실현을 위한 헌신, 백성들에 대한 철저한 신뢰감, 그리고 백성들을 일깨워서 맡은 바 임무를 철저히 수행하도록 하려는 지속적인 노력 외에는' 달리 유격대 지도자들이 농민대중을 상대로 해서 거둔 성공을 설명할 길이 없다는 것이었다.

일본에 대한 공통의 증오감이야말로 이 열성당원들이 인민의 애국심을 일깨울 수 있는 분위기를 마련해 준 직접적 계기였지만, 정치적 개혁과 함께 경제·사회적 변화도 이루어졌다. 여성의 경우에는 일부일처제, 법정연령 이후의 결혼의 자유, 무상교육, 18세 이상 선거권 부여 등을 내용으로 하는 법령의 집행에 대해 놀라울 만큼 열렬한 반응을 보여 주었다. 린제이 교수의 말에 의하면, 유격대 지역에 사는 3백만 명 이상의 여성들이 여성 조직에 참여했다고 한다. 수많은 여성들이 촌락 및 도시평의회 의원으로 선출되었으며, 수많은 어린 소녀들이 중요한 정치·군사적 책임을 맡았다.

'영속적인' 게릴라 근거지라면 어디에서나 초등교육 체제가 광범위하게 운영되었으며, 가난 때문에 실제로는 달성할 수 없는 목표였지만 이론상으로는 교육이 무료였고 의무적이었다. 하지만 몇 개 지역에서는 학령기의 어린이들 가운데 문자를 해독할 수 있는 어린이들의 비율이 80퍼센트나 되었다. 가장 근본적인 개혁은 소작료의 격감이었다. 부재지주의 토지가 공동으로 경작되었는데, 이는 경작가능한 토지를 남김없이 경작하자는 데 그 목적이 있었다. 세금은 주로 현물 형태로 징수되었으며, 일본인들이 요구하는 세금의 대략 10퍼센트선에서 동결되었다. 또한 소비자협동조합, 산업협동조합이 널리 퍼져 있었다. 린제이 교수는 산시(山西)성에는 4천 개 이상의 협동조합이 있었으며, 후베이성의 중앙부에만도 5천 개가 있었다고 말했다.

유격대 조직에는 매 단계마다 상상할 수 없는 곤경이 뒤따랐다.[4] 일본군이 유격대 병력을 파괴하거나 그것의 증가를 막는 데 실패한 것은 사실이다. 그러나 일본군은 말 그대로 수천 번에 달하는, 크고 작은 응징의 토벌전을 벌여야 했다. 그들은 수천 개의 마을을 약탈하고 불태웠으며, 닥치는 대로 여자들을 강간하고 무수히 많은 민간인들을 살해했는데, 이처럼 잔혹한 폭력 행위의 목적은 저항을 생각조차 하지 못하도록 하려는 것이었다. 유격대는 언제나 이러한 일본 측 전략의 사기저하 효과를 극복하는 방법을 찾아냈지만, 러시아에서 있었던 어떤 희생 못지않게 참담한 희생을 피할 수는 없었다. 일본군 주둔 부대들은 중국 북방의 철로와 도로를 따라 산개되어 있었으나, 이들 주둔 지역을 크게 벗어

---

[4] 전쟁의 와중에서 겪게 되는 이러한 성장의 고통에 대해 생생하고 고통스러울 만큼 사실주의적인 목격담을 듣고 싶으면, 아그네스 스메들리(Agnes Smedley)의 『중국 혁명의 노래(Battle Hymn of China)』를 참조.

나 있는 촌락은 여전히 일본군이 통제할 수 없었던 것이 사실이다. 그러나 그들의 요새화된 거점은 수적으로 크게 증가했으며, 이들 요새를 점령하려면 막대한 희생을 치르지 않을 수 없었던 것도 사실이다.

배경 설명은 이것으로 그만하고자 한다. 그렇다면 이 모든 것들은 중국을 통해 일본을 격퇴시키기로 한 미국 측 계획에 어떤 영향을 미쳤던 것일까?

내가 《새터데이 이브닝 포스트(Saturday Evening Post)》의 종군기자로 중국에 돌아왔을 때(1942~43) 충칭에 사는 어떤 중국 지식인은 나에게 이렇게 말했다. "어쨌든 당신들이 국민당을 구해 주었소. 그러니 국민당은 당신들의 자식이나 다름없소. 당신들은 국민당의 행위에 대한 책임을 모면할 수 없게 되었소."

그가 이렇게 말한 것은 다른 의미에서가 아니고, 미국 측이 중국 내부에서 추구되는 정책에 관해 아무런 조건도 제시하지 않고 국민당에게 돈과 무기의 경제원조를 제공했음을 지적하려는 것이었다. 미국 정부는 대표단을 통해 충칭 정부에게 일본에 대한 연합전을 펴는 동안에는 내전의 재개를 인정하지 않을 것이라고 밝힌 적이 여러 차례 있었지만, 미국 측은 그 이상의 어떤 조치를 취하려 하지 않았을 뿐만 아니라 심지어는 유격대 지역들에 대한 봉쇄를 풀려는 노력조차 보여 주지 않았다.

국민당 지도자들은 공산당이 일본군 전선 배후에서 여러 지역에 대한 통제력을 회복하는 데 크게 성공하고 있음을 알고 놀랐으며, 이에 충칭 정부는 제18연합군에 대한 봉쇄를 강화시켰다. 장제스 총통은 그들의 행동을 '국토의 비합법적인 점령'으로 규정했다. 국민당의 전쟁지역 정치·당무위원회는 게릴라 행정부들이 모두 '비합법적'이니만큼, 국민당 체제의 재확립을 기다렸다가 폐지시켜야 마땅하다는 입장을 취했다.

1940년 신4군이 장제스 총통의 명령을 받고 양쯔강 남쪽 상하이 부근의 근거지를 떠나 일본 전선의 배후 지역으로 이동하고 있을 때 국민당 측의 몇 개 부대는 신4군의 후미를 공격했다. 더구나 4천 명가량의 분견대는 전투부대가 아니었기 때문에 쉽게 포위·섬멸당했다. (그 자신이 공산주의자는 아니었던) 신4군의 지휘관 예팅 장군은 부상을 입고 포로가 되었으며, 야전사령관 샹잉 장군이 전사했고, 그 밖에도 그의 막료 대부분, 의무중대의 의사와 간호원 일부, 회복기에 있던 부상병들 다수, 이 군에 소속된 당 간부들과 남녀 학생들 그리고 산업협동조합 노동자들 일부가 살해당했다.

이런 사건의 와중에서도 신4군이 살아남을 수 있었던 것은, 사건 당시 신4군의 주력이 이미 양쯔강을 건너 일본군과 교전 중에 있었기 때문이다. 그러나 이 사건을 계기로 국민당 진영과 공산당 진영 사이의 합동작전은 실질적으로 끝났으며, 이후부터는 양대 진영이 항일전선에서의 주도권을 놓고 공공연하게 투쟁하기 시작했다. 장 총통은 이 사건의 원인이 신4군의 '명령불복종'에 있다고 단정하고, 그 후로는 신4군에 대한 원조뿐만 아니라 제8로군에 대한 원조까지도 단절시켰다.

이 비극이 있기 이미 여러 달 전부터 제8로군에게는 급료가 전혀 지급되지 않았다. 이때부터 그들은 급료나 탄약을 지급 받지 못했을 뿐만 아니라, 강력한 정부군의 포위망으로 둘러싸여 있었기 때문에 (그렇지만 않았더라면 백성들로부터 구입하거나 희사 받을 수 있었을지도 모른다) 자유로운 중국 내의 보급 물자에 전혀 접근할 수가 없었다. 기이하다고 할 수 있었던 것은 이 봉쇄를 집행하고 있었던 국민당군 부대들이 주로 소련으로부터 물자를 보급 받았다는 사실이다. 국민당군에는 봉쇄 임무에만 전념하는 두 부대, 즉 제37군과 제38군이 있었다. 1942년에는, 미국군 장교가 암시해 준 바에 따르면, 이 두 부대는 미얀마 탈환작전에 필요했지만, 장제스가 서북방에서의 '치안임무'가 더 중요하다고 주장했기 때문에 그곳에 머물게 되었다고 한다.

당시 중국에 있던 미국인이라면 이와 같은 사실들의 전모를 잘 알고 있었다. 그러나 미국 내에서는 우리의 군사원조가 일방적으로 국민당 정부에만 제공되고 있음을 알고 있는 사람이 거의 없었던 것 같다. 우리는 옌안에 영사관을 설치하지 않았고, 유격대와 군사적 연락관계를 마련해 놓고 있지 않았다.[5] 히말라야 산맥을 넘어 중국으로 수송되는 우리들의 보급물자는 한 정당을 지원하는 데만 사용되었다. CIO, AFI, 그리고 철도노조가 중국에 보낸 재정원조도 국민당 측에만 전달되었다.

이러한 중국의 '국내 문제'에 관해 우리가 할 수 있는 것은 무엇이 있을까? 우리가 중국과 1943년에 새로 체결한 조약에는 치외법권을 포기하고 중국 정부에 완전한 주권을 회복시켜 준다는 내용이 담겨 있었다. 그렇다면 현 정부에 신제국주의의 낙인을 받지 않고 대중국 관계를 처리할 수 있는 방법을 제시해 줄 수는 없었을까? 그러나 우리들은 전쟁 때문에 부득이하게 중국에 개입해 경제·군사 원조의 방법으로 국민당을 지지하지 않을 수 없는 처지에 놓이게 되었다. 그러나 이런 마당에 우리의 대중국 경제원조에 그다지 정치적 책임이 함축되어 있지는 않았다고 주장한다 한들, 누가 이런 주장을 얄팍한 자기기만으로 생각하지 않았겠는가?

일단 일본이 패배하고 나면 장제스는 공산당과 그들의 동맹 세력인 유격대를 섬멸시키려고 하지 않을까? 국민당은 이미 1937년 이전에도 같은 시도를 하면서 10년이란 세월을 무익하게 보냈었다. 일본이 이 노련한 게릴라 전사들과의 싸움에서 큰 성공을 거두지 못한 것이 사실이라

---

[5] 미국인 시찰단이 경제원조나 군사원조를 가지고 가지 않았음에도 옌안 정부는 그들을 환영했다. 그러나 1944년 말까지 장제스는 그들이 옌안에 머무는 것을 허락하지 않았다.

면, 장 총통도 미국이 폭격기와 전투기를 동원한다 해도 큰 성공을 거두지 못할 것은 거의 확실했다. 충칭 정부는 동맹군들의 충분한 지원을 받아 가면서 오랜 시간에 걸친 혈전을 치르지 않고서는 이 반대세력을 타도할 수 없다는 사실이 이미 분명해졌다.

    1928년, 작은 무리의 젊은이들이 멀리 떨어진 외로운 징강산에 적기를 꼽고 운동을 시작한 이래, 이 운동은 급기야 십자군 원정으로 발전해 갔다. 그리하여 드디어 1944년 여름에 이르러 이 십자군 원정대는 전국을 뒤덮는 대대적인 운동 세력으로 성장했으며, 따라서 이제는 중국의 운명을 중재하는 어느 누구도 거대한 인민대중을 대변하는 이들의 주장을 더 이상 외면할 수 없다는 것이 분명해지게 되었다.

후주(後註): 1972년판 주

1부

① 보이지 않는 잉크로 쓴 이 편지는 당시 둥베이(東北, 동북) 대학 교수로 있던 쉬빙(徐氷, 서빙)이 나(필자)에게 전해 주었다. 쉬빙은 1966년까지 여러 해 동안 중국공산당 중앙위원회 통일전선부 부부장(副部長)으로 일했다. 1960년, 당시 상하이 시장으로 있던 커칭스(柯慶施, 가경시)는 류사오치의 허락을 받아 자신이 그 편지를 썼다고 나에게 밝혔다(그는 1965년에 사망했다). 류사오치는 당시 지하에서 활동하던 공산당 중앙위원회 북방국(北方局)의 책임자로 있었는데, 부책임자는 펑전(彭眞, 팽진)이었다. 북방국의 류사오치 밑에는 펑전 외에 쉬빙, 보이보(薄一波, 박일파), 천보다(陳伯達, 진백달), 황징(黃敬, 황경), 황화(黃華, 황화), 야오이린(姚依林, 요의림)이 있었다. 이들에 대해서는 약전표 참조.

② 다이지타오와 사오리쯔는 1920년 상하이에서 천두슈와 함께 공산주의 연구 그룹의 핵심을 이루었던 인물들로, 국민당 내에서는 마르크스주의 지향적인 사람들이었다. 그러나 두 사람은 1921년 7월에 창당된 중국공산당에 참여하지 않았다. 사오리쯔는 2차내전(1946~49) 중 장제스에 반대해 공산당을 지지했고, 중화인민공화국의 창건을 도왔다. 1967년에도 그는 전국인민대표대회의 의석을 지니고 있었다. 약전표 참조.

③ 진짜 목사인 그는 이름이 왕화런(王化人, 왕화인)으로, 중국홍십자(적십자)회의 전국집행위원회 위원이었다.

2부

① 저우언라이와 그의 동지들에 대한 인터뷰 결과를 바탕으로 쓴 이 내용은 매우 불완전한 것이었지만 1936년 당시로서는 그나마 외부 세계에 처음 알려지는 뉴스거리였다. 앙드레 말로의 『인간의 조건』에 나오는 주인공 기요는 이 시기의 저우언라이의 역할을 바탕으로 했다고 전해지나 저우언라이는 "전혀 그렇지 않다"라고 말했다. 약전표 참조.

② 그 같은 '나이 많은 애국적 인사들'에 대해서는 벤저민 슈워츠(Benjamin Schwartz)의 예리한 연구서인 『부와 권력을 찾아서: 옌안과 서부 지역(In Search of Wealth and Power: Yen Fu and the West)』(Cambridge. 1964)을 참조할 것.

③ 다른 자료는 '상하이 대학살'의 희생자를 이보다 훨씬 적게 추산하고 있다. 예를 들면 헤럴드 아이작스(Harold Issacs)는 4백~5백 명 정도로 추산한다(1960년 마오쩌둥이 나에게 밝힌 바로는, 공산당은 아무런 대비도 없이 상하이와 그 밖의 대도시 활동 근거지에서 장제스의 기습적인 '숙청'을 당해 당원 약 4만 명이 희생되었다고 한다). 아이작스는 상하이 학살의 책임을 주로 스탈린과 코민테른에 돌렸다. 장제스 군대가 '상하이 대학살'에 앞서 공산당원들을 살해하기 시작했음에도, 스탈린과 코민테른은 공산당이 국민당과 결별해서는 안 된다고 주장했기 때문이다(H. Issacs. *The Tragedy of the Chinese Revolution*. pp.165-185 참고).

④ 허룽의 생애에 관한 이 화려한 이야기 속에는 부정확한 점이 많지만 주요한 사실만은 큰 어긋남이 없기 때문에 한 전우가 당시의 모습을 회고한 인상기로서는 그런대로 전할 만한 가치가 있는 듯하다. 약전표 참조.

3부

① 리더는 오토 브라운(Otto Braun)의 중국식 가명이지만 영자 표기는 웨이드식으로 Li T'eh나 Li T'e가 적당하다. 그러나 브라운이 스스로 표기하는 대로 본문에서는 계속 Li Teh로 썼다.

② 이 의사의 이름은 마하이더(馬海德, 마해덕)였다. 약전표 참조.
③ 집안에서 강제로 시킨 탓에 마오쩌둥이 거들떠보지도 않은 첫 번째 혼인을 제외하면 두 번째가 된다. 마오쩌둥은 1937년 허쯔전과 이혼하고 1939년 장칭(江青, 강청), 일명 란핑(藍蘋, 남빈)과 결혼했다. 약전표 참조.
④ 베이징에서 발행된 《데모크라시(Democracy)》 1937년 5월 15일 자. 단명으로 끝난 반제국주의, 반나치 영자신문인 이 간행물은 존 리닝(John Leaning)이 편집을 맡았다. 편집진으로는 (나 이외에) 당시 옌징 대학 학장이었고 나중에 중화민국(타이완) 주재 미국 대사를 지낸 J. 레이턴 스튜어트(J. Leighton Stuart), 쑹칭링(宋慶齡, 송경령) 등이 참여했다.
⑤ 『중화인민공화국 토지개혁법』(베이징, 1952)과 천보다의 『해방 전 중국에서의 지대 연구(A Study of Land Rent in Pre-Liberation China)』 참고. 소작 실태에 대한 공산당 측의 통계는 J. 로싱 벅(J. Lossing Buck)과 그 밖의 외국 농업 전문가들의 계속적인 연구 대상이 되었다. 천보다에 대해서는 약전표 참조.
⑥ 1937년 당시 내가 제대로 파악하지 못했던 사실을 더 보태기 위해 이 구절의 일부분은 본래의 원고에서 수정되었다. 1935년까지 중국공산당은 국민당 지도부를 완전히 타도하겠다는 목표를 버리지 않았고, 또 '아래로부터의 통일전선'은 공산당이 국민당과 제국주의 세력에 다 같이 대항해서 싸우는, 대중들을 지도하는 조건 속에서만 성공을 거둘 수 있다는 입장을 견지했다. 중국공산당은 1935년 1월의 쭌이 회의에서 이러한 방침을 전환시켰는데, 이 회의에서 마오쩌둥은 모든 항일세력(그러나 장제스와 국민당 우파는 여전히 배제시킴)이 참여하는 통일전선의 형성을 제안하고, 이 노선에 대한 코민테른의 승인을 요청했다. 1935년 8월 코민테른 중앙집행위원회는 쭌이 회의의 결정 내용과 일치하고, 또 한 걸음 나아가 민족주의적 부르주아지를 포함시키는 반파시스트 국제통일전선 노선을 채택했다. 이 노선을 바탕으로 중국공산당은 1936년의 통일전선제안을 만들었다. 4부 후주 ㉔와 약전표의 왕밍 항목 참조.
⑦ 여기에 제시된 마오쩌둥의 정치적 견해는 1935년 12월 산시(陝西)성 북부 와야오바오에서 중요한 정치국회가 열린 직후 그곳에서 당 활동가들에게 밝힌 그의 보

고서 내용을 풀어 설명한 것으로, 후에 그가 집필한 『항일 게릴라 전쟁의 전략 문제』, 『전쟁과 전략의 문제』, 『지구전에 대하여』의 기초가 되었다. 『마오쩌둥 군사 논문선집』 참조. 항일전쟁 중 계속 지침 구실을 한 이러한 개념은 '인민전쟁'에 대한 일반 전략의 윤곽을 제시한 것인데, 마오쩌둥은 나중에 아시아에 대한 미국의 군사적 팽창에 대처하는 데 이 '인민전쟁' 전략을 효과적으로 활용했다.

⑧ 쑨원과 국민당이 항상 타이완을 중국의 주권 아래로 회복시켜야 할 '상실된 영토' 중의 하나로 간주하고 있는 점에 비추어 볼 때, 마오쩌둥이 장래 타이완의 '독립'을 인정할 의도였다고 생각하기는 어렵다. 중국공산당은 그 같은 의도를 공식적으로 언명한 적이 한 번도 없었다.

⑨ '퇴폐적'이고 '무의미한' 중국의 경극(京劇)은 좀체 사라지지 않았다. 30년 후에 일어난 프롤레타리아 문화대혁명은, 혁명과 마오쩌둥 사상의 극화(劇化)를 통해 '인민에 봉사'하고, 또 바람직하지 못한 역사적 유추에 빠져들지 않는 형태로 현대 연극을 만들기 위해 경극 배우들을 대규모로 선발했다. 1960년에 만들어져 문화대혁명 와중에 큰 인기를 끌었던 『홍등기(紅灯記)』는 기본 줄거리 면에서는 1936년에 공연된 『침략』과 똑같은 것으로서, 다만 차이가 있다면, 『침략』이 공연될 때 테니스 코트의 네트를 물어뜯는 염소 떼들 때문에 빚어진 한바탕의 폭소 어린 소동이 없다는 점뿐이었다(약전표의 '장칭' 항목 참조).

⑩ 마오쩌둥은 중화인민공화국을 창건할 때(1949년 10월) 연설에서 "중국이 마침내 일어섰습니다"라고 선언했다.

4부

① 마오쩌둥은 자신의 출생일을 밝히지 않았는데, 나중에 12월 26일로 밝혀졌다. 1949년, 마오쩌둥은 지명이나 거리 이름, 사업 명칭을 정할 때 지도자의 이름을 붙이지 말고, 또 이들의 출생일을 기념하지 못하게 금지할 것을 중국공산당에 요청했다. 『마오쩌둥 선집』(베이징, 1961) 4권 38항 참조.

② 마오쩌둥이 후난 제1사범학교에 입학했을 때는 19살이었는데, 이 사범학교는 초

등학교 교사가 될 학생들에게 학비를 전액 지원해 주었다. "이 학교는 휴머니즘을 지도원칙으로 삼고 덕행과 체력 연마, 사회활동에 역점을 두었다. 제1사범학교 교사(校舍)는 창사의 유일한 서구식 건물이었다.…… '나는 대학에 다녀 보지도 못했고 외국에 유학하지도 못했다. 내 지식과 학문의 기초는 제1사범학교에서 닦은 것이었는데, 이 학교는 훌륭한 학교였다'라고 마오쩌둥은 회고했다"(Jerome Ch'en, *Mao and the Chinese Revolution*, p.32).

③ 철학에 대한 마오쩌둥의 초기 관심은 관념론으로 기울어졌는데, 이러한 관심을 갖게 된 배경에는 양창지의 영향이 컸다. 그의 영향은 마오쩌둥이 말한 것보다 훨씬 컸다. 양창지는 그 당시 중국 학자로는 드물게, 동양문화와 서양문화에 모두 정통했다. 그는 후난의 부유한 지주 집안에서 태어났기 때문에 경서(經書) 교육을 충분히 받은 다음 6년간 일본에 유학할 수 있었다. 30살에 그는 다시 영국과 독일에 4년간 유학했다. 이러한 유학 경력에도 그가 제1사범학교의 교수직을 받아들인 것을 보면 이 학교가 상당한 명문임을 알 수 있다. 그는 베이징 국립대학 교수로 옮겼지만, 그곳에서도 그는 마오쩌둥을 가까이 하면서 계속 돌보아 주었다. 칸트, 루소, 스펜서에 조예가 깊은 양창지는 후난의 영웅적 애국자이자 무인이며 실용주의 철학자인 왕부지(王夫之)의 신봉자이기도 했다. 왕부지가 17세기에 쓴 여러 저술은 마오쩌둥과 차이허썬을 포함한 양창지의 다른 여러 제자들에게 깊은 감동을 주었는데, 이들은 나중에 대부분 공산주의자가 되었다(차이허썬은 약전표 참조). 양창지는 마오쩌둥에게 프리드리히 파울젠(Friedrich Paulsen)의 『윤리학 체계(A System of Ethics)』를 소개했다. 당시 차이위안페이가 번역, 출판한 이 책을 마오쩌둥은 아직도 지니고 있는데, 책의 여백에 그가 무려 1만 2천 단어나 깨알같이 적어 놓은 것을 보면 그가 규율과 극기, 의지력을 역설한 파울젠의 이 책에 얼마나 감탄했는지를 알 수 있다(Jerome Ch'en, *Mao and the Chinese Revolution*, p.44).

④ 샤오위는 『마오쩌둥과 나는 거지였다』라는 책을 썼다. 참고문헌 목록 참조.

⑤ 이페이지는 제자였던 마오쩌둥에게 제1사범학교 부속학교인 '모범' 초등학교 교장 자리를 마련해 주었다. 마오쩌둥은 1922년까지 이 학교에서 국문학을 가르쳤다. 1965년 나를 만난 마오쩌둥은 당시 자신이, 교사가 되겠다는 것 외에 다른 아무런

큰 뜻이 없었다고 밝혔다.
⑥ 이페이지 자신이 이 도난사건에 '책임'이 있었다. 그는 보물들이 없어지고 샤오위가 관리인으로 있을 당시 박물관장이었다. 이 보물들은 나중에 유럽에서 매각되었다.
⑦ 1966~67년 마오쩌둥은 문화대혁명의 홍위병(紅衛兵)들에게 자신이 소년 시절에 겪은 것과 같은 체험을 모방하고 그들 자신의 '소규모 장정'에 나서도록 격려했다. 1970년 마오쩌둥은 문화대혁명 기간 중에 자신에게 '교사'라는 것 외에 다른 '경칭들'을 붙였다면 모두 거절했을 것이라고 나에게 밝혔다.
⑧ 1917년 4월 마오쩌둥은 28획생(二十八劃生, 그의 이름 세 글자를 쓰는 획수가 28획)이란 가명으로《신청년》에 첫 논설을 발표했다.「체육의 연구」라는 이 논설은 당시 24살이었던 마오쩌둥의 성격을 살펴볼 수 있는 흥미로운 자료 구실을 한다. 그는 신체 자체가 '지식을 담고 덕성을 수용하기' 때문에 완전한 신체적 건강이 곧 정신적 성숙과, 또 무엇보다도 의지력의 기초 구실을 한다고 생각했다. 그의 논설은 또 '군사적 영웅성'을 찬양했다. 스튜어트 슈람(Stuart Schram)이 번역한「체육의 연구(Une étude de l'éducation physique)」참조.
⑨ 천궁푸는 일본군의 괴뢰정부 수반인 왕징웨이를 돕다가 왕징웨이가 사망하자 수반 자리에 올랐으나 1946년 매국노로 장제스의 손에 처형되었다.
⑩ 스니블리트는 인도네시아에서 오랫동안 활동한 경력이 있는 제3인터내셔널의 노련한 요원이었다. 그는 레닌이 유럽 사회주의 인터내셔널과 손을 끊고 제3인터내셔널을 형성하는 데 지원을 아끼지 않았다. 그는 2차 세계대전이 일어나기 전에 인도네시아에서 혁명 활동을 활발히 벌이면서 인도네시아 사회민주당의 창당을 도왔다. 2차 세계대전 중 네덜란드로 다시 돌아온 그는 나치에게 점령당한 조국에서 사망했다. *China Quarterly*(Jan.-Mar., 1971)에 실린 해럴드 아이작스의 글을 참고할 것.
⑪ 저우포하이는 왕징웨이를 수반으로 한 괴뢰정부 밑에서 일본군과 협력하다가 죽었다.
⑫ 중국공산당 제3차 전국대표대회는 공산당원들을 국민당에 참여케 한 쑨·이오페 협약을 승인했지만, 노동운동을 국민당과 공동으로 관장해야 한다는 코민테른 대

표 스니블리트의 요구는 당시 당 조직부장이자 노동조합 서기장이었던 장궈타오의 반대를 받았다. 마오쩌둥은 처음 장궈타오를 지지했으나 한 표 차이로 결의안이 통과되자 코민테른의 견해를 받아들였다. 이후 장궈타오가 조직부장 자리에서 밀려나고 마오쩌둥이 그 후임을 차지하게 되면서 두 사람 간의 적대감은 점점 커졌다(Rue. *Mao Tse-tung in Opposition*. p.38).

⑬ 사실 마오쩌둥은 국민당과의 정책 '조정' 활동에 대단한 성공을 거두면서 오히려 '우경노선'을 추종한다는 공격을 받아 중앙위원회에서 추방(첫 번째)당했다. 그가 '휴양차' 후난성에 돌아갔을 때 마침 코민테른의 방침이 바뀌어, 이제는 중국공산당의 노동자 조직을 국민당과 분리시키는 데 찬동하게 되었다. 마오쩌둥은 다시 중앙위원으로 선출되었지만, 처음부터 노동운동을 국민당과 공동으로 관장하는 데 반대했던 장궈타오도 당내의 영향력을 되찾게 되었다[루(Rue)의 앞의 책 참조].

⑭ 두 논문의 공식 영역본(와이원 출판사. 베이징)은 중국어 원본과 거의 차이가 없으며, 특히 자오헝티 분석 부분은 원본에 매우 충실하다.

⑮ 현재 성전(聖典)처럼 받드는 마오쩌둥의 이 보고서는 "빈농이 없으면 혁명도 있을 수 없다"라고 역설했다. 『마오쩌둥 선집』의 첫머리는 「중국 사회 각 계급의 분석」이 장식하고 있고, 그다음에 이 보고서가 수록되어 있다(『마오쩌둥 선집』 1권).

⑯ 최근 이 시기에 관한 중요한 연구서가 몇 권(참고문헌 목록 참고) 발표되었는데, 대부분 정도의 차이는 있어도 '1972년의 공산당 와해'에 대한 스탈린의 책임을 빠짐없이 평가·분석하고 있다. 그러나 중국 측의 사료편찬 기관은 아직 이 시기에 관한 실증적인 분석연구서를 내놓지 않고 있는데, 심지어 중국공산당의 공식 견해를 바탕으로 한 분석연구서도 나오지 않고 있는 형편이다. 천두슈와 로이, 보로딘이 스탈린의 지시를 따랐음은 분명하다. 1926년 지노비예프로부터 코민테른 집행위원회의 주도권을 빼앗은 스탈린은 당시 코민테른을 마음대로 하고 있었다. 따라서 여기서 마오쩌둥이 천두슈를 맹렬하게 비난한 것은 암암리에 스탈린 노선을 비판한 것이다. 그렇다면 천두슈는 스탈린이 범한 과오의 속죄양밖에 안 되었던가? 천두슈는 1927년 8월 7일에 열린 공산당 중앙위원회 임시회의(긴급회의)에서 자기변호를 하는 가운데, 자신은 1927년 봄 코민테른 노선에 반대했으나 자신의 이의

제기는 거부되었으며, 이에 따라 자신은 더 나은 판단을 내렸지만 코민테른 규율에 따라 스탈린의 지시를 실행하게 되었다고 주장했다(그는 장제스와 왕징웨이를 다 같이 불신했다). 정치국에서 밀려난 후 천두슈는 '소련의 방위'를 다른 모든 혁명적 고려에 우선하는 임무로 받아들이는 데 반대한다는 공개서한을 당내에 배포했다.

1929년 장쉐량이, 중국과 소련이 공동으로 관리하는 만주철도 중 소련이 관리하는 구역을 점령한 후 '국유화'를 선언하자, 천두슈의 그 같은 입장 표명은 매우 중요한 문제로 부각되었다. 소련은 이에 대응, 자국의 이권을 되찾기 위해 소련 적군 부대를 만주로 이동시켰고, 코민테른은 중국공산당(과 모든 공산당)에게 중국 민족주의 세력에 반대하고 소련 정책을 지지하라고 요구했다. 이 여파 속에서 천두슈는 1929년 11월 중국공산당에서 제명되었고, 그 후 트로츠키의 지원을 받아 '좌익반대'당(Left Opposition Party)을 조직했다. 공산당에 대립되는 정당을 만들었음에도 그는 국민당 당국에 체포되고, (5년간 복역한 후) 1937년에 석방되어 1942년에 사망했다.

한편 보로딘은 1927년 모스크바로 소환되어 몇 년간 안나 루이스 스트롱(Anna Louise Strong)과 영자신문《모스크바 데일리 뉴스(Moscow Daily News)》를 공동으로 편집했다. 2차 세계대전이 일어난 후 스탈린은 그를 투옥시켰고, 그는 결국 시베리아에서 사망했다. 스탈린의 비밀경찰은 '미국 스파이'란 혐의로 스트롱마저 투옥시켰다가 나중에 국외로 추방시켰다. 흐루쇼프는 보로딘을 사후(死後) 복권시켰고 스트롱도 권리를 회복시켜 주었는데, 그녀는 국외로 추방당한 후 베이징에 정착했다. 그때 베이징은 반(反)흐루쇼프 활동의 본거지였다.

로이는 1929년까지 스탈린의 신임을 받고 있다가 그해 갑자기 가명으로 모스크바를 떠났는데, 그 직후에 코민테른에서 공식 제명당했다(2차 세계대전 중에 그는 인도에서 히틀러 지지파를 이끌었다). 베소 로미나제(Besso Lominadze)와 하인츠 노이만(Heinz Neumann)이 로이와 보로딘의 후임으로 중국 내의 스탈린 대리인 구실을 했다. 노이만은 스탈린의 모순된 지시를 좇아 광둥 코뮌(1927년 12월)의 수립을 요구했다가 실패로 끝났는데, 스탈린은 그 책임을 노이만 개인에게 전가시켜 소련으로 소환했다. 하지만 그는 1931년에 모습을 보이고는 그 이후에 자취를 감추었다. 로미나제는 1930년 스탈린 반대파에 가담해 그를 코민테른 지도자의 위치에서 제거하려 했다.

스탈린은 그를 마그니토고르스크로 추방했는데, 그는 그곳에서 이내 자살했다.

러시아 10월혁명에 참가한 노련한 혁명가인 아돌프 이오페는 레닌을 도와 1918년 독소강화조약(브레스트 리토프스크 조약) 체결을 주선했고, 이어 쑨원과 중소동맹 조건을 협의하고 타결시켰지만, 스탈린이 트로츠키를 볼셰비키당에서 추방시키자 그에 항의하여 1927년에 자살했다. 로미나제는 코민테른 안에서 리리싼을 가장 강력하게 지지한 인물이었다. 그가 스탈린을 비판한 구실 중 중국 문제와 연관된 것은 일부에 불과했는데, 마침 그러한 비판이 시기적으로 '리리싼 노선'의 위기와 일치해서 스탈린은 그 영향을 받아 리리싼을 불신하고 중국공산당 정치국의 새로운 지도부를 지지하게 되었다. 이 중대한 시기에 중국에서 활동한 코민테른 요원 중에는 얼 브라우더(Earl Browder)라는 또 다른 인물이 있었는데, 파벨 미프(Pavel Mif)가 그를 중국에서 소환해 버렸다. 그러나 브라우더는 코민테른에서 제명되지는 않았다. 코민테른은 1943년 스탈린에 의해 해산되었다.

⑰ 이 사건과 전후 시기 전체의 과정을 국민당 좌파의 입장에서 흥미 있게 파헤친 책으로는 탕양리(湯良禮, 탕량례)의 『중국 혁명 내막사(The Inner History of the Chinese Revolution)』(London, 1930)가 있다.

⑱ 마오쩌둥은 난창 봉기가 벌어진 현장에 없었지만 주더는 마오가 봉기계획을 짜는 데 관여했다고 밝혔다(A. Smedley, *The Great Road*, p.200). 중화인민공화국 내에서 판매되는 포스터를 보면 그가 난창 인근에서 열린 회의(1927년 7월 18일)에서 발언하는 모습이 그려져 있는데, 바로 이 집회에서 난창 봉기가 결정되었다. 난창 봉기에 참여한 주요 인물로는 주더, 허룽, 장궈타오, 저우언라이, 팡즈민, 리리싼, 린보취, 린뱌오, 류보청, 펑파이, 쑤위, 천경, 천이, 쑤자오정(蘇兆徵, 소조징), 녜허팅(聶鶴亭, 섭학정), 녜룽전(聶榮臻, 섭영진), 탄전린, 탄핑산, 예젠잉, 쉬터리, 덩잉차오 등이 있다. 난창 봉기를 일으킨 8월 1일은 나중에 인민해방군의 건군기념일이 되었다.

⑲ 후난성과 장시성 경계지역에 있는 징강산은 난공불락에 가까운 산악요새로서 예전에는 산적들이 차지하고 있었다. 홍군이 이 산을 장악한 후 겪은 갖가지 체험은 스메들리(A. Smedley)의 『위대한 길(The Great Road)』에 자세하게 언급되어 있다.

⑳ 마오쩌둥이 제6차 전국대표대회의 '노선'에 동의했다는 것이지, 그 노선에 대한 당

정치국의 해석 형태에 찬동했다는 뜻은 아닌 듯했다. 어쨌든 그가 나에게 말한 내용은 1945년 중국공산당 제7차 전국대표대회에서 밝힌 「우리 당사(黨史)에서의 몇 가지 문제에 대한 보고」 내용과는 정면으로 배치되는 것이었다. 그는 장문의 이 비판 보고에서 제6차 전국대표대회의 세 가지 주요 과오를 지적했는데, 이 가운데 가장 기본적인 과오가 "중국의 부르주아지 민주주의 혁명은 본질적으로 농민혁명이다……"(『마오쩌둥 선집』, 3권, 177쪽)라는 점을 인식하지 못한 것이라고 밝혔다.

㉑ 중병에서 회복되고 있던 마오쩌둥은(당시 코민테른은 그가 사망했다고 보고했다) 구톈 회의를 소집했는데, 이 회의에서 마오쩌둥이 주도하는 '전선위원회'가 홍군 제4군(홍4군)에 대한 정치적 통제권을 행사하도록 결정되었다. 혁명전략과 목표에 대한 마오쩌둥의 기본 원칙은 주로 빈농들의 지지에 의존하고 농촌소비에트 근거지들을 수립하며, 또 마오쩌둥이 마오핑에서 열린 두 차례의 회의에서 체계화시킨, 징강산의 갖가지 체험을 바탕으로 정치적·군사적 조직 및 전술을 발전, 강화시킨다는 것이었다. 이때부터 정치국이 마오쩌둥에게 아무리 반대해도 그에 대한 소비에트 지구의 홍군 및 농민의 지지를 절대로 허물어뜨리지는 못했다.

㉒ 마오쩌둥은 나중에 두 아들과 함께 지내게 되었다. 양카이후이는 중국공산당과의 절연이나 죽음 중 하나를 선택하라는 제의를 받은 것으로 알려졌으나 자신의 신념을 철회하는 것을 거부하고 죽음을 택했다. 마오안잉(毛岸英, 모안영)과 마오안칭(毛岸靑, 모안청)은 약전표 참조.

㉓ 전체전선위원회(General Front Committee)의 주석인 마오쩌둥은 군사령관 주더와 펑더화이의 지지를 얻어 리리싼이 주도하는 당 정치국의 창사 2차 공격 명령에 반대했다. 그러나 그의 반대는 혁명군사위원회의 다수 의견에 눌려 결국 9월에 창사에 대한 두 번째 공격이 개시되었다. 1주일 동안 몇 차례 패배를 겪은 후 마오쩌둥과 주더, 펑더화이는 '리리싼과…… 중앙위원회의 방침을 거부하고' 총퇴각을 명령했다. 스메들리의 『위대한 길』, 278-279쪽 참조.

㉔ 발표된 마오쩌둥의 저술 중에는 리리싼이 당 지도권을 장악했던 시기에 대해 언급한 부분은 몇 군데밖에 없는데, 사실 이 시기는 도시에 기반을 둔 당 중앙위원회와 마오쩌둥이 주도적인 위치에 있는 농촌 기반의 소비에트 사이에 벌어진 당권 투쟁

의 한 단계에 불과했다. 이제 중국공산당 내부의 의견 대립과, 또 당 지도층의 여러 인물과 스탈린이 장악하고 있던 코민테른 간에 빚어진 불화의 온갖 우여곡절 (1927~35)에 관한 많은 자료가 공개됨에 따라 마오쩌둥의 그 같은 간결한 언급은 여러모로 보충될 수 있었다.

일반적인 관점에서 마오쩌둥과 모스크바 지향적인 정치국 지도자들 간의 논쟁은, 농토에 굶주린 빈농들이 혁명의 '주요 세력'이며, 농촌 근거지를 쌓아 놓은 다음에야 도시 지역을 포위, 장악할 수 있다는 확신을 중심으로 전개되었다. 이에 반대하는 사람들은 농민은 혁명의 참된 '주요 세력'인 도시 프롤레타리아에 의해 조종되는, 근본적으로 보조적인 세력으로 간주하는 스탈린의 견해에 동조하는 경향을 보였다.

의견 대립의 갖가지 과정에 대한 단편적 내용은 약전표의 천두슈, 취추바이, 샹중파(向忠發, 향충발), 양상쿤, 리리싼, 왕밍, 보구, 뤄푸, 류사오치, 저우언라이, 장궈타오, 리더의 항목을 살펴보면 알 수 있다. 또한 약전표의 천보다 항목도 이 간략한 설명을 보충해서 살펴보는 데 도움이 될 것이다.

중국공산당은 창당 초기부터 (당 규약에 승인된) '민주적인 집중제' 원칙이라는 규율을 받아들였는데, 이 원칙은 당이 전반적인 전략이나 '노선' 문제에 대해서는 코민테른의 지시에 복종하도록 재규정했다. 이러한 개념 안에서 마오쩌둥의 영향력 하에 있던 중국 농촌소비에트와 홍군에 소속된 '전투당원들'은 모스크바에서 훈련을 받은 '독단자들'이나 '이론주의자들'과 점차 의견이 엇갈렸다. 마오쩌둥이 쭌이에서 정치국 총서기 보구와 당시 소비에트 정부 '인민위원회' 주석으로 있던 뤄푸를 비판하고 이들로부터 마침내 정치국의 주도권을 획득했던 것은 1935년 1월이었다. 보구와 오토 브라운(코민테른 대표)은 혁명군사위원회에 의해 지위가 격하되고 (마오쩌둥 '주석'의 주도하에 있는) 정치국은 코민테른보다 7개월이나 앞서서 각계각층의 애국세력을 규합하는 항일 '통일' 전선을 수립할 것을 촉구했다. 그러나 마오쩌둥은 1936년 나와 가진 회견에서, 보구, 뤄푸, 덩파, 왕밍, 펑더화이, 심지어 장궈타오까지 포함한 '혁명간부들'이 '비범한 능력과 용기, 충성심'을 지니고 있다고 말함으로써 당내의 격심한 불화를 호도했다(부록 참조).

1927년 천두슈(4부의 후주 ⑯ 참고)는 코민테른의 지시를 받아 자신이 범한 과오에 비판을 받을 점이 있다는 것이 확인되었다. 난창 봉기가 실패로 끝난 후인 8월 7일, 공산당 중앙위원회 임시회의(긴급회의)가 소집되었다. 소련 그루지야(조지아의 전 이름—옮긴이) 출신인 29살의 코민테른 대표 로미나제의 주재로 열린 이 회의에서는 천두슈 대신 취추바이를 정치국 총서기로 선출했다. 그 무렵 산터우에서 불행한 사태가 벌어졌고, 12월의 광둥 봉기도 실패로 끝났다. 광둥 봉기는 스탈린의 코민테른이 '봉기' 전문가라고 파견했던 26살의 독일인 대표 하인츠 노이만이 결행을 요구했던 봉기였다. 한편 마오쩌둥은 후난성에서 일으킨 8월 봉기가 당 노선에서 '일탈'했다는 이유로 봉기 중과 봉기 후에 각각 중앙위원회와 후난성 전선위원회에서 추방당했다.

1928년 7월, 중국공산당 제6차 전국대표대회가 코민테른의 보호를 받으며 모스크바에서 개최되었는데, 그때 코민테른 자체의 제6차대회도 동시에 열렸다. 이 회의에서는 취추바이가 세찬 공격을 받고 총서기 자리를 로미나제가 또다시 선정한 샹중파에게 넘겨주었다. 샹중파는 학식이 별로 없는 상하이의 노동자 출신인데, 로미나제는 노동자 조직의 책임자가 된 '지식인'인 리리싼의 간판 구실을 할 '프롤레타리아'로 그를 이용했다. 코민테른의 지지를 업고 상하이로 돌아온 리리싼은 마오쩌둥과 주더가 농촌소비에트에서 독자적인 농민무장군을 만들어 튼튼한 뿌리를 내리고 있음을 발견했다.

리리싼은 마오쩌둥(전선위원회에 복귀했다)에게 다음과 같은 내용의 편지를 보냈다. "제6차 전국대표대회는 우리 당의 기반이 노동자계급에서 농민으로 옮겨갈 위험성이 있으며, 따라서 우리는 노동자계급을 당의 기반으로 회복시키기 위해 온갖 노력을 기울이지 않으면 안 된다는 점을 승인했습니다."

마오쩌둥과 주더는 리리싼의 지시 때문에 어쩔 수 없이 갓 조직된 홍군을 동원하여, 난창과 값비싼 희생을 치른 두 차례의 창사 점령 기도(1930)를 포함한 대도시 지역 점거를 시도해야만 했다. 두 사람은 리리싼의 두 번째 창사 공격 명령을 제대로 따르지 않았다. 장시성 당위원회의 반(反)마오파는 마오쩌둥을 타도하기 위한 공작을 벌였다. 이러한 공작의 궁극적인 결과로 나타난 것이 푸톈 사건(1930

년 12월)인데, 마오쩌둥은 이 사건의 근원이 '리리싼 노선'에 있다고 주장했다. 이 사건으로 마오쩌둥의 '반(反)볼셰비키단' 진압과 동시에 지역 당내에서 단기간의 유혈 전투가 벌어졌다. 상당수의 공산당원들이 살해되고 반마오파의 혐의를 받은 많은 당원들이 투옥된 것으로 알려졌다. 이들은 대부분 '사상개조'—초기에 활용된 마오쩌둥 방식—된 후에 석방되었다.

한편 코민테른은 모스크바에서 앞으로 동방지역의 혁명지도권을 인수할 젊은 세대의 간부들을 양성했다. 1925년 코민테른은 쑨이셴(쑨원) 대학을 세웠다. 이 대학에서 공부하는 학생 수백 명 중 중국인 학생 28명만은 스탈린이 트로츠키, 지노비예프, 부하린과 권력투쟁을 벌이는 동안 시종일관 그를 지지했다. 이들은 파벨 미프의 부하가 되었다. 1927년 이후 미프는 스탈린에 의해 쑨이셴 대학 학장과 코민테른 극동부 책임자로 임명되었는데, 그때 그의 나이는 26살이었다. 미프는 1930년까지 28명의 중국인 학생들을 앞으로 중국을 떠맡게끔 교육 받은 '전문적인 공산당원'의 핵심 엘리트 세력으로 양성했다. 한때 반대파로부터 '스탈린의 중국부(部)'로 지칭되었던 이들은 나중에 '28인의 볼셰비키'로 알려졌다. 1930년 이들의 지도자는 왕밍(본명 천사오위)이라는 24살의 청년이었고, 그의 가장 친밀한 동지는 23살의 보구(본명 친방셴)이었다. 그 밖의 유력한 인물로는 뤄푸(본명 장원톈), 선쩌민(沈澤民, 심택민), 양상쿤, 천창하오(陳昌浩, 진창호), 주루이(朱瑞, 주서), 줴취안, 덩파 등이 있었다. 이들은 코민테른의 영향력을 이용해 모스크바에서 유학하고 '돌아온 학생들' 대부분을 휘하에 장악했다.

1930년 중반에 미프는 왕밍, 뤄푸, 덩파와 그 밖의 스탈린주의 문하생들을 데리고 치외법권 지역인 상하이 공동 조계로 은밀하게 돌아와 이들을 중국공산당 중앙위원회에 밀어 넣었다. 그러나 이들이 리리싼에 대항하고 나서자 리리싼은 미프의 책략에 저항하면서 샹중파와 함께 저우언라이의 지원을 받아 왕밍과 다른 일파를 정치국에서 해임시켰다. 미프는 리리싼을 모스크바로 소환시키도록 공작을 꾸몄는데, 소환되어 가면서도 리리싼은 자신이 로미나제의 지지를 받을 것이라고 자신만만해했다. 그러나 모스크바에서의 로미나제는 자신도 모르는 사이에 스탈린을 소련 공산당과 코민테른 지도부에서 몰아내려는 모의에 연루되어 있었고, 리리쌴도 스탈린에 의해 반대파로 분류되어 침묵을 강요당하게 되었음을 알았다. 그는 직위를 상실한 채 몇 년 동안 중국으로 돌아가지 못하게 되었다. 샹중파는 명목상의 총서기직을 그대로 유지했지만 취추바이는 정치국에서 쫓겨났고, 저우언라이는 리리싼을 지지한 과오를 인정한 후에야 자신의 직위를 그대로 지킬 수 있었다.

1936년 7월 바오안에서 보구는 나에게 리리싼에 대해 다음과 같이 말했다. "그의 잘못은 떠들썩한 강공주의에 있었습니다. 그는 도시의 무장봉기와 노동자들의 무장투쟁을 통한 공장 장악 기도, 소비에트 지구의 집산화, 무력공격에 의한 대도시 점령을 주장했습니다.…… 그는 기본적으로 농촌소비에트의 실용성을 부인했습니다. 그는 도시 습격에 홍군을 동원해야 한다고 생각했습니다.…… 그는 외몽골군이, 만주와 화베이의 봉기와 내전에 참여하고 지원하기를 바랐습니다.…… 그의 과오는 1930년의 '세계 혁명의 중심'은 중국이라고 주장하면서 그 중심이 소련이 아니라고 부정한 데 있습니다." 보구는 왕밍이 리리싼으로부터 정치국의 지도권을 빼앗으려 했을 때, 왕밍을 처음부터 지지했던 사람은 자신과 왕자샹(王稼祥, 왕가상)과 허멍슝(何夢雄, 하몽웅)뿐이었다고 말했다(에드거 스노, 『붉은 중국 잡기(Random Notes on China)』, 16쪽).

1931년 1월, 미프는 (스탈린의 지원 아래) 중앙위원회 제4차 전체회의를 소집하고, 자신이 의장으로서 회의를 주재했다. 이 회의에서 그는 자신의 문하생들이 장악한 중국공산당 정치국의 실질적인 주도권을 왕밍에게 안겨주는 데 성공했다. 1931년 6월, 리리싼의 동조자인 구순장이 샹중파의 소재지를 국민당 경찰에게 밀고하여 샹중파는 체포되어 상하이에서 처형되었다. 국민당 경찰에 따르면, 정치국은 구순장의 가족을 모두 암살했다. 이후 왕밍이 정치국의 총서기가 되었는데, 그때 정치국에는 보구, 저우언라이, 뤄푸, 샹잉, 류사오치, 뤄마이, 멍칭수(孟慶樹, 맹경수. 왕밍의 부인), 런비스(任弼時, 임필시) 등이 있었다(마오쩌둥은 그때 장시성 중앙위원국 지부, 또는 '중앙분국'의 위원이었다).

미프는 모스크바로 돌아가 코민테른 중국부의 책임자로 활동했다. 코민테른 노선은 또다시 도시 프롤레타리아의 권력 탈취 계획에 농촌소비에트를 이용하려는 경향을 보였다. 일본의 만주 침공(1931년 9월) 이후 왕밍 부처는 미프를 돕기 위해 모스크바로 소환되어, 정치국 총서기는 보구가 맡았다. 정치국은 그때 자체의 지시를 실행시키기 위해 저우언라이, 장궈타오, 런비스와 그 밖의 사람들을 양쯔강 남북의 여러 농촌소비에트 지구로 파견했다. 보구는 상하이 공동 조계 안의 은신처에서 정치국 지하본부를 그대로 유지하면서 자신이 참석할 수 없었던 전소비에트대표대회(장시성에서 개최)에 여러 가지 지시를 내려보냈다.

상하이 경찰이 소련의 자금 제공 루트를 차단시키고 추적을 시작하자, 1932년 말 보구와 뤄푸는 마침내 정치국 지하본부를 장시 소비에트로 이동시켰다. 이때 정치국을 보강하기 위해 새로운 코민테른 대표인 오토 브라운이 도착했는데, 그는 군사적 경험이 있는 독일 사람으로 중국에서는 리더라는 이름으로 알려졌다. 이제 '28인의 볼셰비키'와 전(全) 소비에트 정부 주석이자 홍군 총정치부장이며 정치국 위원인 마오쩌둥 사이를 오랫동안 갈라놓았던 견해 차이가 마침내 결정적인 투쟁으로 터져 나왔다.

저우언라이가 홍군을 총괄적으로 관장하는 대표자가 되었지만 영향력 면에서 마오쩌둥과 맞서 정치적 주도권을 겨룰 인물은 총서기인 보구였다. 마오쩌둥보다 16살이 적은 보구는 1932년 말 정치국 본부를 장시 소비에트로 옮기기 전까지는 전투를 경험한 적이 한 번도 없었다고 나에게 밝혔다. 그러나 그는 여러 해 동안 이론과 정설(定說)의 연구로 무장했을 뿐만 아니라 당 통제기구의 활용 방법에 대해서도 상당한 수련을 쌓았다. 그는 또 코민테른의 확고한 지지를 받아 곁에는 리더가 있었고, 모스크바에는 스탈린의 비호를 받는 왕밍이 버티고 있었다. 한편, 마오쩌둥은 실제적인 체험이 많고 소비에트의 일반 대중과 홍군의 지지를 받는 강점이 있지만, 보구처럼 마르크스 이론에 통달하지 못하고 코민테른식의 인파이팅 기술이 부족했다. 더구나 그는 모스크바에 대한 공공연한 저항을 피하기 위해 조심스럽게 행동해야만 했다.

보구는 코민테른의 위세와 리더(그는 중국어를 하지 못해 보구의 통역에 의존해서 자신의 견해를 밝혔다)의 '전문적인' 군사 지식을 빌려 주더와 마오쩌둥의 권위를 잠식했다. 1933년 말 마오쩌둥은 정치국의 정책 결정 과정에서 배제되었다. 소수파로 몰린 마오쩌둥에게는 국민당의 공격에 대비한 경제적 대응책을 마련하라는 임무가 떨어졌다(『마오쩌둥 선집』 1권. 129~137쪽). 장제스가 지방 군벌의 반란 진압에 신경을 쓰는 동안 홍군은 팽창을 거듭해 정치국의 새로운 전략은 성공을 거두는 듯이 보였다. 푸젠성의 반란이 진행되는 동안 홍군 내에서는 반란군이 국민당 제19방면군과 손을 잡아야 하는가에 대한 논란이 벌어졌는데, 이때 정치국은 항일 '부르주아' 군대라 할지라도 그들과의 적극적인 협력에는 반대한다는 결정을 내리고 홀로 싸워 나가는 비타협 노선을 계속 추구하기로 했다. 이런 결정은 나중에 좌경일탈주의라는 비난을 받았다.

마오쩌둥은 비타협적인 독자노선에 반대한 것이 부분적인 요인이 되어 1934년에는 전권(全權)을 행사하는 혁명군사위원회에서 해임되었는데, 이 위원회는 저우언라이, 보구, 리더, 뤄푸, 예젠잉, 주더로 구성되어 있었다. 그러나 이때 저우언라이가 홍군을 총괄하는 대표자였기 때문에 주더는 저우언라이의 휘하에 들어갔다. 마오쩌둥은 정치국에서 정직당한 채 새로 조직된, 덩파가 국장으로 있는 보위국(스탈린의 비밀경찰을 모방한 것)의 감시를 받게 되었다.

이런 상황에서 장제스가 충분한 준비를 갖춘 제5차 초공전을 벌여 홍군은 패배하고 잠시 소비에트가 해체되고 말았다. 마오쩌둥은 당이 푸젠 반란(1933)을 지원하지 않았고, 또 장제스군에 대항하는 데서 시험을 거친 자신의 게릴라 전략 대신 진지전에 의존했기 때문에 그 같은 파국이 초래되었다고 비난했다. 그의 게릴라 전략(두 차례의 마오핑 회의에서 확립되었다)은 '적을 깊숙이 끌어들인' 다음 압도적인 우세를 확보하는 경우 이외에는 대규모 전투를 회피하는 것이었다. 1936년 리더가 바오안에서 나에게 암시한 것처럼, 마오쩌둥을 지지하는 사령관들은 '28명의 볼셰비키들'이 당권을 장악한 데 대해 분노와 불신을 느낀 나머지 '말로는 복종하고 행동과 실행으로는 복종하지 않는' 형태로 리더가 수립한 전투계획을 실행에 옮기지 않았는지도 모른다.

1934년 10월까지 장시성 내 6개 현의 한정된 지역으로 쫓겨 가서, 소비에트 정부 수도인 루이진에서 철수하지 않으면 안 되었다. 리더, 저우언라이, 예젠잉이 철수 계획을 짰는데, 이들의 일차적인 목표는 후난성에 있는 허룽 군대와 합류하는 것이었다. 이 계획은 많은 희생과 함께 좌절되어 홍군은 방비가 취약한 구이저우성으로 방향을 틀어 그곳에서 2개월간 숨을 돌릴 수 있었다. 홍군이 하계 성도(夏季省都)인 쭌이를 점령한 후, 마오쩌둥은 연대급 이상 부대의 정치위원과 지휘관들 대부분의 지지를 받아 긴급회의 소집을 요구했다. 그는 장교, 정치국, 중앙위원회 위원이 참석한 확대회의에서 당 지도부를 비판해 다수의 지지를 받았다. 그는 새로 구성된 당혁명군사협의회(군사위원회라고도 불린다) 주석으로 선출되었고, 저우언라이와 예젠잉은 위원으로 유임되었다. 주더는 홍군 야전사령관으로 재선임되었다. 보구는 중앙위원회 정치국에 유임되었지만 총서기직은 뤄푸로 대체되었다. 총서기는 이제 더 이상 당 지도권을 행사하지 못하고, 군사·정치 양면의 최고영도권은 주석에게, 즉 마오 '주석'에게 돌아갔다. 쭌이에서는 또 장정의 목표 지역을 서북으로 잡는 역사적 결정이 내려졌다.

리더는 초빙 고문 자격으로 장정에 참여했지만 이제 더 이상 코민테른 대표로서 권위를 내세우지 못했다. 그는 1936년 바오안에서 나에게 "결국 중국인들은 어느 외국인보다 그들 자신의 혁명을 잘 이해하고 있다"라고 말했다. 쭌이에서 이루어진 결정 내용을 모스크바와 공산당 화동국(華東局. 류사오치가 이끌었던 것 같다)에 전하기 위해 천윈(陳雲. 진운)이 파견되었다. 천원이 모스크바에 도착한 뒤에 코민테른은 회의를 열고 처음으로 마오쩌둥을 코민테른 중앙집행위원회 위원으로 선출했다. 왕밍은 코민테른 주재 중국공산당 대표 자격을 계속 유지했지만, 천원은 마오쩌둥의 대변자 구실을 했다. 결국 천원의 상세한 보고로 마오쩌둥의 지위는 정당성을 인정받았고 스탈린의 실질적인 승인도 얻어 냈다.

모스크바는 그 이후 중국공산당에 더 이상 직접적인 개입을 기도하지 않았는데, 1936년 12월 시안 사건에 개입한 것은 예외적인 일이었다. 그때 스탈린은 상하이를 경유해 보낸 전문에서 만약 시안에서 장쉐량에 의해 구금되어 있는 장제스를 해치지 않고 그대로 석방하지 않는다면 중국공산당과 모든 관계를 단절하겠다고 위협했다(에드거 스노, 『붉은 중국 잡기』, 1-5쪽 참조).

이상 극히 복잡한 과정을 간단하게 요약했지만, 내가 개인적으로 소상하게 파악하고 있는 부분 외에는 참고문헌 목록에 열거된 기초적인 연구서들을 참고하면 그밖의 내용을 보충적으로 파악하고 실증하는 데 도움이 될 것이다. 이들 연구서 중

특히 벤저민 슈워츠의 탁월한 선구적 연구서인 『중국 공산주의와 마오쩌둥의 대두(Chinese Communism and the Rise of Mao)』와 존 E. 루(John E. Rue)가 최근에 출간한 빈틈없는 해설서 『재야의 마오쩌둥(Mao Tse-tung in Opposition)』(1927~35)은 많은 도움이 될 것이다. 그 밖에 장시 소비에트 시기의 마오쩌둥의 역할을 별도로 조명해 보려면 디터 하인치히(Dieter Heinzig)의 논문 「오토 브라운의 추억과 마오쩌둥의 권력 장악(The Otto Braun Memoirs and Mao's Rise to Power)」(*China Quarterly*, Apr.-June, 1971)이 도움이 될 것이다. 리리싼과 '28명의 볼셰비키'의 역할, 1935년 이전의 중국혁명의 패퇴에 대한 코민테른의 책임 범위, 그리고 마오쩌둥이 쭌이 회의에서 모스크바에서 훈련 받은 지도자들로부터 당 지도권을 장악하는 데 활용한 방법 등은 참고문헌 목록의 제목에서 암시하는 바와 같이 앞으로 계속 연구해야 할 과제들이다. 이 시기에 대한 중국공산당의 공식 견해는 1945년에 개최된 제7차 전국대표회의에서 「우리 당사(黨史)에서의 몇 가지 문제에 대한 결의」(『마오쩌둥 선집』 3권, 177쪽)라는 제목으로 행한 마오쩌둥의 보고에 주로 담겨 있고, 그 밖에 『마오쩌둥 선집』에서 몇 차례 언급된 것(1권 114쪽과 153쪽)과 후차오무(胡喬木, 호교목)의 『중국공산당 30년』에서 찾아볼 수 있다. 왕밍의 『두 개의 노선』(모스크바, 1932; 옌안, 1940)은 '28명의 볼셰비키'가 주창하고 실천했던 혁명의 주요 명제들이 기술되어 있다.

㉕ 앞의 주 ㉔를 참고할 것.

㉖ 서북 지역으로 이동할 가능성이 이 시기에 논의된 것은 분명하지만 서북으로 가는 장정이 결정된 것은 쭌이 회의에서였다. 앞의 주 ㉔ 참조.

㉗ 그 같은 제안을 내놓았지만 주 ㉔에 언급된 것과 같은 이유로 푸젠성에서 반란을 일으킨 국민당 제19방면군과는 손을 잡지 못했다.

㉘ 마오쩌둥은 장시에서 겪은 다섯 차례의 국민당군 초공전의 전술 및 전략 문제를 후에 면밀하게 분석해 발표했다. 『마오쩌둥 선집』 1권과 『마오쩌둥 군사논문선』을 참조할 것. 공산당은 이 초공전에서 거둔 승리와 패배를 다 같이 분석했지만, 당시 장제스가 짊어진 전반적인 전략상의 어려움, 즉 1930년의 지방 군벌과의 싸움 외에도 일본의 만주 침공(1931)과 상하이 공격(1932), 그리고 화베이 지역에서의 군사적 소모(1933)와 같은 국방상의 책임 수행에 전념해야 한다는 측면은 제대로 인정한

적이 한 번도 없었다. 장제스가 그러한 국방상의 요인들을 얼마나 중요시 했는가에 대한 그 자신의 평가는 그의 『중국에서의 소련』(62~64쪽)을 참고할 것.

5부

① 장정에 관한 상세한 기록이 발표된 것은 이것이 최초였다. 그리고 이 기록은 주로 직접적인 개인 면담을 통해 수록한 장정 참여자들 다수의 목격담에 근거하고 있었다. 따라서 이 기록에는 장정에 대한 그들의 영웅적 견해가 반영되지 않을 수 없었다. 그 후 이 서사시에 관한 공식·비공식 견해가 발표되었다(참고문헌 목록 참조). 장정이 공산당의 선전을 통해 더욱더 미화되었기 때문에 허구로부터 사실을 분리해 내려면 앞으로 몇 년이 더 걸리게 될지도 모른다. 지금도 분명한 사실이 있다면 후퇴 계획은 홍군이 쭌이에 도착하기까지 주로 임기응변식으로 결정되었다는 것이다. 쭌이에서 마오쩌둥이 '목표, 산시(陝西)'라는 자신의 개념을 승인 받았고, 이 개념이 장정으로 실현되었다. 1960년대에 이르면 베이징에 새로 건립된 혁명박물관의 한 층이 온통 장정의 유물과 몽타주 그리고 개략사로 채워진다. 전시물에는 전기로 조명되고 움직이는 초대형 지도가 있어서, 그 영웅들의 진로를 보여 준다. 15분마다 머리를 딴 소녀가 교편으로 가리키면서 대모험을 단계 단계마다 설명하기 시작하면, 그녀의 발아래 점점 더 많은 군중들이 모여든다. 그들은 경탄으로 눈이 휘둥그레지고 입을 다물지 못한다. 이 박물관의 제일 자랑거리는 역시 장정을 마치고 간쑤와 산시(陝西)에 도착한 후 생존자들 몇 명이 주축이 되어 만든 영화였다.

② 특히 국민당계 과학원의 보조를 받고 난징에서 출판된 양취안(楊銓, 양전)의 책 『중국에서의 공산주의 상황』을 참고할 것. 양취안의 보고서는 빈농들 사이에서 거둔 홍군의 승리에 관한 원인 분석의 일부로서 공산당이 실시한 개혁을 인정했다. '적색 테러'에 대한 비난을 개괄한 것으로는 장제스의 『중국에서의 소비에트 러시아』가 있다. 마오쩌둥의 『후난성 농민운동의 시찰보고』에는 '불법지주', '토호열신(土豪劣紳)', '오직관리(汚職官吏)'에 대항해 공산당의 지도를 받는 농민들이 전개한 투쟁활동이 서술되어 있다. 그는 이들에게 '유일하게 효과적이었던' 억압 방법이 '이

들 중에서도, 특히 저지른 범죄와 악행이 극악했던 자들 일부를…… 처형하는 것'이었다고 말한다(『마오쩌둥 선집』 1권. 38쪽).

③ 앞의 주 ② 참조.

④ 장시 소비에트에서의 삶과 죽음 그리고 세금에 관해서는 우량핑, 쉬터리, 뤄푸, 저우싱(周興. 주흥) 등과의 대담에서 유도해 낸 몇 가지 극히 폭넓은 자료 외에도 여러 가지 자료가 있었지만 이 책에서는 제외시키기로 했다. 그 이유는 판단의 근거가 될 만한 경험을 내가 그곳에서 하지 못했기 때문이다. 그러나 후에 그 자료들이 『붉은 중국 잡기』에서 공개되었다.

⑤ A. 스메들리, 『위대한 길』, 309쪽.

⑥ 이들 홍군의 잔류병은 신4군(新四軍)으로 재편성된 지 10년 만에 중화(中華, 중화)에서 장제스의 국민당군을 격파할 정도로 강성해진다. 약전표의 천이 참조.

⑦ 내가 알고 있기로는 그 '총괄적인 장정사(史)'는 출판되지 않았다. 장정에 관한 서적들은 참고문헌 목록 참조.

⑧ 여기에서 간략하게 언급된 마오쩌둥과 장궈타오 사이의 극적인 대결은 30년가량 유지된 마오쩌둥의 당 지도권에 대한 최후의 중대한 도전이었다. 1936년에 내가 그 대결의 성격에 관해 들은 이야기는 단편적인 것에 지나지 않았다. 장궈타오는 후에 주더가 그와 함께 남은 것은 자발적인 의사가 아니었다는 사실을 부인했다. 장궈타오와 함께 신장에 남은 사람들 중에는 리징취안(李井泉, 이정천. 약전표 참조)이 있었다. 1960년 내가 마오쩌둥에게 "일생 중에서 가장 암담했던 때가 언제였느냐?"라고 묻자, 그는 장궈타오와의 대결로 당이 분열되거나 심지어는 내전이 일어날 수도 있는 일촉즉발의 위기에 처했을 때였다고 대답했다. 약전표의 장궈타오, 리셴녠, 타오주(陶鑄, 도주)를 참조. 마오쩌둥-장궈타오의 투쟁과 장궈타오가 국민당 진영으로 도주한 것에 대해 좀 더 상세히 알고 싶으면 『붉은 중국 잡기』와 약전표 참조.

⑨ 다음의 기록은 부분적으로 바오안에서 저우언라이와 나눈 대화에 근거를 두고 있다(일기의 날짜는 1936년 9월 26일).

저우언라이는 홍군의 손실이 반 이상은 쓰촨, 구이저우, 시캉에서 발생했으며,

국민당군과 벌였던 실질적인 전투에 의한 손실보다도 피로, 질병, 기아, 원주민의 공격에 의한 손실이 더 컸다고 말했다.

약 9만 명의 무장병력이 주력군과 함께 장시를 떠났다. 홍군이 진사강을 건너 쓰촨성으로 들어갈 때에는 병력이 절반으로 줄어들었다. 한편 쉬샹첸은 1934년에 5만에서 6만 명의 병력을 거느리고 어위완 지역을 떠났다. 그는 6개월 동안 쓰촨성에 머물면서 그의 병력을 10만 명 이상으로 증가시켰다. 1935년 말 허룽은 병력 약 4만 명과 함께 후난성을 출발했다. 그가 시캉성에 도착했을 때 그의 병력은 2만 명 이하, 아니 좀 더 정확하게 1만 5천 명가량으로 줄어 있었다.

따라서 쓰촨성에 3개 군이 도착했을 당시의 병력은 다음과 같았다.

	전(前) 근거지에서 출발할 때 수(명)	쓰촨 도착할 때의 수 (명)	손실 수 (명)
제1방면군: 주더-마오쩌둥-저우언라이	(1934) 90,000	45,000	45,000
제4방면군: 쉬샹첸-장궈타오	(1933) 50,000	100,000(+50,000)	?
제2방면군: 허룽-샤오커	(1935) 40,000	15,000	25,000

총병력 16만 명 중의 절반 이상이 (1935년 현재) 쉬샹첸과 장궈타오 휘하에 있었으며, 장시-후난 부대는 1934년과 35년 사이에 도중에서 7만 명의 병력을 잃었다.

1935년 제1군단(제1방면군)이 산베이(陝北, 섬북)에 도착했을 때 병력은 약 7,000명이었다. 여기에 류즈단의 병력 1만 명이 합류했다. 쉬하이둥도 1935년에 허난성을 출발할 때의 병력 8,000명 중 남은 병력 3,000명을 거느리고 올라왔다. 산베이, 산시(山西), 간쑤, 닝샤에서 모병한 결과는 대략 다음과 같았다.

제1군단(쓰촨에서 도착한 병력): 7,000명

류즈단의 산베이군(후에 예비군으로 이용됨): 10,000명

어위완에서 온 쉬하이둥 부대: 3,000명

1935년 원정 때 산시(山西)성에서 모집한 병력: 8,000명

산베이에서 모집한 병력과 만주군 및 회교군 도망병: 7,000명

서북방 정규군의 병력: 35,000명

산시(陝西), 간쑤, 닝샤 전역의 유격대와 적위대 병력: 30,000명

저우언라이는 시캉성에서 겨울을 나고 현재 간쑤성 북부를 향해 행군하고 있는 제2, 제4방면군의 병력이 4만에서 5만 명일 것으로 평가한다.* 그렇다면 나머지 병력은 전부 어떻게 되었는가?

	기지 출발할 때 (명)	1935년 (명)	1936년 서북방 도착할 때 (명)	설명 불능 (명)
1. 쉬샹첸과 장궈타오	50,000	100,000	40,000~50,000	
2. 주더	90,000	45,000		
3. 허룽	40,000	15,000		
■주더는 서북방에 도착한 병력이 전부 5만 명에도 못 미쳤다고 말했다. 각 군 전성기의 병력을 모두 합치면 230,000명이다. 그 수에서 마오쩌둥, 펑더화이와 함께 산시(陝西)성에 도착했던 7,000명을 제외하면 총수는 223,000명이 된다. 그렇다면 나머지……				173,000 명은?
4. 마오쩌둥과 펑더화이	?	제1군단	7,000	
5. 쉬하이둥	8,000	–	3,000	50,000
			60,000	178,000

〈서북방에서 추가된 병력〉

류즈단 휘하의 산베이군: 10,000명

산시(山西)성에서 모집한 신병: 8,000명

산베이, 간쑤, 닝샤에서의 모집한 병력: 7,000명

합계: 25,000명

이상의 수치로 보면 2년이 채 안 되는 기간에 홍군이 잃은 병력수는 18만 명에 이른다는 결론이 나온다. 나의 추측으로 현재 홍군 병력은 3만 5천에서 3만 명을 넘지 않았으며, 보유하고 있는 소총은 3만 정을 넘지 못했다.

1967년판에 추가된 주(註): 3개 주력군단 최전성기의 병력은 주더와 마오쩌둥 휘하의 제1군단이 9만 명, 허룽과 샤오커 휘하 제2군단이 4만 명, 장궈타오와 쉬샹첸 휘하 제4군단이 10만 명으로 총 23만 명이었다. 마오쩌둥, 펑더화이, 저우언라이,

린뱌오는 마오쩌둥과 장궈타오의 항쟁 기간에 마오궁에서 주더 군대와 헤어졌으며, 그 후 산시(陝西)를 향해 행군했다. 산시에 도착했을 때 이들 휘하의 병력은 7천 명밖에 되지 않았다. 1년 후 허룽과 샤오커가 쓰촨성에 도착해 장궈타오의 잔존 병력을 만났다. 이들 2개 방면군은 함께 북진하면서도 단일작전을 펼치지는 않았다. 주더, 허룽, 샤오커는 간쑤성에 도착해 펑더화이와 합류했으며, 이때 그들의 병력은 전부해야 4만 명을 넘지 못했다. 한편 쉬샹첸은 장궈타오의 명령에 따라 간쑤성 서북부를 점령하고 신장으로 통하는 길을 장악할 목적에서 다른 진로를 택했다. 쉬샹첸의 부대는 시안의 서쪽에서 국민당군이 파 놓은 함정에 빠져 치명타를 맞은 후에 양분되었다. 리셴녠의 지휘를 받으며 북진하던 부대는 서부방면군으로 명칭을 바꾸고 신장을 향해 행군했다. 서부방면군이 비교할 수 없을 만큼 우세한 병력과 화력을 가진 중국 회교군의 집중 공격을 받으면서 우루무치(Urumchi)에 도착했을 때 생존자는 2천 명밖에 되지 않았다. 쉬샹첸과 장궈타오는 자기들의 잔존 부대에서 분리되어 병든 몸을 이끌고 옌안에 도착했다. 그들의 뒤를 따르는 병력은 신변호위대가 전부였다. 장궈타오와 옌안 사이에 통신이 단절되었고 협조관계가 깨졌으며, 그 후에는 장궈타오를 한편으로 하고 주더와 허룽을 다른 한편으로 하여 때로는 무력 충돌까지 일으킬 정도의 심각한 대립이 있었기 때문에 제4방면군은 고립상태에 빠져 쉽게 국민당군의 먹이가 되고 말았다. 장궈타오의 10만 대군은 1937년 초 장정이 끝나기도 전에 기대했던 역할을 다하지 못한 채 간단히 와해되어 버리고 말았다.

⑩ '3군'은 제1, 제2, 제4방면군이었다(주 ⑨ 참조). 마오쩌둥은 후에 이 시를 다시 썼다. 이 시는 몇 사람에 의해 번역되었다.

6부

① 30년 후 마크 셀든(Mark Selden)은 새롭게 발굴된 조사 자료까지 폭넓게 동원하여 산시(陝西)에서의 혁명과 발생에 관한, 흥미롭고 상세한 논문, "The Guerrilla Movement in Northwest China," *China Quartery*, Nos.28-29(Oct.-Dec., 1966; Jan.-

March. 1967)를 썼다.
② 마오쩌둥은 『마오쩌둥 선집』 1권에서 이 사건에 관해 상이한 견해를 털어놓는다.
③ 마오쩌둥, 「농촌 지역에서 어떻게 계급을 분석할 것인가?」, 『마오쩌둥 선집』 1권, 137-139쪽 참조.

8부

① 조지프 W. 스틸웰은 1937년에 중국 주재 미국대사관의 무관으로 근무하고 있었다. 2차 세계대전 당시에는 중국·미얀마·인도 전선에 주둔하는 미군의 총사령관이 되었다. *The Stilwell Papers*, New York, 1948 참조.

9부

① 30년 전의 이 보고서가 말해 주고 있듯이 지배자 마(馬) 일족이 '봉건적'이고 '시대역행적'이었던 것은 사실이다. 그러나 공산주의자들이 '회민(回民, 이슬람교도)'에게 앞으로 사회주의 국가가 건설되면 두려워할 것이 아무것도 없다는 것을 쉽게 납득시켰다고 성급하게 결론짓지는 말아야 한다. 그것은 앞으로 맞닥뜨리게 될 난제들을 지나치게 과소평가한 것일 수 있기 때문이다. 당시 '3개 교파' 사이의 갈등이, 그리고 4대마(四大馬)와 피지배자들 사이의 갈등이 터질 만큼 익어 있었던 것도 사실이지만, 이에 못지않게 홍군 자체 내의 분열도 심각했다. 그러한 내분으로 인해 홍군이 치명적인 패배를 맛보아야 했다(약전표의 장궈타오, 쉬샹첸, 리셴녠을 참조). 마 일족이 서북방에서 최종적으로 추방당한 것은 해방전이 있고 나서였다.

공산주의자들은 닝샤와 신장에서 회교(이슬람교)자치국가의 설립을 허용하겠다는 그들의 약속을 지켰지만, 종교 지도자들은 계속해서 공산화에 저항했다. 이들의 쌓인 불만이 중화인민공화국의 설립 이후에도 간헐적인 반란으로 분출되었으며, 그 배경에는 네이멍구의 몽골인들이 그랬던 것처럼, 회민도 한족의 농부들에게 그들의 초지를 빼앗기고 결국은 동화당하지 않을까 하는 두려움에 시달리고 있다는 현실이 어쩔 수 없이 작용하고 있었다. 소수민족에 대한 중국공산당의 정책은 여러 가지 측면에서 국민당의 정책보다 훨씬 더 진보적이었다. 그러나 한족과 변방 민족들 사이의 오랜 갈등은 한두 세대 안에 해결될 수 있는 문제가 아니었다. 다른 한편에서는 1960년 중소관계의 결렬 이후 소련 측이 개입해 중국 국경 인접 지역의 불안정을 이용했다.

10부

① 1960년, 1964~65년, 그리고 1970~71년에 중국을 다시 돌아본 나는 과거의 '소귀들'을 여러 명 만났다. 그들은 중요한 직책을 맡고 있었다. 그들 중 하나가 1936년에 내가 처음 만난 다이정치(戴正啓, 대정계)였으며, 그는 '성병·피부병연구소'의 부소장으로 일하고 있었다. 같은 연구소에서 나는 1936년 이후 홍군과 함께 생활한, 외국인 의사로는 유일했던 미국인 조지 헤이템(George Hatem, 마하이더)의 오랜 친구 한 명을 소개 받았다.

② 11부 6장 참고.

③ 원전의 정신과 형식을 보존할 목적에서 남겨 둔 이 장은 장시 시대의 초기부터 주더의 막료였던 리장린 사령관이 나에게 제공해 준 주더의 약전에 주로 의존했으며, 여기에 마오쩌둥과 펑더화이 등이 제공해 준 간략한 자료를 보충했다. 이 약전에는 여러 가지 부정확한 사실들이 포함되어 있지만, 허룽에 관한 내력의 경우가 그러하듯이, 그것은 기록이 없던 시절 홍군 내부에 퍼져 있던 전설의 일부로 간주할 수도 있을 것이다.

④ 주더와 판스성 사이의 관계는 후일에 출판된 스메들리의 『위대한 길』과 존 E. 루의 『재야의 마오쩌둥』에서 좀 더 정확하게 소개되었다.

11부

① 저항전쟁이 계속되던 대부분의 기간 동안에 공산당은 외국 선교사들에 대해 관용

정책을 일관성 있게 지켜 나갔다. 그러나 외국 선교사들의 활동은 중화인민공화국의 수립과 함께 종지부를 찍었다. 좀 더 자세한 내용은 *The Other Side of the River: Red China Today* 참조.

② 여기에서 말하는 그의 아내는 리더와 함께 장시에서 왔다. 후에 그는 그녀와 이혼하고 상하이 출신의 여배우와 다시 결혼했다. 리더는 저항전쟁 동안 단 한 번 옌안에 착륙한 소련 비행기에 오르면서 두 번째 아내도 뒤에 남겨 두었다.

③ 이 장과 다음 두 장에 관해서는 4부 후주 ㉔ 참조.

④ 이 장은 원전의 형식을 보존하기 위해 남겨 두었다. 이 장의 부정확성은 30년 전에 입수할 수 있었던 정보가 빈약했음을 반영한다. 그러니만큼 4부 후주 ㉔와 대조하며 읽어야 한다.

⑤ 전반적으로 이러한 평가는 지금 회고해 보아도 타당하다. 그러나 그것이 당시에는 복잡한 중소관계에 관한 지식이 제한되어 있었음을 반영하는 것은 사실이다. 실제로 모스크바와의 접촉이 여러 달 동안 끊어지는 경우가 자주 있었지만, 코민테른의 전반적인 노선 및 지령에 대한 순응은 중국공산당 정치국의 공표된 의도이자 결코 포기한 적 없는 노력이었다. 1935년 1월의 쭌이 회의가 있기까지는 마오쩌둥 중심의 토착적 지도세력이 러시아에서 훈련 받고 러시아 지향적인 중국 공산주의자들을 압도하지 못했다. 20년 뒤 마오쩌둥이 「프롤레타리아 독재의 역사적 경험에 관하여」라는 논문에서 표명된 스탈린에 대한 당의 평가에 동의하게 되지만, 이때까지는 마오쩌둥이 스탈린의 최고지도자로서의 지혜를 공공연하게 부인한 적이 없었다.

⑥ 1934년에 설치되어 저우언라이가 이끌고 있던 '홍군군사평의회'가 '만장일치로' 리더의 계획에 반대한 것은 아니었다. 앞에서 내가 그렇게 들었다고 말했는데, 그런 말을 한 당사자는 '장시 패배'의 원인이 제5차 초공전에서 진지전을 시도한 데 있다고 생각했던 샤오진광이었다. 그는 나에게 말했다. "이것은 주로 리더의 조언 때문이었다. 그는 자신만만했고 권위가 대단했다. 그는 주먹으로 책상을 내리쳤다. 그는 마오쩌둥과 그 밖의 사람들에게 군사 문제에 대해서 아는 것이 있으면 말해 보라고 호통을 쳤다. 그러고는 아는 것이 없으면 자기의 말에 순종하라고 말했다." 어떻게 그가 그렇게까지 할 수 있었을까? "그는 전 세계 공산주의자들의 지지

라는 후광을 업고 있었다." 『붉은 중국 잡기』 참조.

⑦ 나에게 전달된 홍군의 승전 보고가 시기상조인 것으로 판명되었다. '환희에 찬 재결합'이 일반 병사들 사이에서는 틀림없는 사실이었지만, 당 지도권을 놓고 장궈타오와 마오쩌둥 양 진영을 분열시켰던 견해 차이의 청산이라는 문제를 새롭게 제기했다.

⑧ 예전(1936년 7월 16일)에 나와 가졌던 대담에서 마오쩌둥은 '모든 항일세력들'과의 '통일전선' 결성을 제안하기는 했지만, 특별히 국민당 정부 자체를 의식하고 그런 제안을 한 것은 아니었다. 그러한 변화의 '직접적인' 원인이 새로 받은 코민테른 제7차 대회의 회의록에 근거를 두고 내린 중앙위원회의 결정이었음에 틀림없다.

⑨ 나는 홍구를 떠나면서 카메라와 약간의 필름을 안내원 왕린(王林, 왕림) 편에 루딩이에게로 되돌려 보냈다. 그때 내가 내건 조건은 루딩이가 수시로 뉴스의 가치가 있는 사진들을 나에게 보내 주어야 한다는 것이었다. 그 후 그가 나에게 보내온 유일한 사진은, 자신이 걸작이라고 생각한 것이 틀림없는 산시(陝西)성의 사과꽃을 가까이서 찍은 사진뿐이었다.

12부

① 왕징웨이는 나중에 일본 괴뢰정부의 수반이 되었다. 약전표 참조.

② 공산당은 장제스의 체포, 구금이라는 실제적인 행동과는 '무관'했지만, 당시 시안에 머물고 있던 공산당 연락요원들은 아마도 이 계획을 사전에 (극히 간단하게나마) 알고 있었던 것 같다. 부하를 이끌고 장제스를 '체포'했던 동북군의 젊은 장교인 쑨밍주 대위는 공산당의 영향을 강하게 받았다. 앞서 밝힌 것처럼 장쉐량은 자신의 사령부 내에 중국공산당 중앙위원들을 배치해서 활동하게 했고, 왕빙난(王炳南, 왕병남. 약전표 참조)은 휘하 부하들을 장제스의 '체포'에 참여시킨 양후청 장군의 개인비서였다.

　시안 사건 직후 바오안에서 시안에 파견된 공산당 협상대표단 중에는 저우언라이(혁명군사위원회 부주석) 외에, '항일홍군' 참모장인 예젠잉과 공산당 임시정부 '외교부장'인 보구가 끼어 있었다. 이 책이 출판된 뒤 나는 보구로부터, 그때 시안에서 총통을 만난 사람은 저우언라이뿐이었다는 이야기를 들었다(1938). 보구는 저우언라이가 장제스와 한 차례 짧은 시간 동안 면담했을 때는 아무런 협정도 체결되지 않고 장제스가 그저 내전 종식에 찬성한다는 소감만 표시했으며, 저우언라이는 이러한 의사 표시를 도의상의 약속으로 해석했다고 밝혔다. 그 직후 장쉐량은 저우언라이나 다른 공산당 대표단에 아무런 사전 통보도 하지 않고 장제스를 석방해 이들을 크게 실망시켰다. 보구의 말에 따르면, 공산당 대표단은 최소한 항일민족통일전선을 부활시킨다는 바탕 위에서 정전협정의 구체적 조건들을 타결시킬 동안만은 총통을 시안에 붙잡아 두기를 바랐다고 한다. 이 사건(에드거 스노, 『붉은 중국 잡기』, 1-15쪽에도 언급되어 있다)에 관한 그 밖의 증거자료를 살펴보면 옌안의 공산당 내에서 장제스에 대한 공개재판 문제가 논쟁의 대상이 되었음을 뚜렷이 엿볼 수 있다. 그러한 의도는 스탈린이 직접 보낸 메시지가 공산당에 도착하면서 사라졌던 것이 분명한데, 스탈린은 이 메시지에서 공산당이 장제스를 해치지 말고 석방하도록 요구하지 않으면 중국공산당과 모든 관계를 단절하겠다고 노골적으로 위협했다. 마오쩌둥은 이 메시지 내용을 몹시 불쾌하게 생각했던 것으로 알려졌다. 그러나 나는 마오쩌둥이 어느 때인가 총통의 '처형'을 요구했다는 주장을 뒷받침할 만한 어떠한 자료도 본 적이 없다. 그런데도 스튜어트 슈람은 그의 저서 『마오쩌둥』에서 아무런 근거도 없이 내가 그러한 견해를 밝힌 것처럼 지적했다.

③ 에드거 스노, 『붉은 중국 잡기』 참조.
④ 이러한 설명은 당시 입수할 수 있었던 여러 가지 정보로 미루어 보아서는 그럴듯하게 들렸지만, 나는 지금도 장제스를 '인민재판'에 회부하자는 제안이 공산당 내에서 토의되었으리라고 믿고 있다. 그러나 12부 주 ⑫에서 설명한 것과 같은 이유로 받아들여지지 않았다.
⑤ 장제스는 장쉐량을 끝내 용서하지 않았고 끝까지 석방하지도 않았다. 30년이 지난 지금까지도 장쉐량은 타이완에서 포로생활을 하고 있다.
⑥ 시안 사건 전반에 대한 공산당의 공식 입장을 밝힌 문헌으로는, 『마오쩌둥 선집』 1권, 255쪽 참조.
⑦ 1937년 4월 10일 옌안에서 있었던 공산당에 대한 보고 내용은, 『마오쩌둥 선집』 1

권 참조. 마오쩌둥의 이 솔직한 언명으로, 그가 철저한 프롤레타리아 권력(공산당이 지도하는)에 못 미치는 어떤 것을 수립하려 한다는 생각은 완전히 지워졌다. 몇 달 뒤 나와 회견한 마오쩌둥은 100퍼센트 충실한 공산주의 목표에서 벗어났다는 일체의 주장을 더욱 철저하게 일소해 버렸다(부록에 있는 마오쩌둥과의 회견 추가분을 참고할 것).

마오쩌둥과 에드거 스노의 회견(추가분)

1936년에 나와 마오쩌둥이 회견한 내용은 지면이 제약되어 있어 『중국의 붉은 별』 초판에 완전히 수록하지는 못했다. 그러나 수록하지 못한 회견 내용은 대부분 《상하이 이브닝 포스트 앤드 머큐리(Shanghai Evening Post & Mercury)》(1937년 2월 3, 4, 5일 자)에 실렸다. 다음은 오늘날 관심의 대상이 될 만한 내용을 가려 뽑은 것이다.

코민테른, 중국, 외몽골 문제에 대하여

스노: 만약 중국 혁명이 실제로 성공을 거둔다면 소비에트 중국과 소비에트 러시아(소련) 간의 경제적, 정치적 관계는 제3인터내셔널(코민테른)이나 그와 유사한 조직 안에서 유지될 것인지, 아니면 어떤 형태의 실제적인 정부 합병으로 나아갈 가능성이 있는지요? 중국 소비에트 정부와 모스크바의 관계를 현재의 외몽골 정부와의 관계에 비교할 수 있을까요?

마오쩌둥: 이 문제는 순전히 가상적 질문이라 생각합니다. 내가 이미 밝힌 것처럼 홍군은 현재 권력지배권을 추구하고 있는 것이 아니라 일본 제국주의에 대항하는 중국의 통합을 모색하고 있습니다.

제3인터내셔널은 세계의 프롤레타리아 전위세력이 전 세계의 모든 혁명적 인민들을 위해 그들의 집단적 체험을 결집시키는 기구입니다. 코민테른은 행정조직이 아니며, 또 자문적인 능력 이상의 정치력을 지니고 있는 것도 아닙니다. 제3인터내셔널은 취지 면에서 제2인터내셔널과 큰 차이가 있지만 구조적인 면에서는 별다른 차이가 없습니다. 그러나 제2인터내셔널이 사회민주당 내각이 들어선 나라에서 명령자 구실을 했다고 그 누구도 말할 수 없는 것처럼, 제3인터내셔널은 공산당이 조직된 나라들에 독재자 구실을 하고 있다고 말하는 것도 터무니없는 생각입니다.

소련에서는 공산당이 권력을 장악하고 있지만 제3인터내셔널은 그곳에서조차도 아직 인민을 통치하지 않으며, 또 인민에게 직접 행사하는 어떠한 정치권력도 가지고 있지 않습니다. 이와 마찬가지로 중국공산당이 코민테른의 회원이긴 하지만 그렇다고 해서 소비에트 중국이 모스크바나 코민테른의 지배를 받는다는 뜻은 결코 아니라고 말할 수 있습니다. 우리가 해방된 중국을 위해 투쟁하고 있는 것은 조국을 모스크바에 넘기기 위한 것은 물론 아닙니다!

중국공산당은 중국에 하나밖에 없으며, 따라서 승리를 거두게 되면 중국공산당은 중국 전체를 대변해야 할 것입니다. 중국공산당은 러시아 인민을 대변할 수 없고, 또 제3인터내셔널을 위해 통치할 수도 없으며, 오로지 중국 대중의 이익을 위해서만 대변하고 통치할 수 있습니다. 중국 대중의 이해가 러시아 대중의 이해와 합치되는 면에서만은 모스크바의 '의사에 따르고 있다'라고 말할 수 있습니다. 그러나 이 같은 공동의 이익기반은, 중국의 인민 대중이 러시아의 형제인민들과 마찬가지로 민주주의적인 권력을 장악하고 사회적·경제적 질곡에서 해방될 때는 엄청나게 확대될 것입니다.

소비에트 정부가 많은 나라에서 수립될 때는 소비에트의 국제적 연합이란 문제가 제기될 수 있겠는데, 그럴 경우 이 문제를 어떤 방법으로 해결할 것인지가 자못 흥미롭습니다. 오늘날처럼 다른 나라와 인민들 사이의 경제적, 문화적 교류가 긴밀해진 세계에서는 '자발적인 기반 위에서 이루어지기만 한다면' 그 같은 연합은 무척 바라던 바일 것입니다.

그러나 분명 자발적인 기반이란 조건이 극히 중요합니다. 그 같은 세계적 연합은, 모든 국가들이 자신들의 주권을 침해당하지 않고, 또한 모스크바의 '명령'에 결코 좌우되지 않고 그들 인민의 의사에 따라 그 연합에 가입하고 탈퇴할 권리를 가질 때만 비로소 성공할 수 있을 것입니다. 어느 공산주의자도 그와 다른 방향을 생각한 적이 없었으며 '모스크바의 세계 지배'라는 신화는 파시스트들과 반혁명분자들이 날조한 것입니다.

외몽골과 소련의 관계는 현재나 과거나 항상 완전한 평등의 원칙을 바탕으로 하고 있습니다. 중국에서 인민혁명이 성공을 거두면 외몽골공화국은 자체의 의사에 따라 자동적으로 중국연방의 일부가 될 것입니다. 회교도들과 티베트 인민들도 마찬가지로 중국연방에 부속되는 자치공화국을 세울 것입니다. 국민당이 좇고 있는 것과 같은, 소수민족에 대한 불평등한 대우는 중국의 정강과는 연관될 수 없으며, 어떠한 민주적인 공화국의 정강과도 연결될 수 없을 것입니다.

'열쇠'로서 중국에 대하여

스노: 공산주의 운동이 중국에서 승리를 거둔다면 다른 아시아 국가나 또는 조선, 인도네시아, 필리핀, 인도 같은 반식민지 국가들에서 즉시 혁명이 일어나리라고 생각합니까? 현재 중국이 세계 혁명의 '열쇠'가 되고 있나요?

마오쩌둥: 중국 혁명은 세계 정세 속에서 하나의 중요한 요소 구실을 합니다.…… 중국 혁명이 정권을 완전히 장악한다면 많은 식민지 국가의 대중들은 중국을 본받아 유사한 형태의 독자적인 승리를 얻을 것입니다. 그러나 다시 한번 강조해 두지만 우리의 (당면) 목표는 정권을 장악하는 것이 아닙니다. 우리는 내전을 중지하고 국민당 및 그 밖의 다른 정파들과 함께 민주적인 인민의 정부를 세워서 우리의 독립을 쟁취하기 위한 항일전쟁에 나서기를 원합니다.

(1936년 7월 23일, 바오안에서)

토지 분배에 대하여

스노: 일본 제국주의와 투쟁을 마친 후, 혁명의 최우선적인 국내 과제는 어떤 것입니까?

마오쩌둥: 중국 혁명은 부르주아 민주주의적 특성을 지니고 있는 만큼 주요 과제는 농지 문제의 재조정, 즉 농지개혁을 실현하는 것입니다. 농업의 개혁이 얼마나 절박한지는, 오늘날 중국의 토지 배분 상황에 관한 통계자료를 살펴보면 어느 정도 실감할 수 있을 것입니다. 국민혁명기에 나는 국민당 농민위원회(부)의 서기로 일하면서 21개 성(省)의 통계를 수집하는 일을 담당했습니다.

우리는 이 조사를 통해 엄청난 불평등을 확인했습니다. 전체 농촌 인구의 약 70%가 빈농, 소작농, 반소작농, 농업노동자로 이루어져 있었습니다. 약 20%는 자신의 농토를 경작하는 중농들이었고, 나머지 10%는 고리대금업자들과 지주들이었습니다. 이 10% 속에는 부농과 또 군벌이나 징세원들과 같은 착취자들이 포함되어 있었습니다.

농촌 인구의 10%밖에 안 되는 부농, 지주, 고리대금업자들이 경작지의 약 70%를 차지하고 있었습니다. 12~15%는 중농들이 소유하고 있었지요. 농촌 인구의 70%를 차지하는 빈농, 소작농, 반작농, 농업노동자들은 전체 경작지의 10~15%밖에 차지하지 못하고 있었습니다. 혁명은 주로 두 갈래의 억압, 즉 제국주의자들의 억압과 10%에 불과한 지주들과 중국인 착취자들의 억압에서 그 씨앗이 뿌려지고 있습니다. 따라서 우리가 민주주의와 토지개혁, 제국주의에 반대하는 전쟁을 새로이 요구한 데 대해 "반대하고 나서는 사람들은 전체 인구의 10%도 채 안 되는 세력입니다." 사실은 10%가 아니라 아마도 약 5%밖에 안 될 것입니다. 공동의 '반공협정'이란 책략 아래, 동족을 정복하는 일본에 가담하는 반역자들이 그 이상은 되지 않을 것이기 때문입니다.

스노: 소비에트 정강 중 통일전선 결성을 위해 실시를 연기한 것들이 있는데, 토지 재분배도 그처럼 연기시킬 수 없나요?

마오쩌둥: 지주들의 재산을 몰수하지 않고는, 또 농민들의 주요한 민주적 요구를 충족시키지 않고는 혁명적인 민족해방투쟁의 광범한 대중적 기반을 확보하는 것이 불가능합니다. 민족적 대의(大義)에 대한 농민들의 지지를 얻기 위해서는 토지문제에 대한 이들의 요구를 충족시키지 않으면 안 됩니다.……

교육과 중국어의 로마자화 문제에 대하여

스노: 문맹 문제에 대한 대책을 간단히 설명해 주실 수 있습니까?

마오쩌둥: 인민의 정부가 대중들의 경제적, 문화적 수준의 향상을 진정으로 원한다면 문맹 문제는 어려운 문제가 아닙니다…….

우리 문맹일소회는 장시성에서 교육인민위원의 지도 아래 대단한 성과를 얻었습니다. 이 회는 마을마다 젊은 학생들과 청년공산당원, 소년선봉대들이 지도하는 그룹을 만들어 인민들에게 읽고 쓰는 방법을 가르쳤습니다. 조직을 갖춘 농민들은 스스로 이 같은 대중교육 학교를 수백 개나 만들어, 보수를 받지 않고 자발적으로 시간과 정열을 바치는 열성적인 청년공산당원의 가르침을 받았습니다. 3~4년이 지나자 우리 장시 소비에트 지구에 거주하는 농민들은 대다수 한자 수백 자를 깨우쳐 간단한 교과서 내용이나 강의, 우리가 발행한 신문이나 간행물을 읽을 수 있게 되었습니다.

우리가 수집한 통계자료는 장정 중에 유실되었지만 제2차 전소비에트대표대회(1934년 1월 장시성 루이진에서 개최됨. 마오쩌둥의 『붉은 중국: 마오쩌둥 주석의 보고』 참조)에서 내가 보고한 내용 중에는 인민의 대중교육 운동과 소비에트가 운영한 정규교육 제도를 통해 이룩된 교육 성과가 상세히 언급되어 있습니다…….

산시(陝西)성과 간쑤성에도 문맹일소회가 설립되었습니다. 이곳의 문화수준은 앞에 말한 장시성보다 훨씬 낮았고, 지금도 교육 문제가 큰 과제로 남아 있습니다. 우리가 문맹 일소를 촉진시키기 위해 이곳에서 '신문자', 즉 로마자화한 중국어의 사용을 실험하기 시작했습니다. 이제 로마자화한 중국어는 당학교, 홍군대학, 홍군, 그리고 《적색중국일보》의 특수한 란에 사용하고 있습니다. 우리는 로마자화가 문맹을 퇴치시키는 훌륭한 수단이라고 믿고 있습니다. 한자는 익히기가 매우 어려워서 기본 한자의 체계를 아무리 정연하게 세워 놓거나 또는 교육방식을 단순화시키더라도 인민들에게 정말 쓸모 있고 풍부한 어휘들을 갖춰 줄 수가 없습니다. 우리는 대중들이 완전히 참여하는 새로운 사회문화를 창조하게 되면 조만간 한자를 완전히 철폐해야 하리라고 믿습니다. 현재 우리는 로마자화를 광범하게 사용하고 있는데, 앞으로 이곳에서 3년간 더 머문다면 문맹 문제는 대부분 해소될 것입니다…….

(1936년 7월 19일, 바오안에서)

다음은 1939년의 회견 내용을 발췌한 것으로서 중국 이외의 지역에서는 전문이 발표된 일이 없었다. 중국에서는 상하이에서 발간되는 《차이나 위클리 리뷰(China Weekly Review)》(1940년 1월 13일, 20일 자)에 공개되었다.

우리는 절대로 개혁주의자가 아닙니다

스노: 중국공산당이 계급투쟁을 역설하는 선전활동을 포기했고, 소비에트를 폐지했으며, 국민당과 국민당 정부의 지휘 아래 들어갔고, 쑨원의 삼민주의(三民主義)를 채택했으며, 지주와 자본가의 재산몰수를 중지했고, 국민당 장악 지역에서의 조직활동과 선전활동을 중지했기 때문에, 이제 많은 사람들은 중국 공산주의자들이 더 이상 사회혁명가들이 아니라 개혁주의자에 불과하며, 방법과 목적 면에서도 부르주아지로 전락했다고 주장합니다. 이런 주장에 어떻게 응수하겠습니까?

마오쩌둥: 우리는 언제나 사회혁명가이며 절대로 개혁주의자들이 아닙니다. 중국 혁명의 테제에는 두 가지 주요 목표가 있습니다. 하나는 민족주의적인 민주혁명의 과업을 달성하는 것이고, 다른 하나는 사회혁명입니다. 사회혁명은 성취되어야 하며, 그것도 완전히 성취되어야 합니다. 현재의 혁명은 그 성격과 목표 면에서 민족주의적 민주혁명이지만 일정한 단계를 지난 후에는 사회혁명으로 전환될 것입니다. 지금 단계에서 우리의 노력이 실패로 끝나 사회혁명의 조기실현 가능성이 사라지지 않는 한, 현재 '생성되는' 중국 혁명 테제 속의 사회혁명적 부분은 '완성된 실체'를 보게 될 것입니다.

반격의 준비

스노: 귀하의 「지구전론」에 따른다면 현재의 중국의 저항은 어느 단계입니까? '교착' 단계에 도달했나요?

마오쩌둥: 맞습니다, 전쟁이 교착상태에 빠져 있지만 몇 가지 조건이 곁들여져야 합니다. 새로운 국제정황적 여건과 일본의 입장이 더욱 어려워지는 상황 속에서 중국이 유화책을 모색하지 않는다면 전쟁은 교착상태에 들어갑니다……. 이는 곧

(우리의) 반격준비를 의미하는 것입니다.

나치 독일과 소련의 조약 체결 문제

스노: 나는 독소조약 조인에 대한 귀하의 논평을 읽었습니다. 귀하는 소련이 유럽전쟁에 끌려들어 갈 가능성이 희박하다고 판단한 듯합니다. 귀하는 나치 독일의 승리가 거의 확실하다 할지라도 공격을 받지 않는 한 소련이 중립을 지키리라고 생각합니까?

마오쩌둥: 유럽전쟁은 쌍방이 다 같이 제국주의 세력이고, 또 어느 쪽에도 정당성을 찾아볼 수 없는 단순한 약탈전쟁인 만큼 소련은 이 전쟁에 참여하지 않을 것입니다. 양측은 세력 균형과 전 세계 인민을 지배하기 위해 싸우고 있습니다. 양쪽이 다 같이 옳지 못하기 때문에 소련은 이런 형태의 전쟁에 끼어들지 않고 계속 중립을 지킬 것입니다. 현재 벌어지는 유럽전쟁의 결과에 대해서, 소련은 영국이건 독일이건 전승국으로 등장하는 나라의 위협을 두려워하지 않을 것입니다. 소련이 공격을 받든 안 받든 간에 소련은 여러 나라 인민들과 식민 및 반식민지 소수민족들의 지지를 받을 것이기 때문입니다.

소련과 히틀러의 경제협력 문제

나는 마오쩌둥이 사전에 내용을 충분히 읽고 생각할 수 있도록 서면질의표를 만들어 제시했다. 그러나 이 회견 때 나는 질의표에 포함되지 않는 한 가지 질문을 던졌다. 즉 독일이 영국이나 프랑스와 다를 바 없는 제국주의 국가라고 한다면 소련이 방대하게 비축하고 있는 소맥과 석유, 그 밖의 전쟁물자를 제공하는 형태로 독일의 제국주의적 모험에 관여하는 이유는 무엇인가 하는 것이었다. 이와 곁들여서 소련이 계속 사할린의 유전 지역을 대여하고 어업권을 일본에 부여하는 이유는 무엇인가? 특히 어업권은 일본이 생선을 대량 수출해서 외화를 벌고 무기를 사들여, '반식민지 상태인 중국의 민족해방운동'을 억누르는 '강탈적인 제국주의' 전쟁을 수행하는 데 매우 유용하게 쓰이고 있었다.

마오쩌둥은 이 같은 질문에 대해, 그것은 매우 복잡한 질문으로서 정책의 궁극적인 측면이 드러날 때까지는 답변할 수 없는 문제라고 말했다. 그는 소련이 어떤 조건으로 일본에 석유를 판매하고 있는지를 명확하게 파악하지 못하고 있었다. 어쨌든 소련은 독일이나 일본에 전쟁도구를 공급하고 있지 않으며, 통상적인 무역을 유지한다고 해서 소련이 전쟁에 참여하고 있다고 볼 수는 없다는 것이었다.

나는 현대전에서 교전국 중 어느 한쪽에 탱크나 항공기용 연료를 공급하는 것이 탱크와 항공기 자체를 제공하는 것과 얼마나 차이가 있는지를 물었다. 미국은 일본에 전쟁용 원자재를 판매하기 때문에 중국에 대한 일본의 제국주의적 침략에 참여하고 있다고 비난하면서, 소련은 동일한 물자를 독일과 일본에 제공하고 있음에도, 독일과 일본이 유럽과 아시아에서 벌이는 제국주의 전쟁에 소련이 참여하지 않는다고 어떻게 말할 수 있는가?

마오쩌둥은 전쟁물자의 교역과 전쟁도구의 교역 간에 큰 차이가 없음을 시인했다. 그는 그러나 중요한 점은 문제의 나라가 혁명적인 해방전쟁을 지원하고 있는지 여부에 달려 있다고 말했다. 그러한 면에서는 소련이 취하고 있는 입장에 아무런 의심의 여지가 없다. 소련은 1925~27년에 중국의 혁명전쟁을, 그 후 스페인의 혁명전쟁을 적극적으로 지원했고, 현재도 중국 혁명을 지지하고 있다. **소련은 항상 정당한 혁명전쟁에 가담할 것이며**, 비록 교전국 모두와 통상적인 교역은 그대로 유지하겠지만 제국주의 전쟁에는 어느 편에도 가담하지 않을 것이다.

폴란드 문제

마오쩌둥: 나치의 폴란드 침공으로 소련은 다음과 같은 문제에 당면하게 되었습니다. 폴란드 전체 국민을 나치의 박해에 희생되게 하느냐, 아니면 동부 폴란드의 소수민족들을 해방시키느냐 하는 문제입니다. 소련은 후자를 따르기로 결정했습니다. 폴란드 동부의 광대한 지역에는 바이엘로-러시아인(벨라루스인) 800만 명과 우크라이나인 300만 명이 거주하고 있습니다. 이 지역은 출범한 지 얼마 안 되는 소비에트사회주의공화국(소련)이 브레스트 리토프스크 조약의 대가로 강제로 빼앗

겨 반동적인 폴란드 정부의 지배 아래 들어갔습니다. 이제 취약하지도 미숙하지도 않은 소련은 자신의 영토를 되찾아 그들을 해방시킨 것입니다……

(1939년 9월 25일, 옌안에서)

동료 지도자들에 대한 마오쩌둥의 찬사

마오쩌둥은 장정 회고담을 끝마치면서, 장정의 성공적인 종결이 당의 '올바른 지도' 때문이라고 밝히고, 그러한 지도에 앞장선 동지 18명의 이름을 열거했다. 나는 이 이야기가 장정 회고담에 대한 용두사미격이 되지 않을까 염려해서 본문에 넣지 않았는데 지금은 이 이야기가 역사적 관심거리가 되리라고 생각한다. 마오쩌둥이 이름을 열거한 순서나, 이들 중에 최근까지 그와 투쟁을 했거나 앞으로 다시 투쟁하게 될 인물들이 포함되어 있는 점, 그리고 지명 대상에서 빠진 인물들에 대해 주목하도록 굳이 주의를 환기시킬 필요는 없을 것이다.

마오쩌둥: 공산당이 무적(無敵)을 자랑하는 또 다른 이유는 인적자원, 즉 혁명간부들의 비상한 능력과 용기, 충성심에서 찾을 수 있습니다. 주더 동지, 왕밍 동지, 뤄푸 동지, 저우언라이 동지, 보구 동지, 왕자샹 동지, 펑더화이 동지, 뤄마이 동지, 덩파 동지, 샹잉 동지, 쉬하이둥 동지, 천윈 동지, 린뱌오 동지, 장궈타오 동지, 쉬샹첸 동지, 천창하오 동지, 허룽 동지, 샤오커 동지, 그 밖에 혁명을 위해 목숨을 버린 수많은 뛰어난 동지들이 모두 한 가지 목적을 위해 힘을 합쳐서 홍군과 소비에트 운동을 이룩했습니다. 이들과 또 앞으로 등장할 다른 동지들이 우리를 최후의 승리로 이끌어 나갈 것입니다.

(1936년 7월 25일, 바오안에서)

중국 혁명 연표(1840~1971)

1. 군주제의 최후(1840~1911)

1840~42년: '아편전쟁'이 벌어짐. 이 기간 중 대영제국은 강제로 중국으로 하여금 외국과의 무역에 문호를 개방하도록 함. 뒤이어 영토 할양과 내륙항해권, 선교사의 전도활동권을 승인케 함. 영국이 홍콩을 차지함.

1860년: 중국이 러시아의 동부시베리아 병합을 인정함.

1864년: '태평천국의 난'이 거의 승리를 거둘 단계에서, 영국 정규군과 유럽인과 미국의 혼성 용병부대의 지원을 받은 증국번(曾國藩) 장군이 지휘하는 청군·만주군에 의해 분쇄됨. 이에 따라 중국 혁명은 '60년 늦추어졌음'. 프랑스의 인도차이나 침입 및 점령(1862)에 뒤이어 중국에 대한 침략이 점차 늘면서 청조(淸朝) 제국은 반식민지 상태로 전락함.

1866년: 쑨원(1912년에 국민당을 창립한 인물), 광둥성에서 태어남.

1868년: 제정러시아가 부하라(Bukhara, 현재의 우즈베키스탄 부하라주의 수도—옮긴이)를 병합하고 중국령인 투르키스탄으로 침투의 손길을 뻗치기 시작함.

1869년: 수에즈 운하 완성됨.

1870년: 레닌 태어남.

1874년: 처칠 태어남.

1879년: 천두슈(중국공산당의 초대 당 총서기, 재위 1921~27), 안후이성에서 태어남. 프랑스와 영국은 아프리카에 세운 식민지 제국을 급속도로 팽창시킴.

1883~85년: 청불전쟁. 종주권을 주장하며 인도차이나 방어에 나선 청국군이 프랑스에 패배함. 이에 따라 프랑스는 중국 내의 새로운 영토적, 정치적 특권을 획득함. 영국이 청국의 미얀마 종주권에 종지부를 찍음.

1889년: 세실 로즈(Cecil Rhodes)가 브리티시사우스아프리카회사 설립함.

1893년: 마오쩌둥, 후난성에서 태어남. 프랑스가 인도차이나에 대한 식민지권을 라오스와 캄보디아까지 확대함.

1894~95년: 청일전쟁. 중국은 대만을 일본에 넘기고 조선에 대한 고래(古來)의 종주권을 포기함.

1898년: 광서제(光緒帝)의 '100일 개혁'. 서태후(西太后)가 광서제를 투옥시키고 다시 실권을 장악한 후 죽을 때까지(1909) 권력의 자리를 지킴. 미국이 스페인과 벌인 전쟁에서 승리를 거두고 필리핀을 차지함.

1899년: 미국, '문호개방' 독트린을 선언하고 중국의 경제 및 통상 '발전'에 대한 외국 열강의 '기회균등'을 요구함.

1900년: '의화단(義和團)의 난' 발생. 반외세 봉기. 열강 측은 대량 처형, 엄청난 배상금 요구, 새로운 특권 요구, 톈진과 베이징 사이에 외국 수비대 배치의 합법화 요구 등 보복조치를 취함. 제정러시아가 다롄(大連, 대련)항을 얻어 해군기지를 건설하고, 중국의 3개 동북성(만주)을 횡단하는 철도부설권을 획득함. 마오쩌둥이 아버지 논밭에서 일꾼으로 농사일을 거듦.

1902년: 영일동맹 체결함.

1904~05년: 러일전쟁. 일본은 다롄항과 만주 남부의 러시아조차권, 그 밖의 '권리'를 획득함. 쑨원 박사가 도쿄에서 '중국혁명동맹회' 결성함.

1905년: 1차 러시아 혁명.

1911년: 신해(辛亥)혁명('1차 혁명')으로 화중(華中)·화난(華南)에서의 청조 권력이 타도됨. 쑨원이 난징에서 중국 최초의 공화정인 임시정부의 대총통에 취임함. 학생인 마오쩌둥은 혁명군에 참가했다가 '혁명이 완결된 것'으로 생각하고 6개월 만에 물러남.

2. 공화정과 군벌 할거 시대(1912~27)

1912년: 청조 지배자들이 공식 퇴임함. 쑨원이 중화민국 대총통에서 사임하고 위안스카이에게 그 자리를 넘겨줌. 베이징을 수도로 결정함. 국민당이 중국 최초의 의회를 지배하면서 내각을 구성함. 이탈리아가 리비아를 장악함.

1912~14년: 군국주의자인 위안스카이가 임시약법(臨時約法)과 의회의 기능을 정지시키고 독재자가 됨. 일본이 중국을 속국화하겠다는 취지의 '21개조 요구'를 강요함. 위안스카이가 이 요구조건을 대부분 수락, 내각 총사퇴함. 1차 세계대전이 일어남. 일본이 독일의 식민지인 중국의 칭다오를 장악함. 마오쩌둥은 서양학자들이 저술한 책을 처음으로 읽음.

1915년: 천두슈가 창간한 《신청년》이 혁명적인 젊은이들의 구심점이 됨. 이 잡지는 생활용어인 구어체[白話, 백화]를 널리 보급시킴으로써 유교적인 고문체에 조종(弔鐘)을 울림. 마오쩌둥이 익명으로 《신청년》에 논설을 기고함. 위안스카이가 자신이 황제에 오르는 군주제의 부활을 기도함.

1916년: 차이어가 주도하는 '장군들의 반란'인 제2(공화국)혁명으로 '황제'를 참칭하던 위안스카이가 타도됨. 위안스카이가 수락한 일본의 '21개조 요구'를 무효화함. 군벌 할거 시대가 개막됨.

1917년: 베이징의 '예비 정부'가 독일에 선전포고하고, 광둥 임시정부 수반인 쑨원 대총통도 독일에 선전포고함. 후난성에서 마오쩌둥은 급진적인 청년단체인 '신민학회(新民學會)'의 공동 창립자가 됨.

1918년: 1차 세계대전 끝남. 마오쩌둥이 후난 제1사범학교를 졸업함(25살). 그가 베이징을 찾아가 베이징 국립대학 도서관장인 리다자오 밑에서 사서 보조원으로 일함. 리다자오와 천두슈가 마르크스주의 연구회를 만들어 마오쩌둥도 가입함(이 세 사람은 나중에 모두 중국공산당의 창립자가 됨).

1918~19년: 17만 5천 명의 중국인 노동자들이 연합국들을 돕기 위해 해외에 파견됨. 400명의 '근공검학(勤工儉學)' 유학생 통역 중에는 저우언라이가 포함됨. 마오쩌둥이 유학생들과 동행해 상하이까지 감. 후난성으로 돌아온 마오쩌둥이 제국주의와 군국주의에 반대하고 러시아 혁명에 찬동하는 입장에서 《상강평론(湘江評論)》을 창간함.

1919년: 5·4운동이 벌어짐. 독일의 중국 내 권익을 일본에 양도하는 베르사유조약에 반대하는 학생시위가 전국으로 확산되면서 근대적인 민족주의 운동이 시작됨. 공산주의자들이 주도하는 헝가리 사회혁명이 진압됨.

1920년: 마오쩌둥이 사회주의 청년단의 후난성 지부를 조직함. 이 지부에 류사오치도 참여함. 마오쩌둥이 그가 존경하는 후난 제1사범학교 윤리학 교수의 딸인 양카이후이와 결혼함. 마오쩌둥, '문화서사(文化書社)'의 창립을 도움. 국제연맹이 창립됨.

1921년: 중국공산당이 상하이에서 제1차 전국대표대회를 갖고 공식 창당됨. 마오쩌둥이 이 대회에 참석해 후난성 당서기로 선출됨. 차이허썬과 저우언라이가 파리에서 '공산주의 청년동맹' 결성함. 몽골에서 혁명이 일어남.

1922년: 쑨원은 레닌이 파견한 대표와 만나 소련의 원조를 받아들이고 중국공산당과 연합전선을 맺는다는 데 합의함. 이에 따라 공산당원들은 쑨원이 주도하는 국민당의 당적도 동시에 지닐 수 있게 됨. 워싱턴 회의에서 독일의 식민지를 중국에 반환함.

3. 국민혁명(대혁명): 국공합작(1923~27)

1923년: 쑨원과 아돌프 이오페 간의 합의로 국민당, 중국공산당, 소련공산당 간의 제휴 기반이 마련됨. 광저우에서 개최된 중국공산당 제3차 전국대표대회에서 마오쩌둥이 당 중앙위원회 위원과 당 조직부장에 선출됨.

1924년: 국민당 제1차 전국대표대회에서 공산당원의 입당을 승인함. 마오쩌둥이 국민당 중앙집행위원회 후보위원으로 선출됨. 레닌 사망함.

1925년: 마오쩌둥, 후난성으로 돌아가 국민(해방) 북벌 수행에 대한 농민들의 지원규합을 준비함. 그의 최초의 '결작'인 「중국 사회의 각 계급 분석」(1926년 발표)을 집필함. 쑨원 사망함. 러시아인 고문단이 장제스를 총사령관으로 선정함. 일본에서 '보통선거권제' 실시함.

1926년: 장제스를 총사령관으로 내세운 국민당 혁명군이 광둥에서 북벌을 개시함. 마오쩌둥은 광둥에서 국민당 농민부와 농민운동강습소의 부주임이 되고 다시 선전부장이 됨. 국공합작군이 화난 지역 대부분을 정복함. 공산주의자들이 주도한 인도네시아 혁명이 식민종주국인 네덜란드에 의해 진압됨.

4. 1차 국공내전(1927~37)

1927년: 스탈린이 트로츠키를 누리고 승리함. 3월에 마오쩌둥이 「후난성 농민운동에 대한 조사보고」를 발표하고 빈농을 혁명의 '주요 세력'으로 지칭하면서 지주들의 토지 몰수를 요구함. 공산당 중앙위원회는 이 논문의 주장을 거부함. 4월에 장제스가 공산당원들에 대한 불시의 공격을 감행하여 '공산당을 사실상 참수'함으로써 공산당원은 5분의 4가 희생되고 1만 명밖에 남지 않음. 천두슈가 당 총서기직에서 해임되고 공산당은 지하로 잠입함. 마오쩌둥이 후난성에서 농민 봉기(8월)를 일으켰으나 실패하고 산악 근거지인 징강산으로 들어감. 난창 봉기도 실패로 끝나 농촌으로 퇴각함. 광둥(코뮌) 봉기도 좌절되어 펑파이는 생존자를 이끌고 하이루펑(海陸豊, 해륙풍)으로 가서 그곳에 하이루펑 소비에트를 건설함. 수카르노가 인도네시아 국민당을 창당함.

1928년: 장제스, 국민정부(국민당 일당독재 정권)가 지배하는 중국 전역에 대한 중앙집권적 통치체제를 수립함. 마오쩌둥과 주더가 징강산에서 병력을 합쳐 최초의 '홍군'을 창설하고 그 지역에 소비에트를 조직함. 열강이 전쟁을 '국가 정책의 도구'로 사용하는 것을 포기하는 내용의 파리평화조약에 조인함.

1929년: 마오쩌둥과 주더가 장시성 루이진 일대의 농촌지역을 장악하고 소비에트 정부 수립을 선포함. 리리싼이 지배하는 중국공산당 정치국은 상하이의 외국 조계 지역에 계속 잠복함. 뉴욕 증권시장의 주식시세가 폭락함.

1930년: 마오쩌둥의 '농촌 소비에트 운동'과, 도시 봉기를 지지하는 당 정치국 지도자 리리싼 간에 의견이 충돌함. 마오쩌둥과 펑더화이가 지휘하는 홍군이 후난성의 성도 창사를 점령했다가 철수함. 창사에 대한 두 번째 공격은 큰 희생을 치르고 실패로 끝남. 리리싼, 모스크바의 신임을 상실함. 장제스가 홍군에 대한 최초의 대규모 공격을 개시함. 마오쩌둥의 부인과 누이동생이 창사에서 처형됨. 간디, 인도에서 '비폭력·불복종 운동' 전개함.

1931년: 스페인이 공화국을 선포함. 중국공산당이 1월 상하이에서 중앙위원회 비밀 회의를 갖고 왕밍을 당 총서기 겸 주석으로 선출함. 전중국소비에트대회가 오지인 루이진에서 개최되어 마오쩌둥을 전중국소비에트 정부의 주석으로, 주더를 홍군 총사령관으로 선출함. 9월, 일본이 만주 정복에 착수하자 장제스는 홍군에 대한 '제3차 초공전'을 중지함. 5백 만~1천 만 명이 아사한 서북 지역의 대기근(1929~31)이 끝남. 왕밍이 모스크바로 가고 보구가 상하이에 있는 공산당 정치국 총서기직에 오름.

1932년: 제19방면군이 방어하는 상하이가 일본의 공격을 받았으나 장제스의 지원을 받지 못해 푸젠성으로 퇴각함. 장제스는 탕구 정전협정을 승인하고, 중·일 적대행위를 종결시킴. 그는 장시 소비에트에 대한 대공세를 재개하고, 공산당은 대일선전을 함. 상하이 공동 조계의 경찰이 장제스를 도와 암약하는 공산당원들을 뿌리 뽑음. 이에 따라 공산당 정치국 지도자들인 보구, 뤄푸, 류사오치, 저우언라이 등이 장시 소비에트로 가서 마오쩌둥과 합류함. 루스벨트가 미국 대통령에 선출됨.

1933년: 제19방면군이 반란을 일으키고 홍군과의 협력을 제의했으나 거부당함. 장제스가 제19방면군을 쳐부수고 소비에트 중국에 대한 새로운 공세를 개시함. 히틀러가 독일 수상에 취임함.

1934년: 제2차 전중국소비에트대회에서 마오쩌둥이 다시 주석으로 선출되었으나 당 주도권은 '28인의 볼셰비키' 수중에 떨어짐. 홍군이 종래의 전술을 수정하면서 결정적인 패배를 당함. 홍군 주력과 당 간부들은 중국 서부로 철퇴함.

1935년: 1월, 구이저우성 쭌이에서 정치국 회의가 소집되어 마오쩌둥이 서북 지역으로의 장정 중에 당과 군을 이끄는 사실상의 지도자로 선출됨. 7월에 장시 소비에트의 홍군 주력이 쓰촨성에 도착해 양쯔강 북부 지역 소비에트에서 철수한 정치국원이자 당 창립자 중의 한 사람인 장궈타오 휘하의 병력과 합류함. 정치국 확대회의에서 장궈타오가 마오쩌둥의 정책과 지도력에 대립함. 홍군은 양분되어 마오쩌둥은 남부 병력을 이끌고 1년여에 걸친 거의 끊임없는 행군을 거듭해 9천6백여 킬로미터의 장정을 끝내고 중국 서북 지역의 새로운 근거지로 들어감(장궈타오는 1년 후에 서북 지역으로 뒤따라 옴). 일본이 화베이의 2개 성을 '자치' 정부 형태로 분리시킬 것을 요구함. 일본군이 네이멍구에 침입해서 괴뢰 '독립' 국가를 수립. 12월 9일 베이징의 학생봉기로 항일애국운동이 전국으로 확산됨. 이탈리아가 에티오피아를 점령함.

1936년: 마오쩌둥, 에드거 스노와 산시(陝西)성 바오안에서 회견을 갖고 자신의 생애에 대한 회고담과 혁명 체험담을 전해 주면서 내전을 중지하고 항일 통일전선을 결성하자고 제의함. 마오쩌둥, 홍군대학에서 강의함. 마오쩌둥의 「일본 제국주의에 대항해 싸우는 전술에 대하여」와 「중국 혁명전에서의 전략 문제」는 새로운 단계의 항일 통일전선에 대한 이론적 기초가 됨. 장제스는 공산당의 휴전 제의(1935년 8월 1일에 처음 제의)를 일축하고 서북 지역의 홍군을 '완전 섬멸'하기 위해 병력을 동원함. 12월 시안 사건이 일어나 장제스는 만주에서 쫓겨난 부총사령관 장쉐량에게 '체포'됨. 장쉐량은 장제스에게 민족통일전선을 수락하라고 요구함. 장제스는 석방되고 공표되지 않은 내전 중지 조치가 취해진 후 국민당은 산시(陝西)성 옌안에 근거지를 둔 중국공산당 및 공산당의 '항일정부'와 협상을 개시함.

5. 항일 '통일전선': 대규모 애국항일전쟁(1937~45)

1937년: 7월, 일본이 중국을 대규모로 침공하기 시작함. 항일전쟁에 대한 국공합작 협정 성립함. 중화소비에트 정부를 해체하되, 지역 자치정부로는 계속 존속함. 홍군은 제8방면군(8로군)과 신4군(新四軍)으로 개편되어 장제스의 명목상의 지휘 아래 편입됨. 마오쩌둥은 그의 이론적 저술인 『모순론』과 『실천론』 집필함. 이탈리아가 국제연맹에서 탈퇴함.

1938년: 마오쩌둥이 「새로운 단계에 대하여」, 「지구전론(持久戰論)」, 그리고 「항일 게릴라전의 전략 문제」 등을 통해 전쟁에 임하는 공산당의 정치적·군사적 목표와 수단을 개괄적으로 밝힘. 중국공산당에서 제명된 장궈타오가 국민당 지역으로 들어감. 마오쩌둥이 명실상부한 당 지도자가 됨. 일본군이 화베이를 석권하자, 국민당군은 서쪽으로 퇴각하고, 공산당은 일본군의 깊숙한 후방에서 유격대 조직함. 나치가 오스트리아와 체코슬로바키아를 병합함.

1939년: 마오쩌둥이 「신민주주의론」을 통해 통일전선의 계급적 기반을 개괄하고, 앞으로의 연립정부 구성 형태를 시사함. 공산당의 기간요원과 홍군 규모가 급속도로 팽창함. 히틀러와 스탈린 간의 독소불가침협정 체결함. 독일이 폴란드를 공격함. 유럽전쟁이 발발하면서 중국의 항일투쟁이 2차 세계대전으로 휩쓸려 들어가기 시작함. 국민당군이 옌안을 봉쇄함.

1940~41년: 장제스가 신4군을 공격하면서 실질적인 국공합작은 붕괴됨. 천이가 신4군의 사령관에 취임. 일본군의 진주만 공격 이후 국민당은 미국의 원조를 받게 되고 공산당은 게릴라전 지역을 맹렬하게 확대시킴.

1942년: 중국공산당이 왕밍과 모스크바에서 교육 받은 '교조주의자들'을 겨냥한 '정풍(整風)'운동 전개함. 마오쩌둥의 '토착적인' 지도력의 중요성이 고양됨.

1943년: 마오쩌둥이 '마르크스주의의 궁극적 또는 아시아적 형태를 창출했다'라는 칭송(류사오치에 의해)을 받음. 「신민주주의론」이 농민과 지식인들 사이에서 광범한 호응을 받음. 국민당의 사기와 전투 역량이 급속도로 쇠퇴함. 저우언라이는 공산당원 수가 80만 명, 홍군과 훈련 받은 민병이 50만 명, '해방지구' 내에 거주하는 인구수가 1억 명을 넘는다고 주장함. 이탈리아에서 파시즘 체제 붕괴. 스탈린, 코민테른 해체.

1944년: 미국 군사 '시찰단', 공산 '게릴라' 수도인 옌안에 도착함. 연합군, 노르망디 상륙함. 루스벨트가 미국 대통령에 재선됨.

1945년: 중국공산당 제7차 전국대표대회(4월 옌안에서 개최)에서 공산당원이 120만 명, 무장병력이 90만 명이라고 발표함. 독일 패전. 소련, 극동전쟁에 참전하면서 장제스와 우호동맹조약 맺음. 마오쩌둥의 「연립정부론」이 국민당 일당독재를 종식시키기 위한 공산당의 공식적인 요구의 기본 토대가 됨. 연합군이 유럽전쟁에서 승리를 거둔 이후 홍군은 미국 병기로 무장한 국민당군과 경쟁을 벌이면서 화베이와 만주로 물밀듯이 밀고 들어감. 헐리 미국대사가 마오쩌둥을 싣고 충칭으로 날아가 장제스와 마오쩌둥의 협상을 주선함. 얄타협정에서 대만의 중국 귀속을 확약함. 루스벨트 미국 대통령 사망하고, 후임인 트루먼 대통령이 히로시마에 원폭 투하함. 2차 세계대전 끝남.

6. 2차 국공내전(1946~49)

1946년: '연립정부' 수립을 위한 국민당과 공산당 간의 합의가 실패로 끝남. 6월, 공산당이 '해방전쟁'이라고 부르는 2차 내전 시작됨. 동유럽, 소련군이 점령하여 공산화 됨.

1947년: 마오쩌둥이 「현재의 정세와 우리의 임무」를 통해 전략 및 전술 계획을 개설하고 국민당에 대한 총공세를 촉구함. 그리스 사태가 계기가 된 「트루먼 독트린」이 선언됨.

1948년: 미국의 원조에도 불구하고 국민당군은 만주 지역에서 압도적인 패배를 당함. 2차 세계대전 이후 코민테른 대신 등장한 코민포름에서 유고슬라비아가 추방당함.

1949년: 국민당군이 와해되자 장제스는 대만으로 도주함. 중국 전역에서 인민해방군이 승리를 거둠. 3월, 마오쩌둥이 이끄는 중국공산당 중앙위원회가 베이징에 도착함. 북대서양조약기구(NATO) 결성됨. 미국의 '중국백서'가 '중국상실'의 책임은 장제스가 이끄는 '반동파'에 있다고 지적함.

7. 중화인민공화국(1949~)

1949년: 마오쩌둥의 「인민민주주의 독재」를 바탕으로 노동자, 농민, 지식인, 민족주의적인 부르주아지를 대표하는 '인민정치협상회의' 개최됨. 중국 인민정부를 수립하고 마오쩌둥을 주석으로 선출함. 10월 1일, 중화인민공화국 수립을 베이징에서 공식 선포함. 마오쩌둥은 (소련) '일변도'의 외교정책을 발표함. 영국, 소련, 노르웨이, 네덜란드, 스웨덴, 핀란드, 스위스가 신정부를 승인했으나 미국은 중국 주재 외교관들을 철수시킴. 마오쩌둥이 첫 해외여행인 모스크바 방문길에 나섬. 미국 공산당 지도자들이 정부의 폭력 전복을 주장했다는 혐의로 유죄 판결을 받음.

1950년: 마오쩌둥, 중소우호동맹조약을 체결함. 스탈린은 중국에 3억 달러의 차관을 제공함. 한국전쟁이 일어나(6월) 중공군이 개입함(10월). 인도, 독립을 선언함.

1951~52년: 중국이 소련의 지원을 받으며 한국에서 저항을 계속함. 유엔과 연합국 측의 정책으로 중국 영토로의 확전을 금지당한 미국군은 한국의 38도선에서 진지를 고수함. 미국, 최초의 수소폭탄 폭발실험(1952).

1953년: 스탈린 사망함. 한국전쟁 휴전협정 체결됨. 미국은 장제스와 동맹을 맺고 대만을 미국의 보호하에 둠. 베이징, 1차 5개년계획 발표. 소련이 중국의 156개 대규모 개발계획을 지원함. 모스크바는 소련·중국 합작사업을 청산하고 모든 군대를 중국에서 철수시킴. 로젠버그 부부가 미국에서 처형됨.

1954년: 흐루쇼프가 처음으로 베이징을 방문함. 토지개혁(토지 재분배) 완결됨. 농업 집단화(1957)의 기반 마련을 위한 농업생산협동조합 조직함. 완전한 국유화(1957)의 예비단계로 국가는 잔존 사기업과의 공사(公社) 합동 경영관계를 수립함. 제네바협정에 따라 프랑스의 인도차이나 지배가 종식되고 베트남, 라오스, 캄보디아의 독립이 승인됨. 존 포스터 덜레스 미국 국무장관의 영향 아래 아이젠하워 행정부는 제네바협정에 '유의'하지만 응오딘지엠을 지원하기 위한 개입에 착수함.

1955년: 중국은 반둥 회의(아시아, 아프리카 29개국 참가)에서 미국과 그 동맹국들에 대항하는 더욱더 광범한 반제국주의 역할을 모색함. 중국의 '대외원조' 계획이 소련과 경쟁을 벌임. 소련과 동구 위성국들이 바르샤바조약 체결함.

1956년: 흐루쇼프가 소련공산당 제20차 대회에서 스탈린을 비난. 그는 개인숭배의 종식과 집단지도체제의 개시를 선언함. '백화제방(百花齊放)' 기간 중 불만을 품은 중국 지식인들이 중국공산당을 비판함. 헝가리 폭동이 일어나자 중국은 폭동의 진압을 지지함. 사회주의 국가들 내부와 그 국가들 사이에 끊임없는 '모순들'이 존재하는 것을 인정한 마오쩌둥의 중요한 논문인 「프롤레타리아 독재의 역사적 경험에 대하여」가 발표됨.

1957년: 마오쩌둥은 「인민 내부의 모순들을 올바르게 처리하는 문제에 대하여」를 통해 당과 관련된 비판의 한계를 명시함. 그는 '사회주의의 적들'을 고립시키고 국가와 당, '인민' 간의 '비적대적인' 이해 상충을 평화적으로 해소하기 위한 변증법적 과정으로서 '조화-비판-조화'라는 명제를 제시함. 소련이 중국에 원자탄 견본 제공과 핵무기 개발 지원에 동의함. 소련, 인공위성 스푸트니크호 발사함. 11월, 모스크바에서 열린 회의에서 마오쩌둥은 '동풍이 서풍을 제압한다'는 하나의 '전환점'을 인식함. 그는 사회주의 세력이 자본주의 세력을 능가한다고 주장함. 마오쩌둥의 논조에 소련이 이의를 제기함. 중·소 간의 연대가 붕괴되기 시작함.

1958년: 중국, 제2차 5개년계획 발표. '대약진(大躍進)'이 시작되고 인민공사가 만들어짐. 타이완을 해방시키겠다는 베이징의 위협으로 중·미 간의 위기가 고조됨. 흐루쇼프는 중국에 대한 무조건적 핵 지원을 보류하고 베이징은 중국 군대를 소련의 군사 지휘하에 두는 것을 거부함. 중·소 간의 견해 차이가 확대됨. 미국, 처음으로 인공위성 발사함.

1959년: 마오쩌둥은 루산(廬山, 여산)에서 개최된 중대한 당 중앙위원회 전체회의에서 국방부장을 펑더화이에서 린뱌오로 교체시키는 데 힘겨운 투쟁을 벌여, 결국 승리를 거두긴 했으나 국가주석의 자리를 류사오치에게 넘겨주는 대가를 치름. 10월의 건국기념일 축전 기간 중에 다시 베이징을 방문한 흐루쇼프는 "반제국주의 전쟁이 불가피한 것은 아니다"라고 선언함. 중국 지도자들은 '미 제국주의'와의 '평화공존'을 옹호하는 흐루쇼프의 견해를 맹렬히 배격함. 중국, 원자폭탄 견본을 제공받지 못하고 마오쩌둥은 흐루쇼프에 대한 신뢰를 상실함. 티베트에서 반란이 일어나고 달라이 라마는 인도로 망명함. 중국이 인도 및 인도네시아와 분쟁을 일으키는 동안 흐루쇼프는 인도 및 인도네시아에 원조를 제공함. 흐루쇼프가 중국의 인민공사를 비방함. 카스트로가 쿠바에서 권력을 장악함. 미국이 베트남공화국에서 남베트남을 분리시킬 목적으로 무력 개입을 확대하자 호찌민 대통령은 남베트남의 인민해방전쟁을 지원함.

1960년: 7월, 모스크바는 소련 고문 전원을 소환하고 300건 이상의 계약을 취소하며 기술 지원을 철회함. 모스크바에서 열린 세계공산당회의(11월)에서 중·소 간의 '모순'은 한층 격화됨. 중국 측은 흐루쇼프를 '수정주의자'라고 공공연히 지칭하고, 소련 측은 마오쩌둥이 '세계적인 대학살'을 추구하고 있다고 비난함. 중국에 대흉작과 공업 분야에서 혼란이 벌어짐. 중국과 인도 간의 국경분쟁 사태가 점차 심각한 양상을 보이자 흐루쇼프는 인도에 경제 원조를 계속 제공하면서 중립적인 태도를 취함. 존 F. 케네디가 미국 대통령에 선출됨.

1961년: 소련공산당 제22차 당대회에서 흐루쇼프가 알바니아공산당에 파문을 선고하자 저우언라이가 대회장에서 퇴장함. 중국공산당 기관지는 새로 출판된 『마오쩌둥 선집』 4권(1960)의 내용을 인용, 마오쩌둥 사상과 반수정주의의 명제가 '진정한 마르크스-레닌주의'라고 선언함. 베이징은 알바니아에서 철수한 소련 고문 대신 중국 고문단을 파견함. '베를린 장벽' 구축.

1962년: 국가와 당 차원에서 벌어진 중·소 충돌이 광범한 국제적 이념투쟁으로 확산될 전조를 보임. 쿠바를 둘러싸고 케네디와 흐루쇼프가 대결함. 흐루쇼프가 쿠바에 반입한 미사일을 철수시키자 베이징은 그의 '모험주의'와 '투항주의'를 조소함. 중국과 인도의 국경분쟁이 중국의 공격으로 최고조에 다다름. 이 공격으로 인도는 9만여 제곱킬로미터의 영토를 빼앗김. 중국군은 철수하면서 일방적으로 '비무장지대'를 설정하고 평화적인 협상을 요구함. 유엔, 콩고 내란에 개입함.

1960~63년: '대약진 운동' 기간 중의 혼란과 소련의 지원 철회, 일련의 자연재해로 중국 경제가 파괴된 데 이어 중화인민공화국은 기근에 가까운 상태에서 서서히 회복됨.

1963년: 모스크바는 미국과 핵실험금지조약을 체결하고 '평화 공존'을 외교정책의 기본 목표로 삼음으로써 '미국 제국주의'에 반대하는, 국제적인 '통일전선'을 결성하자는 베이징의 호전적인 요구를 결정적으로 묵살함. 중·소 분열은 이제 많은 나라의 당내 분열로까지 확산됨. 중국공산당과 소련공산당 간의 상호 비방은 과거의 비난거리를 공개하고 응수하는 이념적 지도권 획득에 박차를 가함. 모스크바는 유럽 지역 공산당의 추종을 유지하기 위해 노력함. 저우언라이 총리가 아프리카 국가들을 순방함. 마오쩌둥은 '전 세계 인민들'이 단결해 '미 제국주의'에 반대하고 미국 흑인들의 투쟁을 지원하라고 촉구하는 성명을 발표함. 케네디 미국 대통령, 암살당함.

1964년: 소련과 중국의 당 및 국가 관계가 거의 돌이킬 수 없을 정도로 파탄에 이름. 프랑스가 베이징을 승인하면서 공산권의 분열은 서방세계의 분열로 이어짐. 중국은 미 제국주의와 소련 수정주의에 대한 양면공세로 두 진영을 분열시키는 데 어느 정도 성공을 거둠. 중국 경제는 2년간의 연이은 풍작과 유럽 및 일본과의 새로운 무역관계로 강화됨. 천이 외교부장은 중·소 군사동맹의 유용성에 대한 의문을 공개적으로 표명함. 중국은 더 이상 소련의 지원에 의존하지 않을 듯한 낌새를 보임. 마오쩌둥은 소련에 빼앗긴 영토를 되찾으라고 일본사회당에 촉구하면서 중국 영토를 잠식하는 소련 '제국주의'를 비판함. 15년이 지나면서, 중국을 통합시키고 근대화시킨 중국 혁명의 업적은 심지어 적대국가들로부터 폭넓은 인정을 받음. 중국은 소련과 대항관계에 있고 유엔 가입도 봉쇄당하고 있는데도, 드골 장군에 의하면 미국이 동남아시아 전쟁을 종식시키기 위해서 반드시 협상해야 할 정도의 강대국이 됨. 중국이 1세기 동안이나 무력한 후진국으로 온갖 굴욕을 겪은 후 마오쩌둥은 전 세계로부터 상당한 추종을 받는 아시아 최초의 정치 지도자로 등장함. 중국, '핵장치'를 폭발시킴. 미국의 지원을 받고 있음에도 점점 증가하는 민족해방전선의 군사력에 심각한 패배를 겪고 있는 남베트남 정부는 중립주의 세력과 평화옹호 세력 앞에 붕괴 직전의 상황에 처함.

1965년: 존슨 미국 대통령은 1월 취임 직후, 사이공(호찌민시의 전 이름—옮긴이)의 중립주의자들에 의한 쿠데타를 저지하기 위해 미국 전투병력을 베트남에 파견함. 존슨은 2월 대규모 북폭을 명령함. 베이징은 호찌민 대통령이 요청한다면 베트남민주공화국을 지원하기 위해 전쟁에 개입할 용의가 있다고 선언함. 그러나 1월에 나와 가진 회견에서 마오쩌둥 주석은 중국은 직접적인 공격을 받지 않는 한 미국과 전쟁을 하지 않을 것이라고 언명함. 7월, 국방부장인 린뱌오는 「인민전쟁 승리 만세!」라는 선언문을 통해, '세계의 농촌지역'으로 비유되는 저개발 국가들이 '세계의 도시'로 비유되는 미국 및 서구 제국주의에 대항해서 결속하도록 촉구함. 중국이 두 번째 핵장치를 폭발시킴. 중화인민공화국의 유엔 가입 표결이 47 대 47로 동수를 기록하고 과반수를 넘지 못해 중국의 유엔 가입 동의안은 또다시 부결됨. 영국은 처음으로 찬성함.

1966년: 베트남에 파견된 미국군 총수가 50만 명에 이르고 미국의 북베트남 폭격은 하노이와 하이퐁 중심지를 제외하고는 무차별로 감행됨. 소련은 북베트남에 항공기, 무기, 기술요원을, 중국은 소화기와 식량을 제공함. 중국에서 마오쩌둥과 또 그의 '친밀한 전우'로 지칭된 린뱌오의 지도로 '프롤레타리아 문화대혁명'이 개시됨. 중국은 예상되는 미국의 침공에 대비함. '부르주아지'와 '수정주의' 분자라는 공격으로 중국공산당 내에 전례 없는 숙청 선풍이 몰아침. 중국 농업부문은 꾸준히 향상되고 과학부문에서는 세계 최초의 단백질(인슐린) 및 벤젠 합성과 같은 진전을 이룩함.

1967년: 프롤레타리아 문화대혁명이 당 부주석을 지낸 국가주석 류사오치와 당 총서기 덩샤오핑에게까지 확대되어 이들을 '자본주의 노선을 좇는 당내 실권파'의 두목이라고 공격함. 당내 투쟁이 심각한 양상으로 격화됨. 문화대혁명이 외국의 중국 정치문제 전문가들을 완전히 경악시킨 것과 마찬가지로 중국의 수소폭탄 실험—원자핵 분열을 성취시킨 지 불과 26개월 만에—은 외국의 군사 및 과학 전문가들을 당혹케 만듦. 미국은 핵분열을 성공시킨 후 7년 이상이 경과한 후에야 수소폭탄을 실험했고, 프랑스는 8년간의 노력을 기울였음에도 아직 최초의 수소폭탄을 실험하지 못하고 있음. 미국 국무장관 딘 러스크는 베트남에 대한 존슨의 무력 개입과 대규모 폭격이 '핵무장을 갖춘 10억의 중국인'을 억제시키기 위한 불가피한 조치라고 내세우면서 전 세계의 동조를 호소함. 그러나 유럽의 유력한 국가 중 어느 한 나라도 러스크를 지원하지 않음. 중국은 공식 정책을 통해 세계의 모든 핵무기를 파괴하는 국제협정을 체결하자고 계속 촉구하고 있으나 미국은 이러한 촉구를 묵살함. 마오쩌둥은 12월 19일 베트남민족해방전선 최고회의 간부회의에 보낸 메시지를 통해 '형제 같은 남베트남 인민들'은 '귀측의 투쟁이 곧 우리의 투쟁임을 확신해도 좋다'고 밝힘.

1968년: 1월, 북한 해군 요원들이 북한 연안에서 미 해군 경찰선인 프에블로호를 정선시키고 승선한 후 승무원과 장교들을 체포하고 선박을 나포함. 베트남전쟁과 동남아정책에 대한 미국 내 반대여론으로 베트남 개입은 정치적 실패임이 점차 뚜렷하게 입증되자, 미국 최고위 지도층은 인명과 재정적 손실이 미국의 전반적인 체제의 안정을 위태롭게 하는 정도에까지 이르렀다고 확신하게 됨. 존슨은 재선 출마 포기를 발표함으로써 암암리에 그 같은 사태의 책임을 짐. 북폭이 중지되고 파리에서 미·베트남 간 평화회담이 시작됨. 리처드 닉슨이 미국의 동남아전쟁 개입을 종식시키겠다는 공약으로 대통령에 당선됨.

1969년: 중국의 프롤레타리아 문화대혁명은 군이 파당적 대립과 질서 회복, 그리고 공장이나 집단농장, 공공기업, 학교 등에 분산되어 활동하는 홍위병 조직의 해산에 개입한 이후부터 절정기에 접근함. 4월, 중국공산당 제9차 전국대표회가 개최되어 신헌법이 채택되고 린뱌오가 마오쩌둥의 '친밀한 전우이자 후계자'로 공식 지정됨. 문화대혁명으로 장애를 받은 경제생산이 회복되면서 생산이 얼마간 늘어남. 무수한 당 간부들은 국가 전체를 위한 활동의 성전(聖典)과 지침으로서 마오쩌둥 사상을 그 어느 때보다도 강조하는 '5·7 학교'에 들어가 재교육을 받음. 정치부문에서는 '믿을 만한 당 간부가 대중조직의 대표자, 책임 있는 군지도자'의 3자연합을 바탕으로 신헌법을 채택하는 것에 대비한 당 재건작업이 최우선적으로 추진되고, 경제부문에서는 생산운동이 점차 활력을 더해 감. 중·소 국경충돌로 긴장이 고조됨. 또한 중국은 미국의 지원 아래 사이공 군부와 관료들의 손을 빌려 베트남전쟁을 '베트남화'시키려는 닉슨의 시도를 예의주시함. 호치민이 사망하자 중국은 북베트남과의 결속을 재확인함. 닉슨이 남베트남에 배치된 미국의 전쟁수행 기구를 종전과 달리 서서히 역운용함에 따라 파리평화회담은 결실 없이 지연됨. 중국이 핵무장 초강대국으로서의 위치를 확립하기 위해 국제 외교무대에 다시 등장해 적극적인 활동을 벌임.

1970년: 캄보디아군 총사령관인 론 놀(Lôn Nol)이 시아누크(Norodom Sihanouk) 공(公)이 이끄는 정부를 타도해 시아누크는 베이징에 망명정부를 수립함. 닉슨이 베트남과 미국군을 파견해 론 놀을 지원하자 광범한 비판이 들끓어 결국 닉슨은 어쩔 수 없이 미국의 캄보디아 개입을 제한함. 마오쩌둥은 5월 20일 '미 제국주의'에 반대하는 전 세계 통일전선의 결성을 촉구하고, 아울러 중국은 하노이-민족해방전선(베트콩)-캄보디아(시아누크)-라오스 간의 새로운 동맹 체결을 원한다고 확약함. 마오쩌둥은 새로운 세계대전이 일어날 위험은 상존하고 있으나 '대세는 혁명을 지향하고 있다'라고 선언함. 파리회담에서 미국은 미국군의 무조건 전면 철수를 요구하는 하노이의 협상조건을 계속 거부함. 연말까지 저우언라이 총리는 캐나다 및 이탈리아와 상호승인조약을 체결함. 이에 앞서 과거 미국의 영향력 아래 구속을 받던 다른 6개국도 중국과 상호승인조약을 체결함에 따라 중화인민공화국이 중국 인민의 유일한 대표로서 유엔에 가입할 가능성은 늦어도 1972년까지는 실현될 것으로 보임.

1971년: 닉슨은 북베트남군이 사이공과 미국의 군사작전에 저항하는 베트콩과 캄보디아군에 물자를 공급하는 루트를 차단하기 위해 미국의 대규모 병참 및 공군력의 지원을 받아 남베트남군의 라오스 '침공'을 허용함. 라오스 침공군의 신속한 철수로 내부의 혁명세력을 억제하기 위한 베트남전의 베트남화가 실패로 끝났음이 입증됨. 닉슨은 반전(反戰) 여론과 점점 늘어나는 국내외 시장의 경제적, 재정적 난제들의 계속적인 압력에 따라 미국군의 베트남 철수를 가속화시킴. 닉슨은 1970년에 시작된, 미국의 단계적인 '중국 봉쇄' 정책의 철폐 계획에 따라 이 해에는 무역 금지와 미국 시민의 중국 여행 규제 조치를 해제함. 4월에 중국이 미국 탁구팀을 베이징에 초청해 친선경기를 가짐. 이 경기를 취재하려는 미국 기자들에게 입국사증을 발급함. 마오쩌둥은 나와 가진 회견에서 중국은 미국의 유화적인 의사 표시에 대한 호혜조치로서, '좌파, 온건파, 중도파'의 일부 미국인들을 중국에 초청할 방침이라고 밝히고 아울러 자신은 닉슨 대통령이 방문한다면 개인적으로 환영할 것이라고 덧붙임. 미국·중국 간의 해빙 조류는―중화인민공화국이 유엔 안전보장이사회의 상임이사국이 되고 타이완에 대한 주권이 중국에 귀속될 가능성과 더불어―이제 도저히 거스를 수 없을 것으로 보임. 이 해 중반까지 미국 의회는, 늦어도 1972년 중반까지는 모든 미국군을 베트남에서 철수시키겠다는 닉슨의 공약 이행을 촉구하라는 압력을 가중시킴. 국방성 비밀 보고서―정부 지시에 따라 베트남 개입 모험의 발단과 원인, 진행과정을 조사한 보고서―가 폭로되면서 국내 여론이 전례 없을 정도로 들끓자, 닉슨은 표면상 베트남전의 파국적 사태에 대한 모든 책임을 이전 행정부들에 전가시키는 이 보고서의 내용으로 가만히 앉아서 이득을 봄.

인물 약전(人物 略傳)
: 중국 혁명의 인물들

1960년에 마오쩌둥은 필자에게 장제스의 반(反)혁명이 시작될 당시 약 5만 명의 공산당원이 있었다고 말했다. '대살육' 이후 약 1만 명이 살아남았다. 1960년까지의 전 기간에 걸쳐 살아남은 사람은 약 8백 명이었다. 대체로 중국은 이 8백 명에 의해 움직여지고 있고 앞으로도 수년간 통치될 것이라고 마오쩌둥은 말했다. 이 8백 명 가운데 약 4분의 1은 중앙위원회의 위원이거나 후보위원들이다.■ 문화대혁명 때까지는 (1966~69) 수십 명이 (당의) 정점에서 정치국과 중앙당위원회 서기국을 구성했다. 그러나 1969년 제9차 당대회에서는 '8백 명' 이외의 인물이 다수 포함된 16명의 새로운 인물이 중앙위원과 정치국원으로 선출되었다.

다음에 인용한 자료는 그 길이나 내용으로 각자의 당내 지위를 나타내려고 의도한 것은 아니고, 독자가 『중국의 붉은 별』에 소개된 인물들의 그 후의 경력을 쉽게 더듬어 볼 수 있게 하기 위한 것이다. 이 책에서는 가장 잘 알려져 있는 인물들을 당원 이름으로 알파벳 순(이 역서에서는 가나다 순—옮긴이)에 따라 실었다. 그러나 이 책의 초판에는 들어가지 못한 전기(傳記) 부분의 세부 내용은 몇몇 경우『붉은 중국 잡기(雜記)』에서 발췌하여 첨가했다. 여기에 실은 대부분의 인물에 관한 묘사는 오늘날 몇몇 인명사전, 특히 『중화민국 인물사전(Biographical Dictionary of Republican China)』(뉴욕. 컬럼비아 대학. 1967)에 실려 있다.

■ 『붉은 중국: 또 하나의 세계(Red China Today: The Other Side of the River)』, 44장.

가오강(高崗, 고강)

1954년에 있었던 대규모 당내 숙청 때, 그 주요 대상자였다. 그는 '군벌주의자'로 고발되었고, 동북(만주)지방을 그의 독립왕국으로 만들려 했다는 비난을 받았는데, 면목을 잃자 자살했다.

1905년 산시(陝西)성 헝산(橫山, 횡산)에서 태어났다. 그와 류즈단은 그곳에 당을 건설했었는데, 장정이 끝날 무렵엔 고립돼 있던 그 붉은 기지가 공산당원들의 성역이 되었다. 그는 지주의 아들로서 시안의 사범대학을 졸업했으며, 류즈단과 함께 공산당에 입당했다. 1927년 농민 봉기를 지도했고, 그 뒤 산시(陝西), 간쑤, 닝샤 지구의 유격전 기지를 확보했다. 린뱌오, 리푸춘, 천윈, 샤오진광, 펑전 등으로 구성된 당위원회의 지도자로서 그는 동북지방으로 갔으며, 1946년엔 인민해방군의 승리로 끝난 게릴라 작전의 근거지를 마련했다. 1945년 정치국원으로 선출되었고, 1949년에는 전체 동북지방의 정치위원이 되었다. 1950년에는 당 동북국(東北局) 서기가 되었고, 군사령(軍司令)을 겸임했다. 1953년, 국가계획위원회 주석이 되면서 동북지방의 직위에서 물러났다. 국가계획위원회의 차석(次席)은 당시 중앙위 조직국 서기였던 라오수스(饒漱石, 요수석)였다. 1954년 가오강과 라오수스가 '반당분자'의 낙인이 찍혀 공직에서 쫓겨났을 때, 그를 가장 신랄하게 규탄한 사람은 류사오치였다. 5개 성(省)의 성장(省長)과 지방장(地方長) 및 군의 지휘관 여러 명도 그들과 함께 파면되었다. 가오강이 자살하고 라오수스도 소식불명이 된 뒤, 외국의 통신기관들은 가오강이 마오쩌둥을 추방하고 동북지방에 위성국을 만들려 했던 스탈린의 후원을 받고 있었는지도 모른다는 후일담을 보도했다.

구다춘(古大存, 고대존)

1903년 장시성에서 태어났다. 홍군 제111군의 창설에 공헌했다(1928). 장정에 참가했고, 항일전쟁 및 내전을 통해 책임 있는 지위에 있었다. 1967년 전중국총공회(全中國總工會)의 상임책임자가 되었고, 중앙위원으로 선출됐다. 광둥성의 부성장이다.

녜룽전(聶榮臻, 섭영진)

1967년 다시 중앙위원회 위원, 국무원 부총리, 국방위원회 부주석, 당군사위원회 위원, 핵(核) 개발을 담당하는 과학기술위원회 주임이었다. 1899년 쓰촨성 충칭에서 태어났으며, 부농 출신이다. 1920년, 충칭 중학을 그만두고 근공검학 그룹에 참가해 프랑스로 건너갔다. 슈나이더 군수공장에서 일하면서 벨기에의 '노동대학'에 들어가 2년 동안 자연과학을 배우면서 전기기사로서 기술훈련을 받았다. 프랑스에서 저우언라이와 만났으며, 리푸춘을 가르치고 있던 프랑스인 교사 밑에서 마르크스주의를 배웠다. 그는 프랑스에 있던 공산주의 청년단 지부를 통해 중국공산당에 가입했다. 프랑스어와 영어 및 약간의 독일어를 배웠다. 1924년에는 모스크바에서 6개월 동안 적군군관학교(赤軍軍官學校)에서 공부했으며, 1925~26년에는 황푸 군관학교 정치부 서기로 일했다. 예팅 사단의 정치위원으로 난창 봉기에 참가했다. 그 뒤 광둥 코뮌에 참가했고, 1931년 이후에는 장시의 홍군 정치부에서 근무했다. 장정에 참가했으며, 1936년에는 홍군 제1군단의 참모로 일했다. 항일전쟁 중 우타이산(五臺山, 오대산) 유격대의 조직자로 이름을 날렸고, 해방전쟁 뒤에는 인민해방군의 원수 10명 가운데 한 사람이 되었다. 1966년, 정치국의 정식위원이 되어 막중한 책임을 걸머진 임무를 맡았다.

녜허팅(聶鶴亭, 섭학정)

1908년 안후이성 푸양현(阜陽縣, 부양현)에서 태어났다. 소지주 출신으로 소학교를 나온 뒤 안위안현(安遠縣, 안원현)에 있는 한메이(翰美, 한미) 미션중학교에서 1년간 공부했고, 안위안현의 2년제 사범학교를 졸업했다. 혁명적 학생운동에 투신했으나, 체포령을 피해 난창으로 갔고, 거기서 군관학교에 입학했다. 1924년 중국공산당에 입당한 후 안후이성으로 돌아가 1년간 교사로 있으면서 당의 세포조직을 만들었다. 1927년 4월 이후, 안후이성 봉기에 참가했으나 실패하고 그 뒤 난창·광둥 봉기에 참가하고 나서 홍콩으로 달아났다. 상하이에서는 지하공작에 종사했고(1928~29), 1930년에 장시성 근거지로 들어갔다. 홍군 사단장이 된 뒤 다쳤으나 창사 승전 때에는 회복되었다. 이어 그는 장시에서 국민당군의 '포위 토벌전'에 줄곧 맞서 싸웠다. 1935년에 홍군 정치부 부주임을 지냈고, 항일전쟁 중에는 산시(山西)성과 허베이성에서 대유격군을 조직했다. 중앙위원회와 국방위원회 위원인 그는 1960년 펑더화이가 실각한 뒤로는 약간 지위가 떨어진 것으로 생각된다.

덩샤오핑(鄧小平, 등소평)
1954년부터 중국공산당 중앙위 총서기였다. 문화대혁명 때 '자본주의의 길을 걷는 당내 실권파의 주요 인물'로 비판 대상이 되었다. 1904년 쓰촨성 광안(廣安, 광안)에서 태어났으며, 초등교육을 받은 후 '근공검학(勤工儉學)' 그룹에 참가해 1920년 프랑스로 건너갔다. 내가 산시(陝西)성 위왕바오에서 덩샤오핑과 만났을 때(1936년 8월 19일), 그는 프랑스에서는 학교에 가지 않고 노동자로서 5년 동안 지냈다고 말했다. 프랑스인 노동자에게 마르크스주의를 배워 프랑스 공산당의 중국인 당원이 되었는데, 거기서 중국공산당으로 이적했다. 1925년 그는 러시아로 갔다가 다시 중국으로 돌아왔다. 러시아에서는 "몇 달 동안 배웠다." 그 후 덩샤오핑은 펑위샹의 사령부에 들어갔고, 펑위샹이 시안 부근의 싼위안에 설립한 학교의 지도부장이 되었다. 1927년에는 장시성에서 농민군 형성을 지원했고, 반혁명 쿠데타가 일어난 뒤 당 상하이 지부에서 1929년까지 지하에서 활동했다. 그 뒤 광시성 류저우(柳州, 유주)에서 홍군 제7군을 조직했다. 그는 1936년에 나에게 "류저우 소비에트는 1930년에 노동자 농민반란을 개시한 월남인(越南人)과도 관계를 가졌다. 프랑스 비행기가 류저우를 폭격했으므로 그것을 격추시켰다"라고 말했다. 프랑스와 국민당의 연합군은 월남군(越南軍)뿐만 아니라 류저우 소비에트 운동도 파괴했지만, 월남군은 중국 게릴라와 관계를 유지했다. 덩샤오핑은 제7군의 생존자와 함께 광시성, 장시성을 거쳐 징강산에 도착해, 제8군으로 재편된 부하들과 함께 1930년 창사 점거 때 다시금 공을 세웠다. 1932년부터 34년까지 홍군 정치부에 있으면서 《홍성(紅星)》을 편집했는데, 그 시기에 당시의 정치국 지도부에 반대하고 마오쩌둥이 주장한 게릴라 전술·전략을 채택한 '뤄밍(羅明, 나명) 노선'을 지지했다. 1935년, 쭌이에서 실시된 중국공산당 정치국의 지도권을 결정짓는 투표에서 그는 마오쩌둥을 지지했다.

장정 때 그는 류보청의 12사단 부사령관 겸 정치위원으로 있었다. 마오얼가이에서 마오쩌둥과 장궈타오가 대립했을 때 마오쩌둥을 지지했고, 마오쩌둥 부대와 함께 장정을 완수했다. 1936년엔 간쑤성 제1군단의 정치위원으로서, 녜룽전의 부관으로 있었다.

1937년, 항일전쟁이 시작되었을 때 그는 류보청이 지휘한 제129사단의 정치위원이 되었고, 그 이후로 12년 동안 그 부대에서 활동했다. 1943년, 중국공산당 중앙인민혁명군사위원회 총정치부 주임이 되었고, 중앙위원회 서기국으로 들어갔다. 제7회 당 대회(옌안. 1945)에서는 중앙위원회와 정치국 서기가 되었다. 류보청과 함께 전선으로 돌아가자 중국 중원에 주둔한 전체 인민해방군의 최고 막료인 총적전(總敵前)위원회 위원장으로 근무하면서, 동시에 쓰촨성에서 승리를 거둔(1949) 류보청 부대의 정치위원으로 활동했다. 여기에서 그는 양쯔강 이북에서 장제스의 모든 군대를 완전 패배로 몰아넣은 마오쩌둥의 '총전략사상(總戰略思想)'을 실천했으며, 곧이어 당 서남국(西南局) 제1서기 및 임시정부의 부총리가 되었고(1950~54), 1952년부터 54년까지는 국무원 재정부장 및 국가계획위원회 위원으로 일했다. 1954년엔 전국인민대표자대회의 설립과 함께 부총리 겸 국방위원회 부주석이 되었다. 1956년의 제8기 중앙위원회에서 '총서기'의 직위가 부활되자(그렇기는 하나 이미 원래대로의 주요한 지도적 역할을 수반한 것은 아니었다) 총서기로 선출되었다. 국무원 서열은 3위로 저우언라이가 중국을 떠나 있을 동안 (1963~64년 사이의 겨울과 1965년 3월)에 총리 직무대리를 맡았다. 1966년 8월에는 중앙위에서 종전대로 정치국원으로 재선되며 서열 6위에 올랐으나, 그때는 이미 당 부주석도 정치국 총서기도 아니었다. 1966년 12월까지 그와 류사오치는 홍위병을 접견하기 위해 마오쩌둥과 함께 톈안문(天安門, 천안문) 위에 모습을 나타냈으나, 그 뒤로는 베이징과 그 밖의 지방에서 벽신문의 주요한 공격 대상이 되었다. 당과 국가기관에 있는 그들의 추종자들은 문화대혁명을 사보타지한 혐의로 널리 비난 받았고, 몇몇 주요한 도시와 여러 성에서 홍위병에 의해(때로는 인민해방군의 도움을 받아) 공직에서 추방되었다. 그러나 그 밖의 지구나 부서에서 그들은 완강하게 권력을 쥐고 버텼다. 덩샤오핑의 운명은 현재로서는 확실치 않다.[그는 1973년 4월에 복권되었다.]

덩잉차오(鄧穎超, 등영초)

저우언라이의 부인이다. 1956년의 중앙위원회 위원 서열에서는 19위였으며, 1966년 중앙위원으로 재선됐다. 항일전쟁과 해방전쟁이 한창일 때와 그 후로도 여성조직의 지도자로서, 또 1955년부터는 인민대표자대회 상임위원회 위원으로서 활동을 계속해 왔다. 그러나 문화대혁명 때에는 탁월했던 과거의 업적에 배해 눈에 띈 역할을 하지 않았다.

1903년 후난성 신양현(信陽縣, 신양 현)의 호신 집안에서 태어났다(그녀의 어머니는 위안스카이의 집에서 가정교사를 했다)[실제 태어난 곳은 광시성 난닝(南寧, 남녕)이다—옮긴이]. 톈진의 제1여자사범학교에서 공부했고, 나중에 베이징 고등사범학교를 졸업했다. 성향이 급진적인 학생이었으며, 1919년 체포되어 단기간 투옥되기도 했다. 저우언라이와 함께 '각오사(覺悟社)'의 창립을 도왔고, 저우언라이와 그 밖의 사람들과 함께 '근공검학' 그룹에 참가하여 프랑스로 갔다. 파리에서 결성된 중국공산주의 청년동맹에 가담했다. 1924년에 중국으로 돌아와서 공산당에 입당한 뒤 저우언라이와 결혼했다. 1926년에는 국민당 중앙집행위원으로 선출되었고, 난창 봉기에 가담한 유일한 저명여성이었다. 그녀는 1928년 저우언라이와 함께 러시아에 갔다가 돌아와서 장시 소비에트에 들어갈 때까지 지하활동을 했다(1928~31). 장시 소비에트에서는 중앙위 부녀노동부를 지도했다. 장정에서 겨우 살아남은 35명의 여성 중 한 사람으로, 장정이 한창일 때 폐결핵에 걸려 들것에 실려 운반되기도 했다. 1937년 베이징 교외에서 요양하던 중, 일본군이 베이징을 점령하는 바람에 위험에 노출되기도 했었다. 나는 그녀가 게릴라 지역으로 탈출하는 것을 도와준 적이 있다. 1938년부터 중국에서, 또 국제적으로도 여성의 정치조직에서 지도적인 역할을 담당했고 때때로 남편과 함께 여행도 했다. 그녀와 저우언라이는 학생 시절부터 아주 친밀한 관계를 맺어 왔지만, 또한 부부가 모두 위험과 곤경을 겪기도 했다. 애국적이고 혁명적인 정열이 더해진 그녀의 훌륭한 품성과 꾸밈없는 태도는 전국적으로—적들에게조차—존경의 표상이 되어 있다.

덩쯔후이(鄧子恢, 등자회)

1937년부터 푸젠성의 숙련된 게릴라 지도원으로서 많은 책임 있는 정치, 문화, 군사적 사명을 다했으며, 항일전쟁과 2차 국공내전 때도 푸젠성에서 크게 활약했다. 1893년 푸젠성 룽옌에서 태어나, 아모이의 중학교를 다녔고, 일본에서 단기간 공부하고 나서(1916) 교사가 되었다. 1925년에 국민당에 입당하고 1년 뒤 중국공산당에 가입했다. 장시 소비에트의 전기간을 통해서 특히 주더, 장딩청과 함께 활동했다. 때때로 중요한 임무의 주임대리를 맡았고, 또 당내 투쟁을 피해 왔다. 제2선에서 있기는 했지만 존경 받는 지도자였으며, 1966년에는 중앙위원으로 재선되었다.

덩파(鄧發, 등발)

1946년 4월, 비행기 추락사고로 사망했을 때, 그는 정치국원이었다. 그 사고로 보구, 예팅, 왕뤄페이도 함께 사망했다.

둥비우(童必武, 동필무)

마오쩌둥보다 7살이 많으며, 당 창설자로서 1967년 당시 정치국원으로 있었던 사람은 그와 마오쩌둥 둘뿐이었다.

1886년, 후베이성 황안(黃安, 황안)의 학자와 교사를 배출한 호신 집안에서 태어나 사서오경(四書五經)의 교육을 받고, 16살 때 과거[鄕試, 향시]에 합격했다. 1911년 한커우 봉기 때는 국민당군에 참가했으며, 쑨원의 '동맹회(同盟會)'에 가입해, 1913년에 위안스카이에 반대하다가 일본으로 망명했다. 일본에서는 쑨원의 측근들 가운데 한 사람이 되었고, 법정대학에서 공부했다. 1917년부터 1920년까지 그는 쑨원 아래서 여러 임무를 수행했으나, 점차 사상이 좌경화했다. 그는 한커우에서 교사로 일하면서 생활을 꾸려 나가기도 했다. 천두슈와 리한쥔의 영향을 받고, 1921년 상하이로 가서 중국공산당 창립자 중 한 사람이 되었다. 그 뒤 당 후베이성 지부를 조직하기 위해 진력했다.

'국공합작(國共合作)'이 이루어진 뒤로 연락자로서 그의 임무는 중추적인 역할을 하는 데까지 이르렀다. 그는 동맹회—국민당의 전신—와 공산당 양쪽의 고참 멤버였기 때문이다. 1927년의 반혁명으로 그의 가장 친한 동지인 리한쥔이 체포되어 한커우에서 처형되었다. 둥비우는 선원을 가장해 가까스로 상하이로 달아났다. 이어 그는 러시아로 갔고, 코민테른의 쑨이셴 대학에서 4년 동안 공부했다. 그는 '28명의 볼셰비키'('왕밍' 항목 참조)에 가담하지 않고 마오쩌둥을 지지했으며, 귀국 후에는 곧바로 장시성으로 가서 그곳에 새로 조직된 당학교의 교장이 되었다. 그곳에서 그는 쑨이셴 대학에 관한 중요한 정보 제공자였다. 1935년 그는 중앙위원 후보로서, 역사적인 쭌이 회의에서 마오쩌둥을 지지했다. 장정이 끝나자 그는 당학교 교장으로 복귀해 당의 원로로서 1936년부터 중국공산당과 외교 면에서 고문 역할을 했다. 1937년, 난징에서 개최된 제2차 국공합작의 협약교섭에서는 저우언라이를 도왔고, 1938~45년 사이에는 저우언라이와 함께 중국공산당 충칭 연락본부에서 공작임무를 수행했다. 그는 장제스 정권이 설치한 통일전선 자문기관인 국민참정회(國民參政會)의 참정원(參政員)이었고, 1945년 국제연합을 창립하기 위해 샌프란시스코에 간 중국인 대표 10명 가운데 유일한 공산당원이었다. 장한푸(章漢夫, 장한부)와 천자캉(陳家康, 진가강)[두 사람 모두 전(前) 외교부 부부장]이 영어를 할 줄 아는 비서로서 둥비우를 도왔다.

1945년의 제7기 중앙위 서열에서는 제7위였다. 조지 마셜(George Marshall)이 중재한 국공(國共)의 연합정부 수립 교섭(1945~57) 때는 저우언라이 사절단의 일원으로 활약했다. 1954년 제1기 전국인민대표자대회 제1차 회의에서 그는 최고인민법원 원장으로 선출됐고, 1959년에는 인민공화국 부주석으로 선출되었다. 그러나 1966년에는 정치국 제8위에서 12위로 떨어졌다. 고위 공산당원 가운데 유일하게 과거에 합격한 사람이며, 마오쩌둥뿐만 아니라 고인이 된 쑨원의 충실한 지지자이기도 해서 중국의 모든 계층으로부터 널리 존경 받고 있다. 해외여행도 광범위하게 했는데, 외국의 공산주의자들도 그를 매우 높이 평가하고 있다. 그는 겸손하고 욕심이 없고 애국적이며, 놀랄 만큼 참을성 있는 신사이다.

딩링(丁玲, 정령)

1907년, 후난성에서 태어난 그녀는 중국에서 가장 유명한 혁명적 여성작가이다. 베이징 대학과 상하이 대학에서 공부한 그녀는 1927년부터 단편소설을 발표하기 시작했으며, 역시 저명한 작가인 후예빈(胡也頻, 호야빈)과 결혼했다. 후예빈은 1929년에 중국공산당에 입당했고, 딩링은 1931년에 입당했다. 두 사람 모두 1929년 상하이에서 조직된 반(半)합법적인 좌익작가연맹의 일원으로 참가했다가, 1933년에 국민당 관청에 의해 체포되었다. 후예빈은 상하이 인력거노동자조합의 지도자로 활약했고, 리리쌴을 지지하고 왕밍에 반대한 중앙위원이기도 했다. 그는 체포되어 처형당했으나, 딩링은 1936년에 석방되어 옌안으로 갔다. 그곳에서 소설을 쓰고 또 가르치기도 한 그녀는 중국공산당을 풍자한 평론도 몇 편 발표했으나, 마오쩌둥의 『옌안의 문학·예술좌담회에서의 강화(講話)』에는 공감했다. 그녀는 1950년에 중앙문학연구소 주임으로 선출되었다.

1957년에 그녀는 정식으로 우파-반당분자로 선언되었으나 자기의 '과오'를 인정하기를 거부했다. 그녀는 중국공산당으로부터 제명당했고, 사상개조를 위해 인민공사로 보내졌다. 스탈린상을 수상한 딩링의 작품 『태양은 상건하(桑乾河)를 비친다』는 그녀의 다른 작품들과 함께 서점에서 회수되었다. 1960년에 내가 권위 있는 소식통으로부터 들은 바에 따르면, 딩링은 반당적인 문학작품들 때문이 아니라 1936년에 난징의 형무소에서 석방된 경위에 대해 '당에 거짓말을 했기' 때문에 제명되었다고 한다. 딩링의 초기의 자료에 대해서는 에드거 스노의 『살아 있는 중국(The Living China)』(뉴욕, 1937)을 참조할 것.

란핑(藍蘋, 남빈)
'장칭(江靑)' 항목을 보라.

랴오천윈(廖陳雲, 요진운)
'천윈(陳雲, 진운)' 항목을 보라.

런비스(任弼時, 임필시)
1904년, 후난성 샹인현(湘陰縣, 상음현)에서 태어났다. 창사에서 학교를 다녔고, 1920년에는 상하이의 사회주의 청년단에 가입했다. 그는 모스크바의 동방(東方)대학에서 1920~22년까지 공부했으며, 그곳에서 중국공산당에 입당했다. 1927년, 중국에서 공산주의 청년동맹의 서기가 되었고, 중공당 중앙위원으로 선출되었으며, 1930년에는 정치국원이 되었다. 1931년, 후난-장시성 접경의 소비에트 지구로 들어가 허룽 부대의 군사위원회 주임이 되었으며, 정치위원까지 겸임했다. 쭌이 회의에서는 마오쩌둥을 지지하고 보구를 반대했다. 장정 때에도 허룽과 그는 마오쩌둥을 지지했고, 장궈타오와 대립했다. 1945년에 정치국원으로 재선되었으며, 2차 국공내전 중에는 마오쩌둥과 함께 옌안에 머물렀다. 심부전증으로 1950년 사망했다.

루딩이(陸定一, 육정일)

1904년, 장쑤성 우시의 부르주아 집안에서 태어났다. 상하이 자오퉁(交通, 교통) 대학을 졸업하고, 1922년에 공산주의 청년단에 가입했으며, 소련에 유학했으나 (1924~28) '28명의 볼셰비키'와는 협력하지 않았다. 그는 당 정치국에서 높은 지위를 차지하고 있었으나, 1966년에 모든 당내의 지위를 박탈당했고 반마오파의 주요 인물인 펑전의 협력자로 간주되었다. 1966년까지는 국무원 부총리를 겸임했다. 그는 당 중앙위 선전부장으로서 자주 마오쩌둥이나 다른 지도자들의 대변인 역할을 했다. 그는 수많은 공식적인 신문 발표문을 쓰고 또 편집했으며, 문화와 교육제도도 담당했다. 1966년, 그는 보도와 교육 분야의 '반당' 우익분자이며 '검은 노선'의 수정주의자라고 비난 받았다. 그는 정치국원에서 해임되었고, 타오주가 그의 뒤를 이었으나 그도 얼마 뒤 해임되었다('타오주' 항목 참조). 1967년 들어 공식적인 보도기관들은, 루딩이가 펑전과 함께 1962년에 마오쩌둥을 실질적으로 은퇴시키려 기도했다고 비난했다.

뤄루이칭(羅瑞卿, 나서경)

전(前) 인민해방군 총참모장이며, 1966년 초엽에 실각할 때까지 당 군사위원회 총서기로 있었다. 그해 2월, 홍위병의 '대자보(大字報)'는 그가 펑전, 류사오치 및 그 밖의 사람들과 공모한 음모에 가담하여 일거에 마오쩌둥으로부터 당의 최고권력을 탈취하려 했다고 비난했다.

1906년 쓰촨성의 호신 집안에서 태어난 뤄루이칭은, 같은 쓰촨 출신이며 공산당의 혁명투쟁 전 과정에서 마오쩌둥의 오른팔 역할을 했던 주더와 친했다. 소련이 원조한 광저우의 황푸 군관학교를 졸업한 후 1926년 중국공산당에 입당했다. 그는 예팅 휘하의 정치위원이 되었고, 주더와 마오쩌둥을 따라 징강산으로 올라갔다. 한때 (1932~34?)는 모스크바에서, 또 짧은 기간이나마 파리에 있는 코민테른의 당 군사전문학교에서 비밀경찰과 보안기술에 관한 것을 배웠다. 장정 중에는 보위대(保衛隊) 사령관으로 있었고, 1936년에 내가 그와 회견했을 때에는 바오안의 항일군정대학(抗日軍政大學)에서 가르치고 있었다. 뤄루이칭은 보안과 정보 부문을 담당했기 때문에 공안부장과 공안부대 사령관을 역임했다(1949~59). 1945년에 중앙위원으로 선출되었고, 1961년에는 덩샤오핑 밑에서 중앙위원회 서기국 서기로 있었으며, 1959년에는 중화인민공화국 국무원 부총리가 되었다. 1966년 홍위병의 '대자보'는 그가 펑전 등과 결탁해서 마오쩌둥으로부터 권력을 탈취하려 했다고 비난했다. 그 후 그는 자살을 기도했다고 전해지고 있다(하지만 자살은 미수에 그쳤다―옮긴이). 1967년에 열린 한 대중집회에서 그는 덩샤오핑, 루딩이와 함께 자기비판서를 목에 걸고 행진했지만 정식 재판에 회부된 일은 없었다. [1975년 10월에 복권되었다.]

뤄룽환(羅榮桓, 나영환)

1902년 후난성 헝산현(衡山縣, 형산현)에서 출생했다. 1921년, 중국공산당에 입당해 난창 봉기에 참가했고, 그 후 장시 근거지의 홍군 정치부에 소속되었다. 1932년부터 장정을 통해 알게 된 린뱌오의 홍군 제1군단 정치위원으로 있었고, 항일전쟁, 그리고 내전(1948~49)과 한국전쟁에도 참가했다. 1955년 인민해방군의 원수 10명 가운데 한 사람으로 임명되었다. 1960년, 린뱌오가 국방부장으로 취임하자 그는 인민해방군 총정치부 주임이 되어 보위대를 책임졌으나 1963년 사망했다.

뤄빙후이(羅炳輝, 나병휘)

1899년 윈난성에서 태어났다. 1943년의 전투에서 전사했다.

뤄푸[洛甫, 낙보; 본명 장원톈(張聞天, 장문천)]

뤄푸는 1935년부터 1945년까지 정치국 총서기로 있었다. 1936년에 내가 바오안에서 그를 만났을 때에 그는 마오쩌둥을 당이 공인하는 주요한 대변인으로 존경하고 있었다. 1942년, 왕밍이나 그 밖의 소련 유학생들을 대상으로 당이 정풍(整風)을 단행한 뒤, 당내에서 그의 힘은 급속하게 쇠퇴했다.

뤄푸는 직접 미국을 알고 있는 유일한 정치국원이었다. 그는 1900년 장쑤성에서 태어났는데, 그의 아버지는 청조(淸朝)의 관리이자 학자였다. 나중에 아버지는 그를 난징의 공업학교에 보낼 만큼 부유한 상인이 되었다. 뤄푸는 그 뒤 캘리포니아 대학에서 1년간 공부했다(1921). 귀국 후 그는 학교에서 학생들을 가르쳤고, 편집자가 되었다. 그는 취추바이나 그 밖의 좌익 작가와도 만나게 되고, 뤄푸라는 이름으로 서구 고전들을 번역하기도 했다. 천원의 추천으로 중국공산당에 입당한 후 코민테른의 쑨이셴 대학에서 공부했다(1926~30). 이곳에서 그는 코민테른의 중국공산당 파견원인 파벨 미프의 영향을 받았다. 중국공산당 9전대회(1928)에서 중앙위원으로 선출된 그는 상하이로 돌아와 1931년에 정치국원과 중국공산당 중앙위원회 조직국장이 되었다. 미프의 '28명의 볼셰비키'의 한 사람으로서, 뤄푸는 마오쩌둥의 '농민노선'과 장시성에서의 지도를 반대했다. 그 시기의 그의 자세한 경력은 4부 후주 ㉔와 『붉은 중국 잡기』를 참조.

1945년 그는 중앙위원과 정치국원으로 재선되고 중앙인민공화국의 초대 소련 주재 대사(초대 소련 주재 대사는 왕쟈샹이고, 뤄푸는 그 후임으로 부임했다―옮긴이)가 되었으나(1949~55), 중소분쟁 이후에 점차 지위를 잃었다. 1966년 정치국원으로부터 해임되었고, 1967년에 펑더화이와 류사오치의 일당으로 몰려 프롤레타리아 문혁 신문으로부터 공격을 받았다.

류보청(劉伯承, 유백승)

'독안룡(獨眼龍, One-eyed Dragon)'으로 유명하다. 1894년 쓰촨성에서 태어나, 1926년 공산당에 입당했다. 육군원수이며, 1967년에는 정치국원과 전국 인민대표자대회 상무위원회 부위원장, 당 군사위원회의 위원을 겸임했다. 그의 아버지는 떠돌이 악사(樂士)로서 자식에게 기초적인 고전교육을 시키기 위해 돈을 저축했으나, 류보청은 윈난 강무당을 선택해 독군(督軍)의 장교가 되었고, 1911년의 신해혁명에도 참가했다. 수많은 전투를 치르다가 한쪽 눈을 잃었다. 중국공산당에 입당한 뒤, 1927년 난창 봉기 때 공격군 참모장을 맡았으나 실패하고 도망해 1930년까지 러시아의 적군군관학교에 유학했다. 그는 귀국한 후 잠시 소비에트로 들어가 중앙혁명군사위원회 참모장이 되었다. 장정 때는 선봉대의 한 부대를 지휘했고, 그 뒤 항일전쟁(1937~45) 기간에는 8로군 제129사단을 지휘했다. 그는 화베이와 화중 일대에서 광범위한 유격전을 전개한 후, 천이의 군대와 통합했다. 그는 항일전쟁 후 그 통합군의 작전 활동을 지휘해서 양쯔강 이북의 국민당군을 섬멸했다(1948). 그는 1945년에 처음으로 중앙위원으로 선출되었고, 1956년에는 정치국원이 되었다. 1966~67년의 엄중한 당내 투쟁 때는 마오쩌둥과 린뱌오의 지지자로서 당연히 인민해방군 안에서 중요한 인물이 되어야 했으나, 주목할 만한 역할은 맡지 않았다. 그때 그는 75살이나 되었으므로 나이 탓이었는지도 모른다.

류사오치(劉少奇, 유소기)

1967년 당시, 아직도 합법적으로 선출된 중화인민공화국 국가주석이긴 했으나, '중국의 흐루쇼프'로서 프롤레타리아 문화대혁명과 홍위병의 주요한 비판 대상이 되어 있었다.

류사오치는 1898년 마오쩌둥의 고향과 가까운 후난성 닝샹현(寧鄕縣, 영향현)에서 태어나 마오쩌둥이 다녔던 후난 제1사범학교를 졸업했다. '부농'의 아들인 그는 마오쩌둥이 나에게 말한 것과 비슷한 영향을 받고 급진화했다. 1920년, 그는 마오쩌둥이 후난에서 사회주의 청년단을 조직하는 데 협력했으며, 모스크바의 코민테른이 운영했던 쑨이셴 대학에 파견되어 공부했다. 그는 거기서 중국공산당 지부에 가입했다. 1922년에 귀국해 중국노동조합 서기로 근무했는데, 그는 장시와 후난의 접경에 있는 양쯔강 계곡과 안위안(安源, 안원)에서 노동자들을 조직했고, 광산노동조합의 파업을 성공리에 지도했다. 1927년, 그 광부들 가운데 몇 사람은 마오쩌둥의 제1노농홍군에 가담했다(그러나 1967년에 마오쩌둥 지지 신문은 류사오치가 안위안 노동조합을 부르주아 개량주의 사상에 따라 지도했다고 공격했다. 그러므로 그가 40년 동안이나 수정주의 사상을 갖고 있었다는 것이 확인된 셈이다).

1925년, 류사오치는 광둥에서 중화전국총공회(中華全國總工會)의 중앙집행위원회 위원으로 있었다. 그는 상하이로 가서 몇몇 노동조합(1925~26)과 총파업을 조직하는 데 온 힘을 기울였으며, 다시 후베이총공회(湖北總工會)를 조직했다. 1927년 이래 노동자의 지하 공작자였던 그는 중공당 중앙위원회 위원이었으나, 그 지도자인 리리싼, 왕밍과는 대립하고 있었다. 1932년 그는 보구의 정치국 일원으로서 장시 근거지로 들어갔다. 1934년, 그는 장시 근거지에서 철수하는 데에는 가담했으나 장정에는 참가하지 않았다. 그는 화베이의 국민당 지배지구에 파견되었는데, 본거지를 베이징과 톈진에 두고 괴멸한 당의 지하조직 재건을 도모했다. 1937년 옌안에서 중앙위원으로 복귀했으며, 1941년에는 신4군의 정치위원이 되었다. 1941~43년에 있었던 당의 정풍운동 이후(그는 마오쩌둥을 지지하고 왕밍에 반대했다), 그는 정치국과 중앙위원회 서기국의 중심적인 존재가 되었다.

항일전쟁 중에는 당 중원국(中原局)을 지도했고, 화베이와 만주의 게릴라 지역에서는 당 정치국 지부의 최고지도자였다. 그 기간에 새로 입당한 당원 수백만 명이 그의 지도 아래 양성되었다. 최초의 중국공산당 중앙위 부주석(1945~66)이었던 그는 1945년 마오쩌둥이 장제스와 회담하기 위해 충칭에 갔을 때는 당 주석대리였다. 1945년, 중국공산당 7전대회에서 류사오치는 마르크스-레닌주의에 마오쩌둥이 새롭고 창조적인 공헌을 했다고 주장했으며, 나중에 마오쩌둥의 '아시아적 마르크스주의'는 '보편적인 중요성'을 갖는다고 선언했다. 그는 당의 제2인자로 인정되었고, 그의 논문들(특히 「공산당원의 수양(修養)을 논한다」와 「당내투쟁론」)은 마오쩌둥의 논문 다음가는 권위를 지니고 있었다(1967년까지). 1949년에 그는 중앙인민정부 부주석이 되었고, 1955년부터 1959년까지 전국인민대표자대회의 제1부주석이었다. 1958년, 마오쩌둥은 인민공화국 중앙인민정부 국가주석 자리에서 물러났고, 류사오치가 그 뒤를 승계했다. 1961년, 마오쩌둥은 류사오치가 자기 뒤를 이어 당의 최고지도자가 되는 일은 그의 선택에 달려 있다고 공식 석상에서 시사했다.

마오쩌둥은 오랫동안 공식 석상에 모습을 나타내지 않았는데, 다시 등장한 뒤인-아마도 중병에서 회복된 것으로 생각된다-1966년에 프롤레타리아 문화대혁명이라는 슬로건 아래 당에 대한 일대 정당(整黨)운동을 벌였다. 중국공산당 중앙위원회(제8기) 제11차 총회(1966년 8월)가 마오쩌둥의 주재로 열렸는데, 류사오치의 이름은 정치국 서열 2위에서 8위로 내려가 있었다. 린뱌오가 류사오치의 위치를 차지했고, 또한 홍위병이라고 불리는 새로 조직된 청년조직에서 마오쩌둥을 보좌하는 지도자로 등장했다. 홍위병의 주요한 공격 대상은 '반동실권파'였다. 국가의 상부구조인 행정기구의 최고행정관으로서 류사오치는 당내 및 행정기구 내에서의 부르주아, 반동, 그리고 봉건제로의 역행과 동시에 '수정주의', '(물질적인 자극을 혁명의 정열보다 우선시키는) 경제주의', 또 계급투쟁과 자본주의에 반대하는 사상교육의 완화 등 위험한 경향에 대한 책임을 개인적으로 져야 했다. 1967년에 마오쩌둥파의 신문은 류사오치의 저술을 반혁명적이라고 공격했고, 그를 '자본주의의 길을 걷는 당내 실권파의 두목'이라고 표현했다. 그는 프롤레타리아 문화대혁명을 그의 통제 아래 두려고 했으며, 적대적인 '공작대(工作隊)'—베이징 대학에서 그의 아내 왕광메이가 지도한 것도 포함해—를 파견해서 문화대혁명을 방해했다고 공격 받았다. 홍위병의 '대자보'는 마오쩌둥 타도를 기도한 1966년 2월 사건에 그도 관계되었다고 비난했다. 그는 공식 석상에서 모습을 감췄으나, 이 글을 쓰고 있을 때도 당과 정부에서의 지위는 아직도 명목상 유지하고 있었다. 마오쩌둥을 타도하려는 음모를 꾸민 마오쩌둥의 반대파를 그가 지도했다는 것에 관해서는 '펑전, 펑더화이, 루딩이, 뤄루이칭, 마오쩌둥'의 약전을 참조할 것.

　류사오치의 첫 번째 아내는 1933년, 국내전쟁이 한창일 때 국민당에 의해 살해되었다. 그의 두 번째 아내는 왕광메이이다. 나의 『붉은 중국: 또 하나의 세계(Red China Today: The Other Side of the River)』와 하워드 L. 부어먼(Howard L. Boorman)의 「류사오치, 정치적인 프로필(Liu Shao-ch'i, a Political Profile)」 및 《차이나 쿼털리(China Quarterly)》(런던, 1962년 5-6월호) 참조.

류사오치 부인(劉少奇 夫人, 유소기 부인)

'왕광메이(王光美, 왕광미)' 항목을 보라.

류샤오(劉曉, 유효)

1911년에 후난성 선시(深溪, 심계)의, 그가 나에게 말해 준 바에 의하면, '중지주(中地主)'의 집안에서 태어났다. 그의 아버지는 2년 동안 일본에서 유학한 사람인데, 종교에는 반대했다. 그는 5살 때부터 학교에 다녔으며, 나중에 천저우부(辰州府, 진주부)에 있는 미국의 기독교 개혁파 교회가 경영하는 중학교에 들어가 그곳에서 영어를 배우고 기독교인이 되었다. 졸업 후 상급학교에 들어가기 위해 상하이로 가는 도중에 만난 급진적인 중국인 목사에게서 마르크스주의를 처음 접했다. 1926년에 중국공산당에 입당해 상하이 봉기에 참가했다. 그뒤 양쯔강 북부에 파견되었는데, 그곳에서 그는 학교에서 학생들을 가르치면서 조직공작을 수행했다. 그의 학교가 공격을 받게 되자 상하이로 달아났으나 프랑스 조계에서 체포되어 3년 동안 옥살이를 했다. 1931년에 석방되자 장시의 훙구로 갔고, 1932년에는 장시 공산당 중앙위원회 서기로 있었다(그 시기의 자세한 사정은 『붉은 중국 잡기』의 '류샤오 이야기' 참조).

류샤오는 장정에 참가했고, 1936년에는 제1방면군 정치부 주임으로 활약했다. 항일전쟁과 해방전쟁을 통해 군의 총정치부에서 일했고, 상하이와 장쑤성에서는 중국공산당 서기로서 지하공작의 특별책임을 맡았다. 1945년에 중공당 중앙위원으로 선출되었고, 주소련 대사로 재직했을 때(1955~63)는 동유럽과 그 밖의 지역 공산당과 접촉했다. 1963년부터 외교부 부부장으로 활약했으며, 1964년에 중앙위원으로 재선되었고, 문혁의 지도자로서 이름을 크게 떨쳤다. 1967년에는 주알바니아 대사를 지냈다.

리다(李達, 이달)
1927년의 대탄압 때 당을 떠났으나, 반혁명적 행동은 하지 않았다. 2차 세계대전 중에는 당의 협력자로서 활동했고, 중화인민공화국의 정치협상회의 일원으로 다시 등장했다. 1966년, 문화대혁명 때는 '수정주의자'라는 공격을 받았으나 그는 정치적인 실권을 갖고 있지 않았으며, 그 역할은 주로 상징적인 것이었다.

리다자오(李大釗, 이대교)
교수형에 처해질 때까지의 비교적 짧은 생애(1888~1927) 동안에 누구보다도 가장 많이 중요한 급진적인 영향을 당시의 중국 정치에 끼쳤고, 마르크스주의를 중국에 처음으로 소개한 사람으로서 인상적인 발자취를 남겼다. 또한 중국 마르크스주의 사상으로 불리는 체계적 이데올로기에 최초로 크게 공헌했다. 베이징 대학의 도서관 주임으로서 마오쩌둥에게 직장을 마련해 주었고, 그가 처음으로 진지하게 마르크스주의를 연구하도록 이끌었다. "리다자오가 없었다면 마오쩌둥도 없었을 것이다"라고 말한다면 지나칠지 모르나 마오쩌둥사상의 주요한 몇 가지 점은 리다자오의 저술에 나타나거나 암시되어 있으며, 마오쩌둥은 그것들을 실천한 것이다. 중국공산당 창설자의 한 사람인 리다자오는 서양에서 교육 받은 중국의 소수 '자유주의적' 지식인과 러시아 혁명에서 결정적인 영향을 받은 젊은 지식인 사이의 가교 역할을 다했다. 중국 혁명의 복잡성과 마오쩌둥사상을 충분히 이해하기 위해서 없어서는 안 되는 리다자오의 생애와 그의 노작(勞作)에 대해서는 모리스 메이스너(Maurice Meisner)의 흥미로운 저서『리다자오와 중국 마르크스주의의 원류(Li Ta-chao and the Origins of Chinese Marxism)』를 참조할 것.

리더(李德, 이덕)

오토 브라운(Otto Braun)의 중국공산당에서의 조직명이다. 1896년(경)에 태어났다. 오토 브라운은 자기가 코민테른에 의해 중국에 파견된 독일인 공산주의자라는 것을 1964년 5월 27일 동베를린에서 발간된 신문《노이에스 도이칠란트(Neues Deutschland)》의 어느 글에서 처음으로 밝혔다. 리더는 아마도 1932년 후반기에 상하이에 도착했을 것이다. 1933년 초에 그는 베이징에 있던 나를 방문하고 자기는 독일인 신문 특파원인 오토 슈테른(Otto Stern)이라고 소개했다. 바오안에서의 그의 역할은 공공연한 것이었음에도 그는 절대로 본명을 말하지 않았다. 그러나 그가 혁명을 위해 파견되어 남아메리카나 스페인에서 했던 활약에 대해서는 이야기를 했다. 1928년, 그는 독일에서 체포되어 '사형선고'를 받았다고 전해졌으나 탈주해서 모스크바로 달아났다. 그는 1차 세계대전 때 병사로 복무했으나 모스크바에서 다시 군사훈련을 받았다. 상하이에서는 지하의 군사고문위원회 코민테른 대표로 활동했는데, 1932년에 그는 며칠 동안이나 삼판선(三板船, 중국의 거룻배)의 짐더미 속에 숨어서 비밀리에 장시의 홍구로 들어갔다. 그는 코민테른의 대표로서 중공의 혁명군사위원회에서는 특별한 권위를 갖고 있었으며, 1933~34년의 군사행동 책임의 대부분은 그에게 있었다. 그는 장정에 참가한 유일한 외국인이다. 쭌이 회의 이후에 그의 지위는 마오쩌둥을 보좌하는 것으로 바뀌었다. 2차 세계대전 중에 옌안에 단 한 번 착륙했다고 전해진 소련 비행기로 그는 1939년 그곳을 떠났다. 그는 1945년까지 모스크바에 있다가 소련군과 함께 베를린에 입성했다. 《노이에스 도이칠란트》는 그를 '교수'이며 중국 전문가라고 소개했다. 그의 1964년의 논문 「마오쩌둥은 누구를 위하여 말하는가」는 중·소 논쟁에서 완전히 모스크바 측을 지지한 것이다. 장시성에서의 리더의 역할은 4부 후주 ㉔에서 자세히 언급했다.

리리싼(李立三, 이립삼)

리리싼은 1945년에 중공당에 복귀해, 1966년 8월에 공식적으로 프롤레타리아 문화대혁명이 시작되었을 시점에도 여전히 중앙위원이었으며, 이 글을 쓰는 현재도 아마 그대로 있을 것이다.

리리싼은 1896년에 후난성 리링현(醴陵縣, 예릉현)의 지주 집안에서 태어났다. 본명은 리넝즈(李能至, 이능지)이다. 중학교를 졸업한 뒤(1914) 프랑스어를 배우기 위해 베이징으로 갔고, 그곳에서 중·불 교육협회가 기획한 근공검학단에 참가해 프랑스로 건너갔다(1918). 그는 다른 중국인 학생들(저우언라이 등)과 함께 공산주의 청년단(공청단)을 창설하는 데 힘을 썼다. 이 공청단은 1922년 중공당에 합병되었다. 1922년에 귀국하자, 류사오치와 그에게는 마오쩌둥이 활약하고 있었던 장시성 안위안에서 함께 탄광노동자를 조직화하라는 임무가 내려졌다. 1923년에는 상하이로 와서 노동조합을 조직화하기 시작했으며, 1924년에 상하이에서 총공회(總工會)의 위원장이 되었고, 동시에 국민당 선전부 서기를 겸했다. 같은 해에 그는 국민당 중앙집행위에 들어갔고, 광저우의 황푸 군관학교에서 정치교관이 되었다. 1925년, 그와 류사오치는 상하이에서 5·30 운동을 일으킨 노동자들을 지도했다. 그는 중화전국총공회(中華全國總工會)를 대표해 모스크바로 갔고, 그곳에서 세계노련(勞聯)위원회 위원으로 선출되었다. 1926년에 그는 상하이로 돌아와 중공당 정치국원으로 선출되었고, 저우언라이와 함께 상하이 봉기를 준비했다. 1927년 7월, (스탈린의 지시에 의해) 그는 천두슈의 정치국 지도를 반대했고, 저우언라이 등과 난창 봉기 계획에 참가했다. 난창 봉기 실패 후, 8월 7일에 열린 정치국의 긴급회의에서 그는 천두슈의 후계자로서 취추바이를 공산당 총서기로 선출하는 데 힘을 쏟았다.

1927년 이후의 리리싼의 정치적 경력에 대해서는 4부 후주 ㉔와 그와 관련된 인물의 약전에 언급되어 있다. 더 자세한 것은 제임스 P. 해리슨(James P. Harrison)의 「1930년의 리리싼 노선과 중국공산당」(China Quarterly, 14·15호, 1963, 런던) 참조. 또한 『붉은 중국 잡기』도 참조할 것.

1936년 11월, 그는 모스크바의 코민테른에서 '사문(査問)'을 받은 뒤 중공당 정치국으로부터 파면되었는데, 번역자 및 와이원(外門, 외문) 출판사의 편집자로서—아마도 자발적인 것은 아니었으리라—모스크바에 머물렀다. 그는 1936년에 트로츠키주의자로서 체포되었으나 1938년에 석방되어 (스탈린의 다른 제안도 있었으나) 다시 그 일에 종사했다. 마오쩌둥의 지지로 1945년 4월의 당 7전대회에서 중공당에 재입당했고, 중앙위 위원(서열 16위)으로 선출되었다. 그해에 그는 모스크바를 떠나 동북지방으로 갔으며, 거기서 린뱌오 부대의 정치고문으로 참여했다. 1948년, 그는 하얼빈에서 열린 중화전국총공회의 의장단으로 선출되어 개회 연설을 했다. 그곳에서 그는 중화전국총공회의 제1부주석으로 선출되었고, 1953년 '주관(主觀)주의'의 과오로 파면될 때까지 당 간부학교의 교장을 지냈다. 그동안에 그는 노동부 부장, 중앙위 공업교통정치부 주임(1949~54) 등 다른 많은 정부 요직에도 있었다. 중공 8전대회(1956)에서 그는 '좌익 기회주의자의 과오'를 자기비판하고 중앙위 위원으로 재선되었다(서열 89위). 1962년에는 짧은 기간이기는 하나 당 화북국 서기로 있었다. 리리싼은 마오쩌둥의 '관대함'의 상징이었다. 그는 문혁 때에도 눈에 띈 역할을 한 것은 없으나 수정주의자라는 공격은 받지 않았고, 또 그의 과거의 과오를 들추어 비난하는 사람도 없었다.

리리싼의 첫 번째 아내 왕슈천은 중공당 중앙위 여성부의 지도자였으나, 1932년 국민당에 체포된 뒤 행방불명되었다. 그는 모스크바 체류 중 러시아인과 결혼했다.

리셴녠(李先念, 이선념)
1905년에 후베이성 황안현에서 노동자의 아들로 태어났고, 목수 견습을 했다. 1966년에 중앙위원과 정치국원으로 재선되었고, 문화대혁명 당시 주목 받는 지도자로서 신문에 그의 이름이 자주 올랐다. 리셴녠은 북벌이 한커우에 이르렀을 때 그곳에 참가했고, 얼마 뒤에 입당했다(1927). 후베이성 농민 봉기 때는 적위대의 유격대 지도자였으며, 쉬샹첸 밑에서 홍군의 정식 지휘관으로 승격했고, 장궈타오 및 쉬샹첸과 함께 서쪽으로 퇴각했다. 1935년, 마오얼가이에서 처음으로 마오쩌둥과 만났다. 직속 상급자에게 복종해야 한다는 당의 원칙에 따라, 마오쩌둥-장궈타오 분쟁 때는 집요하게 반항한 장궈타오와 늘 함께 있었다. 1년 후, 마오쩌둥이 산시 지방에 도착하자 장궈타오는 자기의 부대를 북쪽으로 이동시켰다. 그러나 그의 주력부대는 시안 부근에서 적의 포위를 받아 거의 궤멸했다. 한편 리셴녠의 제30군은 서로군(西路軍)이라 개명하고 신장 지방으로 가려고 했으나 다시 매우 많은 사상자를 냈다. 그는 1937년에 옌안으로 갔으며, 항대(抗大. 항일군정대학)에 입학해서 1년 동안 공부했다. 1938년, 후베이성의 일본군 전선 배후로 파견되었고, 그곳에서 그는 유격전을 전개했다. 얼마 안 되는 소총과 오래전부터 친구인 농민들과 더불어 유격전을 시작했으나, 1941년까지 그는 6만 명의 병력을 갖춘 군대를 건설했다. 내전 때는 야전군 사령관으로 활약했으며, 승리를 쟁취한 뒤 그는 곧바로 고향인 후베이성의 정치·군사 책임자가 되었다. 1956년, 정치국원으로 선출되었고, 그 뒤 알바니아, 기니아, 말리, 탄자니아, 가나, 북한, 베트민 등과의 회의나 조약, 무역협정을 체결할 때 지도적인 역할을 했고, 그 나라들 가운데 몇 나라와 동유럽을 여행했다. 1962년, 중화인민공화국 부총리로 선출되었고, 1966년 8월에는 정치국에서의 지위를 확보했다.

리쉐펑(李雪峰, 이설봉)
1907년에 태어났다. 그는 중화인민공화국 중앙정부의 최고의 고관과 많은 중앙위 멤버를 포함하는 중요한 기관인 베이징시 당위원회의 서기직에서 1966년에 파면된 펑전과 같은 산시(山西)성 출신으로, 펑전의 뒤를 이어 서기가 되었다.

리쉐펑은 1926년경에 입당했는데, 초기의 농민 봉기에서 류즈단과 교우관계를 맺었고, 중화소비에트 정부의 중앙집행위원회 위원으로(부재중인 채) 선출되었다(1934). 류사오치 아래서 당 북방국에 있었고(1935~39), 1935년에는 산시(山西)성으로 돌입한 홍군에 참가해서 크게 활약했다. 1940년대에는 산시(山西), 차하얼, 허베이, 중원국에서 정치위원 및 서기로 일했다. 그는 1949년에 중원국 조직주임이 되었고, 1949~52년에는 화중, 화난의 당 조직책임자로 활약했다. 1956년에 중앙위 위원(서열 91위)으로 선출되었다. 또 1955년의 전국인민대표자대회 창설 때부터 상임위원으로 있었으며, 1965년에는 상무위원회 부주석이 되었다. 1963년엔 화북국 제1서기가 되었고, 1966년에는 정치국에 들어가(사실상의 베이징 시장으로서) 계속해서 벌어진 홍위병의 시위를 조직·운영하는 데, 또 문화대혁명에 대한 당의 지시에 대해서도 중요한 책임을 맡고 있다.

리징취안(李井泉, 이정천)

그는 10년 동안 티베트, 버마(현재의 미얀마—옮긴이), 인도차이나와 인접한 쓰촨, 구이저우, 윈난 3성(省)의 1억에 가까운 주민과 수많은 소수민족, 변경민족을 포함한 광대한 지역에서 가장 권위 있는 주요한 당원이었다. 문화대혁명이 한창일 때 그 지역에서 빈발한 것으로 전해진 마오쩌둥파의 홍위병과 당(黨) 당국자의 충돌은 리징취안을 타도하기 위한 것으로 여겨진다. 1967년 4월, 공식 보도기관은 그의 파면을 전했다.

 리징취안은 1905년(경) 장시성의 빈농 집안에서 태어났다. 그는 마오쩌둥이 광저우의 농민강습소에서 강의를 하고 있을 때, 그곳 학생이었다(1924~25). 그는 농민 봉기를 조직했고 장시에서 군사훈련을 받았으며, 펑더화이가 이끄는 부대의 정치위원이 되었다. 장정 중 홍군이 둘로 갈렸을 때, 그는 주더와 장궈타오의 군대에서 1년간 근무했다. 서북부에서 홍군이 다시 통합된 뒤 리징취안은 몽골 국경지방의 지휘관이 되었고, 유격전을 지휘했다(1937~47). 해방전쟁 중에는 쓰촨성에서 지도적인 지위를 차지하고 있었는데, 한 지역에 대한 개인 지배의 성과로서는 그곳에서의 성과가 아주 월등했다. 1956년에는 중앙위원으로 선출되었고, 1958년에는 정치국에 들어갔으며, 1961년에 공산당 서남국 제1서기가 되었다. 쓰촨성과 같은 아주 중요한 지역에서 당과 행정을 함께 지배한다는 것은, 당 총서기이며 쓰촨성 출신으로서 그 지역에 특별한 이해관계를 갖고 있던 덩샤오핑의 지지 없이는 도저히 확보될 수 없는 일이었다. 1966년 8월에 마오쩌둥은 그의 정치국원 재선을 분명 막을 수 없었지만, 홍위병이 덩샤오핑을 주요한 공격대상으로 삼았을 때는 리징취안의 위세도 크게 흔들렸다. 전하는 바에 따르면, 1966년 마오쩌둥파가 구이저우의 성당(省黨)위원회를 장악하고 낡은 지도자들을 '부르주아 반동파'라고 비난한 뒤, 홍위병은 대자보를 통해 리징취안의 사형을 요구했다고 한다. 1967년 5월, 베이징의 공식 보도기관들은 리징취안이 "서남부에서 자본주의의 길을 걸었던 당내 제1의 실권파"이며 "성도(成都)에서의 유혈 비극"(리징취안에 반대한 홍위병을 탄압한 사실을 가리킴)의 책임은 그에게 있다고 비난했다. 1968년에 베이징의 당 중앙위는 그를 파면했다고 발표했음에도 그와 그의 조직은 아직도 쓰촨성과 윈난성의 일부에 도사리고 있었다.

리쭝런(李宗仁, 이종인)

국민당군의 일원으로 광시군(廣西軍, 광서군)을 이끌었는데, 국민당군으로서는 드물게 일본군에게 승리를 거두었다. 그는 1947년에 부총통으로 선출되었다. 장제스는 대만(타이완)으로 도망가기 직전에(1949) 총통직을 사임했고, 리쭝런 장군이 그 대신 국민당 정부 총통이 되었다. 장제스가 대만에서 그의 직위를 박탈하자 그는 미국으로 건너갔다. 1965년에 베이징으로 가서 마오쩌둥과 화해했으며, 장제스를 미제국주의의 괴뢰라고 비난했다.

리칭윈(李靑雲, 이청운)

'장칭(마오쩌둥 부인)' 항목을 보라.

리커눙(李克農, 이극농)

1962년에 사망할 때까지 외교부 부부장이었다.

리푸춘(李富春, 이부춘)

1966년 제8기 11중전회에서 1956년 제1차 총회 때와 마찬가지로 정치국원(서열 10위)으로 재선되었다. 그는 '경제주의자(이데올로기적 자극을 반대하고 물질적 자극의 사용을 장려한 자)'와 관계가 있다고 전해졌다. 마오쩌둥의 오랜 친구로서 후난 사람인 그는 1900년에 창사에서 태어나 그곳에서 중학교에 입학했는데, 베이징의 중·불 교육협회가 마련한 '근공검학' 계획에 응해 1918년 프랑스로 건너갔다. 1921년에는 그곳에서 저우언라이, 리리싼, 뤄마이(=리웨이한), 차이허썬 및 그 밖의 사람들과 공산주의 청년단

(나중에 중국공산당과 합병)을 결성했다. 그는 파리의 슈나이더 군수공장과 모터공장에서 일했는데, 프랑스인 노동자에게서 처음으로 마르크스주의에 대해 공부했다. 1924년 그는 프랑스를 떠나 소련으로 가서 6개월간 공부한 뒤 중국으로 돌아왔다. 그는 바로 그해인 1924년에 중앙위와 정치국의 일원이 되었다. 광둥에서 당의 정치교육 주임이 된 그는 북벌 때는 류보청이 이끄는 제6군의 정치책임자이기도 했다. 국공합작이 분열된 뒤, 장시성 당위원회 서기로 임명되었다(1927~33). 그는 장정에도 참가했는데, 1936년에 내가 그를 만났을 때 그는 중앙위 위원으로 산시(陝西), 간쑤, 닝샤의 당위원회 주석이었다(『붉은 중국 잡기』 참조). 그는 옌안 정부의 중요한 지위에 있었고(재정부 부주임. 1940~45), 1945년에는 경제와 그 관련사항의 조직화를 위해 가오강이 주임이었던 당위원회와 함께 동북(만주) 지방으로 파견되었다. 그의 주요 임무는 계속해서 재정과 경제에 관한 것이었는데, 1950년에 중공업부 부장이 되었다. 가오강이 1954년에 파면된 뒤, 그는 국가계획위원회의 주임이 되었고, 이 글을 쓸 당시에도 그 자리에 있었다. 1956년에 정치국원으로 재선되었으며, 해외나 국내에서 열린 외국 정당과의 회의, 특히 경제에 관한 회의에 참석해서 많은 무역협정에 서명했다. 리푸춘은 중·조(中朝) 동맹조약(1961)에도 서명했다. 리푸춘과 그의 아내 차이창은 1966년 중앙위원으로 재선되었고, 그는 정치국원으로도 선출되었으나, 새로운 대약진 경제정책에 반대했다고 해서 대자보에 의한 공격을 받았다. 그런데 그와는 모순되게, 그는 1967년에는 마오쩌둥과 6명의 중앙위 부주석으로 구성되는 상무위원회 위원으로 승격했다.[1975년 5월 1일 사망함.]

린뱌오(林彪, 임표)

1966년에 공식적으로 '마오쩌둥 주석의 친밀한 전우(戰友)'라고 선언되었다. 제11중전회(1966년 8월) 이후, 린뱌오는 전권을 장악하고 있는 것처럼 보이는 상무위원회에서 당 제1부주석, 최고군사위원회 제1부주석, 국방부 부장, 국무원 제1부총리가 되어 마오쩌둥에 이은 2인자의 지위로 승진했다. 린뱌오는 마오쩌둥 주석이 사망할 경우 중화인민공화국의 실질적인 지도자가 될 것으로 널리 관측되고 있으며, 류사오치 국가주석과 사실상 자리바꿈을 했으나 지금의 시점에서는 아직 확실한 후임자로 내정되어 있지는 않다.

1907년에 태어났다. 그는 1936년 산시(陝西)성의 바오안에서, (이 책의 3부 4장에서 소개한) 그의 반생(半生)에 대해 나에게 자세히 이야기해 주었다.

장제스 총통이 1934년 장시성으로부터 '반역자들'을 추방했을 때 린뱌오는 장정에 참가해 돌격부대를 지휘했다. 그는 1935년 구이저우성에서 마오쩌둥이 최고지도자로 선출되는 것을 도왔다. 그는 산시(山西)와 산시(陝西) 지방의 전투에서 승리했고(1935~36), 1936년 12월의 옌안 점령에 참가했다. 항일전쟁 중에는 8로군으로 개명한 훙군을 이끌고 산시(山西)성 북부에서 싸웠다. 린뱌오의 제115사단은 강력한 일본 침략군을 격파함으로써, 중국군도 올바르게 조직하고 지휘하면 현대적인 군대와 싸워 이길 수 있다는 사실을 처음으로 입증했다. 1938년, 그는 중상을 입고 러시아에서 2년 동안 요양했다. 귀국 후 얼마 동안 그는 충칭에 있던 저우언라이의 '섭외(涉外) 사령부'에서 근무했고, 그 뒤 마오쩌둥이 교장이었던 옌안의 당 간부학교 교장대리를 지냈다.

1946년에 그는 동북 훙군(東北紅軍) 총사령으로 취임했는데, 마오쩌둥은 그에게 오늘날 칭찬 받고 있는, 국공내전을 위한 군사작전상의 '일반적인 개념'을 설명했다. 린뱌오는 동북(만주)지방의 훙군 주력군의 사령이었다. 그는 미국 장비를 소유하고 미국식으로 훈련된 장제스의 정예군을 1년 만에 격파했고, 36명의 국민당군 장군을 전사케 하거나 생포했다. 동북지방에서의 승리에 이어 화베이 지방에서도 장제스의 주력군을 포위하자 베이징은 저항을 포기하고 그에게 항복했다.

1950년 7월, 그는 정치국원으로 선출되었다. 1950년 11월, 중국이 한국전쟁에 개입하자 린뱌오는 '중국 인민의 용군'을 이끌고 반격에 나섬으로써 맥아더 사령부를 경악시켰다. 그는 '인해(人海) 전술'을 써서 미국과 국제연합군을 거의 궤멸에 가까운 상태로 몰아넣었다. 그는 병환 때문에 전쟁터에서 귀환해 또다시 소련에 가서 휴양했다. 펑더화이 원수가 그의 후임이 되었다(한국전쟁 당시 소위 인민지원군을 이끌고 한국전쟁에 참전한 사람은 린뱌오가 아니라 펑더화이이다―옮긴이). 린뱌오는 1950년부터 당 군사위원회 부주석이고 부총리이며, 1956년에는 정치국원으로 재선되었다. 1년 뒤에는 인민해방군 원수로 승진했다.

1959년, 중공은 당면한 대소(對蘇)정책에 대해 격렬하게 논쟁했다. 그때 펑더화이와 린뱌오 사이에는 개인적으로 험악한 대립관계가 발생했는데, 그것은 마오쩌둥을 주역으로 한 것이었다. 그 이데올로기 논쟁이 한창일 때, 니키타 흐루쇼프는 '견본용 원자폭탄'을 중국에 제공한다는 약속을 취소했다. 펑더화이는 국방부장에서 해임되고 린뱌오가 그 후임에 임명되었다. 린뱌오의 군대개혁은 '비소련화(非蘇聯化)'를 목표로 한 것이었으며, '직업군인' 의식도 매도했다. 따라서 계급을 나타내는 군대의 직함이나 계급장은 폐지되고 장교의 특권도 없앴으며, 옌안 시절의 병(兵)-농(農)-노(勞)-학(學)의 결합이 부활되었다. 그리고 마오쩌둥사상이 다른 사상적 저술들을 압도했다.

1965년, 린뱌오는 「인민정책의 승리 만세!」라는 제목의 저개발국의 혁명에 관한 긴 논문을 발표했다. 린뱌오는 그 논문에서, 빈곤한 아시아, 아프리카, 라틴 아메리카 인민의 '발흥하는 세력'을 '세계의 농촌'에 비유하고, 한편 서양의 부유한 국가들을 '세계의 도시'에 비유했다. 그런데 마오쩌둥사상에 따르면, 궁극적으로는 '도시'가 '농촌'의 혁명에 의해 포위되게 된다는 것이다. 린뱌오는 그러나 중국이 다른 나라들의 전쟁을 지원하고 싸워 주겠다는 약속은 하지 않았다. 주로 '자력갱생(自力更生)'에 의존해야 한다고 역설했다. 1966년, 중공당 기관지는 린뱌오의 테제가 마오쩌둥사상의 불가결한 부분이라고 발표했다.

1956년부터 린뱌오는 당 상무위원회를 주재하는 7인 가운데 한 사람으로서 1966년의 대격동(문화혁명)이 한창이었을 때에는 마오쩌둥에게 무장 지지를 보장해 주었다. 군의 지휘 아래 통합된 백만 당원은 프롤레타리아 문화대혁명으로 알려진 전국적인 정풍운동에서 결정적인 사상적 원동력이 되었다. 린뱌오는 아직도 정치국원들 가운데서는 가장 젊은 측에 속하며, 마오 주석이 사망한 후에는 중국의 운명이 그의 손에 장악될 것으로 보인다. 그러나 그의 권력은 집단지도의 일부분이 될 것이다.[그는 1971년 9월, 비행기를 타고 소련으로 달아나려고 하다가 추락해 사망했다고 전해졌다.]

마오안잉(毛岸英, 모안영)

1920년에 태어났으며, 마오쩌둥과 양카이후이 사이의 첫째 아들이다. 1930년 어머니와 함께 창사에서 체포당했는데, 어머니 양카이후이는 처형되었다. 그는 석방된 뒤, 창사에서 도망친 다른 가족들에 의해 몰래 키워졌다. 2차 세계대전 중 소련에서 유학했으며, 1948년 귀국한 뒤 몇 달 동안 산시(山西)성 근거지의 코뮌에서 일했다. 나중에 당 간부학교에 입학했다. 한국전쟁 때 최초로 개입한 중공군의 한 사람으로 '인민의 용군 사단'을 지휘했으며, 1950년 10월 25일 한국전쟁에서 전사했다.

마오안칭(毛岸菁, 모안청)
마오쩌둥과 양카이후이 사이의 둘째 아들로, 창사에서 태어났다(1921년경). 양카이후이가 체포되었을 때 그녀의 친구가 그를 숨겨 줬다. 형과 함께 상하이로 보내졌고, 나중에 소련으로 가서 기사(技士)로서의 교육을 받았다고 전해지고 있다. 귀국 후 그는 러시아어 통역관이 되었고, 교과서도 여러 권 번역했다. 마오쩌둥은 아들 마오안칭과, 그와 장칭 사이에서 태어난 두 딸만이 살아남았다고 1965년에 말했다. 내가 아들 안칭이 기사라는 말을 들었는데 그러냐고 묻자, 마오쩌둥은 그들이 러시아에서 그에게 무엇을 가르쳤는지 모르겠다고 말함으로써 마오안칭을 중국에서 교육시키지 않아 실망하고 있음을 비쳤다.

마오쩌둥(毛澤東, 모택동)
이 책 4부 '어떤 공산주의자의 내력'에 마오쩌둥 자신이 이야기한 43살까지의 기록이 있다. 나는 마오쩌둥에게 그 자신에 대해, 또 당의 역사나 그의 지도(指導)에 관해서 수많은 질문을 했다. 개인적인 질문은 참고자료로 쓰였는데, 많은 회고담과 장래에 관한 이야기들, 그리고 주제로부터는 벗어났지만 새로운 질문이 이끌어 낸 온갖 이야기가 있었다. 내가 그 노트를 광범위하게 재구성해서 초고를 우량핑에게 넘겨주면, 그는 그것을 글자 하나하나 그대로 중국어로 번역했다. 마오쩌둥은 그것을 읽고 수정하거나 정리했고, 또 부연하거나 요약하기도 했다. 그 원고를 우량핑과 나는 영어로 재번역했고, 그것을 손질한 뒤 다시 중국어로 번역했다. 마오쩌둥은 거기에 미비한 대목을 추가했으며, 그것을 우량핑과 내가 제일 마지막에 영어로 번역했다.

1936년의 늦가을, 서북(西北)에서 베이징으로 돌아오자마자 나는 그 초고를 바탕으로 해서 재빨리 그 부분의 글을 썼다. 1937년 초 나는 신문과 잡지에 약 22회 연재 분량의 원고를 보냈고, 그 사본을 중국인 교수 몇 명에게 건네줬다. 그들은 그것을 중국어로 번역해, 『중국 서북의 인상기(Impressions of Notrhwest China)』라는 제목으로 (반합법적으로) 한 권의 책으로 출판했다. 1937년 7월에는 『중국의 붉은 별(Red Star Over China)』 원고 사본을 그 교수들에게 줬다. 그들은 비밀리에 그것을 상하이로 옮겨(일본이 베이징을 점령하고 있었으므로), 거기서 번역팀을 짜 재빨리 출판했다. 그들은 구국회(救國會)의 애국적인 사람들이었는데, 나는 그 수익을 중국 홍십자회에 기부한다는 조건으로 그들에게 번역권을 줬다. 그 번역서는 『서행만기(西行漫記)』라는 제목으로 출간되었으며, 마오쩌둥 회견기의 중국어판으로서는 가장 권위 있는 것이 되었다.

그 후, 『중국의 붉은 별』의 여러 장(章)이나 전기가 표절되어 영어와 중국어 팸플릿으로 여러 차례 출판되었다. 그것들 가운데 1938년 광저우의 '전스서점(眞實書店, 진실서점)'에서 출판된 것이 있었는데, 그 책에는 나의 주석이나 질문, 논평이 생략된 채 『마오쩌둥 자서전』이라는 제목이 붙어 있었다. 1949년 이 출판사는 홍콩에서 그 영어판을 '에드거 스노에 의한 구술(口述)'이라는 부제를 달아 출판했는데, 내가 알지 못하는 'Tang Szu-Chen'이라는 사람이 '개정(改訂)'을 하고 '주(註)'를 단 것이었다. 1949년의 팸플릿에는 독자가 영어를 쉽게 읽도록 하기 위해서인지 수많은 중국어 각주가 달려 있었다. 중국의 인명이나 용어 몇 가지는 올바른 것이었으나, 다른 몇 가지는 잘못되어 있었으며, 또 '주석자(註釋者)'가 몇 가지 오류를 저지르고 있었다[탕(Tang) 씨는 '무거운 걸음걸이로 걷다(tramped)'를 '짓밟다(trampled)'라는 뜻으로 썼고, '복숭아'를 '배'로, '전투성(militancy)'을 '군사력(military strength)'으로 설명했다. 그 밖에도 오류가 많았다].

미국인 학자 몇 사람은 광저우의 해적판인 『마오쩌둥 자서전』이나 그 밖의 중국어 번역판을 『중국의 붉은 별』과는 다른 '새로운 자료'로 받아들이기도 했다.

1960년, 베이징에서 마오쩌둥은 나에게 자신은 도통 자서전을 쓴 일이 없으며, 나에게 이야기한 자신의 내력이 그런 종류의 것으로는 유일한 것이라고 말했다. 그의 공식적인 저술들 속에는 그 자신에 관한 것은 포함되어 있지 않다. 마오쩌둥은 자서전을 쓸 생각이 없다고 덧붙여 강조했다.

장정을 끝냈을 때, 홍군의 모든 기록은 마오쩌둥의 동굴 안에 있는 2개의 문서함 속에 보관되어 있었다. 그가 나에게 자세히 이야기한 일은 거의 모두 기억에 바탕한 것인데, 누구의 기억도 완전한 것은 아니어서, 무의식적인(또는 고의의) 생략 이외에도 이름이나 날짜에서 약간의 잘못을 저지르고 있다. 또한 마오쩌둥이 남쪽(후난)의 사투리로 말했으므로, 예를 들어 북방의 'Hu'는 'Fu'가 되고, 'Shih'는 'Siu'가 되었다. 지금은 중국에서 유명해진 공산당 지도자들의 이름도 당시에는 알려져 있지 않았고, 모든 이름을 꼭 중국 문자로만 받아 쓰지는 않았으므로—홍구(紅區)에서 멀리 떨어진 베이징에서—거꾸로 음역을 해야 했을 때, 정치의식이 높은 중국인으로부터 협력을 받았음에도 불구하고 정확한 한자로 표기하는 데 나는 실패했다. 이제는 입수할 수 있는 연구문헌에 의해 몇 가지 잘못을 바로잡았지만 어쩌면 이 책에 아직도 오류가 남아 있을는지도 모른다.

앞에서 말한 개정(改訂)이나 각주를 제외하고는, 나는 마오쩌둥의 개인적인 회상을 본래의 것 그대로 놓아 두었다. 그러나 나는 주(註)에서 그가 말한 몇 가지 사건에 관해서는 그 배경에 넓고도 날카로운 초점을 맞추려고 시도했다. 마오쩌둥의 협력자나 대립자에 관한 이 약전적 자료는 일정한 사건을 해명하는 데 도움이 될 것이다. 독자의 편의를 위해, 1968년까지의 마오쩌둥의 생애에 관한 몇 가지 중요한 사항을 요약해 덧붙이면 다음과 같다.

시안 사변(西安事變, 서안사변, 1936) 이후 마오쩌둥은 그의 사령부를 옌안으로 옮겼다. 1937년 1월, 그는 항일군정대학[항대(抗大)] 지도부 주석이 되었는데, 그 과도기에서 그것은 주요한 직무였다. 그해에 그는 「실천론(實踐論)」, 「모순론(矛盾論)」을 썼고, 이어서 1938년에는 「지구전론(持久戰論)」을 썼다. 그것은 출판에 앞서 항대에서 강의한 것으로(1960년에 그가 나에게 말했다), 정치국이나 중앙위원회 위원들이 청강했다. 1937년 8월, 중앙위원회 위원으로까지 확대 개최된 정치국 회의 '뤄촨 회의'에서 주석으로서의 마오쩌둥의 지도권이 확립되었다. 장궈타오는 그의 '우익 기회주의'와 정치국 결정을 어긴 일로 비판 받았고, 그 오류에 대해 자기비판하도록 요구 받았다(그는 그것을 그저 표면적으로 수긍했다). 그 이듬해 장궈타오는 자발적으로 홍구를 떠나 장제스를 위해 일했다. 그의 도전은 1966~67년에 당내 논쟁이 다시 표출되기까지는 마오쩌둥의 최고 권위에 대한 마지막 중대한 도전으로 간주되었다.

1939~49년의 10년 동안, 마오쩌둥은 수많은 정치논문을 썼고 또 그의 군사개념을 발전시켰는데, 그 대부분은 항대나 그가 교장으로 있었던 당학교에서 강의한 내용이

었다(참고문헌 참조). 1945년의 중공당 7전대회에서 마오쩌둥은 중앙위원회와 정치국 주석으로 선출되었다.「연합정부론」을 쓴 뒤, 그는 저우언라이와 함께 충칭으로 갔지만(1945년 8월) 거기서 그는 그의 생각을 제대로 실현시킬 수 없었다. 1946년 6월 내전(內戰)이 재발하자 마오쩌둥은 인민해방군 총사령관이 되었고, 주더가 야전군 총사령관이 되었다. 1947년, 국민당군에 점령당한 옌안으로부터 산시(山西)성의 산악지대로 철수한 마오쩌둥은 저우언라이, 런비스, 천이, 펑더화이 등과 함께 작전계획을 세웠고, 마침내 1948년에는 옌안과 서북 지역 전체를 장악했다.

1949년, 마오쩌둥의「인민민주주의 독재에 대하여」는 그가 주석이 되어 베이징에 수립한 임시인민정부(각 계급을 포함)의 뼈대를 규정했다. 1949년 후반기에 그는 모스크바에 갔는데(그의 최초의 해외여행), 그곳에서 그와 저우언라이는 30년 기한의 중·소 동맹조약을 협의하고 1950년에 서명했다. 한국전쟁(마오쩌둥이 한 역할의 전체상이 공표되지는 않았으나)이 일어난 후에 채택된 헌법은 정식으로 중화인민공화국을 성립하게 했고, 1954년에는 전중국인민대표자회의가 마오쩌둥을 주석으로 선출하여 국가의 원수로 삼았다. 중공당 8전대회(1956)에서 그는 중앙위원회와 정치국 주석으로 재선되어 정부 조직상의 정식 수뇌와 당의 지도자를 겸임했다.

1957년, 그는 모스크바에서 열린 러시아 10월혁명 40주년 기념식에 중국대표단을 이끌고 참석했고, 거기서 64개국의 공산당과 노동당의 선언에 서명했다. 모스크바 체류 중, 마오쩌둥은 공산주의 세계의 전략적 우위성을 선언하는 연설을 했다. 곧 "동풍(東風)이 서풍(西風)을 제압하고 있는" '전환점'에 와 있다고 표현했다. 흐루쇼프는─그가 주장한 냉전의 '해빙'은 이미 상당히 진전돼 있었다─'전환점'에 와 있다는 마오쩌둥의 견해를 암묵리에 거절했는데, 그것은 미국에 대한 '중·소 제휴의 종언'이 시작됐음을 알리는 것이었고, 1960년에는 공공연한 분열로까지 발전했다.

그동안 중공당 중앙위원회는 토지분배, 협동조합, 그리고 기본적인 집단화의 단계를 통해서 농업을 이행시키려는 마오쩌둥의「토지개혁법 개요」에 따라 토지혁명을 수행해 왔다. 또 소기업의 사유(私有)를 완전한 국유와 국영으로 합병시키고 대기업을 국유화함으로써 자본주의는 본격적으로 폐지되기 시작했다. 마오쩌둥 지도하의 중앙위원회 지시에 따라 중국의 사회, 문화, 정치 생활은 혁명화되었고, 국가계획도 도입되었다. 1957년, 마오쩌둥의「인민 내부의 모순을 올바르게 처리하는 문제에 대하여」(그것은 프롤레타리아가 권력을 탈취한 뒤에도 계급 간의 모순이 존속한다는 것을 인정하고 있다)라는 글의 취지에 따라 단기간에 걸쳐 자유로운 언론과 자유로운 비판을 하게 한 '백화제방(百花齊放)'이 시작되었다. 그 시기에 '민주독재제도'에 대한 불만이 당내외에 널리 존재하고 있다는 사실이 드러났다. 그 뒤 오래잖아 '우파(右派) 분자'의 철저한 적발이 단행되었다.

그러한 '정풍운동'에 이어 마오쩌둥의 대약진운동(大躍進運動)과 인민공사(人民公社)가 출현했다. 찬반 양론이 있었던 대약진운동의 몇 가지 실험[예를 들면, 간이 제강(製鋼)운동 등]은 나중에 그것이 오류라는 것을 증명했다. 인민공사는 얼마 후 도시에서는 폐지되었으나 농촌에서는 그 형태가 그대로 유지되었다. 흐루쇼프는 대약진과 인민공사를 '모험주의'라고 냉소했고, 1959~62년에 걸쳐 일어난 중국의 식량위기와 자연재해를 마오쩌둥의 노선 탓으로 돌렸다.

1959년 8월, 중앙위원회 루산(廬山, 여산) 회의에서는 국방상 펑더화이를 해임했다. 그가 마오쩌둥의 '총노선(總路線)', 대약진, 인민공사, 그리고 (경제주의나 실용주의에 대한) '정치 우선'에 반대하고 소련과의 단절을 회복하려고 꾀했던 일은 이미 알려져 있었다. 그러나 그 무렵의 심각한 당의 위기와 대립이 해소되지 않은 채 잔존해 있었던 사실에 대해 마오파의 신문이 처음으로 밝힌 것은, 문혁(文革) 개시(1966)와 류사오치 국가주석에 대한 공격이 시작된 지 1년 뒤의 일이었다. 또 그때 비로소 1959년 말 마오쩌둥이 류사오치에게 국가주석의 지위를 물려준 일이 반드시 자발적으로 한 것은 아니었음이 밝혀졌다. 펑더화이 원수의 실각(린뱌오가 그 후임이 되었다)은 중앙위원회 내부에서의 마오의 권력과 정책에 대한 약간의 수정과 그의 위신의 실추에 의해 보상된 듯하다.

1963년과 64년에 있었던 중국 경제의 부분적인 회복은 린뱌오의 평등주의에 바탕을 둔 군대의 개혁이나 '사회주의 (재)교육' 운동과 함께 문혁, 홍위병, 그리고 새로운 대립의 전조가 되었다. 새로운 대립이란 말은 불충분한 설명이지만, 그것은 당의 사상우선파 대 실용주의자, 또는 혁명순수주의자 대 정치기술자의 형태를 띠었다. 그리고 그 대립은 당기관이 마오쩌둥에 대한 개인숭배를 억제하느냐 그렇지 않으면 마오쩌둥이 당기관을 지휘하느냐 하는 논쟁을 둘러싸고 벌어졌다. 실용주의자들은 국내외를 불문하고 마오쩌둥주의의 '수정주의자(修正主義者)'로 간주되었는데, 마오쩌둥주의는 특히 '흐루쇼프주의'로 불리는 스탈린 이후의 소련의 주장과는 전면적으로 상충되는 것이었다. 중국이 원자폭탄을 제조(1964년 10월)한 것을 마오쩌둥파는 자력갱생의 성과라고 찬양했고, 또 1967년의 수소폭탄 제조도 마찬가지로 마오사상의 산물로 보았다. 1965년에는 이미 마오쩌둥에 대한 경애와 존경을 나타내는 미증유의 시위운동과 수정주의자에 대한 총공격이 곧 있을 것임을 시사하는 움직임이 나타났다. 의심할 것도 없이 미국의 월남에 대한 무력간섭도 1966년에 완전히 공개된 중국의 권력투쟁의 여러 단면들을 폭발시킨 촉진제가 되었다.

당 제8기 중앙위원회 제11차 총회에서 마오쩌둥은 프롤레타리아 문화대혁명의 결의를 통과시키는 데 성공했는데, 그것은 그 결의에 찬성한 지도자들 가운데 많은 사람이 후일 문혁에 의해 공격 받게 되는 등 모순을 안고 있었다. 분명히 그 회의는 중앙위원회의 일파가 일거에 마오쩌둥을 사실상 은퇴시키거나 또는 적어도 마오쩌둥 숭배를 그들의 통제하에 두려는 기도에 따라 열린 것이었다. 그들 가운데는 인민해방군 총참모장이며 부총리이기도 한 뤄루이칭, 정치국원들 가운데 유일한 비한족(非漢族)인 몽골의 지도자 우란푸(烏蘭夫. 오란부), 중국 서남부의 당과 인민해방군의 지도자 리징취안, 전 국방상 펑더화이, 신장 지구 군사령 왕언마오(王恩茂. 왕은무), 베이징 시장이고 중앙위원회 화북국의 실권자이며 정치국의 높은 직위에 있는 평전, 정치국원이며 중앙위 선전부장인 루딩이 부총리, 그 밖에 당 제1부주석으로서 마오쩌둥이 지명한 후계자였던 류사오치 국가주석이 포함되어 있었다. 그리고 중앙위원회와 정치국 상무위원회 총서기였던 덩샤오핑 부총리의 지지를 받았던 것으로 후일 알려진 몇 명의 중앙위원도 포함되어 있었다. 그 후 류사오치와 덩샤오핑은 문혁의 결의에 따라 주요 공격 대상이 되었다. 그러나 그들은 중앙위 총회에서 지위가 폄하되기는 했으나 아직도 정치국원으로 재선될 만큼 그들의 지지자는 힘을 보유하고 있었다.

마오쩌둥은 분명히 중앙위원회에서 문혁을 승인 받는 데 성공할 만큼의 힘은 있었으나, 류사오치와 덩샤오핑에 의해 구축된 완강한 당(黨), 정(政), 관료행정기구 전체와 국가주석을 정면으로 공격해서 파면시킬 정도까지는 되지 못했다. 그에 대신할 수 있는 방법은 수백만 명의 당외(黨外) 청년이나 인민해방군의 지원을 받는 홍위병을 동원하고 교육해서 지방에서 권력의 자리에 앉아 있던 반마오파 관료들(수정주의자) 가운데 중요 인물을 타도하는 것이었다. 1966년에는 류사오치가 '자본주의의 길을 걷는 당내의 한 줌의 실권파' 가운데서 문혁의 첫째가는 공격 대상이라는 것이 명백해졌다. 그러나 1967년 8월에야 비로소 마오파의 신문['조반(造反)한 혁명분자'가 수정주의자들로부터 탈취한]은 류사오치를 '중국의 흐루쇼프'라고 지적하면서 그와 그의 동료인 펑더화이 원수가 비밀리에 음모한 구체적인 사실을 공개적으로 비난했다.

그 시점에서 1959년 중앙위원회 결정의 발췌문이 공표되었다. 여기에서 '중국의 흐루쇼프'를 우두머리로 한 부르주아 사령부의 비호 아래 펑더화이, 뤄푸, 그 밖의 몇 사람이 그 루산 회의에서 마오쩌둥의 '총노선'을 좌익모험주의 또는 소부르주아 열광주의라고 지칭하면서 악의적으로 공격했다는 사실이 밝혀졌다. 그리고 펑더화이는 대약진운동이 피가 '머리로 치솟은' 것이거나 '열에 들뜬' 것이며, 인민공사는 '시기상조이고 엉망진창'이라고 말했다는 것이었다. 펑이 해임된 후, 류사오치는 그것이 당의 통일을 혼란시킨 결과를 가져왔음을 개탄하고, 펑더화이가 행한 비판의 일부를 되풀이하면서 경제위기는 '3할은 천재(天災), 7할은 인재(人災)'라고 말했다. 류사오치는 간부들에게 농민에게 필요한 것은 자류지(自留地, 사회주의 체제하에서 중국 농촌의 텃밭. 이곳에서 생산된 농산품은 생산자가 자유롭게 처분할 수 있다—옮긴이)의 확대와 자유시장의 확장에 의한 자극이라고 말했던 것으로 비판되었다. 소기업에 필요한 것은 집단화를 완화하는 일이며, 구매자의 요구에 알맞은 생산을 하는 자유의 확대라고 류사오치파(派)는 주장했다. 그것은 많든 적든 간에 (1960년 이후) 그들이 얻어낸 것이었다. 그리고 그들은 국가가 필요로 하고 있는 것은 "인민 속에서, 또 당내에서 공공연하게 반대파가 나오는" 일이라고 주장했다. 그런데 이 같은 반대파는 홍위병에 의해 나오게 되었다고 말할 수 있을 것이다. 하지만 그것은 물질적 자극을 주장한 류사오치에 대한 공공연한 반대였지, 봉사와 계급투쟁과 혁명의 영광을 동기로 삼을 것을 주장한 마오쩌둥에 대한 것은 아니었다.

또 그 시점에서 밝혀진 것은, 펑더화이가 그의 비판을 부연한 8만 자 이상의 책을 남몰래 쓰고, 또 그것을 군이나 중앙위원회의 간부들에게 회람시킨 일이었다. 제11차 총회에 출석한 사람들은 아마도 그 책을 주의 깊게 읽었을 것이다. 문혁이 일단 개시되자 펑더화이의 견해는 틀림없이 훨씬 널리 보급되었을 것이다. 특히 펑더화이가 그의 성역(聖域)으로 삼았고 또 많은 동조자를 얻고 있던 쓰촨성에서는 그랬을 것이다. 홍위병의 부단한 압력[마오쩌둥이 강조한 바는 무투(武鬪)를 피하고 문투(文鬪)로 승리해야 한다는 것이었으나 그 권고는 부분적으로는 효과가 없었다] 아래에서 1년 이상이 지난 후에도 류사오치나 덩샤오핑은 그들의 오류에 대해 충분한 '자기비판'을 하지 않았던 것으로 보인다. 펑더화이도 마찬가지였으며, 알려진 바로는 '당내에서 자본주의의 길을 걷는 두목들'의 어느 누구나 다 그러했다.

    중국과 미국 간의 전쟁이 시작될 경우 류사오치나 다른 사람들은 소련의 원조를 받기 위해 사상의 차이나 국가 간의 차이에 관한 타협을 할지도 모르나 마오쩌둥만은 그러지 않을 것이다. 또 마오쩌둥은 중국의 생존과 완전히 동일시하고 있었던 그 자신의 위신을 희생하면서까지 당의 통일과 그 세력을 유지하기 위해 타협하는 일은 없을 것이다. 문화대혁명은 바로 마오사상이 절대적인 권위를 확립하지 못했던 당내 관료들의 세력을 파괴하려는 의도를 갖고 있었다. 문혁은 오직 마오쩌둥에게만 자기 자신을 맡긴 사람들이나 생산자(특히 청년), 오직 마오쩌둥에게만 자기 자신을 맡긴 당내의 인물들, 그리고 무엇보다도 마오사상이 지배하고 있는 군(軍)—린뱌오가 군을 지휘하는 한—의 손안에 권력을 끌어들여 장악하게 하려는 것이었다. 그 새로운 '3결합(三結合)'에서는 간부 엘리트들 가운데 마오쩌둥 지지자 이외의 모든 사람이 타도되거나 지위를 격하당했다. 한편 그 새로운 지배체제—그것은 권력 탈취를 목표로 하여 당에서 양성된 세대를 통째로 앞질러 버린 것이다—가 생산과 행정의 수단을 실제로 지배하게 될지도 모른다. 프롤레타리아 문화대혁명이 거기까지 갈 것인가? 아니면 대약진운동과 마찬가지로, 후퇴와 정열의 냉각을 감추기 위해 대승리를 선언하고, 훗날의 투쟁 재개를 기약하고 마무리할 것인가?

    중국 3천 년의 역사 가운데서도 마오쩌둥의 여러 가지 위업은 아마도 독특한 것이 될 것이다. 다른 인물들은 빈농의 무등을 타고 권력을 얻었으나 빈농을 진창 속에 놓아둔 채 떠났다. 그러나 마오쩌둥은 빈농을 영구히 일으켜 세우려고 했다. 몽상가, 전사(戰士), 정치가, 이상가, 시인, 에고이스트, 혁명적 파괴자이자 창조자인 마오쩌둥은 인류의 4분의 1을 근본적으로 뒤엎었고, 빈농계급을 강력한 현대적인 군대로 전화(轉化)하는 운동을 주도했다. 그리고 그렇게 함으로써 오랫동안 분열되어 있었던 국가를 통일할 수 있었다. 마오쩌둥은 또 중국인의 타당한 요구와 열망으로 이루어진 사상을 체계화했고, 몇백만 명의 사람들에게 과학과 기술 교육을 실시했으며, 대중에게도 읽고 쓰는 능력을 갖게 했다. 그는 현대화된 경제의 기초를 굳히고, 자체적으로 원자력을 개발해 세계를 놀라게 했으며, 중국의 자존심과 중국에 대한 세계의 존경과 공포를 되찾게 했다. 더구나 그는 감히 반역을 하는 지구상의 가난한 사람들과 압박 받는 사람들에게 '자력갱생'의 모범을 보였다. 마오쩌둥이 그의 성공적인 방법을 수정하려고 하는 자들과의 타협을 거절하는 것은 어쩌면 당연한 일이 아닐까?

70대 중반에 접어든 마오쩌둥에게서 문화대혁명은 그의 최후의 투쟁이 될지도 모른다. 그러나 마오사상은 마오쩌둥 자신보다도 더 크게 자라났으며, 설사 문혁이 수정주의자를 근절시키지 못하더라도 수정주의는 마오쩌둥의 일생이 준 충격을—그것이 좋든 나쁘든—영구히 말살할 수는 없을 것이다.

[1965년. 나는 마오쩌둥과 4시간 동안 회견했는데, 그의 나이에 비해 여전히 두뇌도 명석했고 건강도 좋았다. 현재의 시점에서 새롭게 소문이 나돌고 있는 마오쩌둥의 '치명적인 병'—암, 파킨슨병 등—을 시사하는 증거는 아무것도 없다.]

마오쩌민(毛澤民, 모택민)

마오쩌둥과 마오쩌탄의 동생으로, 그들을 따라 일찍이 공산당에 입당했다. 1923년 마오쩌둥, 류사오치와 함께 후난의 노동자 공작(工作)에 종사했다. 마오쩌둥이 국민당의 노동운동강습소 부소장으로 있을 때는 강습소 학생이었다. 북벌(北伐)에 참가했다가 징강산에서 마오쩌둥과 합류했고, 장시성 근거지에서의 투쟁과 장정에 참가했다. 바오안과 옌안에서는 린보취 아래에서 재정경제 부주임으로 있었다. 1938년 신장성으로 파견되어 당시 용공정책(容共政策)을 채택하고 있었던 성스차이(盛世才, 성세재) 장군의 재정고문이 되었다. 성스차이가 태도를 바꿔 공산주의자를 숙청하기 시작하면서 마오쩌민은 체포되었고, 1942년에 처형당했다.

마오쩌탄(毛澤覃, 모택담)

1925년 두 형과 함께 노동조합을 조직화하는 데 모든 노력을 다 기울였다. 장시성 근거지 시대에는 '경제건설'에 전념했다. 당 정치국이 진지전(陣地戰)과 "적을 문 밖에서 맞아 싸우는" 전략을 채택한 1933~34년에 (마오쩌둥의) 유격전술에 의거한 '뤄밍 노선'에 동조했다는 이유로 비판 받았다. 장정을 시작할 때 그는 '국보(國寶)'를 간수하는 일을 위임 받았다. 1935년 국민당군과 교전하던 중 전사했다. 마오쩌둥은 마오쩌민의 소생과 마찬가지로 조카인 마오쩌탄의 자식들을 양자로 삼아 교육시켰다.

마하이더(馬海德, 마해덕)

본명이 조지 헤이템(George Hatem)이라는 미국인으로, 시리아 이민자의 자손이다. 제네바 대학에서 의학을 공부하고 상하이에서 개업했으며, 1936년 홍구(紅區)에서의 봉사를 자원했다. 헤이템 박사는 나와 함께 홍구로 들어갔는데, 내가 그곳을 떠나 여행기를 쓸 때 그 일을 쓰지 말아 달라고 부탁했다. 헤이템 박사의 그 후의 생애는 『붉은 중국: 또 하나의 세계』에 기술되어 있다.

미프, 파벨(Mif, Pavel)

로미나제가 시르초프(Syrtzov)와 함께 스탈린 타도 음모에 가담한 뒤, 스탈린은 미프를 로미나제의 후임으로 코민테른 극동부(極東部)에 파견했다. 미프는 일찍이 1925년부터 코민테른 중국위원회의 일원으로 있었고, 모스크바의 쑨이셴 대학 교사로서 트로츠키파의 중국인 학생들을 1927년에 추방하는 데 진력했다. 1929년 쑨이셴 대학의 주임이 되었고, 또 코민테른의 중국담당이 되어 코민테른 극동국장이었던 얼 브라우더(Earl Browder)를 추방했다. 미프가 가르친 중국인 학생들이 중국공산당의 지도부를 장악하게 하기 위해 그들을 귀국시킨 경과에 대해서는 간결하게 4부 후주 ㉔에서 설명했다. 그의 영향력은 1935년에 마오쩌둥의 권위가 확립되자 쇠퇴했으나 그는 1938년까지 코민테른에서 일했다. 그 뒤 그는 태평양문제조사위 소련위원회의 기관지 *Tikhii Ocean*의 공동편집자가 되었다.

보구[博古, 박고; 본명 친방셴(邦憲, 진방헌)]

1946년 비행기 사고로 사망했다. 그러나 1932년부터 35년까지 당 총서기로 있었으며, 마오쩌둥을 가장 반대한 사람이었다. 그는 "적보다도 공산주의자의 생명을 더 많이 잃게 했다"라고 마오쩌둥이 공격한 정책의 책임자였기 때문에, 그의 생애에 대해 조금이라도 아는 것은 중국공산당 당사(黨史)를 이해하는 데 도움이 된다.

보구는 1908년 한 현장(縣長)의 외아들로 태어났다. 17살 때 쑤저우 기술학교를 졸업하고, 그 후 중국공산당이 설립한 상하이 대학에 입학해서 영어를 공부했다. 공산당에 입당한 후 1926년 러시아에 파견되었고, 코민테른이 경영하는 쑨이셴 대학에서 4년간 공부했다. 그곳에서 동급생 왕밍과 마찬가지로 러시아어와 마르크스-레닌주의에 통달했으며, 1930년 파벨 미프의 '28명의 볼셰비키'의 한 사람이 되어 귀국했다. 그는 미프와 왕밍이 벌인 반(反)리리싼 운동에도 협력했다. 샹중파가 명목상으로는 여전히 총서기로 있었으나 왕밍의 지도권 확립에 기여했다. 1931년 국민당에 의해 샹중파가 처형되자, 왕밍(24살)이 샹중파 대신 총서기가 되었고, 보구(23살)가 왕밍 아래서 제1부서기가 되었다. 그해 하반기에 왕밍은 모스크바로 가서 코민테른 중앙집행위원회의 주재(駐在)대표가 되었는데, 그에 따라 보구가 중공당 중앙위원회와 정치국의 총서기로 선출되었다. 중국공산당의 지도권을 둘러싼 '모스크바 유학파'와 '국내 마르크스주의자' 간의 장기간에 걸친 투쟁(그 권력투쟁은 도시와 농촌의 상대적인 중요성에 관한 차이를 반영하고 있다)에서 보구는 모스크바 유학파를, 마오쩌둥은 국내 마르크스주의자를 대변했다. 그 투쟁의 간단한 시대적 개요에 관해서는 4부 후주 ㉔를 참조할 것.

장정이 끝났을 때 보구는 정치국에 남아 있었다. 1936년에 나는 서북 소비에트 임시정부 주석으로 활약하고 있던 그와 회견했다. 1936년 12월 시안 사변 때는 저우언라이와 함께 시안으로 갔다. 1937년에 국민당과 공산당이 휴전을 하자, 충칭에 파견된 제8로군(八路軍) 연락사절단의 선전부 주임을 맡았고(1938~40), 그 뒤 옌안에서 《해방일보(解放日報)》의 초대 편집장이 되었다.

보구의 이름은 정풍운동(1942) 때 다시 왕밍의 이름과 결부되어 논의대상에 올랐다. 그때부터 1945년까지 그의 영향력은 쇠퇴했는데, 그것은 그가 죽기 직전에 재선된 중앙위 서열이 44위로 떨어진 것만 보아도 알 수 있다. 그는 역시 모스크바 유학을 한 류췬셴과 결혼했으나 이혼했다. 그는 7명의 자녀를 두었다. 그와의 회견이나 그의 자서전에 대해서는 『붉은 중국 잡기』를 참조할 것.

보로딘, 미하일 마르코비치(Borodin, Mikhail Markovich)

1927년 소련으로 돌아간 뒤, 《모스크바 데일리 뉴스(Moscow Daily News)》의 편집에 관여했다. 스탈린 만년의 편집광적인 시기에 보로딘은 추방되어 유형지에서 죽었다. 그는 사후 흐루쇼프에 의해 명예회복되었다.

보이보(薄一波, 박일파)

당 조직을 착실하게 밟고 올라가 1956년에 정치국원이 되었다. 1966년 8월에 재선되었으나, 1967년에는 류사오치 국가주석의 노선에 동조했다는 혐의로 홍위병의 공격을 받았다. 그의 본명은 보수춘(薄書存, 박서존)으로, 1907년 산시(山西)성 딩샹현(定襄縣, 정양현)의 토호 집안에서 태어났다.

1926년에 중국공산당에 입당했다. 1933년 베이징에서 체포되어 투옥되었다가 1936년에 석방되었는데, 그는 그 지방의 당 지도자(류사오치)가 그해에 내린 지시에 따라, 석방되기 위해 위장전향한 공산주의자들 가운데 한 사람이었는지도 모른다—그리고 그 죄로 쉬빙 같은 사람은 1967년에 이르러서야 공격을 받았다. 보이보는 2차 세계대전과 2차 중국내전을 통해 화베이 유격전 지역에서 정치위원으로 활약했다. 1951년부터 재정·경제 문제와 국민경제계획을 담당했고, 1967년까지 주요 공업관계 부문에서 감독자로서 중요한 권한을 갖고 있었다.

브라운, 오토(Braun, Otto)

'리더(李德, 이덕)' 항목을 보라.

블루체르, 바실리(Bluecher, Vasili)

별명은 갈린(Galin). 국민당의 소비에트 군사고문이었으며, 1925~27년 소련으로 돌아갔는데, 그 뒤 처형되었거나 아니면 시베리아의 유형지에서 사망했다.

사오리쯔(邵力子, 소력자)

저장성 닝보(寧波, 영파)에서 태어났다. 국민당원이었으나, 일본의 진주만 기습 후 국민당-공산당의 연합정부를 지지했다. 또 그는 정치협상회의 조직화를 원조했다. 정치협상회의는 1949년 '혁명적인 국민당'을 포함한 비공산주의자와 반(反)장제스파의 '통일전선' 그룹들과 여러 당파를 대표하고 있었다. 정치협상회의는 (공산당의 지도 아래) 1949년 662명의 대표로 구성되었는데, 공동 강령과 그들 자신의 존재를 규정한 기본법을 정식으로 채택하고, '중화인민공화국'의 성립을 선언했다. 1954년에는 헌법을 채택하고, 전국인민대표자대회에 보낼 대표를 선출할 선거의 실시를 선언했고, 이어 전국인민대표자대회에 그 권한을 이양했다. 그러나 정치협상회의는 비공산주의자를 대표하는 기관으로서 그 뒤에도 존속되었다. 사오리쯔는 그 일원으로 남았다. 그는 1967년, 88살의 그에게는 그리 중요한 자리는 아니지만 정부의 직위에 앉았고, 때때로 국가의 행사에도 모습을 나타냈다.

샤시(夏曦, 하희)

1918년에 마오쩌둥에 의해 조직된 신민학회의 회원이었다. 그는 후난성에서 처음으로 (마오쩌둥에 의해) 조직된 공산당의 세포로 참가했다. 충실한 마오쩌둥 지지자로서, 1967년에는 중앙위에서 높은 지위에 있었다.

샤오진광(蕭勁光, 소경광)

1902년 후난성 창사에서 태어났다. 1967년에는 중국의 군 지도자 12명 가운데 한 사람이 되었다. 중류층 가정에서 태어나, 후난 제1사범학교(마오쩌둥의 모교)에 입학했다. 1920년 상하이에서 사회주의 청년단에 가입했으며, 그해 소련으로 가서 코민테른의 쑨이셴 대학에 들어갔고, 또 모스크바의 중공당 지부에 가입했다. 1924년, 귀국하여 황푸 군관학교 간부후보생 겸 교관이 되었고, 북벌에 참가했다(1926). 1927년의 대학살 후부터 1930년까지 소련 적군(赤軍)대학에 유학했다. 귀국 후 그는 장시 소비에트에 들어가 제7군단의 지휘를 맡았다.

샤오진광은 한 번도 '러시아 유학생(28명의 볼셰비키)' 그룹에 참가하지 않았다. 1933

년, 그는 이른바 '뤄밍 노선'을 지지했고, 당내투쟁에서는 탄전린, 덩샤오핑, 덩쯔후이나 마오쩌둥의 동생 마오쩌탄과 마찬가지로 친마오쩌둥의 입장에 섰다. 그들은 정치국의 지시를 어겼다는 이유로 징계를 받았다. 1936년 샤오진광이 나에게 말한 바에 따르면, 코민테른의 독일인 고문인 리더가 마오쩌둥과 주더의 의견을 물리치고, 장제스의 성공적이었던 제5차 초공전에 대비한 1934년의 전략을 결정했다고 한다.

장정 후, 그는 산시(山西)성 원정에 참가했는데, 8천 명의 지원병을 보강해 명성을 높였다. 그는 린뱌오 아래의 사령과 대리로서 2차 세계대전 및 2차 국공내전에서 공적을 올렸다. 1956년 육군 원수로 임명되었다. 그는 1954년부터 중앙위원이며, 또한 1954년부터 전국인민대표자대회의 대의원이 되었다. 샤오진광은 (린뱌오가 1966년에 당 정치국의 제2인자로 승진함과 동시에) 거의 모든 권력을 갖고 있는 당 군사위원회 위원 및 정치국 후보위원이 됐다. 그의 아내는 러시아인이다. 샤오진광의 자서전(1936년까지)은 『붉은 중국 잡기』(69~71쪽)에 실려 있다.

샤오화(蕭華, 소화)

1967년 인민해방군의 총정치부 주임으로 인민해방군과 홍위병에게 마오쩌둥사상을 교육하는 책임을 맡고 있었다.

1914년 장시성의 빈농 집안에서 태어났다. 1936년에 그는 나에게 "나는 모든 교육을 홍군과 공산당으로부터 받았다"라고 말했다. 15살 때부터 (징강산에 창설된) 홍군의 지도적 청년 조직자였다. 장정이 시작됐을 때 겨우 20살로 참가했는데, 2년 뒤엔 제1방면군 제2사단의 정치위원이 되었다. 1946년에 허베이-차하얼-랴오닝(遼寧, 요령) 군구(軍區)의 지휘관으로 있었고, 1948년에는 군의 지도자의 한 사람이 되었다. 1945년부터 중공당 중앙위원이 되었고, 1956년부터는 인민해방군의 총간부부장, 1961년부터는 당 군사위원회 부서기, 1963년부터는 중앙위 감찰위 부주임이 되었다. 또 중앙위 서기의 한 사람이다. 거의 40년에 걸쳐 충실한 마오쩌둥 지지자로 행동했다. 문화대혁명 중에는 실전 경험이 있는 고참 당원 중에서 '가장 젊은 층의 한 사람'이었고, 1967년에는 전군(全軍) 문화소조(文化小組) 부주임, 군사위 위원, 정치국 후보위원이 되었다.

샹중파(向忠發, 향충발)

중국공산당 중앙위의 총서기로 있을 무렵(1928~31), 그는 주로 리리싼과 리리싼의 배경이며 코민테른에서 스탈린의 대리인인 로미나제의 꼭두각시 노릇을 했다. 그는 코민테른 제6차대회(1928년 7월)와 동시에 모스크바에서 열린 중국공산당 제6차 당대회에서 취추바이의 뒤를 이어 총서기가 되었다.

샹중파는 상하이의 노동자계급 출신으로, 중국어를 제대로 읽고 쓰지도 못했지만 소련의 코민테른이 설치한 쑨이셴 대학에서 교육 받았다. 코민테른은 중국공산당 정치국 내 지식인들의 좌우 대립을 격파하는 데 그를 이용했다. 로미나제는 '프롤레타리아' 출신인 그를 간판으로 내세워 리리싼을 지지했고, 그 당시의 코민테른 노선을 중국에 주입했다. 그 당시는 스탈린의 지배 아래 있었던 코민테른이, 자본주의 사회는 이미 붕괴하고 있으므로 사회민주주의자와의 타협조차도 배제해야 하며 당은 즉각 대봉기를 지도해야 한다는 결정을 내린 직후였다.

리리싼 노선─홍군의 공격에 의해 지원된 도시 봉기─이 실패로 끝나자, 리리싼은 1931년 1월의 당 총회에서 불신임을 받았다. 샹중파는 비열한 자기비판을 하고 겨우 정치국에 잔류했다. 코민테른의 파벨 미프가 중국공산당 정치국의 새로운 배후 실력자가 되었다. 리리싼이 미프의 지배에 대해 반항하자, 미프는 리리싼을 모스크바로 불러들였다. 그사이에 리리싼의 지지자인 구순장이 샹중파의 은신처를 국민당 관헌에 팔아 넘겼다. 샹중파가 체포, 사형되자(6월), 왕밍이 총서기로 등장했다. 구순장의 가족은 남김없이 암살되었는데, 국민당 관헌은 중국공산당 정치국이 보복하기 위해 사형을 명령한 것이라고 보도했다. 진실인지 아닌지는 모르나, 그 정보는 구순장의 지지자가 많았던 상하이노조에서의 공산당의 영향력을 말살시켜 버렸다. 4부 후주 ㉔ 참조.

셰푸즈(謝富治, 사부치)

1966년 정치국원(후보)으로 선출되었고, 뤄루이칭의 후임으로 공안부장이 되었다. '중앙위원회 아래서 문화혁명을 지도하는' 한 사람으로서, 당의 정비를 맡은 중요한 인물이 되었다.

1899년 후난성에서 태어났다. 30대 초반에 어위완 소비에트에서 유격대에 가입했고, 군대에서 거의 모든 교육을 받았다고 한다. 1938년 천겅 밑에서 부여단장(副旅團長)이 되었다.

1940년, 그는 '백단대전(百團大戰)'에 참가해 천겅의 군대가 군단 규모로까지 성장해 가는 과정에서 줄곧 공적을 올렸다. 1949년부터 남서군구(南西軍區)에서 지도적인 역할을 담당했고, 천겅이 윈난성 군사령으로 있을 때(1950~53) 성당(省黨)위원회의 서기였다. 내무부 부장을 잠깐 역임했고(1949), 1956년에 비로소 중앙위원으로 선출되었다. 1953년 이후로는 공안, 법률, 정치 조직 부문에서 전문가로 일했다. 그의 아내 왕 팅 쿠오는 최고인민법원에서 판사로 근무했다. 1972년 3월 사망했다.

쉬빙(徐冰, 서빙)

문화대혁명으로 공격을 받을 때까지 중앙위원회의 통일전선부 주임대리로 있었다.

1902년 허난성에서 태어났다. 집안이 부유해서 경제학을 공부하기 위해 독일에 유학했다.

베를린에서 그는 나중에 중공당에 합병된 공산주의 청년단에 가입했다(1920). 모스크바로 가서 코민테른의 쑨이셴 대학에서 공부한(1925~27) 뒤 귀국해 지하활동에 들어갔다. 1935년, 내가 그를 만났을 때는 베이징의 대학 교수로서 만주로부터 추방된 군대와 홍군의 중요한 연락책을 맡고 있었는데, 그것이 통일전선으로 발전했다. 1949년에는 베이징 부시장이 되었고, 그때부터 중공당 중앙위의 통일전선 공작부 부부장직도 맡았다.

1969년 그는 홍위병의 출판물에 의해, 1936년 베이징의 국민당 형무소에 갇혀 있었던 공산당원들에 대해(항일전쟁 전야인 시점에서 그들이 석방되도록) 공산주의를 포기한다는 내용의 전향문서에 서명하도록 인정했다(!)고 해서 규탄 받았다. 그는 또 류사오치가 중공당 중앙·북방국 서기로 있을 무렵 당내의 배신자들을 비호했다는 추궁도 받았다. 그의 아내 장샤오매이(張曉梅, 장효매)는 고참당원으로서 중화전국민주여성연합회의 부주석이다.

쉬샹첸(徐向前, 서향전)

1937년부터 8로군의 지대(支隊)를 지휘했고, 1939년에는 부대를 이끌고 일본군의 전선을 돌파해 산둥성으로 들어가 유격기지를 구축했다. 중국내전(1946~49) 때는 산시(山西)성의 성도(省都) 타이위안(太原, 태원)을 점령했다. 1945년 중앙위원으로 선출되었다. 1955년에는 육군 원수 10명 가운데 한 사람으로 임명되었다. 1966년, 처음으로 정치국원으로 선출되었고 중앙위 군사위원회 부주임으로 임명되었다. 1967년 1월에는 인민해방군의 새 참모장 양청우 밑에서 문혁소조(小組) 주임이 되었는데, 이로써 그는 장궈타오와 함께 활동한 과거의 불리한 정치적 조건을 완전히 극복한 듯하다.

 1902년 산시(山西)성 우타이현(五臺縣, 오대현)의 지주 집안에서 태어나, 사범학교에서 교육을 받은 후 1924년에 황푸 군관학교에 입학했다. 1927년에 중국공산당에 입당했고, 광둥 봉기에 참가했다. 하이루펑 소비에트에서 펑파이와 함께 활동했으며, 그 뒤 상하이에서 지하활동에 들어갔다. 1930년, 안후이 유격대를 조직하고 그 지휘관이 되었다. 쉬샹첸은 1931년 장제스 휘하의 우수한 지휘관이 이끄는 부대와 싸워 대승리를 거두었으며, 정치적으로 그의 지도자였던 장궈타오 밑에서 양쯔강 북부에 홍군 제4방면군을 설립하는 데 공헌했다. 1933년의 전투에서 패퇴함으로써 부득이 서부로 이동했으나, 쓰촨 소비에트를 구축했다. 그곳에서 제4방면군(第四方面軍)은 1935년까지 급속하게 발전했다. 1935년에는 남에서 온 방면군과 장궈타오-쉬샹첸군(10만 명?)이 마오궁에서 합류했다. 마오걸가이에서 장궈타오와 마오쩌둥이 대립하고 화해하는 데 실패하자 두 주력군(主力軍)은 분열했는데, 쉬샹첸은 장궈타오와 주더, 그 밖의 사람들과 함께 시캉성에 남았고, 마오쩌둥과 그 부대는 산시(陝西)성으로 이동했다(1935). 1년 후(1936년 12월), 쉬샹첸의 부대는 마오쩌둥의 뒤를 좇아 북으로 이동했으나, 황허를 건너려다 적의 기습을 받고 크게 패배함으로써 쉬샹첸과 장궈타오는 비참한 상태로 바오안에 이르렀다. 북부의 종대(縱隊)도 적의 공격을 받아 산산조각으로 찢어졌고 병력은 2천 명으로 줄어들었는데, 이 부대는 리셴녠이 지휘했다. 1937년, 산시(陝西)성에서 열린 중앙위 회의에서 쉬샹첸은 정치위원 장궈타오가 쓰촨에서 분파 행동을 할 때 반당적인 결정을 내린 데 대한 정치적인 책임으로부터 면제되었다. 『붉은 중국 잡기』(127~138쪽) 참조.

쉬터리(徐特立, 서특립)

마오쩌둥은 그를 '가장 존경하는 소중한 교사'라고 불렀다. 1877년 후난성 창사의 빈농 집안에서 태어나, 초등교육을 받고 사범학교에 입학한 뒤 수학(數學)을 독학하는 한편 교사가 되었다. 그는 1911년 청조(淸朝) 타도에 참가한 뒤 후난 제1사범학교 선생으로 있었는데, 양창지를 도와 마오쩌둥의 퇴학 처분을 막았다. 43살 때 고학생들 틈에 끼어 프랑스로 건너가 요리사로 일하면서 파리 대학과 리옹 대학에서 공부했다. 그는 중·불(中佛)연구소를 '점거'한 학생 집단(천이, 리리싼, 차이허썬 등)에 참가했다는 이유로 프랑스에서 추방되었다. 후난성으로 돌아와 창사 여자사범학교에서 학생들을 가르쳤는데, 1927년 마침내 중국공산당에 입당했다. 그는 난창 봉기에 참가한 뒤 산터우로 퇴각했다가 상하이로 달아났다. 2년 동안(1928~30) 모스크바 코민테른의 쑨이셴 대학에서 공부하고 귀국했다. 취추바이가 그 자리에 있었던 기간을 제외하고는 전중화소비에트정부의 교육부장으로 있었다. 57살 때 장정에 참가했는데, 장정 참가자 중 최연장자였다. 1954년부터 전국인민대표자대회의 대의원으로서 정치, 문화 분야에서 폭넓게 활동했으며, 중국공산당 중앙위에서의 서열은 15위였다.

쉬하이둥(徐海東, 서해동)

중일전쟁이 시작되자 8로군 여단장이 되었다. 1939년 산둥에서 유격대를 조직했는데, 1944년에는 그것이 그가 오랫동안 살았던 후난과 후베이 지방 전역으로까지 확대되었다. 부상으로 몸이 자유롭지 못하게 되자 1945년 이후에는 후방지구에서 근무했다. 1956년의 제8기 중앙위 회의에서 중앙위원으로 선출되었다. 1957년까지는 아주 드문 일이지만 공식석상에 휠체어를 타고 모습을 나타냈다.

쑤위(粟裕, 속유)

'홍군의 탄생'이라 할 난창 봉기에 참가한 고참자 가운데서 1966년 현재 몇 명 안 되는 60살 이하 장성 가운데 한 사람이다. 펑더화이가 국방부장으로 있을 당시 인민해방군 총참모장(1954~58)이었으나, 1959년 펑더화이가 추방된 후에는 그림자가 약간 옅어졌다. 그러나 1966년에 중앙위원으로 재선되고, 당 군사위원으로 복귀했다.

1907년에 후난성에서 태어나, 후난 제2사범학교에서 공부했다. 1926년, 그곳에서 마오쩌둥이 창설한 공산주의 청년동맹지부에 가입했다. 1927년에는 중국공산당 공산주의 청년동맹 소속의 학생 약 1천 명과 함께 예팅의 군대에 입대해 봉기에 참가했다. 2년 뒤에는 홍군 제4군단의 1개 사단을 이끌었고, 1932년에는 홍군 제10군단 참모장이 되었다. 장정 때는 팡즈민 휘하의 참모장으로서 후방에 머물렀다. 팡즈민이 체포되어 사형당하자, 그가 지휘관이 되었다. 쑤위의 후위 전력은 나중에 천이의 부대와 합류했고, 1937년에는 신4군으로 편입되었는데 그는 그 부사령이 되었다. 그 이후 천이 다음의 부사령으로서 중화인민공화국이 성립된 뒤까지, 언제나 천이와 행동을 함께해 왔다. 그런 군사적인 직위 이외에도 그는 여러 중요한 행정, 정치 관계의 임무도 맡았다.

쑨밍주(孫銘九, 손명구)

1964년에 중화인민공화국의 해군 중장이었다고 전해진다.

쑨이셴 부인(孫逸仙 夫人, 손일선 부인)

쑨원의 부인으로, '쑹칭링(宋慶齡, 송경령)' 항목을 보라.

쑹칭링(宋慶齡, 송경령)

1895년 상하이에서 태어나, 1914년에 일본에서 쑨원 박사와 결혼했다. 미국 조지아주 매콘시의 웨슬리언 대학을 졸업했다. 세 자매의 둘째로, 막내동생은 장제스와 결혼한 쑹메이링이다. 그 집안은 하이난섬(海南島, 해남도) 출신이다. 쑨원이 사망한 뒤, 쑹칭링은 국민당 중앙집행위원회의 일원으로 남았으나 용공적 또는 좌파의 입장에서 쑨원의 원칙들을 해결했고, 장제스 정부의 관직에 취임하는 것을 거부했다. '중화인민공화국'에서 그녀는 여성단체와 아동보호 그리고 교육 분야에서 지도적인 지위에서 일하고 있다. '인민공화국'이 수립된 뒤부터, 1968년 현재까지 국가부주석이다. 류사오치(전국인민대표자대회 주석 겸 국가주석)가 실각된 후, 국가주석 대리로서 공식행사 때에 외국의 외교사절을 접견했다. 그녀의 인물 소개는 『각성(覺醒)으로의 여행』 참조.

야오이린(姚依林, 요의림)

상업부 부장으로, 국무원에서는 나이가 제일 어린 사람이다. 1916년에 안후이성에서 태어났는데, 몰락한 부르주아 집안의 아들로서(그의 말에 의하면), "집안의 물건들을 팔아서" 생계를 유지했다고 한다. 상하이와 베이징에서 중등교육을 받았다. 이어서 칭화 대학에 입학했으나 혁명 활동에 온 힘을 쏟기 위해 2년 만(1935)에 중퇴했다.

1935년에 내가 그를 만났을 때, 그는 학생운동 지도자로서 황징, 황화 등과 함께 활동하고 있었다. 1937년, 일본군이 베이징을 점령하자 곧바로 그는 그들과 함께 농촌에 가서 게릴라 투쟁을 전개했고, 류사오치의 지도하에 있는 중공당 화북국(華北局)에 들어가 활동했다. 야오이린은 상업에 관한 전문교육은 받지 않았으나, 전시(戰時)경제를 꾸려 가는 방법은 실무로 배웠다. 1950년에 무역관계 간부학교에 다녔고, 1952년에는 상업부 부부장이 되었다. 식량위기를 겪었던 1959~61년에는 양곡배급제도의 운영을 책임지는 직위에 있었는데, 그때 아주 큰 업적을 세웠다. 1960년에는 44살로 상업부 부장으로 승진했다.

양상쿤(楊尙昆, 양상곤)

1936년부터 산시(山西) 중앙위 서기 및 통일전선부 부장(1937~43)을 지냈으며, 이어서 중앙위원회 판공청(辦公廳) 주임(1943~59)이 되었다. 1956년까지는 중앙위 위원 97명과 96명의 후보위원 가운데 서열 42위였다. 그러나 1966년에는 중요한 문제에 관한 그의 허위보고를 고발당해 모든 직위에서 추방되었다.

1903년, 쓰촨성의 중산층 집안에서 태어났다. 문화부흥(1919년의 5·4운동)의 영향을 받아 사회주의자 청년그룹에 참가했다. 그는 코민테른이 조직한 모스크바의 쑨이셴 대학 유학생으로 파견되었는데, 그곳에서 중국공산당 지부에 가입했다. 1927년에 왕밍과 함께 귀국했는데, '28명의 볼셰비키'의 한 사람으로 간주되었다. 장정 뒤 내가 그를 만났을 때 그는 홍군 총정치부 주임대리였다. 1956~66년까지 그는 중앙위 서기처 후보서기로서, 특히 중·소 간에 균열이 생긴 뒤로는 소련이나 그 밖의 외국 공산당과 회의할 때 중요한 지위를 맡았다. 1966년, 그는 그러한 기회를 이용해 마오쩌둥을 반대하는 음모를 꾸몄다는 혐의로 고발되었다. 홍위병의 벽신문은 그가 마오쩌등의 대화를 도청하려 했다고 주장했다. 1967년 4월, 베이징의 '혁명적인 간부'는 펑전, 류사오치, 뤄루이칭 및 그 밖의 사람들과 함께 요구했다고 전해졌다.

양청우(楊成武, 양성무)

1966년 정치국원(후보)으로 승진한 뒤 인민해방군 총참모총장 뤄루이칭(그가 비난한 전(前) 상관)의 후임이 되었고, 당 군사위원회 부주석 자리에 앉았다.

푸젠성의 농가에서 태어나(1912), 17살 때 게릴라에 참가했다. 그는 주로 당이나 홍군에서 교육을 받았다. 특히 린뱌오로부터 교육을 받았는데, 1932년부터 38년까지 린뱌오의 지휘 아래 싸우면서 학습을 계속했다. 장정(그는 그때 1개 연대를 지휘했다) 후, 내가 1936년에 그를 만났을 때 그는 바오안의 적군대학 학생이었다. 항일전쟁 동안에는 산시(山西)성에서 녜룽전의 지휘하에 있었는데, 그가 종횡무진 활약하자 일본군 사령관이 그를 저주하는 글을 보낸 적도 있었다. 국공내전 때는 허베이성, 산시(山西)성, 차하얼성 지역의 부사령으로 있었고, 나중에 베이징·톈진의 경비사령이 되었다. 경비사령으로 있으면서, 1955년까지는 인민해방군 당서기도 겸임했다. 1956년 중앙위원 후보로 선출되었고, 방공군(防空軍) 사령부와 그 당조직을 구성했다. 대약진 운동 때는 1년 동안 보병 사병으로 근무했다. 1959년 인민해방군 부총참모장이 되자 뤄루이칭을 수행하며 많은 일을 했고, 뤄루이칭이 실각하자 그 후임에 임명되었다.

양카이후이(楊開慧, 양개혜)

후난의 부유한 집안에서 태어났다. 마오쩌둥이 창사의 후난 제1사범학교에 다닐 때 존경했던 교사 양창지의 딸이다. 샤오위는 그의 불확실한 회상록 『마오쩌둥과 나는 거지였다』(1959)에서 양카이후이를 동정적으로 묘사하고 있다. 마오쩌둥은 양카이후이의 집안에 자주 드나들었고 베이징에서는 그 집에서 자주 식사도 같이했다. 그 당시 결혼은 부모가 결정했으므로, 대부분의 경우 신랑과 신부는 마오쩌둥의 '첫 결혼'처럼 사전에 얼굴을 보지도 못한 채 이루어지곤 했다. 양창지는 여성의 권리에 대해 분명히 진보적인 사상을 갖고 있었다. 그렇지 않았다면, 그가 자기 딸에게 고등교육을 받게 하거나 그가 마오쩌둥과 식사를 할 때 딸의 동석을 허락하지 않았을 것이다. 마오쩌둥은 양카이후이에게 급진적인 영향을 끼쳤고, 1920년 결혼했다. 그녀는 당시 25살이었다. 1930년에 체포되자, 그녀는 목숨을 걸고 공산당과 마오쩌둥을 버리는 일을 거부해, 그해에 창사에서 처형되었다. 그녀와 마오쩌둥은 마오안칭, 마오안잉 두 아들을 두었다.

양후청(楊虎城, 양호성)

항일전쟁 때 장제스 총통 휘하의 장군으로 있었다. 충칭에 연금되었다가, 내전이 끝날 무렵 비밀리에 (1949년 9월. 중·미합작소에서) 처형되었다.

예젠잉(葉劍英, 엽검영)

인민해방군 원수 10명 가운데 한 사람이다. 1966년, '중앙위의 문화대혁명 지도그룹'의 일원으로 천거되었고, 이어서 중앙위 군사위원회 위원으로 선출됐다. 그와 같은 임무의 배합은 일찍이 장성이었던 예젠잉이 모스크바의 쑨이셴 대학에 유학하고 (1928), 이듬해 독일과 프랑스에서 연극을 공부했던 그의 초기의 경력을 상기시킨다.

1897년 광둥성의 상인 집안에서 태어나 윈난 강무당(雲南講武堂=군관학교)을 졸업하고 광둥성의 한 현장이 되었다. 1922년 국민당에 가입했고, 1923년에는 황푸 군관학교의 교관이 되었다. 1924년에 중국공산당에 입당했다. 북벌 때는 1개 사단을 지휘했다. 실패로 끝난 난창 및 광저우 봉기에 참가한 뒤, 러시아와 유럽에 2년 동안 가 있었다. 1930년 귀국한 후로는 저우언라이와 거의 같은 당력(黨歷)을 걸었다. 한때는 장시 소비에트의 연극학교 교장을 지내기도 했다.

예젠잉은 저우언라이가 주더 대신 혁명군사위원회 주석이 되고, 마오쩌둥과 주더가 함께 비주류였던 1934년에 그 위원회 위원으로 있었다. 저우언라이와 예젠잉은 리더와 함께 장정으로 발전하게 된 철수를 계획했다. 그는 마오쩌둥이 당 정치국 지도권을 장악한 쭌이 회의(1935) 후 마오얼가이에서 마오쩌둥을 지지하고 장궈타오에 반대했다. 항일전쟁 때는 (저우언라이와 함께) 국민당 지역에서 군판무처(軍辦務處) 주임이 되었는데(1938~45), 그곳에서 나는 때때로 그를 만났다(『붉은 중국 잡기』참조). 그는 산시(山西)성 국민당군의 연대 지휘관 16명을 홍군에 참가하도록 설득했다고 한다.

1946년에는 인민해방군 총참모장, 1949년에는 베이징시 군사령 겸 시장, 1949년부터 1955년까지는 화난군구 사령 및 화난분국 제1서기를 역임했다.

1954년부터 국무원 직위를 갖고 있었고, 1962년부터는 국방위원회 부주석이었다. 그의 아내 쩡셴즈(曾憲植, 증헌식)는 일본에서 교육받은 후난 사람으로 오랫동안 여성조직의 전국적인 지도자였다. 군 지도자로서의 예젠잉에 대한 미국인 장군의 의견으로는, 에반스 칼슨(Evans Carlson)의 저서인 『중국의 쌍둥이 별(Twin Stars of China)』(뉴욕, 1940)을 참조.

예팅(葉挺, 엽정)
북벌(1926~27) 때는 황푸 군관학교 간부후보생이었고, 국민혁명군의 제24사단 지휘관이었다. 1927년 8월 1일의 난창 봉기의 주요 지도자였다. 난창 봉기에 실패한 뒤 산터우로 철수했고, 그해 12월에 코민테른의 지령에 의한 광저우 봉기(역시 대실패로 끝났다)에 참가했다가 홍콩으로 달아났다. 그는 그 뒤 10년간 정치에서 손을 뗐다. 1937년, 예팅은 장제스의 묵인 아래 장시성, 푸젠성, 후난성 경계 지역에서 살아남은 홍군 유격대로 신4군을 조직했다. 그 게릴라 부대는 1935년 홍군의 주력이 서북으로 철수한 뒤, 후비대(後備隊) 역할을 다했다. 유격대 지도자의 한 사람인 샹잉(項英, 항영)이 신4군의 부사령이 되었다. 1941년, 장제스 군대는 신4군의 일부를 기습공격해 샹잉을 살해하고 부상을 입은 예팅을 사로잡아 투옥했다. 그는 1946년 석방된 뒤 옌안으로 가던 도중, 비행기 추락으로 사망했다. 덩파, 보구 등 그 밖의 여러 사람도 그때 같이 사망했다.

왕광메이(王光美, 왕광미)
류사오치의 부인으로, 베이징 대학을 졸업했다. 중화인민공화국이 성립되고 나서 얼마 후 류사오치를 만났을 때, 그녀는 물리학 교사였다. 그녀는 류사오치의 두 번째 아내이다. 류사오치의 첫 아내는 장시에서 살해되었다. 전국여성연합회 중앙집행위원이며, 1964년부터 전국인민대표자대회 대의원이 되었다. 그리고 1964년, 남편과 함께 외국도 방문했다. 문화대혁명 때 베이징 대학의 여성 간부를 지도했지만, 나중에 벽신문은 그녀가 당내 '부르주아 분자', '수정주의 분자'를 옹호하려 했다고 공격했다. 또한 보석으로 패용하고 화려한 머리 모양을 해 주는 미용사를 좋아했다고 비난했다. 전하는 바에 따르면, 그녀의 딸은 홍위병들 앞에서 그녀와 아버지를 고발했다고 한다. 그녀는 문화대혁명의 부지도자인 마오쩌둥의 부인 장칭과는 분명히 사이가 좋지 않았는데, 마오쩌둥 부인의 조언을 받아 간행된 출판물에서 아주 경멸을 당하고 냉소를 받고 있다.

왕루메이(王汝梅, 왕여매)

'황화(黃華, 황화)' 항목을 보라.

왕밍(王明, 왕명)

본명은 천사오위(陳紹禹, 진소우). 1942년부터 당에 대한 모든 영향력을 잃었으나, 당내 투쟁 및 1960년대의 중·소 분열에 관한 주요한 지도의 오류나 문제들을 상징하는 '반면교사(反面敎師)'로서 여전히 중요한 존재였다. 그는 모스크바의 파벨 미프가 훈련시킨 '28명의 볼셰비키'의 지도자로서, 24살에 중국공산당 총서기가 되었고, 1931~35년에는 마오쩌둥에 반대하는 정치국 체제를 구축했다.

 1907년, 안후이성의 부유한 호신 집안에서 태어나 학생 때에 사회주의 청년단(나중의 공산주의 청년단)에 참가했다. 1923년, 상하이 대학(공산당 간부를 양성하기 위해 설립되었다)에 입학했고, 1925년에는 중국공산당에 입당해, 조직명(組織名)을 왕밍으로 정했다. 코민테른의 쑨이셴 대학에서 공부하기 위해 러시아로 갔고(1925~27), 우한(武漢)의 제5차 중국공산당대회(1927년 7월)에서 파벨 미프를 통역하기 위해 귀국했다. 국공합작이 결렬된 뒤 미프와 함께 러시아로 되돌아갔는데, 그 후 미프는 쑨이셴 대학의 교장이 되었다. 왕밍은 모스크바에서 열린 코민테른 회의 및 중국공산당 제6차대회(1928)에서 미프의 통역을 맡았으며, 미프의 원조로—나중에 '28명의 볼셰비키'로 알려지게 된—쑨이셴 대학에 재학 중이던 중국인 학생들의 지도권을 장악했다. 그들은 처음에는 소수파로서 트로츠키를 반대하고 스탈린을 지지했다. 그들 가운데 가장 중요한 멤버는 보구, 뤄푸, 왕자샹, 덩파, 양상쿤 등이며, 그 밖에 왕밍과 함께 공산당 중앙위원으로 뽑힌 자들이다. 왕밍 자신(당시 21살)은 중국으로 보내는 코민테른 지시의 문안 작성하는 것을 거들었다.

1930년, 왕밍은 중국공산당에 파견된 코민테른 대표단장인 미프와 함께 중국으로 돌아왔다. 그는 미프를 도와 얼 브라우더의 영향력을 깎아내린 다음 그를 중국에서 쫓아냈으며, 다시 리리싼을 정치국의 지도권으로부터 배제했다. 1931년 1월, 상하이에서 비밀리에 열린 제6기 중앙위 제4차 전체회의에서 샹중파가 정치국 총서기로 확인되었으나, 미프는 스탈린의 위신을 빌려 책략을 써서 리리싼으로부터 노동부장 및 정치국의 지배적인 지위를 박탈하고 왕밍을 그 자리에 앉혔다. 그해, 샹중파가 처형되자 왕밍은 그 자리를 차지했고, 보구, 뤄푸와 그 밖의 동조자들에게 정치국의 중요한 기관들을 맡겼다. 그해에 그는 모스크바로 소환되어 코민테른 중앙집행위 중공당 대표가 된다. 파벨 미프의 대변인으로서 왕밍은 『두 노선』을 발표해(1932), 당시의 코민테른 노선을 명확히 했다. 중국에서는 보구가 그의 뒤를 이어 중공당 총서기가 되었으며, 두 사람은 친밀하게 협력하면서 농촌 소비에트에서의 마오쩌둥 '농민노선'의 지도를 반대했다.

1935년 8월, 왕밍은 히틀러에 대항하는 광범위한 통일전선 형성이라는 모스크바의 요구를 반영해서 노동자, 농민, 프티부르주아지, 민족 부르주아지에 연합을 호소했고, 나치-파시즘과 일본에 대항했다. 중국공산당은 모스크바 노선을 채택하는 것을 원칙으로 했지만, 그것은 쭌이에서 초안 형태로 이미 제기했듯이(1935년 1월) 마오쩌둥 자신의 해석에 바탕을 둔 것이었다. 왕밍은 1937년 천윈, 캉성과 함께 (옌안으로) 귀국하자 당시까지 정치국에 남아 있던 보구와 다시 제휴했다. 1937년 12월, 「현 상태를 해결하는 열쇠」라는 제목의 논문에서 왕밍은 공산주의 세력과 국민당의 완전한 통합을 요구하고, 공산당이 자체의 군대와 해방구에 대한 독자적인 관할권을 갖는 것을 조건으로 하는 마오쩌둥의 통일전선전략에 반대했다. 그렇게 해서 지난날부터 계속되어 왔던 투쟁의 종장(終章)이 시작되었다. 1940년 왕밍은 (그 자신과 마오쩌둥의) 『두 노선』을 다시 간행했다. 왕밍은 주로 무장한 농민에 의거하는 마오쩌둥의 견해를 바꾸려고 했으며, 그 대신 러시아의 정통노선에 따르는 당의 완전한 '볼셰비키화(化)'(프롤레타리아화)를 요구했다. 그에 대한 마오쩌둥의 대답은 1942년의 정풍운동 호소였다. 그때 당 전체는 '재교육'되었고, 마오쩌둥사상을 동조하기에 이르렀다. 1945년, 당은 정식으로 왕밍을 거절했는데, 그것은 마오쩌둥이 기초하고 중국공산당 제7차 대회가 회의 벽두에 채택한 장문의 역사적인 회고―「약간의 역사적인 문제에 대한 결의」―에 그 경위가 실려 있다. 그 가운데서 마오쩌둥의 정책에 반대한 세 가지 소아병적인 '좌익' 노선을 거론했는데, 왕밍과 보구의 지도에 의한 것(1931~34)이 가장 심각한 것으로 지적되었다. 마오쩌둥은 왕밍의 교조주의 사상―그것은 기본적으로 외국(소련)의 마르크스주의 도그마를 중국의 상황에 그대로 적용한 것이다―을 "적(敵)보다도 많은 공산당원의 생명을 잃게 한" 혐의로 비난했다.

1951년, 그 비난은 천보다의 "마오쩌둥의 혁명이론은 마르크스-레닌주의와 중국 혁명의 결합이다"라는 언명으로 정점에 이르렀는데, 그 가운데서 왕밍은 중국의 여러 상황 및 그것을 기초로 한 (마오쩌둥의) 혁명적 실천을 무시하고 다만 외국의 주의·주장에만 맹종한 '노예' 근성의 원형으로 묘사되었다. 그러한 비난에도 불구하고 왕밍은 1956년에 중앙위원으로 재선되었다. 그러나 총위원 97명 가운데 서열이 97위였다는 것은 난처한 입장에 서 있는 그에게 내려진 역설적인 영예였다.

왕밍의 위신은 이미 1936년에 실추되었으며, 당시 마오쩌둥은 《인프레코르(Inprecorr)》의 왕밍 글이 부정확함을 (나에게) 지적하고, 야유했다. 1939년, 내가 옌안에서 처음으로 그를 만났을 때 왕밍의 젊은 풍모(그는 그 당시 겨우 32살이었다)에 한 번 놀랐고, 세련된 그의 행동에 또 한 번 놀랐다. 그의 생활은 앉아서 하는 일이 많았는데, 장정을 체험한 고참자들이 그에 대해 말할 때는 가벼운 경멸을 나타내는 것을 보았다. 그는 통통하고 키가 작은 사나이로 그의 머리가 마오쩌둥의 어깨에 닿았다. 분명히 왕밍은 마오쩌둥에게는 이미 위협이 되지 못했으나, 아마도 마오쩌둥은 당내의 권력투쟁에서 러시아의 권위를 빌리려고 하는, 당내에 아직도 남아 있는 부정적 경향을 폭로해 자신의 노선을 완전히 구축하기 위해, 왕밍이 자기의 주장을 열심히 그리고 공공연하게 옹호하는 것을 오히려 환영했으리라. 1967년, 일본의 신문은 왕밍이 아내와 함께 비밀리에 러시아로 떠났다고 보도했다.

왕빙난(王炳南, 왕병남)

1967년, 외교부 부부장. 중국에서 누구보다 경험이 풍부한 외교관의 한 사람으로, 충칭에서 저우언라이의 정치비서로 근무했을 때(1938~45) 처음으로 주목을 받았다.

1906년, 산시(陝西)성 싼위안에서 태어났다. 그의 아버지는 돈 많은 지주로서 양후청 장군의 친형이다. 양후청은 그의 보호자가 되었는데, 그를 자기의 비서로 만들기 위해 독일에 유학시켰다. 베를린에서 왕빙난은 급진적인 학생들과 함께 활동했는데, 그곳에서 보수적인 독일인 집안의 딸과 만났다. 그녀는 어학에 뛰어난 재능을 갖고 있었으며, 나중에 그의 아내가 되었다. 1936년, 귀국한 그는 양후청의 비서가 되자 중국공산당 및 장쉐량과 양후청의 비밀연락도 맡아 처리했다. 그는 시안에서 장제스가 체포되기 전부터 그곳에 있으면서 장제스를 체포하는 데에도 일익을 담당했다. 그는 1936년 6월 양후청 장군과 회견할 때, 나를 위해 통역도 했다. 옌안을 방문한 그는 1937년에 처음으로 마오쩌둥과 만났고 이어서 상하이로 파견되었으며, 나중에 저우언라이가 충칭 주재 8로군 사무소에서 근무할 때 충칭으로 파견되었다(1938~47). 조지 C. 마셜(George C. Marshall) 장군이 중재하는 국공평화회담(1935~46) 때에는 중공 대표단 비서로 근무했다. 이어서 외교부의 중요한 직위에 올랐고, 1954년의 인도차이나 문제에 관한 제네바 회담에서는 저우언라이를 단장으로 하는 중국대표단 비서장으로 일했다. 1955~64년에는 폴란드 주재 대사로서 유럽에서 중국의 베테랑 외교관의 수완을 발휘했으며, 그 기간에 열린 중·미 대사회담에서도 중국 측 수석대표로 활약했다. 1962년의 라오스 문제에 관한 제네바 회담에 참석했고, 중국과 폴란드, 동독, 그 밖의 동유럽 나라들 사이에 타결된 중요한 정치, 경제, 군사협정 협상을 맡았던 여러 사절단의 단장 노릇을 했다.

1964년에는 천이 외교부장 아래에서 외교부 부부장으로 활약했다. 그는 독일과 폴란드에 관해서는 중국에서 첫째가는 전문가이다. 그와 독일인 아내 안나 왕(Anna Wang)은 1954년에 이혼했는데, 두 사람 모두 각각 재혼했다. 그들 사이에서 태어난 아들(엔지니어)은 중국에 남아 있다.

왕서우다오(王首道, 왕수도)

1907년 후난성 류양현의 빈농 집안에서 태어났는데, 집안에서 애써 준 덕분에 소학교는 겨우 졸업할 수 있었다. 그러나 형편이 좀 넉넉한 숙부가 그를 데려다 중학교에 보냈고, 20살이 되자 성립(省立) 농업학교에 진학시켰다. 그는 천두슈가 발행한 잡지 《신청년》의 영향을 받아 급진적인 청년이 되었고, 1926년에는 공산주의 청년동맹에 가입했다. 1923년에는 광저우의 농민운동강습소에 입소했는데, 당시 그 강습소 부소장은 마오쩌둥이었고 펑파이는 교사로 있었다. 그는 두 사람의 영향을 받아 공산당에 입당해, 마르크스주의와 '토지혁명강령'을 배웠다. 1926년, 왕서우다오는 고향에서 농민조합을 조직했으며, 추수 봉기(1927)에도 참가해 토지의 몰수와 빈민에 대한 재산 재분배를 시작했다. 그 일에 실패한 뒤 그는 마오쩌둥의 유격부대에 합류했고, 창사가 점령되었을 때(1930)에는 펑더화이의 부대에서 정치 공작을 담당하고 있었다. 그의 아내는 체포되어 그곳에서 처형되었다. 장정이 끝나갈 무렵인 1935년 말, 그는 홍군의 산시(山西) 원정에 참가했고, 새로 조직된 제15군단의 정치위원이 되었다.

항일전쟁 중에는 왕언마오(王恩茂, 왕은무)가 당의 부주임을 맡고 있었던 후난성과 장시성 접경 지구에서 조직된 유격분단을 이끌었다. 이어서 후난성 당위원회 제1서기 및 후난성 정부 주석(1949)을 맡았다. 1945년부터 중앙위원, 1958~64년에는 국무원 교통부장, 1964년부터 중공당 중남국(中南局) 서기, 1966년에는 인민해방군 총정치부 부주임이라는 요직에 앉았고, 또 문화대혁명을 이끈 지도적인 중앙위원의 한 사람이기도 했다.

왕언마오(王恩茂, 왕은무)

1910년경에 장시성의 빈농 집안에서 태어났다. 그는 아버지 그리고 두 형제와 함께 1927년에 홍군에 참가해 공산당에서 교육을 받았고, 전투 지휘자로서 착실하게 승진했다. 1950년 이후는 당 서남국(西南局) 및 군사부문을 장악했다. 문혁 기간에는 광대한 신장성 군구(軍區) 및 군사설비 관계의 군 생산건설대를 지휘했다. 베이징의 벽신문에 따르면, 문화대혁명의 정풍운동을 신장성까지 확대하려는 시도가 유혈충돌을 불러일으켰으나, 1968년 베이징에서의 신년 연회에서 마오쩌둥과 왕언마오가 따뜻하게 악수하고 있는 사진이 나돌았다.

왕징웨이(汪精衛, 왕정위)

청년 시절에는 반도(叛徒)로서 청조의 섭정 순친왕(醇親王)을 암살하려고 했으나, 던진 폭탄이 터지지 않아 실패했다. 그는 사면되자 곧 영웅시되었으며, 나중에는 국민당의 지도권을 둘러싸고 장제스의 경쟁자가 되었다. 1927년, 국민당 좌파인 그의 한커우 정부는 장제스가 국공합장을 결렬시킨 뒤 새로운 연합정책을 내걸고 공산당과 협력했다. 그러나 몇 주일 만에 그도 역시 공산주의자를 추방했는데, 그의 정권도 뒤이어 곧 붕괴했다. 1932년, 다시 난징에서 국민당 정부의 총리가 되었으나, 그해에 장제스에 의해 쫓겨났다. 1938년에 국민당에 되돌아와서 다시 장제스와 싸웠다. 난징에서 일본이 세운 괴뢰정부의 수반으로 있다가, 1943년 실의 속에 방황하다가 사망했다.

우량핑(吳亮平, 오량평)

1906년 저장성 펑화현의 상인 집안에서 태어났다. 1962년부터 중앙위원이며, 1967년에는 교통부장이 되었다. 난양(南洋, 남양: 화교) 중학을 졸업하고 샤먼(廈門, 하문), 다샤의 두 대학에서 공부하면서 5·30 사건에 참가했다. 1925년 공산주의 청년동맹에 가입했고, 모스크바의 쑨이셴 대학에도 유학했으며(1925~29), 그곳에서 중국공산당 지부에 가입했다. 그 후 유럽여행을 했으며, 상하이로 돌아오자 지하활동에 들어갔다. 엥겔스의 『사회주의사』, 『반뒤링론』, 『사적유물론과 변증법』을 번역했다. 1932~33년에 상하이에서 투옥되었으나, 그 후 장시 소비에트에 들어가 린뱌오의 정치부에서 공작임무를 수행했다. '28명의 볼셰비키'의 한 사람으로 잘못 간주되었으나, 장시에서는 마오쩌둥의 지지자였다. 내가 1936년에 그를 만났을 때, 그는 마오쩌둥의 비서였고, 군 선전선동부의 일원이었다. 영어와 러시아어를 유창하게 말하며 프랑스어도 얼마쯤 알고 있었다. 우량핑과 가진 회견은 『붉은 중국 잡기』를 참조할 것.

우슈취안(伍修權, 오수권)

소련과 관계된 업무나 외국 공산당과 회의할 때 중국공산당 대표로 많이 활약했다. 문화대혁명 때는 마오쩌둥을 지지하는 유력자로 주목 받았다. 1909년 후베이성 우창(武昌, 무창)에서 태어났다. 러시아로 유학을 가, 코민테른의 쑨이셴 대학에서 공부하고(1927~30), 귀국과 동시에 상하이의 푸단(復旦, 복단) 대학 교수로 취임했다. 1949년 이래 가장 극적으로 모습을 드러낸 것은 1950년 국제연합에 파견된 중공대표단 단장의 모습이었는데, 그는 (2만 단어를 사용해서) 미국을 '월남의 침략자'라고 비난했다. 1956년 이후 중앙위에서의 서열은 62위였다. 동유럽 국가들의 회의나 국제적인 당 회의에서 많은 임무를 수행했다.

우한(吳晗, 오함)

중국민주동맹의 비당원 지식인 지도자이다. 1930년 이래 공산당과 밀접하게 협력했으나, 1965년 11월 그의 희곡 『해서파관(海瑞罷官)』이 당 기관지로부터 공격 받고 나서 그는 문혁의 주요 공격 목표가 되었다. 같은 해 11월에 장칭(마오쩌둥 부인)은 문화대혁명을 유발시켰고, 나중에 '돌격 나팔'이라고 불린 상하이의 연설에서 우한의 희곡을 '반당적이며 반사회주의적'이라고 '폭로'했다.

그는 1909년 저장성 이주(義烏, 의조)의 중산계급 집안에서 태어났는데, 국립 칭화(淸華, 청화) 대학의 학비를 댈 만큼 넉넉하지는 못했으므로, 1934년 대학을 졸업할 때까지 계속 가정교사를 하면서 자활했다. 그해 나는 처음으로 그를 만났는데, 그 당시 그는 이미 대학교수였고, 투옥될 위험을 무릅쓰면서 급진적·애국적인 학생운동을 지지한 소수의 교수들 가운데 한 사람이었다. 일본이 베이징을 점령(1937)한 뒤 그는 윈난성으로 갔는데, 그곳에서 그는 역사가 또는 학자로 널리 알려졌고, 중국민주동맹의 창립자가 되었다. 중국공산당과의 통일전선인 정치협상회의를 결성하는 데 공헌했고, 거기서 쉬빙, 뤄마이 등과 함께 활동했다. 1949년 이래 베이징시 인민위원회에서 여러 관직에 취임했는데, 예를 들면 베이징시의 부시장 8명 중 한 사람이었다. '민주적 인사'로서 문화적이거나 우호적인 그룹을 대표해 아시아, 아프리카, 동유럽 등을 자주 여행했다.

칭화 대학의 인문과학부 부장, 전국민주청년연합회 임원을 지냈으며, 실각할 당시에는 세계평화위원회 베이징시 분회의 부주석이기도 했다. 마오쩌둥의 영향력을 약화시키기 위한 여러 활동—1967년의 여러 홍위병 벽신문이 주장한 것처럼, 마오쩌둥을 전면적으로 권력으로부터 배제하려고 노력했는지는 알 수 없으나—에서 우한이 수행한 역할에 대한 마오쩌둥의 견해는 베이징의 후타(弧塔, 호탑)에 내다붙인 커다란 풍자화에 정확하게 묘사되어 있는지도 모른다. 그 풍자화는 수정주의자로서 고발된 27명의 지도적 당 간부를 풍자한 것으로 전(前) 정치국 선전부장 루딩이를 선두로 나란히 줄지어 선 그림이었다. 루딩이의 바로 뒤를 옛 관리의 복장을 한 우한이 바쁜 걸음으로 따라가고 있고, 행렬의 맨 끝에는 문혁에서 크게 비판 받은 거물 류사오치 국가주석과 덩샤오핑 부총리가 남여(藍輿, 의자와 비슷하고 덮개가 없는 작은 가마—옮긴이)를 타고 길을 돌고 있는 그림이었다. 역사가로서의 우한은 명 왕조(明王朝)를 전문적으로 다루었다. 논쟁 대상이 된 희곡 『해서파관』은 감히 황제의 정책을 비판해서 그를 성나게 한 명나라 관리의 경험을 극화한 것이다. 여기에서 그 관리는 부당하게 추방되지만, 나중에 애국자로 추앙 받는다. 우한의 그 작품은 1961년 루딩이와 베이징 시장 펑전의 지지를 얻어 출판되었다. 마오쩌둥파의 신문이 그것을 마오에 대한 비유적인 공격이라고 효과적으로 적발하기까지는 5년이 걸렸다. 우한은 그 희곡의 주인공 해서(海瑞)를 1959년 마오쩌둥에 의해 '파면'된 펑더화이에 비유했던 것이다.

우한의 이 작품은 1967년 류사오치를 두목으로 하는 문화 분야의 '수정주의자'와 '자본주의의 길을 걷는 자들'에 의해 격려 받은 '대독초(大毒草)'의 하나에 불과한 것으로 간주되었다. 우한의 희곡이나 그와 비슷하게 간행된 이슈류의 문학작품들이 마오쩌둥파에 의해 비판되기 전에는 서양의 중국 전문가들 가운데 어느 한 사람도 현재 그 작품들이 갖는 정치적인 의의를 인식하지 못했었다. 이 같은 사실이야말로 그들이 공산 중국의 이해로부터 격리되어 있다는 점을 가장 잘 나타내 주는 것이라 할 수 있다.

장궈타오(張國燾, 장국도)
1934~36년에 공산당의 지도권을 놓고 다툰 마오쩌둥의 가장 중요한 라이벌이었다.
그는 1897년에 장시성 핑샹현(萍鄕縣, 평향현)의 부유한 지주 집안에서 태어났다. 베이징 대학의 학생 지도자였을 무렵(1916~20)에 그는 천두슈와 리다자오를 만났다. 같은 무렵, 마오쩌둥도 그 두 사람으로부터 영향을 받아 마르크스주의 쪽으로 진로를 잡았다. 중국공산당(1921년 7월의 제1차대회)의 창설자 12명 중 한 사람으로서 장궈타오는 그 즉시 당 중앙위의 조직부장이 되었다. 그는 화베이의 철도노동자의 조직화를 도와 1923년의 파업을 원조했으나, 그 파업으로 노동자 80명이 처형되었다. 제5차대회에서 당 재조직화를 이룩한 뒤, 장궈타오는 중앙위원으로 선출되었고 다시 조직부장이 되었다.

장궈타오는 난창 봉기(1927년 8월 1일)와 광저우 코뮌에 참가했다. 그는 1928년에 모스크바에서 열린 당 6전대회에 참석했고, 이후 3년 동안 소련에 머물렀다. 1931년에 다시 중앙위원으로서 상하이에서부터 양쯔강 북부에 흩어져 있는 공산주의자의 유격대를 지도하라는 지시에 따라 그곳에 파견되었고, 마오쩌둥을 주석으로 하는 중화 소비에트 임시정부의 부주석 2명 가운데 한 사람으로 선출되었다. 그의 작전상의 세력범위는 허난, 후베이, 안후이의 접경지역(이른바 어위완)의 유격지를 중심으로 한 지역이었으며, 그곳에서 그는 홍군의 주석(主席) 인민위원이 되었다. 그의 부대의 총사령은 쉬샹첸이었고, 그 밑에 있었던 중요한 부사령은 쉬하이둥이었다. 그러나 그는 화중지방을 포기하지 않을 수 없게 되어(1932), 산시(陝西), 쓰촨의 접경지역으로 이동했다. 그리고 1934년에 국민당군에 의해 다시 쓰촨성 서부로 쫓겨났다.

1935년 6월, 장정 도중에 홍군의 2대 방면군이 서로 만났다. 마오쩌둥은 남으로부터의 방면군을 지휘했고, 장궈타오는 양쯔강 이북에서 퇴각한 방면군을 지휘하고 있었다. 그런데 두 사람 사이에는 결정적인 대립이 발생했다. 장궈타오와 그를 지지하는 중앙위원은 그 전해에 쭌이에서 열린 당 중앙정치국 확대회의에서 결정한 마오쩌둥의 주석으로서의 최고 권위를 인정하지 않으려 했다. 장궈타오는 산시(陝西) 지방으로 이동한다는 마오쩌둥의 전략계획에 반대하고, 국민당과 타협해 평화를 추구하려 했다. 그는 또 마오쩌둥을 코민테른의 노선을 어기고 있으며, 쭌이 회의는 불법적인 것이므로, 새로 중앙위원회를 개최해서 마오쩌둥을 제명해야 한다고 주장했다. 장궈타오에 의하면 마오쩌둥은 이미 중앙위원회에서 세 번 징계되고 세 번이나 중앙위로부터 추방되었다는 것이다(John E. Rue. *Mao Tse-tung in Opposition*. Stanford. 1966.

pp.8-9 참조). 『중국의 붉은 별』에 기술된 상황이 벌어진 뒤, 장궈타오는 홍군을 분단해서 그의 부대(제4방면군)를 쓰촨성 서부에 두고 주더를 감금(?)했다. 한편 마오쩌둥은 제1방면군을 이끌고 산시(陝西)로 진군했다. 1년 뒤 장궈타오의 부대는 적군의 격렬한 공격을 받게 되어 북으로 이동하지 않을 수 없었다. 그러나 황허를 건너다 거의 궤멸적인 패배를 당했다. 장궈타오와 쉬샹첸은 가까스로 옌안에 이르렀으나, 산산조각이 난 부대를 리셴녠의 지휘에 맡긴 채 포기해 버렸다.

1937년, 장궈타오는 옌안에서 열린 중앙위원회에서 '견책'을 받았다. 그는 1938년 훙구를 떠나 한커우로 가서 국민당에 입당했다. 그는 「국민에 호소한다」라는 글 속에서 국민당을 '가장 혁명적인 정당'이라고 말했고, 또 장제스를 '유일한 지도자'라고 추켜세웠다. 그때 비로소 그는 중공당으로부터 제명되었다.

1949년 장제스가 패주한 후 그는 홍콩으로 망명했는데, 마오쩌둥은 그의 가족을 그와 함께 지내도록 그곳으로 보내 주었다. 마오쩌둥-장궈타오 대립에 관한 자세한 내용은 『붉은 중국 잡기』와 아그네스 스메들리의 『위대한 길(The Great Road)』을 참조할 것. 장궈타오의 자서전 (『나의 회상(我的回想)』)은 이 글을 쓰고 있을 때 영어로 발간될 계획이라고 했다.

장딩청(張鼎丞, 장정승)

그는 푸젠성의 중요한 공산당 지도자인데, 1897년 푸젠성 융딩현(永定縣, 영정현) 진사(金沙, 금사)의 빈농 집안에서 태어났다. 그는 1966년 여름 중공당 중앙위원회 서기로 재선되었는데, 푸젠성 당위원회 서기이기도 했다. 그때 홍위병들이 푸젠성 정부를 재조직하고 나서 그들과 '인민해방군의 신뢰할 수 있는 당 간부의 결합'을 도모하고 '자본주의의 길을 걷는' 당 지도자는 해임했다고 전해졌으나, 장딩청은 그의 직위에 그대로 남아 있었다.

초등학교 교사인 장딩청이 중국공산당에 가입한 것은 1926년의 일로, 그가 마오쩌둥이 지도한 광저우 농민강습소에 입소해 있을 때였다. 그는 고향에서 농민운동을 조직했고, 1928년에는 진사에서 일어난 농민 봉기를 지도했다. 이어서 그는 서부 푸젠 소비에트의 주석이 되었고, 1930년에는 중공당 중앙위원이 되었으며, 마오쩌둥과 리리싼이 대립할 때에 마오쩌둥을 지지했다. 장정 기간 동안 그는 푸젠성에 머물러 있으면서 천이와 쑤위의 후비부대에 참가했으며, 뒷날 그들은 함께 신4군을 편성했다. 1940년부터 44년까지 그는 옌안의 중앙당학교에서 교편을 잡았다. 1948~49년에는 천이 아래서 화동인민해방군과 제3야전군의 부참모장, 1949년에는 푸젠성 당위원회 서기, 1951년에는 토지개량위원회 주임이 되었다. 1945년부터 54년까지 푸젠성정부 주석으로 있으면서 동시에 1953년에는 중공당 화동국(華東局)의 일원이 되었고, 1954년에는 전국 인민대표자대회 대의원이 되었다. 그해에 또 최고인민검찰원(最高人民檢察院) 검찰장이 되었고, 다시 1956년에는 감찰위원회 위원이 되었다.

장쉐량(張學良, 장학량)

1901년 동북(만주)지방 랴오닝성에서 태어났다. 장제스 총통은 그를 공식적으로 형벌에 처하고 또 공식적으로 '사면' 했음에도, 1936년 이후부터 그는 실제 포로처럼 다루어졌다. 장제스가 타이완으로 도망갈 때도 그를 데리고 갔다. 1963년에야 장쉐량은 아주 제한적인 것이기는 하나 그의 자택으로부터 '외출하는 자유'를 허락 받았다고 한다. 그러나 현재(1968)까지도 시안 사건에 대해 그의 견해를 말하는 것은 불가능한 일로 되어 있다. 전하는 바에 따르면, 그는 타이완에서 명조(明朝)시대 연구 분야의 지도적인 권위자가 되어 있다고 한다.

장원톈(張聞天, 장문천)

'뤄푸(洛甫, 낙보)' 항목을 보라.

장징궈(蔣經國, 장경국)

장제스가 쑹메이링과 결혼하기 위해 이혼한 첫 아내에게서 태어난 아들이다. 그는 1968년 현재 타이완에서 정치·치안 양면에서 막강한 실권을 장악하고 있으며, 미국에 의해 보호되고 있는 타이완 정권의 수반인 장제스의 후계자로서는 가장 유력한 인물로 지목되고 있다. 그는 1909년 저장성 펑화현에서 태어나 1925년까지는 가정교사로부터 배웠으며, 1925년에 소련으로 유학을 떠났다. 그는 1927년에 코민테른의 쑨이셴 대학을 졸업하고 중국 공산주의 청년단에 가입했다. 1927년의 국공분열 이후에도 장징궈는 소련에 머물며 군사학과 정치학을 배웠다. 그는 왕밍과 대립했기 때문에 각종 형태의 추방 형벌을 받았는데, 그 뒤 어느 공장의 감독 업무를 맡았다. 1937년, 스탈린은 개인적으로 그를 용서하고 중국으로 돌려보냈다. 귀국 후 그는 아버지 장제스와 화해하고 국민당에 입당했다. 전쟁 동안 장제스는 그에게 장시성에서 일을 보도록 했는데, 그의 주요 임무는 공산주의자를 탄압하는 것이었다. 그는 러시아인 아내와 함께 감리교 신자이다. 1949년, 그는 아버지와 함께 타이완으로 달아났다. 그는 장제스의 외아들이며, 나중에 그의 유모의 아들이 장제스의 양자가 되어 장웨이궈(蔣緯國, 장위국)라고 이름을 고쳤다. 장웨이궈는 국민당 우파의 지도자였던 다이지타오와 일본인 여자 사이에서 태어난 자식이다.

장칭(江靑, 강청)

마오쩌둥의 세 번째 부인(다만 어렸을 때 부모가 강제로 시킨 형식뿐인 결혼을 제외하고)인데, 1966년 이후 문화대혁명을 통해서 갑자기 그녀에게 문화의 심판자라는 큰 권한이 부여되었다. 본명은 리칭윈(李靑雲, 이청운)[별명 리윈허(李雲鶴, 이운학)]. 1914년 중국의 다섯 '성산(聖山)'의 하나인 타이산(泰山, 태산) 기슭인 산둥성 주청현(諸城縣, 제성현) 둥관(東關, 동관)에서 태어났다.

    부모는 중류계급 출신이었지만 가난했다. 그녀가 아직 어렸을 무렵에 부모는 이혼하고, 어머니가 살림을 꾸려 가면서 그녀를 지난(濟南, 제남)의 초등학교에 넣었다. 그 후 관비로 성(省)의 연극학교에 입학했다. 그 학교의 교장 자오타이머우(趙太侔, 조태모)는 나중에 칭다오 대학 학장이 되었는데, 장칭은 그 대학에서 부사서(副司書)로 일했다. 거기서 훗날 1912~37년의 화베이 지방 학생들에 의한 '반역'에서 아마도 가장 중요한 지도자가 된 위치웨이(兪啓威, 유계위)-'황징' 조항 참조-와 만났다. 그의 누나인 위산(兪珊, 유산)은 자오타이머우와 결혼했을 무렵 이미 널리 알려진 경극 가수이며 배우였는데, 장칭은 자오타이머우를 통해서 위산과 위치웨이를 알게 되었다. 그들의 백부인 위다웨이(兪大維, 유대유)는 난징(南京, 남경) 국민당 정부의 국방부장이었고, 또 한 사람의 숙부인 쩡자오룬(曾昭掄, 증소륜)은 한때 교육부의 부부장을 지냈다. 장칭이 위치웨이를 알게 됐을 무렵, 그는 칭다오 공산당 지하조직의 선전부문 책임자였다.

장칭은 1933년 비밀리에 공산당에 입당했다. 그해에 위치웨이는 체포되어 국민당 당국으로부터 사형선고를 받았으나, 영향력이 있는 백부 위다웨이 덕택에 1934년에 방면되었다. 그 경위에 대해서는 그가 데이비드 유라는 이름을 사용하고 있을 무렵인 1935년, 내가 베이징에서 그를 만났을 때 들었다. 그때 그는 황징이라는 당명(黨名)으로 베이징 당 중앙 지하조직의 선전부문 서기를 하고 있었는데, 12·9 학생반란에 중심적으로 참가한 학생들을 실제 지도한 공산당의 주요 책임자였다.

장칭은 1934년 지난으로 돌아와 탕나(唐納, 당납)라는 예명을 가진 배우와 결혼했다. 두 사람은 요람기의 당해 영화회사에서 일했는데, 장칭은 그녀가 맡은 배역의 이름을 따서 란핑이라는 예명을 사용했다. 그들은 1937년 이혼했다. 그 뒤부터 장칭은 한 여배우(나중에 리더와 결혼했다)와 함께 황징과 행동을 같이하면서, 적도(赤都) 옌안에 도착하기까지 길고도 위험한 육로를 걸었다. 1938년 옌안에 이르자 황징은 당학교에 들어가 공부를 계속했고, 장칭은 황징의 열성적인 원조로 루쉰(魯迅, 노신) 예술학교에 입학했다. 그곳에서는 전선을 위문하는 연극대를 양성하고 있었다. 그녀는 그곳에서 마오쩌둥과 만났다.

그 전해에 마오쩌둥은 자신의 요구에 의해 당 중앙위가 개최한 특별법정에서 허쯔전과 이혼한 바 있었다.

1939년, 내가 옌안에서 그녀를 만났을 때 그녀는 젊고 날씬한 매력적인 부인으로서 마오쩌둥과 결혼한 지 몇 달이 지난 뒤였는데, 브리지 게임을 잘했고 요리도 썩 잘했다. 그녀는 마오쩌둥의 두 딸을 낳았는데, 그 두 딸은 1967년에 이미 결혼했다고 전해지고 있다.

1964년 이전에는 마오쩌둥의 부인으로 등장하는 일 이외에는 거의 정치활동에 참여하지 않았다. 그녀의 새롭고 독자적인 중요한 역할은 문화대혁명을 일으킨 중앙위원회 회의(1966년 8월) 이후에 부각되었다. 갑자기 그녀가 천보다 밑에서 '제1부주임'을 맡게 되었다는 발표가 나왔고, 그녀는 공식적으로 '중국공산당 중앙의 문화부문 지도자'라고 불렸다. 1966년 8월 회의 이후에 거행된 자동차 행진에서는 장칭이 저우언라이와 함께 맨 앞 차에 탔다.

그녀의 위치와 활동은 1967년, 당의 이론기관지 《홍기(紅旗)》(천보다에 의해 편집되었다)가 장칭이 1964년 6월 문화전선에서 종사하는 노동자들 앞에서 행한 담화를 게재했을 때 명백해졌다. 그 담화를 《홍기》는 문화대혁명의 '위대한 시작'이라고 지적한 것이다. 이어 그녀는 마오쩌둥의 1942년 저작인 『옌안의 문학·예술좌담회에서의 강화』의 문화 노선에 따라 경극, 연극, 발레 및 교향악을 프롤레타리아 계급의 영웅과 부르주아 계급의 악당을 소개하는 것으로 고쳐 만들도록 '지령' 한 것으로 밝혀졌다.

장칭은 1965년 하반기에 우한의 사극(史劇) 〈해서파관(海瑞罷官)〉이 부르주아적 반동이며, 살짝 우화적인 가장을 하고는 있으나 사실은 마오쩌둥을 공격한 것이라고 적발함으로써, 문화대혁명의 '진군나팔'을 분 역할을 한 것도 나중에 밝혀졌다. 이에 대해 반격을 시도한 사람은 펑전, 류사오치, 그리고 그 밖의 '수정주의자'들로 알려졌는데, 그들은 우한과 함께 추방되기 이전에 문화대혁명의 싹을 뭉개 버리려고 했다. 《홍기》에 따르면, 그들은 1966년 2월 린뱌오 원수가 주재한 해방군 문예공작원 집회에서 장칭이 행한 연설에 의해 그 예기가 꺾였다고 한다. 마오쩌둥이 써서 1966년 5월 중국공산당 중앙위원회 이름으로 발표한 성명에 의해 그들의 패배는 완전히 굳어졌고, 문화대혁명은 잇따라 '반마오쩌둥주의자'를 추방하는 방향으로 나아갔다.

마오쩌둥의 대리인으로서 장칭은 군대의 문화부문 고문이 되었다. 경극인, 연극인, 영화인, 음악인 등 예술가들 가운데서 그녀는 프롤레타리아 계급을 위한 예술에서 제일가는 권위자가 되었다. 많은 사람들이 사상개조를 요구 받았고, 또 다른 사람들도—경극단원 전원을 포함해서—문화대혁명을 위해 동원되었다. 장칭이나 홍위병들은 단호하게 '낡은 습관, 낡은 사상, 낡은 문화'와 부르주아적인 것, 봉건적인 것, 또 외국 것 등을 모두 프롤레타리아 계급을 예찬하는 새로운 형태의 영웅들로 대체하려고 했는데, 그 때문에 그때까지의 전통적이고 역사적인 경극이나 연극의 소재 및 형식은 실제로 무대에서 그 자취를 감추게 되었다.

저우언라이(周恩來, 주은래)

그는 사오산(少山, 소산)이라는 조직명으로도 알려져 있다. 1936년, 저우언라이는 나에게 그 자신에 대해 간결하게 설명했는데, 그때 당내에서의 그의 지위나 생명이나 정치적인 운명이 위기에 처했던 극적인 시기의 일들을 겸손하게 말했다. 그 일들에 관해서는 1927년부터 1935년에 걸친 당 내부나 코민테른과의 분쟁을 다른 4부 후주 ㉔에 설명해 두었다.

저우언라이는 1928년의 중공당 제6차대회에서 중앙위원 및 정치국원으로 재선되었다. 그는 그해에 소련을 방문하고, 쑨이셴 대학에서 특별 강의를 받기 위해 체류하면서 군사교육도 받았는데, 이미 그때 그는 최고지도자의 후보자가 되어 있었다. 그때부터 그 지위는 종종 손 닿는 데까지 와 있는 것처럼 보였으나, 저우언라이는 그것을 손에 넣으려고 하지 않았다.

1929년, 그는 상하이로 돌아와 당 총서기 샹중파와 그를 지도하고 있던 리리싼을 지지했다. 1930년, 모스크바에서 코민테른으로 파견된 중국공산당 대표로서 저우언라이는 리리싼을 공격하기로 되어 있었는지도 모르나, 실제로 공격을 한 사람은 왕밍이었다. 저우언라이는 상하이로 돌아와 외국이 지배하는 조계(租界)라는 '성역(聖域)'에서 리리싼과 함께 일을 계속했다. 리리싼은 1930년 11월에 모스크바로 소환되었는데, 소련은 그(그리고 코민테른)에게 도시폭동에 실패한 책임을 씌웠다. 1931년 1월, 파벨 미프(코민테른에서의 스탈린의 대리인)는 저우언라이를 교묘한 술책으로 따돌리고 왕밍을 정치국의 중심인물로 부각시켰다. 그때 비로소 저우언라이는 리리싼을 버리고 자기의 주장도 철회하면서, 당이 자기 자신의 과오를 비판하도록 요구했다. 저우언라이는 상하이의 정치국에 머물면서 군사위원회의 책임자가 되었다. 그해에 그는 새 집행부에 의해 장시로 파견되었고, 샹잉이 뒤를 이어 당 화중국(華中局)의 주석이 되었다. 그 지위에 있으면서 그는, 왕밍(모스크바에 체류)을 배경으로 새로 총서기가 된 보구가 상하이에서 행사하는 원격조종과 농촌에서 실전에 가담하고 있는 공산주의자들 사이에 파고든 마오쩌둥의 실제적인 영향력을 조화시키는 중요한 역할을 다했다(마오쩌둥은 중화소비에트공화국 임시중앙정부 '주석'이긴 했으나 당적으로는 정치국과 당 화중국 지부의 한 일원에 불과했다).

1923년, 그가 주더가 지휘하는 부대에서 정치위원이 되었을 때 장시에서의 그의 명성은 마오쩌둥의 명성을 뛰어넘기 시작했다. 황푸 군관학교의 정치부 교과주임으로서 그는 린뱌오, 쭤취안, 녜룽전, 리다, 예젠잉, 샤오진광, 쉬샹첸, 천경 등 간부후보생이나 교관의 신망을 일찍부터 얻고 있었다. 상하이나 난창에서 일어난 봉기의 조직자로서 그는 이미 전투의 영웅이기도 했다. 또한 모스크바에서 체류하면서 그에게는 왕밍, 보구 그룹인 '28명의 볼셰비키' 및 스탈린과 접촉할 기회도 있었다. 그가 프랑스에서 젊은 지식인들을 조직하기 위해 창설한 공산주의 청년단의 활동은 마오쩌둥의 본거지인 후난의 중요한 인물들까지 그를 존경하게 만들었다. 당시 장시에서 그가 장악한 당의 정치지도는 그의 영향력을 새로 참가한 군의 간부들 사이에도 뻗치게 했다.

한쪽이 다른 쪽을 폭력으로 제압함으로써만 주도권을 확보할 수 있는 철저한 대립보다는 여러 세력들의 주요한 화해자의, 또 그들이 균형을 유지하도록 하는 조정자의 역할을 하게 된 것은 아마도 저우언라이가 모든 파벌과의 관계를 광범하게 가질 만큼 넓은 도량을 가졌기 때문에 가능했을 것이다.

1934년, 보구와 뤄푸가 정치국으로부터 마오쩌둥을 추방하고 저우언라이가 전군 총사령이 되었을 때조차도 그는 주더나 마오쩌둥과 최종적으로 분열하는 것을 회피했다. 1935년 1월, 큰 전환점이 되었던 쭌이 회의에서 보구와 뤄푸의 당 지도권을 부인했을 때에도 저우언라이는 마오쩌둥이 주재하는 새로운 최고군사위원회에 어렵지 않게 들어갔다. 그때부터 마오쩌둥의 지도권에 대한 저우언라이의 충성은 조금도 동요한 적이 없었다.

홍군이 서북 지방에 도착한 뒤, 저우언라이는 외교 방면의 책임자로서 그 역할에 더욱 매진했다. 홍군과 장쉐량 원수가 이끄는 동북군과의 휴전협정 교섭을 벌인 사람도 그였다. 그것은 얼마 뒤 시안 사건을 일으켰는데, 저우언라이는 그것을 이용해서 장제스로부터 내전 중지에 대한 동의를 얻어냈다. 항일전쟁 중 저우언라이는 장제스 정권에 파견된 공산당 대표단의 주석으로 있었는데, 그때 장제스 정권은 난징에서 한커우로 그리고 다시 충칭으로 후퇴했다. 1939년, 저우언라이는 장제스의 동의를 얻어 모스크바에 6개월간 머물렀다. 그는 옌안으로 돌아왔다가 바로 충칭으로 갔고, 거기서 8로군 사절단의 단장으로서 국민당 정부의 국가최고 국방회의에 참석했다. 그의 비공산주의 지식인들과의 예의바른 접촉이나, 서방 측 외교관들과 자주 주고받았던 대화는 그 자신과 옌안의 명망을 크게 높였다. 동시에 또 그는 아직 합법적 지위를 갖지 못한 중공당 화동국(華東局)의 주석이기도 했다.

국민당과 공산당의 관계가 몹시 악화되자 1943년 저우언라이는 옌안으로 돌아갔으나, 1944년에 다시 연합정부의 조건을 절충하기 위해 충칭으로 파견되었다. 그러나 그의 노력은 실패로 끝났으며, 그 뒤 미국대사 패트릭 헐리(Patrick Hurley) 장군이 주재한 1945년의 충칭 평화회담에도 저우언라이는 마오쩌둥과 함께 참석했지만 역시 실패로 돌아갔다. 옌안에서의 중공당 제7차대회(1945)에서 저우언라이는 아주 긴 보고를 했으며, 정치국원 5명으로 구성된 서기국 서기로, 부주석으로, 그리고 다시 최고혁명군사위원회 위원으로 선출되었다. 그 뒤 그는 조지 마셜(George C. Marshall) 원수가 주선한 국민당과의 평화교섭에 공산당 대표를 이끌고 1946년에 다시 전면적인 내전이 시작될 때까지 참석했다. 옌안으로 돌아온 그는 마오쩌둥과 손을 맞잡고 최고지도부의 임무에 임했다. 1949년, 베이징이 해방되자 그는 새로운 임시정부 기구를 구성하고 총리 겸 외상이 되었다. 1950년에는 마오쩌둥과 함께 모스크바로 가서, 스탈린과 30년간의 중소동맹 교섭을 마무리지었다. 1952년에는 중국에서의 러시아 권익을 반환하는 교섭을 벌였고, 1953년에는 한국전쟁의 휴전회담을 개시했다.

중화인민공화국의 입헌정부가 수립되자, 그는 총리(1954년부터) 겸 외상(1954~58)이 되었다. 1954년, 제네바 회담에서 저우언라이는 중국의 국제적인 지위를 인정케 했다. 그는 평화공존 5원칙을 작성해서 인도와 미얀마의 찬성을 얻었는데, 그것은 1955년 반둥 회의에서 선언된 단명(短命)의 아시아·아프리카 단결 강령이 되었다. 1954년, 그는 중·미 대사급 회담을 시작했는데, 그에 의해 쌍방의 차이가 평화적으로 해결될 것이라는 기대를 갖게 했다. 1955년과 56년에 걸쳐 그는 많은 아시아 국가들을 방문했는데, 그 방문은 구식민지 사람들 사이에 중국에 대한 평판을 호전시켰다. 저우언라이가 유럽에서 모스크바와 폴란드, 헝가리, 체코슬로바키아 사이의 심각한 분쟁에 개인적 조정 역할을 떠맡은 일은(1957), 흐루쇼프의 스탈린 비판이 소련의 정책에 '해빙(解氷)'을 가져온 뒤로, '소련에 의해 지도되는 사회주의 진영의 결속'을 부활시키는 데 공헌한 것으로 간주되고 있다.

1958년, 저우언라이는 천이 원수에게 외교부장의 직위를 주었으나, 그는 중단된 중·미 대사급 회담을 재개할 의사가 있다는 성명을 발표함으로써 일촉즉발의 타이완 위기를 피했다. 이어서 2년 동안, 저우언라이는 인근 몇 나라와 우호조약을 체결함으로써 평화공존의 방향으로 나아가려는 움직임을 나타냈다. 의미 있는 일은 그가 인도와의 국경분쟁 해결에 실패한 것으로, 1962년에는 일시적인 전쟁으로 발전했는데, 그것은 1960년에 분명해진 중·소 협력체제의 붕괴 및 1962년에 케네디, 흐루쇼프, 카스트로가 연출한 쿠바 위기와 무관하지 않았다. 이제 중국 외교의 경향은 경화(硬化)했다. 지난날 구축된 진영은 무너졌으며, 세계 각국의 공산당에 중국이나 소련 중 어느 한쪽을 선택해야 한다는 귀에 거슬리는 요구를 하고 있다. 또 저우언라이는 중국이 많은 나라에서 일어난 혁명전쟁을 독자적으로 지지한다는 중앙위원회의 노선을 시행하며, 경쟁적 평화공존을 격하시키고, 미국 제국주의와 소련 수정주의의 어느 쪽과도 일체의 타협을 거부한다는 성명을 발표했다.

이 글을 쓰고 있는 시점에는 저우언라이가 마오쩌둥과 흐루쇼프 및 소련에서의 그의 후계자 사이에 벌어지고 있는 격렬한 이데올로기 투쟁에 대한 반대파에 참가했다는 공식적인 증거는 없다. 상당히 많은 국가나 당이 미국과 소련 쌍방에 대한 마오쩌둥의 전면적인 비타협의 자세로부터 떨어져 나갔다. 그 때문에 중국에서 그 논쟁이 낳은 하나의 결과는 외교정책의 경직이었다.

저우언라이는 그래도 우호적이었던 아시아 국가들과 아프리카의 신생국들을 1964년과 65년에 두 차례 방문했는데, 그 방문과 프랑스의 중화인민공화국 승인은 중국의 외교활동에서 하나의 정점을 이루었다. 미국의 베트남전 강화는 1966년의 프롤레타리아 문화대혁명과 때를 같이한 것이었는데, 비사회주의 국가뿐만 아니라 사회주의 국가의 정부들까지를 비판한 베이징 홍위병의 격렬한 데모는 그 시기에 중국 외교를 전면 정지시켰으며, 이른바 제3세계의 가장 인내심이 강한 우방들조차도 중국으로부터 멀어지게 했다.

1966년 8월의 제8기 11중전대회에서 당내에서의 그의 지휘가 확인된 뒤, 중화인민공화국 연속성의 강력한 중심으로서 저우언라이 총리의 책임은 비약적으로 커졌다. 홍위병의 데모가 한창일 때, 그는 마오쩌둥의 '가장 절친한 전우'인 린뱌오의 바로 다음에 서서 거수경례를 받았다. 그러나 그 이상으로 그의 관심을 끄는 일은 분명히 행정기구를 유지하는 것이었고, 또 당의 관료기구에 금이 가 의외의 사건이 일어나는 것을 미연에 방지하는 것이었다. 기차, 비행기, 자동차, 그리고 노동자, 농민, 지식인의 활동이 계속되고—이 글을 쓰고 있는 시점에서—중국이 전면적이 내전이나, 그 이전처럼 통일이 안 된 어느 정도 무정부주의적인 상태로 되돌아가지 않은 것은 저우언라이의 지칠 줄 모르는 노력의 결과이다. 문화대혁명으로 당 기구를 지배하려는 행동의 한계는 그 주요한 표적인 '중국의 흐루쇼프'—헌법상의 국가주석인 류사오치를 가리킨 말이다—와 그 지지자들을 정치적으로 파멸시키려는 시도가 의심스러운 결과로 끝난 것에 잘 나타나 있다. 1967년 8월, 민중이 베이징의 영국대사관을 약탈, 방화하고 대리대사를 폭행한 뒤 흘러나온 말에 따르면, 홍위병들에게 "집으로 돌아가라, 그리고 나오지 말라"라고 명령한 사람은 저우언라이(그는 자주 '중도적인 사람'이라고 불렸다)였다고 한다. 그리고 그의 그러한 언동은 앞으로 있을 중국의 사고방식의 변화를 나타낸 것인지도 모른다.

어쨌든 1968년—마오쩌둥을 논외로 한다면—중국에서 저우언라이만큼 당내외의 사람들로부터 널리 존경 받고 있는 인물이 없는 것도 사실인 듯하다. 마오쩌둥이 활동하는 동안에는 분명히 그가 마오쩌둥을 대신하는 일은 없을 것이다. 그러나 많은 사람들은 마오쩌둥 이후의 중국에서 새로운 마오쩌둥이 나타날 때까지는 집단 지도체제에 의한 새로운 지도부에서 그가 중추적인 인물이 될 것이라고 예견하고 있다.

저우언라이 부인(周恩來 夫人, 주은래 부인)

'덩잉차오(鄧穎超, 등영초)' 항목을 보라.

주더(朱德, 주덕)

1886년 12월 1일, 쓰촨성 이룽현(儀隴縣, 의롱현)에 사는, 광둥에서 이주해 온 집안에서 태어났다. 그를 포함해 자식들은 모두 13명이었다. 그는 1927년 징강산에서 홍군이 창설되었을 때 총사령이 되었으며, 1949년 홍군이 중화인민공화국 인민해방군으로 승격했을 때에도 그 지위를 유지했다.

주더의 대담무쌍하고도 정력적인 그리고 뛰어난 생애는, 그가 아그네스 스메들리에게 말하고 있듯이[『위대한 길(The Great Road: The Life and Times of Chu Teh)』, New York, 1956 참조], 사회적으로나 역사적으로 아주 중요한 기록이다. 그러나 1936년경에는 주더에 관한 정확한 정보가 거의 발표되어 있지 않았다. 나의 기록은 오랫동안 주더와 함께 어울려 온 그의 전우들로부터 수집한 것이다. 주더의 개인적인 내력에 관한 그들의 지식은 모호한 것이거나 남에게 들은 것이었는데, 그것은 공산주의자들 사이의 인간관계를 나타내는 특징이다. 예를 들면, 나는 주더가 '돈 많은 지주의 가정'에서 태어났다고 들었으나, 실제 그의 아버지는 가난한 농민이었다. 그는 9살 때 살림이 넉넉했던 숙부의 양자로 갔으며, 숙부의 도움으로 교육을 받았다.

주더는 저우언라이의 영향을 받아, 1922년 베를린에서 중국공산당에 입당했다. 1927년부터 주더는 (그가 스메들리에게 말한 바에 따르면, 화서 지구에서 장궈타오에게 '강제로' 감금당한 1년을 제외하고는) 줄곧 마오쩌둥의 '제3의 팔'로서 그의 곁에 있었다. 주더의 변함없는 충성과 자기를 돌보지 않는 헌신이 없었다면, 마오쩌둥이 스스로 창출해 낸 농민을 기반으로 한 혁명이라는 독특한 형태를 성공시키고 또 그 속에서 최고의 지위에 오를 수는 없었을 것이다.

1950년부터 56년까지 주더는 중화인민공화국 정부의 부주석이었으며, 1956년에 전국인민대표자대회 주석이 되었다. 또한 그는 오랜 세월 동안 홍군의 서열 제1위에 올라 있었던 원수이다. 그는 1966년까지 마오쩌둥과 몇 사람의 부주석으로 구성된 중국공산당 중앙상무위원회의 위원이었다.

주더는 놀랄 만큼 육체적인 인내성이 강한 사람으로 아주 간소한 생활을 하고 있는데, 80살이 넘었는데도 그 옛날 쓰촨성의 YMCA에서 배우고 군대에도 보급했던 농구를 아직도 하고 있다. 그는 제8기 11중전대회에서 정치국에는 머물면서도 상무위원회의 위원직에서 물러났다. 문화대혁명 기간에는 그의 평생의 전우인 허룽 원수와 함께 젊은 홍위병들로부터 비난을 받았다. 그러나 1967년 10월의 국경절에는 톈안문 위에 선 마오쩌둥 곁에 모습을 드러냄으로써 그가 공적으로 상무위원회보다 한 등급 아래이긴 하나 중앙위 위원의 지위에 있음이 분명해졌다. 스메들리의 『위대한 길』과 『중화민국 인물사전』을 참조할 것.

쭤취안(左權, 좌권)
항일전쟁 중에 전사했다.

차이수판(蔡樹藩, 채수번)

노동조합 지도자이며, 1958년 소련으로 가던 도중 비행기 추락 사고로 사망(당시 53살)했을 당시에는 중앙위원이었다.

차이창(蔡暢, 채창)

1900년에 후난성에서 태어났다. 차이허썬의 누이동생이다. 여자로서는 드물게 사서오경을 읽었다. 그녀의 남편 리푸춘과 함께 공산주의 청년동맹 파리 지부에서 일했고, 1924년에는 중국공산당 중앙위 여성부의 첫 주임이 되었다. 장정에 참가한 여성 35명 가운데 한 사람이며, 1936년엔 전선에 나가 있던 유일한 여성 중앙위원이었다. 1956년에 그녀는 당 서열 제12위의 중앙위원으로 재선되었으며, 또 1956년부터 전국인민대표자대회 대의원이고 민주여성연합회 주석이었다. 그녀는 홍위병 여성부대의 지도자로 활약했고, 1966년에 중앙위원으로 재선되었으나 그해 8월 이후로는 문화대혁명에서 눈에 띄는 역할을 하지 않았다.

차이허썬(蔡和森, 채화삼)

그는 아마도 혁명의 '국제주의자'로서의 마오쩌둥의 사상에 어느 누구보다도 큰 영향을 끼쳤을 것이다. 그는 후난의 지식인 집안의 아들로 태어났다. 그는 1920년에 '근공검학'으로 프랑스에 유학한 최초의 중국인들 가운데 한 사람이며, 또 아마도 그곳에서 공산주의자의 주장을 지지한 최초의 중국인이었던 것 같다. 그의 누이 차이창은 그와 함께 유럽으로 건너갔다. 프랑스에 있는 동안 그는 마오쩌둥과 서신을 활발히 주고받았으며, 귀국한 뒤에는 1925~27년의 당 중앙위에서 지도적인 역할을 담당했다. 1927년, 장제스의 지령에 의해 체포되어, 처형되었다. 그때 그는 당 정치국원이었다. 그의 아내 샹징위는 같은 후난성 출신이며, 프랑스에서 결혼했다. 그녀도 걸출한 여성 지도자였으나, 1928년에 처형되었다.

천겅(陳賡, 진갱)

1904년 후난성 샹탄현에서 태어나, 1961년에 사망했다. 황푸 군관학교 졸업생(1925)

으로, 1926년에는 소련에 유학했고 1927년의 난창 봉기에 참가했다. 그는 파란만장한 일생을 보내면서 육군대장이 되었는데(1955), 사망할 당시 그의 직책은 국방부 부부장이었다. 그가 1936년에 나에게 말해 준 그의 반생(半生)은, 장제스가 황푸 군관학교 출신의 홍군 지휘자들을 이탈시켜 자기편으로 끌어들이기 위해 얼마나 고심했는지를 알 수 있는 흥미로운 한 예이다. 천겅이 말한 그의 이야기는 『붉은 중국 잡기』를 참조할 것.

천두슈(陳獨秀, 진독수)

중국공산당의 초대 총서기(1921~27)인 그는, 리다자오를 제외하면, 1919년부터 29년까지 중국의 문화와 정치 지도자들 가운데서 급진적 청년들에게 누구보다도 많은 영향을 끼쳤다. 그는 리다자오와 함께, 나중에 마오쩌둥사상으로 발전하게 되는 중국 마르크스주의의 기초를 구축했다. 그는 1879년 안후이성 안칭현(安慶縣, 안경현)의 부유한 관리 집안에서 태어나, 고전을 배우고, 대혁명을 지도했다. 1942년 사망할 때에는 수필가이자 고대중국 언어학의 연구자였다.

베이징 대학 문학부장(1915)이었던 그는 《신청년》의 창간자와 편집자로서 가장 널리 알려졌는데, 《신청년》은 1917년에 언어 문화의 혁신을 주창해서 청년들에게 깊은 영향을 끼쳤으며, 그것이 5·4 운동(1919)의 시초가 되었다. 그는 5·4 운동에 참가한 혐의로 3개월 동안 투옥되었으며, 그 뒤 베이징 대학의 교직을 사퇴하고 상하이로 갔다(1920). 거기서 그는 전중국 공산주의자의 학습 그룹을 조직했고, 리다자오와 함께 중국공산당의 지도적 창설자 중 한 사람이 되었다. 1927년 7월 이후의 코민테른 및 중국공산당과 그의 견해 차이에 대해서는 4부 후주 ⑮와 주 ㉔를 참조할 것. 천두슈에 관한 논쟁은 오늘날에는 그 자신의 저술을 포함한 많은 다른 자료에 의해 보안될 것이다. 참고문헌 중에서 특히 추쩌둥(Chow Tse-tung)이 쓴 『5·4 운동』과 H. 아이작스 및 슈바르츠(Schwartz)의 저서, 그리고 『중화민국 인물사전』을 참조할 것.

천보다(陳伯達, 진백달)

1962년에는 정치국 서열 23위였던 그가 1966년 8월의 제8기 11중전회가 열린 뒤의 발표로는 서열 5위의 지위로 승진해서 세계의 주목을 받았다. 그는 홍위병의 사상교육을 맡은 정부의 부총리이며, 또한 중국공산당의 이론기관지인 《홍기》의 편집자이기도 했다. 그의 승진은 1937년 그가 옌안에 도착한 때부터 시작되었는데, 그때 그는 마오쩌둥과 만나 마오쩌둥의 '정치상의 비서'가 되었으며 또 마오쩌둥 저작의 대필자가 되었다.

그는 1904년 푸젠성 후이안현(惠安縣, 혜안현)에서 태어나 광둥성 샤먼의 초·중등학교를 다녔으며, 그 뒤 군벌인 장전(張貞, 장정)의 비서가 되었다. 그는 1925년 은밀히 공산당에 입당했다고 한다. 1926년엔 코민테른의 쑨이셴 대학에 유학했고 1930년까지 소련에 머물렀는데, 그 시기의 당내 투쟁에는 중요한 역할을 하지 않은 듯하다. 1930년에 그는 베이징의 중궈 대학 교원이 되었는데, 거기에서 그는 천즈매이(陳志梅, 진지매)라는 가명으로 교원생활을 하는 한편, 본명으로는 정열에 넘치는 애국적인 논문을 썼다. 훗날 그는 중궈 대학에서 결국 그의 정체가 드러나게 되었다고 말하고 있는데, 어찌된 셈인지 그로 인해 고초를 받은 일은 없었다. 『국가의 포효(咆哮)』(베이징, 1963)라는 책에는 다음과 같이 씌어 있다.

"…… 당 중앙 북방국(北方局)의 지도자의 한 사람이었던 천보다는 또 중궈 대학에서 교단에 섰다.…… 그의 후주(後周) 시대의 철학에 관한 강의는 마르크스-레닌주의에 기초를 둔 것이었다." 그 책의 저자는 다음과 같이 덧붙이고 있다. "반동파는 그의 목숨을 노렸으나 실패했으며, 나중엔 그의 푸젠 사투리를 이유로 그를 대학으로부터 추방하려고 획책했으나 그것도 실패했다.……" 1935년, 당 지하조직이 류사오치의 지도 아래 있었던 때의 학생 항의운동에서 그가 어떤 역할을 했는지에 대해서는 상세히 알려진 것이 없다. 소련에서 귀국한 뒤 7년 동안 천보다가 당에서 한 활동에 대해서는 밝혀진 것이 거의 없다.

일본군의 베이징 점령(1937년 7월) 이후, 천보다는 옌안으로 갔다. 그는 당학교에서 강의를 했고, 또 루딩이 아래에서 중앙위 선전부의 조사 활동에 종사했다. 그는 주로 논객 노릇을 했으며 전투 경험은 없었다. 그의 저술과 러시아 공산당사에 관한 지식은 마오쩌둥의 흥미를 끌었다.

1942년, 그는 단기간 공산당의 전시 중의 기관지였던 《신화일보(新華日報)》편집자로서 충칭에 가 있었으나, 1943년에는 옌안의 선전부로 복귀했다. 그 선전부의 일로 그는 마오쩌둥과 밀접한 관계를 맺게 되었다. 그 기간(1937~47)에 마오쩌둥은 이론적이고 역사적이며 또한 군사적인 그의 중요한 노작(勞作)들을 발표했다. 1937년의 국공합작 시기에 마오쩌둥의 지도와 테제가 왕밍으로부터 공격 받았던 것은 흥미로운 일인데, 그가 천보다의 조언을 얻을 수 있었기 때문에, 왕밍의 공격은 1942년의 마오쩌둥의 정풍운동으로 역전된다. 왕밍에 대한 당의 결정적인 반박문은 천보다가 쓴 것이었다.

1945년, 그는 마오쩌둥이 「약간의 역사적 문제에 대한 결의」라는 중요한 논문을 작성하는 과정에서 자문 역할을 했으며, 중앙공산당 8전대회에서 중앙위원으로 선출되었다. 1946년에 비로소 그는 정치국 후보위원으로 등장했다. 또한 그는 1949년에는 루딩이 아래서 선전부 부부장으로 있었고, 1955~56년에는 당 농촌공작부 부부장을 하는 등, 1937년 이전의 당 활동 이력이 실제로 밝혀지지 않은 인물치고는 눈부신 승진을 했다.

1949~50년, 천보다는 마오쩌둥의 모스크바 첫 방문 때 동행했는데, 마오쩌둥-스탈린 회담 때 통역을 맡았을 가능성이 크다. 1957년, 마오쩌둥이 10월혁명 40주년 기념식전에 참석하기 위해 재차 모스크바에 갔을 때에도 그는 동행했다. 그곳에서 마오쩌둥은 유명한 "동풍은 서풍을 제압한다"라는 연설을 했다.

천보다는 1920년대 모스크바에서의 파벨 미프의 책략에 말려들지 않았으며, 1935년 이전에 마오쩌둥과 충돌한 중국공산당 지도자들(소련을 배경으로 한 '28명의 볼셰비키': '보구, 왕밍' 등의 항목 참조)의 여러 파벌과 공공연한 접촉을 회피한 소수의 중국인 유학생들 가운데 한 사람이었다. 마오쩌둥은 그를 다른 '모스크바 유학 당원들'보다도 충실한 사도(使徒)로 생각했을 뿐만 아니라 정치적인 측면에서 보스웰(Boswell)과 같은 전기 작가로—천보다는 그렇게 되기를 열망했고 실제로 상당한 정도로 그렇게 되었다—신용하고 있었던 것 같다. 결국 다른 '모스크바 유학생들'은 1930년대에 천보다를 따돌린 데서 잘못을 저지른 셈이다.

천보다는 마오쩌둥을 제외한 다른 어떤 저명한 당원들보다도 많은 철학적, 정치적 논문이나 당사(黨史)에 관한 글들을 썼다. 1937~38년에는 지식인들을 항일 통일전선으로 동원하는 방법에 대한 논문을 기술했으며, 1940년대에는 『내전 10년간의 기록: 1927~36년』과 『마오쩌둥의 '후난성 농민운동의 시찰보고'에 관한 각서』를 발간했는데, 둘 다 마오쩌둥과 긴밀하게 협의한 뒤 기술된 것이었다. 1949년 및 1952년에 중국 혁명에 대한 스탈린의 공헌을 찬양하는 소책자를 썼는데, 그것은 중국공산당이 스탈린에 가장 의존했던 시기에 전술적으로 요구되었던 것이다. 그러나 중공 내부에서 그의 지위를 확고하게 만든 것은 그의 저술인 『중국 혁명에 관한 마오쩌둥의 이론은 마르크스-레닌주의와 중국 혁명의 결합이다』(1951)와 『마오쩌둥과 중국 혁명』(1951)이다. 그는 또 『마오쩌둥사상』의 편집자였으며, 1958년에는 《홍기》의 편집책임자가 되었다. 또한 중국과학원 부원장으로서 그는 당사(黨史) 편찬에 결정적인 영향력을 행사했다.

그는 루딩이를 해임하는 데 결정적인 역할을 담당했고, 루딩이 대신 (1966년, 타오주가 실각한 후) 선전부장의 자리에 올랐다. 그처럼 그는 문화부문의 실력자이기도 했다. 정치국에서는 마오쩌둥, 린뱌오, 저우언라이 다음의 서열에 올라 있었으며, 문화대혁명이 한창일 때는 마오쩌둥의 오른팔로서 집필활동에 열을 올렸고, 또 선별된 추방 대상자를 공격하는 공적인 정보 선전의 책임을 맡았다. 아마도 천보다는 지난날의 상급자인 루딩이, 류사오치, 덩샤오핑에 대한 비난 자료를 포함해서 그들의 추방에 뒤이어 수많은 '대자보'에 발표한 당내(黨內)의 비밀스러운 내막을 순진무구한 10대의 홍위병들에게 제공한 주요한 정보원이었을 것이다. 그는 또 세계적인 베스트셀러가 된 '붉은 소책자' 『마오주석어록(毛主席語錄)』의 편집과 1966~67년에 팸플릿 형식으로 여러 외국어로 번역되어 배포된 『프롤레타리아 문화대혁명』이라는 제목의 논문집 시리즈를 편집한 인물이기도 했다.

1966년에 신화사(新華社) 통신은 천보다가 '중공당 중앙 문혁소조(文革小組) 주임'이라고 보도했다. 그의 밀접한 협력자들 가운데 한 사람이 제1부주임인 장칭(마오쩌둥 부인)인데, 그녀는 인민해방군의 문화부문 고문으로서 공헌했다. 1968년에 그는 마오쩌둥이 관계를 끊은 정치국원에 의해 이제까지 장악되어 온 행정상의 권위를 부분적으로 인수할 사람으로 간주되고 있지만, 당이나 군에서의 그의 영향력이 단순히 마오쩌둥의 대변인으로서의 역할을 반영한 것에 지나지 않으므로 당이나 군의 고참자들에 대해서 위신이 서는 것이라고는 볼 수 없다.

천사오위(陳紹禹, 진소우)

'왕밍(王明, 왕명)' 항목을 보라.

천윈(陳雲, 진운)

일명 랴오천윈(廖陳雲, 요진운). 1934년부터 중국공산당 중앙위원회 부주석이며, 1966년에는 정치국원으로 재선되었다. 류사오치와 오랜 교우관계가 있으며, 홍위병으로부터 많은 비난을 받았음에도 1967년의 공식 발표에서는 호의적으로 다루어졌다.

그는 1905년 장쑤성 칭푸(靑浦, 청포: 지금의 상하이)의 노동자계급의 집안에서 태어났는데, 1925년에 중국공산당에 가입했을 당시는 식자공(植字工)이었다. 그는 노조 조직에 전념했으며, 장시 소비에트에서는 수공업 노동자들을 조직했다(1931~34). 1935년, 쭌이에서 종전의 정치국 지도에 반대하고 마오쩌둥을 지지한 그는 혁명군사위원회 위원이 되었으며, 코민테른 제7차대회(7~8월)에 중국공산당 대표로 파견되었다. 그가 거기서 행한 '쭌이 회의에 관한 보고'가 마오쩌둥을 처음으로 코민테른 중앙집행위원으로 선출케 한 뒷받침이 되었을 것으로 보인다. 천윈은 1937년에 왕밍, 캉성과 함께 중국으로 돌아왔는데, 옌안에서는 곧바로 마오쩌둥을 지지하는 입장을 취했다. 그의 저서 『어떻게 뛰어난 공산당원이 되는가?』(1939)는 류사오치의 『공산당원의 수양(修養)을 논한다』(1939)와 함께 외국으로부터 수입된 교조주의 대신 마오쩌둥식 마르크스주의를 보급하고 정착시키기 위한 정풍운동(1942) 과정에서 주요한 학습 문헌이 되었다(1967년 류사오치의 저서는 베이징에서 '대독초'라고 공공연하게 비판 받았다).

천윈은 경제, 재정 업무에 전문적으로 종사했고(1940~45), 1945년에는 린뱌오와 함께 중앙위 최고지도자로서 동북(만주)지방으로 파견되었는데, 그곳에서 일본이 항복한 후의 권력을 장악할 준비를 했다. 1949년부터 그는 중공업, 재정, 국가계획 및 노동조합의 주요한 책임자였으며, 1954년에는 국무원 부총리가 되었다.

그는 류사오치와 마찬가지로 중국에서 도시노동자 계급을 조직화하는 데 오랫동안 실천한 경험이 있는 극소수 당원 가운데 한 사람이다. 1966년의 제8기 11중전대회

이후 그의 지위가 정치국 서열 5위에서 11위로 떨어진 것은, 중앙집권화한 경제, 산업계획, 관리(管理)를 중시하지 않음으로써 홍위병들로부터 '경제주의' 특히 리베르만주의(Liebermanism)—'자본주의의 길'을 따라 물질적인 자극을 이용하는 것을 의미한다—를 실시하고 있다고 규탄된 당 관료들이 장악한 권력의 일부를 무너뜨리려는 시사(示唆)로 볼 수 있다. 그러나 1968년에 천원은 그의 지위를 회복한 듯하다.

천이(陳毅, 진의)

진정한 군인 출신 영웅이며, 1958년부터 국무원 외교부장을 지냈고, 인민해방군 원수 10명 가운데 한 사람이다. 그는 1901년 쓰촨성 러즈현(樂至縣, 악지현)에서 지방행정장관의 아들로 태어났다. 청두(成都, 성도)에서 중학 교육을 받고 미국인이 경영하는 그곳의 YMCA에서 농구를 배웠다. 그는 장학금을 받아 1년간 베이징의 프랑스어 예비학교에 다녔고, 프랑스로 건너가(1919~21) 부두 하역노동자, 접시닦이, 미슐렝(Michelin)과 크뢰조(Creusot) 공장 노동자로 일하면서 그르노블(Grenoble)의 직업학교와 이공과 대학에서 공부했다. 1921년에 그는 나중에 중국 공산주의 청년단('저우언라이' 항목 참조)으로 발전하는 중국 사회주의 청년단에 참가했다. 그해에 그와 몇 사람의 단원은 리옹의 중불(中佛)연구소에서 연좌데모를 한 혐의로 프랑스에서 추방되었다.

그는 쓰촨성으로 돌아와 군벌 양선(楊森, 양삼)의 휘하에 들어갔고, 1923년에는 베이징에서 국민당에 입당했다. 그는 또 중국 공산주의 청년단의 일원으로서 그해에 중국공산당의 입당도 허용되었다. 베이징의 중불(中佛)대학에서 2년간(1923~24) 공부한 뒤, 광둥 황푸 군관학교의 저우언라이 밑에서 정치부 교관으로 일했다.

북벌(北伐) 때(1926)는 예팅의 참모로 선발되었고, 난창 봉기에 참가했다. 그는 허룽, 예팅과 함께 산터우로 퇴각했다가 주더의 퇴각군과 합류해서 장시 남부로 내려갔으며, 1928년 초에는 주더를 따라 징강산으로 올라갔다. 그는 1929년까지 홍군 제4방면군의 정치부문을 지도했고, 그때 제13사단 사령이 되었다. 1930년, 리리싼의 지도 아래 있던 중앙위에서의 논쟁 과정에서 그는 마오쩌둥을 지지했고, 펑더화이와 함께 푸젠 사변에 휘말려 있던 당내의 반마오쩌둥 세력을 진정시켰다. 장정 기간 동안 그는 샹잉과 함께 후방에서 머물렀는데, 장시에서 홍군 후비대를 지휘했다. 그리고

1934년부터 37년까지 생존을 위한 장렬한 전투를 전개했다. 대대적인 중일전쟁이 발발하자 장제스는 장시 지방에 잔존해 있던 홍군이 예팅과 샹잉의 지휘 아래 신4군으로 재편성되는 것을 인정했다. 그러나 신4군이 급속히 발전하자 그에 놀란 장제스는 신4군 전체를 일본군 점령지역으로 투입하려고 했다. 1941년 1월, 신4군의 주력부대는 국민당군의 습격을 받아 샹잉은 살해되고(샹잉은 국민당군의 공격 당시 배반한 부하에게 살해당함—옮긴이) 예팅은 부상당한 채로 사로잡혔다. 천이는 쑤위, 탄전린, 장딩청 부대의 지원을 받아 가며 자기 부대를 온존시켰으며, 마오쩌둥으로부터 사령관 대리로 임명되었다. 그 뒤 얼마 지나지 않아 류사오치가 그의 부대에 정치위원으로 가담했다.

1945년까지 신4군은 일본군이 점령했던 지역의 광대한 부분을 탈환했으며, 화중(華中) 지방에 가장 거대한 홍군 세력을 구축했다. 중공당 제7차대회에서 그는 중앙위원으로 선출되었다. 일본이 항복한 뒤, 예팅이 사망하자 1946년에 그는 신4군—화동(華東) 인민해방군으로 개명되었다—의 야전 총사령이 되었다. 1947년에 내전이 재연된 뒤로 천이의 부대는 결정적인 역할을 했으며, 1948년 6월에는 허난성의 성도인 카이펑(開封, 개봉)을 해방했다. 그 뒤, 그는 새로이 전선부대(前線部隊) 총사령이 되었는데, 그의 사령부에는 류보청, 쑤위, 탄전린이 있었고 덩샤오핑이 정치위원으로 가담했다. 그해 11월의 '화이하이(淮海, 회해) 전투'에서 천이가 장제스의 주력군에 치명적인 타격을 가함에 따라 국민당 정부는 곧바로 화중(華中) 동부지역에서 완전히 철수했다. 천이의 부대는 제3야전군으로서 난징, 상하이, 그리고 푸젠성의 여러 지방, 저장성, 양쯔강 남부로 급진격했다. 이들 지역에서 승리를 거둔 뒤 천이는 화동군구(華東軍區) 사령으로 있으면서 당 중앙 화동국 제2서기, 상하이 시장, 상하이 시당위원회 서기를 겸했고, 인민혁명군사위원회 위원이기도 했다. 헌법이 제정되고 전국 인민대표자대회가 성립함에 따라, 그는 1954년에 국무원 부총리 겸 국방위원회 부주석이 되었으며, 1955년에는 처음으로 당 중앙 정치국원으로 선출되었다. 1949년부터 저우언라이가 총리와 외교부장을 겸임하고 있었는데, 1958년에 천이가 저우언라이 후임으로 외교부장이 되었고 그에 따라 상하이 시장직은 사임했다.

1961년, 그는 우호조약을 맺기 위해 중국 대표단 단장으로서 인도네시아를 방문했고, 1963년에는 류사오치의 인도네시아, 미얀마, 캄보디아 방문에 동행했으며, 케냐 독립기념일에는 중국을 대표해서 참가했다. 1963년부터 1964년에 걸친 저우언라이의 아프리카 10개국 방문에도 동행했으며, 알제리공화국 건국 10주년 기념식전에는 중국 대표의 자격으로 참석했다. 또 1965년에는 반둥 회의 10주년 기념식전에 참석하기 위해 자카르타를 방문했다.

제8기 11중전대회(1966년 8월)에서 천이는 정치국과 정부에서의 지위를 유지했으나, 문화대혁명 때 홍위병으로부터 공격을 받지 않은 것은 아니다. '대자보'는 그가 외교부를 외부로부터 차단시켜 반동적 또는 수정주의적 사상을 가진 자나 그와 같은 징후를 외교부 구내에서 추적해 내려 한 홍위병들의 접근을 허용치 않았다고 규탄했다. 홍위병들은 외교부에 많은 비난을 퍼부었는데, 해외에 주재한 천이의 외교관들은 예를 들면, 누드사진전을 참관했다든지, 지나친 음주를 한다든지, 의복·식사·문화 면에서 퇴폐적인 부르주아 습관에 젖어 있다고 규탄 받았다. 그리고 많은 외교관들이 심문을 받기 위해 베이징으로 소환되었다. 그러나 1967년의 국경일 식전에서는 천이의 이름이 정치국원 명단의 상위에 놓여 있었다. 1965년, 천이 원수는 나에게 만약 미국이 베트남전을 계속해서 확대시켜 나간다면 중국도 조만간 그 전쟁에 말려들게 될 것이며, 그렇게 되면 전쟁은 '끝없이 확대될 것'이라고 말했다.

그의 첫 아내는 1934년에 장시에서 사망했다. 그의 두 번째 아내인 장첸(張茜, 장천)은 학교 선생이었다[그는 1972년 1월에 사망했다].

취추바이(瞿秋白, 구추백)

중국공산당 2대 총서기(總書記). 1889년 장쑤성의 파산한 호신 집안에서 태어나, 장제스의 명령에 의해 1935년에 처형되었다. 그가 정치 지도를 한 기간은 짧았으나, 그의 '유서'에 따르면 그것은 희극적인 오류이며 '역사적인 오해'였다고 한다. 그는 자기 자신을 정치에는 맞지 않는 기질을 지닌 사람이지만 문학자로선 탁월한 사람이라고 생각했다.

취추바이의 아버지는 아내와 6명의 자식을 버렸다. 그의 어머니는 교육을 받은 사람이어서 그에게 시 쓰는 법을 가르쳤다. 초등학교의 교사가 된 그는 가족을 굶주림으로부터 구했으나, 17살 때 그의 어머니는 자살했다. 1916년, 그는 베이징 대학에 입학하려고 했으나 수업료를 낼 수 없어서, 수업료를 받지 않는 러시아어학관에 입학했다(1916~19). 그곳에서 그는 혁명의 정치학을 배우기 시작했다. 1920년, 그는 《북경신보(北京晨報)》의 특파원으로서 소련에 갔다. 소비에트 러시아의 생활을 전한 그의 기사들은 한데 묶여 책으로 출간되었고, 그것은 널리 읽혔다. 1922년, 그는 중국공산당 모스크바 지부에 가입했고, 코민테른의 쑨이셴 대학(동방노동대학)에 학생으로서, 그리고 교사로서 들어갔다. 천두슈가 코민테른 제4차 대회에 참석했을 때, 그는 취추바이를 '발견하고' 자기의 통역 겸 비서로 삼았다. 천두슈는 취추바이를 데리고 중국으로 돌아왔고, 취추바이는 광저우에서 중국공산당 중앙위(1923)와 국민당 중앙집행위(1924)의 일원이 되었다. 그는 1925년 공산당 주재의 상하이 대학에서 가르쳤고, 5·30 사건에도 참가했다.

1927년 그는 천두슈에게 국공합작 붕괴의 책임이 있다고 주장한 천두슈 반대파에 가담했다. 화중지방의 살아남은 중국공산당 지도자들은 모스크바에서 내려온 새로운 지령에 따라 난창 봉기 후에 긴급회의를 소집(1927년 8월 7일), 천두슈를 파면하고 취추바이를 총서기로 선출했다. '스탈린의 대리인'인 로미나제의 지도에 따라 새 지도부는 광둥 봉기를 명령했지만, 그 봉기는 삽시간에 대패배로 끝났다.

1928년 여름 취추바이는 다시 모스크바에 나타나 중국공산당 제6차대회에서 보고를 했으나, '좌익 기회주의자'로 몰려 총서기직에서 파면되고 그 대신 샹중파가 선출되었다. 그는 모스크바에 머물면서 반론을 폈으며, 짧은 기간이지만 파리와 베를린의 공산당 회의에도 출석했다. 그는 중국어를 러시아 문자로 표기하는 방법을 고안했는데, 그것은 나중에 러시아인들이 사용하게 된다.

파벨 미프는 그의 지배에 반대하는 장궈타오의 '통일전선'에 취추바이가 참가하자, 그를 코민테른 중앙집행위원회와 중국공산당 중앙위원회로부터 파면시켰다고 말했다. 취추바이는 1930년 말 중국으로 되돌아와 몇 년 동안 지하에 숨어 활동하던 좌익작가연맹에서 유능한 지도자 노릇을 했는데, 필명으로 많은 작품을 쓰기도 했다. 그는 루쉰의 비호를 받아 상하이의 프랑스 조계로 몸을 피할 수 있었다. 그는 소련 작품들을 많이 번역했고, '인민에게 봉사하는' 저술을 제창했다. 1931년, 그는 공산당 안에서의 지위를 회복하고 제1회 전중국 소비에트회의에서 교육부장(인민위원)

으로 선출되었으나 상하이를 빠져나갈 수 없었다(그동안에는 쉬터리가 대행했다). 1934년 1월, 그는 장시 소비에트 지구로 들어가, 마오쩌둥을 주석으로 한 소비에트 정부의 교육부장이 되었다.

장정이 시작되었을 때, 취추바이는 질병 때문에 후방에 남았다. 상하이로 가려고 시도했지만, 1934년 초 국민당군에 체포되어 6월에 사형에 처해졌다. 20년 뒤, 그의 유골은 베이징의 혁명 영웅 묘지에 이장되어 당시에는 공산당의 열사로 간주되었다. 4권으로 된 그의 문학작품집이 베이징에서 출판되었는데, 그가 옥중에서 '유서'로 쓴「다여적화(多餘的話)」(여분의 이야기)와 그 밖의 정치적 저술들은 출판되지 않았다. 자세한 해설은 T. A. 샤(T. A. Hsia)의「취추바이의 자서전적 작품」(《차이나 쿼털리》, 런던, 1966년 1-3월)을 참조할 것. 1967년 문화대혁명 기간에 홍위병은 그를 '탈영자'로 취급했고, 1968년에는 공식 보도기관이 그를 부르주아 세력의 일원이라고 비난했다.

친방셴(秦邦憲, 진방헌)

'보구(博古, 박고)' 항목을 보라.

캉성(康生, 강생)

본명은 자오잉(趙榮, 조영)으로, 1966년 8월[제8기 11중전회(中全會)]에 마오쩌둥 아래에서 상무위원회의 서열 6위로 승격했다. 국무원 부총리, 당통제위원장이며 '중앙위 아래 문화대혁명의 지도자'라는 공식 칭호로 불리는 한 사람이다. 옌안 시대부터 마오쩌둥이 '옌안의 문학 예술 좌담회'에서 제기한 문화의 개념에 충실했다.

1903년 산둥성 호신(豪紳)의 가정에서 태어났다. 중국공산당이 설립한 상하이 대학에 재학 중 공산주의 청년단 및 당에 가입(1924~25)했다. 저우언라이가 지휘한 상하이 폭동(1926~27)에 참가했고, 그 후 지하에서 활동했다. 1930년에는 모스크바로 파견되었는데, 1933년에 잠시 상하이에 머문 것을 제외하고는 1937년에 왕밍, 천원 과 함께 중국으로 되돌아오기까지 왕밍 밑에서 코민테른을 위해 활동했다. 내가 옌안에서 그들과 처음 만났던 1939년 9월에 그 세 명은 항일(抗日)대학에서 강의를 하고 있었다. 1938년 그는 중앙위 서기로 선출되었으나, 1942년의 정풍운동(整風運動) 때 비판을 받았다. 그러나 자기개조(自己改造)를 한 후 리웨이한의 뒤를 이어 당학교 교장이 되었다. 그는 항일대학 교장인 린뱌오와 밀접하게 연대해 활동했고, 당내에서 '공식주의(公式主義)'와 외래 교조주의(教條主義)의 권화(權化)가 된 왕밍과는 선명하게 결별했다. 7전대회(1945)에서 정치국원으로 선출되어, 중앙위 조직부의 책임자가 되었다. 그리고 산둥성 당위원회의 지도자가 되었고(1949~54), 정치국원(후보)으로 재선되었다(1956). 당의 반우파(反右派) 투쟁의 선두에 섰고(1957), 덩샤오핑, 펑전 밑에서 중앙위 서기가 되었다(1962).

1963~65년, 그는 모스크바와 베이징의 화해를 촉구하기 위해 베이징에 파견된 외국 공산당 대표 및 류사오치와 덩샤오핑(또는 덩샤오핑만)에 의해 지도된 일대 '노선(路線)' 논쟁에 참가했다. 1964년 흐루쇼프가 실각한 뒤 소련과 회담하기 위해 저우언라이를 수행해서 모스크바에 갔으나 성공하지 못했다. 1965년, 천보다와 함께 류사오치 및 덩샤오핑을 '수정주의자'라고 공격했다. 1967년에는 그가 당 총서기가 되어 아마도 덩샤오핑의 후계자가 되는 것이 아닌가 하는 관측도 나돌았다. 그가 정치국에 머물러 있는 한 소련과의 화해는 있을 것 같지 않다.

타오주(陶鑄, 도주)

1906년 후난성에서 태어났다. 1927년경 중국공산당에 가입했으며, 1930년 이래 리셴녠과 함께 어(鄂, 악=후베이성)·위(豫, 예=허난성)·완(皖, 환=안후이성) 소비에트에서 활동했다. 항일전쟁 및 제2차 국공내전을 통해 각급 군대에서 당 중앙위 대표의 직위에 있었고, 1949년 이후에는 화난에서 지도적인 당서기가 되었다. 1962년에는 중화인민공화국 국무원 부총리와 중남국(中南局) 당 제1서기가 되었다. 중국공산당 제8기 중앙위 제11차 전체회의(1966년 8월)가 끝난 후의 발표에 의하면, 중앙위원 서열 95위에서 정치국 제4위의 서열로 승진해 문화대혁명을 수행하는 최고책임자의 한 사람으로 그 모습을 드러냈으나, 1966년 11월 실용주의자·수정주의자라는 비난을 받고 화난 지방으로 달아났는데, 그 후로는 소식을 알 수 없다. 지난날 청년들의 교과서로 사용되었던 타오주의 저서 두 권, 즉 『사상, 성실 및 정신생활』과 『사상 감정과 문학적 재능』에 대한 천보다의 공격에 따르면, 그는 공산주의가 보장하는 물질적 보수를 지나치게 강조한 나머지 마오쩌둥의 가르침에 들어 있는 영속적인 계급투쟁의 중요성을 경시했다. 아마도 그의 공식적 죄과보다도 의미 있는 일은 천보다가 선전·문화부장으로서의 타오주의 직무를 인수한 것이라 할 수 있다.

탄전린(譚震林, 담진림)

1912년(『현대중국 인명사전』에는 1903년생으로 되어 있는데, 그쪽이 맞을 것 같다)에 장시성에서 태어났다. 1956년부터 당 정치국에 들어갔고 농업정책의 전문가였는데, 1966년 홍위병의 공격을 받았다. 추수 봉기(1927) 이후부터 마오쩌둥을 따랐다. '28명의 볼셰비키'에 반대하고 장시성에서의 마오쩌둥의 군사사상을 지지했다. 장정에 참가했으며, 항일전쟁에서는 최고 수준에서 정치·군사 양면을 지휘했다. 제2차 국공내전 때는 화동(華東)의 인민해방군 전부대를 지휘했다. 덩샤오핑이 지도하는 적전(敵前)위원회의 일원이었다. 1966년에는 정치국 서열 18위, 부총리 겸 중앙위 서기국원이었다. 홍위병의 비판을 받았으나, 1967년 5월에는 마오쩌둥과 함께 모습을 나타냈다.

팡즈민(方志敏, 방지민)

1935년에 체포돼 사형에 처해질 때까지 장시성 당 지부의 지도자였고, 농민유격전의 조직자였다. 1927년에는 국민당과 중국공산당 쌍방의 장시성 서기로 있었다. 그는 마오쩌둥의 '농민노선'(1927년, 천두슈와 중앙위는 그것을 승인하지 않았다)을 지지했으며, 장시성의 추수 봉기 때 처음으로 노인군을 지휘했다. 그는 징강산에서 마오쩌둥, 주더와 합류했고, 그 뒤에도 중요한 구톈 회의(1930)에서 마오쩌둥의 제의를 지지했다. 그 회의에서 마오쩌둥은 지방적위대(赤衛隊)의 중요성을 강조했고, 홍군의 발전을 위한 기본적인 법칙을 밝혔다. 팡즈민은 장정에 이르기까지의 전 기간을 통해 마오쩌둥의 생각에 따랐다. 그는 후위부대와 함께 잔류했다가 국민당군에 체포되었다.

   그는 농촌에서 대나무 상자 속에 갇혀 조리돌림(벌을 주기 위해 끌고 돌아다니면서 망신을 주는 것)을 당하다가, 1935년에 참수형을 받았다.

펑더화이(彭德懷, 팽덕회)

주더 밑에서 8로군 부사령으로 있었으며, 항일전쟁(1937~45) 중에는 유격전을 성공적으로 전개했다. 2차 국공내전(1946~49) 때 서북변구(西北邊區) 부사령으로서 산시(陝西) 지방에 침입한 국민당군을 격파했으며, 1950년에는 린뱌오의 후임으로(린뱌오의 후임이라는 말은 저자의 착오이다. '린뱌오' 항목 참조—옮긴이) 한국전쟁에 개입한 중공 '인민의 용군' 총사령이 되었는데, 국제연합군과 휴전할 때까지 그 직위에 있었다. 그 뒤 인민해방군 원수(1955), 정치국원, 국방부장을 지냈으며, 1960년까지 인민해방군과 소련 군사고문의 연락책임자로 있으면서 중국군의 현대화와 군수공업의 기본 건설을 추진했다.

1957~59년에 중·소가 이데올로기와 전략 문제로 격렬하게 대립했을 때, 펑더화이는 시간을 벌고 역량을 갖추기 위해서는 소련과 화해할 필요가 있다고 분명히 밝혔다. 그는 중국이 '독자노선'을 걸을 준비가 아직은 되어 있지 않다고 믿었다. 또한 그는 마오쩌둥의 '자력갱생' 전략과 옌안 시대의 유격전략체제로 군대가 복귀하는 것도 반대했다. 1959년 9월, 그는 당과 군 수뇌의 중요회의에서 패배했고, 따라서 당시 직위에서 파면되었다. 펑더화이의 후임인 린뱌오 아래에서 군대는 소련의 영향력을 근절시켰다(『붉은 중국 잡기』와 『붉은 중국: 또 하나의 세계』 참조). 1967년에 홍위병과 신문의 공식 보도는 펑더화이가 반혁명가로서 일찍이 1959년부터 류사오치와 함께 마오쩌둥에 반대하는 음모를 꾸몄다고 그의 죄상을 들었다.

펑전(彭眞, 팽진)

활동적인 베이징시의 전(前) 시장으로, 정치적으로 실각했다고 여겨지는 1966년 이전에는 중앙위원으로서 서열 29위였으나 정치국에서는 서열 9위에 있었다. 그가 당내에서 유명해지게 된 것은 류사오치 아래에서이며, 북방국(北方局)에서의 그의 활동(1935~39)이 인정되고 난 뒤였다. 류사오치 국가주석이 '자본주의의 길을 걷는 당내의 실권파'들 가운데서 홍위병의 주요한 공격대상이 되었을 때, 펑전은 베이징시 당서기와 덩샤오핑의 다음 자리인 중앙위 제1서기였으나 그들의 친밀한 관계는 지속되었다.

그는 1899년 산시(山西)성의 몰락한 호신 집안에서 태어나 사범학교에 입학했는데,

거기서 5·4 운동의 감화를 받았다. 그는 급진적인 그룹에 참여, 1922년엔 공산주의 청년단에서 마르크스주의를 학습했으며, 철도노동자의 조직화를 지원했다가 베이징에서 얼마 동안 투옥되었다. 1926년에 중국공산당에 입당했다. 류사오치가 책임자이고 커칭스가 제1부 주임으로 있었던 베이징·톈진 지구에서 그는 1935년에 학생과 교사를 조직화하면서 비로소 중요한 역할을 담당했다. 1937년에 옌안으로 간 그는 산시(山西)와 허베이 지방의 공작을 위해 그곳으로 파견되었다. 1939년부터 1942년까지 옌안의 당학교에서 강의를 했고, 린뱌오 아래에서 부교장으로 있으면서 '정풍' 원칙을 교육하는 데 전념했다. 1945년에 중앙위원으로 선임되었다. 린뱌오와 함께 만주로 가 천윈 아래에서 그곳의 당 부주석으로 있었으며(1946~49), 그 뒤 베이징시 당위원회 서기(1949~66), 시장(1951~66)을 지냈다. 1956년 정치국원으로 재선되었고, 운영 면에서는 정치국의 오른팔이라 할 중앙위원회 서기국에서 덩샤오핑에 이어 서기가 되었다.

1960년, 부쿠레슈티에서 흐루쇼프가 마오쩌둥을 비판하고 미국과의 공존을 주장했는데, 펑전이 그것을 비판한 이후 그는 중국공산당 중앙위의 대변인으로서 세계에 알려졌다. 이후 그는 각종 대표단을 이끌고 해외 나들이를 했다(1961~63). 그리고 이러한 해외여행 활동 중 인도네시아에서 했던 긴 연설은 가히 그 절정이라 할 만한 것이었다(1965). 그는 그 연설에서 소련을 엄중하게 비판했고, 나중에 린뱌오가 『인민정책의 승리 만세!』 속에서 되풀이한 '마오쩌둥의 깃발 아래에서의 세계 혁명' 호소에 들어 있는 중요한 사항들을 권고했다.

펑전은 신문과 홍위병의 포스터에 의해 마오쩌둥에 반대한 '2월(1966)의 역류(逆流)'를 기도했다고 비난 받았는데, 2년 뒤에도 그 혐의는 공식적으로 입증되지 못했다.

1966년 봄, 그의 베이징시 당서기직은 박탈되고 리쉐펑이 그 뒤를 이었다. 그가 살해되었다는 말도 있고, 또 자살했다는 풍문도 나돌았다. 그러나 1967년 4월, 어떤 외국인 방문자는 마오쩌둥의 거주지에서 가까운 베이징의 옛 궁전 안으로 (머리가 얼마쯤 벗겨지고 중키의) 그가 손에 가방을 들고 걸어가는 것을 목격했다. 베이징의 공식 보도기관들은 1967년 내내 그를 '배신자', '수정주의자', '반혁명과 반당분자'라고 비난했으나, 펑전의 자기비판은 아직 발표되지 않았다.

펑파이(彭湃, 팽배)

중앙위원회 위원이며, 마오쩌둥과 거의 마찬가지로 혁명의 '주력군'은 빈농이라는 견해를 갖고 있었다. 마오쩌둥이 장시성 징강산에 소비에트를 수립한 같은 달(1928년 2월)에 광둥성 접경에 하이루펑 소비에트를 형성하고 지도했다. 하이루펑은 국민당군에 의해 파괴되고, 그는 1929년에 처형되었다(『붉은 중국 잡기』 참조).

푸이(溥儀, 부의)

청조(淸朝)의 마지막 황제이다. 1911년 청의 봉건제국이 붕괴하고 처음으로 공화국이 수립되었을 때, 청조의 왕좌에서 퇴위했다. 당시 그는 5살이었다. 장쉰(張勳, 장훈)의 복벽(復)모의가 실패한 뒤, 그는 1915년에 톈진의 일본 조계로 도망했다.

1934년, 그는 일본인 장교와 함께 톈진을 떠나, 일본이 점령한 만주에서 괴뢰 만주 제국의 황제로 추대되었다. 1945년, 그는 만주를 점령한 소련군에 의해 체포되었으며, 1950년에 중국 공산주의자에게 인도되었다. 그는 장기간에 걸쳐 '사상개조' 교육을 받았다. 1960년 베이징에서 내가 그를 만났을 때에는 식물원의 평범한 원예사가 되어 있었다. 1965년에는 역사학회 회원이 되어 그의 선조가 세운 왕조의 기록문서를 정리하는 일을 보았고, 정치협상회의에 참석하기도 했다. 그는 몇 명의 황후와 이혼하고, 처음으로 그 자신이 선택한 한 간부와 결혼했다. 그는 또 흥미 있는 자서전 『황제에서 시민으로(From Emperor to Citizen)』(베이징. 1965. 미국판은 The Last Manchu. 뉴욕. 1967)를 썼다. 1967년 베이징에서 암으로 사망했다.

허룽(賀龍, 하룡)

허룽의 일생은 전문(傳聞)을 바탕으로 한 이 약전이 나타내고 있는 것 이상으로 놀라운 것이었다.

그는 1896년(청조시대) 후난성 상즈현(桑植縣, 상식현)에서 군인의 아들로 태어났는데, 적어도 마오쩌둥이 시도하기 10년 전에 이미 농민의 무장반란을 조직했다. 그의 반생은 실로 '의적(義賊)'으로서의 명성에 어울리는 것이었다. 그는 학교 교육도 거의 받지 않은 16살의 어린 나이로 허기진 배를 움켜쥐면서 정부의 관리를 죽이려고 산 속에 무법자들 한 무리를 모았다. 21살이 되었을 때, 그는 1만 9천여 명이나 되는 부하들을 거느리고 8개 현을 지배했으며, 3개 성(省)의 반도들이 그를 중심으로 단결해서 농민군이라고 자칭했다. 그들의 세력이 너무나 거대했으므로 정부군은 그들을 사면한 뒤, 돈을 주어 해산시켰다. 허룽은 자유의 몸이 되자 쑨원 박사와 손을 잡을 목적으로 창사로 갔다. 1920년, 허룽은 국민당군을 위해 1개 여단을 편성했다. 그는 1926년 국민당군 제20군단장이었을 당시 공산당에 입당했다. 또한 난창에서 예팅, 주더와 함께 1927년 8월 1일의 무장봉기에 참가했다. 그러나 그 봉기가 실패로 돌아가자 상하이로 달아났다가 다시 장시·후난 지구로 피신했으며 주더와 마오쩌둥을 위해 새로운 군대를 조직했다. 1927년 이후 군의 수뇌였으나, 1945년까지는 당 중앙위에 들어가지 않았다.

1935~36년의 마오쩌둥-장궈타오의 분쟁에서는 제2방면군을 거느린 허룽이 장궈타오에 대한 지지를 거절함으로써 장궈타오의 마지막 패배를 결정적인 것으로 만들었다. 항일전쟁과 2차 국공내전의 모든 기간을 통해 그는 야전군 사령으로 있었으며, 1955년에는 인민해방군 원수로 임명되었다. 그는 각료(체육·운동위원회 주임)이면서 동시에 부총리도 겸임했다. 1966년의 제11중전대회에서는 당 정치국원의 지위에 있었는데, 1967년에는 홍위병의 '대자보'가 그를 뤄루이칭을 동정했다는 이유로 그리 심하지는 않았으나 약간 비난했다고 전해지고 있다.

허쯔전(賀子珍, 하자진)

마오쩌둥의 두 번째 아내(마오쩌둥이 어렸을 때 부모의 강제에 의해 형식적으로 했던 결혼은 제외). 장시의 지주의 딸로서 공산당에 입당하기 전에는 교사였고, 마오쩌둥과 1930년에 결혼했다. 1937년에 허쯔전은 옌안에서 통역을 하고 있던 우광웨이(吳光偉, 오광위: 오백합이라고도 불렀다)와 마오쩌둥이 애정관계에 있다고 공식적으로 고발했다. 마오쩌둥은 그 사실을 부인하고, 허쯔전과의 이혼을 청구했는데, 중국공산당 중앙위가 설치한 특별법정은 이를 허가했으며 우광웨이와 허쯔전은 둘 다 옌안에서 추방되었다(허쯔전은 마오의 만류를 뿌리치고 자발적으로 떠났다-옮긴이). 허쯔전과 마오쩌둥은 장시에서 두 아이를 낳았으나, 장정에 나서면서 공산당을 지지하는 농민에게 맡겼다. 허쯔전은 전후에 그 아이들의 행방을 수소문했으나 끝내 찾지 못했다. 옌안에서 허쯔전과 마오쩌둥 사이에 딸이 태어났다. 1939년에 옌안에서 들은 바에 따르면 그 딸은 허쯔전이 데리고 떠났으며, 모녀가 함께 소련에 가서 살고 있다고 한다.

헤이템, 조지(Hatem, George)
'마하이더(馬海德, 마해덕)' 항목을 보라.

황징(黃敬, 황경)
본명은 위치웨이(兪啓威, 유계위)이며, 데이비드 위(David Yu)라고도 불린다. 1949년 공산당원으로서 처음으로 톈진 시장에 취임했다. 그는 1935~37년의 화베이 학생운동의 영웅으로서, 중국공산당 안에서는 전국적인 명성을 얻었다. 그 운동의 지도자들은 10년간에 걸친 피의 탄압을 받은 뒤, 대도시의 청년들에 대한 당의 영향력을 회복하는 데 진력했다.

1911년에 저장성에서 태어났다. 저명한 부르주아 집안 출신으로, 그의 백부인 위다웨이는 국민당 정부의 국방부장이었고, 숙부 한 사람은 베이징에서 교육부 부부장을 맡고 있었다. 산둥 대학(칭다오 소재) 재학 중, 황징은 지하 공산당의 선전부 주임으로 일했다. 거기서 (1933년에) 입당한 장칭과 만났는데(장칭은 황징의 소개로 공산당에 입당했다—옮긴이), 그 직후 체포되어 사형을 선고 받았다. 그러나 위다웨이가 그의 생명을 구해 주었다. 그는 석방된 뒤 베이징으로 가서 다시 중앙위 선전부에 들어갔으나 12월 9일의 학생데모 이전에는 당 북방국(北方局)의 류사오치 밑에서 깊이 숨어 있었다.

당시 모든 애국적(급진적인 조직은 말할 것도 없이)인 조직은 국민당 관청에 의해 엄중한 탄압을 받고 있었다. 몇백 명의 학생이 항일(抗日) 활동을 했다는 혐의로 유치장에 갇혔고, 많은 밀정들이 학원에 침투해 있었다. 경찰은 실력행사와 뇌물로 베이징에 괴뢰정권을 세우려는 일본의 책동에 대해, 돈에 팔려 지지 데모를 한 일제 앞잡이들은 오히려 보호했다.

예외적으로 미국의 자금으로 선교사가 설립한 옌징 대학 구내에는 비교적 자유로운 오아시스가 있었다. 옌징 대학에 국민당 관리의 손이 미치지 못했던 것은 외국인 교수들이 치외법권 아래에 있었기 때문이다. 그 가운데는 나나, 옌징 대학 학장이며 창설자인 J. 레이턴 스튜어트(J. Leighton Stuart) 박사도 포함되어 있었는데, 그는 나중에 난징의 국민당 정부에 파견된 미국의 마지막 대사가 되기도 했다.

황징은 1935년 12월 8일 밤, 옌징 대학 학생협의회가 소집한 비밀회의에 참가했다. 그들은 다음 날에 결행된 대담한 가두대중데모 작전을 짜고 있었다. 그 데모로 항일애국운동에 대한 탄압이 중지되고, 도시에서 중국공산당의 고립은 그 종언을 고하게 되었다.

중국의 지도적 연구기관인 베이징 대학에는 그 무렵 학생자치회가 폐지되어 있었는데, '12·9' 데모로 그것을 부활시킬 수 있었다. '12·9'에 참가한 황징과 그 밖의 사람들(야오이린이나 황화 등)은 계속될 항의 활동에 대비해서 베이징 대학 및 그 밖의 학생단체를 서둘러 조직했다. 베이징의 선전은 전국으로 확산되었다. 대중적인 항일운동과 정치교육, 군사훈련 등의 요구가 높아졌고 사람들을 동요시켰으므로, 항일전쟁 준비를 진지하게 추진하는 일은 이미 회피할 수 없게 되었다.

황징은 1937년에 옌안으로 가서 당학교에 입교했다. 중일전쟁의 발발과 함께 그는 중요한 자리인 당 중앙 산시(山西)-허베이-차하얼 지구 당위원회 서기가 되었으며, 1949년에는 톈진 당위원회 서기로 임명되었다. 황징은 많은 고난을 겪었던 청년 시절에 병을 앓은 뒤 오랫동안 부자유스러운 몸으로 지내 왔었는데, 1958년 한창 활동해야 할 나이에 타계하고 말았다. 당시 그는 당 중앙위원으로 국가계획위원회 부주임을 겸하고 있었다. 이 글을 쓰고 있는 현재에도 그의 아내 판진(范瑾, 범근)은 베이징 시 부시장으로 있다.

황화(黃華, 황화)

왕루메이(王汝梅, 왕여매)의 조직명이다. 그는 1912년 장쑤성의 교양 있는 집안에서 태어났다. '12·9' 학생운동(1935)에서 지도적인 역할을 했고, 전국적인 청년 조직가가 되었으며, 나중에는 대사나 외교사절로서 외교부에서 중요한 직무를 맡아 처리했다. 나는 1931년에 옌징 대학(기독교계)에서 왕루메이와 만났다. 그는 옌징 대학에서 학생 투쟁가로 활동하고 있었으며, 당시 비합법적이었던 애국적 항일조직 속에서 두드러진 일을 하고 있었다. 그는 1935년 공산주의 청년단에 가입했고, 1936년에는 공산당에 입당했다. 내가 서북으로 여행했을 때 황화를 그곳으로 불러들였다. 그 여행으로 그는 마오쩌둥, 저우언라이, 펑더화이, 덩샤오핑 및 그 밖의 지도자들과 만났다. 뒷날, 그는 서북에서 활동했고, 또 1938년에는 한커우로 가서 청년조직가로서 많은 학생 지원병을 모집했는데, 그 가운데는 나중에 외교부 간부가 된 궁평(龔澎, 공펭)―차오관화(喬冠華, 교관화)의 전(前) 부인―과 그의 동생이 궁푸성(龔普生, 공보생)도 있었다.

그는 옌안의 외교부(1939~45)에 적을 두고 있으면서 충칭에서 열린 국민당과 중공의 평화회담에서는 중공 측의 수석정보관으로서(1945~47), 또 난징군구(南京軍區)의 외교관계 주임으로서(1949), 상하이에서는 거류 외국인 담당자로서(1952) 저우언라이가 양성한 젊은 외교관들 가운데서 눈에 띈 활동을 했다. 그는 한반도에서의 냉엄한 휴전교섭(1952)에 관여했고, 제네바 회의(1954)에선 중국 대표단의 대변인으로 일했으며, 외교부 서유럽·아프리카국(局) 주임이 되었다(1954~56). 그는 다시 외교부 서유럽국을 담당했으며(1956~59), 중국의 초대 가나 대사가 되었다(1960~65). 그는 가나 및 콩고와 무역, 기술과 문화 원조를 제공하는 조약과 협정의 교섭을 맡아서 처리했다. 1968년 베이징이 모든 외교관을 소환한 뒤에도 그는 카이로에 머물렀는데, 베트남과 캄보디아의 서쪽에 남아 있는 중공 측의 유일한 대사급 인사였다.

중국공산당의 지도체제

중국공산당은 처음부터 정기적인 전국대표대회에 참석하는 대의원을 선출로서 확정하고, 이 대회에서 다시 최고 또는 중앙위원회의 위원을 선출하기로 당헌에 규정했다. 중앙위원회 자체는 전국대표대회의 개최 시기를 결정하되, 최소한 10년에 한 번씩은 대회를 소집하도록 되어 있었다. 제9차 당 전국대표대회는 1966년에 개최하기로 발표되었으나 프롤레타리아 문화대혁명으로 예정대로 개최되지 못하고 3년 후인 1969년에 열렸다.

9차까지는 중국공산당 전국대표대회는 다음과 같은 장소와 시기에 개최되었다.

창당대회 겸 제1차 전국대표대회: 1921년 6~7월, 상하이.
제2차 전국대표대회: 1922년 7월, 상하이.
제3차 전국대표대회: 1923년 6월, 광저우.
제4차 전국대표대회: 1925년 1월, 상하이.
제5차 전국대표대회: 1927년 7월, 한커우.
제6차 전국대표대회: 1928년 7월, 모스크바.
제7차 전국대표대회: 1945년 4월, 옌안.
제8차 전국대표대회: 1956년 9월, 베이징.
제9차 전국대표대회: 1969년 4월, 베이징.

제7차 전국대표대회(1945)에서는 48명의 중앙위원회 위원을 선출했고, 제8차대회(1956)에서는 97명의 중앙위원회 위원과 101명의 후보위원을 뽑았다. 중앙위원회는 당의 내각에 해당하는 정치국 위원을 선출한다. 제8차 전국대표대회가 선출·구성한 중앙위원회는 정치국 위원 20명과 후보위원 6명을 선출했다. 제9차 대회에서는 170명의 중앙위원회 위원(후보위원 100명)을 선출했고, 중앙위원회는 다시 21명의 정치국 위원과 4명의 후보위원을 선출했다.

중국공산당은 창당 이래 1934년까지(당 중앙위원회 및 정치국) 서기장이 당 지도의 주요 책임을 떠맡는 스탈린의 당 운영 형태를 그대로 따랐다. 중국공산당은 소련공산당의 서기장이라는 용어를 '총서기'로 표현했다.

1969년까지 중국공산당의 총서기를 지낸 지도자와 재임기간은 다음과 같다.

천두슈: 1921~27년.

취추바이: 1927~28년.

샹중파: 1928~31년.

왕밍: 1931~32년.

보구: 1932~35년.

뤄푸: 1935~43년.

덩샤오핑: 1956~69년.

'총서기'직의 중요성에 변화가 생긴 것은 장정 중인 1935년 1월, 구이저우성 쭌이에서 소집된 정치국 확대회의(중앙위원과 홍군 지휘관도 참석)에서였다. 이 회의에서 마오쩌둥은 정치국의 과반수를 장악했다. 쭌이 회의에서는 보구의 잘못을 지적한 마오쩌둥의 비판을 경청하고 승인해 보구는 총서기직에서 물러났다. 마오쩌둥은 이제 홍군과 당의 위임을 받아 장정을 이끌어 나가는 책임을 맡았다. 그는 앞서 중앙 소비에트 정부의 주석직을 맡고 있었으나 소비에트 정부는 이미 붕괴되었다. 쭌이 회의에서는 최고 권한을 총서기에서 그 상위에 있는 주석으로 옮겼을 뿐, 총서기직은 그대로 두고 보구 후임으로 뤄푸를 임명했다. 그러나 뤄푸는 당 최고혁명군사위원회 주석을 겸임한 마오쩌둥의 하위에 놓이게 되었다.

뤄푸는 내가 바오안을 방문한 1936년에도 여전히 총서기직였는데, 그는 (영어로) 회견하는 가운데 마오쩌둥을 '당 지도자(Leader of the Party)'로 지칭했다. 마오쩌둥은 주석(主席)이었다. 1937년 뤄촨에서 열린 정치국회의에서 모든 중앙위원회와 정치국의 '주석'으로 선출되었다. 그때도 뤄푸는 '총서기' 직에 그대로 유임되었다. 내가 1939년 9월 옌안에서 만났을 때도 뤄푸는 여전히 총서기로 불렸다. 총서기 직위가 공식 폐지된 것은 1945년 옌안에서 개최된 제7차 당 전국대표대회에서였다. 이 대회에서는 정치국 주석과 4명의 부주석으로 정치국 상무위원회를 구성한다는 규정이 채택되었다. 부주석 4명 중 1명은 비서장이 되었다. '총서기' 직은 1956년에 개최된 제8차 당 전국대표대회에서 부활되어 당 행정상의 실무조정을 책임지는 최고위직이 되었지만 직책의 중요성은 폐지되기 전보다도 줄어들었다. 이 대회에서 덩샤오핑이 총서기로 선출되었다. 제8기 중앙위원회의 제11차 전체회의(1966년 8월) 이후 덩샤오핑은 당 공식서열에서 5위를 차지하고 있었으나 1967년에 류사오치와 함께 문혁 지도자들로부터 격렬한 공격을 받아 그의 정치생명은 이미 끝장날 가능성이 짙어 보였다.

다음은 1966년 8월 열린 중국공산당 8기 중앙위원회 제11차 전체회의 이후에 드러난, 정치국 위원들의 서열 판도와 홍위병의 공격 여부, 그리고 1969년 4월에 개최된 제9차 당 전국대표대회 이후에 결정된 정치국위원 명단을 제시한 것이다.

1966년(8월) 현재 정치국위원의 서열 판도

〈상무위원회〉

마오쩌둥: 당 정치국 주석.

린뱌오: 승진, 군의 원수, 장정 참여.

저우언라이: 지위 유지, 가끔씩 대자보를 통해 반대파 홍위병의 공격을 받음, 장정 참여.

타오주: 신임 상무위원, 대자보를 통해 홍위병으로부터 거듭 공격 받음.

천보다: 승진, 가끔씩 대자보로 반대파 홍위병의 공격 받음.

덩샤오핑: 강등, 대자보를 통해 홍위병으로부터 거듭 공격 받음. 장정 참여.

캉성: 승진, 가끔씩 대자보를 통해 반대파 홍위병으로부터 공격 받음(?).

〈일반 정치국 위원〉

류사오치: 강등, 홍위병으로부터 거듭 공격 받음.

주더: 강등, 반대파 홍위병으로부터 가끔씩 공격 받음, 장정 참여, 군의 원수.

리푸춘: 승진, 반대파 홍위병으로부터 가끔씩 공격 받음, 장정 참여.

천윈: 강등, 장정 참여.

둥비우: 강등, 장정 참여.

천이: 강등, 반대파 홍위병으로부터 가끔씩 공격 받음, 군의 원수.

류보청: 지위 유지, 장정 참여, 군의 원수.

허룽: 지위 유지, 장정 참여, 군의 원수, 홍위병으로부터 거듭 공격 받음.

리셴녠: 지위 유지, 장정 참여.

리징취안: 지위 유지, 홍위병으로부터 거듭 공격 받음.

탄전린: 지위 유지, 장정 참여.

쉬샹첸: 신임, 장정 참여, 군의 원수.

예젠잉: 신임, 장정 참여, 군의 원수.

녜룽전: 신임, 장정 참여, 군의 원수.

보이보: 승진, 홍위병으로부터 거듭 공격 받음.

리쉐펑: 신임, 장정 참여.

셰푸즈: 신임, 장정 참여.

류닝이: 신임.

샤오화: 신임, 장정 참여, 반대파 홍위병으로부터 가끔씩 공격 받음.

1969년(4월) 정치국위원 명단

〈상무위원회〉

마오쩌둥: 정치국 주석.

린뱌오: 정치국 부주석.

저우언라이: 총리.

천보다

캉성

〈일반 정치국 위원〉(반드시 서열과 일치하지는 않음)

예췬(葉群, 엽군: 린뱌오의 부인): 신임.

예젠잉

류보청

장칭(마오쩌둥의 부인)

주더

쉬스유(許世友, 허세우)

천시롄(陳錫聯, 진석련): 신임.

리셴녠: 제1부총리.

리쭤펑(李作鵬, 이작붕): 신임.

우파셴(吳法憲, 오법헌): 신임.

장춘차오(張春橋, 장춘교): 신임.

치우후이쭤(丘會作, 구회작): 신임.

야오원위안(姚文元, 요문원): 신임.

황융성(黃永勝, 황영승): 신임.

둥비우

셰푸즈

〈후보위원〉

지덩구이(紀登奎, 기등규): 신임.

리쉐펑

리더성(李德生, 이덕생)

왕둥싱(汪東興, 왕동흥): 신임.

사망자를 제외할 경우, 1966년 당시의 정치국원 중 1969년에 중앙위원회 위원으로만 재선출된 인물은 천이와 리푸춘이고, 중앙위원회 위원과 정치국위원에서 다 같이 탈락된 인물은 류사오치, 덩샤오핑, 허룽, 리징취안, 탄전린, 보이보이며, 1966년에 중앙위원으로 있다가 1969년에 탈락된 인물은 펑전, 펑더화이, 뤄푸(본명 장원톈), 우란푸(유일한 몽골 출신 위원), 루딩이 등이다.

참고문헌

현재 중국에 관한 저술이 굉장히 많이 쏟아져 나와 있기 때문에 그러한 문헌을 포괄적으로 소개하는 일이 반드시 필요하리라고는 생각하지 않는다. 따라서 이 책의 주요 역사적 배경과 직접 연관된 문헌들을 소개하는 선에서 그치고자 한다.

이 책을 집필하던 시기만 해도 1921~37년 기간에 관한 기본 자료는 거의 찾아볼 수 없었다. 많은 문헌은 그 이후 외국 학자들의 조사, 연구의 결실과 베이징에서 발간된 간행물들이 쌓이면서 늘어났다. 벤저민 슈워츠(Benjamin Schwartz)는 그의 저서 『중국 공산주의와 마오쩌둥의 대두(Chinese Communism and the Rise of Mao)』에서, 그때까지 중국어, 일본어, 유럽 여러 나라 언어로 출판된 초기의 기초문헌들을 소개했다. 존 루(John Rue)도 1966년 출판한 『재야(在野)의 마오쩌둥(Mao Tse-tung in Opposition)』에서 얼마간의 새로운 자료를 제공했고, 제롬 첸(Jerome Ch'en)의 『마오쩌둥과 중국 혁명(Mao and the Chinese Revolution)』(1965)과 1년 후에 나온 스튜어트 슈람(Stuart Schram)의 마오쩌둥 전기도 새로운 자료들을 소개했다. 쉐준두(Chun-tu Hsueh)는 『중국 공산주의 운동, 1921~37(The Chinese Communist Movement, 1921~37)』(Stanford, 1960)과 『중국 공산주의 운동, 1937~49(The Chinese Communist Movement, 1937~49)』(Stanford, 1962)를 통해 각국 언어로 된 자료들을 모아 문헌목록으로 정리했다. 앨런 B. 콜(Allan B. Cole)도 미국 역사학회가 출판한 그의 저서 『40년의 중국 공산주의(Forty Years of Chinese Communism)』(Washington, 1962)에서 영어로 된 일부 기초문헌들을 수집, 편찬했다.

하워드 L. 부어먼(Howard L. Boorman)은 그의 논문 「마오쩌둥: 그 도색된 이미지(Mao Tse-tung: The Lacquered Image)」(*China Quarterly*, London Oct.-Dec., 1963) 말미에 문헌주해를 정리해 붙여 놓았다. 계간지인 《차이나 쿼털리(China Quarterly)》에는

1949년 이전 시기의 중국 혁명을 연구하는 학자들에게 각별한 관심의 대상이 될 논문들뿐만 아니라, 현재의 중국 정세를 분석한 논문도 많이 실려 있다. 여기에 일일이 열거하지는 못하나 러시아어와 일본어로 써어진 역사문헌도 물론 많다.

1971년경까지는 1937년 이전 혁명기에 관한 새로운 자료들이 많이 쏟아져 나왔다. 홍위병 간행물을 통해 공표된 자료들은 그 신빙성의 정도가 천차만별이었다. 이제는 당 공식문서도 많이 활용할 수 있게 되었다. 아래에 필자가 선별한 문헌목록을 소개한다.

I. 중국 공산주의 혁명의 초기 단계에 관한 영미권 문헌

Agnes Smedley, *Battle Hymn of China*, New York, 1943.

_____, *The Great Road: The Life and Times of Chu Teh*, New York, 1956(London. 1958).

Bertram, James, *First Act in China*, New York, 1938. 시안 사건 목격자가 그 전말을 밝힌 내용이다.

Brandt, Conrad, *Stalin's Failure in China*, Cambridge, Mass., 1958.

Brandt, Conrad, Benjamin Schwartz and John K. Fairbank, *A Documentary History of Chinese Communism*, Cambridge, Mass., 1952.

Buck, J. Lossing, *Land Utilization in China*, Chicago, 1937. 버크 박사는 소작 범위에 대한 공산당의 일부 주장을 진지하게 반박했다.

Carlson, Evans Fordyce, *Twin Stars in China*, New York, 1940. 미국군 장성인 저자가 1937~38년에 중국공산당 지도자들을 직접 만난 후 기술한 흥미 있는 인상기이다. 그는 2차 세계대전 중 '칼슨특공대'로 활약한 미군 부대를 훈련시키는 데 중국공산당의 게릴라 전술을 활용한 유일한 미국군 장성이다. 루스벨트 미국 대통령은 그가 쓴 이 인상기를 탐독했다.

Ch'en, Jerome, *Mao and the Chinese Revolution*, London, 1965.

Chen Han-seng(陳翰笙), *Landlord and Peasant in China*, New York, 1936. 혁명 이전에 망명생활을 하면서 미국 하버드 대학을 졸업한 그는 중국 농업 문제에 대한 여러 논문으로 중국 안팎의 많은 학자들에게 큰 영향을 미쳤다. 그는 1966년 베이징 국제문제연구소의 연구원으로 있었다.

Chiang Kai-shek(蔣价石), *Soviet Russia in China*, New York, 1957. 장제스는 이 저서에서 그의 적인 중국공산당에 유리하게 작용한 전략적 요인들을 평가했다.

Chow Tse-tung, *The May Fourth Movement*, Cambridge, Mass., 1960. 저자는 마오쩌둥이 혁명적인 근대중국의 개시기로 규정한, 문예부흥기의 동인과 결과를 추적했다.

Clubb, O. Edmund, *Twentieth Century China*, New York, 1964.

Compton, Boyd, *Mao's China, Party Reform Documents, 1942~44*, Seattle, 1952. 임의로 수정된 형태로만 나타나 있는 『마오쩌둥 선집』의 일부 내용을 비춰보는 데 중요한 구실을 하는 저술이다.

Dumont, René, *La révolution dans les campagnes Chinoises*, Paris, 1954. 토지 소유, 소작, 토지이용 문제에 대한 공산당의 핵심적인 주장을 뒷받침하고 있다.

Fei Hsiao-t'ung(費孝通), *Peasant Life in China*, New York, 1939. 빈농과 소작농이 많은 중국적 상황이 광범한 토지 재분배와 혁명적 사회개혁을 불가피하게 만든 위기를 자아냈다는 견해를 일반적으로 뒷받침하고 있다.

Hsiao Tso liang(蕭作梁), *Power Relations Within the Chinese Communist Movement*, Seattle, 1962.

Issacs, Harold R., *The Tragedy of the Chinese Revolution*, Oxford, 1961. 1923~27년 사이의 국민당-중국공산당-코민테른 간의 합작과 '1차 혁명내전'의 모순성을 주로 트로츠키파의 관점을 통해 비극적인 측면에서 관찰한 것임.

Johnson, Chalmers A., *Peasant Nationalism and Communist Power*, Stanford, 1965. 이 저술의 일본 측 자료를 활용하는 데 유용하다.

Levenson, Joseph, *Liang Ch'i-ch'so and Mind of Modern China*, Cambridge, Mass.,1959.

Lin Piao(林彪, 편찬자), *Quatations from Chairman Mao Tse-tung*, Peking, 1966.

Lindsay, Michael, *North China Front*, London, 1943.

Mao Tse-tung, *Red China: President Mao Tse-tung Reports on the Progress of the Chinese Soviet Republic*, London: Martin Lawrence, 1934.

Mao Tse-tung(et al.), *Fundamental Laws of the Chinese Soviet Republic*, London: Martin Lawrence, 1934.

McLane, Charles B., *Soviet Policy and Chinese Communists: 1931~46*, New York, 1958.

Mesner, Maurice, *Li Ta-chao and the Origins of Chinese Marxism*, Cambridge, Mass., 1967.

Mif, Pavel, *Heroic China*, New York, 1937. 저자는 모스크바에 있는 쑨이셴 대학의 코민테른 강사로서, 한때 중국공산당을 장악한 '28명의 볼셰비키들'을 가르치고 양성했다. 이 책은 주로 선전활동상의 권고 내용을 담고 있다.

North, Robert C., *Moscow and Chinese Communists*, Stanford, 1962.

Pischel, Enrica Collotti, *L'origine della rivoluzione cinese*, Turin, 1958.

Rue, John E., *Mao Tse-tung in Opposition*, 1927~35, Stanford, 1966.

Schram, Stuart R., *Mao Tse-tung*, London, 1966.

_____, *The Political Thought of Mao Tse-tung*, New York, 1963.

Schwartz, Benjamin I., *Chinese Communism and the Rise of Mao*, Cambridge, Mass., 1951(reprinted 1966).

Siao Yu(蕭瑜), *Mao Tes-tung and I Were Beggars*, Syracuse, New York, 1959. 샤오위는 샤오산(蕭三, 소삼)의 형이지만 신뢰성 면에서는 샤오산보다 훨씬 못한 인물이다. 이 책은 출처가 의심스러운 읽을거리에 불과하다.

Soong Mei-ling(宋美齡), *General Chiang Kai-shek: The Account of the Fort night in Sian*(원제: *Sian: A Coup d'Etat*), New York, 1937. 장제스의 일기 내용을 발췌해서 실은 시안 사건의 일반적인 설명.

Stalin, Joseph, "Leninism", *Selected Writings*, London, 1943.

T'ang Leang-li(湯良札), *The Inner History of the Chinese Revolution*, London, 1930.

Tawney, R. H., *Land and Lavor in China*, London, 1932(reprinted in New York. 1964). 저명한 경제학자인 저자가 '해결 불능'의 중국 농업문제를 분석한 걸작.

Trotsky, Leon, *Problems of the Chinese Revolution*, New York, 1932.

_____, *The Third International After Lenin*, New York, 1936.

Wales, Nym, *Inside Red China*, New York, 1939.

Wales, Nym(ed.), *Red Dust: Antobiographies of Chinese Communists*, Stanford, 1952.

Wilbur, Martin C. and How, Julie Lien-ying, *Documents on Communsim……, 1917~27*, New York, 1956.

Yang Chien(楊銓), *The Communist Situation in China*, Nanking, 1931.

II. 혁명사에 관한 베이징 출판물[와이원(外文) 출판사 간행]

Ch'en Po-ta(陳佰達), *Notes on Mao Tse-tung's "Report of an Investigation into the Peasant Movement in Hunan,"* (『讀「湖南農民運動考察報告」』), 1954.

_____, *A Study of Land Rent I Pre-Liberation China*(『近代中國地租槪說』), 1958.

_____, *Stalin and the Chinese Revolution*(『斯大林(스탈린) 和中國革命』), 1953.

Ho Kan-chih(何幹之), *A History of the Modern Chinese Revolution*(『中國現代革命史』), 1959.

Hsiao San(蕭三), *Mao Tse-tung T'ung-chih-ti ch'ing hsao-nien shih-tai*(『毛澤東同志的靑少年時代』), 1949. 마오쩌둥에 대한 저자의 호의적인 개인적 회고록. 저자는 후난의 학창 시절부터 마오쩌둥을 잘 알고 있었다.

Hu Chiao-mu(胡喬木), *Thirth Years of the Chinese Communist Party*(『中國共産黨的三十年』), 1954.

Hu Sheng(胡繩), *Imperialism and Chinese Politics*(『帝國主義與中國政治』), 1955.

Li Jui(李銳), *Mao Tse-tung T'ung-chih-ti ch'u-ch's ke-ming huo-tung*(『毛澤東同志的初期革明活動』), 1957. 공식적인 전기로 보아서는 안 된다. 이 책의 중국어판은 중국 내

에 배포되었다가 나중에 회수되었다.

Liu Shao-ch'i(劉少奇), *How to be a Good Communist*(『論共産黨員的修養』), 1960. 이 책은 1939년 옌안에서 출판된『공산당원의 수양을 논함』이라는 제목의 원저와 비교해 보아야 한다. 앞에 소개한 컴프턴(Compton)의 *Mao's China*를 참조할 것.

Lu Hsun(魯迅), *Selected Works*(『魯迅選集』), 1957.

The Long March: Eyewitness Accounts, Symposium, 1963.

The Roar of a Nation, Reminiscences of December 9th Student Movement, 1963.

중국 정부기관 중의 하나인 와이원 출판사가 불어와 영어로 출판한 그 밖의 모든 간행물의 문헌목록은 국제서점(國際書店, 베이징)에 요청하면 입수할 수 있다. 최근의 간행물로는 중·소분열의 논쟁문서들이 수십 건 재판되어 나온 것들이 있는데, 이런 자료들은 소련공산당과 중국공산당 간의 초기 관계를 조명해 보는 데 얼마간 도움이 된다.

III. 중국에서 출판된 마오쩌둥의 저술

1926~49년에 집필된 마오쩌둥의 갖가지 형태의 글은『마오쩌둥 선집(毛澤東選集)』(전 3권)으로 1960년 이전에 공식 출판되었다. 이『선집』은 비공인 형태이긴 하지만, 인터내셔널 출판사에 의해 뉴욕과 런던에서 4권으로 영역, 출판되었다. 영역본은 1권이 1926~37년의 글을, 2권이 1937~38년의 글을, 3권이 1939~41년의 글을, 4권이 1941~45년의 글을 담았다(이 4권은 중국에서 출판된 3권의『선집』내용을 대체로 그대로 옮긴 것이었다).『마오쩌둥 선집』4권은 1960년에 중국에서 출판되고, 1961년에 베이징의 와이원 출판사가 4권의 영역본을 *Selected Works of Mao Tse-tung(1945~49)*이라는 제목으로 출판했다.『마오쩌둥 선집』1, 2, 3권의 영역본은 1963~65년에 베이징에서 간행되었고, 5권은 1971년에 출판될 예정이다.

베이징은 또 1963년에 영어와 그 밖의 외국어로, 408쪽짜리 *The Selected Military*

Writings of Mao Tse-tung(『毛澤東軍事論文選』)을 출판했다. 이 책에는 1928년부터 1940년까지 마오쩌둥이 집필한 군사관계 논문들이 수록되어 있다. 마오쩌둥의 시(詩) 작품 17편은 1659년 *Poems*란 제목으로 영역, 출판되었고, 1963년에는 *Nine Poems*로 다시 마오쩌둥의 시 작품이 영역, 소개되었다. 1966년에는 『마오쩌둥의 주석 어록』이 출판되었는데, 처음에는 인민해방군을 위해 발간되었다가 그다음에는 홍위병의 교화를 위해 간행되었다. 같은 해에 이 어록은 여러 외국어로 번역, 출판되었다. 1968년까지 중국에서는 4권짜리 『마오쩌둥의 선집』 8,640만 질, 『마오쩌둥 주석 어록』 3억 5천만 부, 그리고 마오쩌둥 주석 시 작품 5,700만 부가 출판되었다. 이 같은 책들은 '수억에 달하는 중국 노동자, 농민, 병사들'뿐만 아니라 '전 세계 148개 국가 및 지역의 혁명적 인민들'의 손에 쥐어졌다고 중국의 관영 '신화사(新華社) 통신'이 1968년 1월 17일에 보도했다.

1949년 이후 마오쩌둥은 논문과 보고문, 이데올로기 문제에 관한 성명, 권고문, 몇 편의 시를 꾸준히 집필했지만 그 자신의 이름으로 공표된 것은 거의 없었다. 마오쩌둥은 오랜 중·소 논쟁 과정에서 오고 간 많은 논문들과, 또 초기 중국공산당사와 모스크바와의 관계에 관한 중요한 사실을 밝힌, 문화대혁명의 수많은 비난 문헌을 직접 집필하거나 편집했던 것으로 알려졌다. 예를 들어 1964년 베이징 출판사에서 익명으로 간행된 『흐루쇼프의 사이비공산주의』는 다름 아닌 마오쩌둥의 저술임이 1967년에 공식 확인되었다. 베이징의 와이원 출판사는 1956~59년 사이에 마오쩌둥의 유명한 소책자 3권을 번역, 출간했는데, 이 책자의 제목은 *On the Questions of Agricultural Cooperation*(『농업협동화의 문제에 대하여』, 1956), *Imperialism and All Reactionaries are Paper Tigers*(『제국주의와 모든 반동세력은 종이호랑이이다』, 1958), *On the Correct Handling of Contradictions Among People*(『인민 내부의 모순을 올바르게 처리하는 문제에 대하여』, 1959)이다.

『프롤레타리아 독재의 역사적 경험에 대하여(Historical Experience of the Dictatorship of the Proletariat)』는 1955~56년에 출판된 후, 1959년 와이원 출판사에 의해 영역본이 간행되었는데, 이 책은 마오쩌둥이 직접 인정하지 않았지만 그가 집필한 것으로 널리 인식되고 있는 중요한 저작이다. 마오쩌둥은 이 논문이 스탈린과 혁명 과정 속에서의 개인 숭배의 역할에 대한 자신의 견해를 정확히 반영한 것이라고 나에게 밝혔다. 그 밖의 참고문헌에 대해서는 이 책의 '1968년판에 붙인 주(註)'와 '약전표'에 소개되어 있다.

마오쩌둥의 연설문과 논문, 논쟁문은 그 자신이 시인한 것처럼 일단 수정과 손질을 거쳐 『마오쩌둥 선집』에 수록되었는데, 이러한 수정과 손질 버릇은 시저부터 처칠에 이르는 수많은 공인(公人)과 정치가들에게서 찾아볼 수 없는 습관이다. 이 같은 개작으로 뜻은 매우 명쾌해지겠지만 세심한 학자들은 가능한 한 원본을 참조하는 것이 좋을 것이다.

IV. 1937년 이전의 혁명기와 연관된 그 밖의 저술 및 논문(1971년까지 출간 또는 발표된 것)

Ch'en, Jerome, *Mao Papers: Anthology and Bibliography*, Oxford, 1970. 1917~67년까지의 마오쩌둥의 서한, 기념논문, 성명문 등이 연대순으로 수록되어 있다. 이 중 상당수는 『마오쩌둥 선집』에 수록되지 않은 것이다.

_____, "Resolutions of the Tsunyi Conference, 1935," *China Quarterly*, Oct.-Dec., 1969. 매우 중요한 논문이다.

Chang Ai-ping(張愛坪), *Form Tsunyi to the Tatu River*, Hongkong, 1960. 저자의 장정 체험기.

Chang Kuo-t'ao(張國燾), *My Recollections*, Hongkong, 1969~70. 장궈타오가 자신을 강하게 내세운 자서전으로서 1969~70년 사이에 홍콩에서 간행되는 *Ming Pao Yueh-K'an*에 연재되었다.

Chou En-lai(周恩來), 1930~35년 중에 나온 저우언라이의 연설물, 성명서, 논문 등은 여기 소개된 Hu Chih-hsi, Jerome Ch'en, Dieter Heinzig, Otto Braun의 저서나 논문을 참고할 것.

Clubb, Edmund, *Communism in China as Reported from Hankow in 1932*, New York, 1968. 중국어에 능통한 미국 외교관인 저자가 초기에 현지에서 조사, 연구한

내용. 저자는 국민당이 공산당원과 홍군을 '홍비(紅匪)'라고 선전한 것을 논박했다.

Heinzig, Dieter, "The Otto Braun Memoirs and Mao's Rise to Power," *China Quarterly*, Apr.-June, 1971. 오토 브라운의 회고에서 암시되는 것과 같이 1935년 쭌이 회의에서 마오쩌둥이 당 지도권을 장악하게 된 이면에는 몇 가지 다소 비밀스러운 사태들이 전개되었는데, 이 논문은 그러한 정황을 분석한 것이다. 제롬 첸의 논문 "Resolutions of the Tsunyi Conference"를 참조할 것.

Hsiao Tso-liang(蕭作梁), *Power Relations Within the Chinese Communist Movement, 1930~34*, Seattle, 1961. 타이완에서 조사한 문서들을 바탕으로 한 저술이다.

Hu Chih-hsi, "Hua Fu, the Fifth Encirclement Campaign and Tsunyi Conference," *China Quarterly*, July-Sep., 1970. 'Hua Fu'(리더로 알려진 독일인 오토 브라운을 지칭하는 것으로 알려졌다)의 글을 분석한 논문이다. 리더의 글은 1933~34년 장시 소비에트 루이진에서 발간된『혁명과 전쟁』을 번역한 것이다. 디터 하인치히의 앞의 논문과 리더의 약전표를 참고할 것.

Issacs, Harald R., "Documents of the Comintern and the Chinese Revolution," *China Quarterly*, Jan-Mar., 1971.

Mao Tse-tung, *Selected Readings from the Works of Chairman Mao Tse-tung*, FLP, 1967. 이 모음집의 내용은 주로『마오쩌둥 선집』에 실려 있지만, 1949년 이후 시기의 중요한 글들도 몇 편 들어 있다.

_____, *Selected Writings by Chairman Mao*, Joint Publications Research Service, Washington, D. C., No. 50792. 홍위병의 편찬물을 영역한 책. 이 편찬물에는 마오쩌둥이 1937년 옌안에서 한 여러 차례의 강연 내용이 수록되어 있는데, 편찬자들의 주장으로는 마오쩌둥이 1959년에 수록된 내용을 '손질'했다고 한다. 그러나 이 편찬물에 수록된 내용이 '모두' 마오쩌둥 자신의 것인지는 의심스럽다. 이 중 「실천론」과 「모순론」은『마오쩌둥 선집』에 수록된 내용과 대동소이하다.

On Dialectical Materialism(『변증법적 유물론』), 서방의 몇몇 마오쩌둥 전문가들이 만든

이 오랜 책은 각각 부제가 붙은 3부로 나뉘어 있는데, 원래 별도로 한 강연 내용을 나중에 한 권으로 묶어 놓은 것이다. 표지에 나온 출판년도는 옌안, 1937년으로 되어 있다. 부제 중에는 「실천론」과 「모순론」이 있는데, 이것은 마오쩌둥의 것임이 분명하다(1964년 마오쩌둥은 『변증법적 유물론』이란 주제로 강연을 하거나 논문, 저술을 집필한 적이 없다고 나에게 밝혔다).

Otto Braun, "Von Schanghai bis Jana" in *Horizont*, East Berlin, 1969. 리더(Otto Braun)가 1933~37년에 일어난 중국공산당 안팎의 여러 가지 사태를 평가, 분석한 논문이다.

Schwartz, Benjamin I., "The Legend of the 'Legend of Maoism'," *China Quarterly*, Apr.-June, 1960.

Shewmaker, Kemeth E., *Americans and Chinese Communists, 1927~45, A Persuading Encounter*, Ithaca, New York, 1971. '농지개혁가의 신화'는 나중에 그런 신화를 품었다는 비난을 받은 사람들에 의해 처음부터 깨져 버렸음을 입증한 유익한 개요서.

Takeuchu Minoru, *Mao Tse-tung chi*(『마오쩌둥 선집』), 제3권(1931년 9월~1933년 4월), 제5권(1935년 11월~1938년 5월), Tokyo, 1970. 서문은 일본어로, 본문은 중국어로 된 이 선집은 마오쩌둥이 해당 기간에 집필한 글을 빠짐없이 수록한 것으로서 일종의 백과사전식 선집이다. 지금까지 그 어느 선집보다도 마오쩌둥의 갖가지 형태의 글을 포괄적으로 수록하고 있다.

Thornton, Richard C., *The Comintern and Chinese Communists, 1928~31*, Seattle, 1969.

Union Research Institute, *The Case of P'eng Teh-huai*, 1959~1968, Kowloon, Hongkong. 마오쩌둥과 국방부장을 지낸 펑더화이 간의 결별에 관한 갖가지 기록과 발췌된 문서 내용을 수록한 것인데, 그 기록이나 문서의 신빙성은 아직 단정적으로 말할 수 없다.

Wilson, Dick, *The Long March*, London, 1971. 옛 자료와 새로 밝혀진 자료, 그리고 저자의 새로운 연구 결과를 바탕으로 쓴 매우 재미있는 장정기(長征記).

Wittfogel, Karl A., "The Legend of Maoism," *China Quarterly*, Jan.-Mar., 1960, Apr.-June, 1961.

찾아보기

ㄱ

가로회 87~89, 169, 177, 290, 445
가오강(고강) → '가오충우'
가오구이쯔(고계자) 375, 464
가오위한(고어한) 201
가오충우(고숭무) 200
각오사 79, 188
갈린 → '블루체르, 바실리'
『계급투쟁』 79, 198, 359
고리키, 막심 472
『공산당 선언』 79, 198, 359, 418
공산주의 청년동맹 80, 200, 311, 331, 374, 375, 433
광둥(광동) 봉기 175, 576
광저우(광주) 봉기 215
구다춘(고대존) 216
구순장(고순장) 82, 578
구허춘(가하춘) 461, 462
궈량(곽량) 188
기븐스, C. 패트릭 29, 126

ㄴ

난징 군관학교 398
난징(남경) 정부 24, 26, 28, 29, 42, 43, 45, 101, 102, 113, 116, 117, 119, 120, 128, 134, 154, 180, 237, 238, 241, 245, 260, 300~302, 327, 379, 390, 443, 475, 477, 483, 487~490, 497, 501, 505, 512~515, 522, 524~527, 529~531, 534, 535, 539~545 548
난창 봉기 86, 88, 139, 209, 215, 573, 576
난창(남창) 군관학교 347, 398
남의사 40, 505, 506, 514, 533
녜룽전(섭영진) 441, 573
녜허팅(섭학정) 339, 573
노이만, 하인츠 572, 576
닝두(영도) 봉기 229

ㄷ

다이정치(대정계) 589
다이지타오(대계도) 203, 565
덩샤오핑(등소평) 149, 441
덩언밍(등은명) 200
덩잉차오(등영초) 79, 188, 200, 467, 573
덩쯔후이(등자회) 216, 243
덩파(등발) 51, 52, 86, 575, 577
덩핑(등평) 217
돤시펑(단석붕) 192
두원슈(두문수) 408
두웨성(두월생) 42
두중펑(두종평) 213
둥비우(동필무) 140, 200
둥전탕(동진당) 229
딩링(정령) 152

ㄹ

란핑(남빈) → '장칭'
랴오스광(요시광) 467
량관잉(양관영) 403
량치차오(양계초) 78, 172, 175, 184, 189, 359
런비스(임필시) 188, 263, 578, 579
레닌 클럽 311, 329, 351, 372~375, 378, 393
레닌, V. I. 25, 113, 114, 350, 372, 472, 513, 536, 543, 549, 570, 573
로미나제, 베소 572, 573, 576, 577
로이, M. N. 208, 571, 572
루거우교(노구교) 사건 546, 551
루디핑(노척평) 227, 358
루딩(노정) 254
루딩교 254~256, 258
루딩이(육정일) 468, 491, 591
루싱방(노흥방) 261
룽윈(용운) 247, 248
뤄루이칭(나서경) 142
뤄룽환(나영환) 212
뤄마이(나매) → '리웨이한'
뤄빙후이(나병휘) 221
뤄이눙(나역농) 82
뤄잉춰(나영탁) 471
뤄자룬(나가륜) 191
뤄장룽(나장룡) 186, 200
뤄푸(낙보) 113, 144, 468, 491, 575, 577~581, 584
류런징(유인정) 200
류룽훠(유용화) 60, 61
류보청(유백승) 251, 252, 573
류사오치(유소기) 188, 203, 210, 565, 578, 581

류상(유상) 250, 251
류샤오(유효) 243, 376~378, 380, 442
류안궁(유안공) 218
류원후이(유문휘) 250~252
류전환(유진환) 203
류즈단(유지단) 273~279, 383, 585, 586
류췬셴(유군선) 332, 467
류톄차오(유철초) 227, 228
리다(이달) 200
리다자오(이대교) 79, 191, 196, 198~200
리더(이덕) 102, 104, 467, 468, 470, 471, 482, 484, 566, 575, 579~581, 590
리룽쿠이(이용규) 277
리리싼(이립삼) 80, 186, 200, 223, 225, 226, 573~578, 582
리사오주(이소구) 216, 221
리셴녠(이선념) 263, 452, 587
리쉐펑(이설봉) 277
리스쩡(이석증) 80, 191
리쑨(이손) 200
리원린(이문림) 216, 221
리웨이한(이유한) 140, 187, 188, 201
리위안훙(여원홍) 176
리장린(이강림) 85~87, 89~92, 427, 446, 449, 589
리징취안(이정천) 584

리쭝런(이종인) 135, 497
리쭝이(이종의) 425
리커눙(이극농) 73, 436, 468, 469, 491
리푸춘(이부춘) 80, 188, 200, 459, 514
리한쥔(이한준) 200
린뱌오(임표) 6, 81, 107, 112, 138~142, 144, 188, 214, 221, 252, 254, 263, 278, 452, 493, 573, 587
린보취(임백거) 144, 197, 200, 201, 204, 260, 302~306, 346, 347, 573
린제이, 마이클 558~560

□

마르크스, 카를 197, 372
마부칭(마보청) 406
마부팡(마보방) 406, 421
마오순성(모순생) 161
마오쩌둥(모택동) 7, 8, 12, 15, 26, 30, 41, 60, 69, 71, 76, 84, 101~113, 119, 122, 125, 126, 135, 139, 144, 155, 159~233, 237, 238, 254, 261~264, 268, 307, 325, 339, 351, 361, 454, 482, 487~491, 493, 517, 537, 542, 543, 547, 552, 567~571, 573~593

마오쩌민(모택민) 203, 224, 327, 454
마오쩌젠(모택건) 224
마오쩌탄(모택담) 224
마오핑(모평) 회의 214, 220, 574, 580
마중잉(마중영) 409
마쥔(마준) 188
마커친(마극근) 406
마하이더(마해덕) 504, 567
마훙빈(마홍빈) 277, 406, 416, 427, 443
마훙쿠이(마홍규) 345, 391, 392, 406, 411~418, 425, 427, 440~443
맥도널드, J. 램지 43, 109
멍칭수(맹경수) 578
무쇠단 82
문화대혁명 570
문화서사 195
미프, 파벨 573, 577, 578

ㅂ

바오딩(보정) 군관학교 341
바오후이썽(포혜승) 200
바이충시(백숭희) 82, 83, 135, 245, 497
보구(박고) 332, 467~470, 491, 510, 575, 577~581, 591, 592
보로딘, 미하일 마르코비치 81, 115, 207~209, 571, 572
보이보(박일파) 565
보이틴스키, 그레고리 198, 199
보황회 175
브라우더, 얼 573
브라운, 오토 → '리더'
블루체르, 바실리 81, 139

ㅅ

사오리쯔(소력자) 35, 38, 39, 505~507, 565
사오스핑(소식평) 215
사오퍄오핑(소표평) 192
사오화(소화) 533
『사회주의사』 198
《상강평론》 195
상하이 봉기 83
샤더우인(하두인) 398, 403
샤시(하희) 187, 201, 214
샤오산(소삼) 172, 188
샤오위(소유) 185, 188, 569, 570
샤오진광(소경광) 188, 590
샤오쯔장(소자장) → '샤오산'
샤오추뉘(소초녀) 188
샤오커(소극) 214, 260, 585~587
샤오화(소화) 339, 373
샹잉(항영) 243, 555, 562, 578

샹중파(향충발) 575~578
샹지보(향계백) 436
샹징위(향경여) 201
석달개 249, 250
선쉔루(심현려) 200
선쩌민(심택민) 577
『성세위언』 166, 168
셰줴짜이(사각재) 307
셰푸즈(사부치) 140
쉬바이하오(허백호) 200
쉬빙(서빙) 565
쉬샹첸(서향전) 215, 245, 262, 263, 273, 397, 585~587
쉬커샹(허극상) 206
쉬터리(서특립) 97, 177, 178, 188, 190, 298, 307~310, 312, 573, 584
쉬하이둥(서해동) 215, 273, 276, 277, 351, 389~399, 401, 403~405, 425, 426, 428, 441, 469, 493, 511, 585, 586
스니블리트, 얀 헨리쿠스 114, 198, 570, 571
스양(시양) 200
스춘퉁(시존통) 200
스탈린, 이오시프 11, 205, 472, 478~480, 485, 486, 534, 566, 571~573, 575~579, 581, 590, 592
스탈린-트로츠키 논쟁 475
스탬파, A. 83, 285~287, 294, 413
스페인 전쟁 474
신민학회 79, 186~188, 191, 195~197, 199
《신청년》 79, 189, 359, 570
쑹톈차이(송천재) 403
쑤위(속유) 243, 573
쑤자오정(소조징) 573
쑨·이오페 협약 114, 570
쑨밍주(손명구) 507~509, 591
쑨원(손문) 5, 25, 78, 113~116, 175, 179, 180, 195, 201, 203, 289, 302, 357, 359, 450, 488, 519, 526, 528, 555, 568, 573
쑨이셴(손일선) → '쑨원'
쑨자오쥔(손조준) 188
쑹메이링(송미령) 37, 513, 515
쑹쯔원(송자문) 515, 521, 524
쑹칭링(송경령) 116, 567
『10월혁명』 79

ㅇ

아이작스, 헤럴드 566
야오이린(요의림) 565

양뤄수(양낙수) 212

양밍자이(양명제) 198

양상쿤(양상곤) 340, 491, 577

양시민(양희민) 203

양창지(양창제) 184, 185, 188, 191, 192, 569

양청우(양성무) 216

양카이후이(양개혜) 104, 192, 198, 224, 574

양후청(양호성) 35~37, 276, 277, 505, 506, 509, 510, 516, 522, 530, 591

예젠잉(엽검영) 74, 150, 510, 573, 580, 581, 591

예팅(엽정) 139, 209, 555, 562

옌시산(염석산) 434, 460

옌판쑨(엄범손) 80

왕관란(왕관란) 295

왕뤄페이(왕약비) 80, 188

왕린(왕림) 591

왕밍(왕명) 485, 575, 577~579, 581

왕빙난(왕병남) 36, 591

왕얼쭤(왕이탁) 452

왕이저(왕이철) 277

왕자례(왕가열) 246

왕자샹(왕가상) 578

왕쥔(왕균) 403

왕진메이(왕신미) 200

왕징웨이(왕정위) 178, 202, 203, 208, 210, 500, 513, 527, 552, 570, 572, 591

왕쭤(왕좌) 213, 454

왕충후이(왕총혜) 525

왕화런(왕화인) 565

우량핑(오량평) 126, 137, 160, 161, 261, 339, 584

우슈취안(오수권) 467

우싱(주흥) 584

우중하오(오중호) 221

우즈후이(오치휘) 450

우한(무한) 봉기 176

원치메이(문칠매) 161

웨이궁즈(위공지) 149~151

웨일스, 님 498, 499

위사두(여쇄도) 212

위쉐중(우학충) 510

위안스카이(원세개) 179, 180, 182, 447, 502

위안원차이(원문재) 213, 454

위안주밍(원조명) 88

위여우런(우우임) 175

윈다이잉(운대영) 188

이군서사 188

이리룽(이예용) 188

이오페, 아돌프 114, 201, 573

이페이지(이배기) 185, 569, 570

ㅈ

『자본론』 25, 359
자오다펑(초달봉) 177
자오보성(조박생) 229
자오스옌(조세염) 80, 82
자오쩌옌(조택염) 82
자오헝티(조항척) 196, 197, 201~203
장광나이(장광내) 228, 378, 482
장궈타오(장국도) 192, 200, 209, 215, 262, 263, 397, 571, 573, 575, 579, 584~587, 591
장나이치(장내기) 123
장딩원(장정문) 506
장딩청(장정승) 216, 243
장보링(장백령) 78
장샤오셴(장효선) 505
장선푸(장신부) 201
장쉐량(장학량) 35, 36, 39, 40~49, 52, 69, 135, 191, 276, 341, 364, 379, 381, 490, 497~499, 500~503, 505, 506~510, 512, 513, 516, 518~520, 522~526, 554, 572, 581, 591, 592
장원빈(장문빈) 214

장원톈(장문천) → '뤄푸'
장제스(장개석) 7, 24~28, 30, 31, 35~38, 40~43, 45, 49, 57, 74, 81, 83, 107, 116, 117, 120, 121, 126, 133, 139, 146, 187, 188, 203~206, 209, 212, 224, 226, 229~232, 239, 240, 243, 246~250, 254, 262, 276, 302, 303, 339, 348, 376, 397~401, 425, 451~453, 455, 466, 475, 477, 479, 481~484, 489, 493, 497, 499~509, 512~527, 529, 534, 538, 540, 543, 547, 552, 556, 561~563, 565~567, 570, 572, 580~584, 591, 592
장징궈(장경국) 37
장징야오(장경요) 195, 357
장쭝창(장종창) 502
장쭤린(장작림) 42, 191, 192
장충(장충) 531
장췬(장군) 525
장칭(강청) 567
장칭포(장경불) 277
장파쿠이(장발규) 88, 139, 396
장하오(장호) 188
저우언라이(주은래) 48, 72, 74~84, 101, 107, 188, 200, 203, 241,

254, 263, 278, 450, 467, 510,
518, 519, 521, 531, 532, 534,
566, 573, 577~581, 584~586,
590~592
저우이췬(주일군) 88
저우포하이(주불해) 200, 201, 570
정관잉(정관응) 166
정웨이싼(정위삼) 277
정하오(정호) 212
제3인터내셔널 198, 570
제크트, 폰 27, 482
주더(주덕) 26, 75, 80, 84, 88, 89, 102,
104, 201, 209, 214~217, 221,
224, 229, 230, 254, 262, 263,
347, 425, 438, 439, 446~456,
534, 553, 573, 574, 576,
579~581, 584~587, 589
주루이(주서) 577
주사오량(주소량) 229
주자오치(주조기) 334, 335
주쳰즈(주겸지) 193
주페이더(주배덕) 221, 451
중국 사회주의 청년단 79
중국혁명동맹회('동맹회') 175, 185, 302
쩡귀번 250
쭌이 회의 567, 582, 590
쭤쭝탕(좌종당) 408

쭤취안(좌권) 263, 266, 577

ㅊ

차이수판(채수번) 467, 468, 491
차이어(채악) 447
차이위안페이(채원배) 80, 185, 569
차이창(채창) 79, 80, 188, 200, 459
차이팅카이(채정개) 135, 228, 378, 482
차이허썬(채화삼) 79, 80, 188, 200, 201,
209, 569
천겅(진갱) 263, 486, 573
천궁푸(진공박) 192, 200, 570
천궈푸(진과부) 514
천두슈(진독수) 79, 80, 189, 195, 196,
198~200, 204~209, 225, 302,
359, 565, 571, 572, 576
천리푸(진립부) 514
천밍수(진명추) 229, 482
천보다(진백달) 565
천사오위(진소우) → '왕밍'
천셴루이(진선서) 277
천옌녠(진연년) 80
천왕다오(진망도) 197
천원(진운) 203, 210, 581
천이(진의) 214, 221, 243, 452, 573
천지탕(진제당) 230, 245, 325

찾아보기 735

천쥐신(진작신) 177

천차오녠(진교년) 80

천창하오(진창호) 577

천청(진성) 135, 231

천후이칭(진혜청) 467

청방 41, 42

청첸(정잠) 302, 357

청팡우(성방오) 152

초공전 219, 227, 228~232, 237~239, 343, 348, 397, 398~401, 482~485, 498, 500, 504, 505, 545, 580, 582, 590

추수 봉기 210, 212, 215

취추바이(구추백) 201, 209, 243, 308, 576, 578

친방셴(진방헌) → '보구'

ㅋ

카우츠키, 카를 79, 198, 359

캉바이칭(강백청) 192

캉성(강생) 140

캉유웨이(강유위) 172, 173, 175, 189

커칭스(가경시) 565

커컵, 토머스 198

쿵샹시(공상희) 515

ㅌ

탄옌카이(담연개) 177, 178, 182, 195, 196

탄전린(담진림) 214, 221, 243, 573

탄핑산(담평산) 192, 204, 573

탕구 정전협정 146, 483

탕샹밍(탕향명) 182

탕성즈(당생지) 88, 178, 207

탕양리(탕량례) 573

탕언보(탕은백) 384, 398, 403

텅다이위안(등대원) 188, 217

트로츠키, 레온 209, 376, 479, 480, 572, 573, 577

ㅍ

판스성(범석생) 452, 453

팔켄하우젠, 폰 27, 240, 482

팡런취안(방인전) 201

팡즈민(방지민) 205, 215, 243, 431, 573

펑더화이(팽덕회) 217, 223, 227, 254, 255, 263, 278, 307, 339, 343, 347~365, 367~369, 389, 390, 426, 429, 437~443, 493, 511, 553, 574, 575, 586, 587, 589

펑원빈(풍문빈) 432

펑위샹(풍옥상) 135, 140, 149, 194, 226, 274, 345, 378, 408
펑전(팽진) 565
펑파이(팽배) 200, 203, 205, 209, 213, 215, 573
푸량쭤(부량좌) 357
푸바이추이(부백취) 216
푸쓰녠(부사년) 191
푸이(부의) 황제 146, 173
푸진쿠이(부금괴) 85, 317~319, 323, 324, 330, 465
푸톈(부전) 사건 227, 576
핑장(평강) 폭동 348

ㅎ

하주궈(하주국) 428
한푸쥐(한복구) 135
항일인민극사 144, 145
허룽(하룡) 86~90, 139, 169, 209, 215, 260, 263, 451, 566, 573, 580, 585~587
허멍슝(하몽웅) 578
허-메이진(하-매진) 협정 146
허시양(하석양) 330
허쑤헝(하숙형) 187, 199, 243

허잉친(하응흠) 228, 229, 514, 515, 518
허젠(하건) 104, 188, 217, 224, 245, 347, 348
허쯔전(하자진) 104, 189, 467, 567
허창궁(하장공) 214
홀, G. 마텔 559
홍군대학 107, 112, 137, 138, 140, 142~144
홍위병 570
황궁뤠(황공략) 217, 221
황싱(황흥) 175
황아이(황애) 201
황징(황경) 565
황푸(황포) 군관학교 52, 81, 83, 139, 202, 203, 273, 341, 397, 452
황화(황화) 347, 361, 565
후난(호남) 군관학교 347, 348, 358
후스(호적) 28, 189, 196
후즈룽(호지룡) 452, 453
후쭝난(호종남) 135, 503, 504
후한민(호한민) 202
흐루쇼프, 니키타 572
히로다 고키 28

马春同志：

努力工作，忠实於党，

忠实於人民！祝你

胜利。

毛泽东

九〇年

卅十日

마오쩌둥의 글씨.

옮기고 나서

1. 이 책과 중국 혁명

"에드거 스노의 『중국의 붉은 별』은 저널리즘의 한계를 뛰어넘어 이제 빛나는 역사적 작품이 되었다"라고 말한 《뉴욕 타임스》의 평가처럼, 이 책은 중국 혁명에 대한 아주 잘 알려진 '역사적' 고전이다.

이 책에 대해서는 여러 가지 평가와 찬사가 있었지만 다음과 같이 말한 사람도 있다. "옛날에 하나의 혁명이 있었다. 그리고 그것을 세계에 알린 저널리스트가 있었다. 그 혁명의 이름은 중국의 사회주의 혁명이고, 그 기자의 이름은 에드거 스노다. 중국 혁명과 스노의 이름은 서로 떼어놓을 수 없을 만큼 긴밀하게 맺어져 있다."

중국의 사회주의 혁명은 스노 없이도 이루어졌을 것이다. 그러나 스노가 없었다면 중국의 혁명은 잘 알려지지 않았거나 잘못 알려졌을지도 모른다. 세계는 중국의 저 깊숙한 오지에서 무슨 일이 일어나고 있는지를 그만큼 뒤늦게 알았거나 제대로 알지 못했을지도 모른다. 중국 혁명의 현장을 찾아가 쓴 생생한 현지 보도를 영영 보지 못했을지도 모른다. 그런 점에서 마르코 폴로 이래 중국을 보는 외부세계의 눈에 에드거 스노만큼 큰 영향을 준 사람은 거의 찾아보기 어려울 것이다.

이 책의 앞부분에 실린 존 K. 페어뱅크의 머리말처럼 "중국공산당은 외부 세계에 그들의 이야기를 알릴 준비가 되어 있었다. 그리고 스노는 그 이야기를 전할 능력이 있었다. 오늘날 이 책을 읽는 독자들은 이러한 요인들이 서로 맞아 떨어졌다는 점을 알아야 할 것이다."

에드거 스노는 1936년(당시 31살) 중국 산시(陝西)성 북쪽에 있는 소비에트 지구를 방문해 유럽이나 미국의 신문 기자로서는 처음으로 마오쩌둥을 비롯한 중국 혁명의 주요 인물들과 인터뷰했다. 그리고 홍구(紅區)의 주요 현장들을 방문해 그 현실을 눈에 보는 것처럼 사실적으로 보도했다. 신문에 연재된 이 르포르타주와 그것을 보충하여 펴낸 『중국의 붉은 별』을 통해 세계는 중국 대륙에서 무엇이 일어나고 있는가를, 그리고 그것을 이끌고 있는 혁명세력이 누구인지를 비로소 알 수 있었다. 스노의 이 1차 자료가 나오기까지 서방세계는 물론 중국 내에서까지 중국의 사회주의 혁명은 전설이나 풍문으로만 떠돌고 있을 뿐이었다. 마오쩌둥과 주더와 저우언라이를 비롯한 혁명의 지도자들이 1년에도 여러 번 사망했다고 보도될 정도로 사실의 날조와 왜곡과 은폐가 되풀이되고 있었다. 혁명에 참가하고 있는 공산당원이나 홍군 지도자들은 다만 '비적'들로 알려져 있을 뿐이었다. 그러나 스노의 펜을 통해 이 '비적'의 지도자들이 '어디로부터 왔으며, 왜 혁명운동에 참여하게 되었는지, 그동안 어떻게 살아왔고 또 살아남았으며, 앞으로 무엇을 하고자 하는가'가 처음으로 알려지게 되었다. 스노의 보도를 통해 중국의 혁명은 '전설'에서 '현실'과 '사실'이 되었던 것이다.

2. 스노와 중국

에드거 스노는 1905년 미국 미주리주의 캔자스시티에서 3형제 중 막내아들로 태어났다. 아버지는 조그만 인쇄회사를 경영하고 있었으며, 경제적으로는 그럭저럭 살아갈 만한 형편이었다. 그가 평생 활자의 세계를 떠나지 못했던 것도 어린 시절 아버지의 직업으로부터 받은 영향과 무관하지 않을 것이라고 한다.

"아버지는 우리들에게 돈이 노동의 결정이라는 것을 가르쳐 주려고 애썼다. 아버지는 형과 내가 토요일이나 휴가 중에도 일하지 않으면 안 된다고 생각했고, 그래서 9살 때 나는《캔자스시티 스타》에 소포를 나르는 것을 도왔다. 신문사의 빌딩은 아주 멋있었다. 편집국은 이 빌딩의 거대한 살아 있는 심장과도 같았다. 나는 편집국의 간부들을 멀리서 우러러 보았다"라고 스노는 자전(自傳)적 이야기에서 썼다.

10살 때 그는 철도회사의 일을 돕다가 아버지 몰래 무전여행에 나섰다. 14살 되던 해 여름에는 친구 두 사람과 함께 사막을 횡단하는 긴 여행길에 올랐다가 돈이 없어 걸식을 하며 되돌아오기도 했다. 그는 이 여행에서 처음으로 태평양을 보았으며, 이때 바다를 건너가 보아야겠다는 결심을 했다고 한다. 그는 어린 시절의 이 여행을 통해 모험의 즐거움과 천변만화하는 자연과 인간, 사람의 지혜, 타인의 친절을 직접 체험할 수 있었다고 했다. 고등학교 시절에는 빅토르 위고의 『레 미제라블』을 읽고 깊은 감명을 받았다고 한다. 여름 휴가 때 모험 여행에서 만났던 노동자나 실업자들이 이 외국의 소설에 나오는 등장인물들과 다름없는 사람들이라는 것을 알게 되었다고 했다. "빅토르 위고는 나에게 사상과 위대한 도덕과 정치 문제에 대한 미지의 세계의 문을 열어 주었다. 그리고 지난날의 격동기의 역사 속으로 나를 휘감아 넣었다. 나는 몸을 움직이는 것 다음으로 독서를 좋아하게 되었다"라고 그는 회고했다.

대학을 졸업한 다음 그는 1년 정도 세계를 일주해 보고 싶은 계획을 갖고 있었다. 그리고 이러한 꿈대로 과연 세계를 향한 활동 무대가 그에게 열렸다. 인도·버마(지금의 미얀마)·인도네시아·이란·아라비아·아프리카·유럽·멕시코·소련 등 세계 곳곳을 찾아다니면서 저널리스트로 일하게 된 것이다.

그러나 다른 어느 곳보다도 그가 깊은 관계를 맺은 곳은 중국이었다. 1928년(23살) '천제(天帝)의 나라' 중국에 처음 온 그는 이 나라의 역사와 전통에 큰 매력을 느꼈다. 그리고 오랜 세월 동안 이 나라의 민중이 안고 있던 문제들에 마음을 빼앗겼다. 그는 '중화인민공화국'이 수립되기 10년 전부터 중국인들 및 중국의 지도자들과 끊임없는 접촉을 가져왔다. 그는 국민당을 창설한 쑨원의 주의주장을 계승한, 그러나 나중에는 그것을 어지럽힌 국민당원들과 접촉했는가 하면, 쑨원의 주장을 위해 싸우면서도 중국식 마르크스주의를 추구하면서 별도의 혁명을 성취하려고 했던 공산주의자들과도 접촉했다. 그는 대부분의 외국인들이 관심조차 갖지 않았던 혁명의 '먼 울림'에 관심을 갖고 10년 이상 중국에 머물면서 취재했다. 봉건적 굴레와 반신불수의 후진성에서 벗어나려고 싸우고 있는 나라, 외국의 침략으로 찢기며 신음하고 있는 나라, 일본의 침략에 맞서 싸우기보다는 서로 나뉘어 내전을 벌이고 있는 나라, 국민 혁명을 배신하고 시민의 권리를 난폭하게 부정하면서 자신을 파괴하고 죽어가는 나라 중국을 역사의 큰 안목으로 보고 보도했다.

그는 중국과 자신의 만남에 대해 다음과 같이 썼다.

"나는 중국에 대해 무엇을 요구할 권리가 없었지만, 중국은 나에게 역할을 맡길 권리가 있었다.…… 중국에서의 '기근'이란 노파처럼 쭈그러진 젖가슴을 한 벌거벗은 젊은 여인의 모습이었으며, '공포'란 불탄 전쟁터에 버려진, 숨이 끊어지는 병사들의 피 묻은 사지를 뜯어먹는 굶주린 쥐들의 모습이었다. '반란'이란 어린이가 가축처럼 짐을 지고 끌려가는 모습을 보았을 때 내가 느낀 분노였고, '공산주의'란 세 아들이 홍군에 참가했다 하여 일가친척 56명이 연대책임을 지고 처형되는 것을 보고 복수의 싸움에 뛰어든, 내가 아는 어느 농부의 모습이었다. 또한 '전쟁'이란 내가 보는 앞에서 강간당하고 벌거벗긴 채로 내던져진 어느 소녀의 가는 허리였고, '살인'이란 거리의 쓰레기 산 속에 버려진 어린 아기의 누런 시체였다.

'아시아 반공의 맹주'라는 일본은 폭격에 맞아 무너진 건물에 깔려 버린 고아들의 손과 발이었고, '비인간성'이란 비단으로 몸을 감싼 유한계급 남자들이 쓰촨성의 어느 거리에서 한 줌의 남은 밥을 놓고 거지들이 싸우는 것을 보면서 웃고 있는 모습이었다. 그리고 '비겁함'이란 나 같은 사람으로, 지난날 어리석게도 내려다보았던 밑바닥의 보잘것없는 사람들이 사실은 용기와 결의를 가진 사람이라는 것을 발견했을 때 느낀 부끄러움이었다.

확실히 나는 중국의 일부였다. 그리고 중국 또한 나의 일부였다. 중국의 저 황갈색 언덕, 계단식 모양의 구비치는 푸른 들, 아침 안개 속에 묻힌 외로운 절[寺], 나를 믿고 사랑해 준 중국인 남녀들, 나에게 먹을 것을 주던, 가난하지만 쾌활하며 예의 바른 농민들, 더러운 누더기 옷을 입었지만 반짝이는 눈을 가진 어린이들, 급료도 없이 굶주림 속에서 사람들의 경멸을 받으면서도 목숨을 던져 나라를 일깨우고 민중의 생존과 전진을 위해 투쟁하던 기개 높은 농민병사들……, 이 모든 것들이 나의 일부였던 것이다."

미·일 관계가 최악의 상황으로 치닫던 1941년 에드거 스노는 13년 동안 머물렀던 중국을 떠나 본국으로 돌아갔다. 그러나 그 뒤 미국에서는 동서냉전의 찬 기류를 타고 '빨갱이 사냥'이라는 '매카시 선풍'이 세차게 불어닥쳤다. 수많은 지식인, 문화 예술인, 정치인 들이 박해당하는 사태를 맞게 되었다. 그 역시 중국 혁명에 대한 보도로 오해를 받아, 부인과 아들 크리스토퍼, 딸 시안(西安)과 함께 스위스로 이주하지 않으면 안 되었다.

그러나 '중화인민공화국'이 성립된 후 그는 세 번에 걸쳐 다시 중국을 장기간 방문할 수 있었다. 미국이 대만의 장제스 총통을 지원하면서 신생(新生) 중국을 봉쇄하고 있던 때로서는 아주 이례적인 일이었다.

1960년 그는 2차 세계대전 후 처음으로 중국을 방문했다. 1949년 '중화인민공화국'이 수립된 뒤 미국인 기자로서는 처음이었다. 미국의 중국 봉쇄정책으로 금수(禁輸)조치가 내려진 가운데 국내의 여러 곤란과 싸워야 했던 나라, 오로지 거대한 노동력을 무기로 역경과 고립과 싸워야 했던 중국을 그는 다시 만나게 되었다.

당시는 미국이 거대한 공산 중국을 자신의 안전과 복지에 대한 위협으로 받아들이고 있던 때였다. 중국의 현실을 바르게 이해하는 사람도, 이해하려는 사람도 아주 적었던 때였다. 중국은 '문명세계'를 제패하려는, 광기(狂氣)에 사로잡힌 지도자들 아래서 굶어 죽어가고 있는 '푸른 개미 떼'의 나라로 묘사되고 있을 뿐이었다. 문제를 객관적으로 보려고 하는 사람들은 '중공(中共)'에 동조하는 자거나 변절자로 취급되고 있었다.

그는 이 방문에서 마오쩌둥과 저우언라이를 비롯한 중국의 지도자들을 만나 장시간 대화를 가졌지만, 미국 정부 당국이나 언론계에서 그가 가진 정보나 그가 중국 지도부와 갖고 있는 관계를 활용하려는 사람은 거의 없었다.

1960년 같은 해에 그는 중국을 다시 방문했는데, 미국은 이때 역시 중국이 현실적으로 존재한다는 것을 부정하고 미국과 관계를 맺으려는 중국의 여러 시도나 노력들을 거절했다. 당시 스노는 중국의 일부 지도자들이 그의 방문을 계기로 미국과의 관계에 하나둘씩 다리가 놓이는 것은 아닌가 하는 기대를 걸고 있다는 것을 느낄 수 있었다.

그는 1970년 중국을 세 번째 방문했다. 정부수립 기념일인 이 해 10월

1일, 스노 부부는 베이징의 톈안먼(天安門) 위에 마오쩌둥과 나란히 서서 광장을 가득 메운 군중들이 환호를 보내는 것을 보았다. 그것은 놀라워해야 할 순간이었다. 그가 톈안먼 위에서 중국의 최고 지도자들과 함께 서 있었다는 것은 중요한 변화를 예고하는 하나의 '메시지'였다.

1971년 미국과 중국 사이에는 커다란 변화가 일어났다. 중국이 돌연 미국의 탁구팀을 초청하고 미국이 이를 받아들임으로써 이른바 '핑퐁 외교'가 시작된 것이다. 미·중 관계가 해빙의 봄을 맞게 되자 미국에서 누구보다도 중국 사정에 정통한 스노에 대한 인식도 크게 달라졌다. 그러자 《라이프》가 그의 기사를 보도하기 시작했다. 그는 이 기사에서 마오쩌둥이 자신에게 다음과 같은 사실을 직접 분명히 밝혔다고 전했다. 즉 닉슨 미국 대통령이 "미국의 대통령으로서, 관광객으로서 중국을 방문하는 것을 환영한다"라는 마오쩌둥의 메시지였다. 이것이 그의 마지막 특종기사였다.

1972년 2월, 마침내 닉슨이 미국의 대통령으로서는 처음으로 중국을 방문해 역사적인 미·중 화해가 시작되었다. 그것은 국제 정치의 커다란 전환이기도 했지만 에드거 스노의 인식과 소신이 옳았다는 것을 역사가 실증해 준 것이기도 했다. 그는 여기에서 또 한번 '역사'를 보도했을 뿐만 아니라 역사를 창조하는 데 참여했다. 그러나 매카시와 더불어 스노를 미국에서 추방하는 데 중요한 역할을 담당했던 닉슨이 중국을 방문하고 있을 때 기묘하게도 스노는 암으로 세상을 뜨고 말았다.

1972년 2월 15일, 그는 67살로 생애를 마쳤다. 그가 죽은 뒤 유해의 절반은 그의 뜻에 따라 베이징 대학 구내에 있는 조그만 뜰에 묻혔다. 그리고 나머지 절반은 허드슨 강변에 있는 그의 친구의 집 뜰에 묻혔다. 그는 유서에서 다음과 같이 썼다. "나는 중국을 사랑한다. 살아 있을 때처럼 죽은 뒤에도 나의 일부를 중국에 남기고 싶다. 미국은 나를 품어 길러 주었다. 그러므로 나는 또한 나의 일부가 허드슨강이 대서양으로 흘러 들어가는 하구(河口)에 묻히기를 바란다······."

베이징의 장례식에는 저우언라이 총리와 그의 부인 덩잉차오 여사, 그리고 여러 중국인·외국인 친구들이 참석했고, 뉴욕에서는 유엔 대표부에 와 있던 많은 중국인들과 친지, 가족들이 그의 죽음을 애도했다. 간소하고 아름다운 예식이었다.

1976년에는 중국의 최고 지도자 세 사람이 잇따라 세상을 떴다. 저우언라이와 주더에 이어 마오쩌둥이 사망함으로써 3명의 '홍비(紅匪)'가 같은 해에 지상에서 사라졌다. 그리고 얼마 후 덩샤오핑 부총리(당시)와 황화 외교부장이 워싱턴을 방문하는 사건이 있었다. 중국과 미국 간의 우호관계를 공식화함으로써 두 나라 사이의 오랜 갈등의 시대가 끝나고 화해와 협력의 시대로 들어가는 역사적 사건이었다.

에드거 스노는 특히 우리나라 독자들에게 그의 부인이었던 님 웨일스(Nym Wales)를 함께 떠올리게 한다. 우리나라의 혁명가 '김산'의 생애를 쓴 『아리랑(Song of Arirang)』의 저자인 님 웨일스는 필명이고 본명은 헬렌 포스터(Helen Foster)이다. 그러나 스노가 이름을('nym'은 희랍어로 이름을 뜻하고, 그녀에게 웨일스인의 피가 흐른다고 해서 '웨일스'를 붙였다고 한다) 님 웨일스로 지어 준 이래 그녀는 이 필명으로 글을 썼다.

『아리랑』은 1941년 뉴욕 존 데이 출판사에서 처음 간행된 뒤 60만 명에 이르는 재일동포들 사이에서 베스트셀러가 되기도 했다. 펄 벅은 이 책을 "위대한 책"이라고 평했다. 이 책은 1982년 '세계 걸작 고전'의 하나로 다시 출간되었고, 1980년에는 우리말로도 옮겨져 널리 읽히고 있다. 님 웨일스는 주더의 전기 『위대한 길(The Great Road)』을 쓴 아그네스 스메들리(Agnes Smedley)와 함께 1930년대에 중국의 혁명 현장을 취재하고 기록한 탁월한 여성 문필가였다. 1939년 간행된 그녀의 『중국의 내막

(Inside Red China)』과 『중국에서 보낸 나의 세월들(My China Years)』(우리 말로는 1994년에 『중국에 바친 나의 청춘』이란 제목으로 출간) 같은 그의 저서들이 그것을 말해 준다. 그러나 중국 대륙을 함께 뛰어다녔던 이 부부는 1949년 이혼했다.

그 뒤 스노는 연극배우였던 로이스 휠러와 1949년 재혼해 남은 생을 두 자녀와 함께 스위스에서 보냈다. 휠러는 1970년 스노와 함께 중국을 방문해 마오쩌둥을 만났으며, 그 후 중국을 소재로 한 『무대에 올려진 중국(China on Stage)』이라는 저서를 내놓았다.

3. 스노의 저작들

『중국의 붉은 별』은 1937년 11월에 런던의 빅터 골란츠(Victor Gollancz) 출판사에서 처음 출판되었고, 미국에서는 1938년 1월에 뉴욕의 랜덤하우스(Random House) 출판사에서 간행되었다. 그 이후 판을 거듭하다가 1939년에는 11부(部)를 추가한 1차 개정판이 나오고, 1944년에는 11부를 삭제하고 그 대신 '에필로그 1944년'을 넣은 2차 개정판이 나왔으며, 1968년에는 1944년판을 보완한 개정증보판이 출간되었다. 그리고 1971년판에서도 자료가 보강되었다.

이 책의 본문 중에 나오는 마오쩌둥을 비롯한 저우언라이, 린뱌오, 펑더화이 등 중국공산당 지도자들, 그리고 소년 홍군 병사들인 '소귀(小鬼)'들과 스노가 나눈 대화는 초판 그대로이다. 다만 저자가 해설한 부분만은 그 후 입수한 유익한 자료들 때문에 수정·보완이 불가피해졌다. 그뿐만 아니라 이 책에는 1939년 저자가 옌안을 다시 방문했을 때 가진 '마오쩌둥과의 회견'이 추가되었고, 그 후 입수한 자료들로 보강한 「1968년판 주(註)」와 중국 혁명 연표, 98명에 이르는 인물들에 대한 약전(略傳), 문화대혁명으로 인한 중국공산당 지도자들의 이동 상황, 참고문헌 목록 등이 추가되었다. 1968년 수정증보판에 실린 '인물 약전'은 과거에서 1968년의 시점에 이르기까지 각 인물들의 변화해 가는 삶의 자취를 보여 주고 있다는 점에서 흥미롭다. 저자는 특히 이 약전에서 인물들의 경력만을 소개하는 데 그치지 않고 그 후 30년간에 걸친 당내 노선 투쟁과 관련시키면서, 그리고 코민테른과의 관계까지도 유의해 가면서 종합적인 자료를 제공해 주고 있다. 1971년판은 1968년의 수정증보판에 스노가 다시 중국을 방문해(1970. 8.~1971. 2.) 얻을 수 있었던 자료를 주(註)와 부록에 추가한 것이다. 우리말로 옮긴 이 책은 1971년판을 완역한 것이다.

  스노의 저작은 『중국의 붉은 별』을 포함해 모두 11권이다. 1933년에 출판된 *Far Eastern Front*, 중국 서북부를 취재해 쓴 *Impression of the North West*(1936), 루쉰과 기타 중국의 현대 작가들 작품을 모아 소개한 *Living China*, 루거우차오(蘆溝橋) 사건으로 시작되는 중·일전쟁 르포르타주인 *The Battle for Asia*(1941), 2차 세계대전 중 《새터데이 이브닝 포스트(Saturday Evening Post)》의 특파원으로 소련, 중국, 인도 등 여러 나라를 방문한 후 쓴 *People on Our Side*(1945), *The Pattern of Soviet Power*(1945), *Stalin Must Have Peace*(1947), 『중국의 붉은 별』의 주(註)로서 하버드 대학 출판부에서 발행한 *Random Notes on Red China*(1957), *Journey to the Beginning*(1958), 1960년 중국을 다시 방문해 마오쩌둥과 9시간에 걸쳐 회견한 뒤 쓴, 『중국의 붉은 별』의 속편이라 할 수 있는 *Red China Today: The Other Side of the River*(1962), *The Long Revolution*(1971) 등이다.

4. 이 책과 오늘의 중국

이 책의 우리말 번역본(초판)이 나온 지 올해(2013)로 28년이 된다. 이 긴 세월 동안에 세계도 중국도 많이 변했다. 세계적으로는 동유럽 공산주의 국가들이 붕괴되고 세계를 두 진영으로 갈라놓았던 동서 냉전체제가 무너졌다. 사상이나 이념 면에서도 동유럽 공산주의 체제의 붕괴 이후 그것을 대치할 대안이 아직 등장하지 못하고 있다.

중국도 많이 달라졌고, 또 지금도 빠른 속도로 변화해 가고 있다. 마오쩌둥이 사망한 후 덩샤오핑 시대가 시작되면서 조금씩 변화의 징후를 보여 왔던 중국은 자본주의적 시장경제를 도입하면서부터 급격한 변화를 겪고 있다. 경제적으로, 사회적으로, 문화적으로 본격적인 자본주의의 길을 가고 있다. 협동이나 공생보다는 개인의 이익추구나 경쟁의 원리가 사회구성원들의 행동을 지배하는 가장 중요한 동력이 되어 있다. 시장경제의 원리가 도입됨에 따라 당연히 사회적 생산력은 크게 증대되었고 국민의 생활수준도 꾸준히 향상되고 있다. 국제경제에서 차지하는 비중도 점점 커지고 있다. 그러나 이러한 변화의 반대편에서는, 그간의 '성과'와는 아주 대조적으로, 이제까지 중국사회를 유지시켜 왔던 가치나 도덕적 건강이 와해되어 국민 내부에서 계급적·계층적 분화가 가속화되고 각종 범죄가 증가하고 있다. 인간성의 황폐화에 따른 사회적 질병이 갈수록 깊어지고 있다. 그리고 무분별한 산업주의가 팽배하고 고도성장 위주의 경제정책이 추진되어 환경오염과 자연파괴가 점점 더 심각해지고 있다. 그 결과 오염된 공기가 거의 사계절에 걸쳐 우리나라에까지 심각한 영향을 주고 있고, 황해마저 '죽음의 바다'로 바뀌어 가고 있다.

이 책을 읽은 독자들은 이처럼 스노가 기록한 1930년대의 중국과 오늘의 중국 현실을 함께 보면서 날카로운 대조를 느낄 것이다. 마오쩌둥을 비롯한 이 책의 주인공들이 60여 년 전에 2만 5천리 장정과 온갖 신산고초를 겪으면서 꿈꾸었던 사회는 어떤 사회였을까? 오늘의 중국 사회와 같은 것이었을까? 그들이 이제껏 살아 오늘의 중국을 본다면 어떻게 생각하고 무어라 말할 것인가?

마오쩌둥이 스노에게 말한 바에 따르면 장제스의 '반혁명'이 시작될 당시만 해도 약 5만 명의 공산당원이 있었는데, 국민당의 '대살육' 이후에는 1만 명이 살아남았으며 1960년까지의 전 기간에 걸쳐 살아남은 사람은 약 8백 명밖에 안 된다고 한다. 국민당 정부 측의 희생자와 민간인 희생자의 숫자까지 합친다면 아주 많은 사람들이 이 역사의 소용돌이 속으로 사라졌을 것이다. 그리고 말로 다 표현하기 어려운 비참한 죽음들이 이 책에도 기록되어 있다. 그들은 무엇 때문에 죽어갔던가? 오늘의 중국 현실을 볼 때 그들의 죽음은 어떤 의미를 지니는 것일까?

그런 점에서 이 책은 우리들에게 많은 것을 생각하게 해 줄 것이다. 어떤 사회적 이념이나 사상은 그 시대의 특별한 산물이기 때문에 시간의 한계와 시련을 벗어나지 못하는 것일까? 사회주의 사상을 포함한 어떤 사상도 인간의 이기심 앞에서는 너무나 무력한 것인가? 수많은 사회 사상가들이 자본의 운동법칙, 사회의 운동법칙, 역사의 운동법칙을 열심히 탐구해 그것을 정식화했으되, 정작 그 역사를 움직이는 주체인 '인간을 움직이는 운동법칙'에 대해서는 탐구를 너무나도 소홀히 했던 것은 아닐까? 인간이 얼마나 이기적이고 복잡하며 결함 많고 불완전한 한 지를 잊은 채, 사람은 선하기도 하지만 또한 악하기도 하다는 것을 간과한 채 너무나도 쉽게 사회와 인간을 개조할 수 있다고 생각했던 것은 아닐까? 인간의 모든 악과 사회적 모순은 사회 환경이 만들어 낸 것이기 때문에, 환경을 변화시키고 사람들을 '학습'시키면 인간은 쉽게 개조될 수 있다고 너무 간단하게 생각했던 것은 아닐까? '집단주의'를 너무 쉽게 맹신한 나머지 '개체'의 소중함을 망각하여 인간의 자유로운 정신과 창의성, 자발성을 말살했던 것은 아닐까? 언론의 자유와 자유로운 토론, 반대할 수 있는 자유, 그리고 열려진 눈 없이도 인간은 진실을 볼 수 있다고 믿은 것일까? 사물은 끊임없이 변화하며 움직인다는 변증법을 그토록 내세웠으면서도 정작 체제와 조직을 움직이는 이른바 '지도자들' 내부에서는 변증법이 죽어 있었던 것이 아닐까? 중국은 어디로 가고 있으며, 앞으로 어떤 모습으로 변해 갈까? 그리고 앞으로 인류가 지향해야 할 바람직한 또 다른 이념은 나타날 것인가? 그것은 어떤 모습과 내용을 갖출 것인가? 하는 등등의 무질서한 감상들을 이 책을 읽으면서 가질 수도 있을 것이다. 따라서 이런 점을 염두에 두고 이 책을 읽는다면 이 책이 씌어진 과거 시대와 오늘을 통시적(通時的)으로 함께 대조해 볼 수도 있지 않을까 생각해 본다.

5. 이 책의 우리말 개정판에 대해

끝으로, 지난날 이 책을 읽으신 독자들이 새로 나온 이 책을 본다면 옮긴이의 이름이 달라져 있는 것을 보고 의문을 가질 것이다. 옛날 책엔 '愼洪範 譯'으로 되어 있던 것이 '洪秀原, 安亮老, 愼洪範 옮김'으로 되어 있기 때문이다. 그 사정을 간단하게 여기에 설명하는 것이 이 책의 독자들에 대한 예의라고 생각한다. 그리고 그것은 우리나라에서 이 책이 겪어 온 역사에 대한 조그만 기록도 될 것이다.

  이 책이 우리말로 옮겨져 처음 나온 것은 1985년 3월이었다. 깨어 있는 의식을 갖고 당시를 살았던 사람이라면 모두가 기억하겠지만, 당시는 군사독재정권에 맞서 민주화운동이 격렬하게 전개돼 여러 부문에서 치열한 공방전이 벌어지던 때였다. 그리고 이 운동에 대한 탄압과 박해가 자심해 민주주의와 인권을 외치는 수많은 사람들이 잡혀 들어가 재판을 받고 투옥되던 때였다. 폭력과 공포가 지배하던 시대였고 많은 사람들이 언론의 자유 없는 암흑시대를 살고 있었다. 공포 때문에 의식은 가위눌려 있었다. 그들에게 씌워진 죄목은 대개 집회·시위에 관한 법률 위반과 국가보안법(국보법) 위반이었다. 국보법 위반 가운데서도 가장 많은 것이 불온한 책자를 소지했거나 읽었다는 것이었다.

  출판 분야 또한 마찬가지여서 많은 책들이 정부 당국의 간행물 심사에 걸려 서점에서 판매금지당하거나 압수당하고 저자와 발행인과 역자가 체포되어 투옥되는 일이 자주 일어나고 있었다. 독재와 냉전의 찬바람이 우리나라의 지적 풍토를 얼어붙게 하고 있었다. 그런 어둡고 추운 시대에 이 책의 간행을 준비하면서 당시 도서출판 두레의 발행인이었던 필자는 이 책이 당할 운명을 생각하지 않을 수 없었다. 우리나라와 중국은 냉전시대를 통해 오랜 적대관계에 있어 왔고 당시엔 중국과 공식적인 외교관계가 없었던 때라 이 책은 분명히 판매가 금지당할 것이 뻔했다. 경우에 따라서는 이 책의 간행에 관련된 사람들이 잡혀 들어가 재판을 받게 되는 일이 있을지도 모른다고 각오하지 않을 수 없었다. '사회' 자(字)만 들어가도 수상하게 보는 시절이라 '만약'을 생각하지 않을 수 없었다. 그때에 발행인은 당연히 책임을 져야 할 것이지만 옮긴이들까지 고통을 당하게 한다는 것은 못할 짓이라고 판단하지 않을 수 없었다. 그렇다면 있을지도 모를 위험을 최소한으로 줄이기 위해 번역의 책임까지도 발행인 한 사람에게 모으는 것이 현명한 것이라 생각하게 되었다. 번역을 맡아 준 홍수원 선생과 안양노 선생은 기꺼이 그 책임과 위험을 감당하고자 했지만 만류하지 않을 수 없었다. 그래서 '펴낸이'도 '옮긴이'도 愼洪範이 되어 버리고 말았던 것이다. 그러나 신홍범은 그 뒤 번역의 노고를 도둑질한 것 같아 도덕적인 부채감을 느끼지 않을 수 없었다.

　이 책이 나오자 예상대로 당시의 문화공보부 간행물 심의실은 발행인인 필자를 불러 책을 '판매금지조치'하니 시중 서점에 내 놓아서는 안 된다고 통고했다. 이를테면 이 책에 대한 사형선고였다. 그러나 잡혀 들어가는 일은 없었다. '두레'는 서류를 갖추어 정식으로 정부의 이러한 조치에 항의하고 판금조치의 해제를 요구했다. 세계적으로 널리 읽히고 있는 고전을 21세기를 코앞에 둔 오늘날 '판금' 조치한다는 것은 시곗바늘을 거꾸로 돌리는 반문명적 야만행위와 다름없다고 주장했다. 그리고 중국과 외교관계를 수립하려고 노력하는 마당에 그런 조치를 취하는 것은 시대의 흐름을 거스르는 짓이라고 반박했다. 그러므로 이 책을 박해하는 것보다는 이 책의 간행을 허용해 조그만 지렛대로라도 이용하는 쪽이 훨씬 더 유익할 것이라고 역설했다. 그 후 이 책은 '판금'이 해제되었다가 다시 판금되고 다시 해제되는 과정을 몇 번 되풀이했다. 오늘의 젊은이들은 좀처럼 이해하기 어려운 어두웠던 역사의 뒷이야기이다.

　그로부터 짧지 않은 세월이 흘러 오늘날엔 우리나라와 중국 사이에 정식 외교관계가 수립되어 오랜 적대관계를 버리고 '우호'와 '협력'을 강조하는 시대가 되었다. 그리고 한때 이 책이 수난의 대상이 되었다는 사실 자체가 웃음거리가 되기에 이르렀다. 그래서 늦었지만 이제라도 숨겨졌던 두 옮긴이의 이름을 바로 기록하는 것이 옳고 당연한 일이라고 생각하게 되었다.

　새로 편집하고 수정한 1995년판에서는 1985년판을 처음부터 끝까지 다시 읽고 발견한 결함들을 바로잡았다. 원저(原著)에 충실하려고 한 나머지 오히려 의미를 제대로 전달하지 못하고 있는 부분들도 발견되어 그것을 원문과 다시 대조하면서 이해하기 쉬운 문장으로 고쳤다. 그리고 우리말 어법에 잘 맞지 않는 문장도 바로잡았다. 또한 사진을 더 찾아 보태서 화보도 더 충실하게 만들었다.

    이번에 내는 2013년판은 1995년판을 다시 읽고 더 읽기 쉬운 글로 다듬었다. 그리고 무엇보다 인명과 지명을 현대 중국어 발음에 따라 바꾸었다. 요즘은 모두가 중국 현지 발음으로 쓰기 때문에 옛날에 쓰던 우리식 한문 발음과 표기법은 통하지 않는다. 예컨대 요즘 사람들은 '시안(西安)'이라고 지명을 표기해야 알아듣지 '서안'이라고 쓰면 모를 것이다. 이런 작업은 쉬운 일이 아니었다. 그래서 중국 혁명사를 깊이 연구하고 중국어에도 능통한 현이섭 님에게 도움을 청해 큰 도움을 받았다. 현이섭 님은 《한겨레신문》의 편집부국장 및 출판국장, 그리고 《미디어 오늘》의 대표이사 사장을 지낸 언론인일 뿐만 아니라 중국 혁명사를 다룬 방대한 역저 『중국지(中國志)』(상·하 전2권)의 저자이기도 하다. 인명, 지명의 표기를 모든 페이지마다 하나하나 바로잡아 주었고, 그 밖에 스노가 이 책을 쓸 당시에는 알려지지 않았던 사실도 알려주어 책에 반영할 수 있게 해주었다. 이런 도움을 받지 못했다면 이 책은 적지 않은 결함을 지니게 되었을 것이다. 이 큰 친절과 노고에 거듭 감사와 경의를 표한다.

2013년 3월
신홍범

지은이

에드거 스노(Edgar Snow)

에드거 스노는 미국의 캔자스시에서 태어났다. 1928년 동아시아로 떠나 상하이에 도착한 그는 이곳에서 신문기자가 되었다. 그 후 13년간 아시아를 떠나지 않고, 특히 중국 대륙의 움직임을 중점적으로 보도했다. 그는 베이징의 옌징 대학 근처에 살면서 중국을 연구하고 중국어를 배웠으며, 이 대학에서 강의도 했다. 그의 중국인 친구들 가운데는 이때 그의 강의를 받았던, 그리고 오늘날에는 중국의 지도자가 된 사람들이 적지 않다. 중국, 미얀마, 인도, 인도차이나 등지에서 ≪시카고 트리뷴≫, ≪뉴욕 선≫, ≪헤럴드 트리뷴≫, ≪런던 데일리 헤럴드≫ 같은 신문사들의 특파원으로 활동했으며, ≪새터데이 이브닝 포스트≫의 편집차장이 되어 아시아와 유럽의 사태들을 보도했다. 그는 또한 인도와 소련 문제 전문가이기도 해서 그의 보도와 저서는 광범위하게 인용되고 있다.

그의 저서로는 『중국의 붉은 별(Red Star over China)』을 비롯해 『아시아의 전쟁(The Battle for Asia)』, 『우리 측 사람들(People on Our Side)』, 『오늘날의 중국: 강의 저쪽(Red China Today: The Other Side of the River)』, 『장구한 혁명(The Long Revolution)』 등 11권에 이르는데, 대표적인 저서로는 역시 『중국의 붉은 별』이 꼽힌다. 조선인 독립운동가 김산(金山, 1905~38, 본명은 장지락)을 취재하여 쓴 『아리랑』의 저자인 님 웨일스(Nym Wales)는 그의 아내였다.

옮긴이

홍수원(洪秀原)
고려대학교 경영학과를 졸업했다. 합동통신과 《경향신문》 외신부 기자, 《한겨레》 논설위원과 편집부위원장을 지냈다. 옮긴 책으로 『메가트렌드 아시아』, 『세계화 없는 세계화』, 『제국의 패러독스』, 『버락 오바마의 담대한 희망』, 『위대한 길』 등이 있다.

안양노(安亮老)
서울대학교 정치학과를 졸업하고, 한국기자협회 편집국장을 지냈다. 옮긴 책으로 『생각하는 갈대』가 있다.

신홍범(愼洪範)
서울대학교 외교학과를 졸업했다. 《조선일보》 외신부와 문화부 기자, 《한겨레》 논설주간을 지냈다. 지은 책으로 『마더 테레사: 그 사랑의 생애와 영혼의 메시지』가 있으며, 옮긴 책으로 『제국주의론』이 있다.

중국의 붉은 별

1판 1쇄 펴낸날 1985년 3월 1일
2판 1쇄 펴낸날 1995년 2월 27일
개정판 1쇄 펴낸날 2013년 4월 30일
개정판 11쇄 펴낸날 2023년 8월 10일

지은이 에드거 스노 옮긴이 홍수원, 안양노, 신홍범
펴낸이 조추자   펴낸곳 도서출판 두레   등록 1978년 8월 17일 제1-101호
주소 서울시 마포구 독막로 100 세방글로벌시티 603호
전화 02)702-2119, 703-8781   팩스 02)715-9420
이메일 dourei@chol.com   인스타 instagram.com/dourei_pub

*책값은 뒤표지에 적혀 있습니다. 잘못 만들어진 책은 구입처에서 바꾸어 드립니다.
*이 도서의 국립중앙도서관 출판시도서목록(CIP)은 서지정보유통지원시스템 홈페이지(http://seoji.nl.go.kr)와 국가자료공동목록시스템(http://www.nl.go.kr/kolisnet)에서 이용하실 수 있습니다. (CIP제어번호: CIP2013003469)

ISBN 978-89-7443-097-9 03910

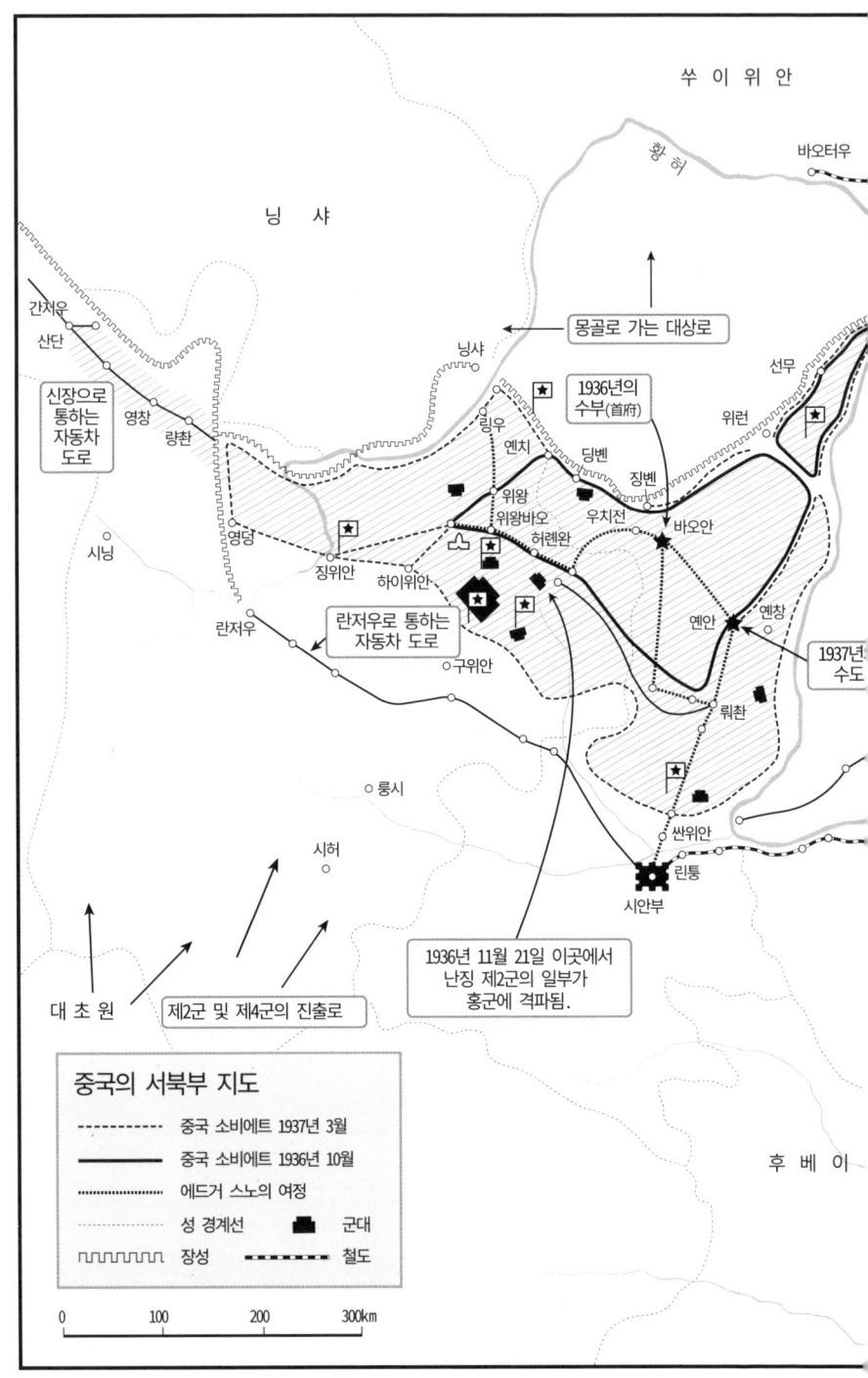